QUARTA EDIÇÃO 2025

TATIANA DE LIMA **NÓBREGA**
MAURÍCIO ROBERTO DE SOUZA **BENEDITO**

O REGIME PREVIDENCIÁRIO DO SERVIDOR PÚBLICO

LEGISLAÇÃO INFRACONSTITUCIONAL ATUALIZADA

ABONO DE PERMANÊNCIA NO SERVIÇO PÚBLICO
CÁLCULO PARA ACUMULAÇÃO DOS BENEFÍCIOS PREVIDENCIÁRIOS
REGIME DE PREVIDÊNCIA COMPLEMENTAR DOS SERVIDORES PÚBLICOS | **SISTEMA** DE PROTEÇÃO SOCIAL DOS MILITARES
REGRAS DE TRANSIÇÃO E DIREITO ADQUIRIDO
EXEMPLOS PRÁTICOS

2025 © Editora Foco
Autores: Tatiana de Lima Nóbrega e Maurício Roberto de Souza Benedito
Diretor Acadêmico: Leonardo Pereira
Editor: Roberta Densa
Coordenadora Editorial: Paula Morishita
Revisora Sênior: Georgia Renata Dias
Revisão: Daniela Malheiros Jerez
Capa Criação: Leonardo Hermano
Diagramação: Ladislau Lima
Impressão miolo e capa: FORMA CERTA

Dados Internacionais de Catalogação na Publicação (CIP) de acordo com ISBD

N754r

Nóbrega, Tatiana

Regime Previdenciário do Servidor Público / Tatiana Nóbrega, Maurício Benedito.
- 4. ed. - Indaiatuba, SP : Editora Foco, 2025.

416 p. ; 17cm x 24cm.

Inclui bibliografia.

ISBN: 978-65-6120-486-6

1. Direito. 2. Direito previdenciário. 3. Regime Previdenciário. 4. Servidor Público. I. Benedito, Maurício. II. Título.

2025-1327 CDD 341.67 CDU 34:368.4

Elaborado por Odilio Hilario Moreira Junior - CRB-8/9949

Índices para Catálogo Sistemático:

1. Direito previdenciário 341.67 2. Direito previdenciário 34:368.4

Impresso no Brasil (4.2025) Data de Fechamento (3.2025)

NOTAS DA EDITORA:

Atualizações: A presente obra é vendida como está, atualizada até a data do seu fechamento, informação que consta na página II do livro. Havendo a publicação de legislação de suma relevância, a editora, de forma discricionária, se empenhará em disponibilizar atualização futura.

Bônus ou Capítulo *On-line*: Excepcionalmente, algumas obras da editora trazem conteúdo no *on-line*, que é parte integrante do livro, cujo acesso será disponibilizado durante a vigência da edição da obra.

Erratas: A Editora se compromete a disponibilizar no site www.editorafoco.com.br, na seção Atualizações, eventuais erratas por razões de erros técnicos ou de conteúdo. Solicitamos, outrossim, que o leitor faça a gentileza de colaborar com a perfeição da obra, comunicando eventual erro encontrado por meio de mensagem para contato@editorafoco.com.br. O acesso será disponibilizado durante a vigência da edição da obra.

Rua Antonio Brunetti, 593 – Jd. Morada do Sol
CEP 13348-533 – Indaiatuba – SP
E-mail: contato@editorafoco.com.br
www.editorafoco.com.br

Sobre os autores

TATIANA DE LIMA NÓBREGA

Auditora Fiscal do Tesouro do Estado de Pernambuco; ex-Presidente da Fundação de Aposentadorias e Pensões dos Servidores do Estado de Pernambuco (Funape); membro da Diretoria Executiva da Associação Nacional de Entidades de Previdência dos Estados e Municípios (Aneprem); Especialista em Administração Pública pela Fundação Getúlio Vargas (FGV/Ebape) e em Português Jurídico pela Uninassau; bacharela em Direito pela Universidade Federal de Pernambuco (UFPE/FDR) e professora do curso de MBA em Regimes Próprios de Previdência Social, do Instituto Connect de Direito Social (ICDS).

MAURÍCIO ROBERTO DE SOUZA BENEDITO

Auditor Fiscal do Tesouro do Estado de Pernambuco; ex-Diretor de Previdência Social da Fundação de Aposentadorias e Pensões dos Servidores do Estado de Pernambuco (Funape); Especialista em Gestão Governamental pela Faculdade de Ciências da Administração da Universidade de Pernambuco (UPE/FCAP); graduado em Engenharia Eletrônica pela Universidade Federal de Pernambuco (UFPE), instrutor de cursos sobre os Regimes Próprios de Previdência Social dos servidores públicos e professor da disciplina Regime Previdenciário dos Servidores Públicos do curso de Pós-Graduação em Direito Previdenciário, da Faculdade UNYLEYA (UNYEAD Educacional).

Nossos agradecimentos ao Criador, no Qual depositamos toda esperança e esforços para um mundo mais fraterno e solidário; à nossa família, razão maior de nossa existência, que nos proporciona vivenciar o amor em plenitude; aos nossos amigos, em especial, a João Hélio Farias de Moraes Coutinho, que nos inspiram e nos entusiasmam; e a Eneida Orenstein Ende, que muito contribuiu para o aperfeiçoamento desta obra, com sugestões de melhoria e primorosa revisão.

A José Solano Lopes de Lima, Humberto Benedito Filho e Nair de Carvalho Benedito (in memoriam).

"Onde meus talentos e paixões encontram as necessidades do mundo,
lá está meu caminho, meu lugar" (Aristóteles)

"Onde meus talentos e paixões encontram as necessidades do mundo
lá está meu caminho, meu lugar." (Aristóteles)

Prefácio

Tive a honra de ser convidado para prefaciar o livro "O Regime Previdenciário do Servidor Público de acordo com a Emenda Constitucional 103/2019 – Reforma da Previdência".

Seus autores, Tatiana de Lima Nóbrega e Maurício Roberto de Souza Benedito, ela como Presidente e ele como Diretor de Previdência Social, atuam há vários anos como dirigentes da Fundação de Aposentadorias e Pensões dos Servidores do Estado de Pernambuco (Funape) e como membros do Conselho Nacional dos Dirigentes de Regimes Próprios de Previdência Social (Conaprev).

Portanto, conhecem na prática os desafios enfrentados pelos entes federativos na gestão da previdência dos servidores públicos e acompanharam de perto todas as discussões ocorridas ao longo dos últimos anos na formulação das políticas a ela relacionadas, com os avanços e sucessos alcançados e, necessário dizer, em alguns casos, os insucessos daquilo que não se conseguiu concretizar. Porém, além de gestores, são também servidores públicos efetivos do Estado de Pernambuco, e, dessa forma, compartilham as expectativas e apreensões daqueles que, como segurados, esperam receber no futuro os benefícios devidos por um Regime Próprio de Previdência Social.

Conforme se observa pela leitura do Sumário e da Apresentação, esta obra pretende alcançar tanto "iniciados" como "não iniciados" no tema, pois a partir do capítulo inicial introdutório (A Previdência Social Brasileira – Noções Básicas), onde apresentam a evolução histórico-normativa e uma visão geral dos regimes e benefícios previdenciários, passam a analisar a Emenda Constitucional 103/2019 em cada um de seus aspectos: o custeio; as regras de acesso, forma de cálculo e reajustamento das aposentadorias (comuns e especiais) e da pensão por morte; as regras de transição das aposentadorias; e outros aspectos específicos, como a acumulação de benefícios previdenciários, o abono de permanência e o regime de previdência complementar. Além disso, apresentam as mudanças ocorridas no sistema de proteção social dos militares, decorrentes da referida Emenda e da Lei 13.954/2019.

Em todos os capítulos há a preocupação de se apresentar exemplos que auxiliem a compreensão do leitor e de se estabelecer um paralelo entre as alterações aprovadas para os servidores da União e aquelas que foram (ou deverão ser) aprovadas e aplicadas aos servidores dos Estados, do Distrito Federal e dos Municípios. A decisão do Congresso Nacional de quebrar a uniformidade nas regras aplicáveis às aposentadorias dos servidores públicos nas três esferas da Federação, tradição encontrada desde a Constituição de 1988 e mesmo anterior a ela, trouxe um novo complicador para o sistema de previdência dos servidores públicos, não apenas para seu estudo, mas também, e especialmente, para sua gestão e equilíbrio de longo prazo.

Concluo registrando a satisfação de observar como ao longo dos anos esse segmento da previdência pública brasileira tem evoluído, aumentando seu grau de profissionalismo e qualificação e formando dirigentes e estudiosos como Tatiana e Maurício Roberto, que agora nos entregam este livro.

Narlon Gutierre Nogueira

Secretário de Previdência do Ministério da Economia

Lista de siglas

ADCT - Ato das Disposições Constitucionais Transitórias
ADI - Ação Direta de Inconstitucionalidade
ADPF - Arguição de Descumprimento de Preceito Fundamental
Ajufe - Associação dos Juízes Federais do Brasil
AMB - Associação dos Magistrados Brasileiros
Anadep - Associação Nacional das Defensoras e Defensores Públicos
Anfip - Associação Nacional dos Auditores Fiscais da Receita Federal do Brasil
ANS - Agência Nacional de Saúde Suplementar
BPC - Benefício de Prestação Continuada
BD - Benefício Definido
BPD - Benefício Previdenciário Diferido
CAPs - Caixas de Aposentadorias e Pensões
CCJC - Comissão de Constituição e Justiça e Cidadania
CD - Contribuição Definida
Ceme - Central de Medicamentos
CLT - Consolidação das Leis do Trabalho
CNPC - Conselho Nacional de Previdência Complementar
Conaprev - Conselho Nacional dos Dirigentes de Regimes Próprios de Previdência Social
CR/88 - Constituição da República Federativa do Brasil de 1988
CRP - Certificado de Regularidade Previdenciária
CRPC - Conselho de Recursos da Previdência Complementar
CTC - Certidão de Tempo de Contribuição
CV - Contribuição Variável
Dataprev - Empresa de Tecnologia e Informações da Previdência Social
DOU - Diário Oficial da União
EAPC - Entidades Abertas de Previdência Complementar
EC - Emenda Constitucional
EFPC - Entidades Fechadas de Previdência Complementar
DF - Distrito Federal
Funaben - Fundação Nacional do Bem-estar do Menor
Funrural - Fundo de Assistência ao Trabalhador Rural
IAPs - Institutos de Aposentadorias e Pensões
Iapas - Instituto de Administração Financeira da Previdência e Assistência Social
IAPM - Instituto de Previdência dos Marítimos
IN - Instrução Normativa

Inamps – Instituto Nacional de Assistência Médica da Previdência Social
INPS – Instituto Nacional de Previdência Social
INSS – Instituto Nacional do Seguro Social
IPC – Instituto de Previdência dos Congressistas
LBA – Fundação Legião Brasileira de Assistência
LC – Lei Complementar
LOA – Lei Orçamentária Anual
Loas – Lei Orgânica da Assistência Social
Lops – Lei Orgânica da Previdência Social
LRP – Lei de Responsabilidade Previdenciária
LTCAT – Laudo Técnico de Condições Ambientais de Trabalho
ME – Ministério da Economia
MF – Ministério da Fazenda
MI – Mandados de Injunção
MPAS – Ministério da Previdência e Assistência Social
MPOG – Ministério do Planejamento, Orçamento e Gestão
MTP – Ministério do Trabalho e Previdência
MTPS – Ministério do Trabalho e da Previdência Social
PEC – Proposta de Emenda Constitucional
PPP – Perfil Profissiográfico Previdenciário
Previc – Superintendência Nacional de Previdência Complementar
Pró-Rural – Programa de Assistência ao Trabalhador Rural
PSSC – Plano de Seguridade Social dos Congressistas
RGPS – Regime Geral de Previdência Social
RH – Recursos Humanos
RPC – Regime de Previdência Complementar
RPPS – Regime Próprio de Previdência Social
S.A – Sociedades Anônimas (S.A)
SEPRT – Secretaria Especial de Previdência e Trabalho do Ministério da Economia
Sinpas – Sistema Nacional de Previdência e Assistência Social
SPREV – Secretaria de Previdência
STF – Supremo Tribunal Federal
SURPC – Subsecretaria do Regime de Previdência Complementar
SURPPS – Subsecretaria dos Regimes Próprios de Previdência Social
SUS – Sistema Único de Saúde
Susep – Superintendência de Seguros Privados
TCU – Tribunal de Contas da União
Unafisco – Associação Nacional dos Auditores da Receita Federal do Brasil

Nota dos autores à 4ª edição

É com muita satisfação que entregamos a 4ª edição do nosso *Regime Previdenciário do Servidor Público,* que traz, em acréscimo, um capítulo que trata das ADIs referentes à EC nº 103/2019 e o estágio atual de julgamento no STF.

O leitor verificará que há grande probabilidade de serem declarados inconstitucionais os seguintes pontos da Emenda: alíquotas extraordinárias; ampliação da base de cálculo de contribuição de aposentados e pensionistas; tratamento desigual entre mulheres do RGPS e do RPPS em relação à composição dos proventos de aposentadoria; nulidade de aposentadoria já concedida sem tempo de contribuição; e progressividade de alíquotas de contribuição dos servidores públicos.

Além da ampliação, esta edição apresenta as modificações introduzidas na Portaria MTP nº 1.467/2022, que consolida as normas dos RPPS, em especial, pelas Portarias MPS nºs 1.180, de 16/4/2024; 1.499, de 28/05/2024; e 3.811, de 4/12/2024.

Seguindo o processo das revisões anteriores, atualizamos os mais de cem exemplos presentes nesta obra, em razão do aumento dos valores do salário-mínimo e do teto do RGPS. Ressaltamos o caráter pedagógico dos exemplos, como recurso facilitador para o aprendizado da matéria, sendo de extrema utilidade para aqueles que necessitam não só da teoria, mas, principalmente, da aplicação da norma em casos concretos.

Esperamos que esta obra contribua para a disseminação da cultura previdenciária, que abrange não só o conhecimento dos direitos dos segurados e beneficiários do RPPS como também o entendimento da organização e de seu funcionamento, orientando aqueles que trabalham na gestão e na fiscalização desses regimes.

Tatiana de Lima Nóbrega
Maurício Roberto de Souza Benedito

Nota dos autores à 3ª edição

Esta terceira edição do *Regime Previdenciário do Servidor Público* foi revista e ampliada para trazer os dispositivos relevantes da Portaria MTP nº 1.467, de 2 de junho de 2022, que consolida as normas dos regimes próprios de previdência do servidor público (RPPS).

Além de consolidar, em seu texto, 87 atos ministeriais, a Portaria MTP nº 1.467/2022 atualiza os parâmetros gerais e as orientações aplicáveis aos regimes previdenciários dos servidores dos entes federativos. Seu fundamento de validade encontra-se no art. 9º da Lei nº 9.717/1998, *Lei Geral do RPPS*, recepcionada pela EC nº 103/2019 com o status de lei complementar.

O capítulo 2 foi ampliado para trazer as normas gerais da Portaria relativas à contribuição previdenciária e ao equilíbrio financeiro e atuarial dos regimes de previdência dos servidores. Passou a denominar-se *Fundamentos, normas gerais e princípios do RPPS*.

O capítulo 4, que trata das aposentadorias especiais, também foi ampliado, a fim de incorporar as instruções para o reconhecimento do tempo de exercício de atividades com efetiva exposição a agentes nocivos ou sob condições especiais prejudiciais à saúde ou à integridade física do servidor, previstas nos Anexos III e IV da Portaria MTP nº 1.467/2022.

O capítulo 6, que originalmente tratava apenas da acumulação de benefícios, foi ampliado para trazer as disposições gerais sobre benefícios, previstas na mencionada Portaria, e que se aplicam a todos os RPPS, independentemente de os entes terem modificado sua legislação previdenciária. Além disso, nele encontra-se nossa opinião acerca de temas controversos, como o direito adquirido à percepção de mais de dois benefícios recebidos em acumulação com outro benefício adquirido durante a vigência da EC nº 103/2019. Outro tema controverso é a aplicação dos redutores nas pensões por morte instituídas por segurado que acumulava, legitimamente, cargos públicos.

Os capítulos 13 e 14, que abordam, respectivamente, o regime de previdência complementar dos servidores públicos e a situação atual dos entes subnacionais em face da EC nº 103/2019, foram atualizados para demonstração do atual cenário nacional dos entes federativos que instituíram regime previdenciário complementar para seus servidores e novas normas paramétricas e de cálculo de benefícios (aposentadoria e pensão por morte).

Os mais de cem exemplos presentes nesta obra foram revistos para atualização dos valores do salário-mínimo e do teto do RGPS. Esses exemplos facilitam muito o aprendizado da matéria, sendo de extrema utilidade para aqueles que necessitam não só da teoria, mas, principalmente, da aplicação da norma em casos concretos.

O esforço de atualização deste livro propiciou o seu aprimoramento, o que nos deixa muito satisfeitos em poder entregar esta terceira edição.

Tatiana de Lima Nóbrega

Maurício Roberto de Souza Benedito

NOTA DOS AUTORES À 2ª EDIÇÃO

É com imensa satisfação que apresentamos a segunda edição desta obra, que julgamos ser de grande utilidade para todos que desejam ou necessitam conhecer o regime previdenciário do servidor público, quer para entender seus direitos e planejar seu futuro (servidores públicos), quer para bem exercer suas atividades profissionais no âmbito da Administração Pública (técnicos, gestores e auditores).

Nesta edição, além da revisão do cálculo de alguns dos exemplos em face da atualização dos valores do salário-mínimo e do teto do RGPS, foi adicionada, no capítulo de acumulação de benefícios previdenciários, uma subseção para discutir e exemplificar a aplicação do teto remuneratório constitucional, considerando os Temas 359, 377 e 384 do STF, o qual pacificou a controvérsia anteriormente existente sobre a matéria.

Tendo em vista o escoamento do prazo constitucional conferido aos entes subnacionais para a instituição do regime de previdência complementar para os seus servidores (que se deu em 12 de novembro de 2021), o capítulo 13 foi revisitado e complementado com as novas orientações da Subsecretaria do Regime de Previdência Complementar do Ministério do Trabalho e de Previdência (MTP), em especial para nortear os entes federativos no processo de seleção da entidade de previdência que fará a gestão do plano de benefícios dos servidores que aderirem ao regime. O atual cenário nacional da previdência complementar do servidor público também foi apresentado a partir de informações, quadros e tabelas extraídos dos sítios eletrônicos do MTP, atualizados periodicamente por esse Ministério.

O capítulo 14 foi complementado, a fim de que o leitor tenha ciência de como alguns entes federativos fizeram suas reformas previdenciárias, mediante a explicitação da legislação reformadora e a descrição de alguns critérios, como (1) idades mínimas para as regras permanentes de aposentadorias voluntárias; (2) pontuação mínima e percentual de pedágio nas regras de transição; (3) forma de cálculo das pensões por morte; e (4) forma de instituição e cobrança das alíquotas previdenciárias (se uniforme ou progressiva). Foi inserida, ainda, subseção que trata da EC 113/2021 e seus reflexos na reforma previdenciária dos Municípios em débito com seus respectivos RPPS. As informações atualizadas desse capítulo serão de grande valia para os gestores dos entes que ainda não fizeram suas reformas, pois subsidiarão as discussões e os estudos técnicos, que devem preceder as mudanças na legislação previdenciária dos seus servidores.

Esperamos ter alcançado nosso objetivo!

Tatiana de Lima Nóbrega

Maurício Roberto de Souza Benedito

Apresentação

Após longa espera de três anos, em que acompanhamos a tramitação da malograda PEC nº 287/2016 e os percalços da PEC nº 06/2019, veio a lume esta obra, que traz o regime previdenciário do servidor público atualizado pelas reformas previdenciárias, em especial a reforma da previdência veiculada pela EC nº 103/2019.

Como a massa precisa descansar para dar um bom pão, a espera foi importante para que pudéssemos acompanhar e assinalar a superveniente produção legislativa previdenciária infraconstitucional, ainda não finalizada, mas já adiantada em seu constante processo integrativo.

Intentamos demonstrar de forma clara, objetiva, sem preciosismo e eruditismo improfícuos, as mudanças introduzidas pela EC nº 103/2019 e sua aplicabilidade no âmbito federal, para o qual a Emenda trouxe novos parâmetros de acesso aos benefícios previdenciários do servidor público da União, e no âmbito dos entes subnacionais, que, a partir da vigência da Emenda, passaram a ter competência para legislar sobre as regras de acesso à aposentadoria e à pensão por morte dos seus servidores públicos, bem como à sua forma de cálculo.

Sabedores da complexidade da matéria, com suas implicações no campo do direito subjetivo do servidor público e da gestão do regime previdenciário, procuramos estruturar este livro de forma didática, porém não superficial, que sirva tanto para o leitor ainda não familiarizado com o assunto como para aqueles que laboram na seara previdenciária do servidor público, seja na área administrativa como na judiciária.

Buscamos, sempre que possível, enriquecer os capítulos com exemplos práticos, a fim de oportunizar a fixação dos requisitos e critérios estabelecidos pelas novas regras previdenciárias trazidas pelo legislador constituinte reformador de 2019. Com o decurso do tempo, porém, o cálculo de alguns dos exemplos deve ser revisto pelo leitor em função da atualização anual dos valores do salário-mínimo, do teto do RGPS e das faixas de valores de incidência da contribuição previdenciária.

O primeiro capítulo traz noções básicas de previdência social, necessárias para a compreensão das mudanças trazidas pela Emenda, abordando, sobretudo, aspectos históricos, conceituais e o disciplinamento constitucional previdenciário ao longo do tempo. O segundo explicita os princípios constitucionais previdenciários insertos no art. 40 da CR/88.

O terceiro capítulo aborda as espécies de aposentadoria do regime próprio de previdência social do servidor público, com regras de acesso, forma de cálculo e reajustamento, demonstrando as alterações promovidas pela EC 103/2019 e sua repercussão no âmbito de validade dos entes subnacionais. O quarto capítulo cuida das aposentadorias especiais, com o mesmo tratamento conferido ao capítulo terceiro. O quinto capítulo demonstra as mudanças do benefício de pensão por morte, explicitando a situação dos dependentes dos segurados do regime previdenciário da União, para o qual a Emenda trouxe novas regras de acesso e de forma de cálculo do benefício, da situação dos dependentes dos segurados dos regimes de previdência dos entes subnacionais que ainda não modificaram sua legislação interna.

O sexto capítulo traz o disciplinamento constitucional conferido às hipóteses de acumulação de benefícios previdenciários, aplicáveis a todos os entes federativos, e o sétimo aborda o instituto do abono de permanência do servidor público, com enfoque nas mudanças promovidas pelo legislador constituinte de 2019.

Os capítulos oitavo e nono esmiúçam as regras de transição do servidor público federal, seja de aposentadoria voluntária comum, seja de aposentadoria com critérios diferenciados (aposentadoria especial), sem olvidar da situação dos servidores públicos dos entes subnacionais que não fizeram suas reformas previdenciárias.

O décimo capítulo aborda as situações de direito adquirido do servidor público federal que cumpriu as exigências de alguma regra de aposentadoria voluntária vigente até a data de publicação da EC nº 103/2019, bem como a situação de direito adquirido dos servidores dos entes subnacionais que não modificaram sua legislação interna.

O décimo primeiro traz as mudanças promovidas pela mencionada Emenda no regime previdenciário dos parlamentares e o décimo segundo aborda o Sistema de Proteção Social dos Militares, com a inovação trazida pelo legislador constituinte reformador para os militares dos Estados, que passaram a ter regras de inatividade simétricas às dos militares das Forças Armadas.

O décimo terceiro capítulo aborda o regime de previdência complementar, com enfoque no regime previdenciário complementar do servidor público, ressaltando a obrigatoriedade de instituição desse regime pelos entes subnacionais, no prazo máximo de dois anos, contados da data de publicação da referida Emenda.

O décimo quarto capítulo traz a situação dos regimes próprios dos entes subnacionais em face da reforma previdenciária veiculada pela EC nº 103/2019 e da "PEC Paralela", que ainda tramita no Congresso Nacional. Procuramos trazer, também, em quadro sintético, a situação dos entes subnacionais que fizeram suas reformas previdenciárias (planos de benefícios) e daqueles que adequaram sua legislação em cumprimento dos comandos constitucionais cogentes.

Esperamos que este livro contribua para a disseminação da cultura previdenciária, com o conhecimento da legislação aplicada ao servidor público e das normas de organização e funcionamento dos RPPS de nosso País.

Bom estudo!

Sumário

Capítulo 1

A PREVIDÊNCIA SOCIAL BRASILEIRA – NOÇÕES BÁSICAS

Este capítulo visa oferecer ao leitor noções básicas de previdência social, necessárias para a compreensão do regime previdenciário do servidor público, modificado, em especial, pela Emenda Constitucional (EC) nº 103, de 12 de novembro de 2019[1].

Os tópicos tratarão dos aspectos conceituais, da evolução histórico-normativa, da competência legislativa, dos regimes previdenciários – benefícios e segurados –, além da síntese das mudanças provenientes das reformas da previdência social brasileira.

1.1 ASPECTOS CONCEITUAIS E DEFINIÇÃO

Conceituar a previdência social exige, antes de tudo, reconhecer seu aspecto polissêmico, uma vez que o termo tanto pode ser empregado com maior abrangência, como sinônimo de seguridade social, quanto pode ser tomado em seu sentido restrito: espécie de seguro social que se destina às pessoas que exercem, formalmente, alguma atividade laborativa remunerada.

Há, ainda, outro sentido dado à previdência social, que a coloca como sinônimo do Regime Geral de Previdência Social (RGPS), em função do disposto no art. 201 da Constituição da República Federativa de Brasil de 1988 (CR/88), segundo o qual "a previdência social será organizada sob a forma do Regime Geral de Previdência Social". Em verdade, essa é uma acepção equivocada, já que o RGPS é um dos regimes da previdência social pública, com ela não se confundindo.

Para uma correta definição, entretanto, devemos entender a previdência como um **seguro social**, que visa à cobertura de riscos, como doença, idade avançada, invalidez, morte e outras situações de privação de renda familiar, para garantir ao trabalhador e à sua família condições de sobrevivência, mediante reposição de renda.

De acordo com Leite, mencionado por Borges (2010, p. 38), a previdência social:

> É o mais importante dos programas de seguridade social; a tal ponto que essa predominância chega a concorrer para certa confusão entre as duas expressões. Sabe-se igualmente que a previdência social se destina à população economicamente ativa, ou seja, a quem exerce atividade remunerada – no fundo a garantia primeira pelo menos dos recursos essenciais à subsistência.

Não há, então, como confundir previdência com seguridade social, porque aquela está contida nesta, nem previdência com o RGPS, já que aquela contém este.

1. Publicada no Diário Oficial da União (DOU) em 13 de novembro de 2019.

A seguridade social está prevista no art. 194 da CR/88, que a define como um conjunto integrado de ações de iniciativa pública e da sociedade, com a finalidade de assegurar a seguinte tríade de direitos: saúde, previdência e assistência social. Deve ser financiada por toda a sociedade, direta ou indiretamente, com recursos dos orçamentos dos entes federados e das contribuições sociais previstas no art. 195 da CR/88[2].

A organização da seguridade social deve considerar os seguintes princípios previstos no parágrafo único do art. 194 da CR/88: (1) universalidade da cobertura e do atendimento; (2) uniformidade e equivalência dos benefícios e serviços às populações urbanas e rurais; (3) seletividade e distributividade na prestação dos benefícios e serviços; (4) irredutibilidade do valor dos benefícios; (5) equidade na forma de participação no custeio; (6) caráter democrático e descentralizado da administração, mediante gestão quadripartite, com participação dos trabalhadores, dos empregadores, dos aposentados e do governo nos órgãos colegiados; e (7) diversidade da base de financiamento, com rubricas contábeis específicas por área (saúde, assistência e previdência), preservado o caráter contributivo da previdência social.

A seguridade social, então, considerando seu delineamento constitucional, compõe-se de três pilares: **saúde**, **assistência** e **previdência**, este último marcado por uma característica que o distingue dos demais: a **contributividade**. Como já assinalamos, a previdência é um seguro social para o qual existe a necessidade do pagamento de um prêmio (no caso, contribuição previdenciária), para que, na ocasião do evento, a cobertura seja garantida ao segurado. Os eventos são aqueles que impedem o cidadão de trabalhar (doença, invalidez, morte, idade avançada), ocasionando perda da receita financeira necessária ao sustento próprio e familiar.

Aqueles que não detêm capacidade contributiva, por não disporem de recursos, estão amparados pela assistência social, um sistema de proteção gratuito para as pessoas necessitadas, previsto no art. 203 da CR/88[3].

A assistência social, por não ser contributiva, é, geralmente, mais onerosa para o Estado. De acordo com Barroso, citado por Borges (2010, p. 39), "se toda a população fosse economicamente ativa e, portanto, estivesse coberta pela previdência social, a rigor não haveria necessidade de assistência social (...)".

2. CR/88, art. 195, com a redação conferida pelas EC nºs 20/1998, 42/2003 e 103/2019: "A seguridade social será financiada por toda a sociedade, de forma direta e indireta, nos termos da lei, mediante recursos provenientes dos orçamentos da União, dos Estados, do Distrito Federal e dos Municípios, e das seguintes contribuições sociais: I – do empregador, da empresa e da entidade a ela equiparada na forma da lei, incidentes sobre: a) a folha de salários e demais rendimentos do trabalho pagos ou creditados, a qualquer título, à pessoa física que lhe preste serviço, mesmo sem vínculo empregatício; b) a receita ou o faturamento; c) o lucro; II – do trabalhador e dos demais segurados da previdência social, podendo ser adotadas alíquotas progressivas de acordo com o valor do salário de contribuição, não incidindo contribuição sobre aposentadoria e pensão concedidas pelo Regime Geral de Previdência Social; III – sobre a receita de concursos de prognósticos; IV – do importador de bens ou serviços do exterior, ou de quem a lei a ele equiparar."

3. CR/88, art. 203, com a redação original: "A assistência social será prestada a quem dela necessitar, independentemente de contribuição à seguridade social, e tem por objetivos: I – a proteção à família, à maternidade, à infância, à adolescência e à velhice; II – o amparo às crianças e adolescentes carentes; III – a promoção da integração ao mercado de trabalho; IV – a habilitação e reabilitação das pessoas portadoras de deficiência e a promoção de sua integração à vida comunitária; V – a garantia de um salário mínimo de benefício mensal à pessoa portadora de deficiência e ao idoso que comprovem não possuir meios de prover à própria manutenção ou de tê-la provida por sua família, conforme dispuser a lei."

Já a saúde está prevista no art. 196 da CR/88[4], configurada como um direito social e dever estatal, assegurado por políticas públicas que objetivam a redução do risco de enfermidades e o acesso universal e equânime às ações e serviços.

A despeito de ser um "dever do Estado", os serviços de saúde podem ser prestados pela iniciativa privada, que deverá observar, quanto às condições de seu funcionamento, as normas do órgão de direção do Sistema Único de Saúde (SUS). A regulação e a fiscalização do setor privado de saúde competem à Agência Nacional de Saúde Suplementar (ANS).

Enquanto as ações públicas de saúde e de assistência estão disponíveis a todos que delas necessitem, sem exigência de contraprestação pecuniária por parte do tomador do serviço, a previdência social só é prestada àquele que para ela contribuir, devido ao seu caráter contributivo. Amado (2015, p. 21) traz-nos o seguinte ensinamento:

> Deveras, dentro da seguridade social, coexistem dois subsistemas: de um lado o subsistema contributivo, formado pela previdência social, que pressupõe o pagamento (...) de contribuições previdenciárias dos segurados para a sua cobertura previdenciária e dos seus dependentes.
>
> Do outro, o subsistema não contributivo, integrado pela saúde pública e pela assistência social, pois ambas são custeadas pelos tributos em geral (...) e disponíveis a todas as pessoas que delas necessitarem, inexistindo a exigência de pagamento de contribuições específicas dos usuários para o gozo dessas atividades públicas.

Importante mencionar que a previdência é um direito social (fundamental, portanto) previsto no art. 6º da CR/88[5] e que, embora constitua um direito, é, também, um dever do trabalhador, seja este da esfera pública ou privada. Constitui um **direito** porque o Estado tem a obrigação de prover, mediante o pagamento de um benefício previdenciário, as necessidades básicas do trabalhador que não puder mais trabalhar, geralmente por motivo de saúde, idade avançada ou morte, neste último caso, havendo a proteção familiar por meio do pagamento da pensão previdenciária. Trata-se, ainda, de um **dever** porque o trabalhador tem a obrigação de ser segurado (seguro social) de um regime previdenciário público[6], para ele contribuindo, mediante contraprestação pecuniária, correspondente a um percentual de sua renda.

A contraprestação pecuniária do trabalhador ocorre por meio do pagamento de uma **contribuição previdenciária,** de natureza tributária. Como já visto, a contributividade é o caráter distintivo da previdência social. Ibrahim, Tavares e Vieira (2004, p. 2) oferecem-nos preciso esclarecimento:

> A previdência (...) não é um programa de proteção gratuito, mas sim um verdadeiro seguro cujas regras, de atendimento obrigatório, estão previstas em lei, e não em contrato. A esse sistema não se filia e não contribui quem quer. A adesão decorre de previsão legal, bem como a cobrança de contribuição social tem natureza de exigência tributária.

4. CR/88, art. 196, com a redação original: "A saúde é direito de todos e dever do Estado, garantido mediante políticas sociais e econômicas que visem à redução do risco de doença e de outros agravos e ao acesso universal e igualitário às ações e serviços para sua promoção, proteção e recuperação."
5. CR/88, art. 6º, com a redação conferida pela EC nº 90/2015: "São direitos sociais a educação, a saúde, a alimentação, o trabalho, a moradia, o transporte, o lazer, a segurança, a previdência social, a proteção à maternidade e à infância, a assistência aos desamparados, na forma desta Constituição."
6. A previdência social pública possui dois regimes previdenciários: o Regime Geral de Previdência Social (RGPS) e o Regime Próprio de Previdência Social (RPPS).

Estabelecida a diferença entre seguridade e previdência e entre esta e os demais pilares da seguridade social, cumpre fixar melhor os aspectos conceituais da previdência social, para a qual apresentamos a seguinte definição:

PREVIDÊNCIA SOCIAL

O QUE É? Seguro social.

PARA QUEM? Para os cidadãos economicamente ativos e com capacidade contributiva.

COMO? Por meio de vinculação a um regime previdenciário e de pagamento de contribuição previdenciária específica.

PARA QUÊ? Para garantir reposição ou complementação de renda.

QUANDO? Na ocorrência de eventos que inviabilizem sua capacidade laborativa.

1.2 EVOLUÇÃO HISTÓRICO-NORMATIVA

A doutrina majoritária entende que o marco normativo da previdência social no Brasil deu-se em 1923, com o Decreto Federal nº 4.682, de 24 de janeiro de 1923, denominado de Lei Eloy Chaves, por meio do qual foram instituídas as Caixas de Aposentadorias e Pensões (CAPs) para os empregados das empresas de estradas de ferro do país. Três anos após sua edição, a Lei Eloy Chaves foi alterada pelo Decreto nº 5.109, de 20 de dezembro de 1926, para estender as CAPs aos trabalhadores portuários e marítimos. De acordo com Nogueira (2012, p. 42):

> A escolha das primeiras categorias de trabalhadores urbanos do setor privado incluídos no sistema de previdência social proporcionado pelas CAPs – ferroviários, portuários e marítimos – se justifica por duas razões: a importância que desempenhavam para o modelo capitalista então vigente no Brasil, baseado em uma economia voltada para a exportação de produtos primários, priorizando assim setores ligados às atividades de infraestrutura, e a capacidade de mobilização e organização dessas categorias, tornando necessário buscar a sua cooperação por meio da proteção social que lhes era concedida.

A partir de 1933, surgiram os Institutos de Aposentadorias e Pensões (IAPs), que, ao contrário do que ocorria com as CAPs, eram voltados não para uma empresa específica, mas, genericamente, a toda uma categoria de trabalhadores. Assim foram criados os IAPSs dos marítimos (1933), dos comerciários e dos bancários (1934), dos industriários (1936) e dos empregados de transportes e cargas (1938).

Amado (2015), em seu livro *Direito Previdenciário*, entende que a Lei Eloy Chaves pode ser considerada como o marco inicial da previdência brasileira, mas da previdência privada, pois as CAPs eram administradas pelas empresas privadas e não pelo poder público, que apenas as regulava e as supervisionava. Para esse autor, *a* previdência pública brasileira iniciou-se em 1933, com o Decreto nº 22.872, de 29 de junho de 1933, que criou o Instituto de Aposentadoria e Pensões dos Marítimos (IAPM), gerido pela Administração Pública.

A Constituição de 1934, na alínea "h" do § 1º do art. 121, estatuiu o tríplice custeio da previdência social, com a estipulação de contribuição igualitária da União, do empregador e do empregado, "a favor da velhice, da invalidez, da maternidade e nos casos de acidentes de trabalho ou de morte"[7].

7. CR/34, art. 121, § 1º, "h": "A lei promoverá o amparo da produção e estabelecerá as condições do trabalho, na cidade e nos campos, tendo em vista a proteção social do trabalhador e os interesses econômicos do País. § 1º A legislação do trabalho observará os seguintes preceitos, além de outros que colimem melhorar as condições do trabalhador:

A Carta Política de 1937 trouxe, no art. 137, a previsão de que a legislação trabalhista teria como preceito "a instituição de seguros de velhice, de invalidez, de vida e para os casos de acidente de trabalho"[8].

Já a Constituição de 1946, nos arts. 5º e 6º, tratou a previdência com certa autonomia sobre a legislação trabalhista, estabelecendo a previdência social como matéria de competência concorrente entre a União e os Estados[9]. As contribuições da União, do empregador e do empregado deixaram de ser paritárias e determinou-se a "obrigatoriedade da instituição do seguro pelo empregador contra os acidentes do trabalho", nos termos dos incisos XVI e XVII do art. 157[10].

Em 26 de agosto de 1960, foi promulgada a Lei 3.807, a Lei Orgânica da Previdência Social (Lops) e, em 1961, o Ministério do Trabalho, Indústria e Comércio foi transformado em Ministério do Trabalho e da Previdência Social (MTPS).

Em 1966, foi criado o Instituto Nacional de Previdência Social (INPS) pelo Decreto-Lei nº 72/1966, que passou a vigorar a partir de janeiro de 1967, com a unificação dos antigos IAPs. Também em 1967, por meio da Lei nº 5.316, de 14 de setembro de 1967, o seguro de acidentes do trabalho deixou de estar a cargo das seguradoras para passar a integrar o INPS.

A Emenda Constitucional nº 1, de 1969, em relação à previdência social, previu, em seu art. 165, o salário-família (II), o seguro-desemprego (XVI) e exigência de prévia fonte de custeio total para a criação, majoração ou extensão da prestação de serviço de assistência ou benefício (parágrafo único)[11].

Em 1971, houve a inclusão dos trabalhadores rurais na previdência por meio da Lei Complementar nº 11, de 25 de maio de 1971, instituidora do Programa de Assistência ao Trabalhador Rural (Pró-Rural), mantido pelos recursos do Fundo de Assistência ao Trabalhador Rural (Funrural). Os trabalhadores rurais faziam jus aos seguintes benefícios: aposentadoria por velhice e por invalidez; pensão por morte; auxílio-funeral; e serviços de saúde e social. Consoante Amado (2015, p. 71), na previdência rural:

(...) h) assistência médica e sanitária ao trabalhador e à gestante, assegurando a esta descanso antes e depois do parto, sem prejuízo do salário e do emprego, e instituição de previdência, mediante contribuição igual da União, do empregador e do empregado, a favor da velhice, da invalidez, da maternidade e nos casos de acidentes de trabalho ou de morte".

8. CR/37, art. 137: "A legislação do trabalho observará, além de outros, os seguintes preceitos: (...) m) a instituição de seguros de velhice, de invalidez, de vida e para os casos de acidentes do trabalho".

9. CR/46, art. 5º: "Compete à União: (...) XV – legislar sobre: (...) b) normas gerais de direito financeiro; de seguro e previdência social; de defesa e proteção da saúde; e de regime penitenciário; Art. 6º A competência federal para legislar sobre as matérias do art. 5º, n. XV, letras *b, e, d, h, j, l, o* e *r*, não exclui a legislação estadual supletiva ou complementar."

10. CR/46, art. 157: "A legislação do trabalho e a da previdência social obedecerão aos seguintes preceitos, além de outros que visem a melhoria da condição dos trabalhadores: (...) XVI – previdência, mediante contribuição da União, do empregador e do empregado, em favor da maternidade e contra as consequências da doença, da velhice, da invalidez e da morte; XVII – obrigatoriedade da instituição do seguro pelo empregador contra os acidentes do trabalho."

11. EC nº 1/69, art. 165: "A Constituição assegura aos trabalhadores os seguintes direitos, além de outros que, nos termos da lei, visem à melhoria de sua condição social: (...) II – salário-família aos seus dependentes;(...) XVI – previdência social nos casos de doença, velhice, invalidez e morte, seguro-desemprego, seguro contra acidentes do trabalho e proteção da maternidade, mediante contribuição da União, do empregador e do empregado; (...) Parágrafo único. Nenhuma prestação de serviço de assistência ou de benefício compreendidos na previdência social será criada, majorada ou estendida, sem a correspondente fonte de custeio total."

As aposentadorias correspondiam à metade do salário mínimo vigente, ao passo que a pensão por morte a 30% do salário mínimo. Já o auxílio-funeral era no valor de um salário-mínimo.

Ou seja, naquela época coexistiam dois regimes previdenciários em paralelo: o Programa de Assistência ao Trabalhador Rural (Lei Complementar nº 11/1971) e a Previdência Social Urbana (Lei nº 3.807/1960).

Com a Lei nº 5.859, de 11 de dezembro de 1972, os empregados domésticos passaram a ser incluídos no sistema de previdência social e, em 1973, foi a vez dos trabalhadores autônomos, com a publicação a Lei nº 5.890, finalizando o processo de universalização da previdência social, sob o aspecto formal-legal (NOGUEIRA, 2012).

Em 1974, as questões trabalhistas e previdenciárias foram separadas com a criação do Ministério da Previdência e Assistência Social (MPAS) pela Lei nº 6.036, de 1º de maio de 1974.

Em 1977, a Lei nº 6.435, de 15 de julho de 1977, permitiu a criação da previdência complementar privada, por meio das entidades abertas e fechadas. Foi a época do surgimento dos fundos de pensões das empresas estatais, como a previdência complementar privada do Banco do Brasil e da Petrobras.

Ainda em 1977, a Lei nº 6.439, de 1º de setembro de 1977, criou o Sistema Nacional de Previdência e Assistência Social (Sinpas), composto pelo Instituto de Administração Financeira da Previdência e Assistência Social – arrecadação e fiscalização das contribuições (Iapas); o Instituto Nacional de Assistência Médica da Previdência Social (Inamps); o Instituto Nacional da Previdência Social – responsável pela gestão dos benefícios previdenciários (INPS); a Fundação Legião Brasileira de Assistência – assistência aos idosos e gestantes carentes (LBA); a Fundação Nacional do Bem-Estar do Menor – responsável pelos menores carentes (Funaben); a Central de Medicamentos – fabricação de medicamentos a baixo custo (Ceme); e a Empresa de Tecnologia e Informações da Previdência Social – controle de dados (Dataprev).

Com a Constituição de 1988, a seguridade social do Brasil foi alçada a um **sistema de proteção social**. Antes dela, nenhuma Carta Política havia tratado a seguridade de forma sistêmica. A Constituição Cidadã passou, então, a prever um sistema de proteção contra riscos sociais, a fim de evitar a miséria e a insegurança da população, que poderiam advir do desemprego, da enfermidade, da invalidez e demais situações de desamparo social. No dizer de Borges (2010, p. 33):

Até a Constituição atual, nosso ordenamento constitucional focava-se na figura burocrática do Estado e incluía dispositivos relacionados aos direitos e garantias individuais e à ordem econômica e social, estes presentes apenas a partir da Constituição de 1934. A conjugação desses dispositivos é que permitia uma certa feição ao parco espectro de proteção social proposta, naquelas ocasiões, pelo Estado brasileiro.

A CR/88 erigiu, assim, a previdência a um direito social (fundamental, portanto), previsto em seu art. 6º, dedicando um capítulo específico à seguridade social, contido no título "Ordem Social", que tem por finalidade o bem-estar e a justiça social, consoante o disposto no art. 193[12].

12. CR/88, art. 193, com sua redação original: "a ordem social tem como base o primado do trabalho, e como objetivo o bem-estar e a justiça sociais."

Os artigos 194 e 195 da CR/88 trazem a seguridade social como um conjunto integrado de ações de iniciativa dos poderes públicos e da sociedade, que objetivam assegurar direitos relativos à saúde, à previdência e à assistência social, devendo ser financiada por toda a sociedade, direta e indiretamente, mediante recursos provenientes dos orçamentos dos entes federados e das contribuições sociais.

Sintetizando as principais conquistas no campo da proteção social, Amado (2015, p. 72) elenca as seguintes inovações trazidas pela CR/88:

- A saúde pública passou a ser gratuita a todos os brasileiros, pois não mais depende de contribuições específicas.
- Garantia de um salário mínimo ao idoso ou deficiente carente no campo da assistência social.
- Os benefícios previdenciários que substituem a remuneração dos trabalhadores passaram a ser de, pelo menos, um salário mínimo, o que beneficiou os povos rurais.
- Os trabalhadores rurais, os garimpeiros e o pescador artesanal passaram a ter direito a uma redução de 05 anos na idade para gozar do benefício da aposentadoria por idade.
- O homem passou a ter o direito à pensão por morte, pois anteriormente apenas tinham direito os maridos inválidos.

A CR/88 trouxe, ainda, a obrigação de a Lei Orçamentária Anual (LOA) da União contemplar o orçamento da seguridade social, além do orçamento fiscal e de investimento das estatais. Antes o orçamento do governo federal não contemplava o da seguridade, que era aprovado apenas pelo Poder Executivo, comprometendo a transparência das despesas com o sistema protetivo social.

A CR/88 também criou mecanismos públicos de controle da seguridade social, a exemplo dos conselhos tripartites de acompanhamento das políticas públicas.

Essas foram inovações trazidas pelo legislador constituinte originário, ou seja, constantes do texto original da CR/88. As mudanças provenientes das emendas constitucionais reformadoras da previdência social serão tratadas em tópico específico.

1.3 COMPETÊNCIA LEGISLATIVA

A competência para legislar sobre seguridade social é privativa da União, conforme o disposto no inciso XXIII do art. 22 da CR/88[13]. Já a competência para legislar sobre previdência social é concorrente entre a União, os Estados e o Distrito Federal (DF), nos termos do inciso XII do art. 24 da CR/88[14]. Ora, se a previdência, como já visto, faz parte da seguridade social, como conciliar essas disposições aparentemente conflitantes?

Em verdade, a concorrência entre os entes políticos em matéria de previdência dá-se apenas no âmbito da previdência social do servidor público. Nesse caso, a União edita normas gerais sobre o regime previdenciário próprio do servidor, cabendo aos demais entes dispor sobre a matéria de forma suplementar, nos termos do art. 24 e dos incisos I e II do art. 30[15] da CR/88. Para Amado (2015, p. 23):

---

13. CR/88, art. 22, com a redação original: "Compete privativamente à União legislar sobre: (...) XXIII – seguridade social".
14. CR/88, art. 24, com a redação original: "Compete à União, aos Estados e ao Distrito Federal legislar concorrentemente sobre: (...) XII – previdência social, proteção e defesa da saúde".
15. CR/88, art. 30, com a redação original: "Compete aos Municípios: I – legislar sobre assuntos de interesse local; II – suplementar a legislação federal e a estadual no que couber (...)".

> Essa aparente antinomia é solucionada da seguinte maneira: apenas a União poderá legislar sobre previdência social, exceto no que concerne ao regime de previdência dos servidores públicos efetivos dos estados, do Distrito Federal e dos municípios, que poderão editar normas jurídicas para instituí-los e discipliná-los, observadas as normas gerais editadas pela União e as já postas pela própria Constituição.

Assim, os Estados, o DF e os Municípios, no âmbito da competência suplementar, legislam sobre o funcionamento dos regimes previdenciários dos seus servidores públicos. Inexistindo lei federal sobre normas gerais, esses entes políticos exercerão a competência legislativa plena, para atender a suas peculiaridades, nos termos do § 3º do art. 24 da CR/88[16].

Ocorre que, só uma década após a promulgação da Carta Magna de 1988, a União editou as normas gerais de organização e funcionamento dos regimes próprios de previdência social dos servidores públicos, com a publicação da Lei nº 9.717, de 27 de novembro de 1998, que foi recepcionada pelo legislador constituinte reformador de 2019, enquanto não editada a lei complementar de que trata o art. 9º da EC nº 103/2019[17].

Até a publicação da Lei nº 9.717/1998, então, os entes federativos exerciam sua competência legislativa plena, em face de ausência de normas gerais e do disposto no art. 13 da Lei nº 8.212, de 24 de julho de 1991[18], que exclui do RGPS os servidores públicos e os militares, desde que sujeitos a sistema próprio de previdência social.

De acordo com Nogueira (2012, p. 130):

> Observa-se que existiu, a partir da Constituição de 1988, uma associação de fatores que possibilitaram e incentivaram uma rápida expansão dos regimes próprios de previdência social dos servidores públicos nos Estados e Municípios: a obrigatoriedade de instituição do regime jurídico único, o maior rigor na cobrança das contribuições devidas ao INSS e <u>a ausência de uma lei federal estabelecendo normas gerais</u>. (g.n.)

Com a alteração promovida pela EC nº 103/2019 no art. 40 da CR/88, acrescendo-lhe o § 22, fica proibida a instituição de novos regimes próprios de previdência social dos servidores públicos, com a determinação, para os já existentes, de submissão às normas gerais de organização, funcionamento e de responsabilidade a serem estabelecidas por lei complementar federal, que deverá dispor, em especial, sobre: (1) requisitos para extinção do RPPS pelo ente federativo; (2) modelo de arrecadação, de aplicação e de utilização dos recursos; (3) definição de equilíbrio financeiro e atuarial e mecanismos de equacionamento do *deficit* atuarial; (4) fiscalização pela União e controle externo e social; (5) condições para instituição do fundo previdenciário de que trata o art. 249 da CR/88, para estruturação do órgão ou entidade gestora do regime e para responsabilização dos gestores do RPPS; (6) condições para adesão a consórcio público; e (7) parâmetros para apuração da base de cálculo e definição de alíquota de contribuições ordinárias e extraordinárias.

---

16. CR/88, art. 24, com a redação original: "(...) § 3º Inexistindo lei federal sobre normas gerais, os Estados exercerão a competência legislativa plena, para atender a suas peculiaridades."
17. EC nº 103/2019, art. 9º: "Até que entre em vigor lei complementar que discipline o § 22 do art. 40 da Constituição Federal, aplicam-se aos regimes próprios de previdência social o disposto na Lei nº 9.717, de 27 de novembro de 1998 e o disposto neste artigo."
18. Lei nº 8.212/1991, art. 13: "O servidor civil ocupante de cargo efetivo ou o militar da União, dos Estados, do Distrito Federal ou dos Municípios, bem como o das respectivas autarquias e fundações, são excluídos do Regime Geral de Previdência Social consubstanciado nesta Lei, desde que amparados por regime próprio de previdência social."

Quanto à lei complementar federal de que trata o § 22 do art. 40 da CR/88, que irá substituir a Lei nº 9.717/1998, importa mencionar que a então Secretaria Especial de Previdência e Trabalho (SEPRT) do Ministério da Economia (ME) editou a Portaria nº 38, publicada no Diário Oficial da União (DOU) do dia 20 de dezembro de 2019, instituindo um grupo de trabalho, com o objetivo de viabilizar a elaboração dessa lei, cuja minuta vem sendo denominada de Lei de Responsabilidade Previdenciária (LRP)[19].

Enquanto não editada a LRP, valerão os preceitos normativos gerais da Lei nº 9.717/1998, conforme já assinalamos, bem como as disposições constantes da Portaria MTP nº 1.467, de 2 de junho de 2022, que disciplina os parâmetros e as diretrizes gerais para organização e funcionamento dos RPPS dos servidores públicos da União, dos Estados, do Distrito Federal e dos Municípios, em cumprimento à Lei nº 9.717/1988, aos arts. 1º e 2º da Lei nº 10.887/2004 e à EC nº 103/2019.

1.4 REGIMES PREVIDENCIÁRIOS E SEUS SEGURADOS

A previdência social compreende regimes diferenciados em função de sua natureza (pública ou privada) e da relação estabelecida entre empregado e empregador (contratual ou estatutária).

Assim, a previdência social pode ser:

a) **pública**: de caráter obrigatório para todos os trabalhadores[20], que passam a ser segurados da previdência estatal básica, cuja cobertura assegura uma reposição de renda que objetiva a sua sobrevivência, bem como de sua família, por meio da concessão de um benefício previdenciário básico; ou

b) **privada**: de caráter facultativo para os trabalhadores, que podem, se assim o desejarem, ser segurados da previdência complementar, cuja cobertura, como o próprio nome está a indicar, visa ao complemento do benefício previdenciário básico.

Entendemos, a despeito de não haver consenso doutrinário, que a previdência privada integra a previdência social, porque o legislador constituinte originário a dispôs na mesma seção (Seção III – Da Previdência Social) da previdência pública. Esse também é o entendimento de Amado (2015, p. 77), para quem:

> O fato de ser facultativa a adesão a um plano de previdência privada não retira em nada o seu caráter social, pois os contratos deverão primar por sua função social, sendo cada vez mais crescente a adesão dos brasileiros a esses programas que visam a manter o seu padrão de vida na inatividade.

Da mesma forma, Borges (2010, p. 18) defende que "a par dessa Previdência Estatal Básica, nosso Regime Previdenciário contempla a Previdência Complementar, de natureza privada, com vinculação facultativa (...)".

19. Disponível a partir de: http://www.in.gov.br. Acesso em: 22 maio 2020.
20. Considera-se apenas o trabalho formal, porque a previdência não alcança a informalidade laborativa.

1.4.1 Previdência social pública e seus regimes

A previdência social pública, ou previdência estatal básica, compreende dois regimes: o Regime Geral de Previdência Social (RGPS) e o Regime Próprio de Previdência Social (RPPS), previstos, respectivamente, nos arts. 201 e 40 da CR/88.

A vinculação a um desses regimes ocorre, **de maneira geral**, por meio da relação entre o empregado e o empregador[21]: se a relação for contratual, a vinculação é ao RGPS; sendo estatutária[22], o vínculo é com o RPPS. Contudo esse critério não se aplica aos agentes públicos exclusivamente comissionados, os quais, a despeito de terem uma relação estatutária[23] com o ente federativo, vinculam-se ao RGPS, conforme adiante será visto.

1.4.1.1 O Regime Geral de Previdência Social (RGPS)

O RGPS é o regime previdenciário dos trabalhadores da iniciativa privada e dos empregados públicos, ambos com vínculos contratuais regidos pela Consolidação das Leis do Trabalho (CLT).

O RGPS também é o regime dos agentes públicos[24] que não possuem vínculo estatutário estável com o ente federado, a exemplo dos ocupantes **exclusivamente** de cargos em comissão, bem como dos servidores temporários (contratados para atender a necessidades especiais e sujeitos a um regime jurídico especial[25]) e dos detentores de mandato eletivo. Esta é a disposição contida no § 13 do art. 40 da CR/88, com a redação conferida pela EC nº 103/2019, segundo o qual "aplica-se ao agente público ocupante, exclusivamente, de cargo em comissão declarado em lei de livre nomeação e exoneração, de outro cargo temporário, inclusive mandato eletivo, ou de emprego público, o Regime Geral de Previdência Social".

A esse regime vinculam-se, ainda, os autônomos e os profissionais liberais e, facultativamente, as pessoas que não exercem atividade laborativa. Nos entes federativos em que não há RPPS, os servidores públicos são vinculados ao RGPS.

O RGPS é gerido pelo Instituto Nacional do Seguro Social (INSS), entidade autárquica vinculada ao Ministério da Previdência Social (MPS), e está previsto no art. 201 da CR/88, cujo *caput* estabelece que "a previdência social será organizada sob a forma do Regime Geral de Previdência Social, de caráter contributivo e de filiação obrigatória, observados critérios que preservem o equilíbrio financeiro e atuarial". No dizer de Amado (2015, p. 78), trata-se "do maior plano previdenciário brasileiro (...), visando cobrir vários riscos sociais, tais como velhice, invalidez, doença, maternidade, prisão, acidente e morte".

21. Tomamos esses termos em seu sentido amplo, de modo a abranger o trabalho nas esferas pública e privada.
22. Regime estatutário é, consoante lição de Medauar (2006, p. 268), "aquele em que os direitos, deveres e demais aspectos da vida funcional do servidor estão contidos basicamente numa lei denominada Estatuto (...)".
23. A relação estatutária, porém, é instável, já que o agente público ocupante de cargo em comissão não goza do instituto da estabilidade, podendo ser destituído do cargo a qualquer tempo.
24. Agentes públicos são, na definição de Mello (2003, p. 226), "sujeitos que servem ao Poder Público como instrumentos expressivos de sua vontade ou ação, ainda quando o façam apenas ocasional ou episodicamente".
25. O regime jurídico especial dos servidores temporários toma por base as leis trabalhistas e as regras específicas previstas em lei de cada ente federativo contratante.

Seu disciplinamento infraconstitucional encontra-se, basicamente, na Lei nº 8.212, de 24 de julho de 1991, que dispõe sobre a seguridade social e o seu plano de custeio, denominada de Lei Orgânica da Seguridade Social; na Lei nº 8.213, de 24 de julho de 1991, que dispõe sobre os planos de benefícios da previdência social; e no Decreto nº 3.048, de 6 de maio de 1999, alterado, em especial, pelo Decreto nº 10.410, de 30 de junho de 2020, que aprova o Regulamento da Previdência Social.

1.4.1.2 O Regime Próprio de Previdência Social (RPPS)

O RPPS é o regime previdenciário dos servidores públicos titulares de cargos efetivos, ou seja, dos servidores que tenham ingressado no serviço público de determinado ente federativo (União, Estados, DF ou Municípios) mediante concurso de provas ou provas e títulos, com **vínculo jurídico estatutário**[26].

Além dos servidores públicos titulares de cargo efetivo, incluídos os servidores das entidades autárquicas e das fundações públicas, são segurados do RPPS os membros do Poder Judiciário (magistrados), do Ministério Público (promotores e procuradores de Justiça), da Defensoria Pública (defensores públicos) e do Tribunal de Contas (ministros e conselheiros). Os policiais civis também são segurados desse regime previdenciário. Já os militares possuem regime jurídico específico, a ser visto em capítulo próprio.

O RPPS está previsto no art. 40 da CR/88, cujo *caput*, com a redação conferida pela EC nº 103/2019, estabelece:

> **CR/88, com a redação dada pela EC nº 103/2019**
>
> Art. 40. O regime próprio de previdência social dos servidores titulares de cargos efetivos terá caráter contributivo e solidário, mediante contribuição do respectivo ente federativo, de servidores ativos, de aposentados e de pensionistas, observados critérios que preservem o equilíbrio financeiro e atuarial.

O texto anterior do *caput* do art. 40 da CR/88, com a redação conferida pela EC nº 41/2003, assegurava o RPPS aos servidores efetivos dos entes da Federação, conforme verificamos de sua leitura:

> **CR/88, com a redação dada pela EC nº 41/2003**
>
> Art. 40. Aos servidores titulares de cargos efetivos da União, dos Estados, do Distrito Federal e dos Municípios, incluídas suas autarquias e fundações, é assegurado regime de previdência de caráter contributivo e solidário, mediante contribuição do respectivo ente público, dos servidores ativos e inativos e dos pensionistas, observados critérios que preservem o equilíbrio financeiro e atuarial e o disposto neste artigo. (g.n.)

A União, todos os 26 Estados e respectivas capitais, bem como o DF, instituíram seus RPPS. Ocorre que, dos 5.570 Municípios brasileiros, 3.455[27] não possuem RPPS para seus servidores, muitos por dificuldades oriundas de uma máquina administrativa enxuta e da falta de viabilidade em decorrência da realidade do serviço público local. É importante mencionar que, nos Municípios onde não foram instituídos RPPS, seus servidores estão vinculados ao RGPS.

---

26. Reforçamos, aqui, que o agente público exclusivamente comissionado, em que pese ser estatutário, está vinculado ao RGPS.
27. Disponível a partir de: https://www.gov.br/previdencia/pt-br/. Acesso em: 25 jan. 2025.

Em razão de muitos Municípios não terem criado RPPS para seus servidores, havia grande controvérsia doutrinária a respeito da obrigatoriedade da instituição desse regime, em face da redação anterior do *caput* do art. 40, supratranscrito. Endossando a fileira dos defensores da não obrigatoriedade, encontramos o entendimento de Campos (2010), para quem a unidade federada não teria a obrigação de instituir RPPS, podendo, assim, vincular seus servidores de cargo efetivo ao RGPS, desde que lhes garantindo a aplicação das regras constitucionais referentes ao regime próprio. A partir desse entendimento, alguns Municípios passaram a complementar os benefícios previdenciários pagos pelo INSS aos seus servidores, de modo a assegurar a aplicação das regras previdenciárias próprias dos servidores públicos aos seus agentes locais.

Já para Silva (2013), o *caput* do art. 40 não deixava dúvidas de que se tratava de um comando constitucional que impunha uma obrigação de fazer ao ente federado, expressa pela locução "é assegurado". Para esse autor, a existência de normas infraconstitucionais autorizativas da extinção de RPPS não teria o condão de justificar o entendimento de discricionariedade de criação desse regime pelo gestor do ente político, já que essas normas, segundo ele, não haviam sido recepcionadas pelo legislador constituinte derivado. Com efeito, para Silva (2013, p. 250):

> Desta maneira, com a redação do art. 10 da Lei nº 9.717/1998 presume, mais uma vez, a faculdade de extinção do Regime Próprio de Previdência Social pelo ente federativo, porém deve ser destacado que a Lei nº 9.717/98 foi publicada em 27/11/98, ou seja, em data anterior à data de publicação da Emenda Constitucional nº 20/1998, de 15/12/1998. Assim, entendo que este dispositivo não foi recepcionado pela Emenda Constitucional nº 20/1998 em razão da redação dada ao art. 40 da Constituição Federal por esta Emenda.

Ocorre que essa discussão sobre a faculdade ou obrigatoriedade de instituição de RPPS pelos entes federados foi esvaziada pela EC nº 103/2019, na medida em que essa Emenda, além de alterar o *caput* do art. 40, retirando a expressão "é assegurado", **proibiu expressamente a criação de novos RPPS**, com a inclusão do § 22 nesse artigo, atribuindo para lei complementar federal o estabelecimento de requisitos de extinção dos RPPS existentes e a migração de seus segurados ao RGPS[28]. A EC nº 103/2019, com a inclusão do § 15 no art. 37[29], também proibiu a complementação de aposentadoria de servidores públicos e de pensão por morte a seus dependentes, a não ser que a complementação esteja prevista na lei que extinga o RPPS[30].

Com a proibição de criação de novos RPPS pela EC nº 103/2019, o conceito do Regime Próprio de Previdência Social foi atualizado pela Portaria MTP nº 1.467/2022, a saber[31]:

28. A Portaria MTP nº 1.467, de 2 de junho de 2022, que consolida as normas dos Regimes Próprios de Previdência Social, prevê, em seu Capítulo VIII, as responsabilidades do ente federativo em caso de extinção de RPPS.
29. CR/88, art. 37, § 15, com a redação dada pela EC nº 103/2019: "É vedada a complementação de aposentadoria de servidores públicos e de pensões por morte a seus dependentes que não seja decorrente do disposto nos §§ 14 a 16 do art. 40 ou que não seja prevista em lei que extinga regime próprio de previdência social".
30. Esse dispositivo não trata do benefício de previdência complementar, mas sim dos benefícios pagos no âmbito da previdência pública.
31. Disponível a partir de: https://www.gov.br. Acesso em: 16 jan. 2023.

> **Portaria MTP nº 1467/2022**
>
> Art. 2º Para os efeitos desta Portaria, considera-se:
>
> (...)
>
> II – Regime Próprio de Previdência Social – RPPS: O regime de previdência instituído no âmbito da União, dos Estados do Distrito Federal e dos Municípios até 13 de novembro de 2019, data de publicação da Emenda Constitucional nº 103, de 2019, que assegure, por lei, aos seus segurados, os benefícios de aposentadorias e pensão por morte previstos no art. 40 da Constituição Federal; (g.n.)

O RPPS do ente federativo é administrado e operacionalizado por uma **unidade gestora única**, entidade ou órgão, de natureza pública, à qual compete a administração e a operacionalização do regime, bem como as atividades de arrecadação, gestão dos recursos e dos fundos previdenciários, a concessão, o pagamento e a manutenção dos benefícios. Ressaltamos que a unidade gestora recebe o adjetivo "única" porque detém a competência da gestão e da operacionalização dos benefícios previdenciários de todos os poderes, órgãos e entidades autárquicas e fundacionais do ente federativo.

É importante, aqui, registrar que a EC nº 103/2019, em relação ao RPPS, promoveu mudanças significativas, atribuindo à União[32], aos Estados, ao DF e aos Municípios autonomia para disporem sobre as regras de acesso ao benefício previdenciário e de sua forma de cálculo. Antes da Emenda, os entes federados não possuíam autonomia, porque tais regras previdenciárias estavam previstas no texto constitucional, obrigando a todos os RPPS.

Este livro, como já assinalamos, trata do regime previdenciário dos servidores públicos titulares de cargo efetivo, atualizado, em especial, pela EC nº 103/2019. Em relação ao RPPS da União, será explicitada a situação jurídica daqueles servidores federais que já tinham o direito de se aposentar até 13 de novembro de 2019, data de publicação da Emenda (direito adquirido), bem como a situação daqueles que já eram servidores públicos, mas que ainda não cumpriam os requisitos de nenhuma regra de aposentadoria até a data de publicação da mencionada Emenda (expectativa de direito). Também será vista a situação dos servidores que ingressaram no serviço público após a data de publicação da EC nº 103/2019.

Já sobre os RPPS dos Estados, do DF e dos Municípios, como as regras previdenciárias de acesso (paramétricas)[33] e de cálculo dos benefícios foram desconstitucionalizadas, passando esses entes federados a ter autonomia para disciplíná-las mediante lei, enquanto esta não for editada pelas Assembleias e Câmaras legislativas, permanecem válidas as normas constitucionais e infraconstitucionais anteriormente vigentes à EC nº 103/2019 a respeito da matéria. A situação dos servidores públicos estatutários dos Estados, do DF e dos Municípios será vista em tópicos específicos.

1.4.2 A previdência privada e o regime de previdência complementar (RPC)

Enquanto o RGPS e os RPPS são regimes previdenciários públicos, existe a previdência privada, de **caráter facultativo, contratual e complementar**, à qual pode aderir

32. No caso do RPPS da União, enquanto não editada lei federal que discipline os benefícios previdenciários do servidor federal, deverão ser aplicadas as disposições constantes do art. 10 da EC nº 103/2019.
33. Definimos como paramétricas as regras que estabelecem os parâmetros de acesso ao benefício previdenciário, como idade mínima, tempo de mínimo de contribuição, de serviço público, carreira etc.

qualquer trabalhador ou servidor público que queira complementar os proventos de aposentadoria concedidos pela previdência pública.

A previdência privada está prevista no art. 202 da CR/88, com a redação dada pela EC nº 20/1998, cujo *caput* estabelece que:

> **CR/88, com a redação dada pela EC nº 20/1998**
>
> Art. 202.O regime de previdência privada, de caráter complementar e organizado de forma autônoma em relação ao regime geral de previdência social, será facultativo, baseado na constituição de reservas que garantam o benefício contratado, e regulado por lei complementar.

As disposições infraconstitucionais, de âmbito nacional, relativas à previdência privada estão contidas nas Leis Complementares (LC) 108 e 109, ambas de 29 de maio de 2001. A previdência privada é constituída sob o Regime de Previdência Complementar (RPC), facultativo e baseado na constituição de reservas que garantam o benefício contratado.

1.4.2.1 Previdência complementar aberta

Quando a previdência complementar é oferecida a todos aqueles que queiram complementar sua renda futura, sem distinção profissional, diz-se que ela é aberta. Os planos de benefícios desse tipo de previdência são administrados por Entidades Abertas de Previdência Complementar (EAPC), constituídas como sociedades anônimas (S.A)[34] e fiscalizadas pelo Ministério da Fazenda, por meio da Superintendência de Seguros Privados (Susep).

As EAPCs têm, assim, por finalidade, a instituição e operação de planos de benefícios de previdência complementar, a serem concedidos em forma de renda continuada (pagamento mensal) ou em forma de pagamento único.

A LC nº 109/2001 dedica o capítulo IV para regulação das EAPCs e a seção III do capítulo II para dispor sobre os planos de benefícios geridos por essas entidades.

1.4.2.2 Previdência complementar fechada

Já quando a previdência complementar é oferecida a determinado grupo de trabalhadores ou servidores por um patrocinador ou instituidor, diz-se que a previdência é fechada. Nesse caso, a administração dos planos de benefícios é realizada por Entidades Fechadas de Previdência Complementar (EFPC), também conhecidas por fundos de pensão, instituídas como fundação ou sociedade civil, sem fins lucrativos[35] e fiscalizadas pelo Ministério da Previdência Social, por meio da Superintendência Nacional de Previdência Complementar (Previc).

O capítulo III da LC nº 109/2001 regula as EFPCs e a seção II do capítulo II, os planos de benefícios geridos por essas entidades. Importante mencionar que, para as

34. LC nº 109/2001, art. 36: "As entidades abertas são constituídas unicamente sob a forma de sociedades anônimas e têm por objetivo instituir e operar planos de benefícios de caráter previdenciário concedidos em forma de renda continuada ou pagamento único, acessíveis a quaisquer pessoas físicas."
35. LC nº 109/2001, art. 31, § 1º: "As entidades fechadas organizar-se-ão sob a forma de fundação ou sociedade civil, sem fins lucrativos."

EFPCs, além dos preceitos da LC nº 109/2001, que podemos denominar de Lei Orgânica da Previdência Complementar, há o regramento específico da LC nº 08/2001, que trata das relações entre a União, os Estados, o DF e os Municípios, suas autarquias, fundações, sociedades de economia mista e outras entidades públicas e suas respectivas entidades fechadas de previdência complementar.

Conforme será visto em capítulo específico, a previdência complementar do servidor público está prevista nos §§ 14 a 16 do art. 40 da CR/88[36], sendo espécie de previdência privada que, a partir da vigência da EC nº 103/2019[37], deve ser obrigatoriamente instituída pelo ente federado que possua RPPS.

1.5 BENEFÍCIOS PREVIDENCIÁRIOS

1.5.1 Definição e espécies

Benefício previdenciário constitui o valor pago pelo regime de previdência ao qual o trabalhador está vinculado, quando da ocorrência dos eventos segurados, em especial: doença, invalidez, idade avançada e morte. É o gênero do qual são espécies as aposentadorias, pensão por morte, auxílio-doença, auxílio-reclusão, entre outros.

O vocábulo benefício, do latim *beneficium*, remete à ideia de favor, vantagem, que, a nosso ver, não se coaduna com a natureza de seguro, para o qual se exige o pagamento de uma contribuição previdenciária. Entendemos que seria mais adequado reservar esse termo para a assistência social, que, acertadamente, já o adota, a exemplo do benefício de prestação continuada (BPC)[38], e empregar o termo renda previdenciária. No entanto o termo benefício já está consagrado pelas normas e pela doutrina, razão pela qual iremos adotá-lo neste livro.

No âmbito do RGPS, os benefícios previdenciários constitucionalmente previstos são estes: (1) auxílio-doença (incapacidade temporária para o trabalho); (2) aposentadoria por incapacidade permanente para o trabalho; (3) aposentadoria por idade; (4) salário-maternidade; (5) salário-família para os dependentes dos segurados de baixa renda;

36. CR/88, art. 40, §§ 14 a 16, com a redação conferida pela EC nº 103/2019: "§ 14: A União, os Estados, o Distrito Federal e os Municípios instituirão, por lei de iniciativa do respectivo Poder Executivo, regime de previdência complementar para servidores públicos ocupantes de cargo efetivo, observado o limite máximo dos benefícios do Regime Geral de Previdência Social para o valor das aposentadorias e das pensões em regime próprio de previdência social, ressalvado o disposto no § 16. § 15: O regime de previdência complementar de que trata o § 14 oferecerá plano de benefícios somente na modalidade contribuição definida, observará o disposto no art. 202 e será efetivado por intermédio de entidade fechada de previdência complementar ou de entidade aberta de previdência complementar. § 16: Somente mediante sua prévia e expressa opção, o disposto nos §§ 14 e 15 poderá ser aplicado ao servidor que tiver ingressado no serviço público até a data da publicação do ato de instituição do correspondente regime de previdência complementar."

37. EC nº 103/2019, art. 9º, § 6º: "A instituição do regime de previdência complementar na forma dos §§ 14 a 16 do art. 40 da Constituição Federal e a adequação do órgão ou entidade gestora do regime próprio de previdência social ao § 20 do art. 40 da Constituição Federal deverão ocorrer no prazo máximo de 2 (dois) anos da data de entrada em vigor desta Emenda Constitucional."

38. Benefício criado pela Lei nº 8.742, de 7 de dezembro de 1993, Lei Orgânica da Assistência Social (LOAS), que tem por finalidade assistir as pessoas à margem da sociedade e que não podem prover seu sustento.

(6) auxílio-reclusão para os dependentes dos segurados de baixa renda; e (7) pensão por morte[39-40].

Já em relação aos RPPS, a partir da vigência da EC nº 103/2019, nos termos do § 2º do seu art. 9º[41], e até que entre em vigor a lei complementar que discipline o § 22 do art. 40 da CR/88, seu rol de benefícios fica limitado às **aposentadorias** e às **pensões por morte.** Nesse sentido, a Portaria MTP nº 1.467/2022, no art. 2º, inciso IX, define benefícios previdenciários como aposentadorias e pensões por morte[42] e, no art. 157, estabelece:

> **Portaria MTP nº 1.467/2022**
>
> Art. 157. O RPPS concederá somente os benefícios de aposentadoria e de pensão por morte.
>
> § 1º Durante os afastamentos por incapacidade temporária para o trabalho e por maternidade, a remuneração dos segurados será paga diretamente pelo ente federativo e não correrá à conta do RPPS.
>
> § 2º Caso a legislação do ente federativo preveja o pagamento de salário-família e do auxílio-reclusão aos dependentes dos segurados ou beneficiários de baixa renda, o custeio desses benefícios não poderá ser realizado com recursos previdenciários.

1.5.2 Classificação dos benefícios da previdência social

Os benefícios previdenciários podem ser classificados de acordo com os seguintes aspectos[43]:

a) **natureza de seu fato gerador**: benefícios de risco ou programáveis;
b) **vontade do segurado**: benefícios voluntários ou involuntários;
c) **definição do valor do benefício**: benefícios definidos, de contribuição definida ou mistos;
d) **forma de fruição**: benefícios de prestação indeterminada ou de prestação predeterminada; e
e) **regime de financiamento**: benefícios de repartição simples, de capitalização ou de repartição de capital de cobertura.

1.5.2.1 Benefícios de risco e benefícios programáveis

Essa classificação considera o fato gerador do benefício, tendo em vista a possibilidade de prevê-lo e mensurá-lo. Trata-se de um importante critério, uma vez que é essen-

39. CR/88, art. 201, com a redação conferida pela EC nº 103/2019: "A previdência social será organizada sob a forma do Regime Geral de Previdência Social, de caráter contributivo e de filiação obrigatória, observados critérios que preservem o equilíbrio financeiro e atuarial, e atenderá, na forma da lei, a: I – cobertura dos eventos de incapacidade temporária ou permanente para o trabalho e idade avançada; II – proteção à maternidade, especialmente à gestante; III – proteção ao trabalhador em situação de desemprego involuntário; IV – salário-família e auxílio-reclusão para os dependentes dos segurados de baixa renda; V – pensão por morte do segurado, homem ou mulher, ao cônjuge ou companheiro e dependentes, observado o disposto no § 2º."
40. Em que pese o inciso III do art. 201 prever a proteção ao trabalhador desempregado involuntariamente, o seguro-desemprego foi excluído do rol de benefícios previdenciários, por força do art. 9º, § 1º, da Lei nº 8.213/1991, com a redação que lhe foi conferida pela LC 123, de 14 de dezembro de 2006.
41. EC nº 103/2019, art. 9º, § 2º: "O rol de benefícios dos regimes próprios de previdência social fica limitado às aposentadorias e às pensões por morte".
42. Disponível a partir de: https://www.gov.br. Acesso em: 16 jan. 2023.
43. Adotamos a classificação apresentada por Borges (2010), em seu livro Previdência Funcional – Teoria geral & Critérios de elegibilidade aos benefícios previdenciários à luz das reformas constitucionais.

cial "para a definição do custo envolvido na manutenção dos benefícios previdenciários, ou seja, na definição do Plano de Custeio" (BORGES, 2010, p. 66).

1.5.2.1.1 Benefícios de risco

Os **benefícios de risco** são aqueles em que o fato gerador é revestido de incerteza quanto à sua ocorrência, só podendo ser previsível ou mensurável estatisticamente. Com efeito, não é possível saber quando o evento (doença ou morte, por exemplo) ocorrerá e, consequentemente, não se pode determinar o momento a partir do qual o benefício previdenciário será prestado. Nesses casos, segundo Vaz (2009, p. 31), "não é possível manter uma correspondência atuarial entre contribuições e benefício, pois o infortúnio pode ocorrer a qualquer momento. O que se aplica, nesse benefício, é o princípio da solidariedade (...)".

São de risco os seguintes benefícios: auxílio-doença, aposentadoria por incapacidade permanente para o trabalho, auxílio-reclusão, salário-maternidade e pensão por morte.

Reforçamos, aqui, que, em face do disposto no § 2º do art. 9º da EC nº 103/2019, os únicos benefícios de risco que podem ser instituídos pelos RPPS são a **aposentadoria por incapacidade permanente para o trabalho** e a **pensão por morte**.

1.5.2.1.2 Benefícios programáveis

Os benefícios programáveis são aqueles em que o fato gerador é revestido de certeza, ou seja, é possível prevê-lo e mensurá-lo, uma vez que sua concretização ocorre com o cumprimento de requisitos normativos previamente estabelecidos. São exemplos de benefícios programáveis as aposentadorias voluntária, compulsória e as especiais, a serem vistas em capítulo específico.

1.5.2.2 Benefícios voluntários e involuntários

Essa classificação, como o próprio nome está a sugerir, considera a vontade do segurado para a concessão do benefício. Se para a concessão do benefício, além do cumprimento dos requisitos legais, for necessária a manifestação da vontade do segurado, o benefício será voluntário; ao revés, se o benefício, para sua concessão, prescindir da vontade do segurado, este será involuntário. Vejamos:

1.5.2.2.1 Benefícios involuntários

Os benefícios involuntários guardam certa relação com os de risco, uma vez que a ocorrência do fato gerador destes últimos, por ser incerta e ocasionar um gravame na vida do segurado (que se vê impossibilitado de trabalhar, provisória ou definitivamente), não depende de sua vontade[44]. Assim, podemos dizer que são benefícios involuntários: a aposentadoria por incapacidade permanente para o trabalho, a pensão por morte (benefícios comuns ao RGPS e ao RPPS), o auxílio-reclusão e o auxílio-doença (estes últimos relativos apenas ao RGPS), uma vez que o fato gerador, por si só, é suficiente para a concessão do benefício, sem a concorrência da vontade do servidor. No

44. Exceção do auxílio-maternidade.

entanto, existe um benefício involuntário que não é de risco, porque seu fato gerador é revestido de certeza quanto ao momento de sua ocorrência: é a aposentadoria compulsória, em que o segurado (seja do RGPS[45], no caso específico do empregado público, ou do RPPS), mesmo a contragosto, deixa de trabalhar, para entrar em gozo do benefício previdenciário.

1.5.2.2.2 Benefícios voluntários

São os benefícios que, além da ocorrência do fato gerador, reclamam a manifestação de vontade do segurado para sua concessão. A aposentadoria voluntária, como o próprio nome está a indicar, e as aposentadorias especiais são benefícios programáveis e voluntários.

1.5.2.3 Benefícios definidos, de contribuição definida e mistos

Trata-se de uma classificação voltada ao valor do benefício, ao modo como ele será definido.

1.5.2.3.1 Benefícios definidos

Os benefícios são definidos quando seu valor for passível de definição prévia. O segurado sabe, de antemão, o valor a que terá jus como benefício, pois os critérios para sua definição assim o permitem. Havendo regras que predeterminem o valor do benefício, este será definido.

Segundo Borges (2010, p. 70), predefinir o valor não significa fixá-lo previamente, mas estabelecer critérios suficientes para que o segurado anteveja qual será o valor do benefício que será pago, independentemente do valor de suas contribuições, que poderão ser majoradas, ao longo do tempo, como forma de garantir a manutenção do valor predefinido para o benefício.

Todos os benefícios pagos pela previdência social pública (RGPS e RPPS) são definidos.

1.5.2.3.2 Benefícios de contribuição definida

Contrario senso, benefícios cujos valores não estejam previamente definidos, mas, sim, o valor da contribuição do segurado, estes são classificados como benefícios de contribuição definida.

São benefícios normalmente encontrados na previdência privada, no regime de previdência complementar, em que o valor da contribuição do segurado é aplicado em contas individualizadas, em regime de capitalização, e o valor do benefício dependerá do valor acumulado (saldo de conta) ao longo do período de capitalização.

---

45. A EC nº 103/2019 passou a estabelecer aposentadoria compulsória para os empregados públicos, incluindo o § 16 no art. 201 da CR/88, a saber: "os empregados dos consórcios públicos, das empresas públicas, das sociedades de economia mista e das suas subsidiárias serão aposentados compulsoriamente, observado o cumprimento do tempo mínimo de contribuição, ao atingir a idade máxima de que trata o inciso II do § 1º do art. 40, na forma estabelecida em lei."

1.5.2.3.3 Benefícios mistos

Encerram características dos dois anteriores. Relacionam-se com o regime de capitalização, motivo pelo qual são mais encontrados no RPC. Consoante lição de Borges (2010, p. 72):

> Assim, é possível que, enquanto não houver a ocorrência do evento gerador do benefício e estando-se na fase contributiva ou de acumulação de recursos – poupança previdenciária – se estabeleça, no Plano de Benefícios, que um benefício de risco adquira características de benefício definido e um benefício programável, a de contribuição definida. Estas características transmudam-se quando sobrevém o fato gerador e se inicia a fase de fruição do benefício, ocasião em que o benefício de contribuição definida passa a ser um benefício definido.

1.5.2.4 Benefícios de prestação indeterminada e benefícios de prestação predeterminada

Quanto à forma de fruição pelo segurado no tempo, os benefícios podem ser indeterminados ou de prestação predeterminada.

1.5.2.4.1 Benefícios de prestação indeterminada

São benefícios cujo término de sua fruição não se pode determinar. Uma vez concedidos, são "mantidos indefinidamente, já que as condições de sua extinguibilidade não podem ser vinculadas ao mero fluxo de tempo, podendo, inclusive, se procrastinarem em termos vitalícios" (BORGES, 2010, p. 73).

O fato gerador desses benefícios vincula-se à perda da capacidade laborativa do segurado, a exemplo de todas as espécies de aposentadoria, pensão previdenciária (RGPS e RPPS) e auxílio-doença (RGPS).

1.5.2.4.2 Benefícios de prestação predeterminada

Enquadram-se nessa classificação os benefícios com termo final prefixado. Cite-se, como exemplo, o salário-maternidade, restrito ao âmbito do RGPS.

Na previdência complementar, também encontramos benefícios dessa espécie, quando o plano de benefícios prevê que o saldo de conta individual do participante possa ser sacado em uma única vez ou em número predeterminado de parcelas.

1.5.2.5 Benefícios de repartição simples, de capitalização e de repartição de capital de cobertura

Esta classificação leva em consideração como o benefício previdenciário é financiado. Trata-se do modelo de financiamento do regime previdenciário, que acaba por imprimir a sua marca no benefício gerado.

1.5.2.5.1 Benefício de repartição simples

São benefícios financiados pelo regime de caixa ou orçamentário, em que não há formação de reservas das contribuições previdenciárias, que são arrecadadas para pagamento presente de benefícios previdenciários já concedidos. Revela um pacto entre gerações, uma vez que os servidores ativos (geração atual) custeiam os benefícios dos aposentados e pensionistas (geração passada). Quer isso dizer que as contribuições dos servidores em atividade não são para custear seus próprios benefícios, quando passarem para inatividade: servem para pagamento das obrigações previdenciárias presentes e não futuras.

O modelo de repartição simples é utilizado pelo RGPS e pelos RPPS. Devido às suas características, é bastante impactado por questões demográficas (natalidade, longevidade)[46] e, para ser sustentável, ou seja, equilibrado financeira e atuarialmente, deve contar com recursos suficientes para pagar os benefícios previdenciários. A sustentabilidade, então, passa a depender da relação entre o número de servidores ativos e o número de inativos, que deve ser de, aproximadamente, quatro servidores ativos para um inativo. Nos regimes previdenciários em que essa relação não se observa (a maioria dos RPPS), o regime passa a apresentar *deficit*, devendo o erário cobrir a insuficiência financeira.

1.5.2.5.2 Benefício de capitalização

Ao contrário dos benefícios de repartição simples, para esses benefícios, existe a formação de reserva das contribuições do servidor ativo e do ente federado. Ou seja, há capitalização das contribuições previdenciárias acumuladas, para conferir ao servidor, no momento da concessão do benefício, seu pagamento vitalício. Em outras palavras, segundo Borges (2010, p. 76), "no regime de capitalização, as contribuições arrecadadas são acumuladas, capitalizadas ao longo da vida produtiva do segurado, com vistas à formação de uma poupança a ser utilizada para pagamento futuro dos benefícios". Assim, não existe pacto entre gerações, pois as contribuições atuais pagarão benefícios futuros. Ainda segundo Borges (2001, p. 51-52):

> A solução (...) passa, necessariamente, pela migração da repartição para a capitalização, isso porque os níveis dos Planos de Benefícios são distintos daquele do Regime Geral e, portanto, requerem, queiram-se ou não, a segregação de reserva e formação de poupança para pagamento futuro desses benefícios, até mesmo porque, como mencionado, o setor público não está imune ao processo de transformação das relações de trabalho, o que faz com que haja uma diminuição no número de segurados, notadamente pela natural consequência do processo de informatização da administração pública.

1.5.2.5.3 Benefício de repartição de capital de cobertura

São benefícios que misturam as características dos outros dois anteriores. Com a ocorrência do fato gerador do benefício, prevê-se o aporte ou a constituição de reservas necessárias ao pagamento do benefício enquanto este perdurar.

> Com isso, se, para a concessão do benefício, independentemente de ser de risco, programável, voluntário ou involuntário, definido ou indefinido, houver previsão, quando de sua concessão da necessidade de aporte ou constituição de reservas, este deverá ser classificado como benefício de repartição de capital de cobertura. (BORGES, 2010, p. 76)

46. É também impactado, no RGPS, pelas taxas de empregos formais. Quanto maior a informalidade, menor receita arrecadada.

1.6 HISTÓRICO DAS REFORMAS PREVIDENCIÁRIAS – AS EMENDAS À CR/88: EC NºS 20/1998, 41/2003, 47/2005, 70/2012, 88/2015 E 103/2019

A previdência é fruto de uma construção social, alicerçada num pacto sociopolítico entre as gerações de uma sociedade determinada. Sendo produto da sociedade, deve adequar-se às suas transformações, motivo por que as mudanças em suas regras são necessárias periodicamente. Schwarzer (2009, p. 11) esclarece-nos que:

> Sendo uma política pública, criada por uma sociedade para servir a esta mesma sociedade, a Previdência não pode ficar inerte. Ela precisa se adaptar às transformações desta mesma sociedade para poder continuar prestando-lhe adequadamente seus serviços (...) na verdade, a mudança é um evento permanente na Previdência Social. Sempre há necessidade de ajustar regras, pois novas constelações surgem devido à mudança da sociedade. Não se trata apenas de promover "grandes" emendas constitucionais, leis ou decretos, mas também de "pequenos" passos, ajustes no dia a dia, por meio de Portarias ou Instruções Normativas. Todos estes ajustes – "pequenos" ou "grandes" – procuram fazer a Previdência acompanhar as transformações da sociedade, suas preferências, seu mercado de trabalho, sua demografia, seus valores.

Ao longo de pouco mais de três décadas de existência da CR/88, a previdência social brasileira foi modificada por reformas que visaram ajustar suas regras à nova realidade social. As grandes reformas ocorreram nos anos de 1998, 2003 e 2019, respectivamente, pelas EC nºs 20, 41 e 103.

Antes de tecermos comentários sobre as reformas ocorridas na previdência social brasileira, discorreremos um pouco mais sobre por que elas se fazem necessárias e sobre os tipos de reformas que podem ser engendradas. Assim, transcrevemos as palavras precisas de Nogueira (2014, p. 60), para quem:

> A conjugação das mudanças nos fatores de ordem econômica e demográfica passou a exercer forte pressão sobre a situação dos sistemas de previdência, exigindo que os países efetuassem reformas com o objetivo de ajustarem suas receitas e despesas, sob pena de formação de desequilíbrios que poderiam conduzir à sua própria insolvência. Por essa razão, as últimas décadas foram marcadas por uma sucessão de reformas dos sistemas previdenciários, tanto nos países desenvolvidos como naqueles em desenvolvimento.

As reformas, segundo Nogueira (2014), podem ser classificadas em dois grupos distintos: **reformas paramétricas** (ou não estruturais) e **reformas paradigmáticas** (ou estruturais), que apresentam as seguintes características:

a) **Reformas paramétricas**: preservam o sistema previdenciário público, estruturado, na maioria dos países, mediante um regime de financiamento de repartição simples e adotando-se o modelo de benefício definido. Essas reformas visam ao equilíbrio e fortalecimento do sistema de previdência, por meio de mudanças nas regras de acesso aos benefícios (elevação de idade e de tempo de contribuição, por exemplo), bem como alterações na sua forma de cálculo, de reajustamento e nas alíquotas de contribuição. As alterações promovidas por reformas paramétricas, entretanto, não chegam a ser disruptivas, pois, conforme assinalado, preservam a estrutura previdenciária anteriormente vigente, razão pela qual alguns autores adotam a classificação de reformas não estruturais.

b) **Reformas paradigmáticas**: ao contrário do que ocorre com as reformas paramétricas, as reformas paradigmáticas promovem profundas mudanças no sistema previdenciário, que não se limitam a alterações de parâmetros de acesso e de cálculo de benefícios, pois rompem paradigmas, com a reestruturação do sistema previdenciário anteriormente vigente. Por essa razão, são também denominadas de reformas estruturais. Segundo a classificação adotada por Mesa-Lago (2003), citado por Nogueira (2014), as reformas paradigmáticas ou estruturais podem adotar três modelos: (1) substitutivo, quando promovem a substituição completa do sistema público antigo por um novo sistema privado[47]; (2) paralelo, quando o sistema privado não substitui, mas passa a concorrer com o sistema previdenciário público[48]; e (3) misto, quando a reforma introduz um componente privado integrativo do sistema previdenciário vigente, oferecendo um benefício complementar ao benefício previdenciário básico estatal[49].

Para Matijascic (2007), citado por Nogueira (2014, p. 61), o traço distintivo entre as reformas paramétricas e paradigmáticas é que as primeiras se limitam a "mudanças em variáveis previstas na legislação, enquanto, nas paradigmáticas, que são também acompanhadas de algumas mudanças paramétricas, o mercado passa a atuar como gestor de um modelo de contribuições definidas com regime financeiro de capitalização".

Conforme veremos adiante, as reformas previdenciárias brasileiras foram essencialmente paramétricas, com mudanças nas regras de acesso ao benefício previdenciário, na sua forma de cálculo e de reajustamento, bem como algumas alterações em seu modelo de financiamento. Tentou-se, é verdade, a instituição de um sistema de capitalização paralelo, previsto na Proposta de Emenda Constitucional (PEC) nº 6/2019, que iria ser instituído em concorrência ao RGPS e ao RPPS[50].

Ocorre que, durante a tramitação legislativa na Comissão Especial, instituída na Câmara dos Deputados, a proposição de um modelo previdenciário alternativo privado, por ter sido alvo de severas críticas, foi retirada do texto por iniciativa do próprio relator. Se fosse acatada, poderíamos dizer que a reforma promovida pela EC nº 103/2019 teria sido paradigmática ou estrutural, de modelo paralelo.

---

47. Citamos, como exemplo, a reforma estrutural substitutiva do Chile, em 1980, e a da Bolívia, em 1996.
48. Mencionamos a reforma previdenciária estrutural paralela do Peru, em 1992, e da Colômbia, em 1993.
49. Instituíram reformas estruturais mistas (integrativas) a Argentina, em 1993, e o Uruguai, em 1995.
50. A PEC nº 6/2019, em sua redação original, previa a instituição de um sistema de capitalização individual alternativo ao RGPS e ao RPPS, na redação proposta para o art. 201-A e para o art. 40, § 6º. Esse sistema, nos termos do então art. 2º da mencionada PEC, acrescia o art. 115 no Ato das Disposições Constitucionais Transitórias (ADCT), nos seguintes termos: "O novo regime de previdência social de que tratam o art. 201-A e o § 6º do art. 40 da Constituição será implementado alternativamente ao Regime Geral de Previdência Social e aos regimes próprios de previdência social e adotará, dentre outras, as seguintes diretrizes: I – capitalização em regime de contribuição definida, admitido o sistema de contas nocionais; II – garantia de piso básico, não inferior ao salário-mínimo para benefícios que substituam o salário de contribuição ou o rendimento do trabalho, por meio de fundo solidário, organizado e financiado nos termos estabelecidos na lei complementar de que trata o art. 201-A da Constituição; III – gestão das reservas por entidades de previdência públicas e privadas, habilitadas por órgão regulador, assegurada a ampla transparência dos fundos, o acompanhamento pelos segurados, beneficiários e assistidos dos valores depositados e das reservas, e as informações das rentabilidades e dos encargos administrativos; IV – livre escolha, pelo trabalhador, da entidade ou da modalidade de gestão das reservas, assegurada a portabilidade; V – impenhorabilidade, exceto para pagamento de obrigações alimentares; VI – impossibilidade de qualquer forma de uso compulsório dos recursos por parte de ente federativo; e VII – possibilidade de contribuições patronais e do trabalhador, dos entes federativos e do servidor, vedada a transferência de recursos públicos. § 1º A lei complementar de que trata o art. 201-A da Constituição definirá os segurados obrigatórios do novo regime de previdência social de que trata o caput. § 2º O novo regime de previdência social, de que trata o caput, atenderá, na forma estabelecida na lei complementar de que trata o art. 201-A da Constituição, a: I – benefício programado de idade avançada; II – benefícios não programados, garantidas as coberturas mínimas para: a) maternidade; b) incapacidade temporária ou permanente; e c) morte do segurado; e III – risco de longevidade do beneficiário."

1.6.1 A EC nº 20/1998

No âmbito dos RPPS, elencamos as seguintes alterações paramétricas promovidas pelo legislador constituinte reformador de 1998:

a) Explicitação do princípio da contributividade e do princípio do equilíbrio financeiro e atuarial no caput do art. 40 e proibição de contagem de tempo ficto de contribuição. Importante mencionar, aqui, que antes da EC nº 20/1998, era comum a legislação dos entes prever a contagem, em dobro, para efeito de aposentadoria, do tempo de férias e de licença-prêmio não gozadas, mesmo não tendo o servidor contribuído sobre esse tempo.

b) Limitação dos proventos de aposentadoria e das pensões à remuneração do cargo efetivo, de modo a evitar pagamento de benefícios em valor superior aos valores pagos ao servidor em atividade, o que acostumava acontecer nas situações de incorporações de gratificações e vantagens no momento da aposentadoria.

c) Vinculação ao RGPS dos agentes ocupantes exclusivamente de cargos comissionados ou contratados temporariamente para o serviço, bem como dos empregados públicos. Antes era comum esses agentes públicos estarem vinculados aos RPPS.

d) Instituição de critérios cumulativos para concessão de aposentadoria voluntária, com imposição das seguintes exigências mínimas temporais: 10 anos no serviço público; 5 anos no cargo efetivo; 60 anos de idade e 35 anos de contribuição para os homens; 55 anos de idade e 30 anos de contribuição para as mulheres. Não havia, antes dessa Emenda, idade mínima para aposentadoria voluntária, que podia ser com proventos integrais ou proporcionais ao tempo de serviço. Uma mulher com 25 anos de serviço, por exemplo, podia aposentar-se com proventos proporcionais ao tempo mínimo exigido para sua aposentadoria integral (no caso, 30 anos), sem idade mínima. Era, assim, comum ver mulheres aposentadas por essa regra com menos de 50 anos de idade e homens com menos de 55 anos, sobretudo se exercessem atividades que ensejassem uma aposentadoria especial. A EC nº 20/1998 pôs fim, em suas regras permanentes, à aposentadoria proporcional por tempo de serviço.

e) Estipulação de proventos proporcionais ao tempo de contribuição para as aposentadorias: (1) por idade, 60 anos para as mulheres e 65 anos para os homens; (2) por invalidez e; (3) compulsória, com 70 anos de idade. Se aposentadoria por invalidez fosse causada por doença grave, contagiosa ou incurável, por acidente em serviço ou moléstia profissional, os proventos seriam devidos integralmente.

f) Proibição de critérios diferenciados para concessão de aposentadoria, à exceção das aposentadorias de profissionais que exercessem atividades prejudiciais à saúde ou à integridade física, na forma definida em lei complementar.

g) Extinção de aposentadoria especial para os professores universitários. A partir dessa Emenda, só os professores da educação infantil e dos ensinos fundamental e médio poderiam gozar desse direito.

h) Extinção de regras de aposentadoria especiais para os magistrados, membros do Ministério Público e dos Tribunais de Contas, que passaram a seguir as mesmas regras dos servidores públicos estatutários.

i) Vedação de acumulação de mais de uma aposentadoria no serviço público, excepcionados os cargos acumuláveis (dois cargos de professor, dois cargos ou empregos privativos de profissionais de saúde, com profissões regulamentadas, e um cargo de professor com outro cargo técnico ou científico).

j) Proibição de acumulação de remuneração do cargo, emprego ou função pública com os proventos de aposentadoria no serviço público, à exceção dos cargos acumuláveis, dos eletivos e dos comissionados, sendo assegurado o direito de quem já percebia cumulativamente até a data de publicação da EC nº 20/1998.

k) Aplicação do teto remuneratório do serviço público aos proventos de aposentadoria.

l) Aplicação subsidiária das regras do RGPS aos RPPS.

m) Possibilidade de aplicação do teto do RGPS para as aposentadorias e pensões concedidas pelo RPPS, com a instituição do regime de previdência complementar para esses servidores.

n) Isenção de contribuição previdenciária para os servidores que, podendo aposentar-se pelas regras vigentes antes da Emenda ou pelas regras de transição, optavam por permanecer em atividade[51].

Em observância ao princípio do direito adquirido, a EC nº 20/1998 assegurou, em seu art. 3º, o direito de quem, até 16 de dezembro de 1998, data de sua publicação, já havia cumprido os requisitos de alguma regra de aposentação então vigente e instituiu, em seu art. 8º, regras de transição para aqueles que já haviam ingressado no serviço público antes de sua vigência.

As regras de transição que asseguravam a aposentadoria voluntária com proventos integrais para os servidores estipulavam um tempo adicional (pedágio), correspondente a 20% do tempo que faltava, na data de sua publicação, para essa espécie de aposentadoria, e, cumulativamente, idade mínima de 53 anos para os homens e 48 anos para as mulheres, além da exigência de, pelo menos, 5 anos de efetivo exercício no cargo.

Já as regras de transição para a aposentadoria voluntária proporcional exigiam um pedágio de 40% do tempo que faltava, na data de sua publicação, para essa espécie de aposentadoria, e, cumulativamente, idade mínima de 53 anos para os homens e 48 anos para as mulheres, além da exigência de, pelo menos, 5 anos de efetivo exercício no cargo.

Essas foram as principais mudanças promovidas pela EC nº 20/1998 no RPPS. Já para o RGPS, mencionamos: (1) a limitação do salário-família e do auxílio-reclusão aos dependentes do trabalhador de baixa renda; (2) a desconstitucionalização da regra de cálculo do valor do benefício; (3) a constitucionalização do RPC com definição de diretrizes básicas; (4) a redução de 5 anos na idade do trabalhador rural para aposentadoria por idade; (5) o fim da aposentadoria proporcional por tempo de serviço; (6) a concessão de aposentadoria especial apenas para os trabalhadores que exercessem atividades prejudiciais à saúde ou à integridade física e para os professores da educação infantil e dos ensinos fundamental e médio.

---

51. Em que pese a Emenda ter denominado essa situação de "isenção", tratava-se de imunidade previdenciária, porquanto prevista no texto constitucional.

1.6.2 A EC nº 41/2003

Enquanto a EC nº 20/1998 modificou significativamente os dois regimes públicos previdenciários, a EC nº 41/2003 quase não promoveu mudanças no RGPS, dedicando-se às alterações das regras do RPPS. Vejamo-las, pois:

a) Inclusão do princípio da solidariedade no *caput* do art. 40 e taxação dos aposentados e pensionistas da União, dos Estados, do DF e dos Municípios, os quais passaram a contribuir para o RPPS sobre o valor excedente ao teto do RGPS e com a mesma alíquota de contribuição dos servidores ativos.

b) Mudança na forma de cálculo dos proventos de aposentadoria, que deixaram de corresponder à integralidade da remuneração do servidor em atividade e passaram a ser calculados, na forma da lei[52], pela média das remunerações utilizadas como base das contribuições previdenciárias do servidor ao longo de sua vida laborativa (fim da integralidade da remuneração).

c) Alteração no critério de reajustamento dos benefícios previdenciários, que deixaram de ser vinculados ao reajuste da remuneração dos servidores em atividade. A EC nº 41/2003 adotou, como critério de reajustamento, a preservação do valor real do benefício previdenciário, conforme critérios estabelecidos em lei[53] (fim da paridade).

d) Mudança na forma de cálculo da pensão por morte, que passou a corresponder à integralidade dos proventos ou remuneração do segurado instituidor da pensão até o teto do RGPS, acrescido de 70% do valor excedente ao teto.

e) Alteração do RPC do servidor público, com previsão de sua instituição não mais por lei complementar de abrangência nacional, mas por lei do ente federado, com a exigência de planos de benefícios de contribuição definida.

---

52. Lei nº 10.887/2004, art. 1º: "No cálculo dos proventos de aposentadoria dos servidores titulares de cargo efetivo de qualquer dos Poderes da União, dos Estados, do Distrito Federal e dos Municípios, incluídas suas autarquias e fundações, previsto no § 3º do art. 40 da Constituição Federal e no art. 2º da Emenda Constitucional 41, de 19 de dezembro de 2003, será considerada a média aritmética simples das maiores remunerações, utilizadas como base para as contribuições do servidor aos regimes de previdência a que esteve vinculado, correspondentes a 80% (oitenta por cento) de todo o período contributivo desde a competência julho de 1994 ou desde a do início da contribuição, se posterior àquela competência. § 1º As remunerações consideradas no cálculo do valor inicial dos proventos terão os seus valores atualizados mês a mês de acordo com a variação integral do índice fixado para a atualização dos salários de contribuição considerados no cálculo dos benefícios do regime geral de previdência social. § 2º A base de cálculo dos proventos será a remuneração do servidor no cargo efetivo nas competências a partir de julho de 1994 em que não tenha havido contribuição para regime próprio. § 3º Os valores das remunerações a serem utilizadas no cálculo de que trata este artigo serão comprovados mediante documento fornecido pelos órgãos e entidades gestoras dos regimes de previdência aos quais o servidor esteve vinculado ou por outro documento público, na forma do regulamento. § 4º Para os fins deste artigo, as remunerações consideradas no cálculo da aposentadoria, atualizadas na forma do § 1º deste artigo, não poderão ser: I – inferiores ao valor do salário-mínimo; II – superiores ao limite máximo do salário de contribuição, quanto aos meses em que o servidor esteve vinculado ao regime geral de previdência social. § 5º Os proventos, calculados de acordo com o *caput* deste artigo, por ocasião de sua concessão, não poderão ser inferiores ao valor do salário-mínimo nem exceder a remuneração do respectivo servidor no cargo efetivo em que se deu a aposentadoria."

53. No âmbito do RPPS da União, o art. 15 da Lei nº 10.887/2004, com a redação que lhe foi conferida pela Lei nº 11.784/2008, preceitua: "Os proventos de aposentadoria e as pensões de que tratam os arts. 1º e 2º desta Lei serão reajustados, a partir de janeiro de 2008, na mesma data e índice em que se der o reajuste dos benefícios do regime geral de previdência social, ressalvados os beneficiados pela garantia de paridade de revisão de proventos de aposentadoria e pensões de acordo com a legislação vigente."

f) Proibição de existência de mais de um RPPS por ente político e determinação de unidade gestora única por RPPS, à exceção da previdência dos militares.

g) Concessão de abono de permanência, que consiste num valor pago pelo erário ao servidor que já pode aposentar-se voluntariamente e decide permanecer em atividade, correspondente ao valor da sua contribuição previdenciária. O abono de permanência veio substituir a imunidade previdenciária introduzida pela EC nº 20/98 e sua concessão não faz cessar a obrigação do pagamento da contribuição previdenciária pelo servidor em gozo de abono.

h) Proibição de os Estados, DF e Municípios instituírem alíquota de contribuição previdenciária dos servidores em valor inferior à alíquota dos servidores do RPPS da União.

Em observância ao princípio do direito adquirido, a EC nº 41/2003 assegurou, em seu art. 3º, o direito de quem, até 31 de dezembro de 2003, data de sua publicação, já havia cumprido os requisitos de alguma regra de aposentação então vigente e instituiu, em seus arts. 2º e 6º, regras de transição para aqueles que já haviam ingressado no serviço público antes de sua publicação, revogando, expressamente, as regras de transição da EC nº 20/1998.

A regra de transição prevista no art. 2º tinha por destinatários os servidores que ingressaram no serviço público até 16 de dezembro de 1998 e estabelecia os seguintes critérios: (1) idade mínima de 53 anos para os homens e 48 anos para as mulheres; (2) tempo mínimo de 35 anos de contribuição para os homens e 30 anos de contribuição para as mulheres; (3) tempo adicional de 20% (pedágio) ao tempo de contribuição que faltava para o tempo mínimo na data de publicação da EC nº 20/1998; e (4) 5 anos de efetivo exercício no cargo.

A regra de transição do art. 2º não estabelecia proventos com integralidade e paridade, motivo pelo qual não foi muito utilizada pelos servidores, que preferiam continuar em atividade até cumprir os requisitos de aposentadoria da regra de transição do art. 6º da EC nº 41/2003, que assegurava o direito à paridade e à integralidade dos proventos e estabelecia: idade mínima de 60 anos para os homens e 55 anos para as mulheres; tempo mínimo de 35 anos de contribuição para os homens e 30 anos de contribuição para as mulheres; 20 anos de efetivo exercício no serviço público; 10 anos de carreira; e 5 anos de efetivo exercício no cargo.

Essas foram as principais mudanças promovidas pela EC nº 41/2003 no RPPS. No RGPS, a Emenda apenas elevou o limite máximo do valor dos benefícios e previu um sistema especial de inclusão previdenciária para trabalhadores de baixa renda, assegurando benefícios de valor igual ao salário-mínimo.

1.6.3 A EC nº 47/2005

Essa Emenda promoveu as seguintes mudanças no RPPS, todas com efeitos retroativos à data de publicação da EC nº 41/2003, 31 de dezembro de 2003:

a) Previsão de mais duas hipóteses de aposentadoria especial: (1) para as atividades de risco e (2) para os portadores de deficiência.

b) Elevação da imunidade previdenciária do beneficiário portador de doença incapacitante, que passou a contribuir para o RPPS apenas sobre o valor que excedesse o dobro do teto do RGPS.

c) Concessão de paridade plena[54] aos proventos de aposentadoria provenientes do art. 6º da EC nº 41/2003.

d) Criação de nova regra de transição para os servidores que ingressaram no serviço público até 16 de dezembro de 1998, data de publicação da EC nº 20/1998, que estabelecia os seguintes requisitos: idade mínima de 60 anos para o homem e de 55 anos para a mulher; tempo mínimo de 35 anos de contribuição para o homem e 30 anos de contribuição para a mulher; 25 anos de efetivo exercício no serviço público; 15 anos de carreira; 5 anos no cargo; e redução de um ano na idade mínima para cada ano de contribuição excedente ao tempo mínimo exigido. Essa regra de aposentadoria estendia o direito à paridade plena dos proventos às pensões dela decorrentes.

A EC nº 47/2005 também promoveu alterações no RGPS, tais como: (1) a inclusão dos portadores de deficiência entre as hipóteses de aposentadoria especial, na forma de lei complementar; (2) inserção, no sistema especial de inclusão previdenciária, das donas de casa sem renda própria, desde que pertencentes a famílias de baixa renda, com alíquotas e carências inferiores aos demais segurados da previdência social; (3) aumento das possibilidades de diferenciação contributiva (alíquotas e base de cálculo diferenciadas) dos empregadores, para financiamento da seguridade social.

1.6.4 A EC nº 70/2012

A EC nº 70/2012 foi promulgada com o único propósito de instituir uma regra de transição para a aposentadoria por invalidez dos servidores dos entes federados que ingressaram no serviço público até 31 de dezembro de 2003, data de publicação da EC nº 41/2003. Isso porque o legislador reformador constituinte de 2003 não distinguiu a forma de cálculo dos proventos de aposentadoria por invalidez daquele que já havia ingressado no serviço público até a data de sua publicação (com base na última remuneração e com paridade) da do servidor que ingressou após a data de sua publicação (cálculo pela média e sem paridade).

A EC nº 70/2012, então, alterou a EC nº 41/2003, acrescendo-lhe o art. 6º-A, que afastou o cálculo dos proventos pela média das remunerações que serviram de base contributiva para os regimes previdenciários e concedeu, ainda, o direito à paridade plena dos proventos dessa aposentadoria.

Foi estabelecido o prazo de 180 dias para que a União, os Estados, o DF e os Municípios procedessem à revisão das aposentadorias e das pensões delas decorrentes, concedidas em desacordo com essa nova regra, com efeitos financeiros a partir da data de promulgação da EC nº 70/2012, qual seja, 29 de março de 2012.

54. A paridade assegurada pela regra de transição do art. 6º da EC nº 41/2003 não contemplava os acréscimos na remuneração decorrentes da transformação ou reclassificação do cargo ou função em que se deu a aposentadoria, mas tão somente os reajustes concedidos à remuneração do cargo (paridade mitigada). Com a EC nº 47/2005, os proventos do servidor aposentado com fundamento no art. 6º da EC nº 41/2003 passaram a contemplar, além dos reajustes concedidos ao servidor em atividade, os acréscimos na remuneração decorrentes da transformação ou reclassificação do cargo (paridade plena).

1.6.5 A EC nº 88/2015

A EC nº 88/2015 teve por objetivo permitir que, mediante regulamentação por lei complementar, houvesse a elevação da idade para a aposentadoria compulsória de 70 para 75 anos, o que ocorreu com a publicação da LC nº 152, em 4 de dezembro de 2015.

Importante destacar que, mesmo antes da edição da mencionada Lei Complementar, houve, a partir da publicação da Emenda, em 8 de maio de 2015, a majoração da idade da aposentadoria compulsória para os Ministros do Supremo Tribunal Federal (STF), dos Tribunais Superiores e do Tribunal de Contas da União, conforme previsão contida no art. 100 do Ato das Disposições Constitucionais Transitórias (ADCT), introduzido pela própria EC nº 88/2015.

1.6.6 A EC nº 103/2019

Essa Emenda, proveniente da PEC nº 6/2019, foi promulgada pelo Congresso Nacional em 12 de novembro de 2019. Nos anos de 2016 e 2017, houve uma tentativa, frustrada, de reforma da previdência social, com a tramitação da PEC nº 287/2016, que não conseguiu avançar na Câmara dos Deputados.

A PEC nº 6/2019, em sua proposta original, visava, além da convergência entre os regimes previdenciários públicos (RGPS e RPPS), com estabelecimento de critérios idênticos para acesso ao benefício previdenciário e para o cálculo dos proventos de aposentadoria e da pensão, a criação de um sistema de capitalização paralelo ao RGPS e ao RPPS, que seria regulamentado por lei complementar.

Ainda durante a discussão da PEC na Comissão Especial da Câmara, em virtude da pressão exercida pela oposição ao governo federal e pela pressão de parte da sociedade, a previsão do sistema de capitalização foi excluída do texto e o tempo mínimo de contribuição dos trabalhadores do RPGS para aposentadoria voluntária deixou de ser o mesmo exigido para os servidores públicos vinculados ao RPPS.

A PEC inicialmente aumentava o tempo de contribuição dos trabalhadores rurais e modificava os critérios de concessão do BPC, mas esses pontos também foram retirados do texto ainda na Comissão Especial da Câmara.

Merece registro o fato de que, em seu texto inicial, a PEC nº 6/2019 alcançava os Estados, o DF e os Municípios, que deviam adotar, em seus RPPS, as novas disposições constitucionais previdenciárias. No entanto, a fim de assegurar a aprovação da reforma na Câmara, o texto da PEC foi modificado para conceder autonomia aos entes federados, que passaram a poder dispor sobre as regras paramétricas e de cálculo de benefícios previdenciários em seus RPPS.

Capítulo 2

FUNDAMENTO, NORMAS GERAIS E PRINCÍPIOS DO RPPS

Neste capítulo, veremos o fundamento constitucional e os princípios do RPPS, previstos no *caput* do art. 40 da CR/88 e aplicáveis a todos os entes federados que instituíram regimes previdenciários para seus servidores. Também abordaremos *a Lei Geral dos RPPS*, Lei nº 9.717, de 27 de novembro de 1998, e a Portaria MTP nº 1.467, de 2 de junho de 2022, esta última conhecida como a *Consolidação das Normas dos Regimes Próprios de Previdência Social.*

Estudaremos, em especial, o tratamento dado pela EC nº 103/2019 ao **princípio da contributividade**, com a inovação da progressividade das alíquotas de contribuição previdenciária, e ao **princípio do equilíbrio financeiro e atuarial**, com a possibilidade de ampliação da base de cálculo de incidência da contribuição dos aposentados e pensionistas e de instituição de contribuições extraordinárias. Distinguiremos a situação do RPPS da União, para o qual a EC nº 103/2019 estabeleceu normas provisórias, enquanto não editada lei federal, da situação dos RPPS dos Estados, do DF e dos Municípios.

2.1 FUNDAMENTO CONSTITUCIONAL DO RPPS – O ART. 40 DA CR/88

CR/88, com a redação conferida pela EC nº 103/2019

Art. 40. O regime próprio de previdência social dos servidores titulares de cargos efetivos terá caráter contributivo e solidário, mediante contribuição do respectivo ente federativo, de servidores ativos, de aposentados e de pensionistas, observados critérios que preservem o equilíbrio financeiro e atuarial.

É nesse dispositivo que se encontra o fundamento constitucional dos RPPS dos entes federativos ou políticos (União, Estados, DF e Municípios), instituídos para os servidores públicos titulares de cargos efetivos[1].

Repisamos que a EC nº 103/2019, ao alterar o *caput* do art. 40 da CR/88, pôs fim à controvérsia doutrinária anteriormente existente sobre a obrigatoriedade de os entes federativos instituírem RPPS para seus servidores. Isso porque a redação anterior à Emenda empregava a expressão "é assegurado"[2], o que levava alguns autores a entenderem que o comando constitucional obrigava a todos os entes. Mais do que desobrigar os entes de

---

1. Nos termos do inciso X do art. 2º da Portaria MTP nº 1.467/2022, cargo efetivo é "o conjunto de atribuições, deveres e responsabilidades específicas definidas em estatutos dos entes federativos cometidas a um servidor aprovado por meio de concurso público de provas ou de provas e títulos".
2. CR/88, art. 40, *caput*, redação anterior à EC nº 103/2019: "Aos servidores titulares de cargos efetivos da União, dos Estados, do Distrito Federal e dos Municípios, incluídas suas autarquias e fundações, é assegurado regime de previdência de caráter contributivo e solidário, mediante contribuição do respectivo ente público, dos servidores ativos e inativos e dos pensionistas, observados critérios que preservem o equilíbrio financeiro e atuarial e o disposto neste artigo".

constituírem RPPS para seus servidores, a EC nº 103/2019, em verdade, **proibiu a sua instituição**, com a redação do § 22 do art. 40[3], que veda expressamente o surgimento de novos RPPS. Por essa razão, a Portaria MTP nº 1.467/2022 atualizou o conceito de RPPS, a saber:

> **Portaria MTP nº 1.467/2022**
>
> Art. 2º Para os efeitos desta Portaria, considera-se:
>
> (...)
>
> II – Regime Próprio de Previdência Social – RPPS: O regime de previdência instituído no âmbito da União, dos Estados do Distrito Federal e dos Municípios até 13 de novembro de 2019, data de publicação da Emenda Constitucional nº 103, de 2019, que assegure, por lei, aos seus segurados, os benefícios de aposentadorias e pensão por morte previstos no art. 40 da Constituição Federal; (g.n.)

O RPPS é administrado e operacionalizado por uma **unidade gestora única**, entidade ou órgão, de natureza pública, à qual compete a administração e a operacionalização do regime, bem como as atividades de arrecadação, gestão dos recursos e dos fundos previdenciários, a concessão, o pagamento e a manutenção dos benefícios.

A unidade gestora recebe o adjetivo "única" porque detém a competência da gestão e da operacionalização dos benefícios previdenciários de todos os Poderes, órgãos e entidades autárquicas e fundacionais do ente federativo[4]. Dessa forma, não é possível haver, no mesmo ente, mais de um órgão ou entidade responsável pela gestão do RPPS, ainda que de Poderes diferentes. Essa proibição se encontra no § 20 do art. 40 da CR/88, *verbis*:

> **CR/88, com a redação conferida pela EC nº 103/2019**
>
> Art. 40 (...)
>
> (...)
>
> § 20. É vedada a existência de mais de um regime próprio de previdência social e de mais de um órgão ou entidade gestora desse regime em cada ente federativo, abrangidos todos os poderes, órgãos e entidades autárquicas e fundacionais, que serão responsáveis pelo seu financiamento, observados os critérios, os parâmetros e a natureza jurídica definidos na lei complementar de que trata o § 22.

A Portaria MTP nº 1.467/2022, em seu capítulo V – *Gestão dos Regimes Próprios* – estabelece as seguintes regras sobre a unidade gestora dos RPPS:

> **Portaria MTP nº 1.467/2022**
>
> Art. 71. É vedada a existência de mais de um RPPS para os segurados desse regime em cada ente federativo e de mais de uma unidade gestora.
>
> § 1º A unidade gestora única deverá gerenciar, direta ou indiretamente, a concessão, o pagamento e a manutenção dos benefícios de aposentadoria e pensão por morte devidos a todos os segurados e beneficiários do RPPS e as seus dependentes, relativos a todos os poderes, órgãos e entidades do ente federativo.
>
> § 2º Há gerenciamento indireto quando a concessão, o pagamento e a manutenção dos benefícios forem executados por outro órgão ou entidade integrante da correspondente Administração Pública, atendendo-se, porém, na realização daquelas atividades, ao comando, à coordenação e ao controle da unidade gestora única.
>
> (...)

3. CR/88, art. 40, § 22, *caput*, com a redação dada pela EC nº 103/2019: "Vedada a instituição de novos regimes próprios de previdência social, lei complementar federal estabelecerá, para os que já existam, normas gerais de organização, de funcionamento e de responsabilidade em sua gestão, dispondo, entre outros aspectos, sobre: (...)".
4. Essa é a disposição contida no inciso VI do art. 2º da Portaria MTP nº 1.467/2022.

2.1.1 Normas gerais de organização e funcionamento do RPPS: a Lei nº 9.717/1998 e a Portaria MTP nº 1.467/2022

Consoante o disposto no § 22 do art. 40 da CR/88, os RPPS existentes devem obedecer às normas gerais de organização, funcionamento e de responsabilidade em sua gestão, a serem estabelecidas por lei complementar federal, que deverá dispor, em especial, sobre:

a) requisitos para extinção do RPPS pelo ente federativo;

b) modelo de arrecadação, de aplicação e de utilização dos recursos;

c) definição de equilíbrio financeiro e atuarial e mecanismos de equacionamento do *deficit* atuarial;

d) fiscalização pela União e controle externo e social;

e) condições para instituição do fundo previdenciário de que trata o art. 249 da CR/88, para estruturação do órgão ou entidade gestora do regime e para responsabilização dos gestores do RPPS;

f) condições para adesão a consórcio público; e

g) parâmetros para apuração da base de cálculo e definição de alíquota de contribuições ordinárias e extraordinárias.

Enquanto não for editada essa lei complementar federal, serão aplicadas as disposições constitucionais provisórias previstas no art. 9º da EC nº 103/2019[5], os preceitos da Lei nº 9.717/1998 e as normas constantes da Portaria MTP nº 1.467/2022, que disciplina os parâmetros e as diretrizes gerais para organização e funcionamento dos RPPS dos servidores públicos dos entes federados.

A Portaria MTP nº 1.467/2022 encontra seu fundamento de validade no art. 9º da Lei nº 9.717/1998, com a redação dada pela Lei nº 13.846/2019, a saber:

Lei nº 9.717/1998, com a redação dada pela Lei nº 13.846/2019

Art. 9º Compete à União, por intermédio da Secretaria Especial de Previdência e Trabalho do Ministério da Economia, em relação aos regimes próprios de previdência social e aos seus fundos previdenciários:

(...)

II – o estabelecimento e a publicação de parâmetros, diretrizes e critérios de responsabilidade previdenciária na sua instituição, organização e funcionamento, relativos a custeio, benefícios, atuária, contabilidade, aplicação e utilização de recursos e constituição e manutenção dos fundos previdenciários, para preservação do caráter contributivo e solidário e do equilíbrio financeiro e atuarial; (g.n.)

2.1.2 Segurados e beneficiários do RPPS

Além dos servidores públicos titulares de cargo efetivo, incluídos os servidores das entidades autárquicas e das fundações públicas, são segurados dos RPPS os membros do Poder Judiciário (magistrados), do Ministério Público (promotores e procuradores de Justiça), da Defensoria Pública (defensores públicos) e do Tribunal de Contas (ministros

5. EC nº 103/2019, art. 9º, *caput*: "Até que entre em vigor lei complementar que discipline o § 22 do art. 40 da Constituição Federal, aplicam-se aos regimes próprios de previdência social o disposto na Lei 9.717, de 27 de novembro de 1998 e o disposto neste artigo".

e conselheiros). Os policiais civis também são segurados desse regime previdenciário. Já os militares possuem regime jurídico específico, a ser visto em capítulo próprio.

Os aposentados e os pensionistas dos RPPS são segurados, mas na condição de **beneficiários**, uma vez que se encontram em gozo do benefício previdenciário (proventos de aposentadoria ou pensão por morte).

A Portaria MTP nº 1.467/2022 apresenta os seguintes conceitos de segurados e beneficiários dos RPPS:

Portaria MTP nº 1.467/2022

Art. 2º Para os efeitos desta Portaria, considera-se:

(...)

III – segurados: os segurados em atividade que sejam servidores públicos titulares de cargo efetivo, membros da magistratura, do Ministério Público, da Defensoria Pública e dos Tribunais de Contas de quaisquer dos poderes da União, dos Estados, do Distrito Federal e dos Municípios, incluídas suas autarquias e fundações;

IV – beneficiários: os segurados aposentados e os pensionistas amparados em RPPS;

(...)

Art. 5º São segurados, na condição de beneficiários, os dependentes em gozo de pensão por morte e os aposentados.

Esclarecemos que os policiais civis se inserem na categoria de servidores públicos titulares de cargos efetivos.

O art. 5º da Portaria MTP nº 1.467/2022 acima transcrito apresenta imprecisão técnica ao trazer o termo "dependentes", porquanto o segurado que recebe o benefício de pensão por morte é chamado de **pensionista**. Era ele dependente antes do óbito do instituidor da pensão por morte.

Sigamos! Os servidores ocupantes exclusivamente de cargos em comissão, os servidores temporários e os detentores de mandato eletivo não são segurados do RPPS, mas, sim, do RPGS, consoante disposição expressa do § 13 do art. 40 da CR/88, com a redação conferida pela EC nº 103/2019, segundo o qual "aplica-se ao agente público ocupante, exclusivamente, de cargo em comissão declarado em lei de livre nomeação e exoneração, de outro cargo temporário, inclusive mandato eletivo, ou de emprego público, o Regime Geral de Previdência Social"[6].

No entanto, se o ocupante de cargo em comissão também for servidor público de cargo efetivo, sua contribuição **apenas** será vertida para o RPPS ao qual se encontra vinculado pela titularidade do cargo efetivo. Nessa situação, não haverá contribuição ao RGPS pelo exercício do cargo em comissão. Exemplifiquemos com um servidor titular do cargo de Auditor Fiscal do Tesouro do **Estado X**, que é nomeado para ocupar o cargo em comissão de Diretor de Benefícios do RPPS desse mesmo Estado. Esse servidor contribuirá para o RPPS do **Estado X** por ser titular do cargo de Auditor Fiscal e não contribuirá paro o RGPS pelo exercício do cargo de Diretor de Benefícios. Apenas contribuiria para o RGPS se ocupasse tão somente o cargo em comissão[7].

---

6. Idêntica disposição se encontra no § 1º do art. 3º da Portaria MTP nº 1.467/2022.
7. Nesse exemplo, a regra geral é de **não** inclusão, na base de cálculo de contribuição para o RPPS, do valor do cargo em comissão (ou de qualquer valor não incorporável aos proventos de aposentadoria), a não ser que a lei do ente federativo preveja a inclusão, mediante opção expressa do servidor que for se aposentar pela média, hipótese na

O exemplo acima trata de situação em que não há exercício concomitante do cargo efetivo com o cargo em comissão. Se houver exercício concomitante de cargo efetivo com outro cargo não efetivo, existindo compatibilidade de horários, o servidor recolherá para o RPPS pelo exercício do cargo efetivo e para o RGPS pelo exercício do cargo em comissão.

Também não é segurado do RPPS **o aposentado** por qualquer regime de previdência que exerça ou venha a exercer cargo em comissão, cargo temporário, emprego público ou mandato eletivo. Nessa situação, o aposentado contribuirá para o RGPS.

Os notários ou tabeliães, os oficiais de registro e os escreventes (e os auxiliares), desde que não remunerados pelos cofres públicos, são segurados obrigatórios do RGPS e não do RPPS, nos termos do § 6º do art. 3º da Portaria MTP nº 1.467/2022.

Nas hipóteses de cessão, licenciamento ou afastamento do segurado, o servidor **permanecerá vinculado ao seu RPPS** e o cálculo da contribuição previdenciária considerará o valor da remuneração ou do subsídio do cargo efetivo, mesmo que o segurado esteja recebendo, por exemplo, o valor do cargo em comissão em vez do valor da remuneração ou do subsídio de seu cargo efetivo.

Nos afastamentos sem contribuição do servidor, este perde, **durante a lacuna contributiva**, sua condição de segurado do RPPS, configurando o que a Portaria MTP nº 1.467/2022, art. 169, chama de **perda de filiação ativa**. Nesse caso, se o servidor falecer durante o afastamento sem contribuição, o benefício de pensão por morte não poderá ser concedido aos seus dependentes, salvo se o servidor já tiver incorporado ao seu patrimônio jurídico o direito de se aposentar por alguma regra de aposentadoria voluntária, pelo implemento de todos os requisitos temporais. Quando o servidor voltar a contribuir para o seu RPPS, sua condição de segurado se restabelece e sua filiação volta a se tornar ativa.

A perda da condição de segurado do RPPS ocorrerá nas hipóteses de morte, exoneração, demissão, cassação da aposentadoria, transcurso do tempo de duração ou demais condições da pensão por morte previstas em lei do ente federativo ou em razão de decisão judicial.

Todas essas situações encontram-se detalhadas no Capítulo II – *Segurados e Beneficiários do RPPS* – da Portaria MTP nº 1.467/2022.

Voltemos ao comando constitucional e seu conteúdo principiológico. Os RPPS atualmente existentes devem obedecer aos princípios expressos no *caput* do art. 40 da CR/88. Princípios são a base sobre a qual qualquer sistema se estrutura; seu conhecimento permite não perder de vista a compreensão do todo e constitui medida profilática para evitar a deturpação e o desvirtuamento das normas, que lhes devem guardar conformidade. Vejamo-los, pois:

2.2 PRINCÍPIO DA CONTRIBUTIVIDADE

Por esse princípio, os benefícios previdenciários só serão prestados àqueles que contribuíram para o regime de previdência social. Consiste na nota distintiva da previdência, o que a diferencia da assistência social e da saúde pública.

---

qual também será devida a contribuição do ente. Essa disposição está contida no § 1º do art. 12 da Portaria MTP nº 1.467/2022.

Foi introduzido no *caput* do art. 40 pela EC nº 20/1998, que passou a estabelecer para os servidores ativos a obrigatoriedade de contribuição para o RPPS, o que já havia sido estabelecido antes pela EC nº 3/1993[8], apenas para os servidores públicos federais.

Antes da EC nº 20/1998 (e da EC nº 3/1993 para os servidores federais), as contribuições dos servidores não eram utilizadas para pagamento de sua aposentadoria, mas, sim, para a pensão por morte aos seus dependentes e, a depender do ente federativo, para benefícios assistenciais e de saúde. A aposentadoria era-lhes concedida, então, como uma espécie de "prêmio" pelo serviço prestado, ficando a cargo do erário o custeio desse benefício. Com efeito:

> Na redação original do referido artigo [art. 40 da CR/88], basicamente estavam definidos os critérios de concessão, forma de cálculo e de reajustamento dos benefícios de aposentadoria e de pensão. Inicialmente, o dispositivo não continha regra relativa à organização de um regime previdenciário propriamente dito. A aposentadoria não estava concebida como um benefício previdenciário, computando-se, na sua concessão, apenas o tempo de serviço prestado ao Estado, ou a particular, sob a égide de regime trabalhista. Na concessão, não se examinava a idade do segurado ou a existência da contribuição. Em resumo, o regime jurídico previdenciário se confundia com o regime jurídico de trabalho dos servidores públicos. Os benefícios eram concedidos como um benefício de natureza estatutária ou administrativa, e dependiam apenas do vínculo funcional, do tempo de serviço prestado ao Estado. Por isso, não exigiam a contribuição e seu valor correspondia à última remuneração do servidor, exceto no caso dos proporcionais. (DE MARCO; SOUZA; GUIMARÃES, 2009, p. 41-42)

A EC nº 41/2003, por sua vez, modificou o *caput* do art. 40 e lhe acresceu o § 18[9], para estabelecer a contribuição dos aposentados e pensionistas do RPPS[10], os quais passaram a contribuir para a previdência social sobre o valor do benefício excedente ao limite máximo (teto) do RGPS (R$ 8.157,41, referente ao ano de 2025), bem como para explicitar a obrigatoriedade de contribuição previdenciária do ente público.

As contribuições dos servidores e do ente público integram os recursos previdenciários dos RPPS, além de outros valores, bens, ativos (e seus rendimentos) vinculados ao regime ou aos seus fundos previdenciários[11]. Um desses valores é o relativo à compensação financeira entre os regimes previdenciários, resultante do **instituto da contagem recíproca** do tempo de contribuição, que ocorre quando o segurado, durante sua vida laboral, contribui, **de forma não concomitante**, para mais de um regime, sendo-lhe devido o direito de contar o tempo de todos eles. O regime que pagará seu benefício (regime instituidor), aquele no qual se aposentará, terá direito a receber do(s) outro(s) regime(s) público(s) uma compensação financeira proporcional ao tempo de contribuição a esse(s) regime(s). Vejamos um exemplo: Maurino Silva é servidor do **Estado X**. Antes de

8. CR/88, art. 40, § 6º, com a redação conferida pela EC nº 3/1993: "As aposentadorias e pensões dos servidores públicos federais serão custeadas com recursos provenientes da União e das contribuições dos servidores, na forma da lei."
9. CR/88, art. 40, § 18, acrescido pela EC nº 41/2003: "Incidirá contribuição sobre os proventos de aposentadorias e pensões concedidas pelo regime de que trata este artigo que superem o limite máximo estabelecido para os benefícios do regime geral de previdência social de que trata o art. 201, com percentual igual ao estabelecido para os servidores titulares de cargos efetivos".
10. Em 1999, por meio da Lei nº 9.783, foi estabelecida a contribuição dos aposentados e pensionistas do RPPS da União, que foi considerada inconstitucional pelo Supremo Tribunal Federal, por unanimidade.
11. O conceito de recursos previdenciários encontra-se no inciso XIV do art. 2º da Portaria MTP nº 1.467/2022, segundo o qual esses recursos são "as contribuições e quaisquer valores, bens, ativos e seus rendimentos vinculados ao RPPS ou aos fundos previdenciários de que trata o art. 6º da Lei nº 9.717, de 28 de novembro de 1998, inclusive a totalidade dos créditos do ente instituidor do benefício, reconhecidos pelo regime de origem, relativos à compensação financeira prevista nos § § 9º e 9º-A do art. 201 da Constituição Federal e os recursos destinados à taxa de administração".

ingressar no serviço público desse Estado, trabalhou na iniciativa privada por 15 anos, contribuindo, nesse período, para o RGPS. Pelo direito à contagem recíproca, Maurino poderá contar com os 15 anos de contribuição ao RGPS para se aposentar pelo **Estado X**, cujo RPPS receberá uma compensação do RGPS pelos 15 anos em que não recebeu a contribuição do segurado.

O instituto da contagem recíproca está previsto no art. 40, § 9º, e no art. 201, §§ 9º e 9º-A da CR/88:

> **CR/88, com a redação conferida pela EC nº 103/2019**
>
> Art. 40 (...)
>
> § 9º O tempo de contribuição federal, estadual, distrital ou municipal será contado para fins de aposentadoria, observado o disposto nos §§ 9º e 9º-A do art. 201, e o tempo de serviço correspondente será contado para fins de disponibilidade.
>
> Art. 201 (...)
>
> (...)
>
> § 9º Para fins de aposentadoria, será assegurada a contagem recíproca do tempo de contribuição entre o Regime Geral de Previdência Social e os regimes próprios de previdência social, e destes entre si, observada a compensação financeira, de acordo com os critérios estabelecidos em lei.
>
> § 9º-A O tempo de serviço militar exercido nas atividades de que tratam os arts. 42, 142 e 143 e o tempo de contribuição ao Regime Geral de Previdência Social ou a regime próprio de previdência social terão contagem recíproca para fins de inativação militar ou aposentadoria, e a compensação financeira será devida entre as receitas de contribuição referentes aos militares e as receitas de contribuição dos demais regimes.

Sem a compensação financeira, os regimes arcariam com despesas para as quais não houve contribuição do segurado, o que contraria o princípio da contributividade. As normas que regulamentam a compensação financeira entre os regimes são a Lei nº 9.796, de 5 de maio de 1999, e o Decreto nº 10.188, de 20 de dezembro de 2019.

O direito à contagem recíproca é instrumentalizado por um documento conhecido como Certidão de Tempo de Contribuição (CTC), emitida pelas unidades gestoras[12] dos regimes aos quais o servidor ou trabalhador foi segurado e regulamentada no capítulo IX Portaria MTP nº 1.467/2022. Retomando o exemplo de Maurino, para que o **Estado X** possa computar os 15 anos de contribuição ao RGPS, a unidade gestora desse regime, no caso, o INSS, tem de lhe entregar a CTC, para que ele possa averbar no RPPS do **Estado X.**

2.2.1 Contribuição previdenciária: natureza, espécies, alíquotas e base de cálculo

Apresentaremos, agora, as contribuições previdenciárias de acordo com sua natureza, espécies, forma de instituição de alíquotas e composição da base de cálculo.

2.2.1.1 Natureza e espécies

Como já consignamos no capítulo introdutório deste livro, a contribuição previdenciária tem **natureza tributária**, sendo, portanto, espécie de tributo. Tendo em vista o critério da finalidade, as contribuições podem ser:

---

12. Ou, nos termos do inciso I do art. 182 da Portaria MTP nº 1.467/2022, excepcionalmente, pelo órgão de origem do segurado, desde que devidamente homologada pela respectiva unidade gestora.

a) **normais**[13]: destinadas à cobertura do custo normal do plano de benefícios, ou seja, do custo do pagamento dos benefícios previdenciários, sendo devidas pelos segurados e pelo ente federativo[14];e

b) **suplementares**[15]: destinadas à cobertura do custo suplementar, correspondente à necessidade de custeio do equacionamento do deficit do RPPS. Quando instituídas, são devidas **apenas** pelo ente federado.

A **contribuição normal** dos segurados do RPPS também pode ser classificada em:

a.1) **ordinária**: que corresponde à finalidade precípua de custear o pagamento dos benefícios previdenciários; e

a.2) **extraordinária**: que pode ser instituída com a finalidade de equacionamento do *deficit* atuarial do RPPS, simultaneamente com outras medidas, e vigente por prazo determinado, nos termos dos §§ 1º-B e 1º-C do art. 149 da CR/88, a ser estudado mais adiante. Embora tenha finalidade análoga à das alíquotas suplementares, delas difere porque é cobrada do segurado e do beneficiário e não do ente federativo.

As contribuições devem estar previstas em lei do ente federativo e necessitam ser embasadas em estudos técnicos (avaliações atuariais), elaborados conforme as normas de atuária previstas no Capítulo IV da Portaria MTP nº 1.467/2022.

Segundo o inciso I do art. 11 da mencionada Portaria, o somatório do valor da contribuição do ente federativo para cobertura do custo normal do plano de benefícios do RPPS não poderá ser inferior ao somatório do valor da contribuição dos segurados nem superior ao dobro desta, observadas as avaliações atuariais anuais. É importante frisar que as alíquotas suplementares do ente não são consideradas nesse cálculo. Exemplifiquemos para melhor compreensão. Caso um ente institua para os beneficiários do seu RPPS alíquota de contribuição de 14%, a contribuição do ente federativo não poderá ser inferior a 14% nem superior a 28% (o dobro). No entanto, a fim de equacionar o *deficit* atuarial porventura existente, é possível instituir alíquota suplementar de 8%, por exemplo, suportada **exclusivamente** pelo ente federativo.

2.2.1.2 Alíquotas de contribuição

As alíquotas de contribuição do ente, dos segurados e dos beneficiários do RPPS têm de ser instituídas ou alteradas por lei do ente federativo e embasadas nas avaliações atuariais do RPPS[16]. Podem ser:

a) **uniformes**: percentual fixo sobre a base de cálculo de contribuição previdenciária; ou

13. Portaria MTP nº 1.467/2022, art. 2º, inciso XXIV: "contribuições normais: as contribuições do ente e dos segurados e beneficiários destinadas à cobertura do custo normal do plano de benefícios, e as contribuições dos aposentados e pensionistas, inclusive em decorrência da ampliação da base de cálculo para o valor dos proventos de aposentadoria e de pensões por morte que supere o valor a partir (sic) do salário-mínimo;".
14. . Também podem custear a taxa de administração da unidade gestora do RPPS.
15. Portaria MTP nº 1.467/2022, art. 2º, inciso XXV: "contribuição suplementares: as contribuições a cargo do ente destinadas à cobertura do custo suplementar, que corresponde às necessidades de custeio, atuarialmente calculadas, referentes ao tempo de serviço passado, ao equacionamento de deficit e outras finalidades para o equilíbrio do regime não incluídas nas contribuições normais;".
16. As avaliações atuariais dos RPPS devem ser elaboradas de acordo com as normas de atuária previstas no Capítulo IV da Portaria MTP nº 1.467/2022.

b) **progressivas**: com alíquotas crescentes, incidentes sobre faixas de remuneração ou de benefício, cuja instituição passou a ser possível a partir da vigência da EC nº 103/2019, conforme veremos mais adiante.

É importante esclarecer que as alíquotas de contribuição dos segurados dos RPPS dos Estados, do DF e dos Municípios não podem ser inferiores às dos segurados da União, caso o RPPS apresente ***deficit* atuarial**, conceito a ser visto quando passarmos a estudar o princípio do equilíbrio financeiro e atuarial.

As alíquotas de contribuição não podem ser alteradas com efeitos retroativos e, na hipótese de majoração, só poderão ser exigidas após o decurso do prazo nonagesimal, contado da data de publicação da lei do ente federado, a qual pode postergar a exigência da exação para o primeiro dia do mês subsequente ao nonagésimo dia.

2.2.1.3 Base de cálculo da contribuição previdenciária

A composição da base de cálculo das contribuições previdenciárias deve estar prevista em lei do ente federativo, que deve considerar a remuneração do cargo efetivo do segurado, a qual compreende, nos termos do inciso XIII do art. 2º da Portaria MTP nº 1.467/2022, "o valor constituído pelo subsídio, pelos vencimentos e pelas vantagens pecuniárias permanentes do cargo, estabelecidos em lei de cada ente, acrescido dos adicionais de caráter individual e das vantagens pessoais permanentes".

A gratificação natalina ou décimo terceiro salário e a remuneração paga ao segurado em decorrência de períodos de afastamento legal também integram a base de cálculo da contribuição previdenciária.

Esclarecemos – e já antecipando o que será visto mais adiante – que a base de cálculo do segurado que ingressar no serviço público em cargo efetivo a partir do início da vigência do regime de previdência complementar – ou que tenha por ele optado – observará o limite máximo estabelecido para os benefícios do RGPS.

Os arts. 12, 13 e 13-A da Portaria MTP nº 1.467/2022, com a redação dada pela Portaria MPS nº 1.180/2024, trazem os seguintes parâmetros a serem observados pela legislação do RPPS dos entes federativos:

a) a base de cálculo das contribuições dos segurados não poderá ser inferior ao salário-mínimo, mesmo na hipótese de redução de carga horária, com decréscimo do subsídio ou remuneração (art. 12, inciso V)[17];

b) a contribuição do servidor público ativo para o RPPS, bem como a dos aposentados e pensionistas, incidirá sobre a base de contribuição apurada isoladamente para cada um dos vínculos previdenciários do servidor e/ou beneficiário da Previdência Social, salvo disposição diversa prevista em lei do ente federativo, para o plano de custeio, em relação aos vínculos do servidor, aposentado e pensionista no âmbito do mesmo RPPS (art. 13-A).

17. O inciso VI do art. 12 da Portaria MTP nº 1.467/2022 foi revogado pela Portaria MPS nº 1.180, de 16/04/2024. O dispositivo previa que "quando o pagamento mensal do segurado sofrer descontos em razão de faltas ou de quaisquer outras ocorrências, a alíquota de contribuição deverá incidir sobre o valor total da base de cálculo prevista em lei, relativa à remuneração ou subsídio mensal do segurado no cargo, desconsiderados os descontos".

c) não incidirá contribuição sobre verba insuscetível de incorporação aos proventos de aposentadoria, tais como abono de permanência, terço de férias, serviços extraordinários, adicional noturno e adicional de insalubridade, a não ser que a lei do ente preveja sua incidência para o servidor que for se aposentar pela média, mediante opção expressa do segurado, situação em que também será devida a contribuição do ente federativo (art. 12, inciso VII e § 1º).

A não incidência de contribuição sobre verbas insuscetíveis de incorporação aos proventos de aposentadoria decorre de um princípio que, embora não esteja previsto expressamente no *caput* do art. 40 da CR/88, deve ser observado pelos entes instituidores dos RPPS, a saber: **o princípio da retributividade**.

Esse princípio decorre da relação de correspondência entre o esforço contributivo presente do segurado (pagamento da contribuição) e a retribuição futura (concessão do benefício). Se a verba remuneratória recebida pelo segurado não for incorporável aos proventos de aposentadoria, sobre ela não deverá incidir a contribuição previdenciária.

A inclusão de verbas não incorporáveis na base de cálculo da contribuição previdenciária poderá, todavia, ser prevista na lei do ente apenas para possibilitar ao segurado que for se aposentar pela média das bases de cálculo das contribuições previdenciárias uma situação mais favorável no cálculo de seu benefício. Além da previsão em lei, o segurado necessita fazer, expressamente, a opção de inclusão da verba na base de cálculo de sua contribuição. Havendo a contribuição do segurado, também será devida a contribuição do ente federativo.

O princípio da retributividade, porém, não é absoluto, pois, nos casos de contribuição dos aposentados e pensionistas, o que prepondera é o princípio da solidariedade e o do equilíbrio financeiro e atuarial, que serão vistos mais adiante.

2.2.2 A contributividade com a EC nº 103/2019

A EC nº 103/2019 alterou o art. 149 da CR/88 para permitir que a contribuição dos RPPS existentes, que antes só podia ser um percentual fixo sobre a base de cálculo de contribuição (alíquota uniforme), possa ser instituída de forma progressiva, com alíquotas crescentes, incidentes sobre faixas de remuneração ou de benefício.

CR/88, com a redação conferida pela EC nº 103/2019

Art. 149 (...)

§ 1º A União, os Estados, o Distrito Federal e os Municípios instituirão, por meio de lei, contribuições para custeio de regime próprio de previdência social, cobradas dos servidores ativos, dos aposentados e dos pensionistas, que poderão ter alíquotas progressivas de acordo com o valor da base de contribuição ou dos proventos de aposentadoria e de pensões.

Importante mencionar que a progressividade das alíquotas de contribuição, a ampliação da base de cálculo dos beneficiários e a possibilidade de instituição de alíquotas extraordinárias vêm sendo questionadas judicialmente, sob a alegação de ofensa ao princípio do não confisco tributário, ausência de correlação entre a arrecadação com as alíquotas progressivas e os valores dos proventos a serem percebidos, bem como afronta ao princípio da capacidade contributiva, tendo sido objeto de cinco ações diretas de inconstitucionalidade (ADIs), que atualmente tramitam no STF: ADIs 6.254, 6.255, 6.258,

6.271 e 6.367, ajuizadas, respectivamente, pela Associação Nacional das Defensoras e Defensores Públicos (Anadep), pela Associação dos Magistrados Brasileiros (AMB), pela Associação dos Juízes Federais do Brasil (Ajufe), pela Associação Nacional dos Auditores Fiscais da Receita Federal do Brasil (Anfip) e pela Associação Nacional dos Auditores da Receita Federal do Brasil (Unafisco Nacional)[18].

2.2.2.1 A contribuição previdenciária do RPPS da União

Exclusivamente para os servidores públicos federais e para os aposentados e pensionistas da União, enquanto não editada lei que altere a alíquota de contribuição previdenciária estabelecida nos arts. 4º a 6º da Lei nº 10.887/2004, será aplicado o disposto no art. 11 da EC nº 103/2019, segundo o qual:

EC nº 103/2019
Art. 11. Até que entre em vigor lei que altere a alíquota da contribuição previdenciária de que tratam os arts. 4º, 5º e 6º da Lei 10.887, de 18 de junho de 2004, esta será de 14% (quatorze por cento).
§ 1º A alíquota prevista no *caput* será reduzida ou majorada, considerado o valor da base de contribuição ou do benefício recebido, de acordo com os seguintes parâmetros:
I – até 1 (um) salário-mínimo, redução de seis inteiros e cinco décimos pontos percentuais;
II – acima de 1 (um) salário-mínimo até R$ 2.000,00 (dois mil reais)[19], redução de cinco pontos percentuais;
III – de R$ 2.000,01 (dois mil reais e um centavo) até R$ 3.000,00 (três mil reais)[20], redução de dois pontos percentuais;
IV – de R$ 3.000,01 (três mil reais e um centavo) até R$ 5.839,45 (cinco mil, oitocentos e trinta e nove reais e quarenta e cinco centavos)[21], sem redução ou acréscimo;
V – de R$ 5.839,46 (cinco mil oitocentos e trinta e nove reais e quarenta e seis centavos) até R$ 10.000,00 (dez mil reais)[22], acréscimo de meio ponto percentual;
VI – de R$ 10.000,01 (dez mil reais e um centavo) até R$ 20.000,00 (vinte mil reais)[23], acréscimo de dois inteiros e cinco décimos pontos percentuais;
VII – de R$ 20.000,01 (vinte mil reais e um centavo) até R$ 39.000,00 (trinta e nove mil reais)[24], acréscimo de cinco pontos percentuais; e
VIII – acima de R$ 39.000,01 (trinta e nove mil reais e um centavo)[25], acréscimo de oito pontos percentuais.
§ 2º A alíquota, reduzida ou majorada nos termos do disposto no § 1º, será aplicada de forma progressiva sobre a base de contribuição do servidor público, incidindo cada alíquota sobre a faixa de valores compreendida nos respectivos limites.
§ 3º Os valores previstos no § 1º serão reajustados[26], a partir da data de entrada em vigor desta Emenda Constitucional, na mesma data e com o mesmo índice em que se der o reajuste dos benefícios do Regime Geral de Previdência Social, ressalvados aqueles vinculados ao salário-mínimo, aos quais se aplica a legislação específica.

18. O ministro Luís Roberto Barroso, relator das ADIs, indeferiu o pedido de liminar nas cinco ações, sob o argumento de que não foi verificada, em princípio, a inconstitucionalidade alegada, devendo, assim, ser considerados válidos os dispositivos da EC nº 103/2019 enquanto o STF não apreciar definitivamente o mérito. A sessão plenária virtual para análise e votação das ações foi iniciada no dia 16 de setembro de 2022, com decisão favorável do relator para a progressividade das alíquotas. Disponível a partir de: https://www.anfip.org.br. Acesso em: 21 jan. 2023.
19. Acima de R$ 1.518,00 até R$ 2.793,88, conforme reajuste promovido pela Portaria Interministerial MPS/MF nº 6, de 10 de janeiro de 2025.
20. De R$ 2.793,89 até R$ 4.190,83, conforme reajuste promovido pela Portaria MPS/MF nº 6/2025.
21. De R$ 4.190,84 até R$ 8.157,41, conforme reajuste promovido pela Portaria MPS/MF nº 6/2025.
22. De R$ 8.157,42 até R$ 13.969,49,conforme reajuste promovido pela Portaria MPS/MF nº 6/2025.
23. De R$ 13.969,50 até R$ 27.938,95, conforme reajuste promovido pela Portaria MPS/MF nº 6/2025.
24. De R$ 27.938,96 até R$ 54.480,97, conforme reajuste promovido pela Portaria MPS/MF nº 6/2025.
25. Acima de R$ 54.480,97, conforme reajuste promovido pela Portaria MPS/MF nº 6/2025.
26. A Portaria MPS/MF nº 6, de 10 de janeiro de 2025, promoveu o reajuste das faixas de valores constantes dos incisos II a VIII do § 1º do art. 11 da EC nº 103/2019.

§ 4º A alíquota de contribuição de que trata o *caput*, com a redução ou a majoração decorrentes do disposto no § 1º, será devida pelos aposentados e pensionistas de quaisquer dos Poderes da União, incluídas suas entidades autárquicas e suas fundações, e incidirá sobre o valor da parcela dos proventos de aposentadorias e de pensões que supere o limite máximo estabelecido para os benefícios do Regime Geral de Previdência Social, hipótese em que será considerada a totalidade do valor do benefício para fins de definição das alíquotas aplicáveis.

O novo regramento conferido à contribuição previdenciária do RPPS da União, entretanto, só entrou em vigor após o período previsto no art. 36 da EC nº 103/2019, a saber:

EC nº 103/2019

Art. 36. Esta Emenda Constitucional entra em vigor:

I – no primeiro dia do quarto mês subsequente ao da data de publicação desta Emenda Constitucional, quanto ao disposto nos arts. 11, 28 e 32;

Quer isso dizer que, a partir de 1º de março de 2020, a contribuição do servidor público federal em atividade e do aposentado e do pensionista da União que ganham benefícios acima do teto do RGPS deixou de ser a prevista nos arts 4º a 6º da Lei nº 10.887/2004 (alíquota uniforme de 11%) para observar o disposto no art. 11 da EC nº 103/2019, com valores reajustados pela Portaria Interministerial MPS/MF nº 6, de 10 de janeiro de 2025, o qual adota a aplicação progressiva da alíquota previdenciária sobre a base de contribuição, incidindo cada alíquota sobre a faixa de valores, da seguinte forma:

Faixas de remuneração do servidor federal em atividade* (R$)	Alíquota previdenciária: (14%) alíquota-base (-) reduzida ou (+) majorada
Até 1.518,00	14 – 6,5 = **7,5%**
1.518,01 até 2.793,88	14 – 5 = **9%**
2.793,89 até 4.190,83	14 – 2 = **12%**
4.190,84 até 8.157,41 (teto do RGPS – 2025)	**14%**
8.157,42 até 13.969,49	14 + 0,5 = **14,5%**
13.969,50 até 27.938,95	14 + 2,5 = **16,5%**
27.938,96 até 54.480,97	14 + 5 = **19%**
Acima de 54.480,97	**14 + 8 = 22%**

* Conforme reajuste promovido pela Portaria Interministerial MPS/MF nº 6, de 10 de janeiro de 2025.

Chamamos a atenção para o fato de que as alíquotas de contribuição incidem sobre cada faixa de remuneração e não sobre a remuneração total. Tomemos como exemplo um servidor federal com remuneração de R$ 10 mil. Sua contribuição ao RPPS da União **não será** de 14,5% sobre esse valor, o que resultaria numa contribuição previdenciária de R$ 1.450,00. Sua contribuição observará a incidência progressiva das alíquotas por faixa de remuneração, o que resultará numa alíquota efetiva de 12,19% e contribuição previdenciária no valor de R$ 1.218,81.

É importante deixar claro que o servidor que ingressou no serviço público federal após a instituição do regime de previdência complementar[27] ou que, tendo ingressado antes, tenha feito opção por esse regime, só contribuirá para o RPPS da União até o valor do teto do RGPS, ou seja, até R$ 8.157,41 (valor do teto em 2025).

Os aposentados e pensionistas da União, com o novo disciplinamento dado pela EC nº 103/2019, também passarão a contribuir para o RPPS **com alíquota progressiva**, a partir do valor excedente do teto do RPGS, da seguinte forma:

Faixas de valores de benefício (R$)	Alíquota previdenciária: (14%) alíquota-base (+) majorada
Até 8.157,41 (teto do RGPS – 2025)	0 – **sem contribuição**
8.157,42 até 13.969,49	14 + 0,5 = **14,5%**
13.969,50 até 27.938,95	14 + 2,5 = **16,5%**
27.938,96 até 54.480,97	14 + 5 = **19%**
Acima de 54.480,97	**14 + 8 = 22%**

* Conforme reajuste promovido pela Portaria Interministerial MPS/MF nº 6, de 10 de janeiro de 2025.

2.2.2.1.1 Exemplos do cálculo do valor da contribuição previdenciária com alíquotas progressivas – servidor público federal em atividade

Exemplo 1. Gabriela da Silva, servidora pública da Receita Federal desde 1996, percebe remuneração mensal no valor de R$ 32 mil. Adotando-se a progressividade das alíquotas por faixas de valores, sua contribuição será calculada da seguinte forma:

Faixa – valores intervalos (R$)	**Alíquota**	**Cálculo** (alíquota x o resultado da subtração entre o valor máximo do intervalo* e o valor máximo do intervalo anterior)	**Valor contribuição** (R$)	**Subtotal** (R$)
Até 1.518,00	7,5% = 0,075	0,075 x (1.518,00 – 0)	113,85	113,85
1.518,01 até 2.793,88	9% = 0,09	0,09 x (2.793,88 – 1.518,00)	114,83	228,68
2.793,89 até 4.190,83	12% = 0,12	0,12 x (4.190,83 – 2.793,88)	167,63	396,31
4.190,84 até 8.157,41 (teto do RGPS – 2025)	14% = 0,14	0,14 x (8.157,41 – 4.190,83)	555,32	951,63
8.157,42 até 13.969,49	14,5% = 0,145	0,145 x (13.969,49 – 8.157,41)	842,75	1.794,39
13.969,50 até 27.938,95	16,5% = 0,165	0,165 x (27.938,95 – 13.969,49)	2.304,96	4.099,35
27.938,96 até 54.480,97	19% = 0,19	0,19 x (**32.000*** – 27.938,95)	771,60	4.870,95
Valor total da contribuição da servidora = somatório dos valores por faixa = R$ 4.870,95				

* Na faixa onde a remuneração da servidora se situa, o valor máximo será o de sua remuneração ou subsídio.

Com a adoção da progressividade das alíquotas, a servidora passou a contribuir para o RPPS da União com o valor de **R$ 4.870,95**. Antes da vigência da EC nº 103/2019, sua contribuição era de **R$ 3.520,00**, valor resultante da alíquota de 11% incidente sobre o total de sua remuneração (R$ 32 mil).

27. O RPC da União foi instituído pela Lei nº 12.618, de 30 de abril de 2012, tendo entrado em funcionamento a partir de fevereiro de 2013.

Exemplo 2. Tonico Bastos, magistrado do Poder Judiciário federal, percebe subsídios no valor de R$ 39 mil. Ingressou na magistratura em 2014, após a instituição do regime de previdência complementar da União. Adotando-se a progressividade das alíquotas por faixas de valores e considerando que seu benefício será limitado ao teto do RGPS, em função de ter ingressado na magistratura após o RPC da União, sua contribuição será calculada da seguinte forma:

Faixa –valores intervalos (R$)	**Alíquota**	**Cálculo** (alíquota x o resultado da subtração entre o valor máximo do intervalo* e o valor máximo do intervalo anterior)	**Valor contribuição** (R$)	**Subtotal** (R$)
Até 1.518,00	7,5% = 0,075	0,075 x (1.518,00 – 0)	113,85	113,85
1.518,01 até 2.793,88	9% = 0,09	0,09 x (2.793,88 – 1.518,00)	114,83	228,68
2.793,89 até 4.190,83	12% = 0,12	0,12 x (4.190,83 – 2.793,88)	167,63	396,31
4.190,84 até 8.157,41	14% = 0,14	0,14 x (8.157,41 – 4.190,83)	555,32	951,63
Valor total da contribuição do servidor = somatório dos valores por faixa = R$ 951,63				

O servidor, por ter ingressado na magistratura federal após a instituição do RPC da União, terá o valor de sua aposentadoria limitado ao teto do RGPS (R$ 8.157,41, referente ao ano de 2025). Dessa forma, a incidência das alíquotas progressivas dar-se-á até chegar a esse valor, conforme demonstrado no quadro acima. Sua contribuição previdenciária, assim, resultou no valor de **R$** 951,63. Se a alíquota fosse uniforme, como era antes da vigência da EC nº 103/2019, ele contribuiria com **R$ 897,31** valor correspondente à aplicação da alíquota de 11% sobre o valor do teto do RGPS de 2025.

Exemplo 3. Olga Bastos, servidora pública federal há mais de vinte anos, percebe remuneração no valor de R$ 4.500,00. Adotando-se a progressividade das alíquotas por faixas de valores, sua contribuição será calculada da seguinte forma:

Faixa-valores intervalos (R$)	**Alíquota**	**Cálculo** (alíquota x o resultado da subtração entre o valor máximo do intervalo* e o valor máximo do intervalo anterior)	**Valor contribuição** (R$)	**Subtotal** (R$)
Até 1.518,00	7,5% = 0,075	0,075 x (1.518,00 – 0)	113,85	113,85
1.518,01 até 2.793,88	9% = 0,09	0,09 x (2.793,88 – 1.518,00)	114,83	228,68
2.793,89 até 4.190,83	12% = 0,12	0,12 x (4.190,83 – 2.793,88)	167,63	396,31
4.190,84 até 8.157,41	14% = 0,14	0,14 x (**4.500,00*** – 4.190,83)	43,28	439,60
Valor total da contribuição da servidora = somatório dos valores por faixa = R$ 439,60				

* Na faixa onde a remuneração da servidora se situa, o valor máximo será o de sua remuneração ou subsídio.

Com a adoção da progressividade das alíquotas, a servidora passou a contribuir para o RPPS da União com o valor de **R$ 439,60**. Antes da vigência da EC nº 103/2019, sua contribuição era de **R$ 495,00**, valor resultante da alíquota de 11% incidente sobre o total de sua remuneração (R$ 4.500,00).

Exemplo 4. Rômulo Vieira, servidor público federal há mais de trinta anos, percebe remuneração no valor de R$ 3.100,00. Adotando-se a progressividade das alíquotas por faixas de valores, sua contribuição será calculada da seguinte forma:

Faixa – valores intervalos (R$)	**Alíquota**	**Cálculo** (alíquota x o resultado da subtração entre o valor máximo do intervalo* e o valor máximo do intervalo anterior)	**Valor contribuição** (R$)	**Subtotal** (R$)
Até 1.518,00	7,5% = 0,075	0,075 x (1.518,00 – 0)	113,85	113,85
1.518,01 até 2.793,88	9% = 0,09	0,09 x (2.793,88 – 1.518,00)	114,83	228,68
2.793,89 até 4.190,83	12% = 0,12	0,12 x (**3.100,00*** – 2.793,88)	36,73	265,41
Valor total da contribuição do servidor = somatório dos valores por faixa = R$ 265,41				

* Na faixa onde a remuneração do servidor se situa, o valor máximo será o de sua remuneração ou subsídio.

O servidor, com a adoção da progressividade das alíquotas, passou a contribuir para o RPPS da União com o valor de **R$ 265,41**. Antes da vigência da EC nº 103/2019, sua contribuição era de **R$ 341,00**, valor resultante da alíquota de 11% incidente sobre o total de sua remuneração (R$ 3.100,00).

2.2.2.1.2 Exemplos do cálculo do valor da contribuição previdenciária com alíquotas progressivas – aposentado ou pensionista do RPPS da União

Exemplo 1. Tereza Batista, aposentada do Ministério da Economia, percebe proventos no valor de R$ 21 mil. Adotando-se a progressividade das alíquotas por faixas de valores, sua contribuição será calculada da seguinte forma:

Faixa de valores intervalos (R$)	**Alíquota**	**Cálculo** (alíquota x o resultado da subtração entre o valor máximo do intervalo* e o valor máximo do intervalo anterior)	**Valor contribuição** (R$)	**Subtotal (R$)**
Até 8.157,41 (teto RGPS – 2025)	______	______	0	0
8.157,42 até 13.969,49	14,5% = 0,145	0,145 x (13.969,49 – 8.157,41)	842,75	842,75
13.969,50 até 27.938,95	16,5% = 0,165	0,165 x (**21.000,00*** – 13.969,49)	1.160,03	2.002,79
Valor total da contribuição = somatório dos valores por faixa = R$ 2.002,79				

* Na faixa onde o benefício se situa, o valor máximo será o de sua aposentadoria ou pensão.

Tereza Batista, com a aplicação das alíquotas progressivas por faixas de valores que ultrapassam o teto do RGPS, passou a contribuir para o RPPS da União com o valor de **R$ 2.002,79**. Se a alíquota fosse uniforme, como era antes da vigência da EC nº 103/2019, ela contribuiria com **R$ 1.412,68**, valor resultante da aplicação da alíquota de 11% sobre o valor excedente ao teto do RGPS de 2025.

Exemplo 2. Zé Esteves, pensionista de uma aposentada falecida do RPPS da União, percebe pensão por morte no valor de R$ 8.700,00. Adotando-se a progressividade das alíquotas por faixas de valores, sua contribuição será calculada da seguinte forma:

Faixa – valores intervalos (R$)	**Alíquota**	**Cálculo** (alíquota x o resultado da subtração entre o valor máximo do intervalo* e o valor máximo do intervalo anterior)	**Valor contribuição** (R$)	**Subtotal** (R$)
Até 8.157,41 (teto RGPS – 2025)	______	______	0	0
8.157,42 até 13.969,49	14,5% = 0,145	0,145 x (**8.700,00*** - 8.157,41)	78,68	78,68
Valor total da contribuição = somatório dos valores por faixa = R$ 78,68				

* Na faixa onde o benefício se situa, o valor máximo será o de sua aposentadoria ou pensão.

Zé Esteves, com a aplicação das alíquotas progressivas por faixas de valores que ultrapassam o teto do RGPS, passou a contribuir para o RPPS da União com o valor de **R$ 78,68**. Se a alíquota fosse uniforme, como era antes da vigência da EC nº 103/2019, ele contribuiria com **R$ 59,68**, valor resultante da aplicação da alíquota de 11% sobre o valor excedente ao teto do RGPS de 2025.

Exemplo 3. Perpétua Esteves, aposentada do Ministério Público federal, recebe proventos no valor de R$ 39 mil.

Faixa – valores intervalos (R$)	**Alíquota**	**Cálculo** (alíquota x o resultado da subtração entre o valor máximo do intervalo* e o valor máximo do intervalo anterior)	**Valor contribuição** (R$)	**Subtotal** (R$)
Até 8.157,41 (teto RGPS – 2025)	______	______	0	0
8.157,42 até 13.969,49	14,5% = 0,145	0,145 x (13.969,49 – 8.157,41)	842,75	1.794,39
13.969,50 até 27.938,95	16,5% = 0,165	0,165 x (27.938,95 – 13.969,49)	2.304,96	4.099,35
27.938,96 até 54.480,97	19% = 0,19	0,19 x (**39.000*** – 27.938,95)	2.101,60	5.249,31
Valor total da contribuição = somatório dos valores por faixa = R$ 5.249,31				

* Na faixa onde o benefício se situa, o valor máximo será o de sua aposentadoria ou pensão.

Perpétua Esteves, com a aplicação das alíquotas progressivas por faixas de valores que ultrapassam o teto do RGPS, passou a contribuir para o RPPS da União com o valor de **R$ 5.249,31**. Se a alíquota fosse uniforme, como era antes da vigência da EC nº 103/2019, ela contribuiria com **R$ 3.392,68**, valor resultante da aplicação da alíquota de 11% sobre o valor excedente ao teto do RGPS.

Exemplo 4. Ascânio Trindade, pensionista do RPPS da União, recebe pensão por morte no valor de R$ 5.800,00. Como o valor de seu benefício é inferior ao teto do RGPS (R$ 8.157,41, referente ao ano de 2025), não contribui para o regime previdenciário dos servidores públicos federais, por força do disposto no § 4º do art. 11 da EC nº 103/2019, supratranscrito.

2.2.2.1.3 Fim da isenção[28] do aposentado e do pensionista do RPPS da União com doença incapacitante

Para os aposentados e os pensionistas federais, como já vimos, vigora o disposto no § 4º do art. 11 da EC nº 103/2019[29], enquanto não entrar em vigor lei federal que altere a alíquota de contribuição previdenciária de que tratam os arts. 4º a 6º da Lei nº 10.887/2004.

Em outras palavras, o aposentado e o pensionista do RPPS da União que recebem proventos de aposentadoria ou pensão por morte acima do teto do RGPS (R$ 8.157,41, referente ao ano de 2025) contribuem para a previdência da forma prevista no art. 11 da EC nº 103/2019 e já exemplificada.

Ocorre que a EC nº 103/2019 revogou, expressamente, o § 21 do art. 40 da CR/88, a saber:

> **EC nº 103/2019**
> Art. 35. Revogam-se:
> I – os seguintes dispositivos da Constituição Federal:
> a) o § 21 do art. 40;
> (...)

O § 21 do art. 40 da CR/88[30] concedia "isenção" ao aposentado e pensionista com doença incapacitante até o dobro do teto do RGPS, ou seja, até R$ 16.314,82 (dobro do valor do teto de 2025). Importante frisar, aqui, que **essa revogação só se aplica ao RPPS da União**, ou seja, ao aposentado e pensionista federal, ou, ainda, ao ente federativo que referendar a revogação do § 21 do art. 40 da CR/88.

A fim de facilitar a compreensão da mudança promovida pela Emenda nesse tópico, apresentamos os seguintes exemplos:

Exemplo 1. Florípedes Guimarães, aposentada do serviço público federal e com cardiopatia grave, percebe proventos no valor de R$ 16.600,00. Com a vigência da EC nº 103/2019, sua contribuição para o RPPS passou a ser a seguinte:

28. Empregamos o termo isenção devido à sua fácil compreensão pelo leitor não familiarizado com a técnica tributarista. Trata-se, todavia, de hipótese de não incidência qualificada, ou seja, imunidade.

29. EC nº 103/2019, art. 11, § 4º: "A alíquota de contribuição de que trata o *caput*, com a redução ou a majoração decorrentes do disposto no § 1º, será devida pelos aposentados e pensionistas de quaisquer dos Poderes da União, incluídas suas entidades autárquicas e suas fundações, e incidirá sobre o valor da parcela dos proventos de aposentadorias e pensões que superem o limite máximo estabelecido para os benefícios do Regime Geral de Previdência Social, hipótese em que será considerada a totalidade do valor do benefício para fins de definição das alíquotas aplicáveis".

30. CR/88, art. 40, § 21: "A contribuição prevista no § 18 deste artigo incidirá apenas sobre as parcelas de proventos de aposentadoria e de pensão que superem o dobro do limite máximo estabelecido para os benefícios do regime geral de previdência social de que trata o art. 201 desta Constituição, quando o beneficiário, na forma da lei, for portador de doença incapacitante".

Faixa – valores intervalos (R$)	**Alíquota**	**Cálculo** (alíquota x o resultado da subtração entre o valor máximo do intervalo* e o valor máximo do intervalo anterior)	**Valor contribuição** (R$)	**Subtotal** (R$)
Até 8.157,41 (teto RGPS – 2025)	______	______	0	0
8.157,42 até 13.969,49	14,5% = 0,145	0,145 x (13.969,49 – 8.157,41)	842,75	1.794,39
13.969,50 até 27.938,95	16,5% = 0,165	0,165 x (**16.600,00*** – 13.969,49)	434,03	1.276,79
Valor total da contribuição = somatório dos valores por faixa = R$ 1.276,79				

* Na faixa onde o benefício se situa, o valor máximo será o de sua aposentadoria ou pensão.

Florípedes Guimarães passou a ter a sua contribuição no valor de **R$ 1.276,79**. Se não tivesse havido o fim da “isenção” previdenciária, antes concedida para beneficiários com doença incapacitante, nem a progressividade das alíquotas (cenário anterior à vigência da EC nº 103/2029), sua contribuição seria de **R$ 31,37** (considerando o valor do teto do RGPS referente ao ano de 2025), resultante da incidência da alíquota uniforme de 11% sobre o valor de seus proventos excedente ao dobro do teto do RGPS[31].

Exemplo 2. Teodoro Madureira, pensionista do RPPS da União e com doença incapacitante, percebe pensão por morte no valor de R$ 8.800,00. Com a vigência da EC nº 103/2019, sua contribuição para o RPPS passou a ser a seguinte:

Faixa – valores intervalos (R$)	**Alíquota**	**Cálculo** (alíquota x o resultado da subtração entre o valor máximo do intervalo* e o valor máximo do intervalo anterior)	**Valor contribuição** (R$)	**Subtotal (R$)**
Até 8.157,41 (teto RGPS – 2025)	______	______	0	0
8.157,42 até 13.969,49	14,5% = 0,145	0,145 x (**8.800,00*** - 8.157,41)	93,18	93,18
Valor total da contribuição = somatório dos valores por faixa = R$ 93,18				

* No intervalo onde o benefício se situa, o valor máximo será o de sua aposentadoria ou pensão.

Teodoro Madureira passou a ter a sua contribuição previdenciária no valor de **R$ 93,18**. Se fosse antes da vigência da Emenda, por força da “isenção” previdenciária concedida aos beneficiários com doença incapacitante até o dobro do valor do teto do RGPS, ele não contribuiria para o RPPS da União[32].

31. Alíquota de 11% (0,11) sobre (x) a diferença entre os proventos da aposentadoria (16.600) e o dobro do teto do RGPS (16.314,82) = 0,11 X (16.600,00 - 16.314,82) = 0,11 x 285,18 = 31,37.
32. Porque o valor de sua pensão era inferior a R$ 16.314,82, o dobro do valor do teto do RGPS (valor referente ao ano de 2025).

2.2.2.2 A contribuição previdenciária do RPPS dos Estados, do DF e dos Municípios

2.2.2.2.1 Alíquotas progressivas

Vimos que, com a alteração do art. 149 da CR/88, promovida pela EC nº 103/2019, os Estados, o DF e os Municípios poderão instituir, mediante lei, alíquotas progressivas de contribuição previdenciária. Para tanto, a Emenda exige que esses entes referendem os dispositivos constitucionais, nos termos do seu art. 36:

> **EC nº103/2019**
>
> Art. 36. Esta Emenda Constitucional entra em vigor:
>
> (...)
>
> II – para os regimes próprios de previdência social dos Estados, do Distrito Federal e dos Municípios, quanto à alteração promovida pelo art. 1º desta Emenda Constitucional no art. 149 da Constituição Federal e às revogações previstas na alínea "a" do inciso I e nos incisos III e IV do art. 35, na data de publicação de lei de iniciativa privativa do respectivo Poder Executivo que as referende integralmente;

Vejamos o que a portaria MTP nº 1.467/2022 traz a esse respeito:

> **Portaria MTP nº 1.467/2022**
>
> Art. 8º Aos RPPS cujos entes federativos referendarem, em dispositivo de lei de iniciativa privativa do respectivo Poder Executivo, as alterações promovidas no art. 149 da Constituição Federal pela Emenda Constitucional nº 103, de 2019, aplicam-se as seguintes disposições, observadas as regras sobre limites previstas no art. 11:
>
> I – poderão instituir alíquotas progressivas de acordo com o valor da base de contribuição ou dos proventos de aposentadoria e de pensões por morte;

Assim, caso um ente subnacional (Estados, DF e Municípios) decida aplicar a progressividade das alíquotas previdenciárias, poderá fazê-lo desde que referende integralmente o art. 149, mediante lei de iniciativa privativa do Poder Executivo. Além de referendar o art. 149, o ente precisa disciplinar, em lei, como se dará a progressividade das alíquotas, que deverá observar as disposições constantes do inciso II do § 1º do art. 11 da Portaria MTP nº 1.467/2022. Vejamos:

a) Se o RPPS possuir *deficit* atuarial, as alíquotas de contribuição dos segurados e dos beneficiários do RPPS devem assegurar valores mensais de arrecadação correspondentes, no mínimo, aos valores arrecadados se fosse aplicada a alíquota uniforme de 14%.

b) Se o RPPS não possuir *deficit* atuarial, as alíquotas de contribuição dos segurados e dos beneficiários do RPPS devem assegurar valores mensais de arrecadação correspondentes, no mínimo, aos valores arrecadados se fossem aplicadas as alíquotas progressivas previstas para os segurados do RGPS.

A adoção de alíquotas progressivas pelos entes subnacionais deve, então, considerar as regras constitucionais e infraconstitucionais para sua instituição por lei. Além disso, deve ser respaldada em estudos técnicos que demonstrem a viabilidade da progressividade, a fim de não agravar a situação de desequilíbrio financeiro e atuarial do RPPS.

Ressaltamos que "o perfil remuneratório" da massa de segurados do RPPS é um fator essencial para determinar qual a melhor forma de instituição das alíquotas de contribuição previdenciária (se uniforme ou progressiva) e, havendo progressividade, de que maneira esta será estabelecida. Replicar o modelo de progressividade da União sem considerar a massa de segurados pode não ser uma boa medida para o equilíbrio financeiro e atuarial do RPPS dos entes subnacionais. Há de haver, também, razoabilidade na adoção da progressividade, a fim de não acarretar esforço contributivo confiscatório para determinadas categorias de segurados.

O modelo de progressividade do RPPS da União adota os mesmos parâmetros de contributividade para os servidores ativos e para os aposentados e pensionistas que recebem benefícios acima do teto do RGPS. Quer isso dizer que, acima da faixa de não incidência (acima de R$ 8.157,41 – teto do RGPS de 2025), as contribuições sobre os proventos de aposentadoria e sobre as pensões observam os mesmos percentuais e as mesmas bases contributivas (faixas de valores) adotados para os segurados em atividade. E poderia ser diferente? Seria possível a existência de parâmetros de contributividade distintos entre os segurados ativos e os beneficiários do RPPS?

Em resposta a essa pergunta, a Portaria MTP nº 1.467/2022 estabelece o seguinte:

> **Portaria MTP nº 1.467/2022**
>
> Art. 11 (...)
>
> (...)
>
> III – as contribuições sobre os proventos de aposentadoria e sobre as pensões que excederem ao limite máximo estabelecido para os benefícios do RGPS ou àquele fixado nos termos do inciso II do caput do art. 8º observarão os mesmos percentuais aplicados aos segurados do RPPS do ente federativo.
>
> (...)
>
> § 5º A limitação prevista no inciso III do caput não se aplica, em caso de estabelecimento de alíquotas progressivas, às bases de cálculo de contribuições.

Pelo § 5º do art. 11, combinado como o inciso III desse mesmo artigo da Portaria MTP nº 1.467/2022, seria possível a adoção de parâmetros contributivos diferentes, no caso de alíquotas progressivas. Em outras palavras, seria possível aplicar, de forma distinta, as alíquotas progressivas entre os segurados ativos e os aposentados e pensionistas (beneficiários) que recebem benefícios acima do teto do RGPS, no que diz respeito às bases de cálculo da contribuição.

Cumpre assinalar, todavia, que permanece vigente o § 18 do art. 40 da CR/88, segundo o qual "**incidirá contribuição sobre os proventos de aposentadorias e pensões** concedidas pelo regime de que trata este artigo que superem o limite máximo estabelecido para os benefícios do regime geral de previdência social de que trata o art. 201, **com percentual igual ao estabelecido para os servidores titulares de cargos efetivos**"(g.n.).

O § 18 do art. 40 não faz distinção se a contribuição será instituída por meio de alíquota uniforme ou progressiva, até porque é anterior à alteração do art. 149 da CR/88, promovida pela EC nº 103, mas entendemos que a sua finalidade é assegurar o tratamento isonômico entre os segurados.

2.2.2.2.2 Alíquotas uniformes

Se o ente optar pela adoção de **alíquota uniforme**, valerá o disposto no § 4º do art. 9º da EC nº 103/2019:

> **EC nº 103/2019**
> Art. 9º (...)
> (...)
> § 4º Os Estados, o Distrito Federal e os Municípios não poderão estabelecer alíquota inferior à da contribuição dos servidores da União, exceto se demonstrado que o respectivo regime próprio de previdência social não possui *deficit* atuarial a ser equacionado, hipótese em que a alíquota não poderá ser inferior às alíquotas aplicáveis ao Regime Geral de Previdência Social.

Sobre a adoção de alíquota uniforme pelos entes subnacionais, a Portaria MTP nº 1.467/2022 estabelece, no inciso I do § 1º do seu art. 11, o seguinte:

a) Se o RPPS possuir *deficit* atuarial, a alíquota de contribuição a ser prevista em lei não pode ser inferior a 14%.

b) Se o RPPS não possuir *deficit* atuarial, a alíquota de contribuição dos segurados e dos beneficiários do RPPS devem assegurar valores mensais de arrecadação correspondentes, no mínimo, aos valores arrecadados se fossem aplicadas as alíquotas progressivas previstas para os segurados do RGPS.

Fica claro que, se o ente subnacional com *deficit* atuarial em seu RPPS não exercer a faculdade prevista no § 1º do art. 149 da CR/88 (progressividade das alíquotas), deverá observar, como piso, a alíquota-base de contribuição do servidor público federal, que é de 14%, consoante o disposto no *caput* do art. 11 da EC 103/2019. Caso o RPPS não apresente *deficit* atuarial, a alíquota de contribuição pode ser inferior a 14%, desde que o valor mensal arrecadado seja igual ou superior ao que seria arrecadado com a adoção das alíquotas progressivas previstas para os segurados do RGPS.

Quando uniformes, as alíquotas de contribuição dos aposentados e pensionistas deverão ser idênticas às aplicadas ao segurado em atividade, de acordo com o inciso III do art. 11, combinado com o § 5º desse mesmo artigo da Portaria MTP nº 1.467/2022, transcrito linhas atrás.

2.2.2.2.3 Isenção do aposentado e do pensionista com doença incapacitante

Para os aposentados e os pensionistas dos RPPS dos entes que **não** referendaram a revogação de que trata a alínea "a" do inciso I do art. 35, combinado com o inciso II do art. 36 da Emenda, **continua vigente** o disposto no § 21 do art. 40 da CR/88.

> **CR/88**
> Art. 40 (...)
> (...)
> § 21. A contribuição prevista no § 18 deste artigo incidirá apenas sobre as parcelas de proventos de aposentadoria e de pensão que superem o dobro do limite máximo estabelecido para os benefícios do regime geral de previdência social de que trata o art. 201 desta Constituição, quando o beneficiário, na forma da lei, for portador de doença incapacitante.

Quer isso dizer que, na ausência de referendo do ente subnacional, os aposentados e pensionistas do RPPS, quando com doença incapacitante, continuam com a "isenção" sobre a base de cálculo que não exceda o dobro do teto do RGPS (R$ 16.314,82, referente ano de 2025).

2.2.2.2.4 O deficit atuarial e as alíquotas de contribuição previdenciária

EC nº 103/2019

Art. 9º (...)

(...)

§ 4º Os Estados, o Distrito Federal e os Municípios não poderão estabelecer alíquota inferior à da contribuição dos servidores da União, exceto se demonstrado que o respectivo regime próprio de previdência social não possui deficit atuarial a ser equacionado, hipótese em que a alíquota não poderá ser inferior às alíquotas aplicáveis ao Regime Geral de Previdência Social.

§ 5º Para fins do disposto no § 4º, não será considerada como ausência de deficit a implementação de segregação da massa de segurados ou a previsão em lei de plano de equacionamento de deficit.

Portaria MTP nº 1.467/2022

Art. 11. (...)

(...)

§ 2º Para fins do disposto no § 1º:

I – não será considerada como ausência de deficit atuarial a implementação de segregação de massa de segurados ou a previsão em lei do ente federativo de plano de equacionamento de deficit; (g.n.)

(...)

O § 5º do art. 9º da EC nº 103/2019 e o inciso I do § 2º do art. 11 da Portaria MTP nº 1.467/2022 esclarecem que a implementação de segregação da massa de segurados ou a previsão em lei de plano de equacionamento não configuram ausência de *deficit*, conceito a ser visto no próximo tópico, que trata do princípio do equilíbrio financeiro e atuarial dos RPPS.

2.3 PRINCÍPIO DO EQUILÍBRIO FINANCEIRO E ATUARIAL

Como já visto no capítulo anterior, antes da publicação da Lei nº 9.717/1998[33], que dispõe sobre regras gerais para a organização e o funcionamento dos RPPS dos servidores públicos da União, dos Estados, do DF e dos Municípios, os entes políticos detinham a competência plena, observadas as disposições da CR/88, para legislar sobre a previdência de seus servidores.

Muitos entes, então, instituíram seus RPPS sem observância a parâmetros de contributividade e de equilíbrio financeiro e atuarial entre receitas e despesas previdenciárias, uma vez que não havia normas gerais sobre a matéria.

Tal fato, somado a outros, ocasionou o desequilíbrio financeiro e atuarial dos RPPS, razão por que a EC nº 20/1998 alterou o *caput* do art. 40 para prever, expressamente, o princípio do equilíbrio financeiro e atuarial, para o qual trazemos a seguinte definição:

> O Princípio do Equilíbrio Financeiro e Atuarial, assim, se constitui como um princípio que busca o equilíbrio das contas da previdência social, sob o aspecto financeiro e atuarial, global e individual. É um princípio que busca garantir a manutenção do sistema previdenciário, fazendo com que os benefícios devidos por lei sejam satisfeitos no presente e no futuro. Utilizando, para isso, técnicas financeiras e atuariais que considerem fatores como a variação demográfica da população, volume de contribuições e de benefícios em manutenção, períodos de contribuição e manutenção de benefícios, além de diversos outros fatores que devam ser considerados para que haja esse equilíbrio. (VAZ, 2009, p. 25)

33. Recepcionada pela EC nº 103/2019 e vigente até que sobrevenha lei complementar federal.

2.3.1 O equilíbrio financeiro e atuarial com a EC nº 103/2019

O princípio do equilíbrio financeiro e atuarial, antes apenas mencionado no *caput* do art. 40 da CR/88, passou a ter definição constitucional, nos termos do § 1º do art. 9º da EC nº 103/2019[34]:

> **EC nº 103/2019**
>
> Art. 9º Até que entre em vigor lei complementar que discipline o § 22 do art. 40 da Constituição Federal, aplicam-se aos regimes próprios de previdência social o disposto na Lei 9.717, de 27 de novembro de 1998 e o disposto neste artigo.
>
> § 1º O equilíbrio financeiro e atuarial do regime próprio de previdência social deverá ser comprovado por meio de garantia de equivalência, a valor presente, entre o fluxo das receitas estimadas e das despesas projetadas, apuradas atuarialmente, que, juntamente com os bens, direitos e ativos vinculados, comparados às obrigações assumidas, evidenciem a solvência e a liquidez do plano de benefícios.

A fim de facilitar o entendimento desse princípio, podemos dizer que o **equilíbrio financeiro** garante que as despesas previdenciárias de um exercício sejam cobertas pelas receitas previdenciárias desse mesmo exercício financeiro (um ano). Quando as receitas são insuficientes, o RPPS apresenta *deficit* financeiro.

Já o **equilíbrio atuarial** garante a cobertura das despesas previdenciárias pelas receitas previdenciárias, considerando um tempo maior, mediante um estudo técnico atuarial, elaborado por um profissional das Ciências Atuariais, denominado atuário, que se baseia nas características do universo populacional analisado (demográficas, biométricas e econômicas), objetivando estabelecer os recursos necessários para o enfrentamento das despesas previdenciárias contidas no plano de benefícios. Quando a projeção de receitas for insuficiente para cobrir as despesas previdenciárias futuras (trazidas a valor presente), o RPPS apresenta, então, *deficit* atuarial.

A Lei nº 9.717/1998, recepcionada pela EC nº 103/2019 como a lei complementar que trata das normas gerais de organização do RPPS (Lei Geral dos RPPS), estabelece parâmetros e requisitos para o equilíbrio financeiro e atuarial, impondo aos RPPS a obrigatoriedade de realização de avaliação atuarial inicial e de reavaliações anuais, além da fixação, em lei, das alíquotas de contribuição previdenciária do servidor e do ente federado. Essa Lei também determina, entre outras obrigações, que os recursos arrecadados pela contribuição previdenciária só sejam empregados para pagamento dos benefícios e para custeio administrativo da entidade gestora do RPPS e impõe a segregação dos recursos previdenciários dos recursos do Tesouro.

A Lei Geral dos RPPS, em seu art. 7º[35], estabelece as seguintes sanções aos entes federados que não observarem seus preceitos: (1) suspensão das transferências voluntárias de recursos pela União; (2) impedimento para celebrar acordos, contratos, convênios ou ajustes, bem como receber empréstimos, financiamentos, avais e subvenções em geral

34. Idêntica definição encontra-se no inciso XV do art. 2º da Portaria MTP nº 1.467/2022.
35. Lei nº 9.717/1998, art.7º: "O descumprimento do disposto nesta Lei pelos Estados, Distrito Federal e Municípios e pelos respectivos fundos, implicará, a partir de 1º de julho de 1999: I – suspensão das transferências voluntárias de recursos pela União; II – impedimento para celebrar acordos, contratos, convênios ou ajustes, bem como receber empréstimos, financiamentos, avais e subvenções em geral de órgãos ou entidades da Administração direta e indireta da União; III – suspensão de empréstimos e financiamentos por instituições financeiras federais".

de órgãos ou entidades da Administração direta e indireta da União; e (3) suspensão de empréstimos e financiamentos por instituições financeiras federais.

Dispõe, ainda, no inciso II de seu art. 9º[36], com a redação conferida pela Lei nº 13.846, de 18 de junho de 2019, que, em relação aos RPPS, compete à União, por meio da SEPRT, do Ministério da Economia (atualmente Secretaria de Regime Próprio e Complementar do Ministério da Previdência Social - MPS), o estabelecimento e a publicação de parâmetros, diretrizes e critérios de responsabilidade previdenciária na sua instituição, organização e funcionamento, relativos a custeio, benefícios, atuária, contabilidade, aplicação e utilização de recursos e constituição e manutenção dos fundos previdenciários, para preservação do caráter contributivo e solidário e do equilíbrio financeiro e atuarial.

As normas aplicáveis às avaliações atuariais dos RPPS da União, dos Estados, do DF e dos Municípios e os parâmetros para a definição do plano de custeio, bem como o equacionamento do *deficit* atuarial, estão previstos na Portaria MTP nº 1.467/2022. Vejamos as medidas a serem adotadas pelo ente com *deficit* atuarial em seu RPPS:

Portaria MTP nº 1.467/2022

Art. 55. No caso de a avaliação atuarial apurar deficit atuarial, deverão ser adotadas medidas para o seu equacionamento, que poderão consistir em:

I – plano de amortização com contribuições suplementares, na forma de alíquotas ou aportes mensais com valores preestabelecidos;

II – segregação da massa;

III – aporte de bens, direitos e ativos, observados os critérios previstos no art. 63; e

IV – adequações das regras de concessão, cálculo e reajustamento dos benefícios, na forma do art. 164.

De uma forma simples, podemos dizer que a segregação da massa consiste na separação dos segurados em dois grupos: um grupo fechado, em extinção, com segurados que ingressarem no RPPS até determinada data, e o outro, ao qual serão vinculados todos os segurados que ingressarem após a data de fechamento do grupo em extinção. Um exemplo para favorecer a compreensão. Imaginemos que o **Estado Y** possui *deficit* atuarial e que a adoção de um plano de amortização com contribuições suplementares e o aporte de bens e direitos não sejam viáveis por causa de sua realidade fiscal. **O Estado Y** promoveu a reforma previdenciária, adequando as regras de concessão, cálculo e reajustamento dos benefícios, mas essa medida não foi suficiente para o equacionamento do *deficit* atuarial. A fim de cumprir o art. 55 da Portaria MTP nº 1.467/2022, promoveu a segregação de massas, estabelecendo em lei, que os servidores que ingressassem no serviço público a partir de sua vigência, estariam vinculados a um novo fundo previdenciário, com modelo de financiamento de capitalização. Dessa forma, o fundo anterior passou a ter **massa fechada**, ou seja, ficou fechado ao ingresso de novos servidores, que obrigatoriamente passarão a contribuir para o novo fundo. Com essa medida, o fundo

---

36. Lei nº 9.717/1998, art. 9º, com a redação conferida pela Lei 13.846/2019: "Compete à União, por intermédio da Secretaria Especial de Previdência e Trabalho do Ministério da Economia, em relação aos regimes próprios de previdência social e aos seus fundos previdenciários: (...) II – o estabelecimento e a publicação de parâmetros, diretrizes e critérios de responsabilidade previdenciária na sua instituição, organização e funcionamento, relativos a custeio, benefícios, atuária, contabilidade, aplicação e utilização de recursos e constituição e manutenção dos fundos previdenciários, para preservação do caráter contributivo e solidário e do equilíbrio financeiro e atuarial;(...)".

anterior, que apresenta *deficit* atuarial, estará fadado à extinção no futuro, quando todos os segurados a ele vinculados falecerem.

O princípio do equilíbrio financeiro e atuarial deve, pois, ser observado por todos os entes federativos que instituíram RPPS, os quais deverão seguir os preceitos, diretrizes e parâmetros previstos na CR/88, na Lei Geral dos RPPS e nos normativos expedidos pela Secretaria de Regime Próprio e Complementar do MPS, em especial, na Portaria MTP nº 1.467/2022.

Caso o ente descumpra os preceitos da Lei nº 9.717/1998 e de seus normativos integrativos, ser-lhe-á negada a emissão do Certificado de Regularidade Previdenciária (CRP), instituído pelo Decreto nº 3.788, de 11 de abril de 2001, que atesta o cumprimento das regras de organização e funcionamento dos RPPS pelo ente federado, sem o qual o ente estará impossibilitado de celebrar acordos, contratos, convênios ou ajustes, bem como de receber transferências voluntárias, empréstimos, financiamentos, avais e subvenções de órgãos ou entidades da Administração direta e indireta da União, além de ter suspensos empréstimos e financiamentos por instituições financeiras federais. Importante destacar que o CRP, que fora criado por decreto, conforme já mencionado, passou a ter previsão legal com a publicação da Lei nº 13.846/2019, que inseriu o inciso IV no art. 9º da Lei nº 9.717/1998:

> **Lei nº 9.717/98, com a redação conferida pela Lei nº 13.846/2019**
>
> Art. 9º Compete à União, por intermédio da Secretaria Especial de Previdência e Trabalho do Ministério da Economia, em relação aos regimes próprios de previdência social e aos seus fundos previdenciários:
>
> (...)
>
> IV – a emissão do Certificado de Regularidade Previdenciária (CRP), que atestará, para os fins do disposto no art. 7º desta Lei, o cumprimento, pelos Estados, Distrito Federal e Municípios, dos critérios e exigências aplicáveis aos regimes próprios de previdência social e aos seus fundos previdenciários.

2.3.1.1 Da possibilidade de ampliação da base de cálculo de contribuição do aposentado e do pensionista – § 1º-A do art. 149 da CR/88

> **CR/88, com a redação conferida pela EC nº 103/2019**
>
> Art. 149 (...)
>
> § 1º-A Quando houver *deficit* atuarial, a contribuição ordinária dos aposentados e pensionistas poderá incidir sobre o valor dos proventos de aposentadoria e de pensões que supere o salário-mínimo.
>
> (...)

Por esse dispositivo constitucional, os RPPS que apresentarem *deficit* atuarial poderão ampliar a base de cálculo da contribuição de seus aposentados e pensionistas, que passarão a contribuir não mais sobre o valor que exceder o teto do RGPS, mas, sim, sobre o valor do benefício que superar o salário-mínimo.

Sobre a ampliação da base de cálculo dos aposentados e pensionistas, a Portaria MTP nº 1.467/2022 traz o seguinte preceito:

> **Portaria MTP nº 1.467/2022**
>
> Art. 8º (...)
>
> II – quando houver deficit atuarial, o ente federativo poderá, por meio de lei, estabelecer que a contribuição dos beneficiários incidirá sobre o valor dos proventos de aposentadoria e de pensões por morte que supere o valor a partir do salário mínimo, na forma prevista na citada lei.

2.3.1.1.1 Da possibilidade de ampliação da base de cálculo de contribuição do aposentado e do pensionista da União

Caso o RPPS da União necessite adotar essa medida, deverá editar lei federal para que a contribuição previdenciária possa alcançar os valores de benefício abaixo do teto do RGPS, observada a não incidência da contribuição para benefícios de até um salário-mínimo (R$ 1.518,00, valor referente ao ano de 2025). Decidindo fazê-lo, os aposentados e pensionistas federais que recebem proventos inferiores ao teto do RGPS passarão, assim, a contribuir para o RPPS da União. A título de exemplo, demonstraremos como essa contribuição pode ser cobrada, sendo utilizados os mesmos parâmetros de progressividade da alíquota de contribuição dos servidores federais em atividade:

Faixas de remuneração do servidor federal em atividade* (R$)	Alíquota previdenciária: (14%) alíquota-base (-) reduzida ou (+) majorada
Até 1.518,00	**0**
1.518,01 até 2.793,88	14 – 5 = **9%**
2.793,89 até 4.190,83	14 – 2 = **12%**
4.190,84 até 8.157,41 (teto do RGPS – 2025)	**14%**
8.157,42 até 13.969,49	14 + 0,5 = **14,5%**
13.969,50 até 27.938,95	14 + 2,5 = **16,5%**
27.938,96 até 54.480,97	14 + 5 = **19%**
Acima de 54.480,97	**14 + 8 = 22%**

* Conforme reajuste promovido pela Portaria Interministerial MPS/MF nº 6, de 10 de janeiro de 2025.

Questão interessante é saber se a União poderá adotar outros parâmetros para a progressividade das alíquotas de contribuição dos aposentados e pensionistas, com faixas de valores e percentuais distintos dos aplicados para os servidores federais em atividade.

Como já consignamos antes, a Portaria MTP nº 1.467/2022, em seu art. 11, § 5º, combinado com o inciso III do *caput* desse mesmo artigo, possibilita a adoção de outros parâmetros de progressividade para os aposentados e pensionistas. No entanto, cumpre assinalar que permanece vigente o § 18 do art. 40 da CR/88, segundo o qual "incidirá contribuição sobre os proventos de aposentadorias e pensões concedidas pelo regime de que trata este artigo que superem o limite máximo estabelecido para os benefícios do regime geral de previdência social de que trata o art. 201, com percentual igual ao estabelecido para os servidores titulares de cargos efetivos".

O § 18 do art. 40 da CR/88 não faz distinção se a contribuição será instituída por meio de alíquota uniforme ou progressiva, até porque é anterior à alteração do art. 149 da CR/88, promovida pela EC nº 103/2019, mas a sua finalidade é assegurar o tratamento isonômico entre os segurados. Poder-se-ia até argumentar que o dispositivo constitucional se aplica apenas à situação de contribuição acima do teto do RGPS e não alcançaria a contribuição dos beneficiários que recebem benefícios abaixo desse valor, o que, a nosso ver, além do princípio da isonomia, afrontaria o princípio da razoabilidade.

Já sobre o alcance da ampliação da base de cálculo, entendemos que a EC nº 103/2109 conferiu liberdade aos entes, que poderão adotar limites de não incidência maiores que o valor de um salário-mínimo. Com efeito, há entes que instituíram contribuição previdenciária para aposentados e pensionistas que recebem benefícios previdenciários acima de um salário-mínimo enquanto outros instituíram contribuição para benefícios acima de dois ou três salários-mínimos.

A ampliação da base de cálculo da contribuição dos beneficiários do RPPS e a definição do limite de não incidência da contribuição, porém, deve se pautar em estudos técnicos e observar o disposto no inciso II do § 2º do art. 11 da Portaria MTP nº 1.467/2022, segundo o qual a arrecadação mensal das contribuições dos segurados e dos beneficiários que passaram a contribuir acima de um salário-mínimo deve ser superior ao valor da arrecadação mensal que seria obtido sem a ampliação da base de cálculo dos beneficiários.

A cobrança da contribuição previdenciária instituída para os beneficiários que ganham abaixo do teto do RGPS só se dará após o período mínimo de noventa dias, contado da publicação da lei federal que instituir a exação, em face do prazo nonagesimal, previsto no § 6º do art. 195 da CR/88[37]. Ressaltamos que a lei federal que instituir a contribuição pode postergar a exigência para o primeiro dia do mês subsequente ao nonagésimo dia, nos termos do inciso I do art. 9º da Portaria MTP nº 1.467/2022.

2.3.1.1.2 Da possibilidade de ampliação da base de cálculo de contribuição do aposentado e do pensionista dos Estados, do DF e dos Municípios

Já se os Estados, o DF e os Municípios decidirem ampliar a base de cálculo de contribuição dos beneficiários de seu RPPS, deverão referendar integralmente, mediante lei de iniciativa privativa do Poder Executivo, o art. 149 da CR/88 e a revogação do § 21 do art. 40 da CR/88. Com o referendo, o ente pode, mediante lei, ampliar a base de cálculo de contribuição de seus aposentados e pensionistas, seja adotando alíquotas progressivas por faixas de valores acima de um salário-mínimo, seja fazendo incidir uma contribuição previdenciária única (uniforme) acima desse mesmo valor.

Citemos, como exemplo, o **Estado Z**, cujo RPPS adota uma alíquota previdenciária de 14% para seus servidores e para os aposentados e pensionistas que ganham acima do teto do RGPS. Considerando sua massa de segurados, a progressividade das alíquotas não representa uma medida eficaz para equacionar o *deficit*, mas a ampliação da base de cálculo dos beneficiários sim, motivo pelo qual resolve adotar tal medida. Para tanto, deverá:

a) referendar o art. 149 da CR/88 e a alínea "a" do inciso I do art. 35 da EC nº 103/2019 (inciso II do art. 36 da referida Emenda);

b) regular, por lei, a incidência da contribuição previdenciária, com a adoção da mesma alíquota de contribuição dos ativos (14%) para os aposentados e pensionistas que ganham benefícios abaixo do teto do RGPS, respeitando a não incidência de

37. CR/88, art. 195: "A seguridade social será financiada por toda a sociedade, de forma direta e indireta, nos termos da lei, mediante recursos provenientes dos orçamentos da União, dos Estados, do Distrito Federal e dos Municípios, e das seguintes contribuições sociais: (...) § 6º As contribuições sociais de que trata este artigo só poderão ser exigidas após decorridos noventa dias da data da publicação da lei que as houver instituído ou modificado, não se lhes aplicando o disposto no art. 150, III, "b".

contribuição para aqueles que percebem benefícios até um salário-mínimo (§ 1º-A do art. 149 da CR/88); e

c) observar o disposto no § 6º do art. 195 da CR/88 (prazo nonagesimal) para a cobrança dos aposentados e pensionistas e o disposto no inciso I do art. 9º da Portaria MTP 1.467/2022.

Sobre o alcance da ampliação da base de cálculo, entendemos que a EC nº 103/2109 conferiu liberdade aos entes, que poderão adotar limites de não incidência maiores que o valor de um salário-mínimo. Com efeito, há entes que instituíram contribuição previdenciária para aposentados e pensionistas que recebem benefícios previdenciários acima de um salário-mínimo enquanto outros instituíram contribuição para benefícios acima de dois ou três salários-mínimos.

A ampliação da base de cálculo e a definição do limite de não incidência da contribuição, porém, deve se pautar em estudos técnicos e observar o disposto no inciso II do § 2º do art. 11 da Portaria MTP nº 1.467/2022, segundo o qual a arrecadação mensal das contribuições dos segurados e dos beneficiários que passaram a contribuir acima de um salário-mínimo deve ser superior ao valor da arrecadação mensal que seria obtido sem a ampliação da base de cálculo dos beneficiários.

2.3.1.2 Da possibilidade de instituição de contribuição extraordinária – §§ 1º-B e 1º-C do art. 149 da CR/88

> **CR/88, com a redação conferida pela EC nº 103/2019**
> Art. 149 (...)
> § 1º-B Demonstrada a insuficiência da medida prevista no § 1º-A para equacionar o *deficit* atuarial, é facultada a instituição de contribuição extraordinária, no âmbito da União, dos servidores públicos ativos, dos aposentados e dos pensionistas.
>
> § 1º-C A contribuição extraordinária de que trata o § 1º-B deverá ser instituída simultaneamente com outras medidas para equacionamento do *deficit* e vigorará por período determinado, contado da data de sua instituição.

Dando sequência ao "pacote" de medidas constitucionais introduzidas pela EC nº 103/2019 e que objetivam equacionar o *deficit* atuarial dos RPPS, os §§ 1º-B e 1º-C do art. 149 da CR/88 autorizam a instituição, em lei, de contribuição previdenciária extraordinária, além das contribuições ordinárias já cobradas dos servidores e dos aposentados e pensionistas que recebem benefícios acima do salário-mínimo.

Trata-se de medida extrema, que onera sobremaneira os segurados e os beneficiários do RPPS, que sofrerão redução de sua renda, a fim de garantir a solvência do regime previdenciário. Dessa forma, apenas deve ser adotada se, e somente se:

a) a ampliação da base de contribuição dos aposentados e pensionistas do RPPS (§ 1º-A) não for suficiente para o equilíbrio atuarial do regime; e

b) outras medidas para o equacionamento do *deficit* atuarial forem instituídas simultaneamente à exação extraordinária;

Importa mencionar que, nos termos do § 8º do art. 9º da EC nº 103/2019, a contribuição extraordinária não poderá ser cobrada por um prazo superior a vinte anos.

> **EC nº 103/2019**
> Art. 9º Até que entre em vigor lei complementar que discipline o § 22 do art. 40 da Constituição Federal, aplicam-se aos regimes próprios de previdência social o disposto na Lei 9.717, de 27 de novembro de 1998 e o disposto neste artigo.
> (...)
> § 8º Por meio de lei, poderá ser instituída contribuição extraordinária pelo prazo máximo de 20 (vinte) anos, nos termos dos §§ 1º-B e 1º-C do art. 149 da Constituição Federal.

2.3.1.2.1 Da possibilidade de instituição de contribuição extraordinária pela União

Da leitura do § 1º-B do art. 149 da CR/88, não resta dúvida de que a União pode instituir, mediante lei, contribuição previdenciária extraordinária para os seus servidores, aposentados e pensionistas, pelo prazo máximo de vinte anos.

Para tanto, deverá demonstrar que a ampliação da base de cálculo dos aposentados e pensionistas do RPPS não é suficiente para o equacionamento do *deficit* atuarial do regime, devendo a exação extraordinária ser adotada simultaneamente com outras medidas de equacionamento do deficit atuarial.

A cobrança da contribuição extraordinária deve obedecer ao prazo nonagesimal, nos termos do § 6º do art. 195 da CR/88.

2.3.1.2.2 Da possibilidade de instituição de contribuição extraordinária pelos Estados, DF e Municípios

A EC nº 103/2019 deixa dúvidas quanto à possibilidade de os Estados, DF e Municípios instituírem contribuição extraordinária para seus servidores, aposentados e pensionistas. Isso porque, em seu texto, existem dois dispositivos conflitantes em relação à matéria.

Com efeito, a previsão contida no § 1º-B do art. 149 da CR/88 consiste na possibilidade de instituição de contribuição extraordinária apenas para os servidores, os aposentados e os pensionistas da Administração Pública federal. Isso porque o legislador constituinte reformador empregou a expressão "no âmbito da União" na redação desse dispositivo, não o tendo feito nos demais parágrafos desse artigo.

Ocorre que o § 8º do art. 9º da EC nº 103/2019 estabelece que "por meio de lei, poderá ser instituída contribuição extraordinária pelo prazo máximo de 20 (vinte) anos, nos termos dos §§ 1º-B e 1º-C do art. 149 da Constituição Federal."

Ao interpretarmos o art. 9º da Emenda, verificamos que ele se destina aos RPPS de todos os entes federativos e não só ao da União, razão pela qual a autorização contida em seu § 8º aplicar-se-ia aos RPPS dos Estados, do DF e dos Municípios.

Diante dessa antinomia constitucional, urge lançarmos mão de técnicas de hermenêutica e dos princípios gerais do Direito. Restringir o sentido e o alcance das normas a uma análise puramente gramatical, sem considerarmos sua finalidade, implica o risco de frustrar o seu objetivo maior que, no caso, é a busca do equilíbrio financeiro e atuarial dos RPPS.

O equilíbrio financeiro e atuarial, já sabemos, é exigido de todos os RPPS, os quais, se não adotarem medidas equacionadoras do *deficit* atuarial, além de porem em risco o regime para as gerações futuras, sofrerão as sanções impostas pela Lei Geral dos RPPS, dentre as quais a não obtenção do CRP, que inviabiliza o ente a celebrar acordos, contratos, convênios ou ajustes, bem como receber transferências voluntárias, empréstimos, financiamentos, avais e subvenções de órgãos ou entidades da Administração direta e indireta da União.

Ora, negar a possibilidade de os entes subnacionais instituírem a contribuição extraordinária quando nenhuma outra medida for suficiente e apenas esta lhes restar para o equilíbrio atuarial de seu RPPS representa, a nosso ver, afronta ao princípio federativo, ao princípio da isonomia e ao princípio da razoabilidade, uma vez que só a União poderia lançar mão dessa medida constitucional extraordinária.

Assim, adotando uma interpretação teleológica e lógico-sistemática, defendemos que é possível, sim, os Estados, o DF e os Municípios instituírem, mediante lei, contribuição previdenciária extraordinária para os servidores e os beneficiários do seu RPPS, pelo prazo máximo de vinte anos, desde que:

a) demonstrem que a ampliação da base de cálculo dos aposentados e pensionistas do RPPS não é suficiente para o equacionamento do *deficit* atuarial do regime;

b) adotem a medida extraordinária simultaneamente com outras medidas de equacionamento do *deficit* atuarial;

c) referendem o art. 149 da CR/88 (inciso II do art. 36 da EC nº 103/2019);

d) disciplinem a contribuição extraordinária em lei, pelo prazo máximo de vinte anos; e

e) observem o prazo nonagesimal (§ 6º do art. 195 da CR/88).

Por fim, destacamos o aspecto de justiça social objetivado pelo princípio do equilíbrio financeiro e atuarial, porquanto, no dizer de (NOGUEIRA, 2012, p. 194):

> Quando se trata do equilíbrio financeiro e atuarial dos regimes de previdência dos servidores públicos, estamos diante da tarefa assumida pelo Estado de garantir um direito social específico (a previdência social) a uma parcela da coletividade (os servidores públicos) de forma justa e com o emprego de recursos tais que a manutenção desse direito não venha a se constituir em ônus excessivo para o conjunto mais amplo da sociedade, o que passa necessariamente pela atividade de planejamento.

2.4 PRINCÍPIO DA SOLIDARIEDADE

A EC nº 41/2003 introduziu a solidariedade como princípio constitucional explícito do regime previdenciário do servidor público. Antes de sua inclusão, porém, a solidariedade já existia como princípio, ainda que implicitamente, visto que o modelo de financiamento dos RPPS fundamenta-se no mutualismo e no pacto entre gerações, que expressa a solidariedade dos servidores ativos com os aposentados e pensionistas, já que a contribuição daqueles são destinadas a custear não o pagamento de seu benefício futuro, mas o pagamento dos benefícios presentes destes.

Foi necessário, entretanto, introduzir a solidariedade como princípio constitucional explícito, a fim de possibilitar a contribuição dos aposentados e pensionistas a partir da vigência da EC nº 41/2003.

Esclarecemos que muitas das medidas adotadas para a consecução do equilíbrio financeiro e atuarial também espelham o princípio da solidariedade, como a ampliação da base de cálculo dos aposentados e pensionistas do RPPS, pela qual a geração passada (aposentada) viabilizará a futura geração de aposentados, e a instituição da contribuição extraordinária, medida em que todos se solidarizam para a solvência do regime previdenciário.

Para Martinez (2001, p. 90), a solidariedade é a "transferência de meios de uma fração para outra, num conjunto de integrantes situados com recursos desnivelados ou não. Há uma diminuição e acréscimo patrimonial próprio da translação de bens e serviços, característica da troca econômica".

Consoante Schwarzer (2009, p. 12), a solidariedade consiste numa via de mão dupla, uma vez que não basta aplicar esse princípio apenas da geração atual, que produz renda, para geração aposentada, visto que também esta deve responsabilizar-se com o equilíbrio do sistema, ou seja, a "solidariedade dos pais para com os filhos e netos". Segundo esse autor, "as regras previdenciárias não podem gerar um passivo que inviabilize ou gravemente restrinja as opções de desenvolvimento de gerações futuras. Somente nesta relação recíproca é possível falar de um contrato legítimo, que beneficia ambas partes contratantes".

Capítulo 3

AS APOSENTADORIAS DO RPPS – REGRAS DE ACESSO, FORMA DE CÁLCULO E DE REAJUSTAMENTO

Este capítulo trata das espécies de aposentadoria dos RPPS da União, do Estados, do DF e dos Municípios, cujas regras foram modificadas pela EC nº 103/2019. Estudaremos as aposentadorias normais, previstas no § 1º do art. 40 da CR/88, que são de três espécies: por incapacidade permanente para o trabalho (I); compulsória (II); e voluntária (III). As aposentadorias especiais, previstas nos §§ 4º-A, 4º-B, 4º-C e 5º do art. 40 da CR/88, serão objeto de capítulo específico.

Antes da vigência da EC nº 103/2019, as regras constitucionais de acesso à aposentadoria, como critérios de idade, tempo de contribuição, de serviço público etc., aplicavam-se aos RPPS dos entes federativos, que apenas as reproduziam ou lhes faziam remissão em sua legislação. Com a alteração promovida pela Emenda, veremos como os entes poderão dispor sobre as regras de acesso e de cálculo dos proventos das aposentadorias de seus RPPS.

Distinguiremos a situação dos servidores da União, para os quais a EC nº 103/2019 estabeleceu normas provisórias, da situação dos servidores dos entes federativos que não alteraram sua legislação previdenciária. Para os servidores dos entes que modificaram a legislação de forma idêntica à da União, aplicam-se-lhes as mesmas disposições constantes das seções deste livro voltadas ao servidor federal, com a vigência estabelecida na lei do ente federativo subnacional.

Veremos, ainda, a Portaria MTP nº 1.467/2022, que estabelece, no Anexo I, as normas relativas aos benefícios concedidos pelos RPPS da União e dos entes federativos que adotaram regras idênticas às dos servidores federais e, no Anexo II, as normas relativas aos benefícios concedidos pelos RPPS dos entes federativos que não promoveram alterações na sua legislação previdenciária.

Antes de examinarmos as espécies de aposentadoria e o cálculo de seus proventos, faremos uma retrospectiva, a fim de verificarmos como a forma de cálculo e de reajustamento foi sendo modificada ao longo do tempo pelo legislador constituinte reformador.

3.1 PROVENTOS DE APOSENTADORIA – FORMA DE CÁLCULO E REAJUSTAMENTO: RETROSPECTIVA CONSTITUCIONAL

Quem entrou no serviço público federal, estadual, distrital ou municipal antes da vigência da EC nº 41/03, ou seja, **até 31 de dezembro de 2003**, tinha direito, ao se aposentar, de receber proventos de aposentadoria com base na última remuneração do cargo efetivo. É o que se chamava de direito à **integralidade dos proventos**[1].

Por esse direito, não importava o histórico contributivo do servidor, que poderia ter passado boa parte de sua vida laborativa, por exemplo, contribuindo sobre uma remuneração baixa e, faltando pouco tempo para se aposentar, passar em um concurso público para um cargo bem remunerado e ser aposentado com proventos correspondentes à última remuneração desse cargo, mesmo não tendo contribuído o suficiente para tanto.

Exemplifiquemos com um servidor estadual que ingressou no serviço público em um cargo técnico de nível médio e, após trinta anos contribuindo para esse cargo, passou num concurso público para juiz estadual. Após cinco anos de efetivo exercício como magistrado, solicitou sua aposentadoria, que lhe foi concedida com proventos correspondentes à integralidade de sua última remuneração (subsídio) como juiz, embora só tenha contribuído cinco anos sobre essa remuneração e trinta anos sobre a remuneração do cargo anterior, de valor consideravelmente mais baixo. Segundo Tavares (2004, p. 19-20):

> Esse fato, que de forma alguma era isolado no serviço público, levava a uma injustiça do sistema, pois conduzia à chamada solidariedade invertida. Como, teoricamente, as contribuições não foram suficientes para sustentar o benefício de aposentadoria naquele patamar, o fundo era onerado por solidariedade para garantir a aposentação, levando a que as contribuições pagas por servidores mais humildes fossem utilizadas para o custeio desse benefício. E ainda: como tão só as contribuições do grupo não eram suficientes, o Estado acabava sendo responsável pela cobertura do déficit (*sic*), a partir de ingressos públicos outros, principalmente fruto de arrecadação tributária, que deixava de ser utilizada para outros fins, como o atendimento à saúde, à habitação, melhoria de estradas etc.

Essa era a realidade da previdência social do servidor público **até 31 de dezembro de 2003**, data de publicação da EC nº 41/2003, que pôs fim à integralidade dos proventos, uma vez que esse direito contrariava o princípio do equilíbrio financeiro e atuarial, segundo o qual as contribuições devem ser suficientes para o pagamento do benefício do servidor.

A partir da EC nº 41/2003, então, os proventos passaram a ser calculados pela **média das remunerações**[2] e dos salários de contribuição que serviram de base para contribuição do servidor, isto é, para o cálculo dos proventos, deixou de ser considerado o valor da última remuneração do servidor para ser considerada a média das remunerações recebidas no serviço público e dos salários recebidos na iniciativa privada (se for o caso) sobre os quais houve a incidência da alíquota de contribuição previdenciária. Para o cálculo dos proventos, entretanto, considerava-se a média das maiores remunerações,

1. A Portaria MTP nº 1.467/2022 adota a expressão cálculo por integralidade na definição prevista no inciso XVIII do seu art. 2º, *verbis:* "cálculo por integralidade: regra de definição do valor inicial de proventos de aposentadoria e das pensões por morte, que corresponderão à remuneração do segurado no cargo efetivo, ao subsídio, ou ao provento, conforme previsto na regra vigente para concessão desses benefícios quando da implementação dos requisitos pelo segurado ou beneficiário".
2. A Portaria MTP nº 1.467/2022 adota a expressão **cálculo por média** na definição prevista no inciso XIX do seu art. 2º, *verbis:* "cálculo por média: regra de definição dos proventos, que considera a média aritmética simples das bases de cálculo das contribuições aos regimes de previdência a que esteve filiado o segurado ou das bases para contribuições decorrentes das atividades militares de que tratam os arts. 42 e 142 da Constituição Federal, atualizadas monetariamente, correspondentes a todo o período contributivo, ou a parte deste, conforme regra vigente na data do implemento dos requisitos de aposentadoria".

correspondendo a 80% do período contributivo desde julho de 1994 ou desde o início da contribuição[3].

No entanto, a EC nº 41/2003 assegurou a integralidade da última remuneração (1) àqueles que já percebiam seus benefícios previdenciários (ato jurídico perfeito); (2) aos servidores que já haviam cumprido as regras de aposentadoria anteriormente vigentes (direito adquirido); e (3) aos servidores que ingressaram no serviço público antes de sua vigência (expectativa de direito), para quem houve a previsão de regras de transição, pelas quais o direito à integralidade dos proventos foi mantido, desde que cumprido um tempo maior de permanência no serviço público.

A EC nº 41/2003 também acabou com o direito à paridade dos proventos[4], pelo qual os servidores, uma vez aposentados (e seus pensionistas), teriam direito a receber seus proventos de forma paritária à remuneração recebida pelo servidor em atividade. Assim, se o servidor tivesse reajuste, este teria de ser repassado aos aposentados e pensionistas, além de qualquer vantagem de natureza genérica ou decorrente de evolução e reestruturação na carreira, que também teria de ser estendida ao aposentado ou pensionista, mesmo não tendo havido contribuição para a percepção desses valores. Nesse caso, o benefício previdenciário era indexado à remuneração do servidor ativo. Por essa razão, ou seja, por afronta ao princípio do equilíbrio financeiro e atuarial, a paridade dos benefícios previdenciários foi extinta pela referida Emenda. Vejamos o comentário de Vieira (2004, p. 35) à época da recém-publicada EC nº 41/2003:

> Assim, findou-se o princípio da paridade, passando para a mesma regra do RGPS, qual seja, o princípio da preservação do valor real dos benefícios. Uma vez que a preservação do valor real ficou condicionada a critério jurídico, como consequência trará economia para os Regimes Próprios, pois qualquer reajuste na remuneração do pessoal da ativa não ocasionará reajuste dos inativos e pensionistas.

Ante o fim da paridade, os benefícios previdenciários passaram a ser reajustados nos termos do § 8º do art. 40, com a redação conferida pela EC nº 41/2003, que assegura o reajustamento dos benefícios para preservar, em caráter permanente, o seu valor real, de acordo com critérios estabelecidos em lei[5].

A EC º 41/2003, assim como fez quando extinguiu o direito à integralidade, assegurou a paridade (1) àqueles que já percebiam seus benefícios previdenciários; (2) aos servidores que já haviam cumprido as regras de aposentadoria anteriormente vigentes; e

3. Lei nº 10.887/2004, art. 1º: "No cálculo dos proventos de aposentadoria dos servidores titulares de cargo efetivo de qualquer dos Poderes da União, dos Estados, do Distrito Federal e dos Municípios, incluídas suas autarquias e fundações, previsto no § 3º do art. 40 da Constituição Federal e no art. 2º da Emenda Constitucional nº 41, de 19 de dezembro de 2003, será considerada a média aritmética simples das maiores remunerações, utilizadas como base para as contribuições do servidor aos regimes de previdência a que esteve vinculado, correspondentes a 80% (oitenta por cento) de todo o período contributivo desde a competência julho de 1994 ou desde a do início da contribuição, se posterior àquela competência."
4. A Portaria MTP nº 1.467/2022 adota a seguinte definição no inciso XX do seu art. 2º, verbis: "paridade: forma de revisão dos proventos de aposentadoria e das pensões por morte aos quais foi assegurada a aplicação dessa regra, que ocorrerá na mesma proporção e na mesma data, sempre que se modificar a remuneração ou subsídio dos segurados em atividade, sendo também concedidos aos segurados, inclusive quando decorrentes da transformação ou reclassificação do cargo ou função em que se deu a aposentadoria ou que serviu de referência para a concessão de pensão por morte, desde que tenham natureza permanente e geral e sejam compatíveis com o regime jurídico dos segurados em atividade, na forma da lei".
5. O inciso XXI do art. 2º da Portaria MTP nº 1.467/2022 define reajustamento anual, como "forma de revisão dos proventos e das pensões por morte aos quais não foi garantida a aplicação da paridade, para preservar, em caráter permanente, o valor real desses benefícios, conforme índice definido na legislação de cada ente federativo".

(3) aos servidores que ingressaram no serviço público antes de sua vigência, para quem houve a previsão de regras de transição, pelas quais o direito à paridade foi mantido, desde que cumprido um tempo maior de permanência no serviço público.

Assim, **a partir de 31 de dezembro de 2003**, data de publicação da EC nº 41/2003, **e até 13 de novembro de 2019**, data de publicação da EC nº 103/2019, os proventos de aposentadoria correspondiam à **totalidade da média** (integralidade da média, que não se confunde com a integralidade da última remuneração do cargo efetivo), nos casos de (1) aposentadoria voluntária por tempo de contribuição e idade; e (2) aposentadoria por invalidez decorrente de doença grave arrolada em lei do ente federativo, de acidente em serviço e de moléstia profissional ou à **proporcionalidade da média**, composta pela razão entre o tempo de contribuição do servidor e o tempo mínimo de contribuição exigido (aposentadoria com proventos proporcionais ao tempo de contribuição), no caso de aposentadoria voluntária por idade; aposentadoria compulsória; e aposentadoria por invalidez em decorrência de acidente não caracterizado como em serviço ou de enfermidades para as quais não se previam proventos correspondentes à integralidade da média.

A EC nº 103/2019, por sua vez, desconstitucionalizou a forma de cálculo dos benefícios previdenciários, atribuindo aos entes federados a competência para dispor sobre essa matéria. No entanto, **apenas para os servidores públicos federais (e para os servidores dos entes que adotaram as mesmas regras da União)**, dispôs sobre a forma de cálculo dos proventos de aposentadoria e de pensão, enquanto não editada lei federal específica. Para os servidores públicos dos Estados, do DF e dos Municípios, enquanto não editada a lei por suas Casas Legislativas, continuam valendo as mesmas regras de cálculos vigentes antes da publicação da Emenda.

Para a aposentadoria do servidor federal, a EC nº 103/2019 manteve, no cálculo dos proventos, a média das remunerações e de salários que serviram de base para as contribuições, sendo considerado **todo o período contributivo**[6-7] e não mais 80% dele, e acabou com a garantia à percepção de 100% da média, adotando uma nova forma de cálculo, que assegura, regra geral, um valor mínimo de proventos, correspondente a 60% da média, considerando um tempo de contribuição mínimo de 20 anos, com acréscimo de 2 pontos percentuais para cada ano de contribuição que exceder esse tempo. É importante esclarecer, aqui, duas coisas: (1) que o legislador constituinte reformador considerou o tempo mínimo de 20 anos de contribuição para cálculo de proventos, mas que, **para a aposentadoria voluntária**, e apenas **para o servidor público federal e para o servidor do ente que adotou as mesmas regras do RPPS da União**, exigiu 25 anos de tempo mínimo de contribuição, que assegurará proventos correspondentes a 70% do valor da

6. A EC nº 103/2019, todavia, prevê, no § 6º do art. 26, a seguinte disposição: "Poderão ser excluídas da média as contribuições que resultem em redução do valor do benefício, desde que mantido o tempo mínimo de contribuição exigido, vedada a utilização do tempo excluído para qualquer finalidade, inclusive para o acréscimo a que se referem os §§ 2º e 5º, para a averbação em outro regime previdenciário ou para a obtenção dos proventos de inatividade de que tratam os arts. 42 e 142 da Constituição Federal."
7. Desde a competência julho de 1994 ou desde a do início da contribuição, se posterior a essa competência, nos termos do art. 1º da Lei nº 10.887/2004.

média[8]; (2) que a EC nº 103/2019 assegurou a integralidade da média para algumas aposentadorias, conforme será visto quando abordarmos suas espécies.

Essa inovação nos cálculos dos proventos visa estimular o servidor a permanecer em atividade após o cumprimento dos requisitos de aposentadoria voluntária, uma vez que, a cada ano que passe trabalhando, após o tempo mínimo de contribuição (25 anos), aumenta em 2 pontos percentuais os seus proventos, podendo chegar a 100% da média, aos 40 anos de contribuição, se não for atingido, antes, pela idade-limite de permanência em atividade (75 anos de idade).

A EC nº 103/2019 também inovou com a obrigatoriedade de um teto para pagamento de benefícios previdenciários no RPPS, de igual valor ao limite do RGPS, com a **imposição** de criação da previdência complementar para os servidores públicos, que será objeto de capítulo específico. Antes da EC nº 103/2019, a instituição da previdência complementar para os servidores era facultada aos entes com RPPS e, a partir dela, passou a ser obrigatória, com prazo máximo de implementação de até 2 anos, contado da data de publicação da Emenda, ou seja, contado a partir de 13 de novembro de 2019. Com essa medida, o RPPS não poderá pagar benefícios de valor superior ao teto do RGPS (R$ 8.157,41, referente ao ano de 2025). Logo, quem ganha acima desse valor contribuirá para o RPPS sobre o teto do RGPS e não sobre o total da remuneração, e os proventos terão o limite do RGPS como valor máximo. O servidor que quiser obter proventos de aposentadoria correspondentes à sua remuneração poderá aderir ao regime de previdência complementar instituído pelo ente. Exemplificando, se um servidor ganha R$ 10 mil, portanto acima do teto, sua contribuição previdenciária incidirá não sobre esses 10 mil reais, mas sobre o teto do RGPS, a cujo valor seu benefício fica limitado.

Frisamos que a adoção do teto do RGPS para pagamento de benefícios no âmbito do RPPS, por meio da instituição da previdência complementar, é uma **medida obrigatória** para todos os entes federativos que possuam regime de previdência para seus servidores.

A EC nº 103/2019, ao mudar a forma de cálculo dos proventos de aposentadoria para o servidor público federal, assegurou o direito à integralidade da média ou da última remuneração àqueles que já percebiam seus benefícios previdenciários (ato jurídico perfeito) e aos servidores que já haviam cumprido as regras de aposentadoria anteriormente vigentes (direito adquirido). Para os servidores federais que ingressaram no serviço público antes de sua vigência, com expectativa de direito a se aposentar pelas regras anteriores, previu regras de transição, a serem vistas em capítulo específico.

A disposição constitucional sobre o reajustamento dos benefícios (§ 8º do art. 40 da CR/88) não foi modificada pela EC nº 103/2019, cabendo a cada ente, por lei, prever o critério de reajuste dos benefícios previdenciários, a fim de preservar, em caráter permanente, seu valor real. Para o servidor público federal, todavia, os benefícios serão reajustados nos mesmos termos estabelecidos para os benefícios do RGPS.

Passemos, agora, a examinar as espécies de aposentadoria, as regras para seu acesso e a forma de cálculo dos seus proventos, distinguindo a situação dos servidores públicos

8. O critério de vinte anos de contribuição aplica-se apenas ao trabalhador, homem, vinculado ao RGPS. O legislador reformador, em que pese a diferença no tempo mínimo de contribuição, dispôs, no mesmo comando constitucional, sobre as regras de cálculo das aposentadorias do servidor do RPPS federal e do trabalhador do RGPS.

federais, para os quais a EC nº 103/2019 traz regras provisórias, enquanto não for editada lei federal específica, da situação dos servidores públicos dos demais entes federativos (Estados, DF e Municípios) que não modificaram sua legislação.

3.2 APOSENTADORIA POR INCAPACIDADE PERMANENTE PARA O TRABALHO

CR/88, com a redação conferida pela EC nº 103/2019

Art. 40 (...)

§ 1º O servidor abrangido por regime próprio de previdência social será aposentado:

I – por incapacidade permanente para o trabalho, no cargo em que estiver investido, quando insuscetível de readaptação, hipótese em que será obrigatória a realização de avaliações periódicas para verificação da continuidade das condições que ensejaram a concessão da aposentadoria, na forma da lei do respectivo ente federativo;

(...)

§ 2º Os proventos de aposentadoria não poderão ser inferiores ao valor mínimo a que se refere o § 2º do art. 201 ou superiores ao limite máximo estabelecido para o Regime Geral de Previdência Social, observado o disposto nos §§ 14 a 16.

§ 3º As regras para cálculo de proventos de aposentadoria serão disciplinadas em lei do respectivo ente federativo.

A aposentadoria por incapacidade permanente para o trabalho, antes denominada de aposentadoria por invalidez, constitui um benefício de risco, pois seu fato gerador (acidente ou doença incapacitante) é imprevisível, não se podendo, assim, determinar o momento a partir do qual o benefício previdenciário será prestado.

A partir da vigência da EC nº 103/2019, essa espécie de aposentadoria passou a ser condicionada à situação de impossibilidade de readaptação do servidor público. Senão, vejamos:

CR/88, com a redação conferida pela EC nº 103/2019

Art. 37. (...)

(...)

§ 13. O servidor público titular de cargo efetivo poderá ser readaptado para exercício de cargo cujas atribuições e responsabilidades sejam compatíveis com a limitação que tenha sofrido em sua capacidade física ou mental, enquanto permanecer nesta condição, desde que possua a habilitação e o nível de escolaridade exigidos para o cargo de destino, mantida a remuneração do cargo de origem.

Com a inclusão do § 13 no art. 37, sepulta-se de vez a controvérsia jurídica sobre o instituto da readaptação, que é a transferência do servidor para provimento em outro cargo compatível com sua limitação de capacidade física ou mental superveniente, apurada em inspeção médica (MELLO, 2007).

Alguns operadores e estudiosos do Direito entendiam que a readaptação seria uma burla ao princípio do concurso público, porquanto haveria provimento em outro cargo sem o devido certame; outros a defendiam, alegando que a superveniência da incapacidade do servidor e a manutenção do nível de escolaridade e da remuneração não configurariam tal burla. O fato é que essa controvérsia limitava bastante a ocorrência da readaptação no serviço público e agora, com expressa previsão constitucional, a readaptação passou a ser exigida nas situações em que seja possível o aproveitamento do servidor em outro cargo, quando sua limitação assim o permitir.

Dessa forma, a partir da EC nº 103/2019, os servidores públicos da União, dos Estados, do DF e dos Municípios só poderão se aposentar por incapacidade permanente para o trabalho se não for possível sua readaptação, nos termos do § 13 do art. 37 acima transcrito. É o que estabelece o inciso I do § 1º do art. 40 da CR/88. Além disso, o servidor aposentado por incapacidade permanente para o trabalho deverá ser submetido a avaliações periódicas para verificação da continuidade das condições incapacitantes, na forma que dispuser a lei de cada ente federativo. Também competirá a cada ente federativo dispor, mediante lei, sobre os proventos da aposentadoria por incapacidade permanente.

Registramos que o texto constitucional, diferentemente do que dispôs para a aposentadoria compulsória e para a aposentadoria voluntária do servidor, a serem vistas mais adiante, não exigiu lei complementar para o estabelecimento dos parâmetros de acesso ao benefício decorrente da aposentadoria por incapacidade permanente, podendo, assim, o ente federativo estabelecê-los em lei ordinária[9].

Salientamos que o servidor **só poderá** ser readaptado se possuir a habilitação e o nível de escolaridade exigidos para o cargo de destino, sendo mantida a remuneração do cargo de origem.

A Portaria MTP nº 1.467/2022, que disciplina os parâmetros e as diretrizes gerais para organização e funcionamento dos RPPS, estabelece o seguinte:

Portaria MTP nº 1.467/2022

Art. 176. A aposentadoria por incapacidade permanente ou por invalidez será concedida com base na legislação vigente na data em que o laudo médico-pericial definir como início da incapacidade total e definitiva para o trabalho, e vigorará a partir da data da publicação do ato correspondente.

Parágrafo único. O aposentado que voltar a exercer atividade que denote a recuperação de capacidade laboral para o exercício das atribuições do cargo em que se deu a aposentadoria ou a possibilidade de sua readaptação terá a aposentadoria por incapacidade permanente ou invalidez reavaliada, a pedido ou de ofício, assegurado sempre ao interessado o direito à ampla defesa e ao contraditório.

O *caput* do art. 176 da mencionada Portaria esclarece que a legislação que fundamentará a aposentadoria por incapacidade permanente (ou por invalidez) será a vigente na data indicada no laudo pericial como o início da incapacidade, porém o ato de aposentação não retroage a essa data, sendo o servidor aposentado a partir da data de publicação do ato pela unidade gestora do RPPS[10].

Já o parágrafo único desse dispositivo se refere à situação em que a Administração Pública toma conhecimento, seja por denúncia, por cruzamento de dados de sistemas gerenciais ou pelo próprio segurado, de que o aposentado por invalidez ou por incapacidade permanente está exercendo atividade (na iniciativa privada ou em outro RPPS, por

9. Portaria MTP nº 1.467/2022, art. 164, IV, "a": "IV – deverão ser disciplinadas por lei ordinária do ente federativo regras para: a) concessão de aposentadoria por incapacidade permanente para o trabalho, no cargo em que estiver investido o segurado, quando insuscetível de readaptação, hipótese em que será obrigatória a realização de avaliações periódicas para verificação da continuidade das condições que ensejaram a concessão da aposentadoria".

10. De acordo com o art. 71 da CR/88, os atos de concessão de aposentadoria e de pensão por morte dos RPPS são submetidos a controle do Tribunal de Contas a que o ente federativo é jurisdicionado. Segundo a doutrina administrativista, trata-se de ato administrativo complexo, que necessita do registro nos tribunais de contas para se perfazer. No entanto, já produz efeitos a partir da publicação do ato concessório pela unidade gestora do RPPS, os quais se tornam plenos a partir da chancela da Corte de Contas.

exemplo) que denota recuperação da capacidade laborativa. Nesse caso, a aposentadoria será reavaliada, sendo garantido ao segurado o direito à ampla defesa e ao contraditório.

Uma outra situação que deve ser observada é a trazida pelo art. 174 da Portaria MTP nº 1.467/2022, segundo o qual, na ocorrência de incapacidade permanente do segurado, se este tiver cumprido os requisitos legais para a concessão de aposentadoria voluntária, o RPPS deverá facultar-lhe (ou ao seu representante legal) a opção pela aposentadoria que lhe for mais vantajosa.

3.2.1 A aposentadoria por incapacidade permanente para o trabalho do servidor público federal e dos servidores dos entes que adotaram regras idênticas às do RPPS da União

Conforme vimos na redação do inciso I do § 1º do art. 40 da CR/88, os requisitos dessa espécie de aposentadoria devem ser estipulados em lei ordinária de cada ente federativo, bem como, nos termos do § 3º desse mesmo artigo constitucional, a forma de cálculo dos seus proventos.

Para o servidor público federal, a EC nº 103/2019 trouxe, em seu art. 10, as seguintes disposições provisórias[11]:

> **EC nº 103/2019**
>
> Art. 10. Até que entre em vigor lei federal que discipline os benefícios do regime próprio de previdência social dos servidores da União, aplica-se o disposto neste artigo.
>
> § 1º Os servidores públicos federais serão aposentados:
>
> (...)
>
> II – por incapacidade permanente para o trabalho, no cargo em que estiverem investidos, quando insuscetíveis de readaptação, hipótese em que será obrigatória a realização de avaliações periódicas para verificação da continuidade das condições que ensejaram a concessão da aposentadoria; ou
>
> (...)
>
> § 4º Os proventos das aposentadorias concedidas nos termos do disposto neste artigo serão apurados na forma da lei.

A EC nº 103/2019 não previu regras de transição (para quem já estava no serviço público antes de sua vigência e que, portanto, tinha a expectativa de se aposentar com base nas regras anteriores) para a aposentadoria por incapacidade permanente para o trabalho, razão pela qual as disposições dessa espécie de aposentadoria **serão aplicadas aos servidores públicos federais independentemente da data de ingresso no serviço público da União**. Também para os servidores dos entes que modificaram sua legislação de forma idêntica à do RPPS da União, as disposições sobre aposentadoria por incapacidade permanente alcançarão, a partir da vigência da nova norma previdenciária, todos os segurados, independentemente da data de ingresso no serviço público do ente federativo.

11. Resolvemos adotar o adjetivo **provisórias** em vez de **transitórias**, para evitar possível confusão com **as regras de transição** dos arts. 4º, 5º 20 e 21 da EC nº 103/2029, que se aplicam àqueles que já eram servidores públicos federais antes de sua vigência.

3.2.1.1 A aposentadoria por incapacidade permanente na Portaria MTP nº 1.467/2022

O Anexo I da Portaria MTP nº 1.467/2022 estabelece normas para a concessão dos benefícios pelo RPPS da União e pelos RPPS que adotarem as mesmas regras estabelecidas para os servidores federais. Vejamos seu disciplinamento:

Portaria MTP nº 1.467/2022 – Anexo I

Art. 1º O segurado do Regime Próprio de Previdência Social – RPPS da União que ingressar após a Emenda Constitucional nº 103, de 12 de novembro de 2019, bem como os que ingressarem antes e venham a exercer o direito de opção por suas regras, e os segurados dos Regimes Próprios dos entes federativos que promoverem alterações em sua legislação relacionada ao respectivo RPPS para a adoção das mesmas regras aplicáveis aos servidores públicos federais, cujo ingresso tenha ocorrido após essas alterações, ou antes, quando exercerem o direito de opção, serão aposentados:

(...)

II – por incapacidade permanente para o trabalho, no cargo em que estiverem investidos, quando insuscetíveis de readaptação, hipótese em que será obrigatória a realização de avaliações periódicas para verificação da continuidade das condições que ensejaram a concessão da aposentadoria; (g.n.)

(...)

Da leitura do *caput* do art. 1º, verificamos que houve um equívoco na redação do dispositivo, que determina a aplicação das regras de aposentadoria por incapacidade permanente apenas ao segurado do RPPS que tiver ingressado no serviço público **após a data** de publicação da EC nº 103/2019 (servidor da União) ou depois da data de publicação da legislação que adotou as mesmas regras do RPPS da União (servidores dos entes federativos subnacionais). Consoante dissemos linhas atrás, não há regra de transição para essa espécie de aposentadoria e o novo regramento **aplica-se a todos os segurados com incapacidade permanente, independentemente da data de ingresso no serviço público**.

Registramos, todavia, duas exceções: a hipótese prevista no *caput* do art. 176 da Portaria MTP nº 1.467/2022, quando a data (indicada no laudo pericial) de início da incapacidade permanente for anterior à vigência da EC nº 103/2019 (para o servidor federal) ou à vigência da norma previdenciária idêntica à da União (para os servidores dos entes subnacionais), situação em que se aplicam as normas vigentes à época da data indicada no laudo pericial como o início da incapacidade permanente, ainda que a concessão da aposentadoria ocorra durante a vigência das novas normas previdenciárias. A outra exceção é a trazida pelo art. 174 da Portaria MTP nº 1.467/2022, segundo o qual, na ocorrência de incapacidade permanente do segurado, se este tiver cumprido os requisitos legais para a concessão de aposentadoria voluntária, o RPPS deverá facultar-lhe (ou ao seu representante legal) a opção pela aposentadoria que lhe for mais vantajosa.

Em verdade, o *caput* do art. 1º do Anexo I da Portaria MTP nº 1.467/2022 aplica-se às aposentadorias voluntárias (normais e especiais) e não às aposentadorias por incapacidade permanente e compulsória, para as quais, repetimos, não houve previsão de regra de transição, não lhes cabendo a previsão de "exercer o direito de opção", pois a aposentadoria por incapacidade permanente e a aposentadoria compulsória independem da vontade do servidor, que se vê compelido a passar para inatividade.

Reiteramos, assim, que as regras relativas à aposentadoria por incapacidade permanente do segurado do RPPS da União, previstas no art. 10 da EC nº 103/2019 e no

Anexo I da Portaria MTP nº 1.467/2022, aplicam-se **aos servidores públicos federais independentemente da data de ingresso no serviço público da União, bem como aos servidores dos entes que adotaram as mesmas regras do RPPS da União, independentemente da data de ingresso no serviço público do ente subnacional.**

Para a aposentadoria por incapacidade permanente dos servidores federais, destacamos os arts. 28 a 36 da Portaria SGP/SEDGG/ME nº 10.360, de 6 de dezembro de 2022, que estabelece orientação aos órgãos e entidades do Sistema de Pessoal Civil da Administração Pública Federal (Sipec) sobre a concessão, manutenção e pagamento dos benefícios de aposentadoria no âmbito do RPPS da União.

3.2.1.2 Cálculo e reajuste dos proventos

O cálculo dos proventos da aposentadoria por incapacidade permanente do servidor público da União, enquanto não for editada lei federal, deverá observar o disposto no art. 26 da EC nº 103/2019, segundo o qual:

> **EC nº 103/2019**
>
> Art. 26. Até que lei discipline o cálculo dos benefícios do regime próprio de previdência social da União e do Regime Geral de Previdência Social, será utilizada a média aritmética simples dos salários de contribuição e das remunerações adotados como base para contribuições a regime próprio de previdência social e ao Regime Geral de Previdência Social, ou como base para contribuições decorrentes das atividades militares de que tratam os arts. 42 e 142 da Constituição Federal, atualizados monetariamente, correspondentes a 100% (cem por cento) do período contributivo desde a competência julho de 1994 ou desde o início da contribuição, se posterior àquela competência.
>
> § 1º A média a que se refere o *caput* será limitada ao valor máximo do salário de contribuição do Regime Geral de Previdência Social para os segurados desse regime e para o servidor que ingressou no serviço público em cargo efetivo após a implantação do regime de previdência complementar ou que tenha exercido a opção correspondente, nos termos do disposto nos §§ 14 a 16 do art. 40 da Constituição Federal.
>
> § 2º O valor do benefício de aposentadoria corresponderá a 60% (sessenta por cento) da média aritmética definida na forma prevista no *caput* e no § 1º, com acréscimo de 2 (dois) pontos percentuais para cada ano de contribuição que exceder o tempo de 20 (vinte) anos de contribuição nos casos:
>
> (...)
>
> II – do § 4º do art. 10, ressalvado o disposto no inciso II do § 3º e no § 4º deste artigo;
>
> (...)
>
> § 3º O valor do benefício de aposentadoria corresponderá a 100% (cem por cento) da média aritmética definida na forma prevista no *caput* e no § 1º:
>
> (...)
>
> II – no caso de aposentadoria por incapacidade permanente, quando decorrer de acidente de trabalho, de doença profissional e de doença do trabalho.
>
> (...)
>
> § 6º Poderão ser excluídas da média as contribuições que resultem em redução do valor do benefício, desde que mantido o tempo mínimo de contribuição exigido, vedada a utilização do tempo excluído para qualquer finalidade, inclusive para o acréscimo a que se referem os §§ 2º e 5º, para a averbação em outro regime previdenciário ou para a obtenção dos proventos de inatividade das atividades de que tratam os arts. 42 e 142 da Constituição Federal.
>
> § 7º Os benefícios calculados nos termos do disposto neste artigo serão reajustados nos termos estabelecidos para o Regime Geral de Previdência Social.

Logo, se o servidor federal (ou o servidor do ente que adotou regras idênticas às do RPPS da União) estiver incapacitado para o serviço público e não puder ter sido readaptado, seus proventos serão calculados tendo em vista as seguintes situações:

a) Se a incapacidade ocorreu por **acidente de trabalho, doença do trabalho** ou **doença profissional**, os proventos corresponderão a 100% da média das remunerações e dos salários utilizados como base para as contribuições, até o limite máximo do pagamento dos benefícios do RGPS, no caso de o servidor ter ingressado no serviço público após a instituição da previdência complementar ou ter exercido a opção por esse regime.

b) Se a incapacidade **não se deu** por acidente de trabalho, doença do trabalho ou doença profissional, os proventos corresponderão a 60% da média aritmética, com acréscimo de 2 pontos percentuais para cada ano de contribuição que exceder o tempo de 20 anos de contribuição, observado o limite máximo de pagamento de benefícios do RGPS, no caso de o servidor ter ingressado no serviço público após a instituição da previdência complementar ou ter exercido a opção por esse regime.

O Anexo I da Portaria MTP nº 1.467/2022, em seu art. 9º, traz as regras gerais de cálculo e reajustamento das aposentadorias dos servidores federais e dos servidores dos entes que adotaram regras idênticas às do RPPS da União, reproduzindo os comandos do art. 26 da EC nº 103/2019.

A Portaria MTP nº 1.467/2022 aproveitou para deixar claro, no § 7º do art. 9º do seu Anexo I[12], que a exclusão prevista no § 6º do art. 26 da Emenda não se aplica ao cálculo da aposentadoria por incapacidade permanente, uma vez que esta **não exige tempo mínimo de contribuição**, conforme veremos mais adiante, nos exemplos de concessão e cálculo da aposentadoria por incapacidade permanente do servidor federal.

Sobre a definição de **acidente de trabalho**, **doença de trabalho** e **doença profissional**, transcrevemos os dispositivos da Lei nº 8.213/1991, que dispõe sobre os planos de benefícios do RGPS, a qual também se aplica, no que couber, ao RPPS, em função do disposto no § 12 do art. 40 da CR/88[13].

Lei nº 8.213/1991

Art. 19. Acidente do trabalho é o que ocorre pelo exercício do trabalho a serviço de empresa ou de empregador doméstico ou pelo exercício do trabalho dos segurados referidos no inciso VII do art. 11 desta Lei, provocando lesão corporal ou perturbação funcional que cause a morte ou a perda ou redução, permanente ou temporária, da capacidade para o trabalho.

(...)

Art. 20. Consideram-se acidente do trabalho, nos termos do artigo anterior, as seguintes entidades mórbidas:

I – doença profissional, assim entendida a produzida ou desencadeada pelo exercício do trabalho peculiar a determinada atividade e constante da respectiva relação elaborada pelo Ministério do Trabalho e da Previdência Social;

II – doença do trabalho, assim entendida a adquirida ou desencadeada em função de condições especiais em que o trabalho é realizado e com ele se relacione diretamente, constante da relação mencionada no inciso I.

§ 1º Não são consideradas como doença do trabalho:

a) a doença degenerativa;

b) a inerente a grupo etário;

---

12. Portaria MTP nº 1.467/2022, Anexo I, art. 9º, § 7º: "A exclusão de que trata o § 6º não se aplica ao cálculo de aposentadoria compulsória ou por incapacidade permanente".
13. CR/88, art. 40, § 12, com a redação conferida pela EC nº 103/2019. "Além do disposto neste artigo, serão observados, em regime próprio de previdência social, no que couber, os requisitos e critérios fixados para o Regime Geral de Previdência Social."

c) a que não produza incapacidade laborativa;

d) a doença endêmica adquirida por segurado habitante de região em que ela se desenvolva, salvo comprovação de que é resultante de exposição ou contato direto determinado pela natureza do trabalho.

§ 2º Em caso excepcional, constatando-se que a doença não incluída na relação prevista nos incisos I e II deste artigo resultou das condições especiais em que o trabalho é executado e com ele se relaciona diretamente, a Previdência Social deve considerá-la acidente do trabalho.

Art. 21. Equiparam-se também ao acidente do trabalho, para efeitos desta Lei:

I – o acidente ligado ao trabalho que, embora não tenha sido a causa única, haja contribuído diretamente para a morte do segurado, para redução ou perda da sua capacidade para o trabalho, ou produzido lesão que exija atenção médica para a sua recuperação;

II – o acidente sofrido pelo segurado no local e no horário do trabalho, em consequência de:

a) ato de agressão, sabotagem ou terrorismo praticado por terceiro ou companheiro de trabalho;

b) ofensa física intencional, inclusive de terceiro, por motivo de disputa relacionada ao trabalho;

c) ato de imprudência, de negligência ou de imperícia de terceiro ou de companheiro de trabalho;

d) ato de pessoa privada do uso da razão;

e) desabamento, inundação, incêndio e outros casos fortuitos ou decorrentes de força maior;

III – a doença proveniente de contaminação acidental do empregado no exercício de sua atividade;

IV – o acidente sofrido pelo segurado ainda que fora do local e horário de trabalho:

a) na execução de ordem ou na realização de serviço sob a autoridade da empresa;

b) na prestação espontânea de qualquer serviço à empresa para lhe evitar prejuízo ou proporcionar proveito;

c) em viagem a serviço da empresa, inclusive para estudo quando financiada por esta dentro de seus planos para melhor capacitação da mão de obra, independentemente do meio de locomoção utilizado, inclusive veículo de propriedade do segurado;

d) no percurso da residência para o local de trabalho ou deste para aquela, qualquer que seja o meio de locomoção, inclusive veículo de propriedade do segurado.

§1º Nos períodos destinados a refeição ou descanso, ou por ocasião da satisfação de outras necessidades fisiológicas, no local do trabalho ou durante este, o empregado é considerado no exercício do trabalho.

§2º Não é considerada agravação ou complicação de acidente do trabalho a lesão que, resultante de acidente de outra origem, se associe ou se superponha às consequências do anterior.

Dessa forma, se o servidor público sofrer uma limitação de sua capacidade física ou psíquica que o incapacite para o trabalho, não sendo possível sua readaptação em outro cargo, ele só fará jus a 100% da média[14] se a limitação tiver sido causada por acidente de trabalho, doença de trabalho ou doença profissional. Sendo por qualquer outra razão, seus proventos corresponderão a 60% da média, com acréscimo de 2 pontos percentuais para cada ano de contribuição que exceder o tempo de 20 anos de contribuição, e, para ambos os casos, com a limitação ao teto do RGPS, se esse servidor tiver ingressado no serviço público após a instituição do regime de previdência complementar ou tiver exercido a opção por esse regime.

Verifica-se que a EC nº 103/2019 não concedeu tratamento diferenciado às situações de incapacidade por doença grave, contagiosa ou incurável, para as quais, antes dessa Emenda, previam-se proventos correspondentes à integralidade da média[15]. Se a incapaci-

14. Toda vez que falarmos em média, entenda-se: média das remunerações e dos salários que serviram de base para as contribuições previdenciárias.

15. Eis o teor da regra anteriormente vigente: CR/88, art. 40, § 1º, I: "por invalidez permanente, sendo os proventos proporcionais ao tempo de contribuição, exceto se decorrente de acidente em serviço, moléstia profissional ou doença grave, contagiosa ou incurável, na forma da lei."

dade, todavia, não tivesse sido ocasionada por acidente de trabalho, doença profissional ou enfermidade grave, contagiosa ou incurável, os proventos do servidor eram, conforme a redação anterior do texto constitucional, proporcionais ao tempo de contribuição.

A EC nº 103/2019 pôs fim, assim, à aposentadoria por incapacidade permanente (invalidez) proporcional ao tempo de contribuição. A partir de sua vigência, ou os proventos corresponderão à integralidade da média (acidente de trabalho, doença do trabalho ou doença profissional) ou corresponderão a 60% da média, com acréscimo de 2 pontos percentuais para cada ano de contribuição que exceder o tempo de 20 anos de contribuição (demais casos).

É importante, aqui, deixar claro que a regra de transição constante do art. 6º-A da EC nº 41/2003[16], introduzido pela EC nº 70/2012, que assegurava aos servidores que ingressaram no serviço público até a data de sua publicação, ou seja, até 31 de dezembro de 2003, proventos de aposentadoria por invalidez calculados com base na última remuneração e não pela média, foi revogada expressamente pela EC nº 103/2019[17], revogação esta que só é aplicável aos servidores públicos federais e aos servidores dos entes que adotaram regras idênticas às do RPPS da União. Repisamos que essa Emenda também não previu nenhuma regra de transição para a aposentadoria por incapacidade permanente do servidor público federal[18].

A EC nº 103/2019 também revogou, apenas para os servidores públicos federais (e para os servidores dos entes que adotaram regras idênticas às do RPPS da União), o § 21 do art. 40 da CR/88, por meio do qual os aposentados e pensionistas portadores de doença incapacitante só contribuíam para o RPPS sobre o valor que excedesse o dobro do teto do RGPS.

O reajustamento dos proventos será conferido para preservar-lhes, em caráter permanente, o valor real, nos termos fixados para o RGPS. Essa é a determinação constante do § 8º do art. 40 da CR/88, combinado com o § 7º do art. 26 da EC nº 103/2019[19].

3.2.2 A aposentadoria por invalidez dos servidores públicos dos entes federativos que não modificaram sua legislação

Vimos que *o caput* do art. 10 da EC nº 103/2019 estabelece regras provisórias para o servidor público federal enquanto não for editada lei federal disciplinadora dos benefícios do RPPS da União. Para os servidores dos demais entes federativos que não modificaram sua legislação, esse mesmo artigo dispõe o seguinte:

---

16. EC nº 41/03, art. 6º-A (*caput*), com a redação conferida pela EC nº 70/12: "O servidor da União, dos Estados, do Distrito Federal e dos Municípios, incluídas suas autarquias e fundações, que tenha ingressado no serviço público até a data de publicação desta Emenda Constitucional e que tenha se aposentado ou venha a se aposentar por invalidez permanente, com fundamento no inciso I do § 1º do art. 40 da Constituição Federal, tem direito a proventos de aposentadoria calculados com base na remuneração do cargo efetivo em que se der a aposentadoria, na forma da lei, não sendo aplicáveis as disposições constantes dos §§ 3º, 8º e 17 do art. 40 da Constituição Federal."
17. EC nº 103/2019, art. 35: "Revogam-se: I – os seguintes dispositivos da Constituição Federal: a) o § 21 do art. 40; b) o § 13 do art. 195; II – os arts. 9º, 13 e 15 da Emenda Constitucional nº 20, de 15 de dezembro de 1998; III – os arts. 2º, 6º e 6º-A da Emenda Constitucional nº 41, de 2003; IV – o art. 3º da Emenda Constitucional nº 47, de 2005."
18. A EC nº 103/2019 só previu regras de transição para aposentadoria voluntária.
19. CR/88, art. 40, § 8º. "É assegurado o reajustamento dos benefícios para preservar-lhes, em caráter permanente, o valor real, conforme critérios estabelecidos em lei.". EC nº 103/2019, art. 26, § 7º: "Os benefícios calculados nos termos do disposto neste artigo serão reajustados nos termos estabelecidos para o Regime Geral de Previdência Social."

EC nº 103/2019

Art. 10 (...)

(...)

§ 7º Aplicam-se às aposentadorias dos servidores dos Estados, do Distrito Federal e dos Municípios as normas constitucionais e infraconstitucionais anteriores à data de entrada em vigor desta Emenda Constitucional, enquanto não promovidas alterações na legislação interna relacionada ao respectivo regime próprio de previdência social.

Percebam que, na situação em que o ente federativo continua a adotar as regras vigentes antes da EC nº 103/2019, a aposentadoria continua sendo **por invalidez**, já que essa era o termo empregado na redação constitucional anterior à referida Emenda.

A Portaria MTP nº 1.467/2022 traz disposição semelhante ao § 7º do art. 10 da EC nº 103/2029:

Portaria MTP nº 1.467/2022

Art. 159 (...)

(...)

§ 2º Aplicam-se às aposentadorias dos segurados dos RPPS dos Estados, do Distrito Federal e dos Municípios e às pensões concedidas aos dependentes desses segurados, as normas constitucionais e infraconstitucionais anteriores à data de entrada em vigor da Emenda Constitucional nº 103, de 2019, inclusive os arts. 1º e 2º da Lei nº 10.887, de 18 de junho de 2004, enquanto não promovidas alterações na legislação do respectivo RPPS, conforme § 1º, devendo ser observado o disposto no Anexo II.

Vejamos os critérios, requisitos e forma de cálculo previstos nas regras de aposentadoria por invalidez vigentes **antes** da EC nº 103/2019:

CR/88, com a redação anterior à EC nº 103/2019

Art. 40 (...)

§ 1º Os servidores abrangidos pelo regime de previdência de que trata este artigo serão aposentados, calculados os seus proventos a partir dos valores fixados na forma dos §§ 3º e 17:

I – por invalidez permanente, sendo os proventos proporcionais ao tempo de contribuição, exceto se decorrente de acidente em serviço, moléstia profissional ou doença grave, contagiosa ou incurável, na forma da lei.

(...)

§ 3º Para o cálculo dos proventos de aposentadoria, por ocasião da sua concessão, serão consideradas as remunerações utilizadas como base para as contribuições do servidor aos regimes de previdência de que tratam este artigo e o art. 201, na forma da lei.

(...)

§ 8º É assegurado o reajustamento dos benefícios para preservar-lhes, em caráter permanente, o valor real, conforme critérios estabelecidos em lei.

(...)

§ 17. Todos os valores de remuneração considerados para o cálculo do benefício previsto no § 3º serão devidamente atualizados, na forma da lei.

(...)

EC nº 41/2003, com a redação conferida pela EC nº 70/2012

Art. 6º-A. O servidor da União, dos Estados, do Distrito Federal e dos Municípios, incluídas suas autarquias e fundações, que tenha ingressado no serviço público até a data de publicação desta Emenda Constitucional e que tenha se aposentado ou venha a se aposentar por invalidez permanente, com fundamento no inciso I do § 1º do art. 40 da Constituição Federal, tem direito a proventos de aposentadoria calculados com base na remuneração do cargo efetivo em que se der a aposentadoria, na forma da lei, não sendo aplicáveis as disposições constantes dos §§ 3º, 8º e 17 do art. 40 da Constituição Federal.

Parágrafo único. Aplica-se ao valor dos proventos de aposentadorias concedidas com base no *caput* o disposto no art. 7º desta Emenda Constitucional, observando-se igual critério de revisão às pensões derivadas dos proventos desses servidores.

Assim, para os servidores dos entes subnacionais que não alteraram sua legislação previdenciária, permanece o regramento constitucional vigente antes da EC nº 103/2019, que lhes assegura:

1) Para os que ingressaram **após** 31 de dezembro de 2003, data de publicação da EC nº 41/2003:

a) Aposentadoria por invalidez com proventos integrais (integralidade da média), nas situações de acidente em serviço, moléstia profissional ou doença grave, contagiosa ou incurável, na forma da lei, correspondentes a 100% da média aritmética simples das maiores remunerações ou salários de contribuição, corrigidos monetariamente, correspondentes a 80% do período contributivo decorrido desde a competência de julho de 1994[20], ou desde a competência do início da contribuição, sendo-lhes assegurado o reajustamento do benefício, para preservar-lhes o valor real.

b) Aposentadoria por invalidez com proventos proporcionais ao tempo de contribuição, nos demais casos, com cálculo pela média aritmética simples das maiores remunerações ou salários de contribuição, corrigidos monetariamente, correspondentes a 80% do período contributivo decorrido desde a competência de julho de 1994, ou desde a competência do início da contribuição, sendo-lhes assegurado o reajustamento do benefício, para preservar-lhes o valor real.

2) Para os que ingressaram **até** 31 de dezembro de 2003, data de publicação da EC nº 41/2003:

a) Aposentadoria por invalidez com proventos integrais, nas situações de acidente em serviço, moléstia profissional ou doença grave, contagiosa ou incurável, na forma da lei, com base na última remuneração do cargo efetivo, **sem aplicação da média** e com direito à paridade remuneratória com os servidores da ativa, que se estende às pensões derivadas dos proventos desses segurados[21] .

b) Aposentadoria por invalidez com proventos proporcionais ao tempo de contribuição, nos demais casos, **sem aplicação do cálculo pela média** e com direito à paridade remuneratória com os servidores da ativa, que se estende às pensões derivadas dos proventos desses segurados[22].

---

20. Lei nº 10.887/2004, art. 1º: "No cálculo dos proventos de aposentadoria dos servidores titulares de cargo efetivo de qualquer dos Poderes da União, dos Estados, do Distrito Federal e dos Municípios, incluídas suas autarquias e fundações, previsto no § 3º do art. 40 da Constituição Federal e no art. 2º da Emenda Constitucional 41, de 19 de dezembro de 2003, será considerada a média aritmética simples das maiores remunerações, utilizadas como base para as contribuições do servidor aos regimes de previdência a que esteve vinculado, correspondentes a 80% (oitenta por cento) de todo o período contributivo desde a competência julho de 1994 ou desde a do início da contribuição, se posterior àquela competência".

21. Confira do art. 13 do Anexo II da Portaria nº 1.467/2022: "O segurado de RPPS, que tenha ingressado no serviço público em cargo efetivo até 31 de dezembro de 2003, e que tenha se aposentado ou venha se aposentar por invalidez permanente, com fundamento no inciso I do caput do art. 1º, tem direito a proventos de aposentadoria calculados com base na remuneração do cargo efetivo em que se der a aposentadoria, na forma da lei, não lhes sendo aplicáveis as disposições constantes dos arts. 10 e 11. § 1º As pensões derivadas dos proventos dos segurados de que trata este artigo, quando falecidos depois de 31 de dezembro de 2003, serão calculadas conforme art. 6º. § 2º Aplica-se ao valor dos proventos de aposentadorias concedidas com base neste artigo o disposto no art. 12, observando-se igual critério de revisão às pensões derivadas dos proventos desses segurados, ainda que a aposentadoria tenha ocorrido antes de 31 de dezembro de 2003 e o óbito após essa data." (g.n.).

22. Idem.

É importante deixar claro que, apesar da autonomia dos entes para disporem sobre as regras de acesso e de cálculo dos proventos da aposentadoria por incapacidade permanente, estes não a possuem para o instituto da readaptação, que deve ser observado por todos os entes federativos. Assim, os RPPS dos Estados, do DF e dos Municípios devem regular, em lei, a readaptação do servidor que se incapacitar para o exercício das funções de seu cargo de origem, nos termos do inciso I do § 1º do art. 40, combinado com o § 13 do art. 37, ambos da CR/88.

Os entes também devem observar a necessidade de realização de avaliações periódicas para verificação da continuidade das condições que ensejaram a concessão da aposentadoria por incapacidade permanente.

Enquanto os entes subnacionais não modificarem sua legislação, repetimos, permanecem válidas as disposições constitucionais e infraconstitucionais anteriores sobre a aposentadoria por invalidez.

O Anexo II da Portaria MTP nº 1.467/2022, que estabelece as normas relativas aos benefícios concedidos pelos RPPS dos entes federativos que não promoveram alterações na sua legislação previdenciária, reproduz as disposições constitucionais vigentes antes da EC nº 103/2019 para essa espécie de aposentadoria[23].

Destacamos que o valor dos benefícios será limitado ao teto do RGPS, se o ente federado tiver instituído o regime de previdência complementar para os seus servidores.

3.2.3 Exemplos de aposentadoria por incapacidade permanente do servidor público federal e dos servidores dos entes que adotaram regras idênticas às do RPPS da União[24]

Exemplo 1. Bento Santiago, servidor federal com 22 anos de contribuição, remuneração de R$ 8.600,00 e média de R$ 6.400,00, correspondente a todo o período contributivo[25], sofreu, quando voltava de suas férias, um acidente automobilístico, que o deixou incapacitado permanentemente para o trabalho, não tendo sido possível sua readaptação em outro cargo. Como o acidente não foi de trabalho, seus proventos serão calculados da seguinte forma:

a) Tempo de contribuição

Tempo de contribuição	Percentual da média
20 anos	60 %
21 anos	62 %
22 anos	64%

23. Confira o disposto nos seguintes dispositivos do Anexo II da Portaria MTP nº 1.467/2022: art. 1º, I; arts. 10, 11, 13 e 14.
24. Cabe relembrarmos que a EC nº 103/2019 não estabeleceu regra de transição para a aposentadoria por incapacidade permanente, razão pela qual o novo disciplinamento dado por essa Emenda aplica-se a todos os servidores públicos federais, **independentemente da data de seu ingresso no serviço público.**
25. Desde a competência julho de 1994 ou desde a do início da contribuição, se posterior àquela competência.

b) Valor da média: R$ 6.400,00

c) Percentual aplicado ao valor da média: 64% (0,64) x 6.400 = R$ 4.096,00

Os proventos de Bento corresponderão, assim, a 64% da média, o que resulta num valor de **R$ 4.096,00**. O reajustamento dos proventos será conferido para preservar-lhes, em caráter permanente, o valor real, nos termos fixados para o RGPS.

Exemplo 2. Maria Capitolina, servidora do **Estado T** (que adotou as mesmas regras do RPPS da União), com 25 anos de contribuição, remuneração de R$ 12.800,00 e média de R$ 9.400,00, correspondente a todo o período contributivo[26], sofreu, quando voltava de uma reunião de trabalho, um acidente automobilístico, cuja gravidade a deixou incapacitada permanentemente para o trabalho, não tendo sido possível sua readaptação em outro cargo. Como o acidente foi de trabalho, seus proventos serão calculados da seguinte forma:

a) Tempo de contribuição: não se considera para o cálculo, pois o acidente foi de trabalho.

b) Valor da média: R$ 9.400,00

c) Percentual aplicado ao valor da média: 100% (valor integral)

Os proventos de Maria corresponderão, assim, à integralidade da média, o que resulta num valor de **R$ 9.400,00,** observado o limite máximo de pagamento de benefícios do RGPS, caso tenha ingressado no serviço público após a instituição do regime de previdência complementar estadual ou tenha exercido a opção por esse regime. O reajustamento dos proventos será conferido para preservar-lhes, em caráter permanente, o valor real, nos termos fixados na lei do **Estado T**.

Exemplo 3. Ezequiel Escobar, servidor federal com 28 anos de contribuição, remuneração de R$ 28.600,00 e média de R$ 22.300,00, correspondente a todo o período contributivo[27], foi acometido de uma enfermidade que o incapacitou permanentemente para o trabalho. Não tendo sido possível sua readaptação em outro cargo, seus proventos serão calculados da seguinte forma:

a) Tempo de contribuição

Tempo de contribuição	Percentual da média
25 anos	70 %
26 anos	72%
27 anos	74%
28 anos	76 %

b) Valor da média: R$ 22.300,00

c) Percentual aplicado ao valor da média: 76% (0,76) x 22.300 = R$ 16.948,00

Os proventos de Ezequiel corresponderão, assim, a 76% da média, o que resulta num valor de **R$ 16.948,00,** observado o limite máximo de pagamento de benefícios do

26. Desde a competência julho de 1994 ou desde a do início da contribuição, se posterior àquela competência.
27. Desde a competência julho de 1994 ou desde a do início da contribuição, se posterior àquela competência.

RGPS, caso tenha ingressado no serviço público federal após a instituição do regime de previdência complementar ou tenha exercido a opção por esse regime. O reajustamento dos proventos será conferido para preservar-lhes, em caráter permanente, o valor real, nos termos fixados para o RGPS.

Exemplo 4. Sancha Escobar, servidora do **Município Z** (que adotou as mesmas regras do RPPS da União), com 12 anos de contribuição, remuneração de R$ 15.600,00 e média de R$ 8.300,00, correspondente a todo o período contributivo[28], foi acometida de uma doença grave que a incapacitou permanentemente para o trabalho. Não tendo sido possível sua readaptação em outro cargo, seus proventos serão calculados da seguinte forma:

a) Tempo de contribuição: o cálculo do percentual da média considera o tempo mínimo de 20 anos de contribuição, conforme já visto. Como se trata de um benefício de risco, ainda que o tempo seja inferior ao exigido, adota-se o percentual mínimo de 60% da média de todo o período contributivo.

b) Valor da média: R$ 8.300,00

c) Percentual aplicado ao valor da média: 60% (0,60) x 8.300 = R$ 4.980,00

Os proventos de Sancha corresponderão, assim, a 60% da média, o que resulta num valor de **R$ 4.980,00**. O reajustamento dos proventos será conferido para preservar-lhes, em caráter permanente, o valor real, nos termos fixados na lei do **Município Z**.

3.2.4 Exemplos de aposentadoria por invalidez do servidor público dos entes federativos que não modificaram sua legislação

Exemplo 1. Ana Terra, servidora municipal que ingressou no serviço público **antes** da vigência da EC nº 41/2003, com 24 anos de contribuição e remuneração de R$ 3.800,00, ficou incapacitada permanentemente para o trabalho, por ser portadora de uma doença grave. De acordo com o art. 6º-A da EC nº 41/2003, com a redação conferida pela EC nº 70/2012, terá direito a se aposentar com proventos integrais, sem média, com base na última remuneração do cargo efetivo.

Ana, então, terá seus proventos no valor de **R$ 3.800,00** e direito à paridade com a remuneração dos servidores em atividade, que se estende à pensão derivada de seus proventos.

Exemplo 2. Bibiana Terra, servidora estadual que ingressou no serviço público **após** a publicação da EC nº 41/2003, com 15 anos de contribuição, remuneração de R$ 8.200,00, média de R$ 6.500,00, ficou incapacitada em decorrência de acidente de trabalho. De acordo com a redação do inciso I do § 1º e do § 3º, ambos do art. 40 da CR/88, com a redação anterior à da EC nº 103/2019, seus proventos corresponderão à integralidade da média aritmética simples das maiores remunerações ou salários de contribuição, corrigidos monetariamente, correspondentes a 80% do período contributivo.

Bibiana, então, terá seus proventos no valor de **R$ 6.500,00**, os quais terão reajuste pelo índice previsto na legislação estadual. Se o ente federado tiver instituído o regime de previdência complementar para os seus servidores, o valor dos benefícios será limitado ao teto do RGPS.

28. Desde a competência julho de 1994 ou desde a do início da contribuição, se posterior àquela competência.

Exemplo 3. Rodrigo Cambará, servidor estadual, que ingressou no serviço público **após** a publicação da EC nº 41/2003, com 24 anos de contribuição, remuneração de R$ 15.800,00, média de R$ 12.200,00, ficou incapacitado em decorrência de doença não considerada como grave, contagiosa ou incurável pela lei do Estado. De acordo com a redação do inciso I do § 1º e do § 3º, ambos do art. 40 da CR/88, com a redação anterior à da EC nº 103/2019, seus proventos corresponderão a 24/35 avos da média aritmética simples das maiores remunerações ou salários de contribuição, corrigidos monetariamente, correspondentes a 80% do período contributivo.

Rodrigo terá seus proventos calculados da seguinte forma:

a) Valor da média: R$ 12.200,00

b) Proporcionalidade aplicada (tempo de contribuição/tempo necessário para a aposentadoria integral): 24/35 = 0,69

c) Valor dos proventos: proporcionalidade da média: 0,69 x 12.200 = R$ 8.418,00

Seus proventos serão, assim, no valor de **R$ 8.418,00**, os quais terão reajuste pelo índice previsto na legislação estadual. Se o ente federado tiver instituído regime de previdência complementar para os seus servidores, o valor dos benefícios será limitado ao teto do RGPS.

Exemplo 4. Juvenal Terra, servidor estadual, que ingressou no serviço público **antes** da publicação da EC nº 41/2003, com 26 anos de contribuição, remuneração de R$ 4.200,00, ficou incapacitado em decorrência de doença não considerada pela lei estadual como grave contagiosa ou incurável. De acordo com o art. 6º-A da EC nº 41/03, com a redação conferida pela EC nº 70/2012, terá direito a se aposentar com proventos proporcionais, sem média, calculados da seguinte forma:

a) Valor da remuneração do cargo: R$ 4.200,00

b) Proporcionalidade aplicada (tempo de contribuição/tempo necessário para a aposentadoria integral): 26/35 = 0,74

c) Valor dos proventos: proporcionalidade da remuneração do cargo: 0,74 x 4.200 = R$ 3.108,00

Juvenal, então, terá seus proventos no valor de **R$ 3.108,00** e paridade com a remuneração dos servidores em atividade, que se estende à pensão derivada de seus proventos.

3.3 APOSENTADORIA COMPULSÓRIA

CR/88, com a redação conferida pela EC nº 103/2019

Art. 40 (...)

§ 1º O servidor abrangido por regime próprio de previdência social será aposentado:

(...)

II – compulsoriamente, com proventos proporcionais ao tempo de contribuição, aos 70 (setenta) anos de idade, ou aos 75 (setenta e cinco) anos de idade, na forma de lei complementar;

(...)

§ 2º Os proventos de aposentadoria não poderão ser inferiores ao valor mínimo a que se refere o § 2º do art. 201 ou superiores ao limite máximo estabelecido para o Regime Geral de Previdência Social, observado o disposto nos §§ 14 a 16.

§ 3º As regras para cálculo de proventos de aposentadoria serão disciplinadas em lei do respectivo ente federativo.

Espécie de benefício programado, visto que seu fato gerador (idade-limite de 75 anos) é revestido de certeza, podendo, assim, ser mensurado, a aposentadoria compulsória, que antes só existia para os servidores públicos vinculados ao RPPS, passou a ser aplicada aos empregados públicos, os quais, com a EC nº 103/2019, passam a observar a idade-limite de 75 anos para permanecerem em atividade, nos termos do § 16 do art. 201 da CR/88, acrescido pela referida Emenda:

> **CR/88, com a redação conferida pela EC nº 103/2019**
>
> Art. 201 (...)
>
> § 16. Os empregados dos consórcios públicos, das empresas públicas, das sociedades de economia mista e das suas subsidiárias serão aposentados compulsoriamente, observado o cumprimento do tempo mínimo de contribuição, ao atingir a idade máxima de que trata o inciso II do § 1º do art. 40, na forma estabelecida em lei.

A EC nº 103/2019 não alterou a idade-limite de aposentadoria compulsória, que continua sendo a mesma introduzida pela EC nº 88, de 7 de maio de 2015, que possibilitou a elevação para 75 anos da idade de permanência do servidor no serviço público da União, dos Estados, do DF e dos Municípios, o que se efetivou com a publicação da LC nº 152, de 3 de dezembro de 2015. A alteração promovida pela EC nº 103/2019 deu-se na forma de cálculo dos proventos do servidor público federal, conforme será visto adiante.

Trata-se de um benefício involuntário, uma vez que a vontade do servidor não é considerada, devendo a Administração Pública, de ofício, providenciar sua aposentação, que retroage à idade-limite de 75 anos.

A compulsoriedade dessa aposentadoria explica-se pela existência de uma presunção *juris et de jure*, isto é, absoluta, de incapacidade permanente para o trabalho, pelo atingimento da idade-limite pelo servidor, sendo uma espécie de aposentadoria por idade avançada.

Dessa forma, a aposentadoria compulsória prevista no inciso II do § 1º do art. 40 da CR/88 aplica-se aos servidores públicos federais, estaduais, distritais e municipais, bem como aos empregados públicos, que deverão ser afastados do serviço ao completarem 75 anos de idade.

A Portaria MTP nº 1.467/2022, que disciplina os parâmetros e as diretrizes gerais para organização e funcionamento dos RPPS, estabelece:

> **Portaria MTP nº 1.467/2022**
>
> Art. 177. O segurado, homem ou mulher, será aposentado compulsoriamente aos 75 (setenta e cinco anos) de idade, com proventos proporcionais ao tempo de contribuição, ressalvado o disposto no parágrafo único do art. 2º da Lei Complementar nº 152, de 3 de dezembro de 2015, quanto aos servidores do Serviço Exterior Brasileiro.
>
> Parágrafo único. Na concessão da aposentadoria compulsória é vedada a fixação de limites mínimos de proventos em valor superior ao salário mínimo nacional.

Cada ente federativo, mediante lei, disporá sobre a forma de cálculo, observando-se os limites máximos e mínimos previstos no § 2º do art. 40 da CR/88 e no parágrafo único do art. 177 da Portaria MTP nº 1.467/2022.

Chamamos atenção para o art. 174 da Portaria MTP nº 1.467/2022, segundo o qual, na ocorrência da idade-limite do segurado, se este tiver cumprido os requisitos legais para a concessão de aposentadoria voluntária, o RPPS deverá facultar-lhe (ou ao seu representante legal) a opção pela aposentadoria que lhe for mais vantajosa. Também mencionamos o inciso I do § 4º do art. 164 da mencionada Portaria, que veda aos entes federativos "o estabelecimento de idade de aposentadoria compulsória diversa da prevista na Lei Complementar nº 152, de 3 de dezembro de 2015".

3.3. 1 Aposentadoria compulsória do servidor público federal e dos servidores dos entes que adotaram regras idênticas às do RPPS da União

Para os servidores públicos da União, enquanto não editada lei federal, valerá o disposto no art. 10 da EC nº 103/2019:

EC nº 103/2019

Art. 10. Até que entre em vigor lei federal que discipline os benefícios do regime próprio de previdência social dos servidores da União, aplica-se o disposto neste artigo.

§ 1º Os servidores públicos federais serão aposentados:

(...)

III – compulsoriamente, na forma do disposto no inciso II do § 1º do art. 40 da Constituição Federal.

(...)

§ 4º Os proventos das aposentadorias concedidas nos termos do disposto neste artigo serão apurados na forma da lei.

A EC nº 103/2019 não previu regra de transição para a aposentadoria compulsória, razão pela qual as disposições dessa espécie de aposentadoria serão aplicadas aos servidores públicos federais, independentemente da data de ingresso no serviço público da União. Também para os servidores dos entes que modificaram sua legislação de forma idêntica à do RPPS da União, as disposições sobre a aposentadoria compulsória alcançarão, a partir da vigência da nova norma previdenciária, todos os segurados, independentemente da data de ingresso no serviço público do ente federativo.

3.3.1.1 A aposentadoria compulsória na Portaria MTP nº 1.467/2022

O Anexo I da Portaria MTP nº 1.467/2022 estabelece normas para a concessão dos benefícios pelo RPPS da União e pelos RPPS que adotarem as mesmas regras estabelecidas para os servidores federais. Vejamos seu disciplinamento:

Portaria MTP nº 1.467/2022 – Anexo I

Art. 1º O segurado do Regime Próprio de Previdência Social – RPPS da União que ingressar após a Emenda Constitucional nº 103, de 12 de novembro de 2019, bem como os que ingressarem antes e venham a exercer o direito de opção por suas regras, e os segurados dos Regimes Próprios dos entes federativos que promoverem alterações em sua legislação relacionada ao respectivo RPPS para a adoção das mesmas regras aplicáveis aos servidores públicos federais, cujo ingresso tenha ocorrido após essas alterações, ou antes, quando exercerem o direito de opção, serão aposentados:

(...)

III – compulsoriamente, nos termos da Lei Complementar nº 152, de 3 de dezembro de 2015, aos 75 (setenta e cinco) anos de idade. (g.n.)

(...)

Da leitura do *caput* do art. 1º, verificamos que houve um equívoco na redação do dispositivo, que determina a aplicação das regras de aposentadoria compulsória apenas ao segurado do RPPS que ingressar no serviço público **após a data** de publicação da EC nº 103/2019 (servidor da União) ou depois da data de publicação da legislação que adotou as mesmas regras do RPPS da União (servidor dos entes subnacionais). Consoante dissemos linhas atrás, não há regra de transição para essa espécie de aposentadoria e o novo regramento **aplica-se a todos os segurados, independentemente da data de ingresso no serviço público**. A única exceção é quando o servidor atingido pela compulsória cumpre os requisitos de alguma regra de aposentadoria voluntária que lhe é mais benéfica, hipótese prevista no art. 174 da Portaria MTP nº 1.467/2022, segundo o qual, na ocorrência da idade-limite do segurado, se este tiver cumprido os requisitos legais para a concessão de aposentadoria voluntária, o RPPS deverá facultar-lhe (ou ao seu representante legal) a opção pela aposentadoria que lhe for mais vantajosa.

Em verdade, o *caput* do art. 1º do Anexo I da Portaria MTP nº 1.467/2022 aplica-se às aposentadorias voluntárias (normais e especiais) e não às aposentadorias por incapacidade permanente e compulsória, para as quais, repetimos, não houve previsão de regra de transição, não lhes cabendo a previsão de "exercer o direito de opção", pois a aposentadoria por incapacidade permanente e a aposentadoria compulsória independem da vontade do servidor, que se vê compelido a passar para inatividade.

Reiteramos, assim, que as regras relativas à aposentadoria compulsória previstas no art. 10 da EC nº 103/2019 e no Anexo I da Portaria MTP nº 1.467/2022 aplicam-se **aos servidores públicos federais independentemente da data de ingresso no serviço público da União, bem como aos servidores dos RPPS dos entes que adotaram as mesmas regras da União, independentemente da data de ingresso no serviço público do ente subnacional.**

3.3.1.2 Cálculo e reajuste dos proventos

O cálculo dos proventos da aposentadoria compulsória do servidor público federal e dos servidores dos entes que adotaram regras idênticas às da União deverá observar o disposto no art. 26 da EC nº 103/2019, segundo o qual:

EC nº 103/2019

Art. 26. Até que lei discipline o cálculo dos benefícios do regime próprio de previdência social da União e do Regime Geral de Previdência Social, será utilizada a média aritmética simples dos salários de contribuição e das remunerações adotados como base para contribuições a regime próprio de previdência social e ao Regime Geral de Previdência Social, ou como base para contribuições decorrentes das atividades militares de que tratam os arts. 42 e 142 da Constituição Federal, atualizados monetariamente, correspondentes a 100% (cem por cento) do período contributivo desde a competência julho de 1994 ou desde o início da contribuição, se posterior àquela competência.

§ 1º A média a que se refere o *caput* será limitada ao valor máximo do salário de contribuição do Regime Geral de Previdência Social para os segurados desse regime e para o servidor que ingressou no serviço público em cargo efetivo após a implantação do regime de previdência complementar ou que tenha exercido a opção correspondente, nos termos do disposto nos §§ 14 a 16 do art. 40 da Constituição Federal.

§ 2º O valor do benefício de aposentadoria corresponderá a 60% (sessenta por cento) da média aritmética definida na forma prevista no *caput* e no § 1º, com acréscimo de 2 (dois) pontos percentuais para cada ano de contribuição que exceder o tempo de 20 (vinte) anos de contribuição nos casos:

(...)

> II – do § 4º do art. 10, ressalvado o disposto no inciso II do § 3º e no § 4º deste artigo;
>
> (...)
>
> § 4º O valor do benefício da aposentadoria de que trata o inciso III do § 1º do art. 10 corresponderá ao resultado do tempo de contribuição dividido por 20 (vinte) anos, limitado a um inteiro, multiplicado pelo valor apurado na forma do *caput* do § 2º deste artigo, ressalvado o caso de cumprimento de critérios de acesso para aposentadoria voluntária que resulte em situação mais favorável.
>
> (...)
>
> § 6º Poderão ser excluídas da média as contribuições que resultem em redução do valor do benefício, desde que mantido o tempo mínimo de contribuição exigido, vedada a utilização do tempo excluído para qualquer finalidade, inclusive para o acréscimo a que se referem os §§ 2º e 5º, para a averbação em outro regime previdenciário ou para a obtenção dos proventos de inatividade de que tratam os arts. 42 e 142 da Constituição Federal.
>
> § 7º Os benefícios calculados nos termos do disposto neste artigo serão reajustados nos termos estabelecidos para o Regime Geral de Previdência Social.

Com o novo regramento dado pela EC nº 103/2019, os proventos da aposentadoria compulsória serão calculados nos termos do § 4º do art. 26 da mencionada Emenda, tendo em vista as seguintes situações:

a) **Se o servidor atingiu a idade-limite com 20 anos ou mais de contribuição:** os proventos de aposentadoria serão calculados de acordo com o § 2º do art. 26 da EC nº 103/2019 e corresponderão a 60% da média aritmética, com acréscimo de 2 pontos percentuais para cada ano de contribuição que exceder o tempo de 20 anos de contribuição, observado o limite máximo de pagamento de benefícios do RGPS, no caso de o servidor ter ingressado no serviço público após a instituição do regime de previdência complementar ou ter feito opção por esse regime.

b) **Se o servidor atingiu a idade-limite com menos de 20 anos de contribuição**: os proventos serão calculados em duas etapas. Primeiro, divide-se o tempo de contribuição por 20. Depois, multiplica-se o resultado da divisão pelo piso de 60% da média aritmética.

A fórmula constante do § 4º do art. 26 da Emenda visa contrabalançar a situação em que o servidor atinge a idade-limite da aposentadoria compulsória com tempo de contribuição inferior a 20 anos.

Visando facilitar a compreensão da forma de cálculo introduzida pela EC nº 103/2019, consideremos este exemplo: servidor público federal atingido pela compulsória, com 20 anos de contribuição. Seus proventos corresponderão a 60% da média aritmética. Se esse mesmo servidor tivesse 15 anos de contribuição em vez de 20, seus proventos seriam calculados da seguinte forma:

a) Divisão do tempo de contribuição por 20: 15/20 = 0,75.

b) Multiplicação do resultado da divisão pelo piso de 60% do valor da média aritmética: (60 x 0,75 = 45).

c) Resultado: os proventos de aposentadoria, nesse caso, corresponderiam a 45% da média, observado o piso de um salário-mínimo.

Repisamos a situação em que o servidor público federal atinge a idade-limite com o cumprimento dos critérios de acesso a outra regra de aposentadoria. Nesse caso, sua aposentação dar-se-á com fundamento na regra de aposentadoria que lhe for mais favorável. Exemplifiquemos com a situação de um servidor que, ao completar 75 anos de idade, cumpre os requisitos de determinada regra de transição, que lhe é mais benéfica, em função do cálculo dos proventos pela integralidade da última remuneração no cargo efetivo. Nesse caso, seu ato de aposentadoria terá como fundamento de validade a regra mais benéfica. No entanto, esse servidor deverá ser afastado do serviço público assim que completar a idade-limite, devendo, se for o caso, o ato de sua aposentação retroagir a essa data.

O reajustamento dos proventos da aposentadoria compulsória será conferido para preservar-lhes, em caráter permanente, o valor real, nos termos fixados para o RGPS. Essa é a determinação constante do § 7º do art. 26 da EC nº 103/2019.

O Anexo I da Portaria MTP nº 1.467/2022 reproduz as regras do art. 26 da EC nº 103/2019 e, em relação à possibilidade de exclusão prevista no § 6º do art. 26 da Emenda, deixa claro que não se aplica ao cálculo da aposentadoria compulsória, uma vez que esta **não exige tempo mínimo de contribuição.** A vedação está contida no § 7º do art. 9º do Anexo I da mencionada Portaria[29].

Para a aposentadoria compulsória dos servidores federais, destacamos os arts. 40 e 41 da Portaria SGP/SEDGG/ME nº 10.360, de 6 de dezembro de 2022, que estabelece orientação aos órgãos e entidades do Sistema de Pessoal Civil da Administração Pública Federal (Sipec) sobre a concessão, manutenção e pagamento dos benefícios de aposentadoria no âmbito do RPPS da União.

3.3.2 Aposentadoria compulsória do servidor público dos entes federativos que não modificaram sua legislação

Vimos que o *caput* do art. 10 da EC nº 103/2019 estabelece regras provisórias para o servidor público federal enquanto não for editada lei federal disciplinadora dos benefícios do RPPS da União.

Para os servidores dos demais entes federativos que não modificaram sua legislação, esse mesmo artigo dispõe o seguinte:

> **EC nº 103/2019**
>
> Art. 10 (...)
>
> (...)
>
> § 7º Aplicam-se às aposentadorias dos servidores dos Estados, do Distrito Federal e dos Municípios as normas constitucionais e infraconstitucionais anteriores à data de entrada em vigor desta Emenda Constitucional, enquanto não promovidas alterações na legislação interna relacionada ao respectivo regime próprio de previdência social.

A Portaria MTP nº 1.467/2022 traz disposição semelhante:

> **Portaria MTP nº 1.467/2022**
>
> Art. 159 (...)
>
> (...)
>
> § 2º Aplicam-se às aposentadorias dos segurados dos RPPS dos Estados, do Distrito Federal e dos Municípios e às pensões concedidas aos dependentes desses segurados, as normas constitucionais e infraconstitucionais anteriores à data de entrada em vigor da Emenda Constitucional n° 103, de 2019, inclusive os arts. 1º e 2º da Lei nº 10.887, de 18 de junho de 2004, enquanto não promovidas alterações na legislação do respectivo RPPS, conforme § 1º, devendo ser observado o disposto no Anexo II.

29. Portaria MTP nº 1.467/2022, Anexo I, art. 9º, § 7º: "A exclusão de que trata o § 6º não se aplica ao cálculo de aposentadoria compulsória ou por incapacidade permanente".

Enquanto os Estados, o DF e os Municípios não alterarem suas normas previdenciárias, elas permanecerão válidas. Como essas normas apenas reproduzem ou fazem remissão ao texto constitucional vigente antes da EC nº 103/2019, então seus preceitos continuam válidos até que sobrevenha lei do ente federado. Vejamos:

> **CR/88, com a redação anterior à EC nº 103/2019**
>
> Art. 40. (...)
>
> § 1º Os servidores abrangidos pelo regime de previdência de que trata este artigo serão aposentados, calculados os seus proventos a partir dos valores fixados na forma dos §§ 3º e 17:
>
> (...)
>
> II – compulsoriamente, com proventos proporcionais ao tempo de contribuição, aos 70 (setenta) anos de idade, ou aos 75 (setenta e cinco) anos de idade, na forma de lei complementar;
>
> (...)
>
> § 3º Para o cálculo dos proventos de aposentadoria, por ocasião da sua concessão, serão consideradas as remunerações utilizadas como base para as contribuições do servidor aos regimes de previdência de que tratam este artigo e o art. 201, na forma da lei.
>
> (...)
>
> § 8º É assegurado o reajustamento dos benefícios para preservar-lhes, em caráter permanente, o valor real, conforme critérios estabelecidos em lei.
>
> (...)
>
> § 17. Todos os valores de remuneração considerados para o cálculo do benefício previsto no § 3º serão devidamente atualizados, na forma da lei.

Diferentemente do que se deu com a aposentadoria por invalidez, para a qual a EC nº 70/2012 estabeleceu uma regra de transição destinada aos servidores que ingressaram no serviço público antes da vigência da EC nº 41/2003, ou seja, até 31 de dezembro de 2003, (com cálculo de proventos sem média remuneratória), para a aposentadoria compulsória, o legislador constituinte reformador utilizou a média das remunerações, **não importando se o servidor ingressou no serviço público antes ou depois da publicação da EC nº 41/2003.**

Essa regra, revogada para o servidor público federal, mas ainda vigente para os RPPS dos entes federados que não modificaram sua legislação, estabelece que os proventos da aposentadoria compulsória são proporcionais ao tempo de contribuição, correspondendo à razão entre o tempo de contribuição do servidor e o tempo de contribuição mínimo estabelecido (35 anos, homem, e 30 anos, mulher). Exemplificando, se um servidor, homem, atingir a idade-limite com 20 anos de contribuição, seus proventos corresponderão a 20/35 avos, ou seja, 57% da média das remunerações que serviram de base para a contribuição previdenciária.

O reajustamento dos proventos será conferido para preservar-lhes, em caráter permanente, o valor real, nos termos fixados na legislação do ente federativo. Essa é a determinação constante do § 8º do art. 40.

O Anexo II da Portaria MTP nº 1.467/2022, que estabelece as normas relativas aos benefícios concedidos pelos RPPS dos entes federativos que não promoveram alterações na sua legislação previdenciária, traz as mesmas disposições constitucionais vigentes antes da EC nº 103/2019 para essa espécie de aposentadoria[30].

30. Confira o disposto nos seguintes dispositivos do Anexo II da Portaria MTP nº 1.467/2022: art. 1º, II; arts. 10 e 11.

Ressaltamos que, se o ente tiver instituído o regime de previdência complementar para os seus servidores, o valor dos benefícios será limitado ao teto do RGPS.

3.3.3 Exemplos de aposentadoria compulsória do servidor público federal e dos servidores dos entes que adotaram regras idênticas às do RPPS da União[31]

Exemplo 1. João Romão, servidor com 22 anos de contribuição, remuneração de R$ 8.600,00 e média de R$ 6.400,00, correspondente a todo o período contributivo[32], completou 75 anos de idade após a data de publicação da EC nº 103/2019. A Administração Pública federal, de ofício, instaurou o processo de aposentadoria compulsória do servidor, que terá seus proventos calculados da seguinte forma:

a) Tempo de contribuição

Tempo de contribuição	Percentual da média
20 anos	60 %
21 anos	62 %
22 anos	64%

b) Valor da média: R$ 6.400,00

c) Percentual aplicado ao valor da média: 64% (0,64) x 6.400 = R$ 4.096,00

Os proventos de João corresponderão, assim, a 64% da média, o que resulta num valor de **R$ 4.096,00**. O reajustamento dos proventos será conferido para preservar-lhes, em caráter permanente, o valor real, nos termos fixados para o RGPS.

Exemplo 2. Bertoleza da Silva, servidora do **Estado K** (que adotou as mesmas regras do RPPS da união), com 15 anos de contribuição, remuneração de R$ 8.200,00, média de R$ 6.500,00, correspondente a todo o período contributivo[33], completou 75 anos de idade após a publicação da EC nº 103/2019. A Administração Pública, de ofício, instaurou o processo de aposentadoria compulsória da servidora, que terá seus proventos calculados da seguinte forma:

a) Divisão do tempo de contribuição por 20: (15/20 = 0,75)

b) Multiplicação do resultado da divisão pelo piso de 60% do valor da média aritmética: 60 x 0,75 = 45

c) Resultado: os proventos de aposentadoria, nesse caso, corresponderão a 45% da média, observado o piso de um salário-mínimo: 0,45 x 6.500 = R$ 2.925,00

Bertoleza, então, terá seus proventos no valor de **R$ 2.925,00**, os quais terão reajuste pelo índice previsto na lei do Estado K, que deverá preservar, em caráter permanente, o valor real do benefício.

31. Cabe relembrarmos que a EC nº 103/2019 não estabeleceu regra de transição para a aposentadoria compulsória, razão pela qual o novo disciplinamento dado por essa Emenda aplica-se a todos os servidores públicos federais, **independentemente da data de seu ingresso no serviço público**.
32. Desde a competência julho de 1994 ou desde a do início da contribuição, se posterior àquela competência.
33. Desde a competência julho de 1994 ou desde a do início da contribuição, se posterior àquela competência.

Exemplo 3. Joaquim Miranda, servidor federal com 36 anos de contribuição, remuneração de R$ 18.600,00 e média de R$ 16.400,00, correspondente a todo o período contributivo[34], completou 75 anos de idade após a publicação da EC nº 103/2019. Ocorre que o Sr. Joaquim, antes da publicação da EC nº 103/2019, já cumpria os requisitos da regra permanente de aposentadoria voluntária vigente anteriormente a essa Emenda (mais benéfica), motivo pelo qual seus proventos serão calculados garantindo-se-lhe a integralidade da média.

Joaquim, então, receberá proventos no valor de **R$ 16.400,00**, correspondente à integralidade da média, observado o limite máximo de pagamento de benefícios do RGPS, no caso de o servidor ter ingressado no serviço público da União após a instituição do regime de previdência complementar ou ter feito opção por esse regime. O reajustamento dos proventos será conferido para preservar-lhes, em caráter permanente, o valor real, nos termos fixados para o RGPS.

Exemplo 4. Jerônimo Sousa, servidor do **Município G** (que adotou as mesmas regras do RPPS da União), com 12 anos de contribuição, remuneração de R$ 3.200,00, média de R$ 2.400,00, correspondente a todo o período contributivo[35], completou 75 anos de idade após a publicação da EC nº 103/2019. A Administração Pública, de ofício, instaurou o processo de aposentadoria compulsória do servidor, que terá seus proventos calculados da seguinte forma:

a) Divisão do tempo de contribuição por 20: (12/20 = 0,60)

b) Multiplicação do resultado da divisão pelo piso de 60% do valor da média aritmética: 0,60 x 60% = 36%

c) Resultado: os proventos de aposentadoria, nesse caso, corresponderão a 36% da média, observado o piso de um salário-mínimo: 0,36 x 2.400 = R$ 864,00

Como o § 2º do art. 40 da CR/88 assegura o piso de um salário-mínimo, Jerônimo, então, terá seus proventos no valor de R$ 1.518,00 (valor do salário-mínimo de 2025), os quais terão reajuste pelo índice previsto na lei do Município G, que deverá preservar, em caráter permanente, o valor real do benefício.

3.3.4 Exemplos de aposentadoria compulsória do servidor público dos entes federativos que não modificaram sua legislação

Exemplo 1. José Buendía, servidor municipal com 23 anos de contribuição, remuneração de R$ 8.600,00 e média de R$ 6.400,00, completou 75 anos de idade após a publicação da EC nº 103/2019. A Administração Pública municipal, de ofício, instaurou o processo de aposentadoria compulsória do servidor, que terá seus proventos calculados da seguinte forma:

a) Valor da média: R$ 6.400,00

b) Proporcionalidade aplicada (tempo de contribuição/tempo necessário para a aposentadoria integral): 23/35 = 0,65

34. Desde a competência julho de 1994 ou desde a do início da contribuição, se posterior àquela competência.
35. Desde a competência julho de 1994 ou desde a do início da contribuição, se posterior àquela competência.

c) Valor dos proventos: proporcionalidade da média: 0,65 x 6.400 = R$ 4.160,00

Os proventos de José corresponderão, assim, a 65% da média, o que resulta num valor de **R$ 4.160,00**. O reajustamento dos proventos será conferido para preservar-lhes, em caráter permanente, o valor real, nos termos fixados pela lei municipal.

Exemplo 2. Sofia da Piedade, servidora estadual com 25 anos de contribuição, remuneração de R$ 18.600,00 e média de R$ 16.400,00, completou 75 anos de idade após a publicação da EC nº 103/2019. A Administração Pública estadual, de ofício, instaurou o processo de aposentadoria compulsória da servidora, que terá seus proventos calculados da seguinte forma:

a) Valor da média: R$ 16.400,00

b) Proporcionalidade aplicada (tempo de contribuição/tempo necessário para a aposentadoria integral): 25/30 = 0,83

c) Valor dos proventos: proporcionalidade da média: 0,83 x 16.400 = R$ 13.612,00

Os proventos de Sofia corresponderão, assim, a 83% da média, o que resulta num valor de **R$ 13.612,00**, observado o limite máximo de pagamento de benefícios pelo RGPS, caso o ente tenha instituído regime de previdência complementar para seus servidores. O reajustamento dos proventos será conferido para preservar-lhes, em caráter permanente, o valor real, nos termos fixados na lei estadual.

3.4 APOSENTADORIA VOLUNTÁRIA

CR/88, com a redação conferida pela EC nº 103/2019

Art. 40 (...)

§ 1º O servidor abrangido por regime próprio de previdência social será aposentado:

(...)

III – no âmbito da União, aos 62 (sessenta e dois) anos de idade, se mulher, e aos 65 (sessenta e cinco) anos de idade, se homem, e, no âmbito dos Estados, do Distrito Federal e dos Municípios, na idade mínima estabelecida mediante emenda às respectivas Constituições e Leis Orgânicas, observados o tempo de contribuição e os demais requisitos estabelecidos em lei complementar do respectivo ente federativo.

(...)

§ 2º Os proventos de aposentadoria não poderão ser inferiores ao valor mínimo a que se refere o § 2º do art. 201 ou superiores ao limite máximo estabelecido para o Regime Geral de Previdência Social, observado o disposto nos §§ 14 a 16.

§ 3º As regras para cálculo de proventos de aposentadoria serão disciplinadas em lei do respectivo ente federativo.

A aposentadoria voluntária é uma espécie de benefício previdenciário programável, uma vez que os requisitos temporais (idade, tempo de contribuição, de serviço público etc.) exigidos para sua fruição são estabelecidos na Constituição[36] e em lei complementar de cada ente federativo, o que torna possível sua previsibilidade, motivo pelo qual deve obedecer ao princípio do equilíbrio financeiro e atuarial (sustentabilidade), porquanto é possível o cálculo atuarial dos valores e prazos de contribuição necessários para que esta cubra os custos do benefício após a concessão.

36. E nas Constituições dos Estados e Leis Orgânicas do DF e dos Municípios.

Sua concessão depende da vontade do servidor (o que justifica o *nomen iuris* "aposentadoria voluntária"), que, ao cumprir os requisitos previstos no texto constitucional e na lei, pode, se assim lhe aprouver, requerer sua aposentação. Caso o servidor permaneça em atividade após ter cumprido os requisitos para aposentadoria voluntária, este pode receber um incentivo financeiro, um bônus a ser pago pelo erário do ente instituidor do RPPS, a fim de estimular sua permanência no serviço público. É o instituto do abono de permanência, que será visto em capítulo específico.

Antes da EC nº 103/2019, a aposentadoria voluntária apresentava dois tipos: a **aposentadoria por tempo de contribuição com idade mínima** e a **aposentadoria por idade,** cujas regras de acesso e de forma de cálculo de proventos estavam previstas na CR/88, sendo aplicáveis a todos os entes federativos, que não possuíam autonomia para dispor sobre essas regras e apenas as reproduziam ou faziam-lhes remissão em sua legislação.

A aposentadoria por tempo de contribuição com idade mínima[37] era concedida ao homem com 35 anos de contribuição e 60 anos de idade e à mulher com 55 anos de idade e 30 anos de contribuição, desde que cumpridos, pelo menos, 10 anos de efetivo exercício no serviço público e 5 anos no cargo em que se daria a aposentação, com proventos correspondentes à integralidade (100%) da média de remunerações e dos salários que serviram de base para a contribuição previdenciária.

Já a aposentadoria por idade[38] era concedia ao homem que contasse com 65 anos de idade e à mulher com 60 anos, sem exigência de tempo mínimo de contribuição, mas com o cumprimento de, pelo menos, 10 anos de efetivo exercício no serviço público e 5 anos no cargo em que se daria a aposentação. Nesse caso, os proventos seriam proporcionais ao tempo de contribuição.

Com a nova redação dada pela EC nº 103/2019, a aposentadoria voluntária passa a ser apenas por idade (assim como no RGPS), exigindo do servidor o cumprimento da idade mínima estabelecida na Carta Magna de cada ente federativo, observado o tempo mínimo de contribuição e demais critérios temporais previstos em lei complementar do ente federado. As disposições sobre o cálculo de proventos, atualização monetária de sua base de cálculo e reajustamento do benefício devem constar em lei ordinária do ente federativo[39].

3.4.1 Aposentadoria voluntária do servidor público federal e dos servidores dos entes que adotaram regras idênticas às do RPPS da União

Para os servidores públicos da União, enquanto não editada lei federal, valerá o disposto no art. 10 da EC nº 103/2019:

37. CR/88, art. 40, § 1º, III, "a", com a redação anterior à EC nº 103/2019: "voluntariamente, desde que cumprido tempo mínimo de dez anos de efetivo exercício no serviço público e cinco anos no cargo efetivo em que se dará a aposentadoria, observadas as seguintes condições: a) sessenta anos de idade e trinta e cinco de contribuição, se homem, e cinquenta e cinco anos de idade e trinta de contribuição, se mulher".
38. CR/88, art. 40, § 1º, III, b", com a redação anterior à EC nº 103/2019: "sessenta e cinco anos de idade, se homem, e sessenta anos de idade, se mulher, com proventos proporcionais ao tempo de contribuição".
39. Portaria MTP 1.467/2022, art. 164, IV: "IV – deverão ser disciplinadas em lei ordinária do ente federativo regras para: a) (...); b) cálculo de proventos de aposentadoria e de atualização monetária de sua base de cálculo, bem como regras de cálculo da pensão por morte, assegurado o reajustamento desses benefícios para preservar-lhes, em caráter permanente, o valor real."

EC nº 103/2019

Art. 10. Até que entre em vigor lei federal que discipline os benefícios do regime próprio de previdência social dos servidores da União, aplica-se o disposto neste artigo.

§ 1º Os servidores públicos federais serão aposentados:

I – voluntariamente, observados, cumulativamente, os seguintes requisitos:

a) 62 (sessenta e dois) anos de idade, se mulher, e 65 (sessenta e cinco) anos de idade, se homem; e

b) 25 (vinte e cinco) anos de contribuição, desde que cumprido o tempo mínimo de 10 (dez) anos de efetivo exercício no serviço público e de 5 (cinco) anos no cargo efetivo em que for concedida a aposentadoria;

(...)

§ 4º Os proventos das aposentadorias concedidas nos termos do disposto neste artigo serão apurados na forma da lei.

Importante dizer que a EC nº 103/2019, ao mudar, para o servidor federal, as regras de acesso à aposentadoria voluntária e a forma de cálculo dos seus proventos, resguardou o direito de quem já havia cumprido os requisitos de acesso a uma regra de aposentadoria anterior (direito adquirido) e estabeleceu regras diferenciadas para aqueles que expectavam se aposentar por uma regra vigente antes de sua publicação (regras de transição). Ambas as situações serão vistas em capítulos próprios, sendo este tópico referente ao servidor público federal que ingressou no serviço público após 13 de novembro de 2019, data de publicação da referida Emenda ou, tendo ingressado antes, faça a opção por essa regra de aposentação. Também se refere ao servidor que ingressou no serviço público do ente subnacional após a publicação da legislação que adotou regras previdenciárias idênticas às do RPPS da União ou, tendo ingressado antes, faça opção pela nova regra.

3.4.1.1 A aposentadoria voluntária na Portaria MTP nº 1.467/2022

O Anexo I da Portaria MTP nº 1.467/2022 estabelece normas para a concessão dos benefícios pelo RPPS da União e pelos RPPS que adotarem as mesmas regras estabelecidas para os servidores federais. Vejamos:

Portaria MTP nº 1.467/2022 – Anexo I

Art. 1º O segurado do Regime Próprio de Previdência Social – RPPS da União que ingressar após a Emenda Constitucional nº 103, de 12 de novembro de 2019, bem como os que ingressarem antes e venham a exercer o direito de opção por suas regras, e os segurados dos Regimes Próprios dos entes federativos que promoverem alterações em sua legislação relacionada ao respectivo RPPS para a adoção das mesmas regras aplicáveis aos servidores públicos federais, cujo ingresso tenha ocorrido após essas alterações, ou antes, quando exercerem o direito de opção, serão aposentados:

I – voluntariamente, observados, cumulativamente, os seguintes requisitos:

62 (sessenta e dois) anos de idade, se mulher, e 65 (sessenta e cinco) anos de idade, se homem; e

25 (vinte e cinco) anos de contribuição, desde que cumprido o tempo mínimo de 10 (dez) anos de efetivo exercício no serviço público e de 5 (cinco) anos no cargo efetivo em que for concedida a aposentadoria; (g.n.)

(...)

Efetivamente, para os servidores federais, foi a aposentadoria voluntária a que mais sofreu alterações com a EC nº 103/2019, e foram as mulheres as mais impactadas com as mudanças. Isso porque, antes da Emenda, os requisitos temporais (idade e tempo de contribuição) exigidos da mulher eram menores que os do homem em 5 anos (55 anos de idade e 30 anos de contribuição para as mulheres e 60 anos de idade e 35 anos de contribuição para os homens) e, após sua publicação, a diferença de idade foi reduzida para

3 anos e o tempo mínimo de contribuição exigido passou a ser o mesmo para homens e mulheres. Vejamos:

a) Idade: 65 anos (homens) e 62 (mulheres);
b) Tempo de contribuição: 25 anos;
c) Tempo de efetivo exercício no serviço público: 10 anos; e
d) Tempo no cargo efetivo em que se dará a aposentadoria: 5 anos.

Ao cumprir esses requisitos mínimos, o servidor federal poderá solicitar sua aposentadoria ou permanecer no serviço público até quando quiser ou completar a idade-limite de 75 anos. Caso queira se aposentar, seus proventos serão calculados nos termos no art. 26 da EC nº 103/2019. Lembramos que essas regras são também aplicadas aos servidores dos entes que adotaram regras idênticas às do RPPS da União.

3.4.1.2 Cálculo e reajuste dos proventos

O cálculo dos proventos da aposentadoria voluntária do servidor público federal e dos servidores dos entes que adotaram regras idênticas às da União deverá observar o disposto no art. 26 da EC nº 103/2019, segundo o qual:

> **EC nº 103/2019**
>
> Art. 26. Até que lei discipline o cálculo dos benefícios do regime próprio de previdência social da União e do Regime Geral de Previdência Social, será utilizada a média aritmética simples dos salários de contribuição e das remunerações adotados como base para contribuições a regime próprio de previdência social e ao Regime Geral de Previdência Social, ou como base para contribuições decorrentes das atividades militares de que tratam os arts. 42 e 142 da Constituição Federal, atualizados monetariamente, correspondentes a 100% (cem por cento) do período contributivo desde a competência julho de 1994 ou desde o início da contribuição, se posterior àquela competência.
>
> § 1º A média a que se refere o *caput* será limitada ao valor máximo do salário de contribuição do Regime Geral de Previdência Social para os segurados desse regime e para o servidor que ingressou no serviço público em cargo efetivo após a implantação do regime de previdência complementar ou que tenha exercido a opção correspondente, nos termos do disposto nos §§ 14 a 16 do art. 40 da Constituição Federal.
>
> § 2º O valor do benefício de aposentadoria corresponderá a 60% (sessenta por cento) da média aritmética definida na forma prevista no *caput* e no § 1º, com acréscimo de 2 (dois) pontos percentuais para cada ano de contribuição que exceder o tempo de 20 (vinte) anos de contribuição nos casos:
>
> (...)
>
> II – do § 4º do art. 10, ressalvado o disposto no inciso II do § 3º e no § 4º deste artigo;
>
> (...)
>
> § 6º Poderão ser excluídas da média as contribuições que resultem em redução do valor do benefício, desde que mantido o tempo mínimo de contribuição exigido, vedada a utilização do tempo excluído para qualquer finalidade, inclusive para o acréscimo a que se referem os §§ 2º e 5º, para a averbação em outro regime previdenciário ou para a obtenção dos proventos de inatividade de que tratam os arts. 42 e 142 da Constituição Federal.
>
> § 7º Os benefícios calculados nos termos do disposto neste artigo serão reajustados nos termos estabelecidos para o Regime Geral de Previdência Social.

Com o novo regramento dado pela EC nº 103/2019, os proventos da aposentadoria voluntária serão calculados nos termos do § 2º do art. 26 da mencionada Emenda, correspondentes a 60% da média aritmética, com acréscimo de 2 pontos percentuais para cada ano de contribuição que exceder o tempo de 20 anos de contribuição, observado o limite máximo de pagamento de benefícios do RGPS, caso o servidor tenha ingressado no serviço público da União após a instituição do regime de previdência complementar ou tenha feito opção por esse regime.

Exemplifiquemos com um servidor federal que, com 66 anos de idade, 38 anos de contribuição, 30 anos de serviço público e 20 anos no cargo, decide requerer sua aposentadoria. Como possui os requisitos temporais mínimos exigidos pelas alíneas "a" e "b" do inciso I do § 1º do art. 10 da EC nº 103/2019, faz jus à aposentadoria voluntária, cujos proventos corresponderão a 96% da média, observado o limite máximo de pagamento de benefícios do RGPS, caso tenha ingressado no serviço público federal após a instituição do regime de previdência complementar ou tenha exercido a opção por esse regime.

O Anexo I da Portaria MTP nº 1.467/2022, em seu art. 9º, reproduz as regras do art. 26 da EC nº 103/2019.

Para o cálculo dos proventos pela média na aposentadoria voluntária dos servidores federais, destacamos os arts. 71 e 72 da Portaria SGP/SEDGG/ME nº 10.360, de 6 de dezembro de 2022, que estabelece orientação aos órgãos e entidades do Sistema de Pessoal Civil da Administração Pública Federal (Sipec) sobre a concessão, manutenção e pagamento dos benefícios de aposentadoria no âmbito do RPPS da União.

O reajustamento dos proventos será conferido para preservar-lhes, em caráter permanente, o valor real, nos termos fixados para o RGPS, conforme determinação do § 7º do art. 26 da EC nº 103/2019.

3.4.2 Aposentadoria voluntária do servidor público dos entes federativos que não modificaram sua legislação

Vimos que o caput do art. 10 da EC nº 103/2019 estabelece regras provisórias para o servidor público federal enquanto não for editada lei federal disciplinadora dos benefícios do RPPS da União. Para os servidores dos demais entes federativos que não modificaram sua legislação, esse mesmo artigo dispõe o seguinte:

> **EC nº 103/2019**
>
> Art. 10. (...)
>
> (...)
>
> § 7º Aplicam-se às aposentadorias dos servidores dos Estados, do Distrito Federal e dos Municípios as normas constitucionais e infraconstitucionais anteriores à data de entrada em vigor desta Emenda Constitucional, enquanto não promovidas alterações na legislação interna relacionada ao respectivo regime próprio de previdência social.

A Portaria MTP nº 1.467/2022 traz disposição semelhante:

> **Portaria MTP nº 1.467/2022**
>
> Art. 159 (...)
>
> (...)
>
> § 2º Aplicam-se às aposentadorias dos segurados dos RPPS dos Estados, do Distrito Federal e dos Municípios e às pensões concedidas aos dependentes desses segurados, as normas constitucionais e infraconstitucionais anteriores à data de entrada em vigor da Emenda Constitucional nº 103, de 2019, inclusive os arts. 1º e 2º da Lei nº 10.887, de 18 de junho de 2004, enquanto não promovidas alterações na legislação do respectivo RPPS, conforme § 1º, devendo ser observado o disposto no Anexo II.

Enquanto os Estados, o DF e os Municípios não alterarem suas normas previdenciárias, elas permanecerão válidas. Como essas normas apenas reproduzem ou fazem remissão ao texto constitucional vigente antes da EC nº 103/2019, então seus preceitos continuam válidos até que sobrevenha lei do ente federado.

Vejamos as regras vigentes antes da publicação da EC nº 103/2019, que contemplam três situações distintas, a depender da data de ingresso do servidor no serviço público:

a) **Até 16 de dezembro de 1998, data de publicação da EC nº 20/1998**: regras de transição do art. 2º da EC nº 41/2003 e art. 3º da EC nº 47/2005.

b) **Após 16 de dezembro de 1998, data de publicação da EC nº 20/1998, e até 31 de dezembro de 2003, data de publicação da EC nº 41/2003**: regra de transição do art. 6º da EC nº 41/2003.

c) **Após 31 de dezembro de 2003, data de publicação da EC nº 41/2003**: art. 40 da CR/88, com a redação conferida por essa Emenda.

Ressaltamos que o servidor que cumpriu os requisitos de acesso a alguma delas, pode, a qualquer tempo, exercer o seu direito, em função do princípio do direito adquirido.

3.4.2.1 Aposentadoria voluntária dos servidores públicos dos Estados, do DF e dos Municípios que ingressaram no serviço público após 31 de dezembro de 2003

CR/88, com a redação anterior à EC nº 103/2019

Art. 40 (...)

§ 1º Os servidores abrangidos pelo regime de previdência de que trata este artigo serão aposentados, calculados os seus proventos a partir dos valores fixados na forma dos §§ 3º e 17:

(...)

III – voluntariamente, desde que cumprido tempo mínimo de dez anos de efetivo exercício no serviço público e cinco anos no cargo efetivo em que se dará a aposentadoria, observadas as seguintes condições:

a) sessenta anos de idade e trinta e cinco de contribuição, se homem, e cinquenta e cinco anos de idade e trinta de contribuição, se mulher.

b) sessenta e cinco anos de idade, se homem, e sessenta anos de idade, se mulher, com proventos proporcionais ao tempo de contribuição

(...)

§ 3º Para o cálculo dos proventos de aposentadoria, por ocasião da sua concessão, serão consideradas as remunerações utilizadas como base para as contribuições do servidor aos regimes de previdência de que tratam este artigo e o art. 201, na forma da lei.

(...) § 8º É assegurado o reajustamento dos benefícios para preservar-lhes, em caráter permanente, o valor real, conforme critérios estabelecidos em lei.

(...)

§ 17. Todos os valores de remuneração considerados para o cálculo do benefício previsto no § 3º serão devidamente atualizados, na forma da lei.

Nessa situação, continuam existindo dois tipos de aposentadoria voluntária: (1) por tempo de contribuição com idade mínima e (2) por idade, com proventos proporcionais ao tempo de contribuição.

A aposentadoria por tempo de contribuição com idade mínima será concedida ao homem com 35 anos de contribuição e 60 anos de idade e à mulher com 55 anos de idade e 30 anos de contribuição, desde que cumpridos, pelo menos, 10 anos de efetivo exercício no serviço público e 5 anos no cargo em que se dará a aposentação, com proventos correspondentes à integralidade (100%) da média de remunerações e dos salários que serviram de base para a contribuição previdenciária[40].

Tomemos como exemplo uma servidora que ingressou no serviço público do **Estado** T em janeiro de 2005, portanto, depois da publicação da EC nº 41/2003. Esse Estado, após a publicação da EC nº 103/2019, **não modificou sua legislação**, estando ela ainda vigente para os servidores. Pois bem, a servidora, em janeiro de 2025, resolve requerer sua aposentadoria com 56 anos de idade, 32 de contribuição (considerando o tempo na iniciativa privada antes do seu ingresso no serviço público), 20 anos no cargo e no serviço público. Como satisfaz os requisitos mínimos temporais exigidos pela alínea "a" do inciso III do § 1º do art. 40 da CR/88, com a redação conferida pela EC nº 41/2003, ser-lhe-á concedida a aposentadoria prevista nessa norma com proventos correspondentes à integralidade da média de remunerações e dos salários que serviram de base para a contribuição previdenciária.

Já a aposentadoria por idade será concedida ao homem com 65 anos de idade e à mulher com 60 anos, sem exigência de tempo mínimo de contribuição, mas com o cumprimento de, pelo menos, 10 anos de efetivo exercício no serviço público e 5 anos no cargo em que se dará a aposentação. Nesse caso, os proventos serão proporcionais ao tempo de contribuição.

Exemplifiquemos com um servidor que ingressou no serviço público do **Município** W em janeiro de 2009, portanto, durante a vigência da EC nº 41/2003. Esse Município, após a publicação da EC nº 103/2019, **não modificou sua legislação**, estando ela ainda vigente para os servidores. O servidor, em janeiro de 2020, resolveu requerer sua aposentadoria com 65 anos de idade, 25 anos de contribuição (considerando o tempo na iniciativa privada antes do seu ingresso no serviço público), 11 anos no cargo e no serviço público. Como satisfez os requisitos mínimos temporais exigidos pela alínea "b" do inciso III do § 1º do art. 40 da CR/88, com a redação conferida pela EC nº 41/2003, foi-lhe concedida a aposentadoria prevista nessa norma com proventos correspondentes à razão de 25/35 avos (71%) da média de remunerações e dos salários que serviram de base para a contribuição previdenciária.

Para ambas as aposentadorias, vigora o disposto no § 8º do art. 40, que assegura o reajustamento dos benefícios para preservar-lhes, em caráter permanente, o valor real, conforme critérios estabelecidos em lei do ente federativo.

3.4.2.2 Aposentadoria voluntária dos servidores públicos dos Estados, do DF e dos Municípios que ingressaram no serviço público após 16 de dezembro de 1998 e até 31 de dezembro de 2003

Esses servidores, além de poderem se aposentar pelas regras de aposentadoria voluntária comentadas no tópico anterior (§ 1º do art. 40 da CR/88, com a redação conferida pela EC nº 41/2003), podem requerer sua aposentadoria com esteio na regra de transição prevista no art. 6º dessa Emenda:

40. Média aritmética simples das maiores remunerações ou salários de contribuição, corrigidos monetariamente, correspondentes a 80% do período contributivo.

EC nº 41/2003

Art. 6º Ressalvado o direito de opção à aposentadoria pelas normas estabelecidas pelo art. 40 da Constituição Federal ou pelas regras estabelecidas pelo art. 2º desta Emenda, o servidor da União, dos Estados, do Distrito Federal e dos Municípios, incluídas suas autarquias e fundações, que tenha ingressado no serviço público até a data de publicação desta Emenda poderá aposentar-se com proventos integrais, que corresponderão à totalidade da remuneração do servidor no cargo efetivo em que se der a aposentadoria, na forma da lei, quando, observadas as reduções de idade e tempo de contribuição contidas no § 5º do art. 40 da Constituição Federal, vier a preencher, cumulativamente, as seguintes condições:

I – sessenta anos de idade, se homem, e cinquenta e cinco anos de idade, se mulher;

II – trinta e cinco anos de contribuição, se homem, e trinta anos de contribuição, se mulher;

III – vinte anos de efetivo exercício no serviço público; e

IV – dez anos de carreira e cinco anos de efetivo exercício no cargo em que se der a aposentadoria.

Art. 7º Observado o disposto no art. 37, XI, da Constituição Federal, os proventos de aposentadoria dos servidores públicos titulares de cargo efetivo e as pensões dos seus dependentes pagos pela União, Estados, Distrito Federal e Municípios, incluídas suas autarquias e fundações, em fruição na data de publicação desta Emenda, bem como os proventos de aposentadoria dos servidores e as pensões dos dependentes abrangidos pelo art. 3º desta Emenda, serão revistos na mesma proporção e na mesma data, sempre que se modificar a remuneração dos servidores em atividade, sendo também estendidos aos aposentados e pensionistas quaisquer benefícios ou vantagens posteriormente concedidos aos servidores em atividade, inclusive quando decorrentes da transformação ou reclassificação do cargo ou função em que se deu a aposentadoria ou que serviu de referência para a concessão da pensão, na forma da lei.

EC nº 47/2005

Art. 2º Aplica-se aos proventos de aposentadorias dos servidores públicos que se aposentarem na forma do caput do art. 6º da Emenda Constitucional 41, de 2003, o disposto no art. 7º da mesma Emenda.

(...)

Art. 5º Revoga-se o parágrafo único do art. 6º da Emenda Constitucional 41, de 19 de dezembro de 2003.

Essas regras vieram contemplar a situação dos servidores que ingressaram no serviço público durante a vigência da EC nº 20/1998, que assegurava regra de cálculo dos proventos com direito à integralidade da última remuneração do servidor em atividade e com direito à paridade dos proventos de aposentadoria.

Como tais servidores expectavam se aposentar com esses direitos aos 60 anos de idade e 35 de contribuição, se homem, e aos 55 anos de idade e 30 de contribuição, se mulher, o legislador constituinte reformador de 2003 reconheceu essa expectativa atribuindo-lhes uma regra de transição com direito à integralidade da última remuneração e à paridade dos proventos. Para tanto, o tempo mínimo de serviço público, em vez dos 10 anos exigidos, passou a ser o dobro, ou seja, 20 anos.

Importante mencionar que o parágrafo único do art. 6º da EC nº 41/2003 assegurava o reajustamento dos proventos na mesma proporção e na mesma data em que se modificasse a remuneração dos servidores em atividade, "na forma da lei", o que não assegurava a denominada paridade plena. A EC nº 47/2005 revogou o mencionado parágrafo único do art. 6º e, em seu art. 2º, passou a prever a aplicação do art. 7º da EC nº 41/2003 para a atualização dos proventos dessa regra de transição.

Ilustremos com uma servidora que ingressou no serviço público do **Estado B** em novembro de 2000, portanto, durante a vigência da EC nº 20/1998. Esse Estado, após a publicação da EC nº 103/2019, **não modificou sua legislação**, estando ela ainda vigente para os servidores. Pois bem, a servidora, em novembro de 2020, resolveu requerer sua aposentadoria com 58 anos de idade, 30 de contribuição (considerando o tempo na iniciativa privada antes do seu ingresso no serviço público), 20 anos no cargo, na carreira e no serviço público. Como satisfez os requisitos mínimos temporais exigidos pelo art. 6º da EC nº 41/2003, foi-lhe concedida a aposentadoria prevista nessa norma, com proventos correspondentes à integralidade da última remuneração e com paridade plena com os servidores da ativa.

3.4.2.3 Aposentadoria voluntária dos servidores públicos dos Estados, do DF e dos Municípios que ingressaram no serviço público até 16 de dezembro de 1998

Esses servidores, além de poderem se aposentar pelas regras de aposentadoria voluntária do § 1º do art. 40, com a redação conferida pela EC nº 41/2003, e pela regra de transição do art. 6º dessa mesma Emenda, também podem requerer sua aposentadoria com esteio nas seguintes regras:

EC nº 41/2003

Art. 2º Observado o disposto no art. 4º da Emenda Constitucional 20, de 15 de dezembro de 1998, é assegurado o direito de opção pela aposentadoria voluntária com proventos calculados de acordo com o art. 40, §§ 3º e 17, da Constituição Federal, àquele que tenha ingressado regularmente em cargo efetivo na Administração Pública direta, autárquica e fundacional, até a data de publicação daquela Emenda, quando o servidor, cumulativamente:

I – tiver cinquenta e três anos de idade, se homem, e quarenta e oito anos de idade, se mulher;

II – tiver cinco anos de efetivo exercício no cargo em que se der a aposentadoria;

III – contar tempo de contribuição igual, no mínimo, à soma de:

a) trinta e cinco anos, se homem, e trinta anos, se mulher; e

b) um período adicional de contribuição equivalente a vinte por cento do tempo que, na data de publicação daquela Emenda, faltaria para atingir o limite de tempo constante da alínea *a* deste inciso.

§ 1º O servidor de que trata este artigo que cumprir as exigências para aposentadoria na forma do *caput* terá os seus proventos de inatividade reduzidos para cada ano antecipado em relação aos limites de idade estabelecidos pelo art. 40, § 1º, III, a, e § 5º da Constituição Federal, na seguinte proporção:

I – três inteiros e cinco décimos por cento, para aquele que completar as exigências para aposentadoria na forma do *caput* até 31 de dezembro de 2005;

II – cinco por cento, para aquele que completar as exigências para aposentadoria na forma do *caput* a partir de 1º de janeiro de 2006.

(...)

§ 6º Às aposentadorias concedidas de acordo com este artigo aplica-se o disposto no art. 40, § 8º, da Constituição Federal.

EC nº 47/2005

Art. 3º Ressalvado o direito de opção à aposentadoria pelas normas estabelecidas pelo art. 40 da Constituição Federal ou pelas regras estabelecidas pelos arts. 2º e 6º da Emenda Constitucional 41, de 2003, o servidor da União, dos Estados, do Distrito Federal e dos Municípios, incluídas suas autarquias e fundações, que tenha ingressado no serviço público até 16 de dezembro de 1998 poderá aposentar-se com proventos integrais, desde que preencha, cumulativamente, as seguintes condições:

I – trinta e cinco anos de contribuição, se homem, e trinta anos de contribuição, se mulher;

II – vinte e cinco anos de efetivo exercício no serviço público, quinze anos de carreira e cinco anos no cargo em que se der a aposentadoria;

III – idade mínima resultante da redução, relativamente aos limites do art. 40, § 1º, inciso III, alínea "a", da Constituição Federal, de um ano de idade para cada ano de contribuição que exceder a condição prevista no inciso I do caput deste artigo.

Parágrafo único. Aplica-se ao valor dos proventos de aposentadorias concedidas com base neste artigo o disposto no art. 7º da Emenda Constitucional 41, de 2003, observando-se igual critério de revisão às pensões derivadas dos proventos de servidores falecidos que tenham se aposentado em conformidade com este artigo.

Essas regras vieram contemplar a situação dos servidores que ingressaram no serviço público **até** 16 de dezembro de 1998, data de publicação EC nº 20/1998, quando as aposentadorias, além de serem integrais (última remuneração) e com paridade, eram **por tempo de serviço**, sem idade mínima exigida dos servidores.

Como tais servidores expectavam se aposentar com esses direitos, a EC nº 41/2003 reconheceu essa expectativa, atribuindo-lhes uma regra de transição que lhes possibilitava se aposentar com idade inferior a 60 anos, se homem, e 55, se mulher, mas pagando um pedágio de contribuição e sem direito à integralidade e à paridade dos proventos de aposentadoria. Falamos da regra de transição prevista no art. 2º da EC nº 41/2003, por meio da qual o servidor que ingressou no serviço público dos Estados, do DF e dos Municípios até 16 de dezembro de 1998 pode se aposentar enquanto os entes federativos não modificarem sua legislação. Para tanto, necessita cumprir, cumulativamente, os seguintes requisitos mínimos temporais:

a) 53 anos de idade, se homem, e 48 anos de idade, se mulher;

b) 35 anos de tempo de contribuição, se homem, e 30 anos, se mulher;

c) 5 anos de efetivo exercício no cargo em que se der a aposentadoria; e

d) período adicional de contribuição (pedágio) correspondente a 20% do tempo que, na data de publicação da EC nº 20, em 16 de dezembro de 1998, faltaria para atingir o tempo mínimo de contribuição exigido dos servidores.

O "preço" a ser pago pelo servidor que desejar se aposentar com menos idade é, além da perda do direito à integralidade da última remuneração e da paridade dos proventos, a redução dos proventos em 5% para cada ano antecipado em relação aos 55 anos de idade, se mulher, e 60 anos de idade, se homem, nos termos do § 1º do art. 2º da EC nº 41/2003.

Ilustremos com uma servidora que ingressou no serviço público do **Estado C** em 16 de janeiro de 1998, portanto, antes da data de publicação da EC nº 20/1998. Esse Estado, após a publicação da EC nº 103/2019, não modificou sua legislação, estando ela vigente para os servidores. Pois bem, a servidora, em novembro de 2020, resolveu requerer sua aposentadoria com 52 anos de idade, 34 de contribuição, 22 anos no cargo, na carreira e no serviço público. Adotando os critérios estabelecidos pelo art. 2º da EC nº 41/2003, temos o seguinte:

a) Retroagindo o tempo de contribuição da servidora à data de publicação da EC nº 20, 16 de dezembro de 1998, ela contava com 12 anos de contribuição, faltando, assim, 18 anos para completar o tempo de contribuição mínimo exigido, no caso, para as mulheres, 30 anos.

b) Aplicando-se o pedágio de 20% sobre os 18 anos, tem-se um período adicional de 3,6 anos, resultando em um tempo de contribuição de 21,8 anos, cumprido pela servidora em novembro de 2020.

c) Em novembro de 2020, então, a servidora cumpriu o tempo de contribuição mínimo acrescido do pedágio e os demais requisitos temporais exigidos pelo art. 2º da EC nº 41/2003.

Assim, a servidora, a partir de novembro de 2020, adquiriu o direito de se aposentar com proventos calculados da seguinte forma:

a) Apuração da média das remunerações e dos salários que serviram de base para a contribuição previdenciária, nos termos do art. 1º da Lei nº 10.887/2004.

b) Aplicação do redutor de 5% por ano antecipado em relação à idade mínima de 55 anos, no caso da servidora, 15%, correspondentes aos 3 anos de antecipação da idade.

Seus proventos, então, corresponderão a 85% da média das remunerações e dos salários que serviram de base para a contribuição previdenciária e serão reajustados de acordo com o disposto no § 8º do art. 40 da CR/88, que assegura o reajustamento dos benefícios para preservar-lhes, em caráter permanente, o valor real, conforme critérios estabelecidos em lei do ente federado.

Além dessa regra de transição para os servidores que ingressaram no serviço público até a data de publicação da EC nº 20/1998, existe, ainda, a regra do art. 3º da EC nº 47/2005, que possibilita uma aposentadoria com direito à integralidade e à paridade dos proventos, desde que cumpridos, cumulativamente, no mínimo:

a) 35 anos de contribuição para homens e 30 anos para as mulheres;
b) 25 anos de efetivo exercício no serviço público;
c) 15 anos de carreira; e
d) 5 anos no cargo em que se der a aposentadoria.

Essa regra veio possibilitar que a idade mínima imposta pela EC nº 41/2003 (60 anos para homens e 55 para mulheres) fosse diminuída pelo excedente do tempo mínimo de contribuição (30 anos para as mulheres e 35 anos para os homens), com a adoção da regra dos pontos: **85 para as mulheres e 95 para os homens.**

Por exemplo, uma mulher com 55 anos de idade e 30 anos de contribuição, satisfeitos os demais requisitos temporais, pode se aposentar pelo art. 3º da EC nº 47/2005, porque a soma dos dois valores perfaz 85 pontos (55 + 30). Outro exemplo: mulher com 54 anos de idade e 31 anos de contribuição, cumpridos os demais requisitos, também pode se aposentar, porquanto a soma dos valores perfaz também 85 pontos (54+31).

No caso de um servidor homem, ele poderá se aposentar, por exemplo, com 60 anos de idade e 35 anos de contribuição (60 + 35 = 95) ou com 59 anos de idade e 36 anos de contribuição (59 + 36 = 95). A soma dos valores, para os homens, deve resultar, sempre, em, pelo menos, 95 pontos e os demais requisitos temporais devem ser satisfeitos.

Ilustremos com um servidor, homem, que tenha ingressado no serviço público do **Estado Y** em abril de 1992. Em abril de 2022, resolveu solicitar sua aposentadoria, com 58 anos de idade, 40 anos de contribuição, 30 anos de serviço público, 30 anos na carreira e no cargo em que se dará a aposentadoria. Esse Estado não alterou sua legislação, razão por que o servidor requereu sua aposentadoria com base no art. 3º da EC nº 47/2005. O servidor, considerando o disposto no inciso III do mencionado art. 3º, e tendo em vista o excedente do seu tempo de contribuição, pôde se aposentar, considerando o resultado da seguinte soma: 40 anos de contribuição + 58 anos de idade = 98 pontos.

Ora, considerando a regra de pontos 85/95 (mulheres/homens), o servidor pôde se aposentar com direito à integralidade e à paridade dos proventos, inclusive estendendo o direito à paridade à pensão decorrente da aposentadoria concedida. Essa é a regra inserta no parágrafo único do art. 3º da EC nº 47/2005.

O Anexo II da Portaria MTP nº 1.467/2022, que estabelece as normas relativas aos benefícios concedidos pelos RPPS dos entes federativos que não promoveram alterações na sua legislação previdenciária, reproduz as disposições constitucionais que acabamos de comentar[41].

3.4.3 Exemplos de aposentadoria voluntária do servidor público federal e dos servidores dos entes que adotaram regras idênticas às do RPPS da União

Exemplo 1. Luísa Mendonça Carvalho ingressou no serviço público **do Estado X** em janeiro de 2020, com 45 anos, após a publicação da lei do Estado que adotou as mesmas regras previdenciárias da União e depois da instituição do regime de previdência complementar estadual, tendo já 20 anos de contribuição ao RGPS, da época em que trabalhou na iniciativa privada. Com 62 anos idade (idade mínima), poderá requerer sua aposentadoria voluntária, quando terá 37 anos de contribuição, mais de 10 anos de efetivo exercício no serviço público e no cargo efetivo. Para fins de cálculo de proventos, atribui-se ao cargo da servidora uma remuneração de R$ 6.600,00 e média de R$ 4.400,00, correspondente a todo o período contributivo.

a) Tempo de contribuição

Tempo de contribuição	Percentual da média
25 anos	70 %
....	....
30 anos	80 %
....	....
35 anos	90%
36 anos	92%
37 anos	94%

b) Valor da média: R$ 4.400,00

c) Percentual aplicado ao valor da média: 94% (0,94) x 4.400 = R$ 4.136,00

Os proventos de Luísa corresponderão, assim, a 94% da média, o que resultará num valor de **R$ 4.136,00**. O reajustamento dos proventos será conferido para preservar-lhes, em caráter permanente, o valor real, nos termos fixados na lei do **Estado X**.

Exemplo 2. Jorge Carvalho resolveu requerer sua aposentadoria voluntária do serviço público federal em março de 2020, com 65 anos, 28 anos de contribuição, remuneração de R$ 28.600,00 e média de R$ 22.300,00, correspondente a todo o período contributivo[42]. Apesar de ter ingressado na União antes da publicação da EC nº 103/2019,

41. Confira o disposto nos seguintes dispositivos do Anexo II da Portaria MTP nº 1.467/2022: art. 1º, III; arts. 7º, 8º, 9º, 10 e 11.

42. Desde a competência julho de 1994 ou desde a do início da contribuição, se posterior àquela competência.

resolveu não esperar o cumprimento dos requisitos da regra de transição e passar para a inativação com esteio no art. 10 da mencionada Emenda. Seus proventos serão calculados da seguinte forma:

a) Tempo de contribuição

Tempo de contribuição	Percentual da média
25 anos	70 %
26 anos	72%
27 anos	74%
28 anos	76 %

b) Valor da média: R$ 22.300,00

c) Percentual aplicado ao valor da média: 76% (0,76) x 22.300 = R$16.948,00

Os proventos de Jorge corresponderão, assim, a 76% da média, o que resultará num valor de **R$ 16.948,00**, observado o limite máximo de pagamento de benefícios do RGPS, caso tenha ingressado no serviço público da União após a instituição do regime de previdência complementar ou tenha feito opção por esse regime.

O reajustamento dos proventos será conferido para preservar-lhes, em caráter permanente, o valor real, nos termos fixados para o RGPS.

3.4.4 Exemplos de aposentadoria voluntária do servidor público dos entes federativos que não modificaram sua legislação

Exemplo 1. Juliana Couceiro Tavira ingressou no serviço público do **Estado T** em janeiro de 2005, portanto, depois da publicação da EC nº 41/2003. Em janeiro de 2025, resolve requerer sua aposentadoria, com 56 anos de idade, 32 de contribuição, 20 anos no cargo e no serviço público, cumprindo, assim, os requisitos mínimos temporais exigidos pela alínea "a" do inciso III do § 1º do art. 40 da CR/88, com a redação conferida pela EC nº 41/2003. Para fins de cálculo de proventos, atribui-se ao cargo da servidora uma remuneração de R$ 5.800,00 e média de R$ 4.200,00.

Seus proventos corresponderão à integralidade da média[43], ou seja, a **R$ 4.200,00,** e serão reajustados para preservar-lhes, em caráter permanente, o valor real, nos termos fixados na lei estadual.

Exemplo 2. Leopoldina Noronha ingressou no serviço público do **Estado B** em novembro de 2000, portanto, durante a vigência da EC nº 20/1998. Em novembro de 2020, resolveu requerer sua aposentadoria com 58 anos de idade, 30 de contribuição, 20 anos no cargo, na carreira e no serviço público, cumprindo, assim, os requisitos mínimos temporais exigidos pelo art. 6º da EC nº 41/2003. Para fins de cálculo de proventos, atribui-se ao cargo da servidora uma remuneração de R$ 3.800,00.

43. Média aritmética simples das maiores remunerações ou salários de contribuição, corrigidos monetariamente, correspondentes a 80% do período contributivo, desde a competência julho de 1994 ou desde a do início da contribuição, se posterior àquela competência.

Seus proventos corresponderão à integralidade da última remuneração do cargo, ou seja, a **R$ 3.800,00** e com paridade plena com os servidores da ativa.

Exemplo 3. Joana Duarte ingressou no serviço público do **Município Y** em abril de 1992. Em abril de 2022, resolveu requerer sua aposentadoria, com 58 anos de idade, 40 anos de contribuição, 30 anos de serviço público, 30 anos na carreira e no cargo em que se dará a aposentadoria, cumprindo, assim, os requisitos exigidos pelo art. 3º da EC nº 47/2005. Para fins de cálculo de proventos, atribui-se ao cargo da servidora uma remuneração de R$ 5.600,00.

Seus proventos corresponderão à integralidade da última remuneração do cargo, ou seja, a **R$ 5.600,00,** com paridade plena com os servidores da ativa, inclusive para os seus pensionistas.

Capítulo 4

AS APOSENTADORIAS ESPECIAIS DO RPPS – REGRAS DE ACESSO, FORMA DE CÁLCULO E DE REAJUSTAMENTO

Este capítulo trata das aposentadorias voluntárias especiais dos RPPS da União, dos Estados, do DF e dos Municípios, cujas regras foram modificadas pela EC nº 103/2019. São as espécies previstas §§ 4º-A, 4º-B, 4º-C e 5º do art. 40 da CR/88, respectivamente, a aposentadoria do servidor com deficiência; a do policial e dos agentes penitenciários e socioeducativos; a do servidor que exerce atividade com efetiva exposição a agente nocivo; e a de professor da educação básica, isto é, da educação infantil, do ensino fundamental e do ensino médio.

Distinguiremos a situação dos servidores da União, para os quais a EC nº 103/2019 estabeleceu normas provisórias, da situação dos servidores dos entes federativos que não modificaram sua legislação previdenciária. Para os servidores dos entes que modificaram a legislação de forma idêntica à da União, aplicam-se-lhes as mesmas disposições constantes das seções deste livro voltadas ao servidor público federal, com a vigência estabelecida na lei do ente subnacional.

Estudaremos a Portaria MTP nº 1.467/2022, que estabelece, no Anexo I, as normas relativas aos benefícios concedidos pelos RPPS da União e dos entes federativos que adotaram regras idênticas às dos servidores federais, e, no Anexo II, as normas relativas aos benefícios concedidos pelos RPPS dos entes federativos que não promoveram alterações na sua legislação. Também veremos os Anexos III, IV e V da mencionada Portaria, que trazem instruções específicas para o reconhecimento do direito às aposentadorias especiais.

Antes de examinarmos os tipos especiais de aposentadoria, vejamos o tratamento constitucional que lhes foi dispensado ao longo do tempo.

4.1 HISTÓRICO DAS APOSENTADORIAS ESPECIAIS NA CONSTITUIÇÃO DA REPÚBLICA

As aposentadorias especiais são aquelas que preveem critérios diferenciados para sua concessão, normalmente em função da existência de condições especiais de trabalho, que podem trazer risco ou comprometer a saúde física ou psíquica do servidor. Quando essas condições especiais não são devidamente mitigadas por políticas públicas protetivas[1], concede-se o direito de se aposentar precocemente, em relação aos critérios exigidos para os demais servidores.

1. O art. 6º da CR/88, em seu inciso XXII, estabelece como direito dos trabalhadores urbanos e rurais a "redução dos riscos inerentes ao trabalho, por meio de normas de saúde, higiene e segurança". Esse direito também foi assegurado ao servidor público, conforme disposição do § 3ºdo art. 39 da CR/88.

O legislador constituinte originário dispôs que, excepcionalmente, os critérios e requisitos temporais para a concessão da aposentadoria voluntária poderiam ser diferenciados, na hipótese de o servidor exercer atividades penosas, insalubres ou perigosas. Essa era a previsão contida na redação original do § 1º do art. 40, antes da alteração promovida pela EC nº 20/1998[2]. No entanto, a eficácia desse dispositivo dependia de lei complementar, que não chegou a ser editada.

Com a EC nº 20/1998[3], o legislador constituinte derivado estabeleceu, como regra, vedação expressa à adoção de requisitos diferenciados para concessão de aposentadoria e excepcionou as atividades exercidas, **exclusivamente**, sob condições especiais que prejudicassem a saúde ou a integridade física do servidor. Também, nessa ocasião, atrelou-se a eficácia do comando constitucional à existência de lei complementar, que não chegou a ser editada.

A EC nº 47/2005[4], por sua vez, modificou o § 4º do art. 40 da CR/88, incluindo mais duas condições especiais ensejadoras de aposentadoria precoce: a do servidor deficiente e a do servidor em exercício de atividades de risco. A mencionada Emenda também excluiu o advérbio "exclusivamente" como critério de avaliação da atividade prestada sob condições especiais. A EC nº 47/2005 manteve, ainda, a exigência de lei complementar e, em 2010, dois projetos de lei complementar (PLP), de autoria da Presidência da República, foram encaminhados à Câmara dos Deputados: o PLP nº 554, que regulamenta a concessão de aposentadoria especial a servidores públicos que exerçam atividade de risco, e o PLP nº 555, cujo propósito é a regulamentação da concessão de aposentadoria especial aos servidores que exerçam atividades nocivas à saúde ou à integridade física. Ainda há o PLP nº 454, de 2014, que define requisitos e critérios diferenciados para a concessão de aposentadoria aos servidores públicos com deficiência.

Esses PLPs não chegaram a ser votados e o Poder Judiciário passou a receber inúmeros mandados de injunção (MI), a fim de suprir a omissão legislativa. Em face da impossibilidade de o juiz legislar, as decisões judiciais foram no sentido de se utilizar a legislação do RGPS para subsidiar a análise dos pedidos de aposentadoria especial do servidor público.

Em 24 de abril de 2014, o STF editou a Súmula Vinculante (SV) nº 33, segundo a qual "se aplicam ao servidor público, no que couber, as regras do regime geral da previdência social sobre aposentadoria especial de que trata o artigo 40, § 4º, inciso III, da Constituição Federal, até a edição de lei complementar específica." A partir de então, os RPPS passaram a utilizar a Lei nº 8.213/1991, *Lei de Benefícios do RGPS*, na análise dos

2. CR/88, art. 40, § 1º, com a redação anterior à EC 20/1998: "Lei complementar poderá estabelecer exceções ao disposto no inciso III, "a" e "c", no caso de exercício de atividades consideradas penosas, insalubres ou perigosas."
3. CR/88, art. 40, § 4º, com a redação conferida pela EC 20/1998: "É vedada a adoção de requisitos e critérios diferenciados para a concessão de aposentadoria aos abrangidos pelo regime de que trata este artigo, ressalvados os casos de atividades exercidas exclusivamente sob condições especiais que prejudiquem a saúde ou a integridade física, definidos em lei complementar."
4. CR/88, art. 40, § 4º (redação conferida pela EC 47/2005): "É vedada a adoção de requisitos e critérios diferenciados para a concessão de aposentadoria aos abrangidos pelo regime de que trata este artigo, ressalvados, nos termos definidos em leis complementares, os casos de servidores: I – portadores de deficiência; II – que exerçam atividades de risco; III – cujas atividades sejam exercidas sob condições especiais que prejudiquem a saúde ou a integridade física."

pedidos de aposentadoria especial do **servidor exposto a atividades nocivas à saúde ou à integridade física**, sem a necessidade de o servidor ingressar em juízo.

A SV nº 33, entretanto, não assegura ao servidor a concessão da aposentadoria especial, mas sim a análise do pedido de aposentação pela Administração Pública, com a utilização da legislação aplicada ao RGPS, dentro do possível.

Esclarecemos que, em relação ao policial não militar, a LC nº 51, de 20 de dezembro de 1985[5], foi recepcionada pela CR/88 como norma estabelecedora de requisitos especiais de aposentadoria para essa categoria de agente público. Por essa Lei, o policial, homem, com 30 anos de contribuição e 20 anos de atividade policial, e a mulher, com 25 anos de contribuição e 15 anos de atividade policial podem solicitar aposentadoria especial.

Além dessas espécies de aposentadorias especiais, mencionamos a condição especial dos professores da educação infantil e do ensino fundamental e médio, que, desde o texto original da CR/88, possuem tratamento diferenciado, com a redução em 5 anos nos requisitos de idade e de tempo de contribuição[6].

A EC nº 103/2019, conforme veremos adiante, assim como fez com as aposentadorias normais previstas no § 1º do art. 40 da CR/88, concedeu autonomia para cada ente federado regular os critérios diferenciados de idade e de tempo de contribuição das aposentadorias previstas nos §§ 4º-A, 4º-B, 4º-C e 5º do citado artigo. Com isso, tais aposentadorias passam a depender não mais de uma lei complementar de âmbito nacional, mas, sim, de lei complementar dos entes políticos: União, Estados, DF e Municípios. Para o servidor público federal, entretanto, a Emenda estabeleceu, provisoriamente, critérios diferenciados de idade e tempo de contribuição, até que sobrevenha lei complementar específica.

Passemos, agora, a examinar as aposentadorias dos §§ 4º-A, 4º-B, 4º-C e 5º do art. 40 da CR/88, distinguindo a situação dos servidores públicos federais, para os quais a EC nº 103/2019 traz regras provisórias, da situação dos servidores públicos dos demais entes federativos que não modificaram sua legislação. Também veremos as disposições constantes da Portaria MTP nº 1.467/2022 sobre a matéria.

4.2 APOSENTADORIA DO SERVIDOR COM DEFICIÊNCIA

CR/88, com a redação conferida pela EC nº 103/2019

Art. 40. (...)

(...)

§ 4º É vedada a adoção de requisitos ou critérios diferenciados para concessão de benefícios em regime próprio de previdência social, ressalvado o disposto nos §§ 4º-A, 4º-B, 4º-C e 5º.

§ 4º-A Poderão ser estabelecidos por lei complementar do respectivo ente federativo idade e tempo de contribuição diferenciados para aposentadoria de servidores com deficiência, previamente submetidos à avaliação biopsicossocial realizada por equipe multiprofissional e interdisciplinar. (g.n.)

De acordo com o art. 1º da Convenção Internacional dos Direitos da Pessoa com Deficiência, promulgada, no Brasil, pelo Decreto nº 6.949, de 25 de agosto de 2009,

5. Alterada pela LC nº 144, de 15 de maio de 2014, e pela LC nº 152, de 3 de dezembro de 2015.
6. Antes da EC nº 20/1998, quando não havia idade mínima para a aposentadoria voluntária por tempo de serviço, este era reduzido em 5 anos relativamente à aposentadoria dos demais servidores.

e com o art. 2º da Lei Brasileira de Inclusão da Pessoa com Deficiência (Estatuto da Pessoa com Deficiência)[7], Lei nº 13.146, de 6 de julho de 2015, a pessoa é considerada com deficiência quando possui impedimentos de ordem física, mental, intelectual ou sensorial, de longo prazo, os quais, em interação com diversas barreiras, podem obstruir sua participação plena e efetiva na sociedade em igualdade de condições com as demais pessoas.

Para o servidor com deficiência, a EC nº 103/2019 previu o direito a requisitos e critérios diferenciados para a concessão de aposentadoria, condicionado à existência de lei complementar de cada ente federado. Ao servidor com deficiência do RPPS da União, entretanto, a Emenda estabeleceu regras provisórias, que vigorarão até que sobrevenha a lei complementar da União sobre a matéria.

Nos termos do § 4º-A do art. 40 da CR/88, o servidor com deficiência deve ser previamente submetido à avaliação biopsicossocial realizada por equipe multiprofissional e interdisciplinar, que deverá considerar, de acordo com o § 1º do art. 2º do Estatuto da Pessoa com Deficiência: (1) os impedimentos nas funções e nas estruturas do corpo; (2) os fatores socioambientais, psicológicos e pessoais; (3) a limitação no desempenho de atividades; e (4) a restrição de participação.

Exigem-se, assim, na avaliação prévia do servidor com deficiência, não só critérios relativos à doença e às limitações corpóreas, como também os relacionados às barreiras socioambientais e atitudinais.

4.2.1 A aposentadoria especial do servidor federal com deficiência e do servidor com deficiência dos entes que utilizaram regras idênticas às do RPPS da União

Como vimos na redação do § 4º-A do art. 40 da CR/88, os requisitos diferenciados de idade e de tempo de contribuição da aposentadoria especial do servidor com deficiência devem ser estipulados em lei complementar de cada ente federativo. Para o servidor público federal, todavia, a EC nº 103/2019 trouxe, em seu art. 22, a seguinte disposição:

EC nº 103/2019

Art. 22. Até que lei discipline o § 4º-A do art. 40 e o inciso I do § 1º do art. 201 da Constituição Federal, a aposentadoria da pessoa com deficiência segurada do Regime Geral de Previdência Social ou do servidor público federal com deficiência vinculado a regime próprio de previdência social, desde que cumpridos, no caso do servidor, o tempo mínimo de 10 (dez) anos de efetivo exercício no serviço público e de 5 (cinco) anos no cargo efetivo em que for concedida a aposentadoria, será concedida na forma da Lei Complementar 142, de 8 de maio de 2013, inclusive quanto aos critérios de cálculo dos benefícios.

Apesar de a redação do art. 22 da EC nº 103/2019 não trazer a expressão "lei complementar", o que poderia acarretar o entendimento de que, por lei ordinária, seria possível regular a aposentadoria especial do servidor com deficiência, os critérios di-

7. Lei 13.146/2015, art. 2º: "Considera-se pessoa com deficiência aquela que tem impedimento de longo prazo de natureza física, mental, intelectual ou sensorial, o qual, em interação com uma ou mais barreiras, pode obstruir sua participação plena e efetiva na sociedade em igualdade de condições com as demais pessoas."

ferenciados de idade e tempo de contribuição para essa espécie de aposentadoria têm de ser estabelecidos por lei complementar, em virtude do disposto no § 4º-A do art. 40 da CR/88.

Disposição semelhante ao art. 22 da Emenda é encontrada na Portaria MTP nº 1.467/2022:

Portaria MTP nº 1.467/2022 - Anexo I

Art. 2º O segurado com direito a idade mínima ou tempo de contribuição distintos da regra geral para concessão de aposentadoria estabelecida no inciso I do caput do art. 1ª, na forma dos §§ 4ª-A, 4ª-B, 4ª-C e 5ª do art. 40 da Constituição Federal, poderão (sic) aposentar-se, observados, exclusivamente, os seguintes requisitos:

I – o segurado com deficiência, na forma da Lei Complementar nº 142, de 8 de maio de 2013, desde que cumpridos o tempo mínimo de 10 (dez) anos de efetivo exercício no serviço público e de 5 (cinco) anos no cargo efetivo em que for concedida a aposentadoria;

Portaria MTP nº 1.467/2022 – Capítulo VII, Seção II – Normas aplicáveis aos benefícios

Art. 162. Na concessão das aposentadorias dos segurados do RPPS da União com deficiência, ou dos RPPS dos Estados, do Distrito Federal e dos Municípios que adotaram as mesmas regras para os servidores federais, bem como dos segurados com deficiência desses entes, quando amparados por ordem concedida em mandado de injunção, a serem concedidas na forma da Lei Complementar nº 142, de 8 de maio de 2013, será observado o disposto no Anexo V, enquanto esses entes não promoverem alteração na legislação, nos termos do § 4º do art. 40 da Constituição Federal. (g.n.)

Enquanto a União não editar lei complementar federal para regular a aposentadoria especial dos servidores federais com deficiência, deve ser aplicada a LC nº 142, de 8 de maio de 2013, que disciplina a aposentadoria da pessoa com deficiência segurada do RGPS, conforme determina o art. 22 da EC nº 103/2019 e a Portaria MTP nº 1.467/2022. Essas normas também se aplicam aos servidores dos entes que adotaram regras idênticas às do RPPS da União.

Registramos que a EC nº 103/2019 não previu regras de transição para a aposentadoria especial de servidor com deficiência, razão pela qual as disposições dessa espécie de aposentadoria serão aplicadas aos segurados independentemente da data de ingresso no serviço público.

4.2.1.1 A Portaria MTP nº 1.467/2022 e a aposentadoria do servidor com deficiência

O Anexo V da Portaria MTP nº 1.467/2022 estabelece instruções para o reconhecimento do direito à aposentadoria especial dos servidores federais[8] com deficiência e dos servidores com deficiência dos demais entes federativos que adotarem as mesmas regras da União. As instruções do Anexo V também se aplicam ao servidor com deficiência dos entes que não alteraram sua legislação previdenciária, mas que obteve amparo em ordem concedida em mandado de injunção, conforme veremos adiante.

O art. 2º da mencionada Portaria repete a definição de pessoa como deficiência constante do art. 1º da Convenção Internacional sobre os Direitos das Pessoas com Deficiência, promulgada pelo Decreto nº 6.949/2009. No parágrafo único desse dispositivo,

8. Destacamos a edição da Portaria SGP/SEDGG/ME nº 10.360, de 6 de dezembro de 2022, que estabelece orientação aos órgãos e entidades do Sistema de Pessoal Civil da Administração Pública Federal (Sipec), acerca da concessão, manutenção e pagamento dos benefícios de aposentadoria no âmbito do RPPS da União, dispondo em seus arts. 44 a 53 sobre a aposentadoria do servidor com deficiência.

atribui-se à pessoa com deficiência abrangida pelo RPPS o termo de **segurado com deficiência.** Empregaremos, contudo, a redação adotada pela CR/88, que utiliza o termo **servidor com deficiência,** estando implícita a noção de que o servidor com deficiência é segurado do RPPS.

Considerando o disposto no art. 22 da EC nº 103/2019, o Anexo V da Portaria MTP nº 1.467/2022, em seu art. 4º, estabelece os requisitos e critérios diferenciados para a aposentadoria voluntária especial dos servidores com deficiência do RPPS da União e dos servidores com deficiência dos RPPS dos entes que adotaram as mesmas regras dos servidores federais. O arranjo dos requisitos e critérios para acesso ao benefício previdenciário do servidor com deficiência permite a classificação dessa aposentadoria especial em duas espécies:

a) **Por tempo de contribuição**, a depender do grau de deficiência do servidor, com exigência, para ambos os sexos, de 10 anos de tempo mínimo de efetivo exercício no serviço público e de 5 anos de tempo mínimo no cargo efetivo em que se dará a aposentadoria:

Deficiência grave		Deficiência moderada		Deficiência leve	
Homem	Mulher	Homem	Mulher	Homem	Mulher
25 anos de tempo de contribuição	20 anos de tempo de contribuição	29 anos de tempo de contribuição	24 anos de tempo de contribuição	33 anos de tempo de contribuição	28 anos de tempo de contribuição

b) **Por idade**: independentemente do grau de deficiência do servidor, desde que este conte com 60 anos, se homem, ou 55 anos, se mulher, comprovada a existência de deficiência durante período idêntico ao tempo mínimo de contribuição, estipulado em 15 anos, além de 10 anos de tempo mínimo de efetivo exercício no serviço público e tempo mínimo de 5 anos no cargo efetivo em que se dará a aposentadoria.

4.2.1.1.1 Ajustes dos parâmetros da aposentadoria por tempo de contribuição do servidor com deficiência

O Anexo V da Portaria MTP nº 1.467/2022 estabelece, no art. 5º, ajustes nos parâmetros inicialmente previstos para a aposentadoria **por tempo de contribuição** do servidor federal com deficiência e do servidor com deficiência dos demais entes federativos que adotaram as mesmas regras da União. Esse ajuste ocorre em duas situações: 1) quando o servidor se torna deficiente após sua filiação ao regime previdenciário; e 2) quando há alteração do grau de deficiência do servidor. Nesses casos, o ajuste dos parâmetros será proporcional, considerando-se o número de anos de exercício de atividade laboral **com** e **sem** deficiência.

Na hipótese de alteração do grau, deve ser o observado o grau de deficiência preponderante, que será aquele em que o servidor cumpriu maior tempo de contribuição, antes de ajustado, e servirá como parâmetro para definir o tempo mínimo necessário para a aposentadoria por tempo de contribuição. Vejamos:

MULHER TEMPO A AJUSTAR	MULTIPLICADORES		
	Para 20 anos (deficiência grave)	Para 24 anos (deficiência moderada)	Para 28 anos (deficiência leve)
De 20 anos	1,00	1,20	1,40
De 24 anos	0,83	1,00	1,17
De 28 anos	0,71	0,86	1,00
De 30 anos	0,67	0,80	0,93

HOMEM TEMPO A AJUSTAR	MULTIPLICADORES		
	Para 25 anos (deficiência grave)	Para 29 anos (deficiência moderada)	Para 33 anos (deficiência leve)
De 25 anos	1,00	1,16	1,32
De 29 anos	0,86	1,00	1,14
De 33 anos	0,76	0,88	1,00
De 35 anos	0,71	0,83	0,94

Exemplifiquemos para melhor compreensão. Ária Stark da Silva ingressou no serviço público federal em cargo administrativo. Após 10 anos, passou a apresentar deficiência de grau leve. Qual será o tempo de contribuição necessário para ela poder se aposentar como servidora com deficiência? Pela tabela, o multiplicador a ser utilizado é **0,93**, pois, antes de apresentar deficiência, o tempo mínimo exigido para sua aposentadoria voluntária normal era de 30 anos (de 30 para 28 anos). Vejamos:

a) Ajuste do tempo prestado na condição de servidora sem deficiência: 10 x 0,93 = 9,3.

b) Tempo mínimo de contribuição para aposentadoria de servidora com deficiência em grau leve: 28 anos.

c) Cálculo do tempo: 28 - 9,3 = 18,7.

Ária necessitará trabalhar por mais 18,7 anos para poder se aposentar como servidora com deficiência leve.

Agora um exemplo com alteração do grau de deficiência. João Snow da Silva contribuiu por 15 anos para o RPPS do **Estado X**, que alterou sua legislação previdenciária de forma idêntica à da União, na condição de servidor com deficiência leve. Após esse tempo, passou a apresentar deficiência grave. Qual será o tempo de contribuição necessário para ele se aposentar? Pela tabela acima, o multiplicador a ser utilizado é **0,76** (de 33 para 25 anos):

a) Ajuste do tempo prestado na condição de segurado com deficiência leve: 15 x 0,76 = 11,4

b) Tempo mínimo de contribuição para aposentadoria de segurado com deficiência em grau grave: 25 anos

c) Cálculo do tempo: 25 - 11,4 = 13,6

João necessitará trabalhar por mais 13,6 anos para poder se aposentar como servidor com deficiência grave.

Por último exemplifiquemos com a situação de Robert Stark de Melo, que ingressou no serviço público federal com deficiência grave. Após 5 anos de contribuição, sua deficiência passou a ser leve, em função de tratamento médico exitoso. Qual será o tempo de contribuição necessário para ele se aposentar? Pela tabela, o multiplicador a ser utilizado é **1,32** (de 25 para 33 anos). Vejamos:

a) Ajuste do tempo a ser prestado na condição de servidor com deficiência grave: 5 x 1,32 = 6,6.

b) Tempo mínimo de contribuição para aposentadoria de servidor com deficiência em grau leve: 33 anos.

c) Cálculo do tempo: 33 - 6,6 = 26,4.

Robert necessitará trabalhar por mais 26,4 anos para poder se aposentar como servidor o com deficiência leve.

4.2.1.1.2 Conversão do tempo em que o servidor exerceu atividades sujeitas a condições especiais nocivas à saúde em tempo com deficiência

O art. 6º do Anexo V da Portaria MTP nº 1.467/2022 prevê a possibilidade de conversão do tempo em que o servidor exerceu atividades sujeitas a condições especiais prejudiciais à saúde ou à integridade física[9] em tempo com deficiência, se a conversão for mais favorável ao servidor[10]. Para a conversão, são utilizados os seguintes multiplicadores:

MULHER TEMPO A CONVERTER	**MULTIPLICADORES**		
	Para 20 anos (deficiência grave)	Para 24 anos (deficiência moderada)	Para 28 anos (deficiência leve)
De 25 anos	0,80	0,96	1,12

HOMEM TEMPO A CONVERTER	**MULTIPLICADORES**		
	Para 25 anos (deficiência grave)	Para 29 anos (deficiência moderada)	Para 33 anos (deficiência leve)
De 25 anos	1,00	1,16	1,32

Vejamos a seguinte situação hipotética. Jaime Lannister de Oliveira ingressou no serviço público federal em janeiro de 2020, com 28 anos de idade, como técnico em radiologia. Após 15 anos de exercício no cargo (em janeiro de 2035), com 43 anos de idade, passa a ter uma deficiência em grau moderado, mas que não o impede de exercer as funções do cargo de radiologista. Qual será a melhor opção para Jaime: aposentar-se com ou sem a conversão do tempo? Para análise da melhor opção, necessitamos saber

9. Atividades que ensejam a concessão da aposentadoria especial de que trata o art. 57 da Lei nº 8.213, de 24 de julho de 1991.

10. Portaria MTP nº 1.467/2022, art. 6º: "Poderá ser realizada a conversão em tempo com deficiência do tempo em que o segurado exerceu, inclusive como pessoa com deficiência, atividades sujeitas a condições especiais que prejudiquem a saúde ou a integridade física, que fundamentam a concessão da aposentadoria especial de que trata o art. 57 da Lei nº 8.213, de 24 de julho de 1991, se resultar mais favorável ao segurado, conforme as tabelas abaixo".

qual a regra de aposentadoria especial pelo exercício de atividades com efetiva exposição a agentes nocivos do segurado do RPPS.

Antecipando o que veremos mais adiante, em tópico específico, os requisitos para a aposentadoria especial por efetiva exposição a agentes nocivos à saúde são estes: 60 anos de idade, 25 anos de contribuição e de efetiva exposição a agentes nocivos, 10 anos de efetivo exercício de serviço público e 5 anos no cargo em que for concedida a aposentadoria.

Pela regra da aposentadoria especial por efetiva exposição a agente nocivo, Jaime só poderá se aposentar **em 2052**, quando completará 60 anos de idade. Vejamos a situação dele com a conversão do tempo para aposentadoria especial do servidor com deficiência:

a) Tempo de atividade especial prestado antes da deficiência: 15 anos
b) Tempo de contribuição mínimo para a aposentadoria do segurado com deficiência em grau moderado: 29 anos.
c) Multiplicador: 1,16 (de 25 para 29 anos de contribuição – confira na tabela)
d) Cálculo: 15 x 1,16 = 17,4 (anos trabalhado sem deficiência x multiplicador)
e) Tempo faltante: 29 - 17,4 = 11,6 (tempo de contribuição mínimo da aposentadoria com deficiência – resultado da adoção do multiplicador)

Somando o tempo faltante (11,6) ao ano em que Jaime passou a ter deficiência moderada (em 2035), ele poderá requerer sua aposentadoria especial para servidor com deficiência **em 2046**, sendo-lhe, portanto, mais vantajosa a conversão do tempo, uma vez que não há idade mínima para a aposentadoria especial do servidor com deficiência.[11]

Esclarecemos que o ajuste e a conversão do tempo previstos nos art. 5º e 6º do Anexo V da Portaria MTP nº 1.467/2022, com os multiplicadores acima demonstrados, só se aplicam à aposentadoria **por tempo de contribuição** do servidor com deficiência. Se a aposentadoria especial do servidor com deficiência for por idade, o tempo mínimo de contribuição exigido (15 anos) na condição de pessoa com deficiência deve ser apurado sem ajuste ou conversão de tempo. Todavia, se o tempo cumprido na condição de pessoa com deficiência em atividade sujeita a condições especiais que prejudiquem a saúde for anterior à data de publicação da EC nº 103/2019, ou seja, até 13 de novembro de 2019, é possível, **exclusivamente para fins de cálculo do valor dos proventos**, a conversão do tempo, na forma do art. 6º da Portaria mencionada[12].

Mencionamos, ainda, o disposto no art. 8º do Anexo V da Portaria MTP nº 1.467/2022, segundo o qual a redução do tempo de contribuição de acordo com o grau de deficiência do servidor não poderá ser acumulada, **relativamente ao mesmo período contributivo**, com a redução assegurada aos casos de atividades exercidas sob condições especiais que prejudiquem a saúde ou a integridade física de que trata o art. 6º da mencionada Portaria.

11. Chamamos a atenção para o fato de que, se o servidor continuar a laborar exposto a agente nocivo, o tempo faltante diminuirá, pois poderá ser objeto de conversão (mesmo na condição de pessoa com deficiência) pelo fator 1,16, de tal sorte que faltariam para o servidor 10 anos (e não 11,6 anos), o que lhe permitiria uma aposentadoria no ano de 2045.
12. Portaria MTP nº 1.467/2022, Anexo V, art. 7º, parágrafo único: "Para a aposentadoria por idade concedida a pessoa com deficiência, será assegurada, exclusivamente par fins de cálculo do valor dos proventos, a conversão do período de exercício de atividade sujeito a condições especiais que prejudiquem a sua saúde ou a sua integridade física, na forma do art. 6º, cumprido na condição de pessoa com deficiência até 13 de novembro de 2019." (g.n.).

4.2.1.2 *Cálculo e reajuste dos proventos*

O cálculo dos proventos de aposentadoria, enquanto não for editada lei complementar federal, deverá observar o disposto no art. 8º da LC nº 142/2013, combinado com o *caput* do art. 26 da EC nº 103/2019, observado, se for o caso, o limite máximo de pagamento de benefício do RGPS:

> **LC nº 142/2013**
>
> Art. 8º A renda mensal da aposentadoria devida ao segurado com deficiência será calculada aplicando-se sobre o salário de benefício, apurado em conformidade com o disposto no art. 29 da Lei 8.213, de 24 de julho de 1991, os seguintes percentuais:
>
> I – 100% (cem por cento), no caso da aposentadoria de que tratam os incisos I, II e III do art. 3º; ou
>
> II – 70% (setenta por cento) mais 1% (um por cento) do salário de benefício por grupo de 12 (doze) contribuições mensais até o máximo de 30% (trinta por cento), no caso de aposentadoria por idade.

O Anexo V da Portaria MTP nº 1.467/2022, em seu art. 12, dispõe sobre cálculo e reajuste dos proventos do servidor federal com deficiência e dos servidores com deficiência dos entes que adotaram as mesmas regras do RPPS da União. Vejamos:

> **Portaria MTP nº 1.467/2022 – Anexo V**
>
> Art. 12. Os proventos de aposentadoria do segurado com deficiência de que trata o art. 1º corresponderão ao valor resultado mediante a aplicação dos seguintes percentuais sobre a média aritmética simples das bases de cálculo de contribuição para o RGPS ou RPPS, ou das contribuições decorrentes das atividades militares de que tratam os arts. 42 de 142 da Constituição Federal, atualizados monetariamente, correspondente a 100% (cem por cento) de todo o período contributivo, desde a competência julho de 1994 ou desde o início da contribuição, se posterior àquela competência:
>
> I – 100% (cem por cento), para os casos dos incisos I, II e III do caput do art. 4º; ou [aposentadoria por tempo de contribuição]
>
> II – 70% (setenta por cento) mais 1% (um por cento) por grupo de 12 (doze) contribuições mensais até o máximo de 30% (trinta por cento), no caso do inciso IV do art. 4º do caput. [aposentadoria por idade]
>
> § 1º No cálculo dos proventos de aposentadoria especial do segurado com deficiência aplica-se ainda o disposto nos §§ 2º, 14, 15 e 16 do art. 40 da Constituição Federal.
>
> § 2º Os proventos calculados conforme o disposto neste artigo serão reajustados nos termos estabelecidos para o RGPS.

A despeito de o art. art. 29 da Lei nº 8.213/1991 estabelecer, para o cálculo do benefício, a média aritmética simples dos maiores salários de contribuição correspondentes a 80% do período contributivo, essa forma de cálculo não mais se aplica, uma vez que o art. 29 da mencionada Lei foi derrogado pelo *caput* do art. 26 da EC nº 103/2019, que estabelece, para a média, 100% do período contributivo.

A Portaria nº 1.467/2022 ratifica esse entendimento, porquanto a parte final do dispositivo deixa claro que, para o cálculo de benefício pela média, **considera-se todo o período contributivo (100%).**

A forma de cálculo que adota os maiores salários de contribuição correspondentes a 80% de todo o período contributivo só será aplicada se o servidor com deficiência que, tendo sido amparado por ordem concedida em mandado de injunção, tiver cumprido todos os requisitos para aposentadoria especial até 13 de novembro de 2019, data de publicação da EC nº 103/2019.

Caso o servidor com deficiência tenha ingressado no serviço público após a instituição do regime de previdência complementar (ou antes, caso tenha feito opção por esse regime), seu benefício será limitado ao teto do RGPS.

Aplica-se, ainda, o disposto no § 8º do art. 40 da CR/88, que assegura o reajustamento dos proventos para preservar-lhes, em caráter permanente, o valor real, sendo o critério de reajuste o mesmo utilizado pelo RGPS.

4.2.1.3 Avaliação e comprovação da deficiência

O art. 3º do Anexo V da Portaria MTP nº 1.467/2022 estabelece que a concessão de aposentadoria voluntária especial ao servidor com deficiência está condicionada à comprovação da deficiência na data de entrada do requerimento ou na data de aquisição do direito ao benefício.

A avaliação da deficiência pelos órgãos competentes da União e dos entes subnacionais será médica e funcional, por meio de perícia que fixará a data prevista do início da deficiência e seu grau, no correspondente período de filiação ao RPPS[13], e de exercício das atribuições na condição de servidor com deficiência. Além disso, os entes federativos deverão integrar, na sua legislação, as normas do RGPS relativas à avaliação médica e funcional do segurado.

Nos termos do § 3º do art. 9º do Anexo V da Portaria MTP nº 1.467/2022, para a avaliação da deficiência, poderá ser adotado o instrumento aprovado pela Portaria Interministerial AGU/MPS/MF/SEDH/MP nº 1º, de 27 de janeiro de 2014, publicada no DOU de 30 de janeiro de 2014[14].

Registramos que é proibida a comprovação de tempo de contribuição na condição de servidor com deficiência por prova exclusivamente testemunhal, bem como a conversão do tempo cumprido pelo servidor com deficiência em tempo de contribuição comum, inclusive para fins de contagem recíproca de tempo de contribuição. O inciso II do art. 13 do Anexo V da Portaria MTP nº 1.467/2022 também veda o reconhecimento de tempo de contribuição exercido na condição de pessoa com deficiência com o objetivo de instruir futuro pedido de aposentadoria voluntária.

4.2.2 A aposentadoria do servidor com deficiência dos entes federativos que não modificaram sua legislação

Vimos que o caput do art. 22 da EC nº 103/2019 estabelece regras provisórias para o servidor público federal com deficiência enquanto não for editada lei federal disciplinadora dos benefícios do RPPS da União. Para os servidores com deficiência dos demais entes federativos que não modificaram sua legislação, esse mesmo artigo dispõe o seguinte:

13. A avaliação do segurado no período de sua filiação ao Regime Geral de Previdência Social compete à perícia do INSS, nos termos do § 1º do art. 9º da Portaria MTP nº 1.467/2022.
14. Disponível a partir de: https://www.in.gov.br. Acesso em: 29 jan. 2023.

EC nº 103/2019

Art. 22 (...)

Parágrafo único. Aplicam-se às aposentadorias dos servidores com deficiência dos Estados, do Distrito Federal e dos Municípios as normas constitucionais e infraconstitucionais anteriores à data de entrada em vigor desta Emenda Constitucional, enquanto não promovidas alterações na legislação interna relacionada ao respectivo regime próprio de previdência social.

Esse dispositivo, em verdade, carece de aplicabilidade para a aposentadoria especial do servidor com deficiência, porquanto, pelo disciplinamento anterior à EC nº 103/2019, conforme visto no histórico constitucional das aposentadorias especiais, essa espécie de aposentadoria não chegou a ser regulamentada, não havendo, assim, normas constitucionais e infraconstitucionais anteriores à data de vigência da mencionada Emenda para serem aplicadas pelos Estados, DF e Municípios.

Assim, no âmbito dos Estados, do DF e dos Municípios, enquanto esses entes não exercerem a faculdade prevista no § 4º-A do art. 40 da CR/88, os servidores com deficiência não terão direito a se aposentar com critérios diferenciados de idade e de tempo de contribuição.

Chamamos a atenção para o fato de que a aplicação da LC nº 142/2013 só foi estabelecida para o servidor federal com deficiência (e para os servidores com deficiência dos entes que adotaram as mesmas regras da União). Sendo assim, a adoção dessa lei nos demais entes federativos depende de previsão em lei complementar.

Vejamos o que a Portaria MTP nº 1.467/2022 estabelece sobre o assunto:

Portaria MTP nº 1.467/2022

Art. 162. Na concessão das aposentadorias dos segurados do RPPS da União com deficiência, ou dos RPPS dos Estados, do Distrito Federal e dos municípios que adotaram as mesmas regras para os servidores federais, bem como dos segurados com deficiência desses entes, quando amparados por ordem concedida em mandado de injunção, a serem concedidas na forma da Lei Complementar nº 142, de 8 de maio de 2013, será observado o disposto no Anexo V, enquanto esses entes não promoverem alteração na legislação, nos termos do § 4º-A do art. 40 da Constituição Federal.

Parágrafo único. É vedada a concessão de aposentadoria especial para o segurado como deficiência dos Estados, Distrito Federal e dos Municípios não amparado por ordem concedida em mandado de injunção, até que lei complementar do ente federativo discipline a matéria nos termos do § 4º-A do art. 40 da Constituição Federal. (g.n.)

De acordo com o parágrafo único do art. 162 da Portaria MTP nº 1.467/2022, ao ente subnacional que não editou lei complementar disciplinadora da aposentadoria especial do servidor com deficiência, **é vedada** a concessão dessa espécie de aposentadoria especial, a não ser que o servidor tenha sido amparado por ordem concedida em mandado de injunção, situação em que lhe será dado o mesmo tratamento previsto para o servidor federal com deficiência.

4.2.3 Exemplos de aposentadoria especial do servidor federal com deficiência e do servidor com deficiência dos entes que adotaram regras idênticas às do RPPS da União

Exemplo 1. Joaquim Soares da Cunha, servidor com **deficiência grave**, aos 48 anos de idade[15], 25 anos de contribuição (com deficiência) e 12 anos de efetivo exercício no

15. Não há imposição de idade mínima para a aposentadoria por tempo de contribuição do servidor público federal com deficiência.

serviço público da União, no cargo de Auditor Fiscal da Receita Federal, com remuneração de R$ 26 mil e média remuneratória[16] de R$ 14 mil, requereu sua aposentadoria especial. Como satisfaz os requisitos do inciso I do art. 3º da LC nº 142/2013[17] (mínimo de 25 anos de contribuição para o homem), combinado com o *caput* do art. 22 da EC nº 103/2019 (mínimo de 10 anos de efetivo exercício no serviço público e 5 anos no cargo efetivo em que se dará sua aposentadoria), seus proventos corresponderão à integralidade da média, ou seja, a R$ 14 mil, observado o limite máximo de pagamento de benefício do RGPS, se tiver ingressado no serviço público federal após a instituição do regime de previdência complementar da União ou se a ele tiver feito opção.

O reajustamento dos proventos será conferido para preservar-lhes, em caráter permanente, o valor real, nos termos fixados para o RGPS.

Exemplo 2. Vanda da Cunha, servidora com **deficiência moderada**, aos 44 anos de idade[18], 24 anos de contribuição (com deficiência) e 16 anos de efetivo exercício no serviço público do **Estado Y** (que adotou regras idênticas às do RPPS da União), no cargo de Oficial de Justiça, com remuneração de R$ 16 mil e média[19] de R$ 12 mil, requereu sua aposentadoria especial. Como satisfaz os requisitos do inciso II do art. 3º da LC nº 142/2013[20] (mínimo de 24 anos de contribuição para a mulher), combinado com o *caput* do art. 22 da EC nº 103/2019 (mínimo de 10 anos de efetivo exercício no serviço público e 5 anos no cargo efetivo em que se dará sua aposentadoria), seus proventos corresponderão à integralidade da média, ou seja, a R$ 12 mil, observado o limite máximo de pagamento de benefício do RGPS, se tiver ingressado no serviço público após a instituição do regime de previdência complementar ou se a ele tiver feito opção.

O reajustamento dos proventos será conferido para preservar-lhes, em caráter permanente, o valor real, nos termos fixados na lei do **Estado Y**.

Exemplo 3. Otacília da Cunha, servidora com **deficiência leve**, aos 48 anos de idade[21], 28 anos de contribuição (com deficiência) e 12 anos de efetivo exercício no serviço público da União, no cargo de agente administrativo, com remuneração de R$ 2.600,00 e média[22] de R$ 1.800,00, requereu sua aposentadoria especial. Como satisfaz os requisitos do inciso III do art. 3º da LC nº 142/2013[23] (mínimo de 28 anos de contribuição para a mulher), combinado com o *caput* do art. 22 da EC nº 103/2019 (mínimo de 10 anos de

16. Considera-se, para o cálculo da média aritmética simples, todo o período contributivo, nos termos do art. 26, caput, da EC nº 103/2019.
17. LC nº 142/2013, art. 3º, caput: "É assegurada a concessão de aposentadoria pelo RGPS ao segurado com deficiência, observadas as seguintes condições: I – aos 25 (vinte e cinco) anos de tempo de contribuição, se homem, e 20 (vinte) anos, se mulher, no caso de segurado com deficiência grave".
18. Não há imposição de idade mínima para a aposentadoria por tempo de contribuição do servidor público federal com deficiência.
19. Considera-se, para o cálculo da média aritmética simples, todo o período contributivo, nos termos do art. 26, caput, da EC nº 103/2019.
20. LC nº 142/2013, art. 3º, caput: "É assegurada a concessão de aposentadoria pelo RGPS ao segurado com deficiência, observadas as seguintes condições: (...) II – aos 29 (vinte e nove) anos de tempo de contribuição, se homem, e 24 (vinte e quatro) anos, se mulher, no caso de segurado com deficiência moderada".
21. Cabe relembrar que, para essa espécie de aposentadoria especial, não há imposição de idade mínima.
22. Considera-se, para o cálculo da média aritmética simples, todo o período contributivo, nos termos do art. 26, caput, da EC nº 103/2019.
23. LC nº 142/2013, art. 3º, caput: "É assegurada a concessão de aposentadoria pelo RGPS ao segurado com deficiência, observadas as seguintes condições: (...) III – aos 33 (trinta e três) anos de tempo de contribuição, se homem, e 28 (vinte e oito) anos, se mulher, no caso de segurado com deficiência leve".

efetivo exercício no serviço público e 5 anos no cargo efetivo em que se dará sua aposentadoria), seus proventos corresponderão à integralidade da média, ou seja, a R$ 1.800,00, e seu reajustamento será conferido para preservar-lhes, em caráter permanente, o valor real, nos termos fixados para o RGPS.

Exemplo 4. Leonardo Barreto, servidor com 60 anos de idade, 20 anos de contribuição, com deficiência por mais de 15 anos, requereu aposentadoria **especial por idade**, na condição de servidor com deficiência, do cargo que ocupa no Ministério da Economia há 18 anos, com remuneração de R$ 4.600,00 e média de R$ 3.400,00[24]. Como satisfaz os requisitos do inciso IV do art. 3º da LC nº 142/2013[25] (idade mínima de 60 anos, para o homem, e mínimo de 15 anos de contribuição e de deficiência), combinado com o *caput* do art. 22 da EC nº 103/2019 (mínimo de 10 anos de efetivo exercício no serviço público e 5 anos no cargo efetivo em que se dará sua aposentadoria), seus proventos serão devidos da seguinte forma:

a) Média remuneratória: R$ 3.400,00

b) Percentual da média:

Tempo contribuição (anos)	Percentual
15	70 + 15 (85%)
16	70 +16 (86%)
......	....
20	70 + 20 (90%)

c) Cálculo dos proventos: 0,90 x 3.400 = R$ 3.060,00

Seus proventos corresponderão a 90% da média, ou seja, a **R$ 3.060,00**, e o reajustamento será conferido para preservar-lhes, em caráter permanente, o valor real, nos termos fixados para o RGPS.

Exemplo 5. Marocas Soares, servidora com 55 anos de idade, 16 anos de contribuição, com deficiência por mais de 15 anos, requereu aposentadoria **especial por idade**, na condição servidora com deficiência, do cargo que ocupa, há 12 anos, na Administração Direta do **Município Y** (que adotou as mesmas regras da União), com remuneração de R$ 3.600,00 e média de R$ 2.800,00[26]. Como satisfaz os requisitos do inciso IV do art. 3º da LC nº 142/2013[27] (idade mínima de 55 anos, para a mulher, e mínimo de 15 anos de contribuição e de deficiência), combinado com o *caput* do art. 22 da EC nº 103/2019

24. Considera-se, para o cálculo da média aritmética simples, todo o período contributivo, nos termos do art. 26, caput, da EC nº 103/2019.
25. LC nº 142/2013, art. 3º, caput: "É assegurada a concessão de aposentadoria pelo RGPS ao segurado com deficiência, observadas as seguintes condições: (...) IV – aos 60 (sessenta) anos de idade, se homem, e 55 (cinquenta e cinco) anos de idade, se mulher, independentemente do grau de deficiência, desde que cumprido tempo mínimo de contribuição de 15 (quinze) anos e comprovada a existência de deficiência durante igual período." (...)".
26. Considera-se, para o cálculo da média aritmética simples, todo o período contributivo, nos termos do art. 26, caput, da EC nº 103/2019.
27. LC nº 142/2013, art. 3º, caput: "É assegurada a concessão de aposentadoria pelo RGPS ao segurado com deficiência, observadas as seguintes condições: (...) IV – aos 60 (sessenta) anos de idade, se homem, e 55 (cinquenta e cinco) anos de idade, se mulher, independentemente do grau de deficiência, desde que cumprido tempo mínimo de contribuição de 15 (quinze) anos e comprovada a existência de deficiência durante igual período."

(mínimo de 10 anos de efetivo exercício no serviço público e 5 anos no cargo efetivo em que se dará sua aposentadoria), seus proventos serão devidos da seguinte forma:

a) Média remuneratória: R$ 2.800,00.

b) Percentual da média:

Tempo contribuição (anos)	Percentual
15	70 + 15 (85%)
16	70 +16 (86%)

c) Cálculo dos proventos: 0,86 x 2.800 = R$ 2.408,00.

Seus proventos corresponderão a 86% da média, ou seja, a R$ 2.408,00, e o reajustamento será conferido para preservar-lhes, em caráter permanente, o valor real, nos termos fixados na lei do **Município Y**.

4.3 APOSENTADORIA ESPECIAL DOS POLICIAIS E DOS AGENTES PENITENCIÁRIOS E SOCIOEDUCATIVOS

CR/88, com a redação conferida pela EC nº 103/2019

Art. 40 (...)

(...)

§ 4º É vedada a adoção de requisitos ou critérios diferenciados para concessão de benefícios em regime próprio de previdência social, ressalvado o disposto nos §§ 4º-A, 4º-B, 4º-C e 5º.

(...)

§ 4º-B Poderão ser estabelecidos por lei complementar do respectivo ente federativo idade e tempo de contribuição diferenciados para aposentadoria de ocupantes do cargo de agente penitenciário, de agente socioeducativo ou de policial dos órgãos de que tratam o inciso IV do *caput* do art. 51, o inciso XIII do caput do art. 52 e os incisos I a IV do *caput* do art. 144.

Antes da EC nº 103/2019, a redação do inciso II do § 4º do art. 40 da CR/88[28] previa requisitos diferenciados para os servidores que exerciam atividades de risco, sem a definição de quais seriam essas atividades.

Como já assinalamos, os dispositivos constitucionais que previam requisitos diferenciados de aposentadoria para os servidores públicos nunca foram regulamentados[29] e, em relação às atividades de risco, foi recepcionada a LC nº 51/1985, alterada pela LC nº 144, de 15 de maio de 2014, e pela LC nº 152, de 3 de dezembro de 2015, que dispõe sobre a aposentadoria especial do servidor público policial não militar. Assim, antes da EC nº 103/2019, apenas os policiais tinham regras diferenciadas de aposentadoria: as previstas na LC nº 51/1985.

Com a EC nº 103/2019, as atividades de risco foram especificadas, só cabendo, então, critérios e requisitos diferenciados de aposentadoria para os servidores públicos que

28. CR/88, art. 40, § 4º (redação conferida pela EC nº 47/2005): "É vedada a adoção de requisitos e critérios diferenciados para a concessão de aposentadoria aos abrangidos pelo regime de que trata este artigo, ressalvados, nos termos definidos em leis complementares, os casos de servidores: (...) II – que exerçam atividades de risco".

29. A aposentadoria com critérios e requisitos diferenciados para professor da educação básica não necessitava de regulamentação por lei complementar, tendo, portanto, o § 5º do art. 40, eficácia plena.

as exercerem. As atividades consideradas de risco são as exercidas pelos seguintes servidores:

a) agente penitenciário[30];
b) agente socioeducativo;
c) servidores policiais da Segurança Pública (art. 144 da CR/88): polícia federal (I); polícia rodoviária federal (II); polícia ferroviária federal (III); e polícia civil (IV); e
d) servidores da Polícia Legislativa (inciso IV do art. 51 e inciso XIII do art. 52, ambos da CR/88): polícia da Câmara dos Deputados e do Senado Federal.

Dessa forma, a lei do ente federativo não poderá incluir outras atividades de risco além das previstas no rol taxativo do § 4º-B do art. 40 da CR/88. Registramos que é vedada a conversão do tempo em atividades de risco ou as exercidas nos cargos de agente penitenciário, agente socioeducativo ou de policial em tempo comum, nos termos da alínea "c" do inciso II do art. 171 da Portaria MTP nº 1.467/2022.

4.3.1 A aposentadoria especial dos policiais e agentes penitenciários e socioeducativos federais e dos Estados que adotaram regras idênticas às do RPPS da União

Como vimos na redação do § 4º-B do art. 40 da CR/88, os requisitos diferenciados de idade e de tempo de contribuição da aposentadoria especial do servidor que exerce atividade de risco devem ser estipulados em lei complementar de cada ente federativo. Para o servidor público federal, todavia, a EC nº 103/2019 trouxe, em seu art. 10, a seguinte disposição:

EC nº 103/2019

Art. 10. Até que entre em vigor lei federal que discipline os benefícios do regime próprio de previdência social dos servidores da União, aplica-se o disposto neste artigo.

(...)

§ 2º Os servidores públicos federais com direito a idade mínima ou tempo de contribuição distintos da regra geral para concessão de aposentadoria na forma dos §§ 4º-B, 4º-C e 5º do art. 40 da Constituição Federal poderão aposentar-se, observados os seguintes requisitos:

I – o policial civil do órgão a que se refere o inciso XIV do *caput* do art. 21 da Constituição Federal, o policial dos órgãos a que se referem o inciso IV do *caput* do art. 51, o inciso XIII do caput do art. 52 e os incisos I a III do caput do art. 144 da Constituição Federal e o ocupante de cargo de agente federal penitenciário ou socioeducativo, aos 55 (cinquenta e cinco) anos de idade, com 30 (trinta) anos de contribuição e 25 (vinte e cinco) anos de efetivo exercício em cargo dessas carreiras, para ambos os sexos;

(...)

§ 4º Os proventos das aposentadorias concedidas nos termos do disposto neste artigo serão apurados na forma da lei.

Esclarecemos, de início, a situação especial do DF, cuja despesa com os policiais civis é custeada pela União.

30. Com a publicação da EC nº 104/2019, os agentes penitenciários passaram a ser denominados de policiais penais.

A EC nº 103/2019, tal como fez para as aposentadorias normais previstas no § 1º do art. 40 da CR/88, estabeleceu regras provisórias (as previstas no inciso I do § 2º do art. 10, bem como no § 4º desse mesmo artigo) para o policial federal; o policial rodoviário federal; o policial ferroviário federal; os servidores da polícia legislativa da Câmara dos Deputados e do Senado; os policiais civis do DF e os agentes penitenciários e socioeducativos federais.

As regras provisórias vigerão enquanto não sobrevenha lei federal complementar específica sobre a matéria e só se aplicam àqueles que ingressaram no serviço público federal **após** 13 de novembro de 2019, data de publicação da EC nº 103/2019 (ou que, tendo ingressado antes, façam opção por elas), porquanto o legislador constituinte derivado estabeleceu regras de transição para os que já exerciam essas atividades de risco antes de sua vigência (expectativa de direito), que serão vistas em capítulo específico.

Assim, para os servidores da União que ingressaram no serviço público **após** a data de publicação da EC nº 103/2019 (e para aqueles que façam a opção pela nova regra), enquanto não editada lei federal, valerá o disposto no art. 10 da Emenda, que exige, **para ambos os sexos,** no mínimo:

a) 55 anos de idade;

b) 30 anos de contribuição; e

c) 25 anos de efetivo exercício no cargo.

Reforçamos que essas regras também se aplicam aos policiais civis e aos agentes socioeducativos e penitenciários dos Estados que adotaram regras idênticas às do RPPS da União.

4.3.1.1 A Portaria MTP nº 1.467/2022 e a aposentadoria especial dos policiais e dos agentes penitenciários e socioeducativos federais e dos Estados que adotaram regras idênticas às do RPPS da União

O Anexo I da Portaria MTP nº 1.467/2022, conforme já assinalamos, estabelece as normas relativas aos benefícios concedidos pelos RPPS da União[31] e dos entes federativos que adotaram regras idênticas às dos servidores federais. Quanto a essa espécie de aposentadoria especial, vejamos o seu disciplinamento:

> **Portaria MTP nº 1.467/2022 - Anexo I**
>
> Art. 2º O segurado com direito a idade mínima ou tempo de contribuição distintos da regra geral para concessão de aposentadoria estabelecida no inciso I do caput do art. 1ª, na forma dos §§ 4ª-A, 4ª-B, 4ª-C e 5ª do art. 40 da Constituição Federal, poderão aposentar-se, observados, exclusivamente, os seguintes requisitos:
>
> (...)
>
> II – os ocupantes do cargo de agente penitenciário, de agente socioeducativo ou de policial civil, de policial penal, de policial legislativo federal da Câmara dos Deputados e do Senado Federal, de policial federal, de policial rodoviário federal e de policial ferroviário federal, aos 55 (cinquenta e cinco) anos de idade, com 30 (trinta) anos de contribuição e 25 (vinte e cinco e cinco) anos de efetivo exercício em cargo dessas carreiras, para ambos os sexos; (g.n.)

31. Destacamos a edição da Portaria SGP/SEDGG/ME nº 10.360, de 6 de dezembro de 2022, que estabelece orientação aos órgãos e entidades do Sistema de Pessoal Civil da Administração Pública Federal (Sipec), acerca da concessão, manutenção e pagamento dos benefícios de aposentadoria no âmbito do RPPS da União, dispondo em seu art. 54 sobre a aposentadoria do servidor Policial da União e Agente Federal de Execução Penal.

Percebam que o texto da Portaria MTP nº 1.467/2022 passou a incorporar o **policial penal** no inciso II do art. 2º do Anexo I. O motivo dessa inovação reside na EC nº 104, de 4 de dezembro de 2019, que criou as polícias penais federal, estaduais e distrital no âmbito do país. Com a referida Emenda, os então chamados agentes penitenciários passaram a ser reconhecidos como policiais penais, responsáveis pelo sistema prisional. Apesar da identidade semântica, o texto da Portaria MTP nº 1.467/2022 manteve o "agente penitenciário"[32], uma vez que este só passou a ser reconhecido como policial penal a partir de 5 de dezembro de 2019, data de publicação da EC nº 104.

A Portaria MTP nº 1.467/2022 também disciplinou, em relação ao critério temporal de exercício em cargo de natureza estritamente policial, que **não será considerado** o tempo em que o segurado estiver em exercício de mandato eletivo, ou quando estiver cedido a órgão ou entidade da administração direta ou indireta, do mesmo ou de outro ente federativo, com ou sem ônus para o cessionário, ou afastado por licenciamento. Essa é a determinação constante do inciso I do § 3º do art. 2º do Anexo I da mencionada Portaria.

4.3.1.2 Cálculo e reajuste dos proventos

Os proventos da aposentadoria especial dos policiais e dos agentes penitenciários e socioeducativos da União e dos Estados que adotaram as mesmas regras da União serão calculados nos termos do art. 26 da EC nº 103/2019, que determina:

EC nº 103/2019

Art. 26. Até que lei discipline o cálculo dos benefícios do regime próprio de previdência social da União e do Regime Geral de Previdência Social, será utilizada a média aritmética simples dos salários de contribuição e das remunerações adotados como base para contribuições a regime próprio de previdência social e ao Regime Geral de Previdência Social, ou como base para contribuições decorrentes das atividades militares de que tratam os arts. 42 e 142 da Constituição Federal, atualizados monetariamente, correspondentes a 100% (cem por cento) do período contributivo desde a competência julho de 1994 ou desde o início da contribuição, se posterior àquela competência.

§ 1º A média a que se refere o *caput* será limitada ao valor máximo do salário de contribuição do Regime Geral de Previdência Social para os segurados desse regime e para o servidor que ingressou no serviço público em cargo efetivo após a implantação do regime de previdência complementar ou que tenha exercido a opção correspondente, nos termos do disposto nos §§ 14 a 16 do art. 40 da Constituição Federal.

§ 2º O valor do benefício de aposentadoria corresponderá a 60% (sessenta por cento) da média aritmética definida na forma prevista no *caput* e no § 1º, com acréscimo de 2 (dois) pontos percentuais para cada ano de contribuição que exceder o tempo de 20 (vinte) anos de contribuição nos casos:

(...)

II – do § 4º do art. 10, ressalvado o disposto no inciso II do § 3º e no § 4º;

(...)

§ 6º Poderão ser excluídas da média as contribuições que resultem em redução do valor do benefício, desde que mantido o tempo mínimo de contribuição exigido, vedada a utilização do tempo excluído para qualquer finalidade, inclusive para o acréscimo a que se referem os §§ 2º e 5º, para a averbação em outro regime previdenciário ou para a obtenção dos proventos de inatividade de que tratam os arts. 42 e 142 da Constituição Federal.

§ 7º Os benefícios calculados nos termos do disposto neste artigo serão reajustados nos termos estabelecidos para o Regime Geral de Previdência Social.

---

32. De acordo com o art. 4º da EC nº 104, de 2019, o preenchimento do quadro de servidores das polícias penais será feito, exclusivamente, por meio de concurso público e por meio da transformação dos cargos isolados, dos cargos de carreira dos atuais agentes penitenciários e dos cargos públicos equivalentes.

Assim, até que lei discipline o cálculo dos benefícios do regime próprio de previdência social da União, os proventos dessa espécie de aposentadoria especial obedecerão ao disposto no § 2º do art. 26 da EC nº 103/2019. Exemplifiquemos com um policial federal que, com 56 anos de idade, 32 anos de contribuição, 26 anos de efetivo exercício no cargo de policial, decide requerer sua aposentadoria. Como possui os requisitos temporais mínimos exigidos pelo inciso I do § 2º do art. 10 da mencionada Emenda, faz jus à aposentadoria especial, com proventos calculados da seguinte forma:

Tempo de contribuição	Percentual da média
20 anos	60%
....	....
30 anos	80%
31 anos	82%
32 anos	84%

Os proventos desse servidor corresponderão a 84% da média, observado o limite máximo de pagamento de benefícios do RGPS, se tiver ingressado no serviço público federal após a instituição do regime de previdência complementar da União ou se a ele tiver feito opção.

Prosseguindo com os exemplos, consideremos a situação de uma agente da Polícia Rodoviária Federal com 56 anos de idade, 30 anos de contribuição e 25 anos de efetivo exercício no cargo de policial. Essa servidora fará jus à aposentadoria especial, com proventos calculados da seguinte forma:

Tempo de contribuição	Percentual da média
20 anos	60 %
....	....
25 anos	70%
....	....
30 anos	80%

Seus proventos corresponderão a 80% da média, observado o limite máximo de pagamento de benefícios do RGPS, se tiver ingressado no serviço público federal após a instituição do regime de previdência complementar da União ou se a ele tiver feito opção.

O reajustamento dos proventos será conferido para preservar-lhes, em caráter permanente, o valor real, nos termos fixados para o RGPS, conforme determinação do § 7º do art. 26 da EC nº 103/2019.

O Anexo I da Portaria MTP nº 1.467/2022, em seu art. 9º, reproduz as regras do art. 26 da EC nº 103/2019.

4.3.2 A aposentadoria especial do policial civil e dos agentes penitenciários e socioeducativos dos Estados que não modificaram sua legislação

Esclarecemos, de início, que os guardas municipais não foram contemplados com requisitos diferenciados de idade e de tempo de contribuição e que não existem agentes penitenciários e socioeducativos em âmbito municipal, motivo por que os Municípios não estão inseridos neste tópico. A despesa com os policiais civis do DF, como já dissemos, é custeada pela União. Sobre os guardas municipais, reforçamos o disposto no inciso V do § 4º do art. 164 da Portaria MTP nº 1.467/2022, que veda aos municípios a adoção de critérios e requisitos diferenciados na concessão de aposentadoria dessa espécie de servidores.

Passemos a examinar como a EC nº 103/2019 disciplinou a situação dos policiais civis dos Estados e dos agentes penitenciários e socioeducativos estaduais e distritais, a saber:

> **EC nº 103/2019**
>
> Art. 10 (...)
>
> (...)
>
> § 7º Aplicam-se às aposentadorias dos servidores dos Estados, do Distrito Federal e dos Municípios as normas constitucionais e infraconstitucionais anteriores à data de entrada em vigor desta Emenda Constitucional, enquanto não promovidas alterações na legislação interna relacionada ao respectivo regime próprio de previdência social.

Para a aplicação desse dispositivo, temos que separar a situação dos policiais civis estaduais da situação dos agentes penitenciários e socioeducativos estaduais e distritais. Isso porque, para os policiais civis, antes da vigência da EC nº 103/2019, havia a aplicação, pelos Estados, da LC nº 51/1985, enquanto para os agentes penitenciários e socioeducativos não havia norma estabelecedora de critérios especiais de aposentadoria.

Dessa forma, se determinado Estado não exercer a faculdade prevista no § 4º-B do art. 40 da CR/88, continuará valendo a norma prevista na LC nº 51/1985, segundo a qual o policial civil poderá se aposentar, **sem idade mínima**, com pelo menos 30 anos de contribuição e 20 anos de exercício no cargo de natureza estritamente policial, se homem, e após 25 anos de contribuição, com, no mínimo, 15 anos de exercício em cargo de natureza estritamente policial, se mulher. Quanto ao cálculo dos proventos e ao critério de reajustamento, também serão aplicadas as regras vigentes antes da publicação da EC nº 103/2019. Assinalamos que não há uniformidade, nos RPPS estaduais, no tratamento dado ao cálculo dos proventos dos policiais civis. Alguns adotam a integralidade da média para os policiais que ingressaram no serviço público após a publicação da EC nº 41/2003 e outros adotam a integralidade da última remuneração do cargo efetivo.

Em relação aos agentes penitenciários e socioeducativos dos Estados e do DF, como não havia, em vigor, normas constitucionais e infraconstitucionais anteriores à data de publicação da EC nº 103/2019, enquanto os entes federados não exercerem a faculdade prevista no § 4º-B do art. 40 da CR/88, esses servidores não terão direito a se aposentar com critérios diferenciados de idade e de tempo de contribuição.

Vejamos o que a Portaria MTP nº 1.467/2022 estabelece sobre o assunto:

Portaria MTP nº 1.467/2022

Art. 163. Até que entre em vigor lei complementar do Estado que discipline o § 4º-B do art. 40 da Constituição Federal, a aposentadoria especial do servidor que, em razão do exercício de atividade de risco, se enquadrar na hipótese do inciso II do § 4º do art. 40 da Constituição Federal, na redação dada pela Emenda Constitucional nº 47, de 5 de julho de 2005, será concedida, na forma da Lei Complementar nº 51, de 20 de dezembro de 1985, apenas ao servidor público policial.

Parágrafo único. Não será considerado tempo de exercício em cargo de natureza estritamente policial, para os fins do inciso II do art. 1º da Lei Complementar nº 51, de 1985, o tempo em que o segurado policial estiver em exercício de mandato eletivo, ou quando estiver cedido a órgão ou entidade da administração direta ou indireta, do mesmo ou de outro ente federativo, com ou sem ônus para o cessionário, ou afastado por licenciamento.

Portaria MTP nº 1.467/2022 – Anexo II

Art. 3º A aposentadoria aos segurados do RPPS dos Estados e do Distrito Federal que exerçam atividades de risco, conforme previsão do inciso II do § 4º do art. 40 da Constituição Federal, na redação da Emenda Constitucional nº 47, de 05 de julho de 2005, será concedida apenas aos titulares de cargos efetivos de policiais, conforme o disposto na Lei Complementar nº 51, de 20 dezembro de 1985.

(...)

Notem que o parágrafo único do art. 163 da Portaria MTP nº 1.467/2022 estabelece vedação idêntica à aplicada ao segurado policial do RPPS da União e dos entes que adotaram regras iguais, não sendo possível, assim, ser computado como tempo de exercício em cargo de natureza estritamente policial o tempo em que o segurado estiver em exercício de mandato eletivo ou cedido ou, ainda, licenciado.

4.3.3 Exemplos de aposentadoria especial dos policiais e agentes penitenciários e socioeducativos federais e dos Estados que adotaram regras idênticas às do RPPS da União

Exemplo 1. Pedro Rubião de Alvarenga ingressou no serviço público em janeiro de 2020, como agente de polícia federal, com 30 anos de idade, após a publicação da EC nº 103/2019 e depois da instituição do regime de previdência complementar da União, tendo já 10 anos de contribuição ao RGPS, da época em que trabalhou na iniciativa privada. Com 55 anos de idade (idade mínima), em 2045, poderá requerer sua aposentadoria especial, com fundamento no inciso I do § 2º do art. 10 da EC nº 103/2019, quando terá 35 anos de contribuição e 25 anos de efetivo exercício na atividade policial. Para fins de cálculo de proventos, atribui-se ao cargo do servidor uma remuneração de R$ 19.600,00[33] e média de R$ 8.157,41 (valor do teto do RGPS referente ao ano de 2025[34]).

a) Tempo de contribuição

Tempo de contribuição	Percentual da média
20 anos	60%
....	....
25 anos	70 %
....	....

33. Em função do RPC da União, o servidor só contribui até o teto do RGPS.
34. Demos o valor apenas como referência. No cálculo, o valor a ser utilizado será o do teto do RGPS em 2045.

30 anos	80 %
....	....
35 anos	90%

b) Valor da média: R$ 8.157,41

c) Percentual aplicado ao valor da média: 90% (0,90) x 8.157,41 = R$ 7.341,67

Os proventos do policial corresponderão, assim, a 90% da média, o que resultará num valor de R$ 7.341,67. O reajustamento dos proventos será conferido para preservar-lhes, em caráter permanente, o valor real, nos termos fixados para o RGPS.

Exemplo 2. Sofia Palha ingressou no serviço público em abril de 2020, como delegada de polícia federal, com 25 anos de idade, após a publicação da EC nº 103/2019 e depois da instituição do regime de previdência complementar da União, tendo já 5 anos de contribuição ao RGPS, da época em que trabalhou na iniciativa privada. Com 55 anos idade (idade mínima), em 2050, poderá requerer sua aposentadoria especial, com fundamento no disposto no inciso I do § 2º do art. 10 da EC nº 103/2019, quando terá 35 anos de contribuição e 30 anos de efetivo exercício na atividade policial. Para fins de cálculo de proventos, atribui-se ao cargo da servidora uma remuneração de R$ 25.400,00[35] e média de R$ 8.157,41 (valor do teto do RGPS referente ao ano de 2025[36]).

a) Tempo de contribuição

Tempo de contribuição	Percentual da média
25 anos	70 %
....	....
30 anos	80 %
....	....
35 anos	90%

b) Valor da média: R$ 8.157,41

c) Percentual aplicado ao valor da média: 90% (0,90) x 8.157,41 = R$ 7.341,67

Os proventos da delegada corresponderão, assim, a 90% da média, o que resultará num valor de R$ 7.341,67. O reajustamento dos proventos será conferido para preservar-lhes, em caráter permanente, o valor real, nos termos fixados para o RGPS.

Exemplo 3. Cristiano Palha ingressou no serviço público em fevereiro de 2020, com 30 anos de idade, como agente penitenciário do **Estado Y**, após a publicação da norma estadual previdenciária que referendou as regras da União e depois da instituição do regime de previdência complementar de seu Estado. Com 60 anos de idade[37], em 2050, poderá requerer aposentadoria especial, quando terá 30 anos de contribuição e 30 anos de efetivo exercício na atividade de agente penitenciário. Para fins de cálculo de proventos,

35. Em função do RPC da União, o servidor só contribui até o teto do RGPS.
36. Demos o valor apenas como referência. No cálculo, o valor a ser utilizado será o do teto do RGPS em 2050.
37. Aos 55 anos de idade (idade mínima) não poderá se aposentar, pois não contará com os 30 anos de contribuição.

atribui-se ao cargo do servidor uma remuneração de R$ 5.400,00 e média de R$ 4.600,00, correspondente a todo o período contributivo.

a) Tempo de contribuição

Tempo de contribuição	Percentual da média
25 anos	70 %
....	....
30 anos	

b) Valor da média: R$ 4.600,00

c) Percentual aplicado ao valor da média: 80% (0,80) x 4.600,00 = R$ 3.680,00

Os proventos do agente penitenciário corresponderão, assim, a 80% da média, o que resultará num valor de R$ 3.680,00. O reajustamento dos proventos será conferido para preservar-lhes, em caráter permanente, o valor real, nos termos fixados para o RGPS.

Exemplo 4. Maria Benedita ingressou no serviço público em março de 2020, como agente socioeducativa federal, com 35 anos de idade, após a publicação da EC nº 103/2019 e depois da instituição do regime de previdência complementar da União. Com 65 anos de idade[38], poderá requerer sua aposentadoria especial, com fundamento no disposto no inciso I do § 2º do art. 10 da EC nº 103/2019, quando terá 30 anos de contribuição e 30 anos de efetivo exercício na atividade de agente socioeducativa. Para fins de cálculo de proventos, atribui-se ao cargo da servidora uma remuneração de R$ 2.400,00 e média de R$ 1.900,00, correspondente a todo o período contributivo.

a) Tempo de contribuição

Tempo de contribuição	Percentual da média
25 anos	70 %
....	....
30 anos	80 %

b) Valor da média: R$ 1.900,00

c) Percentual aplicado ao valor da média: 80% (0,80) x 1.900,00 = R$ 1.520,00

Os proventos da agente socioeducativa corresponderão, assim, a 80% da média, o que resultará num valor de R$ 1.520,00. O reajustamento dos proventos será conferido para preservar-lhes, em caráter permanente, o valor real, nos termos fixados para o RGPS.

4.3.4 Exemplos de aposentadoria especial do policial civil dos Estados que não editaram leis específicas (aplicação da LC nº 51/1985)

Exemplo 1. Fernando Seixas ingressou no serviço público estadual, no cargo de agente de polícia civil, em outubro de 1996, com 22 anos de idade. Em 2026, com 30 anos

38. Aos 55 anos de idade (idade mínima) não poderá se aposentar, pois não contará com os 30 anos de contribuição.

de contribuição e 30 anos de exercício no cargo de policial, poderá requerer sua aposentadoria especial, com fundamento na LC nº 51/1985, quando terá 52 anos de idade[39]. Para fins de cálculo de proventos, atribui-se ao cargo do servidor uma remuneração de R$ 6.700,00.

Como ingressou no serviço público estadual antes da publicação da EC nº 41/2003, seus proventos corresponderão à integralidade da última remuneração do cargo, ou seja, a R$ 6.700,00 e serão reajustados com direito à paridade remuneratória com os policiais em atividade.

Exemplo 2. Aurélia Camargo ingressou no serviço público estadual, no cargo de agente de polícia civil, em janeiro de 1998, com 20 anos de idade. Em 2023, com 25 anos de contribuição e 25 anos de exercício no cargo de policial, poderá requerer sua aposentadoria especial, com fundamento na LC nº 51/1985, quando terá 45 anos de idade[40]. Para fins de cálculo de proventos, atribui-se ao cargo da servidora uma remuneração de R$ 6.800,00.

Como ingressou no serviço público estadual antes da publicação da EC nº 41/2003, seus proventos corresponderão à integralidade da última remuneração do cargo, ou seja, a R$ 6.800,00 e serão reajustados com direito à paridade remuneratória com os policiais em atividade.

Exemplo 3. Torquato Ribeiro ingressou no serviço público estadual, no cargo de delegado de polícia civil, em janeiro de 2005, com 28 anos de idade, tendo já 8 anos de contribuição do tempo em que trabalhou na iniciativa privada. Em 2027, com 30 anos de contribuição e 22 anos de exercício no cargo de delegado, poderá requerer sua aposentadoria especial, com fundamento na LC nº 51/1985, quando terá 50 anos de idade[41]. Para fins de cálculo de proventos, atribui-se ao cargo do servidor uma remuneração de R$ 16.700,00 e média[42] de R$ 12.900,00.

Como ingressou no serviço público estadual **após** a publicação da EC nº 41/2003, seus proventos corresponderão à integralidade da média, ou seja, a R$ 12.900,00 e serão reajustados nos termos do § 8º do art. 40 da CR/88[43].

Exemplo 4. Adelaide Amaral ingressou no serviço público estadual, como delegada de polícia civil, em março de 2004, com 25 anos de idade, tendo já 7 anos de contribuição do tempo em que trabalhou na iniciativa privada. Em 2022, com 25 anos de contribuição e 18 anos de exercício no cargo, poderá requerer sua aposentadoria especial, com fundamento na LC nº 51/1985, quando terá 43 anos de idade[44]. Para fins de cálculo de proventos, atribui-se ao cargo da servidora uma remuneração de R$ 16.700,00 e média[45] de R$ 12.900,00.

---

39. Não há idade mínima para a regra de aposentadoria especial prevista na LC nº 51/1985.
40. Não há idade mínima para a regra de aposentadoria especial prevista na LC nº 51/1985.
41. Não há idade mínima para a regra de aposentadoria especial prevista na LC nº 51/1985.
42. Média correspondente a 80% (oitenta por cento) de todo o período contributivo desde a competência julho de 1994 ou desde a do início da contribuição, se posterior àquela competência.
43. CR/88, art. 40, § 8º: "É assegurado o reajustamento dos benefícios para preservar-lhes, em caráter permanente, o valor real, conforme critérios estabelecidos em lei."
44. Não há idade mínima para a regra de aposentadoria especial prevista na LC nº 51/1985.
45. Média correspondente a 80% (oitenta por cento) de todo o período contributivo desde a competência julho de 1994 ou desde a do início da contribuição, se posterior àquela competência.

Como ingressou no serviço público estadual após a publicação da EC nº 41/2003, seus proventos corresponderão à integralidade da média, ou seja, a R$ 12.900,00 e serão reajustados nos termos do § 8º do art. 40 da CR/88[46].

4.4 APOSENTADORIA ESPECIAL PELO EXERCÍCIO DE ATIVIDADES COM EFETIVA EXPOSIÇÃO A AGENTES NOCIVOS

CR/88, com a redação conferida pela EC nº 103/2019

Art. 40 (...)

(...)

§ 4º É vedada a adoção de requisitos ou critérios diferenciados para concessão de benefícios em regime próprio de previdência social, ressalvado o disposto nos §§ 4º-A, 4º-B, 4º-C e 5º.

(...)

§ 4º-C. Poderão ser estabelecidos por lei complementar do respectivo ente federativo idade e tempo de contribuição diferenciados para aposentadoria de servidores cujas atividades sejam exercidas com efetiva exposição a agentes químicos, físicos e biológicos prejudiciais à saúde, ou associação desses agentes, vedada a caracterização por categoria profissional ou ocupação.

Antes da EC nº 103/2019, a redação do inciso III do § 4º do art. 40[47] previa requisitos diferenciados para os servidores que exerciam atividades sob condições especiais prejudiciais à saúde ou à integridade física. Ocorre que a eficácia desse dispositivo constitucional era limitada à edição de lei complementar, que não chegou a ser editada.

Em 2010, o PLP nº 555, de autoria da Presidência da República, foi encaminhado à Câmara dos Deputados, com o propósito de regulamentar a concessão de aposentadoria especial aos servidores expostos a atividades nocivas à saúde ou à integridade física.

Ocorre que esse PLP não chegou a ser votado e, diante da omissão legislativa, foram impetrados vários mandados de injunção, cujas decisões determinavam a aplicação da legislação do RGPS para subsidiar a análise dos pedidos dessa espécie de aposentadoria especial do servidor público.

Em 24 de abril de 2014, o STF editou a Súmula Vinculante nº 33, segundo a qual se "aplicam ao servidor público, no que couber, as regras do regime geral da previdência social sobre aposentadoria especial de que trata o artigo 40, § 4º, inciso III, da Constituição Federal, até a edição de lei complementar específica." A partir de então, os RPPS passaram a utilizar a Lei nº 8.213/1991, *Lei de Benefícios do RGPS*, na análise dos pedidos de aposentadoria especial do servidor que exercia atividades prejudiciais à saúde ou à integridade física, sem a necessidade de este ter de ingressar em juízo.

Com a EC nº 103/2019, o servidor público exposto a agentes nocivos poderá ter critérios e requisitos diferenciados de idade e tempo de contribuição desde que o ente federado, por meio de lei complementar os preveja. Para o servidor público federal, con-

46. CR/88, art. 40, § 8º: "É assegurado o reajustamento dos benefícios para preservar-lhes, em caráter permanente, o valor real, conforme critérios estabelecidos em lei."
47. CR/88, art. 40, § 4º (redação conferida pela EC nº 47/2005): "É vedada a adoção de requisitos e critérios diferenciados para a concessão de aposentadoria aos abrangidos pelo regime de que trata este artigo, ressalvados, nos termos definidos em leis complementares, os casos de servidores: (...) III – cujas atividades sejam exercidas sob condições especiais que prejudiquem a saúde ou a integridade física."

forme veremos, enquanto não editada a lei complementar, valerão as regras provisórias previstas no art. 10 da Emenda e as normas previstas na Portaria MTP nº 1.467/2022.

Para fazer jus a esse tipo de aposentadoria especial, deve haver a comprovação da efetiva exposição a agentes nocivos químicos, físicos e biológicos prejudiciais à saúde, sendo vedada a caracterização por categoria profissional ou ocupação. Assim, não basta exercer a profissão de médico, por exemplo, para fazer jus à aposentadoria especial: tem de haver a comprovação da efetiva exposição a agentes nocivos à saúde do servidor.

4.4.1 A aposentadoria especial pelo exercício de atividades com efetiva exposição a agentes nocivos do servidor federal e dos servidores dos entes que adotaram regras idênticas às do RPPS da União

Como vimos na redação do § 4º-C do art. 40 da CR/88, os requisitos diferenciados de idade e de tempo de contribuição da aposentadoria especial do servidor que exerce atividade com efetiva exposição a agentes nocivos devem ser estipulados em lei complementar de cada ente federativo. Para o servidor público federal, todavia, a EC nº 103/2019 trouxe, em seu art. 10, a seguinte disposição:

> EC nº 103/2019
>
> Art. 10. Até que entre em vigor lei federal que discipline os benefícios do regime próprio de previdência social dos servidores da União, aplica-se o disposto neste artigo.
>
> (...)
>
> § 2º Os servidores públicos federais com direito a idade mínima ou tempo de contribuição distintos da regra geral para concessão de aposentadoria na forma dos §§ 4º-B, 4º-C e 5º do art. 40 da Constituição Federal poderão aposentar-se, observados os seguintes requisitos:
>
> (...)
>
> II – o servidor público federal cujas atividades sejam exercidas com efetiva exposição a agentes químicos, físicos e biológicos prejudiciais à saúde, ou associação desses agentes, vedada a caracterização por categoria profissional ou ocupação, aos 60 (sessenta) anos de idade, com 25 (vinte e cinco) anos de efetiva exposição e contribuição, 10 (dez) anos de efetivo exercício de serviço público e 5 (cinco) anos no cargo efetivo em que for concedida a aposentadoria;
>
> (...)
>
> § 3º A aposentadoria a que se refere o § 4º-C do art. 40 da Constituição Federal observará adicionalmente as condições e os requisitos estabelecidos para o Regime Geral de Previdência Social, naquilo em que não conflitarem com as regras específicas aplicáveis ao regime próprio de previdência social da União, vedada a conversão de tempo especial em comum.
>
> § 4º Os proventos das aposentadorias concedidas nos termos do disposto neste artigo serão apurados na forma da lei.

A EC nº 103/2019, no inciso II do § 2º do seu art. 10, estabeleceu regras provisórias para o servidor federal em exercício de atividades com efetiva exposição a agentes nocivos, vigentes enquanto não sobrevenha lei federal complementar específica sobre a matéria.

Essas normas, todavia, só se aplicam àqueles que ingressaram no serviço público federal **após** 13 de novembro de 2019, data de publicação da EC nº 103/2019 (ou que, tendo ingressado antes, façam opção por elas), porquanto o legislador constituinte derivado estabeleceu regras de transição para os que já exerciam atividades com efetiva exposição a agentes nocivos antes de sua vigência, que serão vistas em capítulo específico.

Assim, para esses servidores da União que ingressaram no serviço público após a publicação da EC nº 103/2019 ou para aqueles que façam a opção pela nova regra, enquanto não editada lei complementar federal, valerá o disposto no art. 10 da Emenda, que exige, **para ambos os sexos,** no mínimo:

a) 60 anos de idade;

b) 25 anos de contribuição;

c) 25 anos de efetiva exposição a agentes nocivos;

d) 10 anos de efetivo exercício de serviço público; e

e) 5 anos no cargo efetivo em que for concedida a aposentadoria.

O § 3º do art. 10 da EC nº 103/2019 prevê que as condições e os requisitos estabelecidos para o RGPS serão, adicionalmente, aplicáveis ao RPPS da União, naquilo que com ele não conflitar, sendo vedada a conversão de tempo especial em comum[48].

Registramos que essas regras são aplicadas aos servidores dos entes que adotaram regras idênticas às do RPPS da União, tendo como vigência a data de publicação da lei complementar do ente federativo.

4.4.1.1 A Portaria MTP nº 1.467/2022 e a aposentadoria especial pelo exercício de atividades com efetiva exposição a agentes nocivos do servidor federal e dos servidores dos entes que adotaram regras idênticas às do RPPS da União

O Anexo III da Portaria MTP nº 1.467/2022 estabelece instruções para o reconhecimento do tempo de exercício de atividades com efetiva exposição a agentes químicos, físicos e biológicos prejudiciais à saúde, ou associação desses agentes, pelo RPPS da União[49] e dos demais entes federativos que adotarem as mesmas regras estabelecidas para os servidores federais. Nos casos omissos, aplicam-se, no que couber, as disposições da IN INSS nº 128[50], de 28 de março de 2022, no reconhecimento do tempo de exercício de atividades com efetiva exposição a agentes nocivos, consoante determina o art. 16 da mencionada Portaria.

Com o objetivo de facilitar a compreensão da matéria, classificamos as instruções em dois tipos: a) caracterização e comprovação do exercício de atividades com efetiva exposição a agentes nocivos; e b) procedimento de reconhecimento de tempo de atividade especial pelos órgãos dos entes federativos.

---

48. O STF, em agosto de 2021, proferiu decisão, encerrando o julgamento do tema 942, segundo a qual os servidores públicos dos entes federativos podem converter o tempo especial em tempo comum para fins de concessão de aposentadoria e benefícios previdenciários, desde que se trate de atividade especial prestada até 13 de novembro de 2019. O fator de conversão é de 1,2 para mulher e 1,4 para homem, considerando cada ano de trabalho exposto a agentes nocivos.

49. Destacamos a edição da Portaria SGP/SEDGG/ME nº 10.360, de 6 de dezembro de 2022, que estabelece orientação aos órgãos e entidades do Sistema de Pessoal Civil da Administração Pública Federal (Sipec), acerca da concessão, manutenção e pagamento dos benefícios de aposentadoria no âmbito do RPPS da União, dispondo em seu art. 56 sobre a aposentadoria do servidor exposto a agentes nocivos à saúde.

50. A IN INSS nº 77, de 21 de janeiro de 2015, mencionada no art. 16 da Portaria MTP nº 1.467/2022, foi revogada, por consolidação, pela IN INSS nº 128, de 28 de março de 2022.

4.4.1.1.1 Caracterização e comprovação do exercício de atividades com efetiva exposição a agentes nocivos

A caracterização e a comprovação do exercício de atividades com efetiva exposição a agentes químicos, físicos e biológicos nocivos à saúde, ou a associação desses agentes, devem obedecer à legislação vigente na época do exercício dessas atividades, e o reconhecimento, pelos RPPS, do tempo de serviço público exercido em condições de efetiva exposição a agentes nocivos dependerá de comprovação do exercício das atribuições do cargo público de **modo permanente, não ocasional nem intermitente**, sendo vedada a comprovação por meio de prova exclusivamente testemunhal ou apenas com base na percepção de adicional de insalubridade (ou vantagem equivalente) e a caracterização por categoria ou ocupação profissional.

A efetiva exposição a agentes nocivos ocorre quando as medidas de controle previstas em lei não conseguem eliminar ou neutralizar a nocividade. Ocorre a neutralização com a redução da intensidade, concentração ou dose do agente nocivo à saúde ao limite de tolerância previsto no Regulamento da Previdência Social, aprovado pelo Decreto nº 3.048/1999, ou na legislação trabalhista.

Para ensejar a aposentadoria especial, a exposição a agentes nocivos deve superar os limites de tolerância estabelecidos segundo critérios quantitativos ou estar de acordo com os critérios de avaliação qualitativa de riscos, a qual deve ser comprovada pela descrição das circunstâncias de exposição ocupacional a determinado agente ou associação de agentes nocivos presentes em toda a jornada no ambiente de trabalho, incluindo todas as fontes e possibilidades de liberação desses agentes, bem como os meios de contato ou exposição, as vias de absorção, a intensidade, a frequência e a duração do contato[51].

Ressaltamos que, quando a utilização do equipamento de proteção individual (EPI) tiver a capacidade real de neutralizar a exposição a agentes nocivos, a atividade não ensejará a aposentadoria especial, exceto quando se tratar de exposição a ruído acima dos limites de tolerância previstos no art. 12 do Anexo III da Portaria MTP nº 1.467/2022, ainda que haja declaração de eficácia do EPI (80 dB, até 5 de março de 1997; 90 dB, a partir de 6 de março de 1997 até 18 de novembro de 2003; e 85 dB, a partir de 19 de novembro de 2003[52]).

Quanto ao enquadramento da atividade como especial, deve ser observado o período de exposição a agentes nocivos, conforme preceituam os artigos 4º a 6º do Anexo III da Portaria MTP nº 1.467/2022. Vejamos:

---

51. Os agentes reconhecidamente cancerígenos para humanos listados pelo MTP serão analisados de acordo com os critérios de avaliação qualitativa e, caso adotadas medidas de controle previstas na legislação trabalhista que eliminem a nocividade, a atividade não será caracterizada como de efetiva exposição a agentes nocivos.
52. O enquadramento será efetuado quando o Nível de Exposição Normalizado (NEN) tiver situado acima de 85 dB ou for ultrapassada a dose unitária, observados os limites de tolerância definidos no Quadro Anexo I da NR-15 do MTP e as metodologias e os procedimentos definidos na norma de Higiene Ocupacional – NHO-01 da Fundacentro.

> **Portaria MTP nº 1.467/2022 – Anexo III**
>
> Art. 4º Até 28 de abril de 1995, data anterior à vigência da Lei nº 9.032, bem como no período de 29 de abril de 1995 até 5 de março de 1997, o enquadramento de atividade especial somente admitirá o critério de efetiva exposição a agentes químicos, físicos e biológicos prejudiciais à saúde, ou a associação desses agentes, no exercício de atribuições do cargo público, em condições análogas às que permitem enquadrar as atividades profissionais como perigosas, insalubres ou penosas, conforme a classificação em função da efetiva exposição aos referidos agentes, agrupados sob o código 1.0.0 do Quadro anexo ao Decreto nº 53.831, de 1964 e sob o código 1.0.0 do Anexo I do Regulamento dos Benefícios da Previdência Social, aprovado pelo Decreto nº 83.080, de 1979.
>
> Art. 5º De 6 de março de 1997 até 6 de maio de 1999, o enquadramento de atividade especial observará a efetiva exposição a agentes químicos, físicos e biológicos prejudiciais à saúde, ou a associação desses agentes, conforme a classificação que consta do Anexo IV do Regulamento dos Benefícios da Previdência Social, aprovado pelo Decreto nº 2.172, de 5 de março de 1997.
>
> Art. 6º A partir de 7 de maio de 1999, o enquadramento de atividade especial observará a efetiva exposição a agentes químicos, físicos e biológicos prejudiciais à saúde, ou a associação desses agentes, conforme a classificação que consta do Anexo IV do Regulamento dos Benefícios da Previdência Social, aprovado pelo Decreto nº 3.048, de 1999.

Por força do art. 13 do Anexo III da Portaria MTP nº 1.467/2022, considera-se tempo de serviço sob condições especiais o período de descanso previsto na legislação do ente federativo, incluindo as férias do servidor, bem como a licença gestante, adotante e paternidade, além das ausências por motivo de doação de sangue, alistamento como eleitor, participação em júri, casamento e óbito de pessoa em família. **Registramos que o segurado só terá esse tempo reconhecido como especial se tiver exercido atividades com exposição a agentes nocivos ao tempo das mencionadas ausências**. Já os afastamentos decorrentes de mandato eletivo, cessão (com ou sem ônus para o cessionário) ou licenciamento para fora do país apenas serão reconhecidos como tempo de serviço público exercido com efetiva exposição a agentes nocivos se houver comprovação das atividades nocivas à saúde.

4.4.1.1.2 Procedimento de reconhecimento de tempo de atividade especial pelos órgãos dos entes federativos

O órgão responsável pelo reconhecimento do tempo de atividade especial no âmbito da União, dos Estados, do DF e dos Municípios, incluídas as autarquias e fundações, deverá instruir o processo de reconhecimento com os seguintes documentos:

a) Perfil Profissiográfico Previdenciário (PPP);
b) Laudo Técnico de Condições Ambientais do Trabalho (LTCAT) ou laudos e demonstrações ambientais substitutos ou complementares; e
c) Parecer da perícia médica que ateste o enquadramento por efetiva exposição a agentes nocivos.

4.4.1.1.2.1 Perfil Profissiográfico Previdenciário (PPP)

O PPP passou a ser exigido a partir de 1º de janeiro de 2004. Antes dessa data, o documento de comprovação de efetiva exposição a agentes nocivos a ser utilizado é o modelo instituído para o RGPS, de acordo com o período de vigência: SB-40, DISESBE 5235, DSS-8030 ou DIRBEN 8030. Esses documentos de comprovação de efetiva exposição a agentes nocivos podem ser em meio físico ou eletrônico e devem ser emitidos pelo órgão responsável pelos assentamentos funcionais do segurado no correspondente período de exercício das atribuições do cargo.

4.4.1.1.2.2 Laudo Técnico de Condições Ambientais do Trabalho (LTCAT)

O LTCAT deve ser expedido por médico do trabalho ou engenheiro de segurança do trabalho que integre, de preferência, o quadro funcional da Administração Pública responsável pelo levantamento ambiental, podendo ser emitido em data anterior ou posterior ao exercício da atividade pelo segurado, **se não tiver havido alteração no ambiente de trabalho ou em sua organização**, desde que devidamente ratificado por esses profissionais[53]. Não serão aceitos, todavia, laudos relativos a atividades diversas (salvo quando prestadas no mesmo órgão público); realizados em local diferente daquele em que a atividade foi prestada e; relativos a órgão ou equipamento público diversos, ainda que as atividades sejam similares.

O LTCAT deve conter informações sobre a existência e a eficácia de tecnologia de proteção coletiva ou individual e seguir as normas editadas pelo Ministério do Trabalho e os procedimentos adotados pelo INSS. Além disso, a avaliação ambiental deve seguir a metodologia e os procedimentos de avaliação estabelecidos pela Fundação Jorge Duprat Figueiredo de Segurança e Medicina do Trabalho (Fundacentro) ou por outras instituições indicadas pelo Ministério do Trabalho.

O LTCAT pode ser substituído ou complementado por laudos técnicos emitidos pelo(a): Justiça do Trabalho em ações trabalhistas, acordos ou dissídios coletivos; Fundacentro; e Ministério do Trabalho ou Delegacias Regionais do Trabalho (DRT). A substituição ou complementação também pode ocorrer por **laudo individual**, desde que acompanhado de autorização escrita do órgão administrativo competente, se o levantamento ambiental for de responsabilidade de técnico não integrante do quadro de funcionários da respectiva Administração, com nome e identificação do servidor responsável pelo acompanhamento do levantamento; cópia do documento de habilitação profissional do engenheiro de segurança do trabalho ou médico o trabalho, indicando sua especialidade; data e local da realização da perícia. As demonstrações ambientais constantes do Programa de Prevenção de Riscos Ambientais (PPRA), do Programa de Gerenciamento de Riscos (PGR), do Programa de Condições e Meio Ambiente de Trabalho na Indústria da Construção (PCMAT) e do Programa de Controle Médico de Saúde Ocupacional (PCMSO) também podem substituir ou complementar o LTCAT.

4.4.1.1.2.3 Parecer da perícia médica

O parecer da perícia médica, em relação ao enquadramento por efetiva exposição a agentes nocivos, deve ser elaborado por perito médico que integre, de preferência, o quadro funcional da Administração Pública, o qual deverá analisar:

a) o documento de comprovação de efetiva exposição a agentes nocivos (PPP ou documentos equivalentes); e

53. O enquadramento de atividade especial por exposição a ruído, em qualquer época da prestação da atividade, exige laudo técnico pericial e, em relação aos demais agentes nocivos, o laudo técnico pericial é obrigatório para os períodos de atividade exercida a partir de 14 de outubro de 1996, data de publicação da Medida Provisória nº 1.523, convertida na Lei nº 9.528, de 10 de dezembro de 1997.

b) o LTCAT ou documentos substitutos ou complementares.

O parecer deve ser conclusivo, com descrição do enquadramento por efetiva exposição a agentes nocivos e indicação dos códigos contidos na legislação específica, bem como do correspondente período de atividade. Se julgar necessário, o perito médico poderá inspecionar o ambiente de trabalho a fim de averiguar as informações contidas nos laudos técnicos de condições ambientais.

Na hipótese de informações falsas, no todo ou em parte, inseridas no parecer, o profissional responsável pelas informações responderá pela prática dos crimes de falsificação de documento e de falsidade ideológica previstos, respectivamente, nos arts. 297 e 299 do Código Penal. Também responderão por esses crimes os profissionais responsáveis pelas informações falsas constantes nos documentos de comprovação de efetiva exposição a agentes nocivos (PPP ou equivalente) ou no LTCAT (ou laudos e demonstrações ambientais substitutos ou complementares).

4.4.1.1.3 Cálculo e reajuste dos proventos

Para esse tipo de aposentadoria especial, os proventos dos servidores federais e dos servidores dos entes que adotaram as mesmas regras do RPPS da União serão calculados nos termos do art. 26 da EC nº 103/2019, que determina:

EC nº 103/2019

Art. 26. Até que lei discipline o cálculo dos benefícios do regime próprio de previdência social da União e do Regime Geral de Previdência Social, será utilizada a média aritmética simples dos salários de contribuição e das remunerações adotados como base para contribuições a regime próprio de previdência social e ao Regime Geral de Previdência Social, ou como base para contribuições decorrentes das atividades militares de que tratam os arts. 42 e 142 da Constituição Federal, atualizados monetariamente, correspondentes a 100% (cem por cento) do período contributivo desde a competência julho de 1994 ou desde o início da contribuição, se posterior àquela competência.

§ 1º A média a que se refere o caput será limitada ao valor máximo do salário de contribuição do Regime Geral de Previdência Social para os segurados desse regime e para o servidor que ingressou no serviço público em cargo efetivo após a implantação do regime de previdência complementar ou que tenha exercido a opção correspondente, nos termos do disposto nos §§ 14 a 16 do art. 40 da Constituição Federal.

§ 2º O valor do benefício de aposentadoria corresponderá a 60% (sessenta por cento) da média aritmética definida na forma prevista no caput e no § 1º, com acréscimo de 2 (dois) por cento para cada ano de contribuição que exceder o tempo de 20 (vinte) anos de contribuição no caso:

(...)

II – do § 4º do art. 10, ressalvado o disposto no inciso II do § 3º e no § 4º;

(...)

§ 6º Poderão ser excluídas da média as contribuições que resultem em redução do valor do benefício, desde que mantido o tempo mínimo de contribuição exigido, vedada a utilização do tempo excluído para qualquer finalidade, inclusive para o acréscimo a que se referem os §§ 2º e 5º, para a averbação em outro regime previdenciário ou para a obtenção dos proventos de inatividade de que tratam os arts. 42 e 142 da Constituição Federal.

§ 7º Os benefícios calculados nos termos do disposto neste artigo serão reajustados nos termos estabelecidos para o Regime Geral de Previdência Social.

Exemplifiquemos com um servidor federal exposto a agentes nocivos químicos por 25 anos. Com 35 anos de contribuição, 60 anos de idade, 25 anos de serviço público e no cargo, decide requerer sua aposentadoria. Como possui os requisitos temporais mínimos exigidos pelo inciso II do § 2º do art. 10 da EC nº 103/2019, faz jus à aposentadoria especial, cujos proventos serão calculados nos termos dos §§ 1º e 2º do art. 26:

Tempo de contribuição	Percentual da média
30 anos	80%
31 anos	82%
....	....
35 anos	90%

Os proventos desse servidor corresponderão a 90% da média, observado o limite máximo de pagamento de benefícios do RGPS, se tiver ingressado no serviço público federal após a criação do regime de previdência complementar ou se a ele tiver feito opção.

O reajustamento dos proventos será conferido para preservar-lhes, em caráter permanente, o valor real, nos termos fixados para o RGPS, conforme determinação do § 7º do art. 26 da EC nº 103/2019.

O Anexo III da Portaria MTP nº 1.467/2022, em seu art. 14, reproduz as regras do art. 26 da EC nº 103/2019.

4.4.2 A aposentadoria especial pelo exercício de atividades exercidas sob condições especiais que prejudiquem a saúde ou à integridade física do servidor dos entes que não modificaram sua legislação

Vimos que o art. 10 da EC nº 103/2019 estabelece regras provisórias para o servidor público federal exposto a agentes nocivos à saúde enquanto não for editada lei federal disciplinadora dos benefícios do RPPS da União. Para os servidores dos demais entes federativos que não modificaram sua legislação, esse mesmo artigo dispõe o seguinte:

EC nº 103/2019

Art. 10 (...)

(...)

§ 7º Aplicam-se às aposentadorias dos servidores dos Estados, do Distrito Federal e dos Municípios as normas constitucionais e infraconstitucionais anteriores à data de entrada em vigor desta Emenda Constitucional, enquanto não promovidas alterações na legislação interna relacionada ao respectivo regime próprio de previdência social.

Esse dispositivo, em verdade, carece de aplicabilidade, porquanto, pelo disciplinamento anterior à EC nº 103/2019, conforme visto no histórico constitucional das aposentadorias especiais, a aposentadoria pelo exercício de atividades sob condições especiais nocivas à saúde ou à integridade física do servidor não chegou a ser regulamentada, não havendo, assim, normas constitucionais e infraconstitucionais anteriores à data de vigência da mencionada Emenda para serem aplicadas pelos Estados, DF e Municípios.

No âmbito dos Estados, do DF e dos Municípios, a regulação dos critérios e requisitos diferenciados de idade e tempo de contribuição da aposentadoria do servidor exposto a agentes nocivos deve se dar por lei complementar do respectivo ente federativo. No entanto, enquanto não editada lei, aplica-se a Súmula Vinculante do STF nº 33, que determina a aplicação da legislação do RGPS, no que couber, na análise dos pedidos de aposentadoria do servidor público que exerce atividades sob condições prejudiciais à saúde ou à integridade física. Essa é a disposição constante do art. 161 da Portaria MTP nº 1.467/2022.

> **Portaria MTP nº 1.467/2022**
> Art. 161. Até que entre em vigor lei complementar do respectivo ente federativo que discipline o § 4º-C do art. 40 da Constituição Federal, a concessão de aposentadoria especial aos segurados dos RPPS dos Estados, do Distrito Federal e dos Municípios, cujas atividades sejam exercidas sob condições especiais que prejudiquem a saúde ou a integridade física, observará, no que couber, as regras do RGPS sobre aposentadoria especial de que trata o inciso III do § 4º do art. 40 da Constituição Federal, na redação em vigor em 12 de novembro de 2019, em consonância com a Súmula Vinculante nº 33 do Supremo Tribunal Federal e as disposições contidas no Anexo IV.

Os procedimentos para o reconhecimento do tempo de serviço público exercido sob condições especiais prejudiciais à saúde ou à integridade física pelos RPPS que não editaram leis estão previstos no Anexo IV da Portaria MTP nº 1.467/2022, o qual não pode ser aplicado como fundamento de pedido de revisão de benefício de aposentadoria em fruição, salvo decisão judicial expressa em sentido contrário. Nos casos omissos, aplicam-se, no que couber, as disposições da IN INSS nº 77, de 21 de janeiro de 2015, **na redação vigente até a data de publicação da EC nº 103/2019**, para o reconhecimento do tempo de serviço exercido sob condições especiais que prejudiquem a saúde ou a integridade física do servidor, consoante determina o art. 16 do Anexo IV da mencionada Portaria.

4.4.2.1 A Portaria MTP nº 1.467/2022 e a aposentadoria especial pelo exercício de atividades exercidas sob condições especiais que prejudiquem a saúde ou à integridade física do servidor dos entes que não modificaram sua legislação

Nos termos da mencionada Portaria, a caracterização e a comprovação do tempo de atividade sob condições especiais devem obedecer à legislação vigente na época do exercício dessas atividades e o reconhecimento, pelos RPPS, do tempo de serviço público exercido em condições especiais prejudiciais à saúde ou à integridade física dependerá de comprovação do exercício das atribuições do cargo público de **modo permanente, não ocasional nem intermitente**, sendo vedada a comprovação por meio de prova exclusivamente testemunhal ou apenas com base na percepção de adicional de insalubridade (ou vantagem equivalente). A comprovação também se exige nas situações em que o servidor estiver cedido, com ou sem ônus para o cessionário, afastado do país, licenciado ou em exercício de mandato eletivo.

Quanto ao enquadramento da atividade como especial, devem ser observados os seguintes dispositivos da Portaria MTP nº 1.467/2022:

Portaria MTP nº 1.467/2022 – Anexo IV

Art. 3º Até 28 de abril de 1995, data anterior à vigência da Lei nº 9.032, o enquadramento de atividade especial admitirá os seguintes critérios:

I – por cargo público cujas atribuições sejam análogas às atividades profissionais das categorias presumidamente sujeitas a condições especiais, consoante as ocupações/grupos profissionais agrupados sob o código 2.0.0 do Quadro anexo ao Decreto nº 53.831, de 25 de março de 1964, e sob o código 2.0.0 do Anexo II do Regulamento dos Benefícios da Previdência Social, aprovado pelo Decreto nº 83.080, de 24 de janeiro de 1979; ou

II – por exposição a agentes nocivos no exercício de atribuições do cargo público, em condições análogas às que permitem enquadrar as atividades profissionais como perigosas, insalubres ou penosas, conforme a classificação em função da exposição aos referidos agentes, agrupados sob o código 1.0.0 do Quadro anexo ao Decreto nº 53.831, de 1964 e sob o código 1.0.0 do Anexo I do Regulamento dos Benefícios da Previdência Social, aprovado pelo Decreto nº 83.080, de 1979.

Art. 4º De 29 de abril de 1995 até 5 de março de 1997, o enquadramento de atividade especial somente admitirá o critério inscrito no inciso II do **caput** do art. 3º.

Art. 5º De 6 de março de 1997 até 6 de maio de 1999, o enquadramento de atividade especial observará a relação dos agentes nocivos prejudiciais à saúde ou à integridade física que consta do Anexo IV do Regulamento dos Benefícios da Previdência Social, aprovado pelo Decreto nº 2.172, de 5 de março de 1997.

Art. 6º A partir de 7 de maio de 1999, o enquadramento de atividade especial observará a relação dos agentes nocivos prejudiciais à saúde ou à integridade física que consta do Anexo IV do Regulamento da Previdência Social, aprovado pelo Decreto nº 3.048, de 6 de maio de 1999.

O órgão responsável pelo reconhecimento do tempo de atividade especial no âmbito dos entes federativos, incluídas as autarquias e fundações, deverá instruir o processo de reconhecimento com os seguintes documentos:

a) Perfil Profissiográfico Previdenciário (PPP);
b) Laudo Técnico de Condições Ambientais do Trabalho (LTCAT) ou laudos e demonstrações ambientais substitutos ou complementares;
c) parecer da perícia médica que ateste o enquadramento de atividade especial prejudicial à saúde ou à integridade física.

As instruções relacionadas a esses documentos foram comentadas no subitem 4.4.1.1.2, que também se aplicam aos procedimentos a serem adotados pelos órgãos dos entes federativos que não modificaram sua legislação e que, portanto, devem analisar os processos de aposentadoria especial com base no art. 161 da Portaria MTP nº 1.467/2022.

Por força do art. 13 do Anexo IV da Portaria MTP nº 1.467/2022, considera-se tempo de serviço sob condições especiais o período de descanso previsto na legislação do ente federativo, incluindo as férias do servidor, bem como a licença gestante, adotante e paternidade, além das ausências por motivo de doação de sangue, alistamento como eleitor, participação em júri, casamento e óbito de pessoa em família. Também são considerados os afastamentos por motivo de acidente, doença profissional ou doença do trabalho, bem como a aposentadoria por invalidez acidentária. **Registramos que o segurado só terá o tempo do afastamento reconhecido se tiver exercido atividade considerada especial ao tempo das mencionadas ausências.**

4.4.2.2 Forma de cálculo e de reajustamento

Para os servidores dos entes que não alteraram sua legislação previdenciária para prever essa espécie de aposentadoria especial, serão aplicadas as normas constitucionais anteriores à vigência da EC nº 103/209 **no que diz respeito à forma de cálculo e de reajustamento dos proventos**. Com efeito, o art. 14 do Anexo IV da Portaria MTP nº 1.467/2022 estabelece que:

> **Portaria MTP nº 1.467/2022 – Anexo IV**
>
> Art. 14. No cálculo e no reajustamento dos proventos de aposentadoria especial aplica-se o disposto nos §§ 2º, 3º, 8º, 14, 15, 16 e 17, do art. 40 da Constituição Federal, na redação vigente até a publicação da Emenda Constitucional nº 103, de 2019.

Logo, os proventos de aposentadoria especial pelo exercício de atividades nocivas à saúde ou à integridade física do servidor corresponderão a 100% da média das remunerações e dos salários que serviram de base para a contribuição previdenciária, nos termos do art. 1º da Lei nº 10.887/2004[54], segundo o qual será considerada a média aritmética simples das maiores remunerações, utilizadas como base para as contribuições do servidor, correspondentes a 80% de todo o período contributivo desde a competência de julho de 1994 ou desde a do início da contribuição, se posterior àquela competência.

Os proventos não poderão ser inferiores ao valor do salário-mínimo nem exceder a remuneração do servidor no cargo efetivo em que se deu a aposentadoria e, caso o servidor seja participante do regime de previdência complementar instituído pelo ente federativo, seu benefício estará limitado ao teto do RGPS.

O reajustamento do benefício será assegurado para preservar-lhe, em caráter permanente, o valor real, sendo o critério de reajuste a correção por índice de inflação definido na legislação do ente federativo, para preservação do valor real do benefício, conforme previsto no § 8º do art. 40 da CR/88.

4.4.3 Conversão do tempo exercido sob condições especiais prejudiciais à saúde ou à integridade física do servidor em tempo comum

O STF, em agosto de 2021, proferiu decisão, encerrando o julgamento do Tema 942, segundo a qual o tempo especial dos servidores públicos dos entes federativos pode ser convertido em tempo comum para fins de concessão de benefícios previdenciários, desde que se trate de atividade especial nociva à saúde ou à integridade física do servidor prestada **até** 13 de novembro de 2019. A conversão de atividade prestada após essa data foi vedada, para o RPPS da União e para os RPPS dos entes que adotaram regras idênticas às do servidor federal, pela EC nº 103/2019 e pela Portaria MTP nº 1.467/2022.

---

54. De acordo com o § 1º do art. 1º da Lei nº 10.887/2004, "as remunerações consideradas no cálculo do valor inicial dos proventos terão os seus valores atualizados mês a mês de acordo com a variação integral do índice fixado para a atualização dos salários de contribuição considerados no cálculo dos benefícios do regime geral de previdência social".

EC nº 103/2019

Art. 10. (...)

(...)

§ 3º A aposentadoria a que se refere o § 4º-C do art. 40 da Constituição Federal observará adicionalmente as condições e os requisitos estabelecidos para o Regime Geral de Previdência Social, naquilo em que não conflitarem com as regras específicas aplicáveis ao regime próprio de previdência social da União, vedada a conversão de tempo especial em comum.

Portaria MTP nº 1.467/2022

Art. 171. São vedados:

(...)

II – a conversão de tempo:

a) exercido sob condições especiais prejudiciais à saúde ou à integridade física em tempo comum, a partir de 13 de novembro de 2019, bem como o exercido com efetiva exposição a agentes prejudiciais à saúde a que se refere o § 4º-C do art. 40 da Constituição Federal, salvo quando houver previsão expressa a esse respeito na lei complementar do ente federativo após essa data.

(...) (g.n.)

Na conversão em tempo comum do tempo exercido, **até 12 de novembro de 2019**, sob condições especiais que prejudiquem a saúde ou a integridade física do servidor, devem ser adotados os seguintes fatores: 1,2 para as mulheres e 1,4 para os homens, previstos no *Regulamento da Previdência Social*, aprovado pelo Decreto nº 3.048, de 6 de maio de 1999.

O art. 172 da Portaria MTP nº 1.467/2022 disciplina a conversão do tempo especial em tempo comum, estabelecendo que:

a) a caracterização e a comprovação do tempo de atividade sob condições especiais obedecerão ao disposto na legislação em vigor do RGPS na época da prestação do serviço (§1º);

b) após a conversão de tempo especial em tempo comum, o período de tempo acrescido em decorrência da conversão não será considerado para verificação do cumprimento dos requisitos de tempo de efetivo exercício no serviço público e de tempo na carreira ou no cargo efetivo para fins de elegibilidade à aposentadoria voluntaria comum, nas regras gerais ou de transição, sendo vedada a soma do tempo comum resultante da conversão a qualquer tempo especial não convertido, nem a conversão inversa de tempo comum em tempo especial com vistas, em ambos estes casos, à concessão de aposentadoria voluntária especial (§§ 4º e 5º).

Ressaltamos que o ente subnacional que não adotou as regras da União pode prever, em lei complementar, a conversão de tempo especial em comum prestado a partir de 13 de novembro 2019, de acordo com o disposto na alínea "a" do inciso II do art. 171 da Portaria MTP nº 1.467/2022. Fora dessa situação, não é possível a conversão.

4.4.4 Exemplos de aposentadoria especial pelo exercício de atividades com efetiva exposição a agentes nocivos do servidor federal e dos servidores dos entes que adotaram regras idênticas às do RPPS da União

Exemplo 1. Odorico Paraguaçu ingressou no serviço público federal em janeiro de 2020, como técnico em radiologia, com 30 anos de idade, após a publicação da EC nº

103/2019 e depois da instituição do regime de previdência complementar da União, tendo já 10 anos de contribuição ao RGPS, da época em que trabalhou na iniciativa privada. Com 60 anos de idade (idade mínima), em 2050, poderá requerer sua aposentadoria especial, com fundamento no disposto no inciso II do § 2º do art. 10 da EC nº 103/2019 e, quando terá 40 anos de contribuição, 30 anos de efetiva exposição a agentes nocivos devidamente comprovada, 30 anos de efetivo exercício de serviço público e no cargo em que se dará a aposentadoria. Para fins de cálculo de proventos, atribui-se ao cargo do servidor uma remuneração de R$ 2.600,00 e média de R$ 1.800,00, correspondente a todo o período contributivo.

Tempo de contribuição

Tempo de contribuição	Percentual da média
20 anos	60%
....	....
25 anos	70 %
....	....
30 anos	80 %
....	....
35 anos	90%
....	....
40 anos	100%

Os proventos do servidor corresponderão, assim, a 100% da média, o que resultará num valor de R$ 1.800,00. O reajustamento dos proventos será conferido para preservar-lhes, em caráter permanente, o valor real, nos termos fixados para o RGPS.

Exemplo 2. Judiceia Cajazeira ingressou no serviço público em abril de 2020, como técnica em enfermagem, com 38 anos de idade, após a publicação da EC nº 103/2019 e depois da instituição do regime de previdência complementar da União. Com 63 anos idade, em 2045, poderá requerer sua aposentadoria especial, com fundamento no disposto no inciso II do § 2º do art. 10 da EC nº 103/2019, quando terá 25 anos de contribuição e 25 anos de efetiva exposição a agentes nocivos devidamente comprovada, além de 25 anos de efetivo exercício de serviço público e no cargo em que se dará a aposentadoria. Para fins de cálculo de proventos, atribui-se ao cargo da servidora uma remuneração de R$ 2.600,00 e média de R$ 1.800,00, correspondente a todo o período contributivo.

a) Tempo de contribuição

Tempo de contribuição	Percentual da média
20 anos	60%
....	....
25 anos	70 %

b) Valor da média: R$ 1.800,00

c) Percentual aplicado ao valor da média: 70% (0,70) x 1.800,00 = R$ 1.260,00

Os proventos da servidora corresponderão, assim, a 70% da média, o que resultará num valor de R$ 1.260,00, inferior ao **piso de um salário-mínimo para o pagamento do benefício**. Dessa forma, seus proventos serão complementados para corresponder ao valor do salário-mínimo (R$ 1.518,00 - ano 2025). O reajustamento dos proventos será conferido para preservar-lhes, em caráter permanente, o valor real, nos termos fixados para o RGPS.

4.4.5 Exemplos de aposentadoria especial pelo exercício de atividades exercidas sob condições especiais que prejudicam a saúde ou à integridade física do servidor dos entes que não modificaram sua legislação

Adotamos os mesmos exemplos dos segurados do RPPS da União do subitem anterior. Verifiquem que a mudança ocorre na forma de cálculo do benefício, uma vez que, para os servidores dos entes que não modificaram sua legislação previdenciária, são adotadas as regras constitucionais de cálculo de benefícios vigentes antes da EC nº 103/2019, conforme expusemos no subitem 4.4.2.2.

Exemplo 1. Odorico Paraguaçu ingressou no serviço público do **Estado T** em janeiro de 2020, como técnico em radiologia, com 30 anos de idade, após a publicação da EC nº 103/2019, tendo já 10 anos de contribuição ao RGPS, da época em que trabalhou na iniciativa privada. Com 60 anos de idade (idade mínima), em 2050, poderá requerer sua aposentadoria especial, quando terá 40 anos de contribuição, 30 anos de efetiva exposição a agentes nocivos devidamente comprovada, 30 anos de efetivo exercício de serviço público e no cargo em que se dará a aposentadoria. Para fins de cálculo de proventos, atribui-se ao cargo do servidor uma remuneração de R$ 2.600,00 e média das maiores remunerações correspondente a 80% do período contributivo no valor de R$ 1.960,00.

Odorico terá seus proventos corresponderão a 100% da média, conforme preceitua o art. 14 do Anexo IV da Portaria MTP nº 1.467/2022, no valor de R$ 1.960,00. O reajustamento dos proventos será conferido para preservar-lhes, em caráter permanente, o valor real, nos termos fixados pela legislação do ente federativo.

Exemplo 2. Judiceia Cajazeira ingressou no serviço público do **Estado Z** em abril de 2020, como técnica em enfermagem, com 38 anos de idade, após a publicação da EC nº 103/2019. Com 63 anos idade, em 2045, poderá requerer sua aposentadoria especial, quando terá 25 anos de contribuição e 25 anos de efetiva exposição a agentes nocivos devidamente comprovada, além de 25 anos de efetivo exercício de serviço público e no cargo em que se dará a aposentadoria. Para fins de cálculo de proventos, atribui-se ao cargo da servidora uma remuneração de R$ 2.600,00 e média das maiores remunerações correspondente a 80% do período contributivo no valor de R$ 1.960,00.

Judiceia terá seus proventos corresponderão a 100% da média, conforme preceitua o art. 14 do Anexo IV da Portaria MTP nº 1.467/2022, no valor de R$ 1.960,00. O reajustamento dos proventos será conferido para preservar-lhes, em caráter permanente, o valor real, nos termos fixados pela legislação do ente federativo.

4.5 APOSENTADORIA ESPECIAL DO PROFESSOR DA EDUCAÇÃO BÁSICA

CR/88, com a redação conferida pela EC nº 103/2019

Art. 40 (...)

§ 4º É vedada a adoção de requisitos ou critérios diferenciados para concessão de benefícios em regime próprio de previdência social, ressalvado o disposto nos §§ 4º-A, 4º-B, 4º-C e 5º.

(...)

§ 5º Os ocupantes do cargo de professor terão idade mínima reduzida em 5 (cinco) anos em relação às idades decorrentes da aplicação do disposto no inciso III do § 1º, desde que comprovem tempo de efetivo exercício das funções de magistério na educação infantil e no ensino fundamental e médio fixado em lei complementar do respectivo ente federativo.

Preliminarmente, faz-se necessário esclarecer, com esteio no § 2º do art. 67 da Lei nº 9.394, de 20 de dezembro de 1996, que funções de magistério são aquelas exercidas pelo servidor que ocupa cargo de professor, no desempenho de atividades educativas, em estabelecimento de educação básica, a qual abrange a educação infantil e o ensino fundamental e médio, em seus diversos níveis e modalidades. Além do exercício de docência, também são consideradas como de magistério as funções de direção de unidade escolar e as de coordenação e assessoramento pedagógico.

Pois bem. Antes da EC nº 103/2019, o professor que comprovasse exclusivamente tempo de efetivo exercício das funções de magistério na educação básica fazia jus a critérios diferenciados de aposentadoria, com redução, em 5 anos, do tempo de contribuição e de idade exigidos para a regra de aposentadoria voluntária. Assim, uma professora com 50 anos de idade e 25 anos de contribuição e de efetivo exercício das funções de magistério poderia aposentar-se com direito a proventos calculados pela integralidade da média (100%).

Com a nova redação do § 5º do art. 40 da CR/88, mantém-se a aposentadoria especial do professor, com critérios diferenciados **apenas na idade**, que deverá ser reduzida em 5 anos em relação às idades mínimas estabelecidas pela regra da aposentadoria voluntária.

Ao contrário das outras aposentadorias especiais previstas nos §§ 4º-A, 4º-B e 4º-C do art. 40 da CR/88, que poderão ser instituídas por lei complementar dos entes federados, a aposentadoria especial do professor **deve** ser concedida pela União, pelos Estados, pelo DF e pelos Municípios a seus professores. Isso porque o verbo empregado não deixa dúvidas quanto à existência do direito subjetivo desses profissionais da educação básica, para os quais o legislador reformador estabeleceu que eles "terão" idade mínima reduzida em 5 anos.

4.5.1 A aposentadoria especial do professor da educação básica da União e dos professores dos entes que adotaram regras idênticas às do RPPS da União

Para o professor da educação básica da União, enquanto não editada lei federal, valerá o disposto no art. 10 da EC nº 103/2019, a saber:

EC nº 103/2019

Art. 10. Até que entre em vigor lei federal que discipline os benefícios do regime próprio de previdência social dos servidores da União, aplica-se o disposto neste artigo.

(...)

§ 2º Os servidores públicos federais com direito a idade mínima ou tempo de contribuição distintos da regra geral para concessão de aposentadoria na forma dos §§ 4º-B, 4º-C e 5º do art. 40 da Constituição Federal poderão aposentar-se, observados os seguintes requisitos:

(...)

III – o titular do cargo federal de professor, aos 60 (sessenta) anos de idade, se homem, aos 57 (cinquenta e sete) anos, se mulher, com 25 (vinte e cinco) anos de contribuição exclusivamente em efetivo exercício das funções de magistério na educação infantil e no ensino fundamental e médio, 10 (dez) anos de efetivo exercício de serviço público e 5 (cinco) anos no cargo efetivo em que for concedida a aposentadoria, para ambos os sexos.

(...)

§ 4º Os proventos das aposentadorias concedidas nos termos do disposto neste artigo serão apurados na forma da lei.

Importante dizer que, para o professor federal que já cumpriu os requisitos de aposentadoria diferenciados da regra anteriormente vigente, foi assegurado o direito de aposentadoria especial com base nessa mesma regra (direito adquirido), além de terem sido instituídas regras de transição para aqueles professores que expectavam se aposentar pela regra do § 5º do art. 40 da CR/88, então vigente, a serem vistas em capítulo específico.

Assim, o disposto no inciso III do § 2º do art. 10 da EC nº 103/2019 só se aplica aos professores federais que ingressaram no serviço público federal **após** 13 de novembro de 2019, data de publicação da EC nº 103/2019, ou que, tendo ingressado antes, façam opção por essa regra. Esse dispositivo também se aplica ao professor que ingressou no serviço público do ente subnacional após a publicação da legislação que adotou regras previdenciárias idênticas às do RPPS da União ou, tendo ingressado antes, faça opção pela nova regra.

4.5.1.1 A aposentadoria especial do professor na Portaria MTP nº 1.467/2022

O Anexo I da Portaria MTP nº 1.467/2022 (o qual estabelece normas para a concessão dos benefícios pelo RPPS da União[55] e pelos RPPS que adotarem as mesmas regras estabelecidas para os servidores federais) traz idêntica regra para a aposentadoria especial do professor. Vejamos:

Portaria MTP nº 1.467/2022 – Anexo I

Art. 2º O segurado com direito a idade mínima ou tempo de contribuição distintos da regra geral para concessão de aposentadoria estabelecida no inciso I do caput do art. 1ª, na forma dos §§ 4ª-A, 4ª-B, 4ª-C e 5ª do art. 40 da Constituição Federal, poderão aposentar-se, observados, exclusivamente, os seguintes requisitos:

(...)

IV – o titular do cargo de professor, aos 60 (sessenta) anos de idade, se homem, aos 57 (cinquenta e sete) anos, se mulher, com 25 (vinte e cinco) anos de contribuição exclusivamente em efetivo exercício das funções de magistério na educação infantil e no ensino fundamental e médio, 10 (dez) anos de efetivo exercício de serviço público e 5 (cinco) anos no cargo efetivo em que for concedida a aposentadoria, para ambos os sexos.

55. Destacamos a edição da Portaria SGP/SEDGG/ME nº 10.360, de 6 de dezembro de 2022, que estabelece orientação aos órgãos e entidades do Sistema de Pessoal Civil da Administração Pública Federal (Sipec), acerca da concessão, manutenção e pagamento dos benefícios de aposentadoria no âmbito do RPPS da União, dispondo em seu art. 43 sobre a aposentadoria do servidor ocupante do cargo de professor.

Para esses servidores, enquanto não editada lei federal para regular a aposentadoria especial do professor, valerá o disposto no art. 10, § 2º, III, da EC nº 103/2019 e no art. 2º do Anexo I da Portaria MTP nº 1.4467/2022, que exigem:

a) 60 anos de idade, se homem, e 57 anos, se mulher;
b) 25 anos de contribuição;
c) 25 anos de efetivo exercício das funções de magistério na educação infantil e no ensino fundamental e médio;
d) 10 anos de efetivo exercício de serviço público; e
e) 5 anos no cargo efetivo em que for concedida a aposentadoria.

Ao cumprir esses requisitos mínimos, o servidor que exerce função de magistério na educação infantil e no ensino fundamental e médio poderá solicitar sua aposentadoria. Os proventos serão calculados nos termos no art. 26 da EC nº 103/2019. Lembramos que essas regras são também aplicadas aos professores dos entes que adotaram regras idênticas às do RPPS da União.

4.5.1.2 Cálculo e reajuste dos proventos

Para esse tipo de aposentadoria especial, os proventos dos servidores federais e dos servidores dos entes que adotaram as mesmas regras do RPPS da União serão calculados nos termos do art. 26 da EC nº 103/2019, que determina:

EC nº 103/2019

Art. 26. Até que lei discipline o cálculo dos benefícios do regime próprio de previdência social da União e do Regime Geral de Previdência Social, será utilizada a média aritmética simples dos salários de contribuição e das remunerações adotados como base para contribuições a regime próprio de previdência social e ao Regime Geral de Previdência Social, ou como base para contribuições decorrentes das atividades militares de que tratam os arts. 42 e 142 da Constituição Federal, atualizados monetariamente, correspondentes a 100% (cem por cento) do período contributivo desde a competência julho de 1994 ou desde o início da contribuição, se posterior àquela competência.

§ 1º A média a que se refere o *caput* será limitada ao valor máximo do salário de contribuição do Regime Geral de Previdência Social para os segurados desse regime e para o servidor que ingressou no serviço público em cargo efetivo após a implantação do regime de previdência complementar ou que tenha exercido a opção correspondente, nos termos do disposto nos §§ 14 a 16 do art. 40 da Constituição Federal.

§ 2º O valor do benefício de aposentadoria corresponderá a 60% (sessenta por cento) da média aritmética definida na forma prevista no *caput* e no § 1º, com acréscimo de 2% (dois por cento) para cada ano de contribuição que exceder o tempo de 20 (vinte) anos de contribuição no caso:

(...)

II – do § 4º do art. 10, ressalvado o disposto no inciso II do § 3º e no § 4º;

(...)

§ 6º Poderão ser excluídas da média as contribuições que resultem em redução do valor do benefício, desde que mantido o tempo mínimo de contribuição exigido, vedada a utilização do tempo excluído para qualquer finalidade, inclusive para o acréscimo a que se referem os §§ 2º e 5º, para a averbação em outro regime previdenciário ou para a obtenção dos proventos de inatividade de que tratam os arts. 42 e 142 da Constituição Federal.

§ 7º Os benefícios calculados nos termos do disposto neste artigo serão reajustados nos termos estabelecidos para o Regime Geral de Previdência Social.

Com o novo regramento dado pela EC nº 103/2019, os proventos da aposentadoria especial do professor serão calculados nos termos do § 2º do art. 26 da mencionada

Emenda, correspondentes a 60% da média aritmética, com acréscimo de 2 pontos percentuais para cada ano de contribuição que exceder o tempo de 20 anos de contribuição, observado o limite máximo de pagamento de benefícios do RGPS, caso o servidor tenha ingressado no serviço público da União após a instituição do regime de previdência complementar ou tenha feito opção por esse regime.

Exemplifiquemos com um professor federal, 61 anos de idade, 35 anos de contribuição, 25 anos de serviço público dedicado exclusivamente à função de magistério da educação básica. Como cumpre os requisitos temporais mínimos exigidos pelo inciso III do § 2º do art. 10 da EC nº 103/2019, faz jus à aposentadoria especial, cujos proventos serão calculados nos termos dos §§ 1º e 2º do art. 26, a saber:

Tempo de contribuição	Percentual da média
30 anos	80%
31 anos	82%
....	....
35 anos	90%

Os proventos desse servidor corresponderão a 90% da média, referente a todo o período contributivo, observado o limite máximo de pagamento de benefícios do RGPS, se tiver ingressado no serviço público federal após a criação do regime de previdência complementar ou se a ele tiver feito opção.

O Anexo I da Portaria MTP nº 1.467/2022, em seu art. 9º, reproduz as regras do art. 26 da EC nº 103/2019.

O reajustamento dos proventos será conferido para preservar-lhes, em caráter permanente, o valor real, nos termos fixados para o RGPS, conforme determinação do § 7º do art. 26 da EC 103/2019.

4.5.2 A aposentadoria especial do professor da educação básica dos entes federativos que não modificaram sua legislação

Vimos que o art. 10 da EC nº 103/2019 estabelece regras provisórias para o professor da educação básica federal enquanto não for editada lei disciplinadora dos benefícios do RPPS da União. Para os servidores dos demais entes federativos que não modificaram sua legislação, esse mesmo artigo dispõe o seguinte:

EC nº 103/2019

Art. 10. (...)

(...)

§ 7º Aplicam-se às aposentadorias dos servidores dos Estados, do Distrito Federal e dos Municípios as normas constitucionais e infraconstitucionais anteriores à data de entrada em vigor desta Emenda Constitucional, enquanto não promovidas alterações na legislação interna relacionada ao respectivo regime próprio de previdência social.

A Portaria MTP nº 1.467/2022 traz disposição semelhante:

> **Portaria MTP nº 1.467/2022**
>
> Art. 159 (...)
>
> (...)
>
> § 2º Aplicam-se às aposentadorias dos segurados dos RPPS dos Estados, do Distrito Federal e dos Municípios e às pensões concedidas aos dependentes desses segurados, as normas constitucionais e infraconstitucionais anteriores à data de entrada em vigor da Emenda Constitucional n° 103, de 2019, inclusive os arts. 1º e 2º da Lei nº 10.887, de 18 de junho de 2004, enquanto não promovidas alterações na legislação do respectivo RPPS, conforme § 1º, devendo ser observado o disposto no Anexo II.

A aposentadoria especial do professor da educação básica da rede pública de ensino possuía eficácia plena, pois não dependia de lei complementar federal para regular sua aplicação.

Dessa forma, antes da EC nº 103/2019, todos os entes federativos concediam aposentadoria com critérios diferenciados de idade e tempo de contribuição para os professores da educação básica, com fundamento no § 5º do art. 40 da CR/88, com a redação anterior à mencionada Emenda.

Com a EC nº 103/2019, os entes passaram a ter autonomia para regular, mediante lei complementar, as regras de acesso para as aposentadorias de seus servidores, bem como, mediante lei, as normas estabelecedoras da forma de cálculo dos benefícios previdenciários.

O § 7º do art. 10 da mencionada Emenda e o § 2º do art. 159 da Portaria MTP nº 1.467/2022 vêm esclarecer que, enquanto os Estados, o DF e os Municípios não alterarem sua legislação, ela continua sendo aplicada aos servidores. Assim sendo, para a aposentadoria voluntária do professor da educação básica estadual, distrital ou municipal, aplicam-se as regras vigentes antes da EC nº 103/2019, que contemplam três situações distintas, a depender da data de ingresso do professor no serviço público:

a) **Até 16 de dezembro de 1998, data de publicação da EC nº 20/1998**: regras de transição do art. 2º da EC nº 41/2003 ou do art. 3º da EC nº 47/2005.

b) **Após 16 de dezembro de 1998, data de publicação da EC nº 20/1998, e até 31 de dezembro de 2003, data de publicação da EC nº 41/2003**: regra de transição do art. 6º da EC nº 41/2003.

c) **Após 31 de dezembro de 2003, data de publicação da EC nº 41/2003**: art. 40 da CR/88, com a redação conferida por essa Emenda.

Ressaltamos que o professor que cumpriu os requisitos de acesso a alguma delas, pode, a qualquer tempo, exercer o seu direito, em função do princípio do direito adquirido.

4.5.2.1 *Aposentadoria voluntária dos professores da educação básica dos Estados, do DF e dos Municípios que ingressaram no serviço público após 31 de dezembro de 2003*

CR/88, com a redação anterior à EC nº 103/2019

Art. 40 (...)

§ 1º Os servidores abrangidos pelo regime de previdência de que trata este artigo serão aposentados, calculados os seus proventos a partir dos valores fixados na forma dos §§ 3º e 17:

(...)

III – voluntariamente, desde que cumprido tempo mínimo de dez anos de efetivo exercício no serviço público e cinco anos no cargo efetivo em que se dará a aposentadoria, observadas as seguintes condições:

a) sessenta anos de idade e trinta e cinco de contribuição, se homem, e cinquenta e cinco anos de idade e trinta de contribuição, se mulher.

b) sessenta e cinco anos de idade, se homem, e sessenta anos de idade, se mulher, com proventos proporcionais ao tempo de contribuição

(...)

§ 3º Para o cálculo dos proventos de aposentadoria, por ocasião da sua concessão, serão consideradas as remunerações utilizadas como base para as contribuições do servidor aos regimes de previdência de que tratam este artigo e o art. 201, na forma da lei.

(...)

§ 5º Os requisitos de idade e de tempo de contribuição serão reduzidos em cinco anos em relação ao disposto no § 1º, III, a, para o professor que comprove exclusivamente tempo de efetivo exercício das funções de magistério na educação infantil e no ensino fundamental e médio.

(...)

§ 8º É assegurado o reajustamento dos benefícios para preservar-lhes, em caráter permanente, o valor real, conforme critérios estabelecidos em lei.

(...)

§ 17. Todos os valores de remuneração considerados para o cálculo do benefício previsto no § 3º serão devidamente atualizados, na forma da lei.

(g.n.)

A aposentadoria por tempo de contribuição com idade mínima será concedida ao professor com 30 anos de contribuição e 55 anos de idade e à professora com 50 anos de idade e 25 anos de contribuição e, em ambos os casos, 25 anos de efetivo exercício das funções de magistério na educação infantil e no ensino fundamental e médio, cumpridos, pelo menos, 10 anos de efetivo exercício no serviço público e 5 anos no cargo em que se dará a aposentação, com proventos correspondentes à integralidade (100%) da média de remunerações e dos salários que serviram de base para a contribuição previdenciária.

Tomemos como exemplo uma professora do ensino médio que ingressou no serviço público do **Estado B** em janeiro de 2005, portanto, depois da publicação da EC nº 41/2003. Esse Estado, após a publicação da EC nº 103/2019, **não modificou sua legislação interna**, estando ela ainda vigente para os servidores. Pois bem, essa professora, em janeiro de 2025, resolve requerer sua aposentadoria com 51 anos de idade, 27 anos de contribuição e de efetivo exercício de magistério, 20 anos no cargo e no serviço público. Como satisfaz os requisitos mínimos temporais exigidos pela alínea "a" do inciso III do § 1º do art. 40, combinado com o § 5º desse mesmo artigo da CR/88, com a redação conferida pela EC nº 41/2003, ser-lhe-á concedida a aposentadoria prevista nessas normas, com proventos correspondentes à integralidade da média[56] de remunerações e dos salários que serviram de base para a contribuição previdenciária.

Já a aposentadoria por idade **não será** concedida ao professor com requisitos diferenciados, porquanto o § 5º do art. 40 só os prevê para a aposentadoria voluntária prevista na alínea "a" do inciso III do § 1º do art. 40 da CR/88.

Para a aposentadoria especial do professor, vigora o disposto no § 8º do art. 40, que assegura o reajustamento dos benefícios para preservar-lhes, em caráter permanente, o valor real, conforme critérios estabelecidos em lei do ente federado.

4.5.2.2 Aposentadoria voluntária dos professores da educação básica dos Estados, do DF e dos Municípios que ingressaram no serviço público após 16 de dezembro de 1998 e até 31 de dezembro de 2003

Esses professores, além de poderem se aposentar pelas regras de aposentadoria voluntária comentadas no tópico anterior, podem requerer sua aposentadoria com esteio na regra de transição prevista no art. 6º da EC nº 41/2003, a saber:

EC nº 41/2003

Art. 6º Ressalvado o direito de opção à aposentadoria pelas normas estabelecidas pelo art. 40 da Constituição Federal ou pelas regras estabelecidas pelo art. 2º desta Emenda, o servidor da União, dos Estados, do Distrito Federal e dos Municípios, incluídas suas autarquias e fundações, que tenha ingressado no serviço público até a data de publicação desta Emenda poderá aposentar-se com proventos integrais, que corresponderão à totalidade da remuneração do servidor no cargo efetivo em que se der a aposentadoria, na forma da lei, quando, observadas as reduções de idade e tempo de contribuição contidas no *§ 5º do art. 40 da Constituição Federal*, vier a preencher, cumulativamente, as seguintes condições:

I – sessenta anos de idade, se homem, e cinquenta e cinco anos de idade, se mulher;

II – trinta e cinco anos de contribuição, se homem, e trinta anos de contribuição, se mulher;

III – vinte anos de efetivo exercício no serviço público; e

IV – dez anos de carreira e cinco anos de efetivo exercício no cargo em que se der a aposentadoria.

Art. 7º Observado o disposto no art. 37, XI, da Constituição Federal, os proventos de aposentadoria dos servidores públicos titulares de cargo efetivo e as pensões dos seus dependentes pagos pela União, Estados, Distrito Federal e Municípios, incluídas suas autarquias e fundações, em fruição na data de publicação desta Emenda, bem como os proventos de aposentadoria dos servidores e as pensões dos dependentes abrangidos pelo art. 3º desta Emenda, serão revistos na mesma proporção e na mesma data, sempre que se modificar a remuneração dos servidores em atividade, sendo também estendidos aos aposentados e pensionistas quaisquer benefícios ou vantagens posteriormente concedidos aos servidores em atividade, inclusive quando decorrentes da transformação ou reclassificação do cargo ou função em que se deu a aposentadoria ou que serviu de referência para a concessão da pensão, na forma da lei.

EC nº 47/2005

Art. 2º Aplica-se aos proventos de aposentadorias dos servidores públicos que se aposentarem na forma do caput do art. 6º da Emenda Constitucional nº 41, de 2003, o disposto no art. 7º da mesma Emenda.

(...)

Art. 5º Revoga-se o parágrafo único do art. 6º da Emenda Constitucional nº 41, de 19 de dezembro de 2003. (g.n.)

Essa regra veio contemplar a situação dos servidores que ingressaram no serviço público na vigência da EC nº 20/1998, que assegurava regra de cálculo dos proventos

56. Média correspondente a 80% (oitenta por cento) de todo o período contributivo desde a competência julho de 1994 ou desde a do início da contribuição, se posterior àquela competência.

com direito à integralidade da última remuneração do servidor em atividade e com direito à paridade dos proventos de aposentadoria.

Como os professores expectavam se aposentar com esses direitos aos 55 anos de idade e 30 de contribuição, se homem, e aos 50 anos de idade e 25 de contribuição, se mulher, o legislador constituinte reformador de 2003 reconheceu essa expectativa, atribuindo-lhes uma regra de transição com direito à integralidade da última remuneração e à paridade dos proventos. Para tanto, o tempo mínimo de serviço público, em vez dos 10 anos exigidos, passou a ser o dobro, ou seja, 20 anos.

Importante mencionar que o parágrafo único do art. 6º da EC nº 41/2003 assegurava o reajustamento dos proventos na mesma proporção e na mesma data em que se modificasse a remuneração dos servidores em atividade, "na forma da lei", o que não assegurava a denominada paridade plena. A EC nº 47/2005 revogou o mencionado parágrafo único do art. 6º e, em seu art. 2º, passou a prever a aplicação do art. 7º da EC nº 41/2003 para a atualização dos proventos dessa regra de transição.

Ilustremos com uma professora do ensino fundamental que ingressou no serviço público do **Estado B** em novembro de 2000, portanto, durante a vigência da EC nº 20/1998. Esse Estado, após a publicação da EC nº 103/2019, **não modificou sua legislação interna**, estando ela ainda vigente para os servidores. Pois bem, essa professora, em novembro de 2020, resolveu requerer sua aposentadoria com 53 anos de idade, 25 de contribuição, 20 anos no cargo, na carreira e no serviço público. Como satisfez os requisitos mínimos temporais exigidos pelo art. 6º da EC nº 41/2003, foi-lhe concedida a aposentadoria prevista nessa norma, com proventos correspondentes à integralidade da última remuneração e com paridade plena com os servidores da ativa.

4.5.2.3 Aposentadoria voluntária dos professores da educação básica dos Estados, do DF e dos Municípios que ingressaram no serviço público até de 16 de dezembro de 1998

Esses servidores, além de poderem se aposentar pelas regras de aposentadoria voluntária do § 1º do art. 40, com a redação conferida pela EC nº 41/2003, e pela regra de transição do art. 6º dessa Emenda, também podem requerer sua aposentadoria com esteio nas seguintes regras:

EC nº 41/2003

Art. 2º Observado o disposto no art. 4º da Emenda Constitucional nº 20, de 15 de dezembro de 1998, é assegurado o direito de opção pela aposentadoria voluntária com proventos calculados de acordo com o art. 40, §§ 3º e 17, da Constituição Federal, àquele que tenha ingressado regularmente em cargo efetivo na Administração Pública direta, autárquica e fundacional, até a data de publicação daquela Emenda, quando o servidor, cumulativamente:

I – tiver cinquenta e três anos de idade, se homem, e quarenta e oito anos de idade, se mulher;

II – tiver cinco anos de efetivo exercício no cargo em que se der a aposentadoria;

III – contar tempo de contribuição igual, no mínimo, à soma de:

a) trinta e cinco anos, se homem, e trinta anos, se mulher; e

b) um período adicional de contribuição equivalente a vinte por cento do tempo que, na data de publicação daquela Emenda, faltaria para atingir o limite de tempo constante da alínea a deste inciso.

§ 1º O servidor de que trata este artigo que cumprir as exigências para aposentadoria na forma do *caput* terá os seus proventos de inatividade reduzidos para cada ano antecipado em relação aos limites de idade estabelecidos pelo art. 40, § 1º, III, a, e § 5º da Constituição Federal, na seguinte proporção:

I – três inteiros e cinco décimos por cento, para aquele que completar as exigências para aposentadoria na forma do *caput* até 31 de dezembro de 2005;

II – cinco por cento, para aquele que completar as exigências para aposentadoria na forma do *caput* a partir de 1º de janeiro de 2006.

(...)

§ 6º Às aposentadorias concedidas de acordo com este artigo aplica-se o disposto no art. 40, § 8º, da Constituição Federal.

EC nº 47/2005

Art. 3º Ressalvado o direito de opção à aposentadoria pelas normas estabelecidas pelo art. 40 da Constituição Federal ou pelas regras estabelecidas pelos arts. 2º e 6º da Emenda Constitucional nº 41, de 2003, o servidor da União, dos Estados, do Distrito Federal e dos Municípios, incluídas suas autarquias e fundações, que tenha ingressado no serviço público até 16 de dezembro de 1998 poderá aposentar-se com proventos integrais, desde que preencha, cumulativamente, as seguintes condições:

I – trinta e cinco anos de contribuição, se homem, e trinta anos de contribuição, se mulher;

II – vinte e cinco anos de efetivo exercício no serviço público, quinze anos de carreira e cinco anos no cargo em que se der a aposentadoria;

III – idade mínima resultante da redução, relativamente aos limites do art. 40, § 1º, inciso III, alínea "a", da Constituição Federal, de um ano de idade para cada ano de contribuição que exceder a condição prevista no inciso I do *caput* deste artigo.

Parágrafo único. Aplica-se ao valor dos proventos de aposentadorias concedidas com base neste artigo o disposto no art. 7º da Emenda Constitucional nº 41, de 2003, observando-se igual critério de revisão às pensões derivadas dos proventos de servidores falecidos que tenham se aposentado em conformidade com este artigo. (g.n.)

Essas regras vieram contemplar a situação dos servidores que ingressaram no serviço público **até** 16 de dezembro de 1998, data de publicação da EC nº 20/1998, quando as aposentadorias, além de serem integrais (última remuneração) e com paridade, eram por tempo de serviço, sem idade mínima exigida dos servidores.

Como os servidores expectavam se aposentar com esses direitos, a EC nº 41/2003 reconheceu a expectativa, atribuindo-lhes uma regra de transição que lhes possibilitava se aposentar com idade inferior a 60 anos, se homem, e 55, se mulher, mas "pagando" um pedágio de contribuição e sem direito à integralidade e à paridade dos proventos de aposentadoria. Falamos da regra de transição prevista no art. 2º da EC nº 41/2003, por meio da qual o servidor que ingressou no serviço público dos Estados, do DF e dos Municípios **até** 16 de dezembro de 1998, data de publicação da EC nº 20/1998, pode se aposentar enquanto esses entes federativos não modificarem sua legislação interna. Para tanto, necessita cumprir, cumulativamente, os seguintes requisitos mínimos temporais:

a) 53 anos de idade, se homem, e 48 anos de idade, se mulher;

b) 35 anos de tempo de contribuição, se homem, e 30 anos, se mulher;

c) 5 anos de efetivo exercício no cargo em que se der a aposentadoria; e

d) período adicional de contribuição (pedágio) correspondente a 20% do tempo que, na data de publicação da EC 20/1998, faltaria para atingir o tempo mínimo de contribuição exigido dos servidores.

O "preço" a ser pago pelo professor da educação básica que desejar aposentar-se com menos idade é, além da perda do direito à integralidade da última remuneração e da paridade dos proventos, a redução dos proventos em 5% para cada ano antecipado em relação aos 50 anos de idade, se mulher, e 55 anos de idade, se homem, nos termos do § 1º do art. 2º da EC nº 41/2003.

Cumpre mencionar que a regra de transição prevista no art. 3º da EC nº 47/2005 aplica-se, também, aos professores, não lhes sendo, contudo, assegurada nenhuma redução com relação aos requisitos por ela exigidos.

O Anexo II da Portaria MTP nº 1.467/2022, que estabelece as normas relativas aos benefícios concedidos pelos RPPS dos entes federativos que não promoveram alterações na sua legislação previdenciária, reproduz as disposições constitucionais que acabamos de comentar[57].

4.5.3 Exemplos de aposentadoria especial do professor da União e dos professores dos entes que adotaram regras idênticas às do RPPS da União

Exemplo 1. Doroteia Cajazeira ingressou no serviço público federal em janeiro de 2020, com 25 anos de idade, como professora da educação básica, após a publicação da EC nº 103/2019 e depois da instituição do regime de previdência complementar da União, tendo já 5 anos de contribuição ao RGPS, da época em que trabalhou na iniciativa privada. Com 57 anos idade (idade mínima para a mulher), em 2052, com esteio no inciso III do § 2º do art. 10 da EC nº 103/2019, poderá requerer sua aposentadoria especial, quando terá 37 anos de contribuição, 32 anos de efetivo exercício das funções de magistério na educação básica, 32 anos de efetivo exercício de serviço público e no cargo efetivo em que se dará a aposentadoria. Para fins de cálculo de proventos, atribui-se ao cargo da servidora uma remuneração de R$ 4.600,00 e média de R$ 3.400,00, correspondente a todo o período contributivo.

a) Tempo de contribuição

Tempo de contribuição	Percentual da média
25 anos	70 %
....	....
30 anos	80 %
....	....
35 anos	90%
....	....
37 anos	94%

b) Valor da média: R$ 3.400,00

c) Percentual aplicado ao valor da média: 94% (0,94) x 3.400 = R$ 3.196,00

57. Confira o disposto nos seguintes dispositivos do Anexo II da Portaria MTP nº 1.467/2022: art. 2º, III; arts. 7º, 8º, 10 e 11.

Os proventos dessa servidora corresponderão, assim, a 94% da média, o que resultará num valor de R$ 3.196,00. O reajustamento dos proventos será conferido para preservar-lhes, em caráter permanente, o valor real, nos termos fixados para o RGPS.

Exemplo 2. Dirceu Borboleta ingressou no serviço público federal em janeiro de 2020, com 20 anos de idade, como professor da educação básica, após a publicação da EC nº 103/2019 e depois da instituição do regime de previdência complementar da União. Com 60 anos idade (idade mínima para o homem), em 2060, com esteio no inciso III do § 2º do art. 10 da EC nº 103/2019, poderá requerer sua aposentadoria especial, quando terá 40 anos de contribuição, 40 anos de efetivo exercício das funções de magistério na educação básica, 40 anos de efetivo exercício de serviço público e no cargo efetivo em que se dará a aposentadoria. Para fins de cálculo de proventos, atribui-se ao cargo do servidor uma remuneração de R$ 4.600,00 e média de R$ 3.400,00, correspondente a todo o período contributivo.

a) Tempo de contribuição

Tempo de contribuição	Percentual da média
25 anos	70 %
....	....
30 anos	80 %
....	....
35 anos	90%
....	....
40 anos	100%

b) Valor da média: R$ 3.400,00

c) Percentual aplicado ao valor da média: 100% = R$ 3.400,00

Os proventos desse servidor corresponderão, assim, a 100% da média, o que resultará num valor de R$ 3.400,00. O reajustamento dos proventos será conferido para preservar-lhes, em caráter permanente, o valor real, nos termos fixados para o RGPS.

4.5.4 Exemplos de aposentadoria voluntária do professor dos entes federativos que não modificaram sua legislação

Exemplo 1. Dulcineia Cajazeira ingressou no **Estado T** em janeiro de 2005, portanto, depois da publicação da EC nº 41/2003, com 22 anos de idade, como professora do ensino médio da rede pública estadual. Com 50 anos idade (idade mínima para a mulher), em 2033, com esteio no § 7º do art. 10 da EC nº 103/2019, combinado com o § 5º do art. 40 da CR/88, com a redação conferida pela EC nº 41/2003, poderá requerer sua aposentadoria especial, quando terá 28 anos de contribuição e de efetivo exercício das funções de magistério na educação básica, além de 28 anos de efetivo exercício de serviço público e no cargo efetivo em que se dará a aposentadoria. Para fins de cálculo de proventos, atribui-se ao cargo da servidora uma remuneração de R$ 3.600,00 e média de R$ 2.400,00.

Seus proventos corresponderão à integralidade da média[58], ou seja, a R$ 2.400,00, e serão reajustados para preservar-lhes, em caráter permanente, o valor real, nos termos fixados na lei estadual.

Exemplo 2. Neco Pedreira ingressou no serviço público do **Município B** em novembro de 2000, portanto, durante a vigência da EC nº 20/1998, com 25 anos de idade, como professor do ensino fundamental da rede pública municipal. Com 55 anos idade (idade mínima para o homem), em 2030, com esteio no § 7º do art. 10 da EC nº 103/2019, combinado com o art. 6º da EC nº 41/2003, poderá requerer sua aposentadoria especial, quando terá 30 anos de contribuição e de efetivo exercício das funções de magistério na educação básica, além de 30 anos de efetivo exercício de serviço público, na carreira e no cargo efetivo em que se dará a aposentadoria. Para fins de cálculo de proventos, atribui-se ao cargo do servidor uma remuneração de R$ 2.600,00.

Seus proventos corresponderão à integralidade da última remuneração do cargo, ou seja, a R$ 2.600,00 e com paridade plena com os servidores da ativa.

58. Média aritmética simples das maiores remunerações ou salários de contribuição, corrigidos monetariamente, correspondentes a 80% do período contributivo.

Capítulo 5

PENSÃO POR MORTE DOS SEGURADOS DO RPPS

Neste capítulo, veremos como a EC nº 103/2019 modificou as regras da pensão por morte do segurado dos RPPS da União, dos Estados, do DF e dos Municípios. Assim como fez com as aposentadorias, a Emenda promoveu a desconstitucionalização normativa, atribuindo a cada ente federativo autonomia para disciplinar, em lei própria, os critérios e a forma de cálculo desse benefício previdenciário.

Distinguiremos a situação do segurado do RPPS da União, para os quais a EC nº 103/2019 estabeleceu normas provisórias, da situação do segurado do RPPS dos entes federativos que não modificaram sua legislação previdenciária. Para os segurados do RPPS dos entes que modificaram a legislação de forma idêntica à da União, aplicam-se-lhes as mesmas disposições constantes das seções deste livro voltadas ao servidor público federal, com a vigência estabelecida na lei do ente subnacional.

Conheceremos o sistema de cotas trazido pelo legislador constituinte derivado para o cálculo da pensão devida ao beneficiário do RPPS da União (e dos entes que adotaram as mesmas regras previdenciárias federais) e a situação dos beneficiários do RPPS dos entes federativos que não modificaram sua legislação.

5.1 HISTÓRICO E FUNDAMENTO CONSTITUCIONAL

> **CR/88, com a redação conferida pela EC nº 103/2019**
>
> Art. 40. (...)
>
> § 7º Observado o disposto no § 2º do art. 201, quando se tratar da única fonte de renda formal auferida pelo dependente, o benefício de pensão por morte será concedido nos termos de lei do respectivo ente federativo, a qual tratará de forma diferenciada a hipótese de morte dos servidores de que trata o § 4º-B decorrente de agressão sofrida no exercício ou em razão da função.

A pensão por morte é um benefício previdenciário de risco ou não programável, uma vez que não se pode precisar o momento a partir do qual a morte ocorrerá e, consequentemente, quando a pensão será concedida. Trata-se de benefício a ser concedido aos dependentes do segurado, a fim de que sua família possa ter meios de subsistência após sua morte, mediante reposição de renda, que pode ser total ou parcial, ou seja, pode corresponder à totalidade dos proventos ou da remuneração do servidor ou equivaler a um percentual do valor que este recebia quando estava vivo.

O direito à pensão por morte configura-se na data do óbito do segurado, sendo o benefício concedido, calculado e revisto com base na legislação vigente nessa data.

Em nosso país, antes de entrar em vigor a EC nº 41/2003, publicada em 31 de dezembro de 2003, a pensão por morte do RPPS era integral, ou seja, correspondia ao valor integral dos proventos ou da remuneração do servidor público. A partir da vigência da mencionada Emenda, a pensão deixou de ser integral para os pensionistas dos servidores que ganhavam acima do teto do RGPS (R$ 8.157,41, referente ao ano de 2025), passando a incidir um redutor de 30% sobre o excedente desse valor[1].

Sobre o reajustamento da pensão por morte, antes da vigência da EC nº 41/03, as pensões eram concedidas com paridade plena, isto é, o pensionista fazia jus a receber o benefício correspondente ao mesmo valor que o servidor estaria recebendo se vivo estivesse. Os óbitos ocorridos após essa Emenda passaram a gerar pensões sem paridade, com reajuste anual, estabelecido em lei, para assegurar o valor real do benefício.

Ressaltamos que, antes da vigência da EC nº 103/2019, a forma de cálculo da pensão era trazida no próprio texto da CR/88, sendo idêntica para todos os entes federativos, que não podiam dispor de forma diferente do estabelecido (integral até o teto do RGPS, com incidência do redutor de 30% sobre o excedente desse valor). Com a entrada em vigor da Emenda, os entes passaram a ter autonomia para regular, em lei, a concessão desse benefício previdenciário de risco, devendo observar apenas os seguintes balizamentos: (1) não deve ser inferior a um salário-mínimo, quando se tratar da única fonte de renda formal auferida pelo dependente[2]; (2) deve tratar de forma diferenciada a hipótese de morte dos policiais federais, civis, rodoviários e ferroviários federais, policiais da Polícia Legislativa do Congresso Nacional e agentes penitenciários e socioeducativos, quando decorrente de agressão sofrida no exercício ou em razão da função; e (3) em caso de óbito de segurado em exercício de cargos acumuláveis ou que acumulava proventos ou remuneração com proventos decorrentes de cargos acumuláveis, o cálculo da pensão por morte será feito individualmente, por cargo ou provento[3].

Para os segurados do RPPS da União, todavia, a EC nº 103/2019 trouxe regras provisórias de pensão por morte, que vigorarão até que sobrevenha lei federal disciplinadora da matéria. As regras da mencionada Emenda também serão aplicadas aos segurados do RPPS dos entes que adotaram as mesmas regras dos servidores federais. Já para as pensões por morte dos segurados do RPPS dos entes que não modificaram sua legislação previdenciária, esta permanecerá lhes sendo aplicada.

5.2 PENSÃO POR MORTE DO SEGURADO DO RPPS DA UNIÃO E DO RPPS DOS ENTES QUE ADOTARAM AS MESMAS REGRAS DOS SERVIDORES FEDERAIS

Antes de verificarmos o novo regramento da pensão por morte do segurado do RPPS da União, esclarecemos que as pensões concedidas anteriormente à vigência da EC

1. CR/88, art. 40, § 7º, com redação anterior à EC nº 103/2019: "Lei disporá sobre a concessão do benefício de pensão por morte, que será igual: I – ao valor da totalidade dos proventos do servidor falecido, até o limite máximo estabelecido para os benefícios do regime geral de previdência social de que trata o art. 201, acrescido de setenta por cento da parcela excedente a este limite, caso aposentado à data do óbito; ou II – ao valor da totalidade da remuneração do servidor no cargo efetivo em que se deu o falecimento, até o limite máximo estabelecido para os benefícios do regime geral de previdência social de que trata o art. 201, acrescido de setenta por cento da parcela excedente a este limite, caso em atividade na data do óbito."
2. Quanto ao piso e ao teto da pensão por morte, sua aplicação considera o benefício total, antes de sua divisão em cota-partes aos beneficiários.
3. Nos termos do parágrafo único do art. 178 da Portaria MTP nº 1.467/2022.

nº 103/2019 **não serão** alcançadas pelas novas regras previdenciárias do servidor federal (ato jurídico perfeito). Os óbitos (fato gerador da pensão por morte) ocorridos antes da vigência dessa Emenda também não serão alcançados por ela, sendo-lhes aplicadas as regras constitucionais vigentes na ocasião do óbito, ainda que o requerimento da pensão tenha ocorrido durante a vigência da EC nº 103/2019 (direito adquirido). O art. 3º da Emenda é bastante claro ao estabelecer que:

> **EC nº 103/2019**
>
> Art. 3º A concessão de aposentadoria ao servidor público federal vinculado a regime próprio de previdência social e ao segurado do Regime Geral de Previdência Social e de pensão por morte aos respectivos dependentes será assegurada, a qualquer tempo, desde que tenham sido cumpridos os requisitos para obtenção desses benefícios até a data de entrada em vigor desta Emenda Constitucional, observados os critérios da legislação vigente na data em que foram atendidos os requisitos para a concessão da aposentadoria *ou* da pensão por morte.
>
> § 1º Os proventos de aposentadoria devidos ao servidor público a que se refere o *caput e as* pensões por morte devidas aos seus dependentes serão calculados e reajustados de acordo com a legislação em vigor à época em que foram atendidos os requisitos nela estabelecidos para a concessão desses benefícios. (g.n.)

Em relação aos entes federativos que adotaram as mesmas regras previdenciárias dos servidores federais, os óbitos (fato gerador da pensão por morte) ocorridos **antes** da vigência das alterações promovidas na lei previdenciária estadual, distrital ou municipal não serão alcançados pelo novo regramento, ainda que o requerimento da pensão tenha ocorrido durante a vigência da nova lei.

O Anexo I da Portaria MTP nº 1.467/2022[4], que estabelece normas para a concessão dos benefícios pelo RPPS da União e pelo RPPS dos entes que adotarem as mesmas regras estabelecidas para os servidores federais, reproduz a norma constitucional asseguradora do direito adquirido. Vejamos seu disciplinamento:

> **Portaria MTP nº 1.467/2022 – Anexo I**
>
> Art. 11. Aos segurados dos RPPS, é assegurada a concessão de aposentadoria e de pensão por morte a seus dependentes, a qualquer tempo, observados os critérios da legislação vigente na data em que foram atendidos os requisitos para a sua concessão, desde eu tenham ingressado no cargo efetivo no respectivo ente e cumpridos os requisitos para obtenção desses benefícios até:
>
> I – a data de entrada em vigor da Emenda Constitucional nº 103, de 2019, para os servidores da União; ou
>
> II – a data de entrada em vigor das alterações na legislação do RPPS dos servidores dos Estados, do Distrito Federal e dos Municípios, promovidas após a publicação dessa Emenda; (g.n.)
>
> (...)

5.2.1 Cotas familiares e individuais

> **EC nº 103/2019**
>
> Art. 23. A pensão por morte concedida a dependente de segurado do Regime Geral de Previdência Social ou de servidor público federal será equivalente a uma cota familiar de 50% (cinquenta por cento) do valor da aposentadoria recebida pelo segurado ou servidor ou daquela a que teria direito se fosse aposentado por incapacidade permanente na data do óbito, acrescida de cotas de 10 (dez) pontos percentuais por dependente, até o máximo de 100% (cem por cento).

4. Destacamos a edição da Portaria SGP/SEDGG/ME nº 4.645, de 24/05/2022, que estabelece orientação aos órgãos e entidades do Sistema de Pessoal Civil da Administração Pública Federal – Sipec, acerca da concessão e manutenção dos benefícios de pensão por morte no âmbito do RPPS da União.

Após 13 de novembro de 2019, data de entrada em vigor da EC nº 103/2019, a pensão por morte do segurado do RPPS da União passou a ser concedida por meio de cotas familiares e individuais, nos termos do *caput* do art. 23 dessa Emenda, segundo o qual o valor da pensão será correspondente a uma cota familiar de 50%, acrescida de cotas de 10 pontos percentuais por dependente, até o limite de 100%.

Assim, se o servidor ou o aposentado falecer e deixar um dependente, a pensão será correspondente a uma cota familiar de 50%, acrescida de uma cota individual de 10 pontos percentuais, totalizando 60% do valor dos proventos ou dos proventos a que teria direito o servidor ou o aposentado falecido.

Se o servidor deixar dois dependentes, à cota familiar de 50% acrescem-se duas cotas individuais (20 pontos percentuais), e, assim, sucessivamente, até chegar a um total de 100%, na hipótese de o segurado ter deixado cinco ou mais dependentes.

Uma vez achado o percentual da pensão por morte, de acordo com o número de dependentes, precisa-se fixar a base de cálculo sobre a qual incidirá esse percentual, a saber:

a) se o óbito ocorreu quando o servidor já estava aposentado, a base de cálculo será o valor de seus proventos; e

b) se o óbito ocorreu quando o servidor estava em atividade, a base de cálculo será o valor dos proventos aos quais faria jus se tivesse se aposentado por incapacidade permanente na data do óbito, a não ser que ele tenha cumprido os requisitos de alguma regra de aposentadoria voluntária ainda em atividade, situação em que, ante o princípio do direito adquirido, a base de cálculo será a dos proventos de aposentadoria voluntária[5].

O art. 10 do Anexo I da Portaria MTP nº 1.467/2022 reproduz a forma de cálculo do art. 23 da EC nº 103/2019 e estabelece:

Portaria MTP nº 1.467/2022 – Anexo I

Art. 10. Aos dependentes do segurado e aposentado do RPPS da União, falecido a partir da data de publicação da Emenda Constitucional nº 103, de 2019, e do segurado e do aposentado do RPPS do ente federativo, falecido a partir da data de entrada em vigor da norma que adotar as mesmas regras da União estabelecidas nessa Emenda, será concedido o benefício de pensão por morte, conforme o disposto nesta Seção.

§ 1º A pensão por morte será equivalente a uma cota familiar de 50% (cinquenta por cento) do valor da aposentadoria recebida pelo segurado ou daquela a que teria direito se fosse aposentado por incapacidade permanente na data do óbito, calculada conforme art. 9º, acrescida de cotas de 10 (dez) pontos percentuais por dependente, até o máximo de 100% (cem por cento).

§ 2º A pensão por morte, calculada conforme § 1º, será dividida em parte iguais entre os dependentes habilitados.

É importante mencionar que, quando houver ao menos um dependente para quem o benefício seja a única fonte de renda formal, o valor da pensão, calculada nos termos do art. 23 da EC nº 103/2029 e do art. 10 do Anexo I da Portaria MTP nº 1.467/2022, **antes do rateio entre os dependentes**, não poderá ser inferior ao salário-mínimo. É o que dispõe o § 11 do art. 10 do Anexo I da mencionada Portaria.

5. Esse entendimento consta no § 2º do art. 11 do Anexo I da Portaria MTP nº 1.467/2022, na seção que trata do Direito Adquirido: "O valor dos proventos de aposentadoria voluntária que seria devido ao segurado conforme o *caput* servirá de base para o cálculo da pensão por morte aos dependentes, no caso de o óbito sobrevir à aquisição do direito, mesmo que não tenha havido seu exercício".

5.2.2 Exemplos de cálculo da pensão por morte

Exemplo 1. Aposentado do RPPS da União falece deixando três dependentes: esposa e dois filhos menores. Recebia proventos de aposentadoria no valor de R$ 4.500,00.

a) Base de cálculo: R$ 4.500,00 (valor dos proventos)

b) Fixação das cotas (percentual): 50 % (cota familiar) + 30% (3 dependentes) = 80%

c) Valor da pensão por morte: 4.500 x 0,8 = R$ 3.600,00

d) Rateio por dependente: 3.600/3 = R$ 1.200,00

A pensão por morte será de R$ 3.600,00, cujo valor será rateado entre os três dependentes, resultando em R$ 1.200,00 para cada um.

Exemplo 2. Servidora do **Estado X**, que adotou as mesmas regras de pensão por morte do RPPS da União, falece em atividade, vítima de um infarto fulminante, tendo 29 anos de contribuição. Deixou como dependente apenas o marido. Sua remuneração era no valor de R$ 3.800,00 e a média das remunerações que serviram de base para a contribuição previdenciária foi de R$ 3.200,00, correspondente a todo o período contributivo.

a) Base de cálculo: valor dos proventos a que teria direito se se aposentasse por incapacidade permanente (inciso II do § 2º do art. 26 da EC 103/2019[6]), que corresponde a 78% da média, conforme quadro abaixo:

Tempo de contribuição	Percentual da média
20 anos	60 %
21 anos	62 %
22 anos	64%
....	....
29 anos	78%

b) Média das remunerações: R$ 3.200,00

c) Valor da base de cálculo: 3.200 x 0,78 = 2.496

d) Fixação das cotas (percentual): 50 % (cota familiar) + 10% (1 dependente) = 60%

e) Valor da pensão por morte: 2.496 x 0,6 = R$ 1.497,60

A pensão por morte a que fará jus o único dependente da segurada será de R$ 1.497,60.

6. EC nº 103/2019, art. 26: "§ 1ºA média a que se refere o *caput* será limitada ao valor máximo do salário de contribuição do Regime Geral de Previdência Social para os segurados deste regime e para o servidor que ingressou no serviço público em cargo efetivo após a implantação do regime de previdência complementar ou que tenha exercido a opção correspondente, nos termos do disposto nos §§ 14 a 16 do art. 40 da Constituição Federal.§ 2º O valor do benefício de aposentadoria corresponderá a 60% (sessenta por cento) da média aritmética definida na forma prevista no *caput* e no § 1º, com acréscimo de 2 (dois) pontos percentuais para cada ano de contribuição que exceder o tempo de 20 (vinte) anos de contribuição no caso: (...) II – do § 4º do art. 10, ressalvado o disposto no inciso II do § 3º e no § 4º".

Exemplo 3. Servidor falece em atividade, vítima de acidente de trabalho, com 20 anos de contribuição. Deixou dois dependentes. Embora percebesse remuneração no valor de 8.700,00, só contribuía até o teto do RGPS (R$ 8.157,41, referente ao ano de 2025), em virtude de ter ingressado no serviço público após a instituição da previdência complementar pela União[7]. Média de R$ 5.200,00, correspondente a todo o período contributivo.

a) *Base de cálculo*: valor dos proventos a que teria direito se se aposentasse por incapacidade permanente, em virtude de acidente de trabalho (inciso II do § 3º do art. 26 da EC 103/2019)[8], que corresponde a 100% da média.

b) *Média das remunerações*: R$ 5.200,00

c) *Fixação das cotas (percentual)*: 50 % (cota familiar) + 20% (2 dependentes) = 70%

d) *Valor da pensão por morte:* 5.200 x 0,7 = R$ 3.640,00

e) *Rateio por dependente*: 3.640/2 = R$ 1.820,00

A pensão por morte será de R$ 3.640,00, cujo valor será rateado entre os dois dependentes, resultando em R$ 1.820,00 para cada um.

Exemplo 4. Aposentado do RPPS do Município Y, que adotou as mesmas regras de pensão por morte do RPPS da União, falece deixando três dependentes: esposa e dois filhos menores. Recebia proventos de aposentadoria no valor de R$ 8.500,00.

a) *Base de cálculo*: totalidade do valor dos proventos: R$ 8.500,00

b) *Fixação das cotas (alíquota)*: 50 % (cota familiar) + 30% (3 dependentes) = 80%

c) *Valor da pensão por morte:* 8.500 x 0,8 = R$ 6.800,00

d) *Rateio por dependente*: 6.800/3 = R$ 2.266,66

A pensão por morte será de R$ 6.800,00, cujo valor será rateado entre os três dependentes, resultando em R$ 2.266,66 para cada um.

Exemplo 5. Servidora que ingressou no serviço público da União antes da instituição da previdência complementar falece em atividade, vítima de um infarto fulminante, tendo 29 anos de contribuição. Deixou como dependente apenas o marido. Sua remuneração era no valor de R$ 16.800,00 e a média das remunerações que serviram de base para a contribuição previdenciária foi de R$ 14.200,00, correspondente a todo o período contributivo.

---

7. Nesse exemplo, caso o servidor tivesse feito a adesão à Previdência Complementar instituída pela União, os pensionistas fariam jus, adicionalmente, a um benefício de pensão por morte, calculado nos termos do regulamento do plano de benefícios do qual o servidor falecido era segurado.

8. EC nº 103/2019, art. 26: "§ 1º A média a que se refere o *caput* será limitada ao valor máximo do salário de contribuição do Regime Geral de Previdência Social para os segurados deste regime e para o servidor que ingressou no serviço público em cargo efetivo após a implantação do regime de previdência complementar ou que tenha exercido a opção correspondente, nos termos do disposto nos §§ 14 a 16 do art. 40 da Constituição Federal. (...). § 3º O valor do benefício de aposentadoria corresponderá a 100% (cem por cento) da média aritmética definida na forma prevista no *caput* e no § 1º (...) II – no caso de aposentadoria por incapacidade permanente, quando decorrer de acidente de trabalho, de doença profissional e de doença do trabalho."

a) *Base de cálculo*: valor dos proventos a que teria direito se se aposentasse por incapacidade permanente (§ 1º do art. 26 e inciso II do § 2º desse mesmo artigo da EC 103/2019):

Tempo de contribuição	Percentual da média
20 anos	60 %
21 anos	62 %
22 anos	64%
....	....
29 anos	78%

b) *Média das remunerações*: R$ 14.200,00

c) *Valor dos proventos a que teria direito*: 14.200 x 0,78 = 11.076

d) *Fixação das cotas (percentual)*: 50 % (cota familiar) + 10% (1 dependente) = 60%

e) *Valor da pensão por morte:* 11.076 x 0,6 = R$ 6.645,60

A pensão por morte a que fará jus o único dependente da segurada será de R$ 6.645,60.

Exemplo 6. Servidor que ingressou no serviço público federal antes da instituição da previdência complementar falece em atividade, vítima de acidente de trabalho, com 20 anos de contribuição. Deixou dois dependentes. Sua remuneração era no valor de R$ 7.200, 00 e a média de remunerações no valor de R$ 6.500,00, correspondente a todo o período contributivo.

a) *Base de cálculo*: valor dos proventos a que teria direito se se aposentasse por incapacidade permanente, em virtude de acidente de trabalho (inciso II do § 3º do art. 26 da EC 103/2019), a saber:

b) *Média das remunerações*: R$ 6.500,00

c) Valor da base de cálculo: 6.500 (100% da média)

d) *Fixação das cotas (alíquota)*: 50 % (cota familiar) + 20% (2 dependentes) = 70%

e) *Valor da pensão por morte:* 6.500 x 0,7 = R$ 4.550,00

f) *Rateio por dependente*: 4.550/2 = R$ 2.275,00

A pensão por morte será de R$ 4.550,00, cujo valor será rateado entre os dois dependentes, resultando em R$ 2.275,00 para cada um.

Exemplo 7. Aposentada do RPPS da União falece, deixando dois dependentes: marido e um filho menor de idade. Recebia proventos de aposentadoria no valor de R$ 21.500,00.

a) *Base de cálculo*: valor dos proventos: R$ 21.500,00.

b) *Fixação das cotas (percentual)*: 50 % (cota familiar) + 20% (2 dependentes) = 70%

c) *Valor da pensão por morte* = 21.500 x 0,7 = R$ 15.050,00

d) *Rateio por dependente*: 15.050/2 = R$ 7.525,00

A pensão por morte será de R$ 15.050,00, cujo valor será rateado entre os dois dependentes, resultando em R$ 7.525,00 para cada um.

5.2.3 Irreversibilidade das cotas individuais

> **EC nº 103/2019**
>
> Art. 23. (...)
>
> § 1º As cotas por dependente cessarão com a perda dessa qualidade e não serão reversíveis aos demais dependentes, preservado o valor de 100% (cem por cento) da pensão por morte quando o número de dependentes remanescente for igual ou superior a 5 (cinco).

A perda da qualidade do dependente (seja por óbito, maioridade etc.) faz cessar a percepção de sua cota individual, que será irreversível para os demais beneficiários, conforme preceitua o inciso § 1º do art. 23 da EC nº 103/2019 e o § 3º do art. 10 da Portaria MTP nº 1.467/2022, preservado o valor de 100% da pensão por morte quando o número de dependentes remanescente for igual ou superior a cinco.

Em outras palavras, caso a pensão seja fixada, considerando três dependentes, cônjuge e dois filhos menores, por exemplo, quando um dos filhos completar a maioridade previdenciária (21 anos)[9] e for excluído do rol de dependentes, sua cota individual (10 pontos percentuais) não será revertida para os outros dois beneficiários e, assim, o valor da pensão será revisto com a supressão de uma cota individual. Quando o outro filho atingir a maioridade, o mesmo acontecerá, e o percentual da pensão será reduzido, novamente, em 10 pontos percentuais.

Exemplifiquemos com a seguinte situação já exposta anteriormente, quando detalhamos o cálculo da pensão: aposentado do RPPS da União falece deixando três dependentes: esposa e dois filhos menores. Recebia proventos de aposentadoria no valor de R$ 4.500,00.

a) *Base de cálculo*: R$ 4.500,00.

b) *Fixação das cotas (percentual)*: 50 % (cota familiar) + 30% (3 dependentes) = 80%

c) *Valor da pensão por morte:* 4.500 x 0,8 = R$ 3.600,00

d) *Rateio por dependente*: 3.600/3 = R$ 1.200,00

Na hipótese de um filho atingir a maioridade previdenciária, sua cota não será revertida aos demais dependentes e a pensão será recalculada da seguinte forma:

a) *Base de cálculo da pensão*: R$ 4.500,00

b) *Fixação das cotas (percentual)*: 50% (cota familiar) + 20% (2 dependentes) = 70% (supressão da cota individual do filho que atingiu a maioridade previdenciária).

c) *Valor da pensão por morte*: 4.500 x 0,7 = R$ 3.150,00

d) *Rateio por dependente*: 3.150/2 = R$ 1.575,00

Quando o outro filho completar 21 anos, a pensão será novamente recalculada, aplicando-se à base de cálculo (R$ 4.500,00) o percentual de 60% (50% cota familiar + 10% da cota individual do cônjuge), o que resultará numa pensão por morte no valor de R$ 2.700,00.

---

9. Lei nº 8.213/1991, art. 16, I, com a redação conferida pela Lei nº 13.146/2015.

Nos termos do § 2º do art. 77 da Lei nº 8.123/1991, norma a ser aplicada às pensões no âmbito do RPPS da União, conforme se verá adiante, o direito à percepção da cota individual cessará:

> **Lei nº 8.123/1991**
> Art. 77 (...)
> (...)
> § 2º O direito à percepção da cota individual cessará:
> I – pela morte do pensionista;
> II – para o filho, a pessoa a ele equiparada ou o irmão, de ambos os sexos, ao completar vinte e um anos de idade, salvo se for inválido ou tiver deficiência intelectual ou mental ou deficiência grave;
> III – para o filho ou irmão inválido, pela cessação da invalidez;
> IV – para filho ou irmão que tenha deficiência intelectual ou mental ou deficiência grave, pelo afastamento da deficiência, nos termos do regulamento;
> (...)
> § 3º Com a extinção da parte do último pensionista a pensão extinguir-se-á.

É importante esclarecer, em relação aos filhos ou pessoas equiparadas (enteado ou menor sob tutela), que a cota individual da pensão por morte extingue-se aos 21 anos de idade, ainda que o filho, ou equiparado, seja universitário, salvo se for inválido, tiver deficiência intelectual ou mental ou deficiência grave.

A extinção da cota individual do cônjuge ou companheiro(a) será vista, adiante, em tópico específico.

5.2.4 Pensão por morte do dependente inválido ou com deficiência intelectual, mental ou grave

> **EC nº 103/2019**
> Art. 23 (...)
> (...)
> § 2º Na hipótese de existir dependente inválido ou com deficiência intelectual, mental ou grave, o valor da pensão por morte de que trata o *caput* será equivalente a:
> I – 100% (cem por cento) da aposentadoria recebida pelo segurado ou servidor ou daquela a que teria direito se fosse aposentado por incapacidade permanente na data do óbito, até o limite máximo de benefícios do Regime Geral de Previdência Social; e
> II – uma cota familiar de 50% (cinquenta por cento) acrescida de cotas de 10 (dez) pontos percentuais por dependente, até o máximo de 100% (cem por cento), para o valor que supere o limite máximo de benefícios do Regime Geral de Previdência Social.
> § 3º Quando não houver mais dependente inválido ou com deficiência intelectual, mental ou grave, o valor da pensão será recalculado na forma do disposto no *caput* e no § 1º.
> (...)
> § 5º Para o dependente inválido ou com deficiência intelectual, mental ou grave, sua condição pode ser reconhecida previamente ao óbito do segurado, por meio de avaliação biopsicossocial realizada por equipe multiprofissional e interdisciplinar, observada revisão periódica na forma da legislação.

No âmbito do RPPS da União, e no âmbito do RPPS do ente que adotou as mesmas regras do servidor público federal, a EC nº 103/2019 estabeleceu tratamento diferenciado ao cálculo da pensão do dependente inválido ou com deficiência intelectual, mental ou grave. Para esses dependentes, garante-se a pensão em valor correspondente à integralidade dos proventos do beneficiário ou à integralidade dos proventos a que faria jus se tivesse se aposentado por incapacidade permanente, até o teto do RGPS. O regime de cotas só incidirá sobre o valor excedente ao teto (R$ 8.157,41, valor referente ao ano de 2025).

O § 5º do art. 23 da EC nº 103/2019 possibilita o reconhecimento prévio da invalidez ou da condição de deficiente do dependente do segurado do RPPS da União, por equipe multiprofissional, que avaliará as condições do dependente não apenas do ponto de vista da doença e das limitações corpóreas e funcionais, mas também considerando os fatores socioambientais, psicológicos e pessoais (avaliação biopsicossocial).

A Portaria MTP nº 1.467/2022 reproduz a forma de cálculo da pensão do dependente inválido ou com deficiência intelectual, mental ou grave nos §§ 4º, 5º e 8º do art. 10 de seu Anexo I.

5.2.4.1 Exemplos de cálculo da pensão por morte do dependente inválido ou com deficiência intelectual, mental ou grave

Exemplo 1. Aposentado do RPPS da União falece deixando três dependentes: esposa e dois filhos menores, sendo um deles inválido. Recebia proventos de aposentadoria no valor de R$ 4.500,00.

a) Base de cálculo: R$ 4.500,00 (valor dos proventos)

b) Fixação das cotas (percentual): Não há

c) Valor da pensão por morte: R$ 4.500,00 (integralidade dos proventos)

d) Rateio por dependente: 4.500/3 = R$ 1.500,00

Nesse caso, não há aplicação das cotas porque o valor dos proventos do instituidor da pensão era inferior ao teto do RGPS. Assim, o valor da pensão por morte corresponderá a 100% do valor dos proventos, no caso, R$ 4.500,00, que, dividido entre os três dependentes, resultará no valor R$ 1.500,00 para cada um.

Exemplo 2. Servidora do Estado W, que adotou as mesmas regras do RPPS da União, falece em atividade, vítima de um infarto fulminante, tendo 29 anos de contribuição. Deixou como dependente apenas um filho com deficiência mental. Sua remuneração era no valor de R$ 3.800,00 e a média das remunerações que serviram de base para a contribuição previdenciária foi de R$ 3.200,00, correspondente a todo o período contributivo.

a) Base de cálculo: valor dos proventos a que teria direito se se aposentasse por incapacidade permanente (art. 26, §§ 1º e 2º, II, da EC nº 103/2019), que corresponde a 78% da média, conforme quadro abaixo:

Tempo de contribuição	Percentual da média
20 anos	60 %
21 anos	62 %
22 anos	64%
....	....
29 anos	78%

b) *Média das remunerações*: R$ 3.200,00

c) *Valor da base de cálculo*: 3.200 x 0,78 = R$ 2.496,00

d) *Fixação das cotas (percentual)*: Não há

e) *Valor da pensão por morte:* R$ 2.496,00 (integralidade do valor dos proventos de aposentadoria por incapacidade permanente a que teria direito)

Nesse caso, não há aplicação das cotas porque o valor dos proventos a que teria direito a instituidora da pensão seria inferior ao teto do RGPS. Assim, o valor da pensão por morte corresponderá a 100% do valor dos proventos a que teria direito, no caso, R$ 2.496,00.

Exemplo 3. Servidor falece em atividade, vítima de acidente de trabalho, com 20 anos de contribuição. Deixou dois dependentes, sendo um deles inválido. Embora percebesse remuneração no valor de R$ 8.700,00, só contribuía até o teto do RGPS (R$ 8.157,41, referente ao ano de 2025), em virtude de ter ingressado no serviço público após a instituição da previdência complementar pela União[10]. Média de remunerações de R$ 5.200,00.

a) *Base de cálculo*: valor dos proventos a que teria direito se se aposentasse por incapacidade permanente, em virtude de acidente de trabalho (art. 26 §§ 1º e 3º, II, da EC nº 103/2019), que corresponde a 100% da média.

b) Média das remunerações: R$ 5.200,00

c) *Fixação das cotas (percentual)*: Não há

d) *Valor da pensão por morte:* R$ 5.200,00

e) *Rateio por dependente*: 5.200/2 = R$ 2.600,00

Nesse exemplo, não há aplicação das cotas porque o valor dos proventos a que teria direito o instituidor da pensão seria inferior ao teto do RGPS. Assim, o valor da pensão por morte corresponderá a 100% do valor dos proventos de aposentadoria a que faria jus, no caso, R$ 5.200,00, que, dividido entre os dois dependentes, resultará no valor R$ 2.600,00 para cada um.

Exemplo 4. Aposentado do RPPS do município Z, que adota as mesmas regras do RPPS da União, falece deixando três dependentes: esposa e dois filhos menores, sendo um deles inválido. Recebia proventos de aposentadoria no valor de R$ 8.500,00.

I - Base de cálculo:

a) Aplicação do teto do RGPS: R$ 8.157,41 (valor referente ao ano de 2025)

b) Valor excedente ao teto: 8.500 – 8.157,41= R$ 342,59

c) Fixação das cotas sobre o valor excedente ao teto: 50 % (cota familiar) + 30% (3 dependentes) = 0,80 x 342,59 = R$ 274,07

II - Valor da pensão por morte (a + c): 8.157,41 + 274,07 = R$ 8.431,48

III- Rateio por dependente: 8.431,48/3 = R$ 2.810,49

10. Nesse exemplo, caso o servidor tivesse feito a adesão à Previdência Complementar instituída pela União, os pensionistas fariam jus, adicionalmente, a um benefício de pensão por morte, calculado nos termos do regulamento do plano de benefícios do qual o servidor falecido era segurado.

Nesse caso, há aplicação das cotas porque o valor dos proventos do instituidor da pensão era superior ao teto do RGPS. Para o cálculo da pensão, assegurou-se a integralidade do valor até o limite de R$ 8.157,41 (teto referente ao ano de 2025) e as cotas foram aplicadas sobre o valor excedente. A pensão, então, será devida no valor de R$ 8.431,48, que, dividido entre os três dependentes, resultará em R$ 2.810,49 para cada um.

Exemplo 5. Servidora que ingressou no serviço público da União antes da instituição da previdência complementar falece em atividade, vítima de um infarto fulminante, tendo 29 anos de contribuição. Deixou como dependente apenas um filho maior inválido. Sua remuneração era no valor de R$ 16.800,00 e a média das remunerações que serviram de base para a contribuição previdenciária foi de R$ 14.200,00, correspondente a todo o período contributivo.

I – Base de cálculo: valor dos proventos a que teria direito se se aposentasse por incapacidade permanente (inciso II do § 2º do art. 26 da EC nº 103/2019):

Tempo de contribuição	Percentual da média
20 anos	60 %
21 anos	62 %
22 anos	64%
....	....
29 anos	78%

a) Média das remunerações: R$ 14.200,00

b) Valor dos proventos a que teria direito: 14.200 x 0,78 = 11.076,00

c) Aplicação do teto do RGPS: R$ 8.157,41 (valor referente ao ano de 2025)

d) Valor excedente ao teto: 11.076,00 – 8.157,41 = R$ 2.918,59

e) Fixação das cotas sobre o valor excedente ao teto: 50 % (cota familiar) + 10% (1 dependente) = 0,60 x 2.918,59 = R$ 1.751,15

II – Valor da pensão por morte (c + e): 8.157,41 + 1.751,15= R$ 9.908,56

Nesse caso, há aplicação das cotas porque o valor dos proventos a que faria jus a instituidora da pensão seria superior ao teto do RGPS. Para o cálculo da pensão, assegurou-se a integralidade do valor até o limite de R$ 8.157,41 (teto referente ao ano de 2025) e as cotas foram aplicadas sobre o valor excedente a esse limite. A pensão, então, será devida no valor de R$ 9.908,56.

Exemplo 6. Servidor que ingressou no serviço público federal antes da instituição da previdência complementar falece em atividade, vítima de acidente de trabalho, com 20 anos de contribuição. Deixou dois dependentes (um com deficiência mental). Sua remuneração era no valor de R$ 7.200,00 e a média de remunerações no valor de R$ 6.500,00, correspondente a todo o período contributivo.

a) Base de cálculo: valor dos proventos a que teria direito se se aposentasse por incapacidade permanente, em virtude de acidente de trabalho (inciso II do § 3º do art. 26 da EC nº 103/2019), que corresponde a 100% da média.

b) Média das remunerações: R$ 6.500,00

c) Valor da base de cálculo: 6.500,00 (100% da média)

d) Fixação das cotas (percentual): Não há

e) Valor da pensão por morte: R$ 6.500,00

f) Rateio por dependente: 6.500/2 = R$ 3.250,00

Nesse exemplo, não há aplicação das cotas porque o valor dos proventos a que teria direito o instituidor da pensão seria inferior ao teto do RGPS. Assim, o valor da pensão por morte corresponderá a 100% do valor dos proventos de aposentadoria a que faria jus, no caso, R$ 6.500,00, que, dividido entre os dois dependentes, resultará no valor R$ 3.250,00 para cada um.

Exemplo 7. Aposentada do RPPS da União falece, deixando dois dependentes: marido e um filho maior inválido. Recebia proventos de aposentadoria no valor de R$ 21.500,00.

I – Base de cálculo: valor dos proventos: R$ 21.500,00.

a) Aplicação do teto do RGPS: R$ 8.157,41 (valor referente ao ano de 2025)

b) Valor excedente ao teto: 21.500,00 – 8.157,41 = R$ 13.342,59

c) Fixação das cotas sobre o valor excedente ao teto: 50 % (cota familiar) + 20% (2 dependentes) = 0,70 x 13.342,59 = R$ 9.339,81

II – Valor da pensão por morte (a + c): 8.157,41 + 9.339,81 = 17.497,22

III – Rateio por dependente: 17.497,22/2 = R$ 8.748,61

Nesse caso, há aplicação das cotas porque o valor dos proventos a que faria jus a instituidora da pensão seria superior ao teto do RGPS. Para o cálculo da pensão, assegurou-se a integralidade do valor até o limite de R$ 8.157,41 (teto referente ao ano de 2025) e as cotas foram aplicadas sobre o valor excedente. A pensão, então, será devida no valor de R$ 17.497,22, que, dividido entre os dois dependentes, resultará em R$ 8.748,61 para cada um.

5.2.4.2 Irreversibilidade da cota do dependente inválido ou com deficiência intelectual, mental ou grave e recálculo da pensão

Quando não mais houver dependente inválido ou com deficiência intelectual, mental ou grave, o valor da pensão será recalculado nos termos já vistos anteriormente, ou seja, com a irreversibilidade da cota individual, se for o caso, e a aplicação das cotas sobre toda a base de cálculo e não apenas sobre o valor que excede o teto do RGPS.

Exemplifiquemos com a seguinte situação, anteriormente descrita, quando detalhamos o cálculo da pensão:

Aposentada do RPPS da União falece, deixando dois dependentes: marido e um filho maior inválido. Recebia proventos de aposentadoria no valor de R$ 21.500,00. A pensão foi calculada com a incidência das cotas sobre o valor excedente ao teto do RGPS, resultando no valor de R$ 17.497,22.

Com a morte do dependente inválido ou a cessação da invalidez, a pensão deve ser recalculada da seguinte forma:

a) Base de cálculo da pensão: R$ 21.500,00

b) *Fixação das cotas (alíquota)*: 50% (cota familiar) + 10% (1 dependente) = 60% (supressão da cota individual do filho maior inválido).

c) *Valor da pensão por morte:* 21.500 x 0,6 = R$ 12.900,00

Sigamos com os exemplos. Aposentado do RPPS da União falece deixando três dependentes: esposa e dois filhos menores, um deles com deficiência grave. Recebia proventos de aposentadoria no valor de R$ 4.500,00.

a) *Base de cálculo*: R$ 4.500,00.

b) *Fixação das cotas (alíquota)*: Não há, pois o valor dos proventos é inferior ao teto do RGPS

c) *Valor da pensão por morte:* R$ 4.500,00

d) *Rateio por dependente*: 4.500/3 = R$ 1.500,00

Na hipótese de o filho deixar de apresentar deficiência grave, sua cota será preservada, porque ainda é menor de 21 anos, mas a pensão será recalculada da seguinte forma:

a) *Base de cálculo da pensão*: R$ 4.500,00

b) *Fixação das cotas (alíquota)*: 50% (cota familiar) + 30% (3 dependentes) = 80%

c) *Valor da pensão por morte*: 4.500 x 0,8 = R$ 3.600,00

d) *Rateio por dependente*: 3.600/3 = R$ 1.200,00

5.2.5 Convergência entre o RGPS e o RPPS da União e do RPPS dos entes que adotaram as mesmas regras do servidor federal (Lei nº 8.213/1991)

EC nº 103/2019

Art. 23. (...)

(...)

§ 4º O tempo de duração da pensão por morte e das cotas individuais por dependente até a perda dessa qualidade, o rol de dependentes e sua qualificação e as condições necessárias para enquadramento serão aqueles estabelecidos na Lei 8.213, de 24 de julho de 1991.

(...)

§ 6º Equiparam-se a filho, para fins de recebimento da pensão por morte, exclusivamente o enteado e o menor tutelado, desde que comprovada a dependência econômica.

§ 7º As regras sobre pensão previstas neste artigo e na legislação vigente na data de entrada em vigor desta Emenda Constitucional poderão ser alteradas na forma da lei para o Regime Geral de Previdência Social e para o regime próprio de previdência social da União.

O § 4º do art. 23 da EC nº 103/2019 reflete o propósito de convergência entre o RGPS e o RPPS da União. Por meio dessa disposição, o regime próprio de previdência da União, que antes possuía autonomia para dispor sobre rol de dependentes, condições e requisitos de dependência, por exemplo, passa, necessariamente a seguir as disposições da Lei nº 8.213/1991, e demais normas do RGPS sobre identificação, enquadramento, qualificação de dependentes, tempo e duração de pensão por morte. Também o RPPS dos entes que adotaram as mesmas regras do servidor federal observará as disposições da mencionada Lei para as pensões por morte de seus segurados.

Importante mencionar que as regras de pensão por morte previstas na EC nº 103/2019 para os servidores públicos da União poderão ser alteradas, por lei federal, nos termos do § 7º do art. 23 da referida Emenda.

A Portaria MTP nº 1.467/2022 reproduz o § 4º do art. 23 da EC nº 103/2019 no § 7º do art. 10 do seu Anexo I.

5.2.5.1 Rol de dependentes do segurado do RPPS da União e do RPPS dos entes que adotaram as mesmas regras do servidor federal

No art. 16 da Lei nº 8.213/1991, que dispõe sobre os *Planos de Benefícios do RGPS*, encontramos a seguinte disposição sobre o rol de dependentes:

Lei nº 8.213/1991

Art. 16. São beneficiários do Regime Geral de Previdência Social, na condição de dependente do segurado:

I – o cônjuge, a companheira, o companheiro e o filho não emancipado, de qualquer condição, menor de 21 (vinte e um) anos ou inválido ou que tenha deficiência intelectual ou mental ou deficiência grave;

II – os pais;

III – o irmão não emancipado, de qualquer condição, menor de 21 (vinte e um) anos ou inválido ou que tenha deficiência intelectual ou mental ou deficiência grave.

§ 1º A existência de dependente de qualquer das classes deste artigo exclui do direito às prestações os das classes seguintes.

§ 2º O enteado, o menor sob tutela e o menor sob guarda judicial equiparam-se a filho, mediante declaração do segurado e desde que não possuam condições suficientes para o próprio sustento e educação.

§ 3º Considera-se companheira ou companheiro a pessoa que, sem ser casada, mantém união estável com o segurado ou com a segurada, de acordo com o § 3º do art. 226 da Constituição Federal.

§ 4º A dependência econômica das pessoas indicadas no inciso I é presumida e a das demais deve ser comprovada.

§ 5º As provas de união estável e de dependência econômica exigem início de prova material contemporânea dos fatos, produzido em período não superior a 24 (vinte e quatro) meses anterior à data do óbito ou do recolhimento à prisão do segurado, não admitida a prova exclusivamente testemunhal, exceto na ocorrência de motivo de força maior ou caso fortuito, conforme disposto no regulamento.

§ 6º Na hipótese da alínea *c* do inciso V do § 2º do art. 77 desta Lei, a par da exigência do § 5º deste artigo, deverá ser apresentado, ainda, início de prova material que comprove união estável por pelo menos 2 (dois) anos antes do óbito do segurado.

§ 7º Será excluído definitivamente da condição de dependente quem tiver sido condenado criminalmente por sentença com trânsito em julgado, como autor, coautor ou partícipe de homicídio doloso, ou de tentativa desse crime, cometido contra a pessoa do segurado, ressalvados os absolutamente incapazes e os inimputáveis.

A Lei nº 8.213/1991, ao arrolar os dependentes, fê-lo por classes em ordem prioritária. Os dependentes da classe II (os pais) só poderão fazer jus à pensão por morte se não houver dependentes da classe I (cônjuge, companheiro, filhos ou equiparados), e os da classe III (irmãos), se não houver da classe II.

Para os dependentes da classe I, a dependência econômica é presumida e, para as demais classes, deverá haver comprovação, mediante apresentação de dois dos seguintes documentos, elencados no Decreto nº 3.048, de 6 de maio de 1999 (*Regulamento da Previdência Social*):

Decreto nº 3.048/1999

Art. 22. (...)

(...)

§ 3º Para comprovação do vínculo e da dependência econômica, conforme o caso, deverão ser apresentados, no mínimo, dois documentos, observado o disposto nos § 6º-A e § 8º do art. 16[11], e poderão ser aceitos, dentre outros:

I – certidão de nascimento de filho havido em comum;

II – certidão de casamento religioso;

III – declaração do imposto de renda do segurado, em que conste o interessado como seu dependente;

IV – disposições testamentárias;

V– (revogado pelo Decreto 5.699, de 2006).

VI – declaração especial feita perante tabelião;

VII – prova de mesmo domicílio;

VIII – prova de encargos domésticos evidentes e existência de sociedade ou comunhão nos atos da vida civil;

IX – procuração ou fiança reciprocamente outorgada;

X – conta bancária conjunta;

XI – registro em associação de qualquer natureza, onde conste o interessado como dependente do segurado;

XII – anotação constante de ficha ou livro de registro de empregados;

XIII – apólice de seguro da qual conste o segurado como instituidor do seguro e a pessoa interessada como sua beneficiária;

XIV – ficha de tratamento em instituição de assistência médica, da qual conste o segurado como responsável;

XV – escritura de compra e venda de imóvel pelo segurado em nome de dependente;

XVI – declaração de não emancipação do dependente menor de vinte e um anos; ou

XVII – quaisquer outros que possam levar à convicção do fato a comprovar.

O companheiro ou a companheira, em que pese ter presumida sua dependência econômica, deverá comprovar a união estável, mediante a apresentação de no mínimo dois dos documentos arrolados no § 3º do art. 22 do Decreto nº 3.048/1999. É importante frisar que a comprovação da união estável e da dependência econômica exige início de prova material contemporânea dos fatos, em período não superior a dois anos anteriores à data do óbito ou do recolhimento à prisão do segurado, não admitida a prova exclusivamente testemunhal, exceto na ocorrência de motivo de força maior ou caso fortuito, nos termos do § 5º do art. 16 da Lei nº 8.213/1991.

Mencionamos que as uniões homoafetivas, a partir de 2010, passaram a ser reconhecidas para fins previdenciários, consoante Portaria MPS nº 513, de 9 de dezembro de 2010, pela qual o companheiro ou a companheira do mesmo sexo, desde que comprove união estável, passa a ter direito à pensão por morte.

De acordo com o § 2º do art. 76 da Lei nº 8.213/1991[12], o ex-cônjuge, separado de fato, divorciado ou separado judicialmente, comprovando a dependência econômica do

11. Decreto nº 3.048/1999, § § 6º-A e 8º do art. 16: "As provas de união estável e de dependência econômica exigem início de prova material contemporânea dos fatos, produzido em período não superior aos vinte e quatro meses anteriores à data do óbito ou do recolhimento à prisão do segurado, não admitida a prova exclusivamente testemunhal, exceto na ocorrência de motivo de força maior ou caso fortuito, observado o disposto no § 2º do art. 143. (...) § 8º Para fins do disposto na alínea "c" do inciso V do *caput* do art. 114, em observância ao requisito previsto no § 6º-A, deverá ser apresentado, ainda, início de prova material que comprove união estável pelo período mínimo de dois anos antes do óbito do segurado".
12. Lei nº 8.213/1991, art. 76, § 2º: "O cônjuge divorciado ou separado judicialmente ou de fato que recebia pensão de alimentos concorrerá em igualdade de condições com os dependentes referidos no inciso I do art. 16 desta Lei."

segurado falecido mediante pensão alimentícia, fará jus à pensão por morte, ainda que esta já tenha sido solicitada ou concedida aos filhos, à companheira ou ao companheiro. É o caso, por exemplo, de servidor divorciado que paga pensão alimentícia à ex-mulher, tendo, após a separação, constituído outra família. Após seu falecimento, a ex-mulher, credora de alimentos, concorrerá à pensão por morte em igualdade de condições com os demais dependentes da classe I. Essa disposição também está contida no § 6º do art. 10 do Anexo I da Portaria MTP nº 1.467/2022.

O § 6º do art. 23 da EC nº 103/2019 e o § 9º do art. 10 do Anexo I da Portaria MTP nº 1.467/2022 preveem a equiparação filial, **exclusivamente,** ao enteado e ao menor tutelado, desde que comprovada a dependência econômica. O menor está sob tutela quando, por perda ou suspensão do poder familiar dos pais biológicos, é inserido em uma família substituta. Destacamos, de acordo com dispositivos ora mencionados, que o menor sob guarda não pode ser equiparado a filho, para fins de percepção da pensão por morte (a guarda limita o exercício do poder familiar dos pais biológicos, mas não provoca sua perda). Contudo, na apreciação das ADIs 4878 e 5083 (julgamento finalizado em 7 de junho de 2021), o STF julgou procedentes as ações, de modo a conferir interpretação conforme ao § 2º do art. 16 da Lei 8.213/1991, para contemplar, em seu âmbito de proteção, o menor sob guarda. Alinhado com o entendimento do STF, o Legislativo propôs projeto de lei que deu origem à Lei 15.108, de 13 de março de 2025, que alterou a redação do citado § 2º do art. 16 da Lei 8.213/1991, equiparando o menor sob guarda judicial a filho, desde que comprovada a dependência econômica

Importante dizer que a perda da qualidade do dependente do segurado do RPPS da União (seja por óbito, maioridade etc.) faz cessar a percepção de sua cota individual, que será irreversível para os demais beneficiários, conforme preceitua o § 1º do art. 23 da EC nº 103/2019.

Mencionamos, por fim, que o dependente condenado (como autor, coautor, partícipe) por crime de homicídio doloso (tentado ou consumado) contra o segurado do RPPS da União será excluído definitivamente da condição de dependente, à exceção dos absolutamente incapazes e dos inimputáveis.

5.2.5.2 Duração da pensão por morte do cônjuge ou companheiro do segurado do RPPS da União e do RPPS dos entes que adotaram as mesmas regras do servidor federal

Esclarecemos, inicialmente, que a pensão por morte do cônjuge ou companheiro do segurado do RPPS da União sofreu alterações em 2015, por meio da Lei nº 13.135, de 17 de junho de 2015. Antes dessa Lei, a pensão por morte do cônjuge ou companheiro era vitalícia, ou seja, só cessava o direito de percepção com a morte do beneficiário. Após essa Lei, os pensionistas do RGPS e do RPPS da União passaram a ter a percepção do benefício limitada no tempo, a depender da idade que tinham na data do óbito do segurado.

Essa medida visa, além da sustentabilidade do RPPS da União, combater os casamentos fraudulentos, cujo propósito não é a união entre pessoas que desejam constituir uma família, mas a continuidade da percepção do benefício pela família do segurado.

Nos termos da Lei nº 8.213/1991, alterada pela Lei nº 13.135/2015, a percepção da pensão por morte observará:

Lei nº 8.213/1991, alterada pela Lei nº 13.135/2015

Art. 77 (...)

§ 2º O direito à percepção de cada cota individual cessará:

(...)

V – para cônjuge ou companheiro:

a) se inválido ou com deficiência, pela cessação da invalidez ou pelo afastamento da deficiência, respeitados os períodos mínimos decorrentes da aplicação das alíneas "b" e "c";

b) em 4 (quatro) meses, se o óbito ocorrer sem que o segurado tenha vertido 18 (dezoito) contribuições mensais ou se o casamento ou a união estável tiverem sido iniciados em menos de 2 (dois) anos antes do óbito do segurado;

c) transcorridos os seguintes períodos, estabelecidos de acordo com a idade do beneficiário na data de óbito do segurado, se o óbito ocorrer depois de vertidas 18 (dezoito) contribuições mensais e pelo menos 2 (dois) anos após o início do casamento ou da União estável:

1) 3 (três) anos, com menos de 21 (vinte e um) anos de idade;

2) 6 (seis) anos, entre 21 (vinte e um) e 26 (vinte e seis) anos de idade;

3) 10 (dez) anos, entre 27 (vinte e sete) e 29 (vinte e nove) anos de idade;

4) 15 (quinze) anos, entre 30 (trinta) e 40 (quarenta) anos de idade;

5) 20 (vinte) anos, entre 41 (quarenta e um) e 43 (quarenta e três) anos de idade;

6) vitalícia, com 44 (quarenta e quatro) ou mais anos de idade.

§ 2º-A. Serão aplicados, conforme o caso, a regra contida na alínea "a" ou os prazos previstos na alínea "c", ambas do inciso V do § 2º, se o óbito do segurado decorrer de acidente de qualquer natureza ou de doença profissional ou do trabalho, independentemente do recolhimento de 18 (dezoito) contribuições mensais ou da comprovação de 2 (dois) anos de casamento ou de união estável.

§ 2º-B. Após o transcurso de pelo menos 3 (três) anos e desde que nesse período se verifique o incremento mínimo de um ano inteiro na média nacional única, para ambos os sexos, correspondente à expectativa de sobrevida da população brasileira ao nascer, poderão ser fixadas, em números inteiros, novas idades para os fins previstos na alínea "c" do inciso V do § 2º, em ato do Ministro de Estado da Previdência Social, limitado o acréscimo na comparação com as idades anteriores ao referido incremento.

Implementando o disposto no § 2º-B do art. 77 da Lei nº 8.213/1991, a Portaria ME nº 424, de 29 de dezembro de 2020, em seu art. 1º, estabeleceu que:

Portaria ME nº 424/2020

Art. 1º O direito à percepção de cada cota individual da pensão por morte, nas hipóteses de que tratam a alínea "b" do inciso VII do art. 222 da Lei 8.112, de 11 de dezembro de 1990, e a alínea "c" do inciso V do § 2º do art. 77 da Lei 8.213, de 24 de julho de 1991, cessará, para o cônjuge ou companheiro, com o transcurso dos seguintes períodos, estabelecidos de acordo com a idade do beneficiário na data de óbito do segurado, se o óbito ocorrer depois de vertidas dezoito contribuições mensais e pelo menos dois anos após o início do casamento ou da união estável:

I – três anos, com menos de vinte e dois anos de idade;

II – seis anos, entre vinte e dois e vinte e sete anos de idade;

III – dez anos, entre vinte e oito e trinta anos de idade;

IV – quinze anos, entre trinta e um e quarenta e um anos de idade;

V – vinte anos, entre quarenta e dois e quarenta e quatro anos de idade;

V – vitalícia, com quarenta e cinco ou mais anos de idade.

Dessa forma, a pensão só será vitalícia se o cônjuge ou companheiro tiver, pelo menos, 45 anos na data do óbito do segurado. Caso tenha idade inferior, a duração da pensão deverá obedecer ao disposto na alínea "c" do inciso V do § 2º do art. 77 da Lei nº 8.213/1991, combinado com o disposto no art. 1º da Portaria ME nº 424/2020.

Esclarecemos que deverá ser observada a carência de dezoito meses de contribuição para que os prazos previstos na Lei nº 8.213/1991 sejam aplicados. Caso o segurado morra sem ter cumprido a carência, o cônjuge ou companheiro só terá direito a perceber a pensão por quatro meses, independentemente da idade que tenha na data do óbito. Essa regra também se aplica aos casamentos e uniões formalizados antes de dois anos do falecimento. Assim, para que o cônjuge ou companheiro possa receber a pensão pelo prazo legal estabelecido, deve comprovar que o casamento ou a união estável tinha, pelo menos, dois anos na data do óbito; caso contrário, a pensão só será recebida por quatro meses.

A carência de dezoito meses e o prazo de dois anos de casamento ou união estável como requisitos para a percepção da pensão no tempo legal previsto em função da idade serão afastados, todavia, se a morte do segurado tiver sido em decorrência de acidente de qualquer natureza ou de doença profissional ou do trabalho. Nesses casos, a pensão será concedida pelo tempo fixado na alínea "c" do inciso V do § 2º do art. 77 da Lei nº 8.213/1991, combinado com o disposto no art. 1º da Portaria ME nº 424/2020. Exemplifiquemos com um servidor que falece, um ano após o matrimônio, em virtude de um acidente automobilístico, deixando viúva com 32 anos de idade. Como a morte se deu em função de um acidente, a viúva terá direito a perceber a pensão por morte durante 15 anos. Se a *causa mortis*, porém, tivesse sido um câncer, ela só teria direito a perceber a pensão por quatro meses, já que o casamento se deu em menos de dois anos da morte do segurado.

5.2.6 Pensão por morte de policial decorrente de agressão sofrida no exercício ou em razão da função

EC nº 103/2019

Art. 10. Até que entre em vigor lei federal que discipline os benefícios do regime próprio de previdência social dos servidores da União, aplica-se o disposto neste artigo.

(...)

§ 6º A pensão por morte devida aos dependentes do policial civil do órgão a que se refere o inciso XIV do caput do art. 21 da Constituição Federal, do policial dos órgãos a que se referem o inciso IV do caput do art. 51, o inciso XIII do caput do art. 52 e os incisos I a III do caput do art. 144 da Constituição Federal e dos ocupantes dos cargos de agente federal penitenciário ou socioeducativo decorrente de agressão sofrida no exercício ou em razão da função será vitalícia para o cônjuge ou companheiro e equivalente à remuneração do cargo.

A EC nº 103/2019 concedeu tratamento diferenciado à pensão por morte devida aos dependentes dos policiais federais, dos policiais rodoviários e ferroviários federais, da polícia legislativa do Congresso Nacional, dos policiais civis do DF e dos agentes federais penitenciários e socioeducativos, quando o óbito for decorrente de agressão sofrida no exercício ou em razão da função.

Nesses casos (agressão no exercício ou em razão de função), a pensão será vitalícia para o cônjuge ou companheiro, independentemente de sua idade, e corresponderá à última remuneração do cargo. Em outras palavras, não se aplica a limitação da percepção da pensão no tempo, a depender da idade do cônjuge ou do companheiro (não se aplica o disposto na alínea "c" do inciso V do § 2º do art. 77 da Lei nº 8.213/1991) e, para o cálculo da pensão, independentemente da condição de dependência (cônjuge, companheiro, filho, ascendente, irmão), será afastada a média das remunerações que serviram de base de incidência da contribuição previdenciária, sendo a pensão correspondente à última remuneração do policial ou agente penitenciário ou socioeducativo federal.

Salientamos que a pensão será vitalícia apenas para o cônjuge ou companheiro. Os filhos ou a eles equiparados, por exemplo, perderão o direito à pensão por morte ao completar 21 anos de idade, salvo se forem inválidos ou tenham deficiência intelectual ou mental ou deficiência grave. Todavia, o cálculo da pensão considerará a integralidade do valor da remuneração do policial ou do agente federal.

Como o dispositivo foi silente quanto aos critérios de reajuste da pensão por morte, infere-se que obedecerá ao disposto no § 8º do art. 40 da CR/88, que assegura o reajustamento dos benefícios para preservar-lhes, em caráter permanente, seu valor real.

Esclarecemos que essa regra diferenciada de pensão por morte também se aplica ao RPPS dos Estados que adotaram as mesmas regras do RPPS da União.

A Portaria MTP nº 1.467/2022 reproduz o § 6º do art. 10 da EC nº 103/2019 no § 12 do art. 10 do seu Anexo I.

5.2.7 Reajustamento da pensão por morte do segurado do RPPS da União e do RPPS dos entes que adotaram as mesmas regras do servidor federal

Para o reajustamento das aposentadorias concedidas ao segurado do RPPS da União, o legislador constituinte derivado foi taxativo, no § 7º do art. 26 da EC nº 103/2019, ao prever que os benefícios serão reajustados nos termos estabelecidos para o RGPS.

No art. 23 da Emenda, que trata da pensão por morte dos servidores do RPPS da União e dos segurados do RGPS, o legislador reformador não trouxe essa previsão de forma expressa. Em que pese essa omissão, entendemos que a intenção do legislador constituinte derivado foi de unificar as regras dos dois regimes, tanto que as tratou no mesmo dispositivo (art. 23).

Não faria sentido, ademais, prever, para as aposentadorias do servidor federal, o mesmo índice de reajustamento do RGPS e não o fazer para as pensões. Dessa forma, entendemos que as pensões instituídas pelos segurados do RPPS da União devem ser reajustadas nos mesmos termos previstos para os segurados do RGPS.

Apesar da omissão da EC nº 103/2019, entendemos, ainda, que podemos aplicar o disposto na Lei nº 10.887/2004, modificada pela Lei nº 11.784/2008, em seu art. 15, segundo o qual os benefícios previdenciários sem paridade dos RPPS devem ser reajustados na mesma data e com a utilização do mesmo índice do RGPS. Esse dispositivo, em que pese ter sido julgado, em 2011, como inconstitucional pelo STF, na Ação Direta de Inconstitucionalidade (ADI) 4582, movida pelo governador do Rio Grande do Sul, que alegou ofensa ao princípio federativo, continuou vigorando para os segurados do RPPS da União.

5.3 PENSÃO POR MORTE DOS SEGURADOS DO RPPS DOS ENTES FEDERATIVOS QUE NÃO MODIFICARAM SUA LEGISLAÇÃO

Com a EC nº 103/2019, os entes federativos passaram a ter autonomia para regular, em lei ordinária, os critérios para a concessão de pensão e sua forma de cálculo. Aos segurados do RPPS da União, como já vimos, a Emenda trouxe regras provisórias, constantes do seu art. 23. Para os segurados do RPPS dos entes federativos que não modificaram sua legislação, o § 8º do art. 23 esclarece que, enquanto esses entes não alterarem sua legislação interna, esta continua sendo aplicada aos servidores. Vejamos:

> **EC nº 103/2019**
>
> Art. 23 (...)
>
> (...)
>
> § 8º Aplicam-se às pensões concedidas aos dependentes de servidores dos Estados, do Distrito Federal e dos Municípios as normas constitucionais e infraconstitucionais anteriores à data de entrada em vigor desta Emenda Constitucional, enquanto não promovidas alterações na legislação interna relacionada ao respectivo regime próprio de previdência social.

5.3.1 Forma de cálculo e reajustamento da pensão

As pensões a serem concedidas aos dependentes dos segurados do RPPS dos entes federativos que não modificaram sua legislação interna devem, quanto à forma de cálculo, observar a disposição constitucional vigente antes da EC nº 103/2019:

> **CR/88, com a redação anterior à EC nº 103/2019**
>
> Art. 40. (...)
>
> (...)
>
> § 7º Lei disporá sobre a concessão do benefício de pensão por morte, que será igual:
>
> I – ao valor da totalidade dos proventos do servidor falecido, até o limite máximo estabelecido para os benefícios do regime geral de previdência social de que trata o art. 201, acrescido de setenta por cento da parcela excedente a este limite, caso aposentado à data do óbito; ou
>
> II – ao valor da totalidade da remuneração do servidor no cargo efetivo em que se deu o falecimento, até o limite máximo estabelecido para os benefícios do regime geral de previdência social de que trata o art. 201, acrescido de setenta por cento da parcela excedente a este limite, caso em atividade na data do óbito
>
> § 8º É assegurado o reajustamento dos benefícios para preservar-lhes, em caráter permanente, o valor real, conforme critérios estabelecidos em lei.

O disposto no § 7º do art. 40[13] estabelece que a pensão por morte corresponderá ao valor total da remuneração do cargo do servidor ou dos seus proventos, até o teto do RGPS (R$ 8.157,41, valor referente ao ano de 2025). Caso a remuneração ou os proventos do instituidor da pensão sejam superiores a esse valor, haverá incidência de um redutor de 30% sobre a parcela excedente.

Ilustremos com a situação de um aposentado do RPPS do **Estado X,** que não modificou sua legislação interna, o qual vem a falecer durante a vigência da EC nº 103/2019, deixando esposa e um filho menor de idade. Recebia proventos no valor de R$ 8.500,00. Como sua aposentadoria era superior ao teto do RGPS, a pensão será calculada da seguinte forma:

a) Valor do teto do RGPS: R$ 8.157,41 (valor referente ao ano de 2025)
b) Valor dos proventos: R$ 8.500,00
c) Valor da parcela excedente ao teto: 8.500,00 – 8.157,41 = R$ 342,59

13. A Lei nº 10.887/2004, em seu art. 2º, disciplina a forma de cálculo da pensão por morte, nos termos do § 7º do art. 40 da CR/88, com a redação anterior à vigência da EC nº 103/2019.

d) Valor da parcela excedente com aplicação do redutor[14]: 0,70 x 342,59 = R$ 239,81

e) Valor da pensão (a + d): 8.157,41 + 239,81 = R$ 8.397,22

f) Valor por dependente: 8.397,22/2 = R$ 4.198,61

A pensão, então, será concedida no valor de R$ 8.397,22, que, dividido entre os dois dependentes, resultará em R$ 4.198,61 para cada um. Com a perda da condição de um dos dependentes, haverá reversibilidade de sua parte, salvo expressa disposição em contrário na lei do Estado X. Assim, quando, por exemplo, o filho atingir a maioridade previdenciária definida na legislação local (21 anos, geralmente), o valor que lhe cabia será revertido ao único dependente, no caso, a esposa, que passará a receber a pensão no valor de R$ 8.397,22.

No caso ilustrado, a pensão por morte será reajustada com esteio no § 8º do art. 40 da CR/88, ou seja, conforme os critérios de reajustamento previstos em lei do **Estado X**, que garantam a preservação do valor real do benefício.

Para outros aspectos da pensão por morte, como rol de dependentes, previsão de cessação de dependência, duração de pensão, continuam valendo as mesmas regras previstas na lei do **Estado X**, enquanto este não as modificar.

Vale lembrar que, pelas regras constitucionais **anteriores** à EC nº 103/2019, o valor da pensão por morte, antes da sua divisão entre os beneficiários, não poderá ser inferior ao salário-mínimo, **independentemente** de se tratar de única fonte de renda formal auferida pelo dependente, nem exceder o subsídio ou a remuneração do segurado no cargo efetivo em que se deu aposentadoria ou que serviu de referência para a concessão da pensão por morte, por ocasião de sua concessão.

A Portaria MTP nº 1.467/2022 reproduz, nos arts. 6º, 11 e 12 de seu Anexo II, as regras de pensão por morte vigentes antes da EC nº 103/2019, que se aplicam aos segurados do RPPS dos entes que não modificaram sua legislação previdenciária.

5.3.2 Exemplos de cálculo da pensão por morte do segurado do RPPS dos entes federativos que não modificaram sua legislação

Exemplo 1. Um aposentado do RPPS do **Município Y** falece, deixando um filho menor de idade. Recebia proventos no valor de R$ 3.500,00. Como o valor de sua aposentadoria era inferior ao teto do RGPS, a pensão do dependente será integral, ou seja, será concedida no valor de R$ 3.500,00. O reajuste dar-se-á com esteio no § 8º do art. 40 da CR/88, ou seja, conforme os critérios de reajustamento previstos na lei do **Município Y**, que garantam a preservação do valor real do benefício.

Exemplo 2. Servidora do **Estado F** falece em atividade, deixando como dependente apenas o marido. Recebia remuneração no valor de R$ 12.800,00. Como sua remuneração era superior ao teto do RGPS, a pensão será calculada da seguinte forma:

a) Valor do teto do RGPS: R$ 8.157,41 (valor referente ao ano de 2025)

b) Valor dos proventos: R$ 12.800,00

14. Para o cálculo da parcela excedente ao teto do RGPS, basta aplicar o percentual de 70% (100% – 30%).

c) Valor da parcela excedente ao teto: 12.800,00 – 8.157,41 = R$ 4.642,59

d) Valor da parcela excedente com aplicação do redutor[15]: 0,70 x 4.642,59 = R$ 3.249,81

e) Valor da pensão (a+d): 8.157,41 + 3.249,81= R$ 11.407,22

A pensão, então, será concedida no valor de R$ 11.407,22. O reajuste dar-se-á com esteio no § 8º do art. 40 da CR/88, ou seja, conforme os critérios de reajustamento previstos na lei do **Estado F**, que garantam a preservação do valor real do benefício.

Exemplo 3. Aposentada do **Estado K** falece, deixando como dependente o marido e dois filhos menores de idade. Recebia proventos no valor de R$ 24.200,00. Como sua remuneração era superior ao teto do RGPS, a pensão será calculada da seguinte forma:

a) Valor do teto do RGPS: R$ 8.157,41 (valor referente ao ano de 2025)

b) Valor dos proventos: R$ 24.200,00

c) Valor da parcela excedente ao teto: 24.200,00 – 8.157,41 = R$ 16.042,59

d) Valor da parcela excedente com aplicação do redutor[16]: 0,70 x 16.692,51 = R$ 11.229,81

e) Valor da pensão (a+d): 8.157,41 +11.229,81 = R$ 19.387,22

f) Valor por dependente: 19.387,22/3 = R$ 6.462,41

A pensão, então, será concedida no valor de R$ 19.387,22, que, dividido entre os três dependentes, resultará em R$ 6.462,41 para cada um. O reajuste dar-se-á com esteio no § 8º do art. 40 da CR/88, ou seja, conforme os critérios de reajustamento previstos na lei do **Estado K**, que garantam a preservação do valor real do benefício.

15. Para o cálculo da parcela excedente ao teto do RGPS, basta aplicar o percentual de 70% (100% – 30%).
16. Para o cálculo da parcela excedente ao teto do RGPS, basta aplicar o percentual de 70% (100% – 30%).

Capítulo 6

ACUMULAÇÃO E DISPOSIÇÕES GERAIS DOS BENEFÍCIOS PREVIDENCIÁRIOS

Vistos, nos capítulos anteriores, os benefícios previdenciários, passemos a estudar qual o tratamento dado pela EC nº 103/2019 à sua percepção cumulativa por um mesmo beneficiário: (1) mais de uma aposentadoria no âmbito do RPPS; (2) mais de uma pensão no âmbito do mesmo regime previdenciário; (3) mais de uma pensão de regimes previdenciários distintos ou decorrentes de atividades militares; (4) pensão de regimes previdenciários ou decorrente de atividades militares com aposentadoria desses mesmos regimes; e (5) aposentadoria de regimes previdenciários com pensões decorrentes de atividades militares.

Vale dizer que as disposições constitucionais sobre acumulação de benefícios aplicam-se, desde a data de publicação da EC nº 103/2019, aos RPPS da União, dos Estados, do DF e dos Municípios, que não possuem autonomia para dispor de forma diferente, ao contrário das regras de acesso aos benefícios e sua forma de cálculo, das quais os entes podem dispor, mediante adequação de sua legislação interna.

Assim, neste capítulo, não haverá necessidade de distinguir a situação do RPPS da União da dos demais entes federativos, como vimos fazendo sistematicamente, porquanto, repetimos, as regras sobre percepção cumulativa dos benefícios previdenciários devem ser observadas por todos os entes federados, indistintamente.

Incorporamos as disposições previstas na Portaria MTP nº 1.467/2022[1], que disciplina os parâmetros e as diretrizes gerais para organização e funcionamento dos RPPS da União, dos Estados, do Distrito Federal e dos Municípios e, além das regras de acumulação, trazemos as disposições gerais sobre benefícios previdenciários, que se aplicam a todos os RPPS, independentemente de os entes federativos terem feito mudança em sua legislação previdenciária.

6.1 VEDAÇÃO DE ACUMULAÇÃO DE BENEFÍCIOS PREVIDENCIÁRIOS

Antes da EC nº 103/2019, nossa Carta Magna só estabelecia vedação de mais de uma **aposentadoria** pelo regime próprio de previdência social, à exceção dos cargos acumuláveis, deixando para a legislação interna dos entes federativos as limitações à percepção de mais de um benefício previdenciário (mais de uma pensão ou pensão com aposentadoria, por exemplo). Assim, era possível a diversidade de tratamento entre os RPPS, chegando uns a permitir a acumulação de benefícios e outros a proibindo.

1. Destacamos a edição da Portaria SGP/SEDGG/ME nº 4.645, de 24 de maio de 2022, que estabelece orientação aos órgãos e entidades do Sistema de Pessoal Civil da Administração Pública Federal (Sipec), acerca da concessão e manutenção dos benefícios de pensão por morte no âmbito do RPPS da União, a qual dispõe, em seus artigos 34 e 35, sobre as regras de acumulação da pensão com outro benefício previdenciário.

A Emenda, além de reiterar a proibição de percepção de mais de uma aposentadoria pelo RPPS, passou a vedar a percepção de mais de uma pensão por morte deixada por cônjuge ou companheiro no âmbito do mesmo regime. Vejamos:

6.1.1 Vedação de percepção de mais de uma aposentadoria pelo RPPS

> **CR/88, com a redação conferida pela EC nº 103/2019**
>
> Art. 40. (...)
>
> (...)
>
> § 6º Ressalvadas as aposentadorias decorrentes dos cargos acumuláveis na forma desta Constituição, é vedada a percepção de mais de uma aposentadoria à conta de regime próprio de previdência social, aplicando-se outras vedações, regras e condições para a acumulação de benefícios previdenciários estabelecidas no Regime Geral de Previdência Social.

A EC nº 103/2019 manteve, na nova redação conferida ao § 6º do art. 40 da CR/88, a proibição antes já existente de percepção de mais de uma aposentadoria pelo RPPS. Em outras palavras, se um servidor já é aposentado por algum RPPS (União, Estados, DF, Municípios) não pode receber mais uma aposentadoria por esse mesmo regime, ainda que de um ente federativo distinto do seu, a não ser que se trate de cargos passíveis de acumulação.

Essa vedação constitucional decorre da proibição de acumulação de cargos, empregos e funções no âmbito da Administração direta e indireta, contida no inciso XVI do art. 37 da CR/88, que apenas excetua, se houver compatibilidade de horários: 1) a acumulação de dois cargos de professor; 2) de um cargo de professor com outro técnico ou científico; e 3) de dois cargos ou empregos privativos de profissionais de saúde, com profissões regulamentadas.

Antes da vigência da EC nº 20/1998, a proibição de acumular proventos de aposentadoria do RPPS (seja com remuneração ou com outra aposentadoria) era implícita, em decorrência do já mencionado inciso XVI do art. 37 da CR/88. O legislador constituinte derivado de 1998 tornou expressa a vedação, com a inclusão do § 10 no art. 37 da CR/88 e com o disposto no art. 11 da mencionada Emenda, a saber:

> **CR/88, com a redação conferida pela ECº 20/1998**
>
> Art. 37 (...)
>
> (...)
>
> § 10. É vedada a percepção simultânea de proventos de aposentadoria decorrentes do art. 40 ou dos arts. 42 e 142 com a remuneração de cargo, emprego ou função pública, ressalvados os cargos acumuláveis na forma desta Constituição, os cargos eletivos e os cargos em comissão declarados em lei de livre nomeação e exoneração.

Ocorre que a EC nº 20/1998, em seu art. 11, assegurou a percepção cumulativa de proventos e remuneração do servidor que já acumulava até 16 de dezembro de 1998, data de publicação da referida Emenda, vedando-lhe, todavia, a percepção de mais de uma aposentadoria pelo RPPS. Vejamos:

EC nº 20/1998

Art. 11. A vedação prevista no art. 37, § 10, da Constituição Federal não se aplica aos membros de poder e aos inativos, servidores e militares, que, até a publicação desta Emenda, tenham ingressado novamente no serviço público por concurso público de provas ou de provas e títulos, e pelas demais formas previstas na Constituição Federal, sendo-lhes proibida a percepção de mais de uma aposentadoria pelo regime de previdência a que se refere o art. 40 da Constituição Federal, aplicando-se-lhes, em qualquer hipótese, o limite de que trata o § 11 deste mesmo artigo. (g.n.)

Assim, o servidor público que acumula remuneração e proventos fica impossibilitado de se aposentar no cargo que ocupa em atividade, por força do disposto no art. 11 da EC nº 20/1998, **ainda vigente.** Ressaltamos que, se os cargos forem constitucionalmente acumuláveis, não incide a vedação prevista na parte final do art. 11 da EC nº 20/1998[2].

Nessa situação, a proibição de acumulação de aposentadorias do servidor suscita uma questão jurídica controversa: a que título será ele afastado do cargo no qual está investido? Imaginemos um servidor que percebe proventos de aposentadoria do cargo público anterior e acumula com a remuneração do novo cargo no qual foi investido, não se enquadrando em nenhuma das três exceções à regra proibitória de acumulação de cargos públicos. Sabemos que a EC nº 20/1998 permitiu a acumulação de quem já vinha percebendo proventos com remuneração, mas não permitiu a acumulação de proventos pelo RPPS. Ao completar 75 anos, idade-limite de permanência no serviço público, ele não mais pode exercer as funções do cargo que ocupa e deve ser afastado do serviço. Como se dará esse afastamento?

Pois bem. Não existe normatização sobre essa situação atípica, mas passemos a considerar algumas possibilidades. A primeira delas seria a utilização do instituto da exoneração para o rompimento do vínculo jurídico do servidor com o cargo, que passará a ficar vago (vacância). Como a exoneração não possui caráter punitivo (ao contrário da demissão), poderia, assim, ser utilizada para afastar o servidor do cargo cujos proventos não pode perceber. Para tanto, pelo princípio da estrita legalidade que rege o Direito Administrativo, os estatutos dos servidores dos entes federados devem ser alterados para incluir essa hipótese de exoneração.

Outra possibilidade, e essa entendemos mais viável, seria a edição de um ato administrativo específico, com fundamento de validade no art. 11 da EC nº 20/1998, de competência do órgão ou entidade ao qual o servidor se encontra vinculado pelo exercício do cargo. O servidor seria afastado do serviço público por força da vedação constitucional expressa.

Uma terceira alternativa seria o servidor ser aposentado com a renúncia de seus proventos. Nesse caso, é possível o entendimento de que a vedação constitucional diz respeito ao aspecto financeiro, que, afastado pela renúncia expressa aos proventos, permitiria a aposentação do servidor no segundo cargo. A nosso ver, esta última opção não seria a mais indicada porque, ao se aposentar, o servidor, ainda que sem direito à percepção

2. Em 17 de dezembro de 2022, o STF fixou a tese, na Repercussão Geral nº 627, de que "em se tratando de cargos constitucionalmente acumuláveis, descabe aplicar a vedação de acumulação de aposentadorias e pensões contida na parte final do artigo 11 da Emenda Constitucional 20/98, porquanto destinada apenas aos casos de que trata, ou seja, aos reingressos no serviço público por meio de concurso público antes da publicação da referida emenda e que envolvam cargos inacumuláveis".

aos proventos, passa a entrar na base de dados do RPPS, utilizada para a elaboração dos estudos atuariais, que consideram a aposentadoria e o respectivo pagamento dos proventos, no plano de custeio dos benefícios. Assim, os estudos não estariam tendo aderência com a realidade.

É importante esclarecer, ainda em relação ao art. 11 da EC nº 20/1998, que a proibição de mais de uma aposentadoria ocorre no âmbito do RPPS dos servidores titulares de cargos efetivos dos entes federados. Os militares dos Estados e do DF, bem como os das Forças Armadas, não estão incluídos nessa vedação constitucional. Assim, pode um militar já transferido para reserva remunerada acumular seus proventos de inatividade com os proventos de aposentadoria de um cargo civil vinculado ao RPPS.

Outra questão que se coloca é a contribuição previdenciária do servidor, relativa ao cargo que ocupa e cujos proventos não pode ele acumular. No nosso entender, as contribuições são devidas, em face do princípio da solidariedade, que norteia os regimes previdenciários públicos. Contudo, restará ao servidor, uma vez afastado do cargo, solicitar a Certidão de Tempo de Contribuição (CTC), para fins de averbação no RGPS, caso pretenda vincular-se a esse regime.

Destacamos que **permanece possível a acumulação de aposentadorias entre o RPPS e o RGPS**, não tendo a EC nº 103/2019 inovado quanto a essa situação.

Ressaltamos, por fim, que, além de ter mantido a vedação de percepção de mais de uma aposentadoria à conta do RPPS, a EC nº 103/2019, numa expressão de convergência entre os regimes previdenciários públicos, determinou que os RPPS da União, dos Estados, do DF e dos Municípios devem observar as vedações, regras e condições para a acumulação de benefícios previdenciários estabelecidas no RGPS. A Emenda alterou o art. 201 da CR/88, incluindo-lhe o § 15, segundo o qual:

CR/88, com a redação conferida pela EC nº 103/2019

Art. 201. A previdência social será organizada sob a forma do Regime Geral de Previdência Social, de caráter contributivo e de filiação obrigatória, observados critérios que preservem o equilíbrio financeiro e atuarial, e atenderá, na forma da lei, a:

(...)

§ 15. Lei complementar estabelecerá vedações, regras e condições para a acumulação de benefícios previdenciários.

Ocorre que, enquanto não editada a lei complementar de que trata o § 15 do art. 201 da CR/88, devem ser observados os preceitos do art. 24 da EC nº 103/2019, adiante comentados.

6.1.2 Vedação de percepção de mais de uma pensão por morte no âmbito do mesmo regime de previdência social

EC nº 103/2019

Art. 24. É vedada a acumulação de mais de uma pensão por morte deixada por cônjuge ou companheiro, no âmbito do mesmo regime de previdência social, ressalvadas as pensões do mesmo instituidor decorrentes do exercício de cargos acumuláveis na forma do art. 37 da Constituição Federal.

Aqui, a EC nº 103/2019 inovou, estabelecendo vedação constitucional antes não existente: o recebimento de mais de uma pensão por morte **deixada por cônjuge ou companheiro** no âmbito do mesmo regime de previdência social, ressalvadas as pensões decorrentes do exercício de cargos acumuláveis: dois cargos de professor; um cargo de professor com outro técnico ou científico; e dois cargos ou empregos privativos de profissionais de saúde, com profissões regulamentadas.

Com a vedação de acumulação de pensões por morte no âmbito do mesmo regime previdenciário, situações hipotéticas como a de Lucrécia Bórgia, por exemplo, não serão permitidas. Expliquemos melhor: Lucrécia Bórgia, pensionista do RGPS pelo óbito do seu marido, Sepulcro Caiado, casou-se com Avelino do Céu, também segurado do RGPS. Depois de dois anos de casada, Avelino do Céu vem a falecer. Nessa situação, não será possível a percepção das duas pensões por morte pela viúva Lucrécia Bórgia, que deverá escolher o benefício previdenciário que irá perceber. Se ambos os maridos fossem segurados de um mesmo RPPS, também incidiria a vedação. Só será permitida a acumulação se forem regimes previdenciários distintos, situação a ser vista mais à frente, em tópico específico.

Esclarecemos que a vedação de percepção de mais de uma pensão no âmbito do mesmo regime previdenciário não alcança os filhos e os pais. Imaginemos a seguinte situação: o menor Marcelino da Cruz, que recebia pensão por morte de seu pai, aposentado do RPPS da União, veio a perder sua mãe, também servidora pública da União, falecida na vigência da EC nº 103/2019. Nesse caso, Marcelino da Cruz poderá receber as duas pensões por morte, ainda que no âmbito do mesmo regime (no caso, do RPPS da União), fazendo jus à integralidade dos dois benefícios previdenciários.

A Portaria MTP nº 1.467/2022 reproduz o texto constitucional:

> **Portaria MTP nº 1.467/2022**
>
> Art. 165. É vedada a acumulação de mais de uma pensão por morte deixada por cônjuge ou companheiro, no âmbito do mesmo regime de previdência social.
>
> § 1º Excetua-se da vedação do caput as pensões por morte do mesmo segurado instituidor no âmbito do mesmo regime de previdência social, decorrentes do exercício de cargos acumuláveis na forma do art. 37, XVI, da Constituição Federal.

6.2 ACUMULAÇÕES PERMITIDAS DE BENEFÍCIOS PREVIDENCIÁRIOS

Apesar de a EC nº 103/2019 ter mantido a vedação de percepção de mais de uma aposentadoria pelo RPPS e ter vedado a acumulação de pensão (na condição de cônjuge ou companheiro) no âmbito do mesmo regime previdenciário, permitiu a acumulação de benefícios nas situações descritas nos incisos I a III do § 1º do art. 24, que passamos a comentar:

6.2.1 Acumulação de pensão por morte de regimes distintos

> **EC nº 103/2019**
>
> Art. 24 (...)
>
> § 1º Será admitida, nos termos do § 2º, a acumulação de:
>
> I – pensão por morte deixada por cônjuge ou companheiro de um regime de previdência social com pensão por morte concedida por outro regime de previdência social ou com pensões decorrentes das atividades militares de que tratam os arts. 42 e 142 da Constituição Federal; (...)

Nessa situação, é possível a percepção de mais de uma pensão por morte, pois são de regimes distintos (RPPS A com RPPS B, RPPS com RGPS; RPPS ou RGPS com pensões decorrentes das atividades militares de que tratam os arts. 42 e 142 da CR/88[3]). A vedação, como visto anteriormente, é para acumulação de pensões no âmbito do mesmo regime, deixada por cônjuge ou companheiro.

Cabe aqui anotarmos que, ao contrário do que ocorre com as aposentadorias, que não podem ser acumuladas no âmbito do RPPS, independentemente do ente federado instituidor do regime (União, Estados, DF e Municípios), nas pensões por morte é possível a acumulação quando os RPPS forem de entes federativos distintos. Esse entendimento está claro na Portaria MTP nº 1.467/2022, segundo a qual:

> **Portaria MTP nº 1.467/2022**
> Art. 165 (...)
> (...)
> § 2º Será admitida, nos termos do § 3º, a acumulação de:
> I – pensão por morte deixada por cônjuge ou companheiro no âmbito do RPPS com pensão por morte concedida em outro RPPS ou no RGPS, e pensão por morte deixada por cônjuge ou companheiro no âmbito do RGPS com pensão por morte deixada no âmbito do RPPS;
> II – pensão por morte deixada por cônjuge ou companheiro no âmbito do RGPS com pensões por morte decorrentes das atividades militares de que tratam os arts. 42 e 142 da Constituição Federal;
> III – pensão por morte deixada por cônjuge ou companheiro no âmbito do RPPS com pensões por morte decorrentes das atividades militares de que tratam os arts. 42 e 142 da Constituição Federal;
> (...) (g.n.)

Observem que a Portaria MTP nº 1.467/2022, para conferir mais clareza ao texto constitucional, reproduziu-o de forma analítica, desdobrando o inciso I do § 1º do art. 24 da EC nº 103/2019 em três incisos (I, II e III do § 2º do art. 165).

A acumulação, todavia, deve observar o disposto no § 2º do art. 24 da EC nº 103/2019, que garante a percepção da pensão mais vantajosa e estabelece limites percentuais por faixas de valores dos demais benefícios. Isso quer dizer que a acumulação de pensão por morte de regimes previdenciários distintos é permitida, mas os valores não são percebidos em sua totalidade. A percepção dos valores decorrentes da acumulação será vista adiante, em tópico específico.

Para consolidarmos o entendimento da acumulação de pensões, voltemos ao exemplo anterior de Lucrécia Bórgia, que, por ter contraído segundas núpcias com um segurado do mesmo regime previdenciário do seu primeiro marido, não pôde acumular as duas pensões, pois ambas eram do RGPS. Se Avelino do Céu, seu segundo esposo, fosse segurado de um RPPS (da União, por exemplo), Lucrécia Bórgia poderia acumular as duas pensões nos termos estabelecidos no § 2º do art. 24 da EC nº 103/2019.

Fazemos, aqui, a mesma ressalva do tópico anterior quanto aos filhos e aos pais. Estes podem perceber mais de uma pensão por morte, tanto do mesmo regime previdenciário, quanto de regimes distintos, fazendo jus à integralidade dos benefícios.

3. Esclarecemos que os militares não possuem, tecnicamente, um regime previdenciário, mas, sim, um Sistema de Proteção Social, a ser visto em capítulo próprio.

6.2.2 Acumulação de pensão por morte de um regime de previdência social com proventos de aposentadoria ou de inatividade de militares

> **EC nº 103/2019**
>
> Art. 24 (...)
>
> § 1º Será admitida, nos termos do § 2º, a acumulação de:
>
> (...)
>
> II – pensão por morte deixada por cônjuge ou companheiro de um regime de previdência social com aposentadoria concedida no âmbito do Regime Geral de Previdência Social ou de regime próprio de previdência social ou com proventos de inatividade decorrentes das atividades militares de que tratam os arts. 42 e 142 da Constituição Federal; ou

A EC nº 103/2019 permitiu a acumulação de pensão por morte deixada por cônjuge ou companheiro de determinado regime previdenciário com aposentadoria concedida no âmbito do RGPS, do RPPS ou proventos de inatividade dos militares de que tratam os arts. 42 e 142 da CR/88.

A Portaria MTP nº 1.467/2022 seguiu com o padrão textual analítico ao reproduzir o inciso II do § 1º do art. 24 da EC nº 103/2019 em três incisos:

> **Portaria MTP nº1.467/2022**
>
> Art. 165 (...)
>
> (...)
>
> § 2º Será admitida, nos termos do § 3º, a acumulação de:
>
> (...)
>
> IV – pensão por morte deixada por cônjuge ou companheiro no âmbito do RGPS com aposentadoria concedida por RPPS ou RGPS;
>
> V – pensão por morte deixada por cônjuge ou companheiro no âmbito do RPPS com aposentadoria concedida por RPPS ou RGPS;
>
> VI – pensão por morte deixada por cônjuge ou companheiro no âmbito do RPPS ou do RGPS com proventos de inatividade decorrentes das atividades militares de que tratam os arts. 42 e 142 da Constituição Federal;
>
> (...)

Entretanto a acumulação deve observar o disposto no § 2º do art. 24 da EC nº 103/2019, que garante a percepção do benefício mais vantajoso e estabelece percentuais por faixas de valores dos demais benefícios previdenciários. "Trocando em miúdos", a acumulação de pensão por morte com proventos de aposentadoria ou de inatividade de militares é permitida, mas os valores **não são** percebidos em sua totalidade. A percepção dos valores decorrentes da acumulação será vista adiante, em tópico específico.

Exemplifiquemos com João Barba Anil, servidor público vinculado ao RPPS da União, casado com Pompeia Lurex, empresária de joias, segurada do RGPS. Após dois anos de casamento, Pompeia veio a falecer, deixando uma pensão para Barba Anil. Este, ao se aposentar pelo RPPS da União, poderá acumular a pensão por morte deixada por Pompeia Lurex com os seus proventos de aposentadoria (inciso II do § 1º do art. 24 da CR/88, c/c o inciso IV do § 2º do art. 165 da Portaria MTP nº 1.467/2022), considerando os limites impostos pelo § 2º do art. 24 da EC nº 103/2019 e pelo inciso XI do art. 37 da CR/88[4-5].

Prossigamos com o exemplo de Kate Marrone, militar do **Estado T** e pensionista do RPPS desse mesmo Estado, pela morte de seu marido, ex-delegado da polícia civil, Apelado Helvacilo. Ao passar para a reserva remunerada, Marrone poderá acumular seus proventos de inatividade com a pensão deixada por Helvacilo (inciso II do § 1º do art. 24 da CR/88, c/c o inciso VI do § 2º do art. 165 da Portaria MTP nº 1.467/2022), considerando os limites impostos pelo § 2º do art. 24 da EC nº 103/2019 e pelo inciso XI do art. 37 da CR/88.

6.2.3 Acumulação de aposentadoria do RGPS ou do RPPS com pensões decorrentes das atividades dos militares

EC nº 103/2019

Art. 24. (...)

§ 1º Será admitida, nos termos do § 2º, a acumulação de:

(...)

III – pensões decorrentes das atividades militares de que tratam os arts. 42 e 142 da Constituição Federal com aposentadoria concedida no âmbito do Regime Geral de Previdência Social ou de regime próprio de previdência social.

O legislador constituinte derivado dispôs, no inciso III supratranscrito, sobre a acumulação de aposentadorias do RGPS e do RPPS com as pensões decorrentes das atividades militares previstas nos arts. 42 e 142 da CR/88, que tratam, respectivamente, dos militares dos Estados, inclusive do Corpo de Bombeiros, e dos militares das Forças Armadas.

Os militares sejam das Forças Armadas, sejam dos Estados, possuem regras diferenciadas em função da natureza das funções exercidas, inseridas num Sistema de Proteção Social, de natureza não previdenciária, a ser visto em capítulo específico. Tecnicamente falando, esses agentes públicos não se aposentam do cargo, mas passam para a reserva remunerada, durante a qual podem ser instados a retornar ao serviço em virtude de situações específicas previstas no estatuto da corporação. Quando atingem a idade-limite para permanência na reserva remunerada, passam para a reforma, momento a partir

4. CR/88, art. 37 (...) XI – a remuneração e o subsídio dos ocupantes de cargos, funções e empregos públicos da administração direta, autárquica e fundacional, dos membros de qualquer dos Poderes da União, dos Estados, do Distrito Federal e dos Municípios, dos detentores de mandato eletivo e dos demais agentes políticos e os proventos, pensões ou outra espécie remuneratória, percebidos cumulativamente ou não, incluídas as vantagens pessoais ou de qualquer outra natureza, não poderão exceder o subsídio mensal, em espécie, dos Ministros do Supremo Tribunal Federal, aplicando-se como limite, nos Municípios, o subsídio do Prefeito, e nos Estados e no Distrito Federal, o subsídio mensal do Governador no âmbito do Poder Executivo, o subsídio dos Deputados Estaduais e Distritais no âmbito do Poder Legislativo e o subsídio dos Desembargadores do Tribunal de Justiça, limitado a noventa inteiros e vinte e cinco centésimos por cento do subsídio mensal, em espécie, dos Ministros do Supremo Tribunal Federal, no âmbito do Poder Judiciário, aplicável este limite aos membros do Ministério Público, aos Procuradores e aos Defensores Públicos.
5. Quanto à aplicação do teto constitucional sobre a acumulação de pensão com aposentadoria, cumpre mencionar que o Plenário do STF decidiu, em 6 de agosto de 2020, no julgamento do RE 602584, em sede de repercussão geral, que o teto deve incidir sobre o somatório da pensão com a remuneração ou os proventos de aposentadoria recebidos pelo servidor público. Eis a tese fixada: "Ocorrida a morte do instituidor da pensão em momento posterior ao da Emenda Constitucional 19/1998, o teto constitucional previsto no inciso XI do artigo 37 da Constituição Federal incide sobre o somatório de remuneração ou provento e a pensão recebida por servidor".

do qual não podem mais ser requisitados a trabalhar[6]. Quando passam para a reserva remunerada ou reforma, recebem proventos de inatividade e, quando morrem, deixam pensões para seus dependentes.

A Portaria MTP nº 1.467/2022 reproduziu o inciso III do § 1º do art. 24 da EC nº 103/2019, desdobrando-o em dois incisos:

> **Portaria MTP nº1.467/2022**
>
> Art. 165 (...)
>
> (...)
>
> § 2º Será admitida, nos termos do § 3º, a acumulação de:
>
> (...)
>
> VII – pensões por morte decorrentes das atividades militares de que tratam os arts. 42 e 142 da Constituição Federal com aposentadoria concedida no âmbito do RGPS; e;
>
> VIII – pensões por morte decorrentes das atividades militares de que tratam os arts. 42 e 142 da Constituição Federal com aposentadoria concedida no âmbito de RPPS.

Pois bem. É possível a acumulação de aposentadoria do RGPS ou do RPPS com as pensões deixadas pelos militares dos Estados e os das Forças Armadas, desde que observados os limites impostos pelo § 2º do art. 24 da EC nº 103/2019, adiante comentado.

Para consolidar a compreensão desse ponto, ilustremos com a situação de Perpétua do Socorro, pensionista de um militar das Forças Armadas. Perpétua, servidora pública, segurada do RPPS do **Município X**, pode, ao se aposentar, acumular os seus proventos de aposentadoria com a pensão deixada pelo *de cujus*, ex-militar das Forças Armadas, conforme dispõe o inciso III do § 1º do art. 24 da CR/88, c/c o inciso VIII do § 2º do art. 165 da Portaria MTP nº 1.467/2022. Porém a percepção dos dois benefícios previdenciários deve obedecer às regras contidas no § 2º do art. 24 da EC 103/2019, a ser comentado doravante.

6.2.4 Acumulação dos benefícios: condições para a percepção dos valores

> **EC nº103/2019**
>
> Art. 24 (...)
>
> (...)
>
> § 2º Nas hipóteses das acumulações previstas no § 1º, é assegurada a percepção do valor integral do benefício mais vantajoso e de uma parte de cada um dos demais benefícios, apurada cumulativamente de acordo com as seguintes faixas:
>
> I – 60% (sessenta por cento) do valor que exceder 1 (um) salário-mínimo, até o limite de 2 (dois) salários-mínimos;
>
> II – 40% (quarenta por cento) do valor que exceder 2 (dois) salários-mínimos, até o limite de 3 (três) salários-mínimos;
>
> III – 20 (vinte por cento) do valor que exceder 3 (três) salários-mínimos, até o limite de 4 (quatro) salários mínimos; e
>
> IV – 10% (dez por cento) do valor que exceder 4 (quatro) salários-mínimos.

O § 2º do art. 24 da EC nº 103/2019 estabelece como se dará a percepção de mais de um benefício previdenciário, nas hipóteses previstas no § 1º desse mesmo artigo, comentadas linhas atrás. De acordo com esse dispositivo, fica assegurada a percepção do

6. A reforma também ocorre quando o militar se vê impedido de exercer suas funções por problemas de saúde.

benefício previdenciário mais vantajoso[7] e os demais serão recebidos de forma parcial, considerando as seguintes faixas referenciadas pelo valor do salário-mínimo (sm):

Percentual por faixas de valores de salários-mínimos (sm)	
Até um sm	100%
Maior que 1 sm e até 2 sm	60%
Maior que 2 sm e até 3 sm	40%
Maior que 3 sm e até 4 sm	20%
Maior que 4 sm	10%

6.2.4.1 *Exemplos de benefícios percebidos em acumulação*

Nada como exemplificar para a melhor compreensão de um assunto. Voltemos aos exemplos dados anteriormente, adaptando-os, para calcularmos o valor dos benefícios em acumulação.

Exemplo 1. Lucrécia Bórgia, pensionista do RGPS, recebe pensão no valor de R$ 4.500,00, pelo óbito do seu primeiro marido, Sepulcro Caiado. Casou-se novamente com Avelino do Céu, aposentado do RPPS da União. Depois de dois anos de casada, Avelino do Céu vem a falecer, deixando uma pensão no valor de R$ 4.000,00. Nessa situação, a viúva Lucrécia Bórgia receberá integralmente a pensão mais vantajosa, no caso, a deixada pelo seu primeiro marido, e, quanto ao segundo benefício, sobre ele incidirão os seguintes percentuais, tomando como referência o valor do salário-mínimo (R$ 1.518,00 – ano de 2025):

2º Benefício R$ 4.000,00	**Percentuais**	**Cálculo** (alíquota x o resultado da subtração entre o valor máximo do intervalo* e o valor máximo do intervalo anterior)	**Valor por faixa** (R$)	**Subtotal** (R$)
Faixas valor (sm)				
Até 1.518,00 (sm – 2025)	100% = 1,00	1,00 x (1.518-0)	1.518,00	1.518,00
1.518,01 até 3.036,00	60% = 0,60	0,60 x (3.036 – 1.518)	910,80	2.428,80
3.036,01 até 4.554,00	40% = 0,40	0,40 x (**4.000*** – 3.036)	385,60	2.814,40
Valor total do segundo benefício = somatório dos valores por faixa = R$ 2.814,40				

* No intervalo onde o benefício a ser reduzido se situa, este será o valor máximo.

Lucrécia Bórgia receberá, assim, os seguintes valores em acumulação:

a) Pensão mais vantajosa: R$ 4.500,00

+

b) Segunda pensão (percentual por faixas de valores): R$ **2.814,40**

=

c) Somatório dos dois benefícios: 4.500,00 + **2.814,40** = **R$ 7.314,40**

7. Importante mencionar que consideraremos, para fins de análise, como "benefício mais vantajoso" o de maior valor. Contudo, pode o beneficiário, por alguma situação específica, optar pela preservação do valor integral de determinado benefício que não seja, necessariamente, o de maior valor.

Exemplo 2. João Barba Anil, auditor da Receita Federal, recebe uma pensão do RGPS, no valor de R$ 5.000,00, pela morte de sua esposa, Pompeia Lurex. Obteve o direito de se aposentar na vigência da EC nº 103/2019, com proventos de R$ 25.000,00. Como não poderá receber os dois valores integralmente, receberá o benefício mais vantajoso em sua totalidade e o segundo, com a aplicação dos seguintes percentuais, tomando como referência o valor do salário-mínimo (R$ 1.518,00 – ano de 2025):

2º Benefício R$ 5.000,00 / **Faixas valor (sm)**	**Percentuais**	**Cálculo** (alíquota x o resultado da subtração entre o valor máximo do intervalo* e o valor máximo do intervalo anterior)	**Valor por faixa** (R$)	**Subtotal** (R$)
Até 1.518,00 (sm – 2025)	100% = 1,00	1,00 x (1.518-0)	1.518,00	1.518,00
1.518,01 até 3.036,00	60% = 0,60	0,60 x (3.036 – 1.518)	910,80	2.428,80
3.036,01 até 4.554,00	40% = 0,40	0,40 x (4.554 – 3.036)	607,20	3.036,00
4.554,01 até 6.072,00	20% = 0,20	0,20 x (**5.000*** – 4.554)	89,20	3.125,20
Valor total do segundo benefício = somatório dos valores por faixa = R$ 3.125,20				

* No intervalo onde o benefício a ser reduzido se situa, este será o valor máximo.

João Barba Anil receberá, assim, os seguintes valores em acumulação:

a) Benefício mais vantajoso: R$ 25.000,00

\+

b) Segundo benefício (percentual por faixas de valores): R$ 3.125,20

=

c) Somatório dos dois benefícios: 25.000,00 + 3.125,20 = R$ 28.125,20

Exemplo 3. Kate Marrone, capitã da polícia militar do **Estado T**, recebe uma pensão no valor de R$ 18.000,00, pela morte do seu ex-marido, Apelado Helvacilo, delegado da polícia civil do mesmo Estado. Ao passar para a reserva remunerada, com proventos no valor de R$ 15.000,00, Kate Marrone poderá acumular os dois benefícios sem, todavia, perceber os valores integralmente. Receberá o mais vantajoso integralmente e o segundo, da seguinte forma:

2º Benefício R$ 15.000,00 / **Faixas valor (sm)**	**Percentuais**	**Cálculo** (alíquota x o resultado da subtração entre o valor máximo do intervalo* e o valor máximo do intervalo anterior)	**Valor por faixa** (R$)	**Subtotal** (R$)
Até 1.518,00 (sm – 2025)	100% = 1,00	1,00 x (1.518-0)	1.518,00	1.518,00
1.518,01 até 3.036,00	60% = 0,60	0,60 x (3.036 – 1.518)	910,80	2.428,80
3.036,01 até 4.554,00	40% = 0,40	0,40 x (4.554 – 3.036)	607,20	3.036,00
4.554,01 até 6.072,00	20% = 0,20	0,20 x (6.072 – 4.554)	303,60	3.339,60
6.072,01 a **15.000,00***	10% = 0,10	0,10 x (**15.000,00*** – 6.072)	892,80	4.232,40
Valor total do segundo benefício = somatório dos valores por faixa = R$ 4.232,40				

* No intervalo onde o benefício a ser reduzido se situa, este será o valor máximo.

Kate Marrone receberá os seguintes valores em acumulação:

a) Benefício mais vantajoso: R$ 18.000,00

+

b) Segundo benefício (percentual por faixas de valores): R$ 4.232,40

=

c) Somatório dos dois benefícios: 18.000,00+ 4.232,40 = R$ 22.232,40

Exemplo 4. Perpétua do Socorro, professora *do* **Município X**, recebe uma pensão pela morte de seu marido, ex-militar das Forças Armadas, no valor de R$ 2.000,00. Cumpriu os requisitos de aposentadoria na vigência da EC nº 103/2019, tendo sido aposentada com proventos de R$ 1.600,00. Como não poderá perceber os dois valores integralmente, receberá o benefício mais vantajoso em sua totalidade e o segundo, com a aplicação dos seguintes percentuais, da seguinte forma:

2º Benefício R$ 1.600,00 / **Faixas valor (sm)**	**Percentuais**	**Cálculo** (alíquota x o resultado da subtração entre o valor máximo do intervalo* e o valor máximo do intervalo anterior)	**Valor por faixa** (R$)	**Subtotal** (R$)
Até 1.518,00 (sm – 2025)	100% = 1,00	1,00 x (1.518-0)	1.518,00	1.518,00
1.518,01 até 3.036,00	60% = 0,60	0,60 x (**1.600*** – 1.518)	49,20	1.567,20
Valor total do segundo benefício = somatório dos valores por faixa =R$ 1.567,20				

* No intervalo onde o benefício a ser reduzido se situa, este será o valor máximo.

Perpétua receberá os seguintes valores em acumulação:

a) Benefício mais vantajoso: R$ 2.000,00

+

b) Segundo benefício (percentual por faixas de valores): R$ 1.567,20

=

c) Somatório dos dois benefícios: 2.000,00 + 1.567,20 = R$ 3.567,20

6.2.4.2 Possibilidade de revisão dos valores dos benefícios percebidos em acumulação

> **EC nº 103/2019**
>
> Art. 24. (...)
>
> (...)
>
> § 3º A aplicação do disposto no § 2º poderá ser revista a qualquer tempo, a pedido do interessado, em razão de alteração de algum dos benefícios.

O § 3º do art. 24 da EC nº 103/2019 permite a revisão, a qualquer tempo, a pedido do interessado, do cálculo da percepção dos benefícios em acumulação. Isso porque, no decurso do tempo, vários fatores podem alterar o valor dos benefícios previdenciários, tais como critérios de reajustamento, revisão ou recálculo da cota-parte em razão da perda de qualidade de algum beneficiário ou mesmo por habilitação tardia (no caso de pensão por morte), o que poderá fazer com que os benefícios antes mais vantajosos deixem de sê-lo. Tomemos como explicação um dos exemplos dado anteriormente, o de Lucrécia Bórgia.

Retomando a situação hipotética, o primeiro marido deixou-lhe uma pensão de R$ 4.500,00 e o segundo, no valor de R$ 4.000,00. Escolheu, à época, por óbvio, a pensão de maior valor, tendo a segunda sido percebida com a incidência de percentuais por faixas, no valor de R$ **2.814,40**. Recebia, assim, em acumulação, o valor de **R$ 7.314,40**.

Ocorre que a segunda pensão (sobre a qual incidiram os percentuais por faixas de valores), com o decurso do tempo, superou o valor da primeira em R$ 100,00, passando, então, a ser a mais vantajosa. Sabedora da situação, Lucrécia Bórgia requereu a revisão do cálculo de seus benefícios, cujos valores passaram a ser os seguintes:

a) Benefício mais vantajoso: R$ 4.600,00

b) Benefício menos vantajoso: R$ 4.500,00

2º Benefício R$ 4.500,00 / **Faixas valor (sm)**	**Percentuais**	**Cálculo** (alíquota x o resultado da subtração entre o valor máximo do intervalo* e o valor máximo do intervalo anterior)	**Valor por faixa** (R$)	**Subtotal** (R$)
Até 1.518,00 (sm - 2025)	100% = 1,00	1,00 x (1.518-0)	1.518,00	1.518,00
1.518,01 até 3.036,00	60% = 0,60	0,60 x (3.036 - 1.518)	910,80	2.428,80
3.036,01 até 4.554,00	40% = 0,40	0,40 x (**4.500*** - 3.036)	585,60	3.014,40
Valor total do segundo benefício = somatório dos valores por faixa =R$ 3.014,40				

* No intervalo onde o benefício a ser reduzido se situa, este será o valor máximo.

Lucrécia Bórgia passará a receber os seguintes valores em acumulação:

a) Pensão mais vantajosa: R$ 4.600,00

+

b) Segunda pensão (percentual por faixas de valores): R$ 3.014,40

=

c) Somatório dos dois benefícios: 4.600,00 + 3.014,40 = R$ 7.614,40

Lucrécia Bórgia então, que antes recebia, em acumulação, o valor de **R$ 7.148,00**, passará a receber **R$ 7.614,40.**

Chamamos a atenção para o fato de que o § 2º art. 24 da EC nº103/2019 traz, na verdade, as **condições para a percepção dos benefícios em acumulação** do que propriamente a regra de cálculo. A aplicação da regra é momentânea, devendo ser reavaliada pela unidade gestora do RPPS a cada pagamento. Vejamos as disposições da Portaria MTP nº 1.467/2022 sobre esse ponto:

> **Portaria MTP nº 1.467/2022**
>
> Art. 165 (...)
>
> (...)
>
> § 6º As restrições previstas neste artigo:
>
> (...)
>
> III – representam condições para a efetiva percepção mensal de valores, a serem aferidas a cada pagamento, e não critério de cálculo e divisão de benefício; e
>
> IV – não alteram o critério legal e original de reajustamento ou revisão do benefício que deverá ser aplicado sobre o valor integral para posterior recálculo do valor a ser pago em cada competência a cada beneficiário.
>
> (...)
>
> § 8º A parte do benefício a ser percebida, decorrente da aplicação das faixas de que tratam os incisos do § 3º, deverá ser recalculada por ocasião do reajuste do valor do salário mínimo nacional.

De acordo com a Nota Informativa SEI nº 33.521/2020/ME, na acumulação de benefícios:

> O valor da cota-parte da pensão (ou de qualquer benefício acumulado) deve constar por inteiro na folha de pagamento e no comprovante de rendimentos, juntamente com o valor descontado como redutor, discriminados e identificados para transparência do procedimento e eventual revisão.
>
> Essas medidas são importantes, pois a condição pessoal de cada beneficiário pode variar de uma competência para outra, em razão da perda do direito a algum benefício ou mudança da opção pelo qual será recebido integralmente, conforme §§ 2º e 3º do art. 24. Em outras palavras, não há um corte definitivo no valor da cota da pensão ou provento relativo à aplicação do art. 24 da EC nº 103, de 2019, pois esse dispositivo não trata de regra de cálculo, mas de condições para efetiva percepção de benefícios.
>
> Inclusive, para a aplicação dessas regras, o valor a ser percebido do benefício reduzido irá mudar quando houver aumento do salário-mínimo, parâmetro que afeta os valores das faixas para cálculo da parcela de redução. O valor da pensão por morte também sofrerá variação por reajustamento, revisão ou recálculo da cota-parte em razão da perda de qualidade de algum beneficiário ou mesmo por habilitação tardia. São várias as hipóteses de mudanças no valor que deverá ser efetivamente creditado como cota-parte da pensão por morte. (g.n)[8]

6.2.4.3 Direito adquirido à acumulação integral dos benefícios

> **EC nº 103/2019**
>
> Art. 24 (...)
>
> (...)
>
> § 4º As restrições previstas neste artigo não serão aplicadas se o direito aos benefícios houver sido adquirido antes da data de entrada em vigor desta Emenda Constitucional.
>
> § 5º As regras sobre acumulação previstas neste artigo e na legislação vigente na data de entrada em vigor desta Emenda Constitucional poderão ser alteradas na forma do § 6º do art. 40 e do § 15 do art. 201 da Constituição Federal.

A EC nº 103/2019, ao restringir a acumulação dos benefícios previdenciários, ressalvou duas situações: (1) o direito de quem já percebia integralmente os benefícios em acumulação (ato jurídico perfeito); e (2) o direito de quem, embora não estivesse efetivamente acumulando, já reunia os requisitos para fazê-lo pelas regras anteriormente vigentes à Emenda (direito adquirido).

8. Disponível a partir de: https://www.gov.br/trabalho-e-previdencia/pt-br. Acesso em: 04 fev. 2022.

A Portaria MTP nº 1.467/2022, por sua vez, reproduziu o texto constitucional esclarecendo a situação do direito adquirido em face da aquisição de outro(s) benefício(s) durante a vigência da EC nº 103/2019. Vejamos:

> **Portaria MTP nº 1.467/2022**
>
> Art. 165 (...)
>
> (...)
>
> § 6º As restrições previstas neste artigo:
>
> II – não serão aplicadas se o direito a todos os benefícios, acumuláveis nos termos da Constituição Federal, houve sido adquirido antes de 13 de novembro de 2019, ainda que venham a ser concedidos após essa data;
>
> (...)
>
> § 7º Aplicam-se as regras de que tratam os §§ 2º e 3º se o direito à acumulação ocorrer a partir de 13 de novembro de 2019, hipótese em que todos os benefícios deverão ser considerados para definição do mais vantajoso para efeito da redução de que trata o § 3º, ainda que concedidos anteriormente a essa data. (g.n.)

Ilustremos com o seguinte caso hipotético de benefícios adquiridos **antes** da EC nº 103/2029:

Exemplo. Perpétua do Socorro, professora do **Município X**, recebe uma pensão pela morte de seu marido, ex-militar das Forças Armadas, no valor de R$ 2.000,00. Cumpriu os requisitos de aposentadoria **antes** da vigência da EC nº 103/2019, mas só a requereu após a sua entrada em vigor, tendo sido aposentada com proventos de R$ 1.800,00. Nesse caso, por força do § 4º do art. 24 da EC nº 103/2019 e do inciso II do § 6º do art. 165 da Portaria MTP nº 1.467/2022, Perpétua do Socorro receberá os dois benefícios em sua integralidade.

Agora vejamos a acumulação de benefícios previdenciários na hipótese de um deles ter sido adquirido após a publicação da EC nº 103/2019, situação prevista no § 7º do art. 165 da Portaria MTP 1.467/2022.

Iniciemos por um caso simples: um benefício adquirido **antes** da EC nº 103/2019 e o outro adquirido **após** essa Emenda. É o caso hipotético de Carlota Joaquina que, antes da publicação da EC nº 103/2019, recebia uma pensão paga pelo **RGPS** no valor de **R$ 3.200,00**. Após a vigência dessa Emenda, adquiriu o direito a se aposentar pelo RPPS do **Estado X**, com proventos no valor de **R$ 5.600,00**. Como o segundo benefício foi adquirido após a publicação da Emenda, incidem os redutores previstos no § 2º do art. 24 da EC nº 103/2019. Por ser mais vantajoso o benefício pago pelo **Estado X**, os redutores recairão sobre o benefício pago pelo RGPS. Vejamos:

Benefício pago pelo RGPS R$ 3.200,00	**Percentuais**	**Cálculo** (alíquota x o resultado da subtração entre o valor máximo do intervalo* e o valor máximo do intervalo anterior)	**Valor por faixa** (R$)	**Subtotal** (R$)
Faixas valor (sm)				
Até 1.518,00 (sm – 2025)	100% = 1,00	1,00 x (1.518-0)	1.518,00	1.518,00
1.518,01 até 3.036,00	60% = 0,60	0,60 x (3.036 – 1.518)	910,80	2.428,80
3.036,01 até 4.554,00	40% = 0,40	0,40 x (**3.200*** – 3.036)	65,60	2.494,40
Valor do benefício = somatório dos valores por faixa =R$ 2.494,40				

* No intervalo onde o benefício a ser reduzido se situa, este será o valor máximo.

Carlota Joaquina passará a receber os seguintes valores em acumulação:

a) Aposentadoria do Estado X: R$ 5.600,00

+

b) Pensão por morte do RGPS (percentual por faixas de valores): R$ 2.494,40

=

c) Somatório dos dois benefícios: 5.600,00 + 2.494,40 = R$ 8.094,40

Carlota Joaquina receberá, em acumulação, o valor de **R$ 8.094,40.**

Vamos agora para um exemplo mais complexo. Consideremos a situação de alguém que já acumulava **dois** benefícios previdenciários antes EC nº 103/2019 e que passou a acumular um terceiro benefício durante a vigência da Emenda. Pelo § 7º do art. 165 da Portaria MTP 1.467/2022, apenas um benefício pode ser recebido integralmente e, sobre os outros dois, incidirão os percentuais de redução previstos no § 2º do art. 24 da Emenda.

Exemplo. João Casanova, sargento do **Estado T**, recebe, do RGPS, uma pensão de R$ 1.800,00, pelo óbito de sua primeira esposa, Maria da Judiação, ocorrido em 2003. Em 2005, Casanova casa-se novamente com Abestina dos Santos, que foi a óbito, vítima de um infarto fulminante, em 2010, deixando para seu marido pensão por morte no valor de R$ 1.700,00, paga pelo RPPS do **Estado Y**. João Casanova, na vigência da EC nº 103/2019, sofre um acidente automobilístico que acarretou sua incapacidade total para o trabalho, que, por conta do acidente, teve de passar para inatividade, com proventos no valor de R$ 6.500,00.

1º Benefício R$ 1.800,00 Pensão de Maria da Judiação	**Percentuais**	**Cálculo** (alíquota x o resultado da subtração entre o valor máximo do intervalo* e o valor máximo do intervalo anterior)	**Valor por faixa** (R$)	**Subtotal** (R$)
Faixas valor (sm)				
Até 1.518,00 (sm – 2025)	100% = 1,00	1,00 x (1.518-0)	1.518,00	1.518,00
1.518,01 até 3.036,00	60% = 0,60	0,60 x (**1.800*** – 1.518)	169,20	1.687,20
Valor do benefício = somatório dos valores por faixa =R$ 1.687,20				

* No intervalo onde o benefício a ser reduzido se situa, este será o valor máximo.

2º Benefício R$ 1.700,00 Pensão de Abestina dos Santos	**Percentuais**	**Cálculo** (alíquota x o resultado da subtração entre o valor máximo do intervalo* e o valor máximo do intervalo anterior)	**Valor por faixa** (R$)	**Subtotal** (R$)
Faixas valor (sm)				
Até 1.518,00 (sm – 2025)	100% = 1,00	1,00 x (1.518-0)	1.518,00	1.518,00
1.518,01 até 3.036,00	60% = 0,60	0,60 x (**1.700*** – 1.518)	109,20	1.627,20
Valor do benefício = somatório dos valores por faixa =R$ 1.627,20				

* No intervalo onde o benefício a ser reduzido se situa, este será o valor máximo.

João Casanova receberá, então, os benefícios da seguinte forma:

a) Acumulação dos benefícios obtidos antes da EC nº 103/2019, com a aplicação da sistemática de percentuais por faixas de salário-mínimo:

   1.687,20 + 1.627,20 = **R$ 3.314,40** (pensão por morte de Maria da Judiação e de Abestina dos Santos)

b) Percepção integral do benefício mais vantajoso, obtido na vigência da EC nº 103/2019: **R$ 6.500,00** (proventos de inatividade de João Casanova)

c) Valor total dos benefícios em acumulação (a+b): 3.314,40 + 6.500,00 = **R$ 9.814,40**

Observamos que, a despeito da redução, a renda previdenciária total de João Casanova (R$ 9.814,00) ficou superior à renda previdenciária que já possuía (R$ 1.800,00 + R$ 1.700,00 = R$ 3.500,00) antes da aquisição do direito ao terceiro benefício previdenciário.

Agora vejamos um exemplo em que a aplicação do § 7º do art. 165 da Portaria MTP 1.467/2022 acarretará uma situação teratológica em que é mais vantajoso para o beneficiário renunciar o terceiro benefício em vez de receber todos eles em acumulação. Vejamos:

Exemplo. Severino José, militar do **Estado T**, recebe, do RPPS do **Município X**, uma pensão de R$ 8.000,00, pelo óbito de sua primeira esposa, Maria Amália, ocorrido em 2003. Em 2005, Severino casa-se novamente com Eliana Cristina, que foi a óbito, vítima de um infarto fulminante, em 2010, deixando para seu marido pensão por morte no valor de R$ 9.000,00, paga pelo RPPS do **Estado Y**. Severino José, na vigência da EC nº 103/2019, sofre um acidente automobilístico que acarretou sua incapacidade total para o trabalho, que, por conta do acidente, teve de passar para inatividade, com proventos no valor de R$ 9.500,00.

Como o benefício de inatividade, adquirido após a EC nº 103/2019, constitui-se no de maior valor, será mantido o seu valor integral e as duas pensões por morte sofrerão a aplicação dos redutores (sistemática de percentuais por faixas de valores), conforme demonstrado a seguir:

Pensão do Município X R$ 8.000,00 / **Faixas valor (sm)**	**Percentuais**	**Cálculo** (alíquota x o resultado da subtração entre o valor máximo do intervalo* e o valor máximo do intervalo anterior)	**Valor por faixa** (R$)	**Subtotal** (R$)
Até 1.518,00 (sm – 2025)	100% = 1,00	1,00 x (1.518-0)	1.518,00	1.518,00
1.518,01 até 3.036,00	60% = 0,60	0,60 x (3.036 – 1.518)	910,80	2.428,80
3.036,01 até 4.554,00	40% = 0,40	0,40 x (4.554 – 3.036)	607,20	3.036,00
4.554,01 até 6.072,00	20% = 0,20	0,20 x (6.072 – 4.554)	303,60	3.339,60
6.072,01 a **8.000,00***	10% = 0,10	0,10 x (**8.000,00*** – 6.072)	192,80	3.532,40
Valor total do segundo benefício = somatório dos valores por faixa = R$ 3.532,40				

* No intervalo onde o benefício a ser reduzido se situa, este será o valor máximo.

Pensão do Estado Y **R$ 9.000,00**	**Percentuais**	**Cálculo** (alíquota x o resultado da subtração entre o valor máximo do intervalo* e o valor máximo do intervalo anterior)	**Valor por faixa** (R$)	**Subtotal** (R$)
Faixas valor (sm)				
Até 1.518,00 (sm – 2025)	100% = 1,00	1,00 x (1.518-0)	1.518,00	1.518,00
1.518,01 até 3.036,00	60% = 0,60	0,60 x (3.036 – 1.518)	910,80	2.428,80
3.036,01 até 4.554,00	40% = 0,40	0,40 x (4.554 – 3.036)	607,20	3.036,00
4.554,01 até 6.072,00	20% = 0,20	0,20 x (6.072 – 4.554)	303,60	3.339,60
6.072,01 a **9.000,00***	10% = 0,10	0,10 x (**9.000,00*** – 6.072)	292,80	3.632,40
Valor total do segundo benefício = somatório dos valores por faixa = R$ 3.632,40				

* No intervalo onde o benefício a ser reduzido se situa, este será o valor máximo.

Severino José receberia, então, os benefícios da seguinte forma:

a) Acumulação dos benefícios obtidos antes da EC nº 103/2019, com a aplicação da sistemática de percentuais por faixas de salário-mínimo:
3.532,40 + 3.632,40 = **R$ 7.164,80** (pensão por morte paga pelo **Município X** e pensão paga pelo **Estado Y**)

b) Percepção integral do benefício mais vantajoso, obtido na vigência da EC nº 103/2019: **R$ 9.500,00** (proventos de inatividade de Severino José)

c) Valor total dos benefícios em acumulação (a+b): **7.164,80** + 9.500,00 = **R$ 16.664,80**

Observemos que a renda previdenciária total de Severino José (R$ **16.664,80**) ficou inferior à que já possuía (R$ 8.000,00 + R$ 9.000,00 = R$ 17.000,00) antes da aquisição do direito ao terceiro benefício previdenciário. Entendemos que, nessas situações teratológicas (em que o valor de três benefícios é inferior ao de dois), a aplicação dos redutores na forma prevista no do § 7º do art. 165 da Portaria MTP 1.467/2022 contraria os princípios constitucionais da dignidade da pessoa humana, da moralidade, da razoabilidade, da proporcionalidade, bem como os princípios da contributividade e o da retributividade, que informam os RPPS. Que fazer então?

Não nos parece razoável a renúncia ao terceiro benefício, primeiro porque, ao longo do tempo, em função de reajustes periódicos, poderá ser vantajosa a sua percepção pelo beneficiário; segundo, porque o esforço contributivo do beneficiário não pode ser desprezado, sob pena de se lhe imputar gravame odioso que, como já dissemos, contraria princípios constitucionais caros ao nosso ordenamento jurídico. Nem se invoque o princípio da solidariedade para justificar o exemplo teratológico que acabamos de dar, pois esse princípio não é panaceia que acoberta qualquer situação, sobretudo quando esta constitui afronta à dignidade humana.

A despeito de ausência de previsão normativa, propomos a seguinte solução: se a acumulação de um terceiro benefício após a EC nº 103/2019 resultar em um valor inferior ao dos benefícios acumulados anteriormente, situação em que "três vale menos que dois", preserva-se o direito adquirido dos benefícios obtidos antes da data de publicação da Emenda e aplicam-se os redutores no benefício adquirido durante a vigência da EC nº 103/2019. Vejamos como ficaria essa solução aplicada ao exemplo anteriormente dado.

Exemplo. Severino José, militar do **Estado T**, recebe, do RPPS do **Município X**, uma pensão de R$ 8.000,00, pelo óbito de sua primeira esposa, Maria Amália, ocorrido em 2003. Em 2005, Severino casa-se novamente com Eliana Cristina, que foi a óbito, vítima de um infarto fulminante, em 2010, deixando para seu marido pensão por morte no valor de R$ 9.000,00, paga pelo RPPS do **Estado Y**. Severino José, na vigência da EC nº 103/2019, sofre um acidente automobilístico que acarretou sua incapacidade total para o trabalho, que, por conta do acidente, teve de passar para inatividade, com proventos no valor de R$ 9.500,00.

Adotando-se a solução por nós proposta, Severino receberia os seguintes valores em acumulação:

Proventos de inatividade do Estado T R$ 9.500,00	**Percentuais**	**Cálculo** (alíquota x o resultado da subtração entre o valor máximo do intervalo* e o valor máximo do intervalo anterior)	**Valor por faixa** (R$)	**Subtotal** (R$)
Faixas valor (sm)				
Até 1.518,00 (sm – 2025)	100% = 1,00	1,00 x (1.518-0)	1.518,00	1.518,00
1.518,01 até 3.036,00	60% = 0,60	0,60 x (3.036 – 1.518)	910,80	2.428,80
3.036,01 até 4.554,00	40% = 0,40	0,40 x (4.554 – 3.036)	607,20	3.036,00
4.554,01 até 6.072,00	20% = 0,20	0,20 x (6.072 – 4.554)	303,60	3.339,60
6.072,01 a **9.500,00***	10% = 0,10	0,10 x (**9.500,00*** – 6.072)	342,80	3.682,40
Valor total do segundo benefício = somatório dos valores por faixa = R$ 3.682,40				

* No intervalo onde o benefício a ser reduzido se situa, este será o valor máximo.

Severino José receberia, então, os benefícios da seguinte forma:

a) Acumulação dos benefícios obtidos antes da EC nº 103/2019, sem a aplicação da sistemática de percentuais por faixas de salário-mínimo:

8.000,00 + 9.000,00 = **R$ 17.000,00** (pensão por morte paga pelo Município X e pensão paga pelo Estado Y)

b) Percepção dos proventos de inatividade com os redutores previstos no art. 24 da EC nº 103/2019: **R$ 3.682,40**

c) Valor total dos benefícios em acumulação (a+b): 17.000,00 + 3.682,40 = **R$ 20.682,40**

Observemos que, assim, a renda previdenciária total de Severino José (R$ 20.682,40), correspondente à percepção cumulativa dos três benefícios previdenciários, ficou superior à renda previdenciária que já possuía (R$ 17.000,00), correspondente aos dois benefícios de pensão por morte obtidos antes da EC nº 103/2019.

Por fim, cumpre-nos chamar a atenção para a previsão contida no § 5º do art. 24 da EC nº 103/2019, pela qual as regras sobre acumulação, previstas no mencionado art. 24 e na legislação vigente em 13 de novembro de 2019, poderão ser alteradas na forma do § 6º do art. 40 e do § 15 do art. 201 da CR/88, com a redação da referida EC nº 103/2019, ou seja, poderão ser alteradas por lei complementar federal.

6.2.4.4 Acumulação de pensões por morte decorrentes de cargos acumuláveis deixadas pelo mesmo instituidor a cônjuge ou companheiro

O art. 165 da Portaria MTP nº 1.467/2022 dispôs, no § 4º, inciso I, que, em se tratando de cargos constitucionalmente acumuláveis **no mesmo regime previdenciário**, a percepção cumulativa das pensões por morte pelo cônjuge ou companheiro não sofrerá a incidência dos redutores previstos no § 2º do art. 24 da EC nº 103/2019. Em outras palavras, será garantida a percepção integral das pensões decorrentes de cargos acumuláveis **no mesmo RPPS** deixadas pelo mesmo instituidor.

> **Portaria MTP nº 1.467/2022**
>
> Art. 165 (...)
>
> (...)
>
> § 4º O escalonamento de que trata o § 3º
>
> I – não se aplica às pensões por morte deixadas pelo mesmo cônjuge ou companheiro decorrentes de cargos acumuláveis no âmbito do mesmo RPPS, exceto quando as pensões forem acumuladas com aposentadoria de qualquer regime previdenciário;
>
> (...) (g.n.)

No entanto, se as pensões decorrentes de cargos acumuláveis no mesmo RPPS forem acumuladas com aposentadoria de qualquer regime previdenciário, haverá a incidência dos redutores previstos no § 2º do art. 24 da Emenda.

A despeito da previsão contida no inciso I do § 4º do art. 165 da Portaria MTP nº 1.467/2022, entendemos que a percepção cumulativa das pensões por morte decorrentes de cargos constitucionalmente acumuláveis pelo mesmo instituidor dos benefícios deve ocorrer sem a aplicação dos redutores (escalonamento) **em todas as situações** e não só no âmbito do mesmo RPPS. O *caput* do art. 24 da EC nº 103/2019, em sua parte final, tem a finalidade de excluir da regra proibitiva de acumulação de pensão, no âmbito do mesmo regime, as situações de acumulação constitucionalmente permitidas. Isso é compreensível, pois, ao permitir a acumulação das pensões por morte provenientes de cargos acumuláveis, o constituinte derivado objetivou resguardar as situações previstas nas alíneas "a" a "c" do inc. XVI do art. 37 da CR/88. **Assim, defendemos que os redutores previstos no § 2º do art. 24 da mencionada Emenda só se aplicam na acumulação de pensões por morte deixadas por instituidores diferentes.**

Adotar o entendimento de que apenas no âmbito do mesmo RPPS é possível a percepção integral das pensões decorrentes dos cargos acumuláveis é dar tratamento privilegiado à situação de acumulação no âmbito do mesmo ente federativo, acarretando uma distinção, ou melhor, distorção, desprovida de razoabilidade e de isonomia, que acaba frustrando o comando constitucional que permite a acumulação de dois cargos de professor, dois cargos de profissionais de saúde e um cargo de professor com outro técnico ou científico, restringindo os efeitos previdenciários que dele derivam.

Vejamos um exemplo para ilustrar a total falta de razoabilidade do inciso I do art. 4º da Portaria MTP nº 1.467/2022, transcrito linhas atrás. Imaginemos a situação de Maria José. Ela acumulava um cargo de professora do Ensino Fundamental do **Estado A** com outro cargo de professora de Educação Infantil do **Município B**. Em junho de 2020, Maria faleceu, vítima da Covid-19, deixando para Carlos, seu companheiro, uma pensão no valor de **RS 4.800**, paga pelo RPPS do Estado A, e outra no valor de **R$ 4.000,00**, paga pelo RPPS do Município B. Pelo disposto no inciso I do § 4º da Portaria MTP nº 1.467/2022, por serem de RPPS diferentes (Estado A e Município B), incidirão os redutores previstos no art. 24 da EC nº 103/2019 e Carlos terá direito à percepção dos seguintes valores em acumulação:

Pensão paga pelo Município B R$ 4.000,00	**Percentuais**	**Cálculo** (alíquota x o resultado da subtração entre o valor máximo do intervalo* e o valor máximo do intervalo anterior)	**Valor por faixa** (R$)	**Subtotal** (R$)
Faixas valor (sm)				
Até 1.518,00 (sm - 2025)	100% = 1,00	1,00 x (1.518-0)	1.518,00	1.518,00
1.518,01 até 3.036,00	60% = 0,60	0,60 x (3.036 – 1.518)	910,80	2.428,80
3.036,01 até 4.554,00	40% = 0,40	0,40 x (**4.000*** – 3.036)	385,60	2.814,40
Valor total do segundo benefício = somatório dos valores por faixa = R$ 2.814,40				

* No intervalo onde o benefício a ser reduzido se situa, este será o valor máximo.

a) Pensão mais vantajosa: R$ 4.800,00 (valor integral)

+

b) Segunda pensão (percentual por faixas de valores): R$ **2.814,40**

=

c) Somatório dos dois benefícios: 4.800,00 + **2.814,40** = **R$ 7.614,40**

Se Maria José tivesse acumulado os dois cargos no âmbito do mesmo ente federativo (os dois no **Estado A**, por exemplo), Carlos receberia em acumulação o valor integral dos dois benefícios, ou seja, **R$ 8.800,00**, o que demonstra a total falta de razoabilidade do legislador infraconstitucional.

6.2.4.5 Acumulação de benefícios e aplicação do teto remuneratório constitucional

Questão controversa dirimida pelo STF diz respeito à aplicação do teto constitucional previsto no inciso XI do art. 37 da CR/88, que passamos a transcrever:

CR/88

Art. 37. A administração pública direta e indireta de qualquer dos Poderes da União, dos Estados, do Distrito Federal e dos Municípios obedecerá aos princípios de legalidade, impessoalidade, moralidade, publicidade e eficiência e, também, ao seguinte:

(...)

XI – a remuneração e o subsídio dos ocupantes de cargos, funções e empregos públicos da administração direta, autárquica e fundacional, dos membros de qualquer dos Poderes da União, dos Estados, do Distrito Federal e dos Municípios, dos detentores de mandato eletivo e dos demais agentes políticos e os proventos, pensões ou outra espécie remuneratória, **percebidos cumulativamente ou não**, incluídas as vantagens pessoais ou de qualquer outra natureza, não poderão exceder o subsídio mensal, em espécie, dos Ministros do Supremo Tribunal Federal, aplicando-se como limite, nos Municípios, o subsídio do Prefeito, e nos Estados e no Distrito Federal, o subsídio mensal do Governador no âmbito do Poder Executivo, o subsídio dos Deputados Estaduais e Distritais no âmbito do Poder Legislativo e o subsídio dos Desembargadores do Tribunal de Justiça, limitado a noventa inteiros e vinte e cinco centésimos por cento do subsídio mensal, em espécie, dos Ministros do Supremo Tribunal Federal, no âmbito do Poder Judiciário, aplicável este limite aos membros do Ministério Público, aos Procuradores e aos Defensores Públicos (g.n.)

6.2.4.5.1 Tema 359/STF

Em agosto de 2019, após grande discussão sobre a matéria, o STF fixou o Tema 359, firmando a tese de que "Ocorrida a morte do instituidor da pensão em momento posterior ao da Emenda Constitucional 19/1998, o teto constitucional previsto no inciso XI do artigo 37 da Constituição Federal incide sobre o somatório de remuneração ou provento e pensão recebida por servidor"[9].

Antes desse entendimento fixado pelo STF em sede de repercussão geral, havia muitas decisões judiciais no sentido de que o teto deveria incidir separadamente (tomando-se, individualmente, o valor da remuneração, proventos de aposentadoria ou pensão por morte) e não sobre o somatório deles. Alegava-se que, ao aplicar o teto pelo somatório, estar-se-ia ferindo o princípio da contributividade, uma vez que se tratava de fatos geradores diferentes, provenientes de segurados distintos: um que contribui sobre a sua remuneração ou sobre os seus proventos, caso este último ultrapasse o teto do RGPS, e o outro que contribuiu para o regime previdenciário instituidor da pensão por morte.

A partir dessa decisão, a avaliação do momento do óbito do instituidor da pensão passa a ser decisiva para apuração do valor a ser recebido em acumulação pelo servidor público em atividade ou já aposentado. Se a pensão por morte foi instituída após 4 de junho de 1998, data de entrada em vigor da EC 19/1998, incidirá o abate-teto constitucional **pelo somatório dos valores** relativos à percepção cumulativa da pensão por morte com a remuneração do cargo ou os proventos de aposentadoria. Passemos a exemplificar.

Exemplo 1. João Ribeiro, servidor público do **Estado T**, recebe do RPPS da União uma pensão instituída pela sua esposa, cujo óbito ocorreu **em 25.3.1997**, no valor de **R$ 32.000,00**. João Ribeiro, **antes da vigência** da EC nº 103/2019, sofreu um acidente automobilístico que acarretou sua incapacidade total para o trabalho, que, por conta do acidente, teve de passar para inatividade, com proventos no valor de **R$ 18.500,00.** (

Como a pensão por morte foi instituída antes de 4 de junho de 1998, antes, portanto, da data do início da vigência da EC nº 19/1998, para a aplicação do teto constitucional, deve-se considerar cada benefício separadamente, a saber:

TETO REMUNERATÓRIO CONSTITUCIONAL: R$ 46.366,19	
Pensão por morte (R$)	Proventos de aposentadoria (R$)
32.000,00 < 46.366,19	18.500,00<46.366,19
Valores recebidos em acumulação: 32.000 + 18.500 = R$ 50.500,00	

Os valores, nesse caso, devem ser recebidos em sua integralidade, pois nenhum deles (isoladamente) é superior a R$ 46.366,19. Percebam que se trata de benefícios instituídos antes da EC nº 103/2019, motivo pelo qual não se lhes aplica o disposto no § 2º do art. 24 da mencionada Emenda. João Ribeiro receberá, portanto, R$ 50.500,00.

Exemplo 2. Carlos Eduardo Martins, servidor público do **Estado Y**, recebe do RPPS de Pernambuco uma pensão instituída pela sua esposa, cujo óbito ocorreu **em 25 de março de 2007**, no valor de **R$ 32.500,00**. Carlos Eduardo, **antes da vigência** da EC nº 103/2019,

9. A tese foi firmada no julgamento do RE 602.584/DF, cujo relator foi o Ministro Marco Aurélio, que foi seguido pela maioria dos ministros do STF, vencidos os Ministros Celso de Mello, Ricardo Lewandowski e Dias Toffoli.

passou para inatividade, com proventos de aposentadoria no valor de **R$ 18.000,00.** (Consideraremos o teto constitucional referente ao subsídio do ministro do STF, R$ 46.366,19.)

Como a pensão por morte foi instituída após 4 de junho de 1998, ou seja, depois da data do início da vigência da EC nº 19/1998, para a aplicação do teto constitucional, deve-se considerar o somatório dos proventos de aposentadoria e da pensão por morte, a saber:

TETO REMUNERATÓRIO CONSTITUCIONAL: R$ 46.366,19	
Pensão por morte (R$)	Aposentadoria (R$)
32.500,00	18.000,00
Somatório dos benefícios recebidos em acumulação: 32.500 + 18.000 = 50.500,00> 46.366,19	
Valor excedente: 50.500,00 – 46.366,19 = **4.133,81**	
Abate-teto na aposentadoria: 18.000 – **4.133,81**= 13.866,19	
Valor total dos benefícios: 32.500 (pensão) + 13.866,19 (aposentadoria)= R$ 46.366,19	

Como o somatório dos valores resultou em um valor superior ao teto constitucional, Carlos Eduardo Martins receberá R$ 46.366,19. Utilizamos, no exemplo, o abate-teto nos proventos de aposentadoria, mas é possível que sua aplicação se dê nos dois benefícios de forma proporcional (o que seria mais razoável para as fontes pagadoras dos benefícios). Percebam que se trata de benefícios instituídos antes da EC nº 103/2019, motivo pelo qual não se lhes aplica o disposto no § 2º do art. 24 da mencionada Emenda.

Exemplo 3. Maria Beltrão, servidora pública do **Estado W**, recebe do RPPS da União uma pensão instituída pelo seu esposo, cujo óbito ocorreu **em 25 de março de 2007**, no valor de **R$ 31.000,00**. Maria Beltrão, **durante a vigência** da EC nº 103/2019, aposentou-se com proventos no valor de **R$ 15.500,00.** (Consideraremos o teto constitucional referente ao subsídio do ministro do STF, R$ 46.366,19.)

Notem que, nesse exemplo, a aposentadoria se deu **na vigência** da EC nº 103/2019, ou seja, após 13 de novembro de 2019, motivo pelo qual a percepção cumulativa dos benefícios deve observar as regras estabelecidas no § 2º do art. 24 da mencionada Emenda. Maria escolheu receber integralmente a pensão por morte no valor de R$ 31.000,00 e, sobre sua aposentadoria, incidirão os redutores por faixas de valores correspondentes ao salário-mínimo, como segue:

Segundo benefício R$ 15.500,00	**Percentuais**	**Cálculo** (alíquota x o resultado da subtração entre o valor máximo do intervalo* e o valor máximo do intervalo anterior)	**Valor por faixa** (R$)	**Subtotal** (R$)
Faixas valor (sm)				
Até 1.518,00 (sm – 2025)	100% = 1,00	1,00 x (1.518-0)	1.518,00	1.518,00
1.518,01 até 3.036,00	60% = 0,60	0,60 x (3.036 – 1.518)	910,80	2.428,80
3.036,01 até 4.554,00	40% = 0,40	0,40 x (4.554 – 3.036)	607,20	3.036,00
4.554,01 até 6.072,00	20% = 0,20	0,20 x (6.072 – 4.554)	303,60	3.339,60
6.072,01 a **15.500,00***	10% = 0,10	0,10 x (**15.500,00*** – 6.072)	942,80	4.282,40
Valor total do segundo benefício = somatório dos valores por faixa = R$ 4.282,40				

* No intervalo onde o benefício a ser reduzido se situa, este será o valor máximo.

Maria Beltrão receberá, então, em acumulação, os seguintes valores:

A) Pensão por morte: R$ 31.000,00

+

B) Aposentadoria (percentual por faixas de valores): R$ 4.282,40

=

C) Somatório dos dois benefícios: 31.000,00 + 4.282,40 = R$ 35.282,40

Nesse caso, **não incidirá** o abate-teto porque o somatório dos dois benefícios não ultrapassa R$ 46.366,19.

Exemplo 4. Maria Elisabeth Callado, servidora pública do **Estado Y**, recebe do RPPS do Rio de Janeiro uma pensão instituída pelo seu companheiro, cujo óbito ocorreu **em 20 de abril de 2009**, no valor de **R$ 33.000,00**. Maria Elisabeth, **após a vigência** da EC 103/2019, aposentou-se com proventos no valor de **R$ 41.500,00.**

Nesse exemplo, a aposentadoria se deu **na vigência** da EC 103/2019, ou seja, após 13 de novembro de 2019, motivo pelo qual a percepção cumulativa dos benefícios deve observar as regras estabelecidas no § 2º do art. 24 da mencionada Emenda. Maria Elisabeth escolheu receber integralmente os proventos de aposentadoria no valor de R$ 41.500,00 e, sobre sua pensão por morte, incidirão os redutores por faixas de valores correspondentes ao salário-mínimo, como segue:

2º Benefício R$ 33.000,00 / **Faixas valor (sm)**	**Percentuais**	**Cálculo** (alíquota x o resultado da subtração entre o valor máximo do intervalo* e o valor máximo do intervalo anterior)	**Valor por faixa** (R$)	**Subtotal** (R$)
Até 1.518,00 (sm – 2025)	100% = 1,00	1,00 x (1.518-0)	1.518,00	1.518,00
1.518,01 até 3.036,00	60% = 0,60	0,60 x (3.036 – 1.518)	910,80	2.428,80
3.036,01 até 4.554,00	40% = 0,40	0,40 x (4.554 – 3.036)	607,20	3.036,00
4.554,01 até 6.072,00	20% = 0,20	0,20 x (6.072 – 4.554)	303,60	3.339,60
6.072,01 a **33.000,00***	10% = 0,10	0,10 x (**33.000,00*** - 6.072)	2.692,80	6.032,40
Valor total do segundo benefício = somatório dos valores por faixa = R$ 6.032,40				

* No intervalo onde o benefício a ser reduzido se situa, este será o valor máximo.

Maria Elisabeth receberá, então, em acumulação, os seguintes valores:

A) Proventos de aposentadoria: R$ 41.500,00

+

B) Pensão por morte (percentual por faixas de valores): R$ 6.032,40

=

C) Somatório dos dois benefícios: 41.500,00 + 6.032,40 = R$ 47.532,40

Nesse caso, **incidirá** o abate-teto porque o somatório dos dois benefícios ultrapassa R$ 46.366,19. Vejamos:

TETO REMUNERATÓRIO CONSTITUCIONAL: R$ 46.366,19	
Aposentadoria (R$)	Pensão por morte (R$)
41.500,00	6.032,40
Somatório dos benefícios recebidos em acumulação: 41.500,00 + 6.032,40 = 47.532,40>46.366,19	
Valor excedente: 47.532,40 - 46.366,19= **1.166,21**	
Abate-teto na pensão por morte[10]: 6.032,40 – 1.166,21 = **4.866,19**	
Valor total dos benefícios: 41.500 (aposentadoria) + 4.866,19 (pensão)= R$ 46.366,19	

6.2.4.5.2 Temas 377 e 384/STF

O STF, quando do julgamento dos Recursos Extraordinários 602043 e 612975, nos quais se reconheceu a repercussão geral sobre a matéria, fixou a tese segundo a qual "Nos casos autorizados constitucionalmente de acumulação de cargos, empregos e funções, a incidência do art. 37, inciso XI, da Constituição Federal pressupõe consideração de cada um dos vínculos formalizados, afastada a observância do teto remuneratório quanto ao somatório dos ganhos do agente público".

Esse entendimento deve ser aplicado nas hipóteses de:

a) Acumulação de cargos, empregos e funções públicas (art. 37, XVI).

b) Acumulação de remuneração com aposentadoria (art. 37, § 10).

c) Acumulação de aposentadorias (art. 40, § 6º).

6.3 DISPOSIÇÕES GERAIS SOBRE BENEFÍCIOS PREVIDENCIÁRIOS

A Portaria MTP nº 1.467/2022 estabelece, na Seção IV do Capítulo VII, disposições gerais sobre benefícios previdenciários, que se aplicam a todos os RPPS, independentemente de os entes federativos terem feito mudança em sua legislação previdenciária. Mencionaremos as disposições que julgamos oportunas para complementar a compreensão da matéria até agora estudada:

a) Quando o segurado tiver ocupado, sem interrupção, sucessivos cargos efetivos na Administração Pública direta, autárquica e fundacional, em qualquer dos entes federativos, será considerada a data da investidura mais remota dentre as ininterruptas para a fixação da data de ingresso no serviço público (art. 166).

b) O período em que o segurado estiver em exercício de mandato eletivo, cedido, com ou sem ônus para o cessionário, a órgão ou entidade da administração direta ou indireta, do mesmo ou de outro ente federativo, ou afastado do país por cessão ou licenciamento **com remuneração**, será considerado como tempo no cargo efetivo, tempo na carreira e tempo de efetivo exercício no serviço público (art. 167).

c) Para verificação dos requisitos de concessão de aposentadoria, na contagem do tempo no cargo efetivo e do tempo na carreira, deverão ser consideradas as alterações de denominação efetuadas na legislação, incluindo as hipóteses de reclassificação ou reestruturação de cargos e carreiras (art. 168).

10. Utilizamos, no exemplo, o abate-teto na pensão previdenciária, mas é possível que sua aplicação se dê nos dois benefícios de forma proporcional.

d) A concessão de benefícios previdenciários pelo RPPS exige a comprovação de filiação ativa ao regime, ressalvado o direito adquirido do segurado. A filiação ativa ao regime ocorre quando o segurado está contribuindo para ele. Assim, nos afastamentos sem contribuição do segurado, sua filiação deixa de ser ativa e, caso venha a falecer nessa situação, não poderá haver instituição de benefícios previdenciários para os seus dependentes. O benefício poderá ser concedido, todavia, se o servidor já incorporou ao seu patrimônio jurídico o direito de se aposentar por alguma regra de aposentadoria voluntária, pelo implemento de todos os requisitos temporais. (art. 169)

e) A concessão de aposentadoria ao servidor titular de cargo efetivo, ainda que pelo RGPS, com a utilização de tempo de contribuição decorrente do cargo em exercício, acarretará o rompimento do vínculo funcional e determinará a vacância do cargo. Aqui um parêntese para explicar essa situação. Logo após a promulgação da CR/88 houve, na União e em outros entes federativos, a transformação do regime jurídico de alguns cargos da Administração Pública, que antes eram celetistas e passaram a ser estatutários. Essa transformação criou algumas situações esdrúxulas, como a de o servidor chegar a se aposentar pelo RGPS no cargo que passou a ser estatutário. Antes da EC nº 103/2019, era possível o servidor, aposentado pelo RGPS no cargo que passou a ser estatutário, continuar nele investido, porque não havia vacância. A partir da publicação da Emenda, tal situação não é mais possível (art. 170).

f) Não é permitida a concessão de benefícios em valor inferior ao salário-mínimo nacional, ressalvados os casos de pensão por morte cujo dependente possua outra renda formal (art. 171, IV).

g) É vedada a filiação ao RGPS, na qualidade de segurado facultativo, de segurado de RPPS, se prevista a opção de recolhimento para o RPPS durante o afastamento não remunerado (art. 171, VII).

Capítulo 7

ABONO DE PERMANÊNCIA

Veremos, neste capítulo, como a EC nº 103/2019 tratou o abono de permanência do servidor público dos RPPS da União, dos Estados, do DF e dos Municípios. Também veremos as disposições da Portaria MTP nº 1.467/2022 sobre a matéria.

Seguindo a linha adotada para as regras de aposentadoria e de pensão por morte, a Emenda promoveu a desconstitucionalização do abono de permanência, atribuindo, ainda, aos entes políticos a faculdade de sua instituição.

Para o RPPS da União, a EC nº 103/2019 trouxe regras provisórias de concessão do abono, a vigorarem enquanto não editada lei federal específica sobre a matéria. Já para os Estados, o DF e os Municípios, enquanto estes não editarem suas leis, permanece o regramento constitucional e infraconstitucional vigente antes da Emenda.

7.1 ABONO DE PERMANÊNCIA – DEFINIÇÃO, NATUREZA E FINALIDADE

CR/88, com a redação conferida pela EC nº 103/2019

Art. 40 (...)

(...)

§ 19. Observados critérios a serem estabelecidos em lei do respectivo ente federativo, o servidor titular de cargo efetivo que tenha completado as exigências para a aposentadoria voluntária e que opte por permanecer em atividade poderá fazer jus a um abono de permanência equivalente, no máximo, ao valor da sua contribuição previdenciária, até completar a idade para aposentadoria compulsória.

(...) (g.n.)

A EC nº 103/2019 manteve, com alterações, o instituto do abono de permanência no serviço público, que consiste em um estímulo a que o servidor permaneça em atividade, mesmo tendo cumprido os requisitos de acesso à aposentadoria voluntária. O estímulo advém do pagamento ao servidor de uma verba de natureza remuneratória, cujo valor máximo poderá corresponder ao valor de sua contribuição previdenciária. O abono será pago pelo erário do ente federativo, e o servidor poderá recebê-lo até atingir a idade-limite para a aposentadoria compulsória (75 anos).

A Portaria MTP nº 1.467/2022, norma consolidadora dos RPPS, no § 4º do art. 12 do seu Anexo I, deixa claro que a concessão do abono de permanência "não é de responsabilidade do RPPS, e deverá ser pago à conta do Tesouro do ente federativo, sendo devido a partir do cumprimento dos requisitos para obtenção do benefício de aposentadoria voluntária ao servidor que optar por permanecer em atividade".

Em sua lógica, o abono de permanência traz dupla vantagem: (1) para o servidor, que seguirá trabalhando com um incentivo financeiro que poderá corresponder ao valor de sua contribuição previdenciária; e (2) para o ente federado, que, ao manter o servidor em atividade, retardará o custo do pagamento de seus proventos de aposentadoria, bem como o custo da reposição proveniente do ingresso de outro servidor no cargo declarado vago (vacância).

Trata-se, segundo entendimento doutrinário e jurisprudencial, de vantagem de natureza remuneratória (e não indenizatória), motivo pelo qual, sobre o abono de permanência, incide Imposto de Renda[1]. No entanto, por força do disposto no inciso IX do § 1º do art. 4º da Lei 10.887/2004[2] e no inciso VII do art. 12 da Portaria MTP nº 1.467/2022[3], não pode incidir contribuição previdenciária sobre o abono de permanência.

O abono de permanência consiste, assim, em uma **verba remuneratória** de natureza **não previdenciária,** porquanto não se trata de um benefício pago pelos regimes de previdência, mas pelo erário dos entes federativos, como incentivo a que o servidor permaneça em atividade, a despeito de já poder se aposentar. Por essa razão, o requerimento, a análise e a concessão do abono de permanência devem ocorrer no âmbito dos setores jurídico e de recursos humanos (RH) do órgão ou entidade a que o servidor é vinculado e não pela unidade gestora do RPPS.

O recebimento do abono de permanência pelo servidor que cumpriu todos os requisitos para obtenção da aposentadoria voluntária **em qualquer regra** não impede a concessão de aposentadoria com base em outra regra, desde que, obviamente, cumpridos todos os requisitos previstos na norma. Essa é a disposição constante do § 5º do art. 12 do Anexo I da Portaria MTP nº 1.467/2022.

A EC nº 103/2019 manteve o abono de permanência como uma faculdade do ente federado, que pode instituí-lo ou não por lei ordinária, devendo, caso opte por sua instituição, observar o limite máximo de seu valor, que não deve ultrapassar o da contribuição previdenciária do servidor. Os entes terão, então, liberdade para dispor sobre o abono de permanência do servidor público, com a utilização de critérios condizentes com sua realidade fiscal, política e administrativa. Vejamos o que dispõe a Portaria MTP nº 1.467/2022 a esse respeito:

Portaria MTP nº 1.467/2022, Anexo I

Art. 12 (...)

(...)

§ 3º A lei do respectivo ente federativo de que trata o § 19 do art. 40 da Constituição Federal estabelecerá critérios, inclusive quanto à determinação de seu valor, para concessão do abono de permanência a que poderá fazer jus o servidor titular de cargo efetivo que tenha completado as exigências para a aposentadoria voluntária e que opte por permanecer em atividade, sendo equivalente, no máximo, ao valor da sua contribuição previdenciária, até completar a idade para aposentadoria compulsória.

(...)

1. Até 2010, o entendimento do STJ era pela não incidência de IR sobre o abono. A mudança jurisprudencial ocorreu no julgamento do Recurso Especial 1.192.556, sob o rito dos recursos repetitivos. A partir da apreciação desse recurso, o STJ passou a admitir a incidência do tributo sobre o abono.
2. Lei 10.887/2004, art. 4º, § 1º, com a redação dada pela Lei 12.688/2012: "Entende-se como base de contribuição o vencimento do cargo efetivo, acrescido das vantagens pecuniárias permanentes estabelecidas em lei, os adicionais de caráter individual ou quaisquer outras vantagens, excluídas: (...) IX – o abono de permanência de que tratam o § 19 do art. 40 da Constituição Federal , o § 5º do art. 2º e o § 1º do art. 3º da Emenda Constitucional 41, de 19 de dezembro de 2003".
3. Portaria MTP nº 1.467/2022, art. 12, inciso VII: "não incidirá contribuição sobre verba não incorporável aos proventos de aposentadoria do segurado, tais como abono de permanência, terço de férias, serviços extraordinários, adicional noturno e adicional de insalubridade, observado o disposto no § 1º".

Antes de passarmos para o disciplinamento do abono de permanência pela EC nº 103/2019, faremos uma breve incursão em seu histórico constitucional.

7.2 ABONO DE PERMANÊNCIA - HISTÓRICO CONSTITUCIONAL

O abono de permanência foi introduzido pela EC nº 41/2003, em substituição à isenção previdenciária (em verdade, imunidade previdenciária[4]) estabelecida pela EC nº 20/1998. Enquanto o estímulo à permanência do servidor em atividade, na imunidade previdenciária, dava-se mediante dispensa do pagamento da contribuição, no abono de permanência instituído pelo constituinte reformador de 2003, o servidor era estimulado a permanecer em atividade mediante o recebimento, pelo erário, de uma verba remuneratória **em valor correspondente ao da sua contribuição previdenciária.**

Quer isso dizer que, no abono de permanência, o servidor público permanece contribuindo para o RPPS do qual é segurado, não havendo lacuna contributiva em seu período laborativo.

A EC nº 41/2003, ao introduzir o cálculo dos proventos de aposentadoria baseado nas remunerações de contribuição, teve o cuidado de manter o servidor contribuindo durante o tempo em que seguisse trabalhando após o implemento dos requisitos de acesso à aposentadoria voluntária. A mencionada Emenda tratou, então, de instituir o abono de permanência sem dispensar o pagamento da contribuição previdenciária do servidor público.

A EC nº 41/2003 previu a concessão do abono em três situações: (1) para os servidores que haviam cumprido os requisitos de acesso à aposentadoria voluntária do art. 40 da CR/88[5]; (2) para os servidores que haviam cumprido a regra de transição prevista no art. 2º da EC º 41/2003[6]; e (3) para os servidores que, até a entrada em vigor da mencionada Emenda, tinham cumprido os requisitos de aposentadoria pelas regras constitucionais anteriormente vigentes, desde que satisfeito um tempo mínimo de contribuição de 25 anos, se mulher, 30 anos, se homem[7].

Em todas as três situações acima descritas, o abono era concedido ao servidor, em valor equivalente ao de sua contribuição previdenciária, sendo devido o pagamento a partir do momento em que o servidor pudesse requerer sua aposentadoria.

---

4. Quando a isenção se dá na própria Constituição, é tratada como imunidade.
5. CR/88, art. 40, § 19: "O servidor de que trata este artigo que tenha completado as exigências para aposentadoria voluntária estabelecidas no § 1º, III, a, e que opte por permanecer em atividade fará jus a um abono de permanência equivalente ao valor da sua contribuição previdenciária até completar as exigências para aposentadoria compulsória contidas no § 1º, II."
6. EC 41/2003, art. 2º, § 5º: "O servidor de que trata este artigo, que tenha completado as exigências para aposentadoria voluntária estabelecidas no *caput*, e que opte por permanecer em atividade, fará jus a um abono de permanência equivalente ao valor da sua contribuição previdenciária até completar as exigências para aposentadoria compulsória contidas no art. 40, § 1º, II, da Constituição Federal."
7. EC 41/2003, art. 3º, § 1º: "O servidor de que trata este artigo que opte por permanecer em atividade tendo completado as exigências para aposentadoria voluntária e que conte com, no mínimo, vinte e cinco anos de contribuição, se mulher, ou trinta anos de contribuição, se homem, fará jus a um abono de permanência equivalente ao valor da sua contribuição previdenciária até completar as exigências para aposentadoria compulsória contidas no art. 40, § 1º, II, da Constituição Federal."

Embora a EC nº 41/2003 não tenha previsto a concessão de abono de permanência para a regra de transição de seu art. 6º[8], os servidores que satisfaziam os requisitos dessa regra faziam jus ao abono porque, ao cumprir tais requisitos, passavam a satisfazer também os critérios temporais exigidos pela aposentadoria voluntária da alínea "a" do inciso III do § 1º do art. 40 da CR/88, para a qual havia previsão expressa de concessão de abono. Isso porque os critérios da regra de transição do art. 6º eram mais rígidos que os da regra permanente de aposentadoria voluntária do art. 40 da CR/88, fazendo valer a máxima de que "quem pode o mais pode o menos".

Já para a regra de transição do art. 3º da EC nº 47/2005[9], para a qual também não houve previsão de concessão de abono de permanência, a situação não se resolvia com a solução dada à regra de transição do art. 6º da EC nº 41/2003. Isso porque, pela regra do art. 3º da EC nº 47/2005, era possível o servidor, com tempo de contribuição excedente aos 35 anos, se homem, e aos 30 anos, se mulher, diminuir a idade mínima exigida (60 anos para os homens, 55 anos para as mulheres) à proporção de um ano de idade para cada ano adicional de tempo de contribuição. Dessa forma, o servidor que cumprisse essa regra com idade inferior à mínima exigida não se enquadrava nos requisitos temporais mínimos exigidos pela regra de aposentadoria voluntária permanente do art. 40 da CR/88.

A ausência de previsão de abono de permanência para a regra de transição do art. 3º da EC nº 47/2005 e a impossibilidade de supressão da lacuna pelo uso de alguma regra constitucional que legitimasse sua concessão geraram, no campo administrativo-doutrinário, debates e posições conflitantes.

Pelo princípio da estrita legalidade, pelo qual a Administração Pública só pode fazer aquilo que a lei permite, não poderia haver a concessão do abono de permanência pelo cumprimento dos requisitos do art. 3º da EC nº 47/2005, por ausência de previsão constitucional.

Ocorre que, pelos princípios da isonomia, da razoabilidade e da economicidade, alguns posicionamentos favoráveis à sua concessão foram emitidos. Citamos o Acórdão nº

---

8. EC 41/2003, art. 6º: "Ressalvado o direito de opção à aposentadoria pelas normas estabelecidas pelo art. 40 da Constituição Federal ou pelas regras estabelecidas pelo art. 2º desta Emenda, o servidor da União, dos Estados, do Distrito Federal e dos Municípios, incluídas suas autarquias e fundações, que tenha ingressado no serviço público até a data de publicação desta Emenda poderá aposentar-se com proventos integrais, que corresponderão à totalidade da remuneração do servidor no cargo efetivo em que se der a aposentadoria, na forma da lei, quando, observadas as reduções de idade e tempo de contribuição contidas no § 5º do art. 40 da Constituição Federal, vier a preencher, cumulativamente, as seguintes condições: I – sessenta anos de idade, se homem, e cinquenta e cinco anos de idade, se mulher; II – trinta e cinco anos de contribuição, se homem, e trinta anos de contribuição, se mulher; III – vinte anos de efetivo exercício no serviço público; e IV – dez anos de carreira e cinco anos de efetivo exercício no cargo em que se der a aposentadoria."
9. EC 47/2005, art. 3º: "Ressalvado o direito de opção à aposentadoria pelas normas estabelecidas pelo art. 40 da Constituição Federal ou pelas regras estabelecidas pelos arts. 2º e 6º da Emenda Constitucional 41, de 2003, o servidor da União, dos Estados, do Distrito Federal e dos Municípios, incluídas suas autarquias e fundações, que tenha ingressado no serviço público até 16 de dezembro de 1998 poderá aposentar-se com proventos integrais, desde que preencha, cumulativamente, as seguintes condições: I – trinta e cinco anos de contribuição, se homem, e trinta anos de contribuição, se mulher; II – vinte e cinco anos de efetivo exercício no serviço público, quinze anos de carreira e cinco anos no cargo em que se der a aposentadoria; III – idade mínima resultante da redução, relativamente aos limites do art. 40, § 1º, inciso III, alínea "a", da Constituição Federal, de um ano de idade para cada ano de contribuição que exceder a condição prevista no inciso I do caput deste artigo. Parágrafo único. Aplica-se ao valor dos proventos de aposentadorias concedidas com base neste artigo o disposto no art. 7º da Emenda Constitucional 41, de 2003, observando-se igual critério de revisão às pensões derivadas dos proventos de servidores falecidos que tenham se aposentado em conformidade com este artigo."

1.482/2012, do Tribunal de Contas da União (TCU), publicado no DOU de 13 de junho de 2012, e a Nota Informativa nº 412/2013, do Ministério do Planejamento, Orçamento e Gestão (MPOG). No entanto, esses entendimentos favoráveis só se aplicavam no âmbito da União, pois não obrigavam os demais entes federativos.

Conforme veremos adiante, a controvérsia em torno da concessão do abono de permanência pelo cumprimento da regra de transição do art. 3º da EC nº 47/2005 restou superada pela EC nº 103/2019, que previu, expressamente, no § 3º do seu art. 3º, a concessão do abono para essa situação, **mas tão somente para os servidores públicos federais.**

Os entes federativos, em face dos comandos constitucionais introduzidos pela EC nº 41/2003 não possuíam autonomia para dispor de forma diferente, consoante já explicamos, tendo que arcar com o ônus do pagamento dessa vantagem para o servidor público segurado de seu RPPS.

A EC nº 103/2019, seguindo a linha da desconstitucionalização das regras paramétricas previdenciárias, atribuiu à lei ordinária da União, dos Estados, do DF e dos Municípios a regulação do abono de permanência de seus servidores, estipulando, apenas, que seu valor não poderá ser superior ao da contribuição previdenciária. Mais do que atribuir autonomia regulatória a esses entes, o legislador reformador de 2019 concedeu-lhes a faculdade de instituir ou não o abono de permanência a seus servidores, os quais deixaram, assim, de possuir direito subjetivo à concessão dessa vantagem.

Para os servidores públicos federais, todavia, enquanto não editada lei federal de que trata o § 19 do art. 40 da CR/88, deverá ser aplicado o disposto no § 3º do art. 3º; no art. 8º; e no § 5º do art. 10 da EC nº 103/2019, doravante comentados.

7.3 ABONO DE PERMANÊNCIA DO SERVIDOR PÚBLICO FEDERAL E DOS SERVIDORES DOS ENTES FEDERATIVOS QUE ADOTARAM AS MESMAS REGRAS DA UNIÃO

EC nº 103/2019

Art. 10. (...)

(...)

§ 5º Até que entre em vigor lei federal de que trata o § 19 do art. 40 da Constituição Federal, o servidor federal que cumprir as exigências para a concessão da aposentadoria voluntária nos termos do disposto neste artigo e que optar por permanecer em atividade fará jus a um abono de permanência equivalente ao valor da sua contribuição previdenciária, até completar a idade para aposentadoria compulsória.

(...)

Essa norma aplica-se ao servidor público que ingressou na União após 13 de novembro de 2019, data de entrada em vigor da EC nº 103/2019, ou que, tendo ingressado antes de sua vigência, faça opção pela regra de aposentadoria voluntária prevista no art. 10 da mencionada Emenda. Isso porque, conforme assinalamos, há regras específicas de abono de permanência para os servidores públicos federais enquadrados em alguma regra de transição (expectativa de direito) e para os servidores acobertados pelo manto do direito adquirido. Também se aplica aos servidores dos entes que adotaram as mesmas regras da União e que ingressaram no serviço público após a data de publicação da lei do ente federativo.

Pois bem, enquanto não editada lei federal específica sobre o abono de permanência do servidor público da União, valerá o disposto no § 5º do art. 10 da EC nº 103/2019, que assegura a concessão do abono equivalente ao valor da contribuição previdenciária do servidor, a partir do momento em que este opte por permanecer em atividade, a despeito de ter cumprido os requisitos da aposentadoria voluntária previstos no § 1º do art. 10 da mencionada Emenda, os mesmos previstos no inciso I do art. 1º do Anexo I da Portaria MTP nº 1.467/2022, a saber:

EC nº 103/2019

Art. 10. Até que entre em vigor lei federal que discipline os benefícios do regime próprio de previdência social dos servidores da União, aplica-se o disposto neste artigo.

§ 1º Os servidores públicos federais serão aposentados:

I – voluntariamente, observados, cumulativamente, os seguintes requisitos:

a) 62 (sessenta e dois) anos de idade, se mulher, e 65 (sessenta e cinco) anos de idade, se homem; e

b) 25 (vinte e cinco anos) de contribuição, desde que cumprido o tempo mínimo de 10 (dez anos) de efetivo exercício no serviço público e de 5 (cinco) anos no cargo efetivo em que for concedida a aposentadoria;

Uma vez cumpridos os requisitos dessa norma de aposentadoria voluntária, e tendo o servidor público federal (ou o servidor do ente federativo que adotou as mesmas regras da União) optado por permanecer em atividade, fará jus ao abono de permanência equivalente ao valor de sua contribuição previdenciária, até ser atingido pela aposentadoria compulsória, aos 75 anos de idade, ou até que resolva aposentar-se voluntariamente.

Repisamos que essa regra valerá até que sobrevenha lei federal específica sobre a matéria.

7.3.1 Abono de permanência concedido pela regra do direito adquirido do servidor público federal e dos servidores dos entes federativos que adotaram as mesmas regras da União

EC nº 103/2019

Art. 3º A concessão de aposentadoria ao servidor público federal vinculado a regime próprio de previdência social e ao segurado do Regime Geral de Previdência Social e de pensão por morte aos respectivos dependentes será assegurada, a qualquer tempo, desde que tenham sido cumpridos os requisitos para obtenção desses benefícios até a data de entrada em vigor desta Emenda Constitucional, observados os critérios da legislação vigente na data em que foram atendidos os requisitos para a concessão da aposentadoria ou da pensão por morte.

(...)

§ 3º Até que entre em vigor lei federal de que trata o § 19 do art. 40 da Constituição Federal, o servidor de que trata o *caput* que tenha cumprido os requisitos para aposentadoria voluntária com base no disposto na alínea "a" do inciso III do § 1º do art. 40 da Constituição Federal, na redação vigente até a data de entrada em vigor desta Emenda Constitucional, no art. 2º, no § 1º do art. 3º ou no art. 6º da Emenda Constitucional 41, de 19 de dezembro de 2003, ou no art. 3º da Emenda Constitucional 47, de 5 de julho de 2005, que optar por permanecer em atividade fará jus a um abono de permanência equivalente ao valor da sua contribuição previdenciária, até completar a idade para aposentadoria compulsória.

A EC nº 103/2019 prevê a concessão de abono de permanência para o servidor público federal que tiver cumprido, até 13 de novembro de 2019, data de sua entrada em vigor, as exigências de alguma das regras de aposentadoria voluntária anteriormente vigentes. São estas:

a) aposentadoria voluntária da alínea "a" do inciso III do § 1º do art. 40 da CR/88, com a redação anterior à EC nº 103/2019;

b) regras de transição dos arts. 2º e 6º da EC nº 41/2003;

c) regra de direito adquirido do § 1º do art. 3º da EC nº 41/2003; e

d) regra de transição do art. 3º da EC nº 47/2005.

O abono também será concedido aos servidores dos entes que adotaram as mesmas regras da União e que tiveram cumprido, até a data da publicação da lei do ente, os requisitos de uma das regras elencadas nas alíneas "a" a "c". Trata-se de situações acobertadas pelo manto do direito adquirido, que assegura ao servidor o exercício de seu direito, **a qualquer tempo**, desde que ele tenha sido incorporado ao seu patrimônio jurídico **antes** da modificação ou extinção da legislação sobre a qual se fundamentou a aquisição do direito. A Portaria MTP nº 1.467/2022 reproduz o § 3º do art. 3º da EC nº 103/2019 no § 1º do art. 12 do seu Anexo I.

O direito adquirido do servidor público federal será visto em capítulo específico, mas, desde já, assinalamos que a EC nº 103/2019 assegurou a concessão do abono de permanência ao servidor que, podendo aposentar-se por uma dessas regras, deseja permanecer em atividade durante sua vigência.

Chamamos a atenção para o fato de que o constituinte reformador de 2019 reconheceu a concessão do abono de permanência pelo cumprimento das exigências das regras de transição do art. 6º da EC nº 41/2003 e do art. 3º da EC nº 47/2005, não cabendo mais nenhuma controvérsia acerca desse direito quanto ao servidor federal e ao servidor do ente que adotou as mesmas regras da União.

O abono será devido em valor equivalente ao da contribuição previdenciária do servidor, até que este complete 75 anos, idade da aposentadoria compulsória, ou até que, antes dessa idade, decida, voluntariamente, aposentar-se.

Destacamos que a regra do § 3º do art. 3º da EC nº 103/2019 é provisória, porquanto vigerá até que lei federal específica disponha sobre a matéria.

7.3.2 Abono de permanência do servidor público federal e dos servidores dos entes que adotaram as mesmas regras da União, concedido pelas regras de transição e pela regra do art. 22 da EC nº 103/2019

EC nº 103/2019

Art. 8º Até que entre em vigor lei federal de que trata o § 19 do art. 40 da Constituição Federal, o servidor público federal que cumprir as exigências para a concessão da aposentadoria voluntária nos termos do disposto nos arts. 4º, 5º, 20, 21 e 22 e que optar por permanecer em atividade fará jus a um abono de permanência equivalente ao valor da sua contribuição previdenciária, até completar a idade para aposentadoria compulsória.

A EC nº 103/2019 prevê, ainda, a concessão de abono de permanência para o servidor público federal que cumprir as exigências previstas nas regras de transição dos arts. 4º, 5º, 20 e 21 da Emenda, bem como na regra prevista em seu art. 22, a serem vistas em capítulo específico. A Portaria MTP nº 1.467/2022 reproduz a regra do art. 8º da Emenda no art. 12 do seu Anexo I.

O abono será devido em valor equivalente ao da contribuição previdenciária do servidor, até que este complete 75 anos, idade da aposentadoria compulsória, ou até que, antes dessa idade, decida, voluntariamente, aposentar-se.

Destacamos que a regra do art. 8º da EC nº 103/2019 é provisória, porquanto vigerá até que lei federal específica disponha sobre a matéria.

7.4 ABONO DE PERMANÊNCIA DOS SERVIDORES DOS ESTADOS, DO DF E DOS MUNICÍPIOS

> **CR/88, com a redação conferida pela EC nº 103/2019**
>
> Art. 40. (...)
>
> (...)
>
> § 19. Observados critérios a serem estabelecidos em lei do respectivo ente federativo, o servidor titular de cargo efetivo que tenha completado as exigências para a aposentadoria voluntária e que opte por permanecer em atividade *poderá fazer jus* a um abono de permanência equivalente, no máximo, ao valor da sua contribuição previdenciária, até completar a idade para aposentadoria compulsória. (g.n.)

Como assinalamos anteriormente, a EC nº 103/2019 desconstitucionalizou o abono de permanência, atribuindo aos entes federativos autonomia para sua instituição e disciplinamento. O único fator condicionante é a vedação de instituição de abono em valor superior ao da contribuição previdenciária do servidor.

Os Estados, o DF e os Municípios podem, mediante lei, até nem prever mais a concessão do abono para seus servidores. Com a EC nº 103/2019, o abono de permanência passou a ser submetido ao juízo de oportunidade e de conveniência do ente subnacional.

No entanto, enquanto os Estados, o DF e os Municípios não editarem lei regulando o abono de permanência de seus servidores, permanece válido o regramento constitucional e infraconstitucional anterior à EC nº 103/2019, que previa a concessão do abono nas situações a seguir explicitadas:

7.4.1 Abono de permanência pelo cumprimento das regras da aposentadoria voluntária da alínea "a" do inciso III do § 1º do art. 40 da CR/88

> **CR/88, com a redação anterior à EC nº 103/2019**
>
> Art. 40. Aos servidores titulares de cargos efetivos da União, dos Estados, do Distrito Federal e dos Municípios, incluídas suas autarquias e fundações, é assegurado regime de previdência de caráter contributivo e solidário, mediante contribuição do respectivo ente público, dos servidores ativos e inativos e dos pensionistas, observados critérios que preservem o equilíbrio financeiro e atuarial e o disposto neste artigo.
>
> (...)
>
> III – voluntariamente, desde que cumprido tempo mínimo de dez anos de efetivo exercício no serviço público e cinco anos no cargo efetivo em que se dará a aposentadoria, observadas as seguintes condições:
>
> *a)* sessenta anos de idade e trinta e cinco de contribuição, se homem, e cinquenta e cinco anos de idade e trinta de contribuição, se mulher;
>
> (...)
>
> § 19. O servidor de que trata este artigo que tenha completado as exigências para aposentadoria voluntária estabelecidas no § 1º, III, a, e que opte por permanecer em atividade fará jus a um abono de permanência equivalente ao valor da sua contribuição previdenciária até completar as exigências para aposentadoria compulsória contidas no § 1º, II. (g.n.)

O servidor estadual, distrital ou municipal que cumprir essa regra de aposentadoria voluntária e desejar permanecer em atividade fará jus ao abono de permanência, em valor equivalente ao da sua contribuição previdenciária, a ser pago pelo erário do ente federativo até quando permanecer em atividade, observada a idade-limite de 75 anos.

Para a concessão do abono, deverá o servidor ter, pelo menos, 60 anos de idade e 35 anos de contribuição, se homem, e 55 anos de idade e 30 de contribuição, se mulher, além de tempo mínimo de 10 anos de efetivo exercício no serviço público e 5 anos no cargo efetivo em que se dará a aposentadoria.

Esse direito, todavia, poderá ser modificado ou extinto, caso o ente federativo decida regular o abono de permanência de seus servidores, lançando mão da faculdade que lhe foi concedida pelo § 19 do art. 40 da CR/88, com a redação conferida pela EC 103/2019[10].

A Portaria MTP nº 1.467/2022 traz a previsão de concessão de abono por essa regra no art. 15 do seu Anexo II.

7.4.2 Abono de permanência pelo cumprimento da regra de transição do art. 2º da EC nº 41/2003

EC nº 41/2003

Art. 2º Observado o disposto no art. 4º da Emenda Constitucional 20, de 15 de dezembro de 1998, é assegurado o direito de opção pela aposentadoria voluntária com proventos calculados de acordo com o art. 40, §§ 3º e 17, da Constituição Federal, àquele que tenha ingressado regularmente em cargo efetivo na Administração Pública direta, autárquica e fundacional, até a data de publicação daquela Emenda, quando o servidor, cumulativamente:

I – tiver cinquenta e três anos de idade, se homem, e quarenta e oito anos de idade, se mulher;

II – tiver cinco anos de efetivo exercício no cargo em que se der a aposentadoria;

III – contar tempo de contribuição igual, no mínimo, à soma de:

a) trinta e cinco anos, se homem, e trinta anos, se mulher; e

b) um período adicional de contribuição equivalente a vinte por cento do tempo que, na data de publicação daquela Emenda, faltaria para atingir o limite de tempo constante da alínea *a* deste inciso.

(...)

§ 5º O servidor *de que trata este artigo*, que tenha completado as exigências para aposentadoria voluntária estabelecidas no *caput*, e que opte por permanecer em atividade, *fará jus* a um abono de permanência *equivalente ao valor da sua contribuição previdenciária* até completar as exigências para aposentadoria compulsória contidas no art. 40, § 1º, II, da Constituição Federal. (g.n.)

Destinada ao servidor público da União, dos Estados, do DF e dos Municípios que tenha ingressado no serviço público até 16 de dezembro de 1998, data de publicação da EC nº 20/1998, essa regra possibilita a aposentadoria com idades mínimas precoces, 53 anos para os homens e 48 anos para as mulheres, desde que cumprido um pedágio de 20% do tempo que faltava, na data de publicação da EC nº 20/1998, para completar os 35 anos de contribuição, se homem, ou 30 anos, se mulher.

10. CR/88, art. 40, § 19, com a redação conferida pela EC 103/2019: "Observados critérios a serem estabelecidos em lei do respectivo ente federativo, o servidor titular de cargo efetivo que tenha completado as exigências para a aposentadoria voluntária e que opte por permanecer em atividade poderá fazer jus a um abono de permanência equivalente, no máximo, ao valor da sua contribuição previdenciária, até completar a idade para aposentadoria compulsória."

Satisfeitos os requisitos dessa norma de transição, o servidor poderá, se desejar prosseguir laborando no serviço público, obter o abono de permanência com esteio no § 5º do art. 2º da EC nº 20/1998, até atingir a idade-limite da compulsória ou até que venha aposentar-se voluntariamente.

Essa regra de transição concede proventos de aposentadoria sem direito à integralidade e à paridade e, ainda, com incidência de redutores. Por essa razão, sua aplicação é mais comum para a concessão do abono de permanência do que para a concessão da aposentadoria. Isso porque é possível conceder ao servidor o abono de permanência com fundamento de validade em determinada regra, no caso o § 5º do art. 2º da EC nº 41/2003, e este vir a aposentar-se com fundamento em outra regra mais benéfica, a exemplo do art. 6º da EC nº 41/2003 ou do art. 3º da EC nº 47/2005, que concedem proventos de aposentadoria com direito à integralidade da última remuneração e com paridade com a remuneração dos servidores em atividade. A Portaria MTP nº 1.467/2022 deixa evidente essa possibilidade no § 5º do art. 12 do Anexo I, comentado linhas atrás.

O direito ao abono, todavia, poderá ser modificado ou extinto, caso o ente decida regular o abono de permanência de seus servidores, lançando mão da faculdade que lhe foi concedida pelo § 19 do art. 40 da CR/88, com a redação conferida pela EC nº 103/2019.

A Portaria MTP nº 1.467/2022 traz a previsão de concessão de abono por essa regra no art. 15 do seu Anexo II.

7.4.3 Abono de permanência pela regra de direito adquirido do § 1º do art. 3º da EC nº 41/2003

EC nº 41/2003

Art. 3º É assegurada a concessão, a qualquer tempo, de aposentadoria aos servidores públicos, bem como pensão aos seus dependentes, que, até a data de publicação desta Emenda, tenham cumprido todos os requisitos para obtenção desses benefícios, com base nos critérios da legislação então vigente.

§ 1º O servidor de que trata este artigo que opte por permanecer em atividade tendo completado as exigências para aposentadoria voluntária e que conte com, no mínimo, vinte e cinco anos de contribuição, se mulher, ou trinta anos de contribuição, se homem, *fará jus a um abono de permanência* equivalente ao valor da sua contribuição previdenciária até completar as exigências para aposentadoria compulsória contidas no art. 40, § 1º, II, da Constituição Federal. (g.n.)

A previsão do abono, nessa situação, é para o servidor dos entes federativos que, até 31 de dezembro de 2003, data de publicação da EC nº 41/2003, tenha cumprido os requisitos de alguma regra de aposentadoria voluntária anterior à sua vigência.

Para a concessão do abono, todavia, exige-se um tempo mínimo de contribuição de 30 anos, para os homens, e 25 anos, para as mulheres, sendo o abono devido em valor equivalente ao da contribuição do servidor até que este seja atingido pela compulsória ou até que decida se aposentar. A Portaria MTP nº 1.467/2022 reproduz essa regra no § 1º do art. 15 do seu Anexo II.

O direito ao abono poderá ser modificado ou extinto, caso o ente decida regular o abono de permanência de seus servidores, lançando mão da faculdade que lhe foi concedida pelo § 19 do art. 40 da CR/88, com a redação conferida pela EC nº 103/2019.

7.4.4 Abono de permanência pelas regras de transição do art. 6º da EC nº 41/2003 e pelo art. 3º da EC nº 47/2005

EC nº 41/2003 Art. 6º Ressalvado o direito de opção à aposentadoria pelas normas estabelecidas pelo art. 40 da Constituição Federal ou pelas regras estabelecidas pelo art. 2º desta Emenda, o servidor da União, dos Estados, do Distrito Federal e dos Municípios, incluídas suas autarquias e fundações, que tenha ingressado no serviço público até a data de publicação desta Emenda poderá aposentar-se com proventos integrais, que corresponderão à totalidade da remuneração do servidor no cargo efetivo em que se der a aposentadoria, na forma da lei, quando, observadas as reduções de idade e tempo de contribuição contidas no § 5º do art. 40 da Constituição Federal, vier a preencher, cumulativamente, as seguintes condições: I - sessenta anos de idade, se homem, e cinquenta e cinco anos de idade, se mulher; II – trinta e cinco anos de contribuição, se homem, e trinta anos de contribuição, se mulher; III - vinte anos de efetivo exercício no serviço público; e IV - dez anos de carreira e cinco anos de efetivo exercício no cargo em que se der a aposentadoria.
EC nº 47/2005 Art. 3º Ressalvado o direito de opção à aposentadoria pelas normas estabelecidas pelo art. 40 da Constituição Federal ou pelas regras estabelecidas pelos arts. 2º e 6º da Emenda Constitucional 41, de 2003, o servidor da União, dos Estados, do Distrito Federal e dos Municípios, incluídas suas autarquias e fundações, que tenha ingressado no serviço público até 16 de dezembro de 1998 poderá aposentar-se com proventos integrais, desde que preencha, cumulativamente, as seguintes condições: I - trinta e cinco anos de contribuição, se homem, e trinta anos de contribuição, se mulher; II - vinte e cinco anos de efetivo exercício no serviço público, quinze anos de carreira e cinco anos no cargo em que se der a aposentadoria; III - idade mínima resultante da redução, relativamente aos limites do art. 40, § 1º, inciso III, alínea "a", da Constituição Federal, de um ano de idade para cada ano de contribuição que exceder a condição prevista no inciso I do caput deste artigo. Parágrafo único. Aplica-se ao valor dos proventos de aposentadorias concedidas com base neste artigo o disposto no art. 7º da Emenda Constitucional 41, de 2003, observando-se igual critério de revisão às pensões derivadas dos proventos de servidores falecidos que tenham se aposentado em conformidade com este artigo.

Como já comentado anteriormente, até antes da vigência da EC nº 103/2019, não havia previsão constitucional para a concessão do abono de permanência pelo cumprimento dessas regras de transição. Ocorre, todavia, que essa Emenda passou a prever a concessão do abono **apenas** para o servidor público federal que atender aos requisitos do art. 6º da EC nº 41/2003 e do art. 3º da EC nº 47/2005.

Para a regra do art. 6º da EC nº 41/2003, a omissão constitucional para os demais entes da Federação acaba sendo suprida, pois o servidor que cumpre seus requisitos temporais acaba por também cumprir os requisitos da aposentadoria voluntária da alínea "a" do inciso III do § 1º do art. 40 da CR/88, com a redação anterior à EC nº 103/2019, para a qual há previsão de concessão de abono de permanência.

Já sobre a regra de transição do art. 3º da EC nº 47/2005, o cumprimento de seus requisitos temporais não implica, necessariamente, o atendimento dos critérios exigidos pela aposentadoria voluntária da alínea "a" do inciso III do § 1º do art. 40 da CR/88 (com a redação anterior à EC nº 103/2019).

Assim, para os servidores públicos dos Estados, do DF e dos Municípios que cumprirem os requisitos do art. 3º da EC nº 47/2005 com idade inferior à exigida na alínea "a" do inciso III do § 1º do art. 40 da CR/88 (com a redação anterior à EC nº 103/2019), subsiste a omissão constitucional, que, a nosso ver, pode ser suprida pelos princípios da isonomia, da economicidade, da razoabilidade e, a partir da vigência da EC nº 103/2019, pelo princípio da simetria, ou, ainda, por previsão expressa em lei do ente federativo, que passa a ter autonomia para dispor sobre a concessão do abono de permanência para seus servidores.

7.5 ABONO DE PERMANÊNCIA DAS APOSENTADORIAS ESPECIAIS E O TEMA 888 DO STF

Em relação às aposentadorias especiais, ou seja, aquelas que preveem critérios diferenciados de elegibilidade e estudadas no Capítulo 4 deste livro, não havia consenso para a concessão do abono de permanência. Isso porque, sendo o abono um estímulo para o servidor permanecer em atividade, sua concessão, nas aposentadorias especiais, estimularia a permanência do servidor nas situações de risco e de insalubridade, contrariando a *ratio* da própria existência das aposentadorias especiais, que propiciam, como já vimos, a antecipação da passagem do servidor para inatividade.

Particularmente entendemos ser um contrassenso a concessão de abono ao servidor que exerce atividades ensejadoras de aposentadorias especiais. No entanto, o STF, em sede de repercussão geral, publicou, em 17 de maio de 2016, o trânsito em jugado da questão objeto do Tema 888, validando a seguinte tese: "é legítimo o pagamento do abono de permanência previsto no art. 40, § 19, da Constituição Federal ao servidor público que opte por permanecer em atividade após o preenchimento dos requisitos para a concessão da aposentadoria voluntária especial (art. 40, § 4º, da Carta Magna)".

Além do Tema 888, vale lembrar que o constituinte reformador de 2019 referendou o entendimento do STF para os servidores federais, prevendo, expressamente, a concessão do abono nas aposentadorias especiais do RPPS da União.

As aposentadorias especiais são aquelas que preveem critérios diferenciados para sua concessão, normalmente em função da existência de condições especiais de trabalho, que podem trazer risco ou comprometer a saúde física ou psíquica do servidor. Quando essas condições especiais não são devidamente mitigadas por políticas públicas protetivas[11], concede-se o direito de aposentar-se precocemente, em relação aos critérios exigidos para os demais servidores.

11. O art. 6º da CR/88, em seu inciso XXII, estabelece como direito dos trabalhadores urbanos e rurais a "redução dos riscos inerentes ao trabalho, por meio de normas de saúde, higiene e segurança". Esse direito também foi assegurado ao servidor público, conforme disposição do § 3ºdo art. 39 da CR/88.

Capítulo 8

AS REGRAS DE TRANSIÇÃO DE APOSENTADORIA DO SERVIDOR PÚBLICO

Nos capítulos anteriores, vimos as regras provisórias, que vigerão até que sobrevenha lei federal reguladora dos benefícios previdenciários do RPPS da União, insertas no art. 10 da EC nº 103/2019 e aplicáveis àqueles que ingressaram no serviço público federal **após** 13 de novembro de 2019, data de publicação da mencionada Emenda. Vimos que essas regras provisórias também se aplicam aos servidores dos entes que adotaram as mesmas regras previdenciárias da União e que ingressaram no serviço público após a data de publicação da lei previdenciária do ente federativo.

Neste capítulo, veremos qual o tratamento dado pela EC nº 103/2019 e pela Portaria MTP nº 1.467/2022[1] aos servidores federais **que já tinham ingressado** no serviço público **até** 13 de novembro de 2019 e que, portanto, possuíam expectativa de se aposentar pelas regras anteriores à data de sua publicação. Vale dizer que as disposições referentes ao servidor federal com expectativa de direito também se aplicam ao servidor do ente federativo que adotou as mesmas regras de transição do RPPS da União.

Explicamos que, para os servidores públicos estaduais, distritais e municipais, as regras de transição serão editadas pelos respectivos entes subnacionais, quando fizerem suas reformas previdenciárias. Isso porque, conforme já visto, a EC nº 103/2019 promoveu a desconstitucionalização das regras de acesso e de forma de cálculo dos benefícios, competindo aos Estados, ao DF e aos Municípios o seu disciplinamento, que pode ser diferente do regramento dado pela EC nº 103/2019 aos servidores federais. Enquanto esses entes não fizerem suas reformas, continuarão sendo aplicadas as normas de transição vigentes antes da publicação da mencionada Emenda, a serem vistas mais adiante.

Passaremos, agora, a conhecer as duas regras de transição das aposentadorias voluntárias normais, disciplinadas nos arts. 4º e 20 da EC nº 103/2019. As regras de transição das aposentadorias especiais serão vistas no próximo capítulo.

---

1. Destacamos a edição da Portaria SGP/SEDGG/ME nº 10.360, de 6 de dezembro de 2022, que estabelece orientação aos órgãos e entidades do Sistema de Pessoal Civil da Administração Pública Federal (Sipec), acerca da concessão, manutenção e pagamento dos benefícios de aposentadoria no âmbito do RPPS da União, dispondo em seus arts. 58 a 69 sobre as regras de transição para aposentadoria.

8.1 REGRA DE TRANSIÇÃO DO SERVIDOR PÚBLICO FEDERAL E DO SERVIDOR DO ENTE FEDERATIVO QUE ADOTOU AS MESMAS REGRAS DA UNIÃO – SISTEMA DE PONTOS

EC nº 103/2019

Art. 4º O servidor público federal que tenha ingressado no serviço público em cargo efetivo até a data de entrada em vigor desta Emenda Constitucional poderá aposentar-se voluntariamente quando preencher, cumulativamente, os seguintes requisitos:

I – 56 (cinquenta e seis) anos de idade, se mulher, e 61 (sessenta e um) anos de idade, se homem, observado o disposto no § 1º;

II – 30 (trinta) anos de contribuição, se mulher, e 35 (trinta e cinco) anos de contribuição, se homem;

III – 20 (vinte) anos de efetivo exercício no serviço público;

IV – 5 (cinco) anos no cargo efetivo em que se der a aposentadoria; e

V – somatório da idade e do tempo de contribuição, incluídas as frações, equivalente a 86 (oitenta e seis) pontos, se mulher, e 96 (noventa e seis) pontos, se homem, observado o disposto nos §§ 2º e 3º.

§ 1º A partir de 1º de janeiro de 2022, a idade mínima a que se refere o inciso I do *caput* será de 57 (cinquenta e sete) anos de idade, se mulher, e 62 (sessenta e dois) anos de idade, se homem.

§ 2º A partir de 1º de janeiro de 2020, a pontuação a que se refere o inciso V do *caput* será acrescida a cada ano de 1 (um) ponto, até atingir o limite de 100 (cem) pontos, se mulher, e de 105 (cento e cinco) pontos, se homem.

§ 3º A idade e o tempo de contribuição serão apurados em dias para o cálculo do somatório de pontos a que se referem o inciso V do *caput* e o § 2º.

Essa regra de transição, além dos requisitos temporais comuns, como idade, tempo de contribuição, tempo de serviço público e tempo no cargo em que se dará a aposentadoria, adota o **sistema de pontos**, resultante do somatório da idade com o tempo de contribuição. A Portaria MTP nº 1.467/2022 a reproduz no art. 5º do seu Anexo I.

Como os servidores que ingressaram no serviço público federal até a data de publicação da EC nº 103/2019, 13 de novembro de 2019, tinham a expectativa de se aposentar voluntariamente com 55 anos de idade, se mulher, e 60 anos de idade, se homem[2], foi-lhes concedida essa regra, que permite a aposentadoria antes dos 65 anos de idade, se homem, e antes dos 62 anos, se mulher, idades mínimas exigidas para a aposentadoria do servidor público federal que ingressou após a publicação da Emenda, desde que satisfeitos os seguintes requisitos:

a) 56 anos de idade, se mulher, e 61 anos de idade, se homem, passando para 57 anos e 62 anos de idade, respectivamente, a partir de 1º de janeiro de 2022;
b) 30 anos de contribuição, se mulher, e 35 anos de contribuição, se homem;
c) 20 anos de efetivo exercício no serviço público;
d) 5 anos no cargo efetivo em que se der a aposentadoria; e

2. Lembramos, ainda, que a EC nº 41/2003 e a EC nº 47/2005 traziam regras de transição que permitiam a aposentação dos servidores que ingressaram no serviço público antes da vigência da EC nº 20/1998 com idade inferior a 55 anos, se mulher, e 60 anos, se homem.

e) 87 pontos, se mulher, e 97 pontos[3], se homem, resultante do somatório da idade e do tempo de contribuição, apurados em dias, incluídas as frações, com o acréscimo de 1 ponto por ano, até atingir o limite de 100 pontos para mulher e 105 pontos para o homem.

Verifica-se, do sistema de pontos, um período de transição de 9 anos para o homem, que em 2028 deverá obter 105 pontos, e de 14 anos para a mulher, que deverá obter 100 pontos em 2033.

Ano	Pontos/Mulher	Pontos/Homem
2020	87	97
2021	88	98
2022	89	99
2023	90	100
2024	91	101
2025	92	102
2026	93	103
2027	94	104
2028	95	**105**
2029	96	-----
2030	97	-----
2031	98	-----
2032	99	-----
2033	**100**	-----

Tomemos como exemplo uma servidora, nascida em 10/2/1970, que ingressou em cargo efetivo no serviço público federal em abril de 1992. Em abril de 2027, com 57 anos de idade, terá 35 anos de contribuição, 35 anos de efetivo exercício no serviço público e no cargo em que se dará aposentadoria. Ocorre que em 2027, somando a idade com o tempo de contribuição, ela terá 92 pontos e não poderá se aposentar, pois necessitaria ter 94 pontos. Em 2028, quando terá 58 anos de idade e 36 anos de contribuição, poderá requerer sua aposentadoria, pois a soma da idade com o tempo de contribuição resultará em 95 pontos (considerando-se as frações de tempo)[4], correspondendo à pontuação exigida pelo § 2º do art. 4º da EC nº 103/2019.

Ilustremos, ainda, com um servidor nascido em 20/12/1963, que ingressou em cargo efetivo no serviço público federal em novembro de 1990, já com 5 anos de contribuição do tempo em que trabalhou na iniciativa privada. Em dezembro de 2025, com 62 anos de idade, terá 40 anos de contribuição, 35 anos de efetivo exercício no serviço público e no cargo em que se dará aposentadoria e 102 pontos, resultante do somatório do tempo de contribuição com a idade do servidor, podendo, assim, requerer sua aposentadoria em atendimento ao disposto no art. 4º da EC nº 103/2019.

3. Em 1º de janeiro de 2020, houve acréscimo de 1 ponto, em cumprimento ao disposto no § 2º do art. 4º da EC nº 103/2019.
4. Conforme previsão contida no inciso V e no § 3º do art.4º da EC nº 103/2019.

8.1.1 Cálculo dos proventos e critérios de reajustamento

EC nº 103/2019

Art. 4º(...)

(...)

§ 6º Os proventos das aposentadorias concedidas nos termos do disposto neste artigo corresponderão:

I – à totalidade da remuneração do servidor público no cargo efetivo em que se der a aposentadoria, observado o disposto no § 8º, para o servidor público que tenha ingressado no serviço público em cargo efetivo até 31 de dezembro de 2003 e que não tenha feito a opção de que trata o § 16 do art. 40 da Constituição Federal, desde que tenha, no mínimo, 62 (sessenta e dois) anos de idade, se mulher, e 65 (sessenta e cinco) anos de idade, se homem, ou, para os titulares do cargo de professor de que trata o § 4º, 57 (cinquenta e sete) anos de idade, se mulher, e 60 (sessenta) anos de idade, se homem;

II – ao valor apurado na forma da lei, para o servidor público não contemplado no inciso I.

§ 7º Os proventos das aposentadorias concedidas nos termos do disposto neste artigo não serão inferiores ao valor a que se refere o § 2º do art. 201 da Constituição Federal e serão reajustados:

I – de acordo com o disposto no art. 7º da Emenda Constitucional 41, de 19 de dezembro de 2003, se cumpridos os requisitos previstos no inciso I do § 6º; ou

II – nos termos estabelecidos para o Regime Geral de Previdência Social, na hipótese prevista no inciso II do § 6º.

§ 8º Considera-se remuneração do servidor público no cargo efetivo, para fins de cálculo dos proventos de aposentadoria com fundamento no disposto no inciso I do § 6º ou no inciso I do § 2º do art. 20, o valor constituído pelo subsídio, pelo vencimento e pelas vantagens pecuniárias permanentes do cargo, estabelecidos em lei, acrescidos dos adicionais de caráter individual e das vantagens pessoais permanentes, observados os seguintes critérios:

I – se o cargo estiver sujeito a variações na carga horária, o valor das rubricas que refletem essa variação integrará o cálculo do valor da remuneração do servidor público no cargo efetivo em que se deu a aposentadoria, considerando-se a média aritmética simples dessa carga horária proporcional ao número de anos completos de recebimento e contribuição, contínuos ou intercalados, em relação ao tempo total exigido para a aposentadoria;

II – se as vantagens pecuniárias permanentes forem variáveis por estarem vinculadas a indicadores de desempenho, produtividade ou situação similar, o valor dessas vantagens integrará o cálculo da remuneração do servidor público no cargo efetivo mediante a aplicação, sobre o valor atual de referência das vantagens pecuniárias permanentes variáveis, da média aritmética simples do indicador, proporcional ao número de anos completos de recebimento e de respectiva contribuição, contínuos ou intercalados, em relação ao tempo total exigido para a aposentadoria ou, se inferior, ao tempo total de percepção da vantagem.

Por essa regra de transição, o cálculo dos proventos do servidor vai depender de dois fatores:

a) da data de ingresso em cargo efetivo no serviço público; e
b) da idade mínima estipulada para o direito à integralidade da última remuneração no cargo efetivo e à paridade dos proventos com a remuneração dos servidores em atividade.

Se ingressou em cargo efetivo **até** a data de publicação da EC nº 41/2003, ou seja, até 31 de dezembro de 2003, seus proventos corresponderão à totalidade da remuneração do cargo efetivo em que se der a aposentadoria, **desde que o servidor tenha, no mínimo, 62 anos de idade, se mulher, e 65 anos de idade, se homem**. Importante mencionar, nos termos do inciso I do § 6º do art. 4º da EC nº 103/2019, que, se o servidor tiver feito opção pelo regime de previdência complementar instituído pela União, seus proventos serão limitados ao teto do RGPS e calculados de acordo com o inciso II do § 6º do citado art. 4º.

O § 8º do art. 4º da EC nº 103/2019 define remuneração, para o cálculo dos proventos correspondentes à totalidade da remuneração do cargo do servidor que se aposentará pela regra dos pontos, como "o valor constituído pelo subsídio, pelo vencimento e pelas vantagens pecuniárias permanentes do cargo, estabelecidos em lei, acrescidos dos adicionais de caráter individual e das vantagens pessoais permanentes". Caso a remuneração seja composta por parcelas variáveis, devem ser observados os incisos I e II do mencionado § 8º. Se a vantagem for transitória, em decorrência de local de trabalho ou exercício de cargo ou função de confiança, por exemplo, não será considerada no cálculo de proventos.

A Portaria MTP nº 1.467/2022 veio esclarecer, nas situações em que as vantagens permanentes pecuniárias forem variáveis por estarem vinculadas a indicadores de desempenho, produtividade ou situação similar, o seguinte:

Portaria MTP nº 1.467/2022 – Anexo I

Art. 5º (...)

§ 7º (...)

(...)

II – se as vantagens pecuniárias permanentes forem variáveis por estarem vinculadas a indicadores de desempenho, produtividade ou situação similar, o valor dessas vantagens integrará o cálculo da remuneração do servidor público no cargo efetivo mediante a aplicação, sobre o valor atual de referência das vantagens pecuniárias permanentes variáveis, da média aritmética simples do indicador, proporcional ao número de anos completos de recebimento e de respectiva contribuição, contínuos ou intercalados, em relação ao tempo total exigido para a aposentadoria ou, se inferior, ao tempo total de percepção da vantagem.

§ 8º Para fins do disposto no inciso II do § 7º:

I – se o tempo total de percepção da vantagem for inferior ao tempo total exigido para a aposentadoria, o divisor do fator de cálculo será substituído pelo tempo total de percepção da vantagem; e

II – se o tempo total de percepção da vantagem for superior ao tempo total exigido para a aposentadoria, esse tempo será utilizado como divisor.

§ 9º As vantagens pecuniárias permanentes variáveis somente serão parte integrante do cálculo quando previstas na legislação vigente ao tempo em que cumpridos todos os requisitos para a elegibilidade ao benefício.

Caso o servidor tenha ingressado em cargo efetivo no serviço público **após** a data de publicação da EC nº 41/2003, ou seja, após 31 de dezembro de 2003, ou, tendo ingressado antes, queira se aposentar antes dos 62 anos, se mulher, ou antes dos 65 anos, se homem, seus proventos serão calculados na forma da lei, conforme preceitua o inciso II do § 6º do art. 4º da EC nº 103/2019. Ocorre que, enquanto não for editada lei federal sobre a matéria, os proventos serão calculados de acordo com o disposto no art. 26 da Emenda, a saber:

EC nº 103/2019

Art. 26. Até que lei discipline o cálculo dos benefícios do regime próprio de previdência social da União e do Regime Geral de Previdência Social, será utilizada a média aritmética simples dos salários de contribuição e das remunerações adotados como base para contribuições a regime próprio de previdência social e ao Regime Geral de Previdência Social, ou como base para contribuições decorrentes das atividades militares de que tratam os arts. 42 e 142 da Constituição Federal, atualizados monetariamente, correspondentes a 100% (cem por cento) do período contributivo desde a competência julho de 1994 ou desde o início da contribuição, se posterior àquela competência.

§ 1º A média a que se refere o *caput* será limitada ao valor máximo do salário de contribuição do Regime Geral de Previdência Social para os segurados desse regime e para o servidor que ingressou no serviço público em cargo efetivo após a implantação do regime de previdência complementar ou que tenha exercido a opção correspondente, nos termos do disposto nos §§ 14 a 16 do art. 40 da Constituição Federal.

§ 2º O valor do benefício de aposentadoria corresponderá a 60% (sessenta por cento) da média aritmética definida na forma prevista no caput e no § 1º, com acréscimo de 2 (dois) pontos percentuais para cada ano de contribuição que exceder o tempo de 20 (vinte) anos de contribuição nos casos:

I – do inciso II do § 6º do art. 4º, do § 4º do art. 15, do § 3º do art. 16 e do § 2º do art. 18;

Dessa forma, os proventos de aposentadoria do servidor que ingressou em cargo efetivo no serviço público **após** 31 de dezembro de 2003 ou, tendo ingressado antes, queira se aposentar antes dos 62 anos, se mulher, ou antes dos 65 anos, se homem, corresponderão a 60% da média aritmética simples dos salários de contribuição e das remunerações adotados como base para contribuições previdenciárias, atualizados monetariamente e correspondentes a 100% do período contributivo desde a competência julho de 1994 ou desde o início da contribuição, se posterior àquela competência, com acréscimo de 2 pontos percentuais para cada ano de contribuição que exceder o tempo de 20 anos de contribuição.

Voltemos ao exemplo da servidora, nascida em 10/2/1970, que ingressou no serviço público federal em abril de 1992. Vimos que, pelo sistema de pontos, a partir de 2028, quando terá 58 anos de idade e 36 anos de contribuição, poderá requerer sua aposentadoria, pois a soma da idade com o tempo de contribuição resultará em 95 pontos (considerando-se as frações de tempo)[5], correspondendo à pontuação exigida pelo § 2º do art. 4º da EC nº 103/2019.

O cálculo dos proventos dessa servidora vai depender da opção que fizer em relação à data a partir da qual vai requerer sua aposentadoria. Se se aposentar antes dos 62 anos de idade, seus proventos corresponderão a 60% da média, com acréscimo de 2 pontos percentuais para cada ano de contribuição que exceder o tempo de 20 anos de contribuição. Se esperar completar os 62 anos de idade, seus proventos corresponderão à totalidade da remuneração do cargo.

Da mesma forma o exemplo do servidor, nascido em 20/12/1963, que, em dezembro de 2025, com 62 anos de idade e demais requisitos temporais cumpridos, poderá requerer sua aposentadoria. Se se aposentar antes dos 65 anos de idade, seus proventos corresponderão a 60% da média, com acréscimo de 2 pontos percentuais para cada ano de contribuição que exceder o tempo de 20 anos de contribuição. Se esperar completar os 65 anos de idade, seus proventos corresponderão à totalidade da remuneração do cargo.

Quanto aos critérios de reajustamento, a EC nº 103/2019, no § 7º do seu art. 4º, determina que os proventos não poderão ser inferiores ao valor de um salário-mínimo e que serão revistos da seguinte forma:

a) Para os servidores que se aposentaram com direito à última remuneração do cargo efetivo: proventos **com paridade plena**, isto é, revistos na mesma proporção e na mesma data, sempre que se modificar a remuneração dos servidores em atividade, sendo-lhe também estendidas quaisquer vantagens posteriormente concedidas aos servidores em atividade, até mesmo decor-

5. Conforme previsão contida no inciso V e no § 3º do art.4º da EC nº 103/2019.

rentes da transformação ou reclassificação do cargo ou função em que se deu a aposentadoria.

b) Para os servidores que se aposentaram com proventos correspondentes a 60% da média, com acréscimo de 2 pontos percentuais para cada ano de contribuição que exceder o tempo de 20 anos de contribuição: proventos reajustados nos termos estabelecidos para o RGPS.

8.1.2 Abono de permanência

O servidor que cumprir os requisitos exigidos pela regra dos pontos e que optar por permanecer em atividade fará jus a um abono de permanência equivalente ao valor de sua contribuição previdenciária, nos termos do art. 8º da EC nº 103/2019 abaixo transcrito:

> **EC nº 103/2019**
>
> Art. 8º Até que entre em vigor lei federal de que trata o § 19 do art. 40 da Constituição Federal, o servidor público federal que cumprir as exigências para a concessão da aposentadoria voluntária, nos termos do disposto nos arts. 4º, 5º, 20, 21 e 22 e que optar por permanecer em atividade fará jus a um abono de permanência equivalente ao valor da sua contribuição previdenciária, até completar a idade para aposentadoria compulsória. (g.n.)

8.1.3 Exemplos de aposentadoria pela regra dos pontos (passo a passo)

Exemplo 1. Paula Guedes, nascida em 6/8/1972, ingressou no cargo de auditor da Receita Federal em 3/4/1994. Para o cálculo dos proventos, atribui-se ao cargo a remuneração de R$ 28 mil.

I – A partir de quando a servidora pode se aposentar?

a) Encontrar a data em que a servidora completa a idade mínima de 57 anos: **6/8/2029**

b) Identificar a data em que a servidora implementa os 30 anos de tempo de contribuição: 3/4/1994 + 30 anos (10.950 dias) = **25/3/2024**, quando completou também 30 anos de serviço público e no cargo.

c) Encontrar os pontos obtidos na data de publicação (13/11/2019) da EC nº 103/2019, efetuando a soma da idade com o tempo de contribuição, considerados em dias:

c.1) Idade (de 6/8/1972 a 13/11/2019) = **17.266 dias**

c.2) Tempo de contribuição (de 3/4/1994 a 13/11/2019) = **9.356 dias**

c.3) Pontuação em dias (obtida até 13/11/2019) = 17.266 + 9.356 = **26.622 pontos**

d) Identificar na tabela abaixo o ano e a data em que a servidora alcança a pontuação [(*)] exigida (em dias):

Ano	Pontos / Mulher (em anos e dias)		Pontuação da SERVIDORA no primeiro dia do ano (em dias)	Ano em que pontuação exigida é alcançada pela SERVIDORA ↓
2020	87	31.755	26.720	
2021	88	32.120	27.450	
2022	89	32.485	28.180	
2023	90	32.850	28.910	
2024	91	33.215	29.640	
2025	92	33.580	30.370	
2026	93	33.945	31.100	
2027	94	34.310	31.830	
2028	95	34.675	32.560	
2029	96	35.040	33.290	
2030	97	35.405	34.020	
2031	98	35.770	34.750	
2032	99	36.135	35.480	<<<— PONTUAÇÃO ALCANÇADA
2033	100	36.500	36.210	<<<— PONTUAÇÃO ALCANÇADA
2034	100	36.500	36.940	<<<— PONTUAÇÃO ALCANÇADA
2035	100	36.500	37.670	<<<— PONTUAÇÃO ALCANÇADA
2036	100	36.500	38.400	<<<— PONTUAÇÃO ALCANÇADA
2037	100	36.500	39.130	<<<— PONTUAÇÃO ALCANÇADA
2038	100	36.500	39.860	<<<— PONTUAÇÃO ALCANÇADA
2039	100	36.500	40.590	<<<— PONTUAÇÃO ALCANÇADA
2040	100	36.500	41.320	<<<— PONTUAÇÃO ALCANÇADA
2041	100	36.500	42.050	<<<— PONTUAÇÃO ALCANÇADA
2042	100	36.500	42.780	<<<— PONTUAÇÃO ALCANÇADA
2043	100	36.500	43.510	<<<— PONTUAÇÃO ALCANÇADA
2044	100	36.500	44.240	<<<— PONTUAÇÃO ALCANÇADA
2045	100	36.500	44.970	<<<— PONTUAÇÃO ALCANÇADA
2046	100	36.500	45.700	<<<— PONTUAÇÃO ALCANÇADA
2047	100	36.500	46.430	<<<— PONTUAÇÃO ALCANÇADA
2048	100	36.500	47.160	<<<— PONTUAÇÃO ALCANÇADA
2049	100	36.500	47.890	<<<— PONTUAÇÃO ALCANÇADA
2050	100	36.500	48.620	<<<— PONTUAÇÃO ALCANÇADA

[(*)] *a pontuação do(a) servidor(a) no primeiro dia do ano de 2020 é obtida somando-se a pontuação que possuía em 13/11/2019 (data de publicação da EC 103) com a quantidade de dias, multiplicada por dois (um ponto pela idade e outro pelo tempo de contribuição, a cada dia), compreendida entre 14/11/2019 e 1/1/2020.*

OBS.: Verificamos que isso ocorrerá no ano de **2032**, quando a pontuação requerida será de **36.135 pontos**. Vamos precisar, agora, a data em que obterá tal pontuação, utilizando a seguinte sequência:

d.1) Pontuação da servidora em 13/11/2019 (data de publicação da EC nº 103/2019) = **26.622 dias**

d.2) Pontuação a ser alcançada em 2032 = **36.135 dias**

d.3) Diferença entre as pontuações: 36.135 – 26.622 = **9.513 dias**

d.4) Divisão da diferença encontrada por dois, considerando que a cada dia a servidora conquista dois pontos (um pela idade e outro pelo tempo de contribuição): 9.513/2 = **4.756,5**.

OBS.: Caso a quantidade de dias encontrada possua parte decimal, que é o caso, deve-se promover o arredondamento para cima (sempre), para que não falte tempo. Assim sendo, teremos **4.757 dias.**

d.5) Contagem da quantidade de dias encontrada em (d.4) a partir de 14/11/2019: 14/11/2019 + 4.757 dias = **21/11/2032,** data em que a servidora preencherá o requisito referente à pontuação necessária.

e) Comparar as datas encontradas nas etapas a, b e d, para identificar a última a ser alcançada pela servidora:

e.1) Idade: **6/8/2029**

e.2) Tempo de contribuição, no serviço público e no cargo: **25/3/2024**

e.3) Pontuação: **21/11/2032**

OBS.: Em **21/11/2032,** a servidora poderá se aposentar, pois terá preenchidos todos os requisitos exigidos pelo art. 4º da EC 103/2019.

II – Qual será o valor dos seus proventos?

f) Verificar se a servidora ingressou em cargo efetivo no serviço público até 31/12/2003, data de publicação da EC nº 41/2003: **Sim, ingressou em 3/4/1994.**

g) Averiguar se a servidora completará a pontuação exigida antes de 6/8/2034, ou seja, antes dos 62 anos de idade, idade mínima para o direito à integralidade e à paridade dos proventos de aposentadoria: **Sim, com 60 anos, em 21/11/2032.**

OBS.: Nesse caso, a servidora tem duas escolhas, que irão definir a forma de cálculo e o critério de reajustamento de seus proventos, quais sejam:

g.1) Requerer a aposentadoria **a partir de** 21/11/2032, com 60 anos de idade, 38 anos de contribuição, no serviço público e no cargo **e antes** de 6/8/2034 (data em que completará 62 anos de idade e 40 anos de contribuição). Exercendo essa opção, seus proventos corresponderão a 60% da média, com acréscimo de 2 pontos percentuais para cada ano de contribuição que exceder o tempo de 20 anos de contribuição. Atribui-se à média o valor de R$ 22 mil. Vejamos:

i. Tempo de contribuição

Tempo de contribuição	Percentual da média
20 anos	60 %
25 anos	70 %
....	....
30 anos	80 %
....	....
35 anos	90%
36 anos	92%
37 anos	94%
38 anos	**96%**

ii. Valor da média: R$ 22 mil

iii. Percentual aplicado ao valor da média: 96% (0,96) x 22.000 = R$ 21.120,00

OBS.: Essa opção resultará em proventos no valor **de R$ 21.120,00**, com reajuste pelo mesmo índice fixado para o RGPS, nos termos do inciso II do § 7º do art. 4º da EC nº 103/2019. Importante ressaltar que, se a servidora tiver feito opção pelo regime de previdência complementar instituído pela União, seus proventos serão limitados ao teto do RGPS.

g.2) Esperar completar 62 anos de idade, em 6/8/2034, quando terá direito a proventos correspondentes à totalidade da remuneração do cargo, ou seja, **a R$ 28 mil**, revistos na mesma proporção e na mesma data, sempre que se modificar a remuneração dos servidores em atividade, sendo-lhe também estendidas quaisquer vantagens posteriormente concedidas aos servidores em atividade, até mesmo decorrentes da transformação ou reclassificação do cargo ou função em que se deu a aposentadoria. Da mesma forma que na situação anterior, se a servidora tiver feito opção pelo regime de previdência complementar instituído pela União, seus proventos serão limitados ao teto do RGPS e calculados pela sistemática da média, conforme o art. 26 da EC nº 103/2019 e com critério de reajuste igual ao do RGPS.

OBS.: Fica evidente que é mais vantajoso para Paula Guedes esperar completar 62 anos de idade (mais um ano em atividade) para poder obter proventos integrais e com paridade plena.

Exemplo 2. Sérgio Moura, nascido em 20/12/1963, ingressou no cargo de juiz federal em 6/5/1990, já com 5 anos de contribuição do tempo em que trabalhou na iniciativa privada. Para o cálculo dos proventos, atribui-se ao cargo a remuneração de R$ 35 mil.

I – A partir de quando o servidor pode se aposentar?

a) Encontrar a data em que o servidor completa a idade mínima de 62 anos: **20/12/2025**

b) Identificar a data em que o servidor implementa os 35 anos de tempo de contribuição: 6/5/1990 + 35 anos (12.775 dias) – 5 anos[6] = **27/4/2020**, quando completou também 30 anos de serviço e no cargo.

c) Encontrar os pontos obtidos na data de publicação (13/11/2019) da EC nº 103/2019, efetuando a soma da idade com o tempo de contribuição, considerados em dias:

c.1) Idade (de 20/12/1963 a 13/11/2019) = **20.418 dias**

c.2) Tempo de contribuição (de 6/5/1990 a 13/11/2019 + 5 anos averbados) = **12.609 dias**

c.3) Pontuação em dias (obtida até 13/11/2019) = 20.418 + 12.609 = **33.027 pontos**

6. Referente aos 5 anos que contribuiu para o RGPS quando trabalhou na iniciativa privada.

d) Identificar, na tabela abaixo, o ano em que o servidor alcança a pontuação (*) exigida (em dias):

Ano	Pontos / Homem (em anos e dias)		Pontuação do SERVIDOR no primeiro dia do ano (em dias)	Ano em que pontuação exigida é alcançada pelo SERVIDOR ↓
2020	97	35.405	33.125	
2021	98	35.770	33.855	
2022	99	36.135	34.585	
2023	100	36.500	35.315	
2024	101	36.865	36.045	
2025	102	37.230	36.775	<<<--- PONTUAÇÃO ALCANÇADA
2026	103	37.595	37.505	<<<--- PONTUAÇÃO ALCANÇADA
2027	104	37.960	38.235	<<<--- PONTUAÇÃO ALCANÇADA
2028	105	38.325	38.965	<<<--- PONTUAÇÃO ALCANÇADA
2029	105	38.325	39.695	<<<--- PONTUAÇÃO ALCANÇADA
2030	105	38.325	40.425	<<<--- PONTUAÇÃO ALCANÇADA
2031	105	38.325	41.155	<<<--- PONTUAÇÃO ALCANÇADA
2032	105	38.325	41.885	<<<--- PONTUAÇÃO ALCANÇADA
2033	105	38.325	42.615	<<<--- PONTUAÇÃO ALCANÇADA
2034	105	38.325	43.345	<<<--- PONTUAÇÃO ALCANÇADA
2035	105	38.325	44.075	<<<--- PONTUAÇÃO ALCANÇADA
2036	105	38.325	44.805	<<<--- PONTUAÇÃO ALCANÇADA
2037	105	38.325	45.535	<<<--- PONTUAÇÃO ALCANÇADA
2038	105	38.325	46.265	<<<--- PONTUAÇÃO ALCANÇADA
2039	105	38.325	46.995	<<<--- PONTUAÇÃO ALCANÇADA
2040	105	38.325	47.725	<<<--- PONTUAÇÃO ALCANÇADA
2041	105	38.325	48.455	<<<--- PONTUAÇÃO ALCANÇADA
2042	105	38.325	49.185	<<<--- PONTUAÇÃO ALCANÇADA
2043	105	38.325	49.915	<<<--- PONTUAÇÃO ALCANÇADA
2044	105	38.325	50.645	<<<--- PONTUAÇÃO ALCANÇADA
2045	105	38.325	51.375	<<<--- PONTUAÇÃO ALCANÇADA
2046	105	38.325	52.105	<<<--- PONTUAÇÃO ALCANÇADA
2047	105	38.325	52.835	<<<--- PONTUAÇÃO ALCANÇADA
2048	105	38.325	53.565	<<<--- PONTUAÇÃO ALCANÇADA
2049	105	38.325	54.295	<<<--- PONTUAÇÃO ALCANÇADA
2050	105	38.325	55.025	<<<--- PONTUAÇÃO ALCANÇADA

(*) *a pontuação do(a) servidor(a) no primeiro dia do ano de 2020 é obtida somando-se a pontuação que possuía em 13/11/2019 (data de publicação da EC 103) com a quantidade de dias, multiplicada por dois (um ponto pela idade e outro pelo tempo de contribuição, a cada dia), compreendida entre 14/11/2019 e 1/1/2020.*

OBS.: Verificamos que isso ocorre no ano de **2025**, quando a pontuação requerida é de 37.230 pontos (em dias). Vamos precisar, agora, a data em que obterá tal pontuação, utilizando a seguinte sequência:

d.1) Pontuação do servidor em 13/11/2019 (data de publicação da EC nº 103/2019) = **33.027 dias**

d.2) Pontuação a ser alcançada em 2025 = **37.230 dias**

d.3) Diferença entre as pontuações: 37.230 – 33.027 = **4.203 dias**

d.4) Divisão da diferença encontrada por 2, considerando que a cada dia o servidor conquista dois pontos (um pela idade e outro pelo tempo de contribuição): 4.203/2 = **2.101,5**.

OBS.: Caso a quantidade de dias encontrada possua parte decimal, que é o caso, deve-se promover o arredondamento para cima (sempre), para que não falte tempo. Assim sendo, teremos **2.102 dias.**

d.5) Contagem da quantidade de dias encontrada em (d.4) a partir de 14/11/2019: 14/11/2019 + 2.102 dias = **15/8/2025**, data em que o servidor preenche o requisito referente à pontuação necessária.

e) Comparar as datas encontradas nas etapas a, b e d, para identificar a última a ser alcançada pelo servidor:

e.1) Idade: **20/12/2025**

e.2) Tempo de contribuição, no serviço público e no cargo: **27/4/2020**

e.3) Pontuação: **15/8/2025**

OBS.: Em **20/12/2025**, o servidor pode se aposentar, pois preenche todos os requisitos exigidos pelo art. 4º da EC nº 103/2019.

II – Qual será o valor dos seus proventos?

f) Verificar se o servidor ingressou em cargo efetivo no serviço público até 31/12/2003, data de publicação da EC nº 41/2003: **Sim, ingressou em 6/5/1990.**

g) Averiguar se o servidor completa a pontuação exigida antes de 20/12/2028, ou seja, antes dos 65 anos de idade, idade mínima para o direito à integralidade e à paridade dos proventos de aposentadoria, para o homem: **Sim, com 62 anos, em 20/12/2025.**

OBS.: Nesse caso, o servidor tem duas escolhas, que irão definir a forma de cálculo e o critério de reajustamento de seus proventos, quais sejam:

g.1) Requerer a aposentadoria **a partir de 20/12/2025**, com 62 anos de idade, 40 anos de contribuição, 35 anos no serviço público e no cargo **e antes de** 20/12/2028 (data em que completará 65 anos de idade e 43 anos de contribuição). Exercendo essa opção, seus proventos corresponderão a 60% da média, com acréscimo de 2 pontos percentuais para cada ano de contribuição que exceder o tempo de 20 anos de contribuição. Atribui-se à média o valor de R$ 24 mil. Vejamos:

i. Tempo de contribuição

Tempo de contribuição	Percentual da média
20 anos	60% ....
25 anos	70 % ....
30 anos	80 % ....
35 anos	90% ....
40 anos	100%
41 anos	102%[7]
42 anos	104%

7. É possível a percepção de mais de 100% da média.

ii. Valor da média: R$ 24 mil

iii. Percentual aplicado ao valor da média com 40 anos de contribuição, em 20/12/2025: 100% = R$ 24.000,00

iv. Percentual aplicado ao valor da média com 41 anos de contribuição, em 20/12/2026: 102% (1,02 x 24.000) = R$ 24.480,00

v. Percentual aplicado ao valor da média com 42 anos de contribuição, em 20/12/2027: 104% (1,04 x 24.000) = R$ 24.960,00

OBS.: Essa opção resultará em proventos mínimos de **R$ 24.000,00**, caso se aposente com 62 anos de idade e 40 anos de contribuição, e proventos de **R$ 24.960,00**, caso se aposente com 64 anos e 42 anos de contribuição, com reajuste pelo mesmo índice fixado para o RGPS, nos termos do inciso II do § 7º do art. 4º da EC nº 103/2019. Importante ressaltar que, se o servidor tiver feito opção pelo regime de previdência complementar instituído pela União, seus proventos serão limitados ao teto do RGPS.

g.2) Esperar completar 65 anos de idade, em 20/12/2028, quando terá direito a proventos correspondentes à totalidade da remuneração do cargo, ou seja, **a R$ 35 mil**, revistos na mesma proporção e na mesma data, sempre que se modificar a remuneração dos servidores em atividade, sendo-lhe também estendidas quaisquer vantagens posteriormente concedidas aos servidores em atividade, até mesmo decorrentes da transformação ou reclassificação do cargo ou função em que se deu a aposentadoria. Da mesma forma que na situação anterior, se o servidor tiver feito opção pelo regime de previdência complementar instituído pela União, seus proventos serão limitados ao teto do RGPS e calculados pela sistemática da média, conforme o art. 26 da EC nº 103/2019 e com critério de reajuste igual ao do RGPS.

OBS.: Fica evidente que é mais vantajoso para Sérgio Moura esperar completar 65 anos de idade para poder obter proventos integrais e com paridade plena.

Exemplo 3. David Maia, nascido em 3/11/1963, ingressou no cargo de especialista em políticas públicas e gestão governamental da União em 4/6/1990. Para o cálculo dos proventos, atribui-se ao cargo a remuneração de R$ 7 mil.

I – A partir de quando o servidor pode se aposentar?

a) Encontrar a data em que o servidor completa a idade mínima de 62 anos: **3/11/2025**

b) Identificar a data em que o servidor implementa os 35 anos de tempo de contribuição: 4/6/1990 + 35 anos (12.775 dias) = **25/5/2025**

c) Encontrar os pontos obtidos na data de publicação (13/11/2019) da EC nº 103/2019, efetuando a soma da idade com o tempo de contribuição, considerados em dias:

c.1) Idade (de 3/11/1963 a 13/11/2019) = **20.465 dias**

c.2) Tempo de contribuição (de 4/6/1990 a 13/11/2019) = **10.755 dias**

c.3) Pontuação em dias (obtida até 13/11/2019) = 20.465 + 10.755 = **31.220 pontos**

d) Identificar na tabela abaixo o ano em que o servidor alcança a pontuação (*) exigida (em dias):

Ano	Pontos / Homem (em anos e dias)		Pontuação do SERVIDOR no primeiro dia do ano (em dias)	Ano em que pontuação exigida é alcançada pelo SERVIDOR ↓
2020	97	35.405	31.318	
2021	98	35.770	32.048	
2022	99	36.135	32.778	
2023	100	36.500	33.508	
2024	101	36.865	34.238	
2025	102	37.230	34.968	
2026	103	37.595	35.698	
2027	104	37.960	36.428	
2028	105	38.325	37.158	
2029	105	38.325	37.888	<<<--- PONTUAÇÃO ALCANÇADA
2030	105	38.325	38.618	<<<--- PONTUAÇÃO ALCANÇADA
2031	105	38.325	39.348	<<<--- PONTUAÇÃO ALCANÇADA
2032	105	38.325	40.078	<<<--- PONTUAÇÃO ALCANÇADA
2033	105	38.325	40.808	<<<--- PONTUAÇÃO ALCANÇADA
2034	105	38.325	41.538	<<<--- PONTUAÇÃO ALCANÇADA
2035	105	38.325	42.268	<<<--- PONTUAÇÃO ALCANÇADA
2036	105	38.325	42.998	<<<--- PONTUAÇÃO ALCANÇADA
2037	105	38.325	43.728	<<<--- PONTUAÇÃO ALCANÇADA
2038	105	38.325	44.458	<<<--- PONTUAÇÃO ALCANÇADA
2039	105	38.325	45.188	<<<--- PONTUAÇÃO ALCANÇADA
2040	105	38.325	45.918	<<<--- PONTUAÇÃO ALCANÇADA
2041	105	38.325	46.648	<<<--- PONTUAÇÃO ALCANÇADA
2042	105	38.325	47.378	<<<--- PONTUAÇÃO ALCANÇADA
2043	105	38.325	48.108	<<<--- PONTUAÇÃO ALCANÇADA
2044	105	38.325	48.838	<<<--- PONTUAÇÃO ALCANÇADA
2045	105	38.325	49.568	<<<--- PONTUAÇÃO ALCANÇADA
2046	105	38.325	50.298	<<<--- PONTUAÇÃO ALCANÇADA
2047	105	38.325	51.028	<<<--- PONTUAÇÃO ALCANÇADA
2048	105	38.325	51.758	<<<--- PONTUAÇÃO ALCANÇADA
2049	105	38.325	52.488	<<<--- PONTUAÇÃO ALCANÇADA
2050	105	38.325	53.218	<<<--- PONTUAÇÃO ALCANÇADA

(*) *a pontuação do(a) servidor(a) no primeiro dia do ano de 2020 é obtida somando-se a pontuação que possuía em 13/11/2019 (data de publicação da EC 103) com a quantidade de dias, multiplicada por dois (um ponto pela idade e outro pelo tempo de contribuição, a cada dia), compreendida entre 14/11/2019 e 1/1/2020.*

OBS.: Verificamos que isso ocorrerá no ano de 2029, quando a pontuação requerida será de 38.325 pontos (em dias). Vamos precisar, agora, a data em que obterá tal pontuação, utilizando a seguinte sequência:

d.1) Pontuação do servidor em 13/11/2019 (data de publicação da EC nº 103/2019) = **31.220 dias**

d.2) Pontuação a ser alcançada em 2029 = **38.325 dias**

d.3) Diferença entre as pontuações: 38.325 – 31.220 = **7.105 dias**

d.4) Divisão da diferença encontrada por 2, considerando que a cada dia o servidor conquista dois pontos (um pela idade e outro pelo tempo de contribuição): 7.105/2 = **3.552,5.**

OBS.: Caso a quantidade de dias encontrada possua parte decimal, que é o caso, deve-se promover o arredondamento para cima (sempre), para que não falte tempo. Assim sendo, teremos **3.553 dias.**

d.5) Contagem da quantidade de dias encontrada em (d.4) a partir de 14/11/2019: 14/11/2019 + 3.553 dias = **5/8/2029**, data em que o servidor preencherá o requisito referente à pontuação necessária.

e) Comparar as datas encontradas nas etapas a, b e d, para identificar a última a ser alcançada pelo servidor:

e.1) Idade: **3/11/2025**

e.2) Tempo de contribuição, no serviço público e no cargo: **25/5/2025**

e.3) Pontuação: **5/8/2029**

OBS.: Em **5/8/2029,** o servidor pode se aposentar, pois cumpre todos os requisitos exigidos pelo art. 4º da EC nº 103/2019.

II – Qual será o valor dos seus proventos?

f) Verificar se o servidor ingressou em cargo efetivo no serviço público até 31/12/2003, data de publicação da EC nº 41/2003: **Sim, ingressou em 6/5/1990.**

g) Averiguar se o servidor completa a pontuação exigida antes de 3/11/2028, ou seja, antes dos 65 anos de idade, idade mínima para o direito à integralidade e à paridade dos proventos de aposentadoria, para o homem: **Não, pois alcança a pontuação exigida com 65 anos de idade, em 5/8/2029.**

OBS. 1: Nesse caso, o servidor fará jus a proventos correspondentes à totalidade da remuneração do cargo, ou seja, a **R$ 7 mil**, revistos na mesma proporção e na mesma data, sempre que se modificar a remuneração dos servidores em atividade, sendo-lhe também estendidas quaisquer vantagens posteriormente concedidas aos servidores em atividade, até mesmo decorrentes da transformação ou reclassificação do cargo ou função em que se deu a aposentadoria. Se o servidor tiver feito opção pelo regime de previdência complementar instituído pela União, seus proventos serão limitados ao teto do RGPS e calculados pela sistemática da média, conforme o art. 26 da EC nº 103/2019 e com critério de reajuste igual ao do RGPS.

OBS. 2: Importante esclarecer que esse servidor, ao completar 65 anos de idade, em que pese não poder se aposentar pela regra dos pontos, pois, como visto, só com 65 anos e 9 meses perfaz os pontos exigidos, poderá se aposentar pelas regras provisórias do art. 10 da EC nº 103/2019, que exige 65 anos de idade, 25 anos de contribuição, 10 anos de efetivo exercício no serviço público e 5 anos no cargo em que se dará a aposentadoria. No entanto, essa regra de aposentadoria confere proventos correspondentes a 60% da média, com acréscimo de 2 pontos percentuais para cada ano de contribuição que exceder o tempo de 20 anos de contribuição, nos termos do art. 26 da mencionada Emenda, e com critério de reajuste igual ao do RGPS. Dessa forma, é mais vantajoso para David Maia aguardar completar os 65 anos e 9 meses de idade e se aposentar pelo art. 4º da EC nº 103/2019, com proventos integrais e com direito à paridade plena.

Exemplo 4. Gleise Araújo, nascida em 7/10/1983, ingressou no cargo de gestor governamental da União em 2/7/2006, tendo já 4 anos de contribuição do tempo em que trabalhou na iniciativa privada. Para o cálculo dos proventos, atribui-se ao cargo a remuneração de R$ 6 mil.

I – A partir de quando a servidora pode se aposentar?

a) Encontrar a data em que a servidora completa a idade mínima de 57 anos: **7/10/2040**

b) Identificar a data em que a servidora implementa os 30 anos de tempo de contribuição: 2/7/2006 + 30 anos (10.950 dias) – 4 anos (tempo averbado) = **24/6/2032**, quando terá 30 anos de contribuição, 26 anos de serviço público e no cargo.

c) Encontrar os pontos obtidos na data de publicação (13/11/2019) da EC nº 103/2019, efetuando a soma da idade com o tempo de contribuição, considerados em dias:

c.1) Idade (de 7/10/1983 a 13/11/2019) = **13.187 dias**

c.2) Tempo de contribuição (de 2/7/2006 a 13/11/2019 + 4 anos averbados) = **6.343 dias**

c.3) Pontuação em dias (obtida até 13/11/2019) = 13.187 + 6.343 = **19.530 pontos.**

c.4) Identificar na tabela abaixo o ano em que a servidora alcança a pontuação (*) exigida (em dias):

Ano	Pontos / Mulher (em anos e dias)		Pontuação da SERVIDORA no primeiro dia do ano (em dias)	Ano em que pontuação exigida é alcançada pela SERVIDORA ↓
2020	87	31.755	19.628	
2021	88	32.120	20.358	
2022	89	32.485	21.088	
2023	90	32.850	21.818	
2024	91	33.215	22.548	
2025	92	33.580	23.278	
2026	93	33.945	24.008	
2027	94	34.310	24.738	
2028	95	34.675	25.468	
2029	96	35.040	26.198	
2030	97	35.405	26.928	
2031	98	35.770	27.658	
2032	99	36.135	28.388	
2033	100	36.500	29.118	
2034	100	36.500	29.848	
2035	100	36.500	30.578	
2036	100	36.500	31.308	
2037	100	36.500	32.038	
2038	100	36.500	32.768	
2039	100	36.500	33.498	
2040	100	36.500	34.228	
2041	100	36.500	34.958	
2042	100	36.500	35.688	
2043	100	36.500	36.418	<<<--- PONTUAÇÃO ALCANÇADA
2044	100	36.500	37.148	<<<--- PONTUAÇÃO ALCANÇADA
2045	100	36.500	37.878	<<<--- PONTUAÇÃO ALCANÇADA
2046	100	36.500	38.608	<<<--- PONTUAÇÃO ALCANÇADA
2047	100	36.500	39.338	<<<--- PONTUAÇÃO ALCANÇADA
2048	100	36.500	40.068	<<<--- PONTUAÇÃO ALCANÇADA
2049	100	36.500	40.798	<<<--- PONTUAÇÃO ALCANÇADA
2050	100	36.500	41.528	<<<--- PONTUAÇÃO ALCANÇADA

(*) *a pontuação do(a) servidor(a) no primeiro dia do ano de 2020 é obtida somando-se a pontuação que possuía em 13/11/2019 (data de publicação da EC 103) com a quantidade de dias, multiplicada por dois (um ponto pela idade e outro pelo tempo de contribuição, a cada dia), compreendida entre 14/11/2019 e 1/1/2020.*

OBS.: Verificamos que isso ocorrerá no ano de **2043**, quando a pontuação requerida será de 36.500 pontos. Vamos precisar, agora, a data em que obterá tal pontuação, utilizando a seguinte sequência:

d.1) Pontuação da servidora em 13/11/2019 (data de publicação da EC 103/2019) = **19.530** dias

d.2) Pontuação a ser alcançada em 2043 = **36.500 dias**

d.3) Diferença entre as pontuações: 36.500 – 19.530 = **16.970 dias**

d.4) Divisão da diferença encontrada por 2, considerando que a cada dia a servidora conquista dois pontos (um pela idade e outro pelo tempo de contribuição): 16.970 / 2 = **8.485**.

OBS.: Caso a quantidade de dias encontrada possua parte decimal, deve-se promover o arredondamento para cima (sempre), para que não falte tempo.

d.5) contagem da quantidade de dias encontrada em (d.4) a partir de 14/11/2019: 14/11/2019 + 8.485 dias = **5/2/2043,** data em que a servidora preencherá o requisito referente à pontuação necessária.

e) Comparar as datas encontradas nas etapas a, b e d, para identificar a última a ser alcançada pela servidora:

e.1) Idade: **7/10/2040**

e.2) Tempo de contribuição, no serviço público e no cargo: **24/6/2032**

e.3) Pontuação: **5/2/2043**

OBS.: Em **5/2/2043,** a servidora poderá se aposentar, pois terá preenchidos todos os requisitos exigidos pelo art. 4º da EC nº 103/2019.

II – Qual será o valor dos seus proventos?

f) Verificar se a servidora ingressou em cargo efetivo no serviço público até 31/12/2003, data de publicação da EC nº 41/2003: **Não, ingressou em 2/7/2006**.

OBS.: Nesse caso, a servidora fará jus a proventos correspondentes a 60% da média, com acréscimo de 2 pontos percentuais para cada ano de contribuição que exceder o tempo de 20 anos de contribuição. Atribui-se à média o valor de R$ 4 mil. Vejamos:

i. Tempo de contribuição

Tempo de contribuição	Percentual da média
20 anos	60% ....
25 anos	70 % ....
30 anos	80 % ....
35 anos	90% ....
40 anos	100%

ii. Valor da média: R$ 4 mil

iii. Percentual aplicado ao valor da média com 40 anos de contribuição, em 5/2/2043: 100% (1,00 x 4.000) = R$ 4.000,00

OBS.: A servidora poderá, então, **a partir de 5/2/2043**, com 59 anos de idade, requerer sua aposentadoria, com proventos calculados conforme demonstrado acima e reajustados pelo mesmo critério do RGPS.

8.2 REGRA DE TRANSIÇÃO DO SERVIDOR PÚBLICO FEDERAL E DO SERVIDOR DO ENTE FEDERATIVO QUE ADOTOU AS MESMAS REGRAS DA UNIÃO – PEDÁGIO CONSTITUCIONAL

EC nº 103/2019

Art. 20. O segurado ou o servidor público federal que se tenha filiado ao Regime Geral de Previdência Social ou ingressado no serviço público em cargo efetivo até a data de entrada em vigor desta Emenda Constitucional poderá aposentar-se voluntariamente quando preencher, cumulativamente, os seguintes requisitos:

I – 57 (cinquenta e sete) anos de idade, se mulher, e 60 (sessenta) anos de idade, se homem;

II – 30 (trinta) anos de contribuição, se mulher, e 35 (trinta e cinco) anos de contribuição, se homem;

III – para os servidores públicos, 20 (vinte) anos de efetivo exercício no serviço público e 5 (cinco) anos no cargo efetivo em que se der a aposentadoria;

IV – período adicional de contribuição correspondente ao tempo que, na data de entrada em vigor desta Emenda Constitucional, faltaria para atingir o tempo mínimo de contribuição referido no inciso II.

Essa regra de transição, em vez do sistema de pontos, adota um período adicional de contribuição (pedágio), correspondente ao tempo que ao servidor federal, na data de publicação da EC nº 103/2019, 13 de novembro de 2019, faltaria para atingir os 30 anos de contribuição, se mulher, ou 35 anos, se homem. É bastante benéfica para quem começou a contribuir com pouca idade e que tinha a expectativa de se aposentar pela regra de transição do art. 3º da EC nº 47/2005, que permitia ao servidor que ingressou no serviço público antes da vigência da EC nº 20/1998, ou seja, até 16 de dezembro de 1998, aposentar-se com idade inferior aos 55 anos, se mulher, e aos 60 anos, se homem, desde que com tempo excedente a 30 anos de contribuição, se mulher, e a 35 anos, se homem. A Portaria MTP nº 1.467/2022 a reproduz no art. 6º do seu Anexo I.

Para o servidor fazer jus a essa regra de transição, precisa satisfazer os seguintes requisitos mínimos temporais:

a) 57 anos de idade, se mulher, e 60 anos de idade, se homem;
b) 30 anos de contribuição, se mulher, e 35 anos de contribuição, se homem;
c) 20 anos de efetivo exercício no serviço público;
d) 5 anos no cargo efetivo em que se der a aposentadoria; e
e) período adicional de contribuição correspondente ao tempo que, na data de entrada em vigor da EC nº 103/2019, faltaria para atingir 30 anos de contribuição, se mulher, e 35 anos de contribuição, se homem.

Tomemos como exemplo uma servidora, nascida em 10/2/1970, que ingressou em cargo efetivo no serviço público federal em 10/4/1992. Em 13/11/2019, data de entrada em vigor da EC nº 103/2019, contava com 49 anos de idade e 10.079 dias (27 anos, 7 meses e 14 dias) de tempo de contribuição, de efetivo exercício e no cargo efetivo. Faltavam, assim, 871 dias para completar os 10.950 dias (30 anos) de contribuição, os quais, pela regra do inciso IV do art. 20 da citada Emenda, passam a ser contados em dobro (pedágio), resultando num período de contribuição de 1.742 dias (2 x 871 = 1.742), a ser cumprido pela servidora. Computando 1.742 dias de contribuição a partir de 14/11/2019, ela perfez , em 20/8/2024, 11.821 dias (32 anos, 4 meses e 21 dias) de contribuição e 54 anos de idade. Ocorre que a regra do pedágio exige a idade mínima de 57 anos para a mulher se aposentar, motivo por que a servidora terá que esperar até 10/2/2027, data em que completará 57 anos, para poder requerer sua aposentadoria.

Ilustremos, ainda, com um servidor nascido em 20/12/1963, que ingressou em cargo efetivo no serviço público federal em 13/11/1990, já com 5 anos de contribuição do tempo em que trabalhou na iniciativa privada. Em 13/11/2019, data de entrada em vigor da EC nº 103/2019, contava com 55 anos de idade, 34 anos de contribuição, 29 anos de efetivo exercício e no cargo efetivo. Faltava, assim, 1 ano para completar os 35 anos de contribuição, o qual, pela regra do inciso IV do art. 20 da citada Emenda, passa a ser contado em dobro (pedágio), resultando num período de contribuição de 2 anos a ser cumprido pelo servidor. Computando 2 anos de contribuição que faltam, ele perfez , em 14/11/2021, 36 anos de contribuição e 57 anos de idade. Ocorre que a regra do pedágio exige a idade mínima de 60 anos para o homem se aposentar, motivo por que o servidor teve que esperar até 20/12/2023, data em que completou 60 anos (já com 38 anos de contribuição), para poder requerer sua aposentadoria.

Informamos que esses dois exemplos foram os mesmos utilizados na regra de transição dos pontos, a fim de podermos comparar qual a regra de transição é mais benéfica para o servidor nessas situações hipotéticas. Verificamos, assim, que a regra do pedágio foi a mais benéfica nas duas situações, tendo em vista que se trata de exemplos de servidores que começaram a contribuir com pouca idade, ambos com 22 anos, e que ingressaram no serviço público antes da vigência da EC nº 20/1998.

8.2.1 Cálculo dos proventos e critérios de reajustamento

EC nº 103/2019

Art. 20. (...)

(...)

§ 2º O valor das aposentadorias concedidas nos termos do disposto neste artigo corresponderá:

I – em relação ao servidor público que tenha ingressado no serviço público em cargo efetivo até 31 de dezembro de 2003 e que não tenha feito a opção de que trata o § 16 do art. 40 da Constituição Federal, à totalidade da remuneração no cargo efetivo em que se der a aposentadoria, observado o disposto no § 8º do art. 4º; e

II – em relação aos demais servidores públicos e aos segurados do Regime Geral de Previdência Social, ao valor apurado na forma da lei.

§ 3º O valor das aposentadorias concedidas nos termos do disposto neste artigo não será inferior ao valor a que se refere o § 2º do art. 201 da Constituição Federal e será reajustado:

I – de acordo com o disposto no art. 7º da Emenda Constitucional 41, de 19 de dezembro de 2003, se cumpridos os requisitos previstos no inciso I do § 2º;

II – nos termos estabelecidos para o Regime Geral de Previdência Social, na hipótese prevista no inciso II do § 2º.

Por essa regra de transição, o cálculo dos proventos do servidor vai depender da data de ingresso em cargo efetivo no serviço público. Se ingressou em cargo efetivo **até** a data de publicação da EC nº 41/2003, ou seja, até 31 de dezembro de 2003, seus proventos corresponderão à totalidade da remuneração do cargo efetivo em que se der a aposentadoria. Importante mencionar que, se o servidor tiver feito opção pelo regime de previdência complementar instituído pela União, seus proventos serão limitados ao teto do RGPS e calculados pela sistemática da média, conforme o art. 26 da EC nº 103/2019 e com critério de reajuste igual ao do RGPS.

O § 8º do art. 4º da EC nº 103/2019 define remuneração, para o cálculo dos proventos correspondentes à totalidade da remuneração do cargo, como "o valor constituído pelo subsídio, pelo vencimento e pelas vantagens pecuniárias permanentes do cargo, estabelecidos em lei, acrescidos dos adicionais de caráter individual e das vantagens pessoais permanentes". Caso a remuneração seja composta por parcelas variáveis, devem ser observados os incisos I e II do mencionado § 8º. Se a vantagem for transitória, em decorrência de local de trabalho ou exercício de cargo ou função de confiança, por exemplo, não será considerada para fins do cálculo de proventos.

A Portaria MTP nº 1.467/2022 veio esclarecer, nas situações em que as vantagens permanentes pecuniárias forem variáveis por estarem vinculadas a indicadores de desempenho, produtividade ou situação similar, o seguinte:

Portaria MTP nº 1.467/2022 – Anexo I

Art. 5º (...)

(...)

§ 7º (...)

(...)

II – se as vantagens pecuniárias permanentes forem variáveis por estarem vinculadas a indicadores de desempenho, produtividade ou situação similar, o valor dessas vantagens integrará o cálculo da remuneração do servidor público no cargo efetivo mediante a aplicação, sobre o valor atual de referência das vantagens pecuniárias permanentes variáveis, da média aritmética simples do indicador, proporcional ao número de anos completos de recebimento e de respectiva contribuição, contínuos ou intercalados, em relação ao tempo total exigido para a aposentadoria ou, se inferior, ao tempo total de percepção da vantagem.

§ 8º Para fins do disposto no inciso II do § 7º:

I – se o tempo total de percepção da vantagem for inferior ao tempo total exigido para a aposentadoria, o divisor do fator de cálculo será substituído pelo tempo total de percepção da vantagem; e

II – se o tempo total de percepção da vantagem for superior ao tempo total exigido para a aposentadoria, esse tempo será utilizado como divisor.

§ 9º As vantagens pecuniárias permanentes variáveis somente serão parte integrante do cálculo quando previstas na legislação vigente ao tempo em que cumpridos todos os requisitos para a elegibilidade ao benefício.

Caso o servidor tenha ingressado em cargo efetivo no serviço público **após** a data de publicação da EC nº 41/2003, ou seja, após 31 de dezembro de 2003, seus proventos serão calculados na forma da lei, conforme preceitua o inciso II do § 2º do art. 20 da EC nº 103/2019. Ocorre que, enquanto não for editada lei federal sobre a matéria, os proventos serão calculados de acordo com o disposto no art. 26 da Emenda, a saber:

EC nº 103/2019

Art. 26. Até que lei discipline o cálculo dos benefícios do regime próprio de previdência social da União e do Regime Geral de Previdência Social, será utilizada a média aritmética simples dos salários de contribuição e das remunerações adotados como base para contribuições a regime próprio de previdência social e ao Regime Geral de Previdência Social, ou como base para contribuições decorrentes das atividades militares de que tratam os arts. 42 e 142 da Constituição Federal, atualizados monetariamente, correspondentes a 100% (cem por cento) do período contributivo desde a competência julho de 1994 ou desde o início da contribuição, se posterior àquela competência.

§ 1º A média a que se refere o *caput* será limitada ao valor máximo do salário de contribuição do Regime Geral de Previdência Social para os segurados desse regime e para o servidor que ingressou no serviço público em cargo efetivo após a implantação do regime de previdência complementar ou que tenha exercido a opção correspondente, nos termos do disposto nos §§ 14 a 16 do art. 40 da Constituição Federal.

(...)

§ 3º O valor do benefício de aposentadoria corresponderá a 100% (cem por cento) da média aritmética definida na forma prevista no *caput* e no § 1º:

I – *no caso do inciso II do § 2º do art. 20;*

(g.n.)

Assim, os proventos de aposentadoria do servidor que ingressou em cargo efetivo no serviço público **após** 31 de dezembro de 2003 corresponderão a 100% da média aritmética simples dos salários de contribuição e das remunerações adotados como base para contribuições previdenciárias, atualizados monetariamente e correspondentes a 100% por cento do período contributivo desde a competência julho de 1994 ou desde o início da contribuição, se posterior àquela competência.

Voltemos ao exemplo da servidora, nascida em 10/2/1970, que ingressou no serviço público federal em abril de 1992. Vimos que ela poderá requerer sua aposentadoria a partir de 10/2/2027, quando completará 57 anos de idade. Como ingressou no serviço público até 31 de dezembro de 2003, seus proventos corresponderão à totalidade da remuneração do cargo.

Da mesma forma, o exemplo do servidor, nascido em 20/12/1963, que ingressou em cargo efetivo no serviço público federal em novembro de 1990, já com 5 anos de contribuição do tempo em que trabalhou na iniciativa privada. Vimos que, a partir de 20/12/2023, data em que completou 60 anos de idade, pôde requerer sua aposentadoria. Como ingressou no serviço público anteriormente a 31 de dezembro de 2003, seus proventos correspondem à totalidade da remuneração do cargo.

Quanto aos critérios de reajustamento, a EC nº 103/2019, no § 3º do seu art. 20, determina que os proventos não poderão ser inferiores ao valor de um salário-mínimo e que serão revistos da seguinte forma:

a) Para os servidores que ingressaram em cargo efetivo no serviço público até 31 de dezembro de 2003: proventos **com paridade plena**, isto é, revistos na mesma proporção e na mesma data, sempre que se modificar a remuneração dos servidores em atividade, sendo-lhes também estendidas quaisquer vantagens posteriormente concedidas aos servidores em atividade, até mesmo decorrentes da transformação ou reclassificação do cargo ou função em que se deu a aposentadoria.

b) Para os servidores que ingressaram em cargo efetivo no serviço público após 31 de dezembro de 2003: proventos reajustados nos termos estabelecidos para o RGPS.

8.2.2 Abono de permanência

O servidor que cumprir os requisitos exigidos pela regra do pedágio constitucional e que optar por permanecer em atividade fará jus a um abono de permanência equivalente ao valor de sua contribuição previdenciária, nos termos do art. 8º da EC nº 103/2019 abaixo transcrito:

EC nº 103/2019

Art. 8º Até que entre em vigor lei federal de que trata o § 19 do art. 40 da Constituição Federal, o servidor público federal que cumprir as exigências para a concessão da aposentadoria voluntária, nos termos do disposto nos arts. 4º, 5º, 20, 21 e 22 e que optar por permanecer em atividade fará jus a um abono de permanência equivalente ao valor da sua contribuição previdenciária, até completar a idade para aposentadoria compulsória. (g.n.)

8.2.3 Exemplos de aposentadoria pela regra do pedágio (passo a passo)

Com o objetivo de identificarmos a regra de transição mais benéfica para o servidor público federal, adotaremos os mesmos exemplos empregados no sistema de pontos.

Exemplo 1. Paula Guedes, nascida em 6/8/1972, ingressou no cargo de auditor da Receita Federal em 3/4/1994. Para o cálculo dos proventos, atribui-se ao cargo a remuneração de R$ 28 mil.

I – A partir de quando a servidora pode se aposentar?

a) Encontrar a data em que a servidora completa a idade mínima de 57 anos: **6/8/2029**

b) Apurar o tempo de contribuição da servidora em 13/11/2019, data de entrada em vigor da EC nº 103/2019: 3/4/1994 a 13/11/2019 = **9.356 dias**

c) Efetuar a subtração do tempo mínimo de contribuição exigido da mulher (30 anos = 10.950 dias) com o tempo de contribuição prestado até 13/11/2019: 10.950 – 9.356 = **1.594 dias**

d) Encontrar o tempo adicional de contribuição (pedágio): **1.594 dias**

OBS.: O tempo adicional é exatamente o mesmo que faltava, em 13/11/2019, para os 30 anos de contribuição, ou seja, **1.594 dias.**

e) Determinar a data a partir da qual se cumprirá o tempo de contribuição acrescido do pedágio, computado a partir 14/11/2019:

e.1) c + d = 1.594 + 1.594 = **3.188 dias**

e.2) 14/11/2019 + 3.188 dias = **5/8/2028**

f) Verificar se, na data em que cumprirá o tempo de contribuição, a servidora completará a idade mínima: a servidora completará 57 anos em 6/8/2029, portanto, após 5/8/2028, ou seja, depois de ter satisfeito o requisito de tempo de contribuição acrescido do pedágio.

g) Fixar a data a partir da qual a servidora pode se aposentar: a partir de **6/8/2029**, com 57 anos de idade, 35 anos de contribuição, de tempo de serviço e no cargo, poderá requerer sua aposentadoria com esteio no art. 20 da EC nº 103/2019.

II – Qual será o valor dos seus proventos?

h) Verificar se a servidora ingressou em cargo efetivo no serviço público até 31/12/2003, data de publicação da EC nº 41/2003: **Sim, ingressou em 3/4/1994.**

OBS. 1: A servidora terá direito a se aposentar com proventos correspondentes à totalidade da remuneração do cargo, ou seja, a **R$ 28 mil**, revistos na mesma proporção e na mesma data, sempre que se modificar a remuneração dos servidores em atividade, sendo-lhe também estendidas quaisquer vantagens posteriormente concedidas aos servidores em atividade, até mesmo decorrentes da transformação ou reclassificação do cargo ou função em que se deu a aposentadoria. Importante ressaltar que, se a servidora tiver feito opção pelo regime de previdência complementar instituído pela União, seus proventos serão limitados ao teto do RGPS e calculados pela sistemática da média, conforme o art. 26 da EC 103/2019 e com critério de reajuste igual ao do RGPS.

OBS. 2: Observem que a regra de transição deste exemplo é mais benéfica que a regra dos pontos, já que, por esta última, a servidora só iria poder se aposentar a partir de 21/11/2032.

Exemplo 2. Sérgio Moura, nascido em 20/12/1963, ingressou no cargo de juiz federal em 6/5/1990, já com 5 anos de contribuição do tempo em que trabalhou na iniciativa privada. Para o cálculo dos proventos, atribui-se ao cargo a remuneração de R$ 35 mil.

I – A partir de quando o servidor pode se aposentar?

a) Encontrar a data em que o servidor completa a idade mínima de 60 anos[8]: **20/12/2023**

b) Apurar o tempo de contribuição do servidor em 13/11/2019, data de entrada em vigor da EC 103/2019: tempo de serviço público (6/5/1990 a 13/11/2019) + tempo de iniciativa privada (5 anos) = **12.609 dias**

c) Efetuar a subtração do tempo mínimo de contribuição exigido do homem (35 anos = 12.775 dias) com o tempo de contribuição prestado até 13/11/2019: 12.775 - 12.609 = **166 dias**

d) Encontrar o tempo adicional de contribuição (pedágio): **166 dias**

OBS.: O tempo adicional é exatamente o mesmo que faltava, em 13/11/2019, para os 35 anos de contribuição, ou seja, **166 dias.**

e) Determinar a data a partir da qual se cumpre o tempo de contribuição acrescido do pedágio, computado a partir 14/11/2019:

e.1) C + D = 166 + 166 = **332 dias**

e.2) 14/11/2019 + 332 dias = **10/10/2020**

f) Verificar se, na data em que cumpre o tempo de contribuição, o servidor completa a idade mínima: o servidor completou 60 anos, idade mínima, em 20/12/2023, portanto, após 10/10/2020, ou seja, depois de ter satisfeito o requisito de tempo de contribuição acrescido do pedágio.

g) Fixar a data a partir da qual o servidor pode se aposentar: a partir de **20/12/2023**, com 60 anos de idade, 38 anos de contribuição, 33 anos de tempo de serviço e no cargo, pôde requerer sua aposentadoria com esteio no art. 20 da EC nº 103/2019.

II – Qual será o valor dos seus proventos?

h) Verificar se o servidor ingressou em cargo efetivo no serviço público até 31/12/2003, data de publicação da EC nº 41/2003: **Sim, ingressou em 6/5/1990.**

8. Para o homem, a regra do pedágio adota uma idade mínima inferior à do sistema de pontos.

OBS. 1: O servidor terá direito a aposentar-se com proventos correspondentes à totalidade da remuneração do cargo, ou seja, a **R$ 35 mil**, revistos na mesma proporção e na mesma data, sempre que se modificar a remuneração dos servidores em atividade, sendo-lhe também estendidas quaisquer vantagens posteriormente concedidas aos servidores em atividade, até mesmo decorrentes da transformação ou reclassificação do cargo ou função em que se deu a aposentadoria. Importante ressaltar que, se o servidor tiver feito opção pelo regime de previdência complementar instituído pela União, seus proventos serão limitados ao teto do RGPS e calculados pela sistemática da média, conforme o art. 26 da EC 103/2019 e com critério de reajuste igual ao do RGPS.

OBS. 2: Observem que a regra de transição deste exemplo é mais benéfica que a regra dos pontos, já que, por esta última, o servidor só iria poder se aposentar a partir de 20/12/2025.

Exemplo 3. David Maia, nascido em 3/11/1963, ingressou no cargo de especialista em políticas públicas e gestão governamental da União em 4/6/1990. Para fins de cálculo de proventos, atribui-se ao cargo a remuneração de R$ 7 mil.

I – A partir de quando o servidor pode se aposentar?

a) Encontrar a data em que o servidor completa a idade mínima de 60 anos: **3/11/2023**

b) Apurar o tempo de contribuição do servidor em 13/11/2019, data de entrada em vigor da EC nº 103/2019: 4/6/1990 a 13/11/2019 = **10.755 dias**

c) Efetuar a subtração do tempo mínimo de contribuição exigido do homem (35 anos = 12.775 dias) com o tempo de contribuição prestado até 13/11/2019: 12.775 – 10.755 = **2.020 dias**

d) Encontrar o tempo adicional de contribuição (pedágio): **2.020 dias**

OBS.: O tempo adicional é exatamente o mesmo que faltava, em 13/11/2019, para os 35 anos de contribuição, ou seja, **2.020 dias.**

e) Determinar a data a partir da qual se cumprirá o tempo de contribuição acrescido do pedágio, computado a partir 14/11/2019:

   e.1) C + D = 2.020 + 2.020 = **4.040 dias**

   e.2) 14/11/2019 + 4.040 dias = **5/12/2030**

f) Verificar se, na data em que cumpre o tempo de contribuição, o servidor completa a idade mínima: o servidor completou 60 anos, idade mínima, em **3/11/2023**, portanto, **antes de 5/12/2030**. No entanto, com 60 anos, não possui o tempo de contribuição necessário para se aposentar.

g) Fixar a data a partir da qual o servidor poderá se aposentar: a partir de **5/12/2030**, com 67 anos de idade, 40 anos de contribuição, de tempo de serviço e no cargo, poderá requerer sua aposentadoria com esteio no art. 20 da EC nº 103/2019.

II – Qual será o valor dos seus proventos?

h) Verificar se o servidor ingressou em cargo efetivo no serviço público até 31/12/2003, data de publicação da EC nº 41/2003: **Sim, ingressou em 4/6/1990.**

OBS. 1: O servidor terá direito a se aposentar com proventos correspondentes à totalidade da remuneração do cargo, ou seja, a **R$ 7 mil**, revistos na mesma proporção e na mesma data, sempre que se modificar a remuneração dos servidores em atividade, sendo-lhe também estendidas quaisquer vantagens posteriormente concedidas aos servidores em atividade, até mesmo decorrentes da transformação ou reclassificação do cargo ou função em que se deu a aposentadoria. Ressaltamos que, se o servidor tiver feito opção pelo regime de previdência complementar instituído pela União, seus proventos serão limitados ao teto do RGPS e calculados pela sistemática da média, conforme o art. 26 da EC 103/2019 e com critério de reajuste igual ao do RGPS.

OBS. 2: Importante esclarecer que esse servidor, ao completar 65 anos de idade, em que pese não poder se aposentar pela regra do pedágio, pois, como visto, só com 67 anos perfaz o tempo de contribuição exigido, poderá se aposentar pelas regras provisórias do art. 10 da EC nº 103/2019, que exige 65 anos de idade, 25 anos de contribuição, 10 anos de efetivo exercício no serviço público e 5 anos no cargo em que se dará a aposentadoria. No entanto, essa regra de aposentadoria confere proventos correspondentes a 60% da média, com acréscimo de 2 pontos percentuais para cada ano de contribuição que exceder o tempo de 20 de contribuição, nos termos do art. 26 da mencionada Emenda, e com critério de reajuste igual ao do RGPS. Dessa forma, é mais vantajoso para David Maia aguardar completar os 67 anos de idade e se aposentar pelo art. 20 da EC nº 103/2019, com proventos integrais e com direito à paridade plena, se assim entender o servidor.

OBS. 3: Observem que a regra de transição deste exemplo não é mais benéfica que a regra dos pontos, já que, por esta última, o servidor poderia se aposentar a partir de **5/8/2029**.

Exemplo 4. Gleise Araújo, nascida em 7/10/1983, ingressou no cargo de gestor governamental da União em 2/7/2006, tendo já 4 anos de contribuição do tempo em que trabalhou na iniciativa privada. Para fins de cálculo de proventos, atribui-se ao cargo a remuneração de R$ 6 mil.

I – A partir de quando a servidora pode se aposentar?

a) Encontrar a data em que a servidora completa a idade mínima de 57 anos: **7/10/2040**

b) Apurar o tempo de contribuição da servidora em 13/11/2019, data de entrada em vigor da EC nº 103/2019: tempo de serviço público (2/7/2006 a 13/11/2019) + tempo de iniciativa privada (4 anos) = **6.343 dias**

c) Efetuar a subtração do tempo mínimo de contribuição exigido da mulher (30 anos = 10.950 dias) com o tempo de contribuição prestado até 13/11/2019: 10.950 – 6.343 = **4.607 dias**

d) Encontrar o tempo adicional de contribuição (pedágio): **4.607 dias**

OBS.: O tempo adicional é exatamente o mesmo que faltava, em 13/11/2019, para os 30 anos de contribuição, ou seja, **4.607 dias**.

e) Determinar a data a partir da qual se cumprirá o tempo de contribuição acrescido do pedágio, computado a partir 14/11/2019:

e.1) C + D = 4.607 + 4.607 = **9.214 dias**

e.2) 14/11/2019 + 9.214 dias = **3/2/2045**

f) Verificar se, na data em que cumprirá o tempo de contribuição, a servidora completará a idade mínima: a servidora completará 57 anos, idade mínima, em **7/10/2040**, portanto, antes de **3/2/2045**. No entanto, com 57 anos, não possuirá o tempo de contribuição necessário para se aposentar.

g) Fixar a data a partir da qual a servidora poderá se aposentar: a partir de **3/2/2045**, com 61 anos de idade, 42 anos de contribuição, 38 anos de tempo de serviço e no cargo, poderá requerer sua aposentadoria com esteio no art. 20 da EC nº 103/2019.

II – Qual será o valor dos seus proventos? (atribui-se ao cargo uma média de R$ 4 mil)

h) Verificar se a servidora ingressou em cargo efetivo no serviço público até 31/12/2003, data de publicação da EC nº 41/2003: **Não, ingressou em 2/7/2006.**

OBS. 1: Merece destacar que, apesar de o inciso I do § 2º do art. 26 da EC nº 103/2019 estabelecer o percentual de 100% da média para a fixação dos proventos dos servidores que se aposentarem com base no inciso II do § 2º do art. 20 da mesma Emenda reformadora, entendemos, com fundamento nos princípios da razoabilidade, da proporcionalidade e da simetria, que esse percentual é o **piso** e não o máximo possível de ser adotado. Nesse caso, a servidora fará jus a proventos correspondentes a 104% da média (possuirá 42 anos de contribuição), ou seja, a 104% de R$ 4 mil, resultando no valor de R$ 4.160,00, com revisão pelo mesmo índice do RGPS.

OBS. 2: Observem que a regra de transição deste exemplo não é mais benéfica (considerando o aspecto data de implementação dos requisitos para aposentadoria) que a regra dos pontos, já que, por esta última, a servidora poderia se aposentar a partir de **5/2/2043**.

8.3 AS REGRAS DE TRANSIÇÃO DOS SERVIDORES DOS ESTADOS, DF E MUNICÍPIOS QUE NÃO MODIFICARAM SUA LEGISLAÇÃO INTERNA

EC nº 103/2019

Art. 4º (...)

§ 9º Aplicam-se às aposentadorias dos servidores dos Estados, do Distrito Federal e dos Municípios as normas constitucionais e infraconstitucionais anteriores à data de entrada em vigor desta Emenda Constitucional, enquanto não promovidas alterações na legislação interna relacionada ao respectivo regime próprio de previdência social.

(...)

Art. 20. (...)

§ 4º Aplicam-se às aposentadorias dos servidores dos Estados, do Distrito Federal e dos Municípios as normas constitucionais e infraconstitucionais anteriores à data de entrada em vigor desta Emenda Constitucional, enquanto não promovidas alterações na legislação interna relacionada ao respectivo regime próprio de previdência social.

Ao disciplinar as regras de transição do servidor público federal, o legislador constituinte reformador ressaltou, tanto na regra dos pontos (art. 4º da EC nº 103/2019) como na do pedágio (art. 20 da citada Emenda), que, enquanto os Estados, o DF e os Municípios não modificarem sua legislação interna, ou seja, enquanto eles não fizerem suas reformas previdenciárias, continuarão sendo aplicadas as normas de transição vigentes antes da publicação da EC nº 103/2019.

As regras de transição dos servidores dos entes subnacionais que não fizeram suas reformas são as seguintes:

a) arts. 2º, 6º e 6º-A da EC 41/2003 e art. 3º da EC nº 47/2005, para os servidores que ingressaram em cargo efetivo no serviço público até 16 de dezembro de 1998, data de publicação da EC nº 20/1998; e
b) arts. 6º e 6º-A da EC nº 41/2003, para os servidores que ingressaram em cargo efetivo no serviço público após 16 de dezembro de 1998 e até 31 de dezembro de 2003, data de publicação da EC nº 41/2003.

Essas regras constantes da EC nº 41/2003 e da EC nº 47/2005 encontram-se explicitadas e exemplificadas no Capítulo 3 deste livro, nos tópicos de aposentadoria por invalidez e de aposentadoria voluntária dos servidores dos entes federativos que não fizeram suas reformas previdenciárias, respectivamente, subitens 3.2.2 e 3.4.2.

Para os servidores que ingressaram no serviço público após 31 de dezembro de 2003, não há regra de transição, mas, sim, a regra permanente do § 1º do art. 40 da CR/88, com a redação conferida pela EC nº 41/2003.

A Portaria MTP nº 1.467/2022 reproduz as regras de transição dos servidores dos entes subnacionais que não fizeram suas reformas na Seção II do seu Anexo II.

Capítulo 9

AS REGRAS DE TRANSIÇÃO DAS APOSENTADORIAS ESPECIAIS

No capítulo anterior, vimos as regras de transição dos servidores públicos federais que ingressaram em cargo efetivo no serviço público **até** 13 de novembro de 2019, data de publicação da EC nº 103/2019, as quais também se aplicam aos servidores dos entes federativos que modificaram sua legislação de forma idêntica à do RPPS da União. Também vimos a situação dos servidores públicos estaduais, distritais e municipais que não tiveram suas normas previdenciárias modificadas pelos respectivos entes subnacionais.

Neste capítulo, trataremos das regras de transição (1) dos professores da educação básica, ou seja, da educação infantil e dos ensinos fundamental e médio; (2) dos policiais e agentes penitenciários e socioeducativos; e (3) dos servidores que exercem atividades nocivas à saúde. São as regras de transição das aposentadorias voluntárias especiais dos servidores públicos federais, veiculadas pelo § 4º do art. 4º; pelo art. 5º; pelo § 1º do art. 20; e pelo art. 21 da EC nº 103/2019, aplicáveis àqueles que ingressaram no serviço público federal **até** a data de sua publicação. Vale dizer que as disposições referentes ao servidor federal com expectativa de direito a alguma regra de aposentadoria especial também se aplicam ao servidor do ente federativo que adotou as mesmas regras de transição do RPPS da União.

Repetimos que, para os servidores públicos estaduais, distritais e municipais, as regras de transição serão editadas pelos respectivos entes subnacionais, quando fizerem suas reformas previdenciárias, as quais podem ser diferentes das regras do RPPS da União quanto a critérios de elegibilidade e forma de cálculo do benefício. Isso porque, conforme já visto, EC nº 103/2019 promoveu a desconstitucionalização das regras de acesso e de forma de cálculo dos benefícios, competindo aos Estados, ao DF e aos Municípios o seu disciplinamento. Enquanto esses entes não fizerem suas reformas, continuarão sendo aplicadas as normas vigentes antes da publicação da mencionada Emenda.

9.1 REGRAS DE TRANSIÇÃO DO PROFESSOR DA EDUCAÇÃO BÁSICA[1] DA UNIÃO E DO PROFESSOR DO ENTE FEDERATIVO QUE ADOTOU AS MESMAS REGRAS DA UNIÃO

A EC nº 103/2019, para os professores federais da Educação Básica que ingressaram em cargo efetivo até 13 de novembro de 2019, data de sua publicação, adotou as mesmas regras de transição dos servidores públicos federais: (1) a regra dos pontos; e (2) a regra do pedágio constitucional.

1. A Educação Básica brasileira compõe-se da educação infantil, do ensino fundamental e do ensino médio.

Para esses professores, no entanto, as duas regras são abrandadas, com idade mínima e tempo mínimo de contribuição reduzidos, como veremos a seguir.

9.1.1 Regra dos pontos

EC nº 103/2019

Art. 4º O servidor público federal que tenha ingressado no serviço público em cargo efetivo até a data de entrada em vigor desta Emenda Constitucional poderá aposentar-se voluntariamente quando preencher, cumulativamente, os seguintes requisitos:

I – 56 (cinquenta e seis) anos de idade, se mulher, e 61 (sessenta e um) anos de idade, se homem, observado o disposto no § 1º;

II – 30 (trinta) anos de contribuição, se mulher, e 35 (trinta e cinco) anos de contribuição, se homem;

III – 20 (vinte) anos de efetivo exercício no serviço público;

IV – 5 (cinco) anos no cargo efetivo em que se der a aposentadoria; e

V – somatório da idade e do tempo de contribuição, incluídas as frações, equivalente a 86 (oitenta e seis) pontos, se mulher, e 96 (noventa e seis) pontos, se homem, observado o disposto nos §§ 2º e 3º.

(...)

§ 4º Para o titular do cargo de professor que comprovar exclusivamente tempo de efetivo exercício das funções de magistério na educação infantil e no ensino fundamental e médio, os requisitos de idade e de tempo de contribuição de que tratam os incisos I e II do *caput* serão:

I – 51 (cinquenta e um) anos de idade, se mulher, e 56 (cinquenta e seis) anos de idade, se homem;

II – 25 (vinte e cinco) anos de contribuição, se mulher, e 30 (trinta) anos de contribuição, se homem; e

III – 52 (cinquenta e dois) anos de idade, se mulher, e 57 (cinquenta e sete) anos de idade, se homem, a partir de 1º de janeiro de 2022.

§ 5º O somatório da idade e do tempo de contribuição de que trata o inciso V do *caput* para as pessoas a que se refere o § 4º, incluídas as frações, será de 81 (oitenta e um) pontos, se mulher, e 91 (noventa e um) pontos, se homem, aos quais serão acrescidos, a partir de 1º de janeiro de 2020, 1 (um) ponto a cada ano, até atingir o limite de 92 (noventa e dois) pontos, se mulher, e de 100 (cem) pontos, se homem.

Essa regra de transição, além dos requisitos temporais comuns, como idade, tempo de contribuição, tempo de serviço público e tempo no cargo em que se dará a aposentadoria, adota o **sistema de pontos**, resultante do somatório da idade com o tempo de contribuição. A Portaria MTP nº 1.467/2022[2] a reproduz no art. 5º do seu Anexo I.

Como os professores da Educação Básica que ingressaram no serviço público federal antes da vigência da EC nº 103/2019 tinham a expectativa de se aposentar voluntariamente com 50 anos de idade, se mulher, e 55 anos de idade, se homem, foi-lhes concedida essa regra, que permite a aposentadoria **antes** dos 60 anos de idade, se homem, e antes dos 57 anos, se mulher, idades mínimas exigidas para a aposentadoria do professor da Educação Básica federal que ingressou **após** a publicação da Emenda, desde que satisfeitos os seguintes requisitos:

a) 51 anos de idade, se mulher, e 56 anos de idade, se homem, passando para 52 anos e 57 anos de idade, respectivamente, a partir de 1º de janeiro de 2022;

2. Destacamos a edição da Portaria SGP/SEDGG/ME nº 10.360, de 6 de dezembro de 2022, que estabelece orientação aos órgãos e entidades do Sistema de Pessoal Civil da Administração Pública Federal (Sipec) acerca da concessão, manutenção e pagamento dos benefícios de aposentadoria no âmbito do RPPS da União, dispondo em seus arts. 58 a 69 sobre as regras de transição para aposentadoria.

b) 25 anos de contribuição e de efetivo exercício de magistério, se mulher, e 30 anos de contribuição e de efetivo exercício de magistério, se homem;

c) 20 anos de efetivo exercício no serviço público;

d) 5 anos no cargo efetivo em que se der a aposentadoria; e

e) 82 pontos, se mulher, e 92 pontos[3], se homem, resultante do somatório da idade e do tempo de contribuição, apurados em dias, incluídas as frações, com o acréscimo de 1 ponto por ano, até atingir o limite de 92 pontos para mulher e 100 pontos para o homem.

É importante mencionar que o § 4º do art. 4º da EC nº /2019 apenas reduz em 5 anos os requisitos de idade, tempo de contribuição e pontuação do professor da União, sendo mantidos os demais requisitos temporais previstos nos incisos III e IV do *caput* do art. 4º, respectivamente, 20 anos de efetivo exercício no serviço público e 5 anos no cargo efetivo em que se der a aposentadoria.

Verifica-se, do sistema de pontos, um período de transição de 9 anos para o homem, que em 2028 deverá obter 100 pontos, e de 11 anos para a mulher, que deverá obter 92 pontos em 2030.

Ano	Pontos/Mulher	Pontos/Homem
2020	82	92
2021	83	93
2022	84	94
2023	85	95
2024	86	96
2025	87	97
2026	88	98
2027	89	99
2028	90	**100**
2029	91	-----
2030	**92**	-----

Tomemos como exemplo uma servidora, nascida em 10/2/1970, que ingressou em cargo efetivo de professor do ensino médio no serviço público federal em abril de 1992. Em abril de 2022, com 52 anos de idade, perfez 30 anos de contribuição, 30 anos de efetivo exercício na função de magistério, no serviço público e no cargo. Ocorre que, em 2022, somando a idade com o tempo de contribuição, ela alcançou 82 pontos e não pôde se aposentar, pois necessitaria ter 84 pontos. Em 2023, com 53 anos de idade e 31 anos de contribuição, pôde requerer sua aposentadoria, pois a soma da idade com o tempo de

3. Em 1º de janeiro de 2020, houve acréscimo de 1 ponto, em cumprimento ao disposto no § 5º do art. 4º da EC 103/2019.

contribuição resultou nos 85 pontos (consideradas as frações de tempo)[4] exigidos pelo sistema de pontos.

Ilustremos, ainda, com um servidor nascido em 20/12/1963, que ingressou em cargo efetivo de professor da Educação Básica da União em novembro de 1990, já com 5 anos de contribuição do tempo em que trabalhou na iniciativa privada. Em dezembro de 2020, com 57 anos de idade, atingiu 35 anos de contribuição, 30 anos de efetivo exercício na função de magistério, no serviço público e no cargo efetivo e 92 pontos, resultante do somatório do tempo de contribuição com a idade do servidor, podendo, assim, requerer sua aposentadoria em atendimento ao disposto nos §§ 4º e 5º do art. 4º da EC nº 103/2019.

9.1.1.1 Cálculo dos proventos e critérios de reajustamento

> **EC nº 103/2019**
>
> Art. 4º (...)
>
> § 6º Os proventos das aposentadorias concedidas nos termos do disposto neste artigo corresponderão:
>
> I – à totalidade da remuneração do servidor público no cargo efetivo em que se der a aposentadoria, observado o disposto no § 8º, para o servidor público que tenha ingressado no serviço público em cargo efetivo até 31 de dezembro de 2003 e que não tenha feito a opção de que trata o § 16 do art. 40 da Constituição Federal, desde que tenha, no mínimo, 62 (sessenta e dois) anos de idade, se mulher, e 65 (sessenta e cinco) anos de idade, se homem, ou, para os titulares do cargo de professor de que trata o § 4º, 57 (cinquenta e sete) anos de idade, se mulher, e 60 (sessenta) anos de idade, se homem;
>
> II – ao valor apurado na forma da lei, para o servidor público não contemplado no inciso I.
>
> § 7º Os proventos das aposentadorias concedidas nos termos do disposto neste artigo não serão inferiores ao valor a que se refere o § 2º do art. 201 da Constituição Federal e serão reajustados:
>
> I – de acordo com o disposto no art. 7º da Emenda Constitucional 41, de 19 de dezembro de 2003, se cumpridos os requisitos previstos no inciso I do § 6º; ou
>
> II – nos termos estabelecidos para o Regime Geral de Previdência Social, na hipótese prevista no inciso II do § 6º.
>
> § 8º Considera-se remuneração do servidor público no cargo efetivo, para fins de cálculo dos proventos de aposentadoria com fundamento no disposto no inciso I do § 6º ou no inciso I do § 2º do art. 20, o valor constituído pelo subsídio, pelo vencimento e pelas vantagens pecuniárias permanentes do cargo, estabelecidos em lei, acrescidos dos adicionais de caráter individual e das vantagens pessoais permanentes, observados os seguintes critérios:
>
> I – se o cargo estiver sujeito a variações na carga horária, o valor das rubricas que refletem essa variação integrará o cálculo do valor da remuneração do servidor público no cargo efetivo em que se deu a aposentadoria, considerando-se a média aritmética simples dessa carga horária proporcional ao número de anos completos de recebimento e contribuição, contínuos ou intercalados, em relação ao tempo total exigido para a aposentadoria;
>
> II – se as vantagens pecuniárias permanentes forem variáveis por estarem vinculadas a indicadores de desempenho, produtividade ou situação similar, o valor dessas vantagens integrará o cálculo da remuneração do servidor público no cargo efetivo mediante a aplicação, sobre o valor atual de referência das vantagens pecuniárias permanentes variáveis, da média aritmética simples do indicador, proporcional ao número de anos completos de recebimento e de respectiva contribuição, contínuos ou intercalados, em relação ao tempo total exigido para a aposentadoria ou, se inferior, ao tempo total de percepção da vantagem.

Por essa regra de transição, o cálculo dos proventos do professor da Educação Básica da União vai depender de dois fatores:

a) da data de ingresso em cargo efetivo no serviço público; e

---

4. Conforme previsão contida no inciso V e no § 5º do art. 4º da EC nº 103/2019.

b) da idade mínima estipulada para o direito à integralidade da última remuneração e à paridade dos proventos com a remuneração dos servidores em atividade.

Se ingressou em cargo efetivo **até** a data de publicação da EC nº 41/2003, ou seja, até 31 de dezembro de 2003, seus proventos corresponderão à totalidade da remuneração do cargo efetivo em que se der a aposentadoria, **desde que o servidor tenha, no mínimo, 57 anos de idade, se mulher, e 60 anos de idade, se homem**. Importante mencionar, nos termos do inciso I do § 6º do art. 4º, que, se o servidor tiver feito opção pelo regime de previdência complementar instituído pela União, seus proventos serão limitados ao teto do RGPS e calculados na forma do inciso II do § 6º do mencionado art. 4º.

O § 8º do art. 4º da EC nº 103/2019 define remuneração, para o cálculo dos proventos correspondentes à totalidade da remuneração do cargo do servidor que se aposentará pela regra dos pontos, como "o valor constituído pelo subsídio, pelo vencimento e pelas vantagens pecuniárias permanentes do cargo, estabelecidos em lei, acrescidos dos adicionais de caráter individual e das vantagens pessoais permanentes". Caso a remuneração seja composta por parcelas variáveis, devem ser observados os incisos I e II do mencionado § 8º. Se a vantagem for transitória, em decorrência de local de trabalho ou exercício de cargo ou função de confiança, por exemplo, não será considerada no cálculo de proventos.

A Portaria MTP nº 1.467/2022 veio esclarecer, nas situações em que as vantagens permanentes pecuniárias forem variáveis por estarem vinculadas a indicadores de desempenho, produtividade ou situação similar, o seguinte:

Portaria MTP nº 1.467/2022 – Anexo I

Art. 5º (...)

§ 7º (...)

(...)

II – se as vantagens pecuniárias permanentes forem variáveis por estarem vinculadas a indicadores de desempenho, produtividade ou situação similar, o valor dessas vantagens integrará o cálculo da remuneração do servidor público no cargo efetivo mediante a aplicação, sobre o valor atual de referência das vantagens pecuniárias permanentes variáveis, da média aritmética simples do indicador, proporcional ao número de anos completos de recebimento e de respectiva contribuição, contínuos ou intercalados, em relação ao tempo total exigido para a aposentadoria ou, se inferior, ao tempo total de percepção da vantagem.

§ 8º Para fins do disposto no inciso II do § 7º:

I – se o tempo total de percepção da vantagem for inferior ao tempo total exigido para a aposentadoria, o divisor do fator de cálculo será substituído pelo tempo total de percepção da vantagem; e

II – se o tempo total de percepção da vantagem for superior ao tempo total exigido para a aposentadoria, esse tempo será utilizado como divisor.

§ 9º As vantagens pecuniárias permanentes variáveis somente serão parte integrante do cálculo quando previstas na legislação vigente ao tempo em que cumpridos todos os requisitos para a elegibilidade ao benefício.

Caso o servidor tenha ingressado em cargo efetivo no serviço público **após** a data de publicação da EC nº 41/2003, ou seja, após 31 de dezembro de 2003, ou, tendo ingressado antes, queira se aposentar antes dos 57 anos, se mulher, ou antes dos 60 anos, se homem, seus proventos serão calculados na forma da lei, conforme preceitua o inciso II do § 6º do art. 4º da EC nº 103/2019. Ocorre que, enquanto não for editada lei federal sobre a matéria, os proventos serão calculados de acordo com o disposto no art. 26 da Emenda, a saber:

EC nº 103/2019

Art. 26. Até que lei discipline o cálculo dos benefícios do regime próprio de previdência social da União e do Regime Geral de Previdência Social, será utilizada a média aritmética simples dos salários de contribuição e das remunerações adotados como base para contribuições a regime próprio de previdência social e ao Regime Geral de Previdência Social, ou como base para contribuições decorrentes das atividades militares de que tratam os arts. 42 e 142 da Constituição Federal, atualizados monetariamente, correspondentes a 100% (cem por cento) do período contributivo desde a competência julho de 1994 ou desde o início da contribuição, se posterior àquela competência.

§ 1º A média a que se refere o *caput* será limitada ao valor máximo do salário de contribuição do Regime Geral de Previdência Social para os segurados desse regime e para o servidor que ingressou no serviço público em cargo efetivo após a implantação do regime de previdência complementar ou que tenha exercido a opção correspondente, nos termos do disposto nos §§ 14 a 16 do art. 40 da Constituição Federal.

§ 2º O valor do benefício de aposentadoria corresponderá a 60% (sessenta por cento) da média aritmética definida na forma prevista no *caput* e no § 1º, com acréscimo de 2 (dois) pontos percentuais para cada ano de contribuição que exceder o tempo de 20 (vinte) anos de contribuição nos casos:

I – *do inciso II do § 6º do art. 4º*, do § 4º do art. 15, do § 3º do art. 16 e do § 2º do art. 18; (g.n.)

Dessa forma, os proventos de aposentadoria do professor que ingressou em cargo efetivo no serviço público **após** 31 de dezembro de 2003 ou, tendo ingressado antes, queira aposentar-se antes dos 57 anos, se mulher, ou antes dos 60 anos, se homem, corresponderão a 60% da média aritmética simples dos salários de contribuição e das remunerações adotados como base para contribuições previdenciárias, atualizados monetariamente e correspondentes a 100% do período contributivo desde a competência julho de 1994 ou desde o início da contribuição, se posterior àquela competência, com acréscimo de 2 pontos percentuais para cada ano de contribuição que exceder o tempo de 20 anos de contribuição.

Voltemos ao exemplo da professora, nascida em 10/2/1970, que ingressou no serviço público federal em abril de 1992. Vimos que, pelo sistema de pontos, em 2023, com 53 anos de idade e 31 anos de contribuição, pôde requerer sua aposentadoria, pois a soma da idade com o tempo de contribuição resultou nos 85 pontos (consideradas as frações de tempo)[5] exigidos pelo sistema de pontos.

O cálculo dos proventos dessa servidora vai depender da opção que fizer em relação à data a partir da qual vai requerer sua aposentadoria. Se se aposentar antes dos 57 anos de idade, seus proventos corresponderão a 60% da média, com acréscimo de 2 pontos percentuais para cada ano de contribuição que exceder o tempo de 20 anos de contribuição. Se esperar completar os 57 anos de idade, seus proventos corresponderão à totalidade da remuneração do cargo.

Da mesma forma, voltemos ao exemplo do professor, nascido em 20/12/63, que, em dezembro de 2020, com 57 anos de idade e demais requisitos temporais cumpridos, adquiriu o direito à aposentadoria. Se se aposentar antes dos 60 anos de idade, seus proventos corresponderão a 60% da média, com acréscimo de 2 pontos percentuais para cada ano de contribuição que exceder o tempo de 20 anos de contribuição. Se esperar completar os 60 anos de idade, seus proventos corresponderão à totalidade da remuneração do cargo.

5. Conforme previsão contida no inciso V e no § 5º do art. 4º da EC 103/2019.

Quanto aos critérios de reajustamento, o § 7º do art. 4º da EC nº 103/2019 determina que os proventos não poderão ser inferiores ao valor de um salário-mínimo e que serão revistos da seguinte forma:

a) Para os servidores que se aposentaram com direito à última remuneração do cargo efetivo: proventos **com paridade plena**, isto é, revistos na mesma proporção e na mesma data, sempre que se modificar a remuneração dos servidores em atividade, sendo-lhes também estendidas quaisquer vantagens posteriormente concedidas aos servidores em atividade, até mesmo decorrentes da transformação ou reclassificação do cargo ou função em que se deu a aposentadoria.

b) Para os servidores que se aposentaram com proventos correspondentes a 60% da média, com acréscimo de 2 pontos percentuais para cada ano de contribuição que exceder o tempo de 20 anos de contribuição: proventos reajustados nos termos estabelecidos para o Regime Geral de Previdência Social.

9.1.1.2 Abono de permanência

O professor da Educação Básica da União que cumprir os requisitos exigidos pela regra dos pontos e que optar por permanecer em atividade fará jus a um abono de permanência equivalente ao valor de sua contribuição previdenciária, nos termos do art. 8º abaixo transcrito:

> **EC nº 103/2019**
>
> Art. 8º Até que entre em vigor lei federal de que trata o § 19 do art. 40 da Constituição Federal, o servidor público federal que cumprir as exigências para a concessão da aposentadoria voluntária, nos termos do disposto nos arts. 4º, 5º, 20, 21 e 22 e que optar por permanecer em atividade fará jus a um abono de permanência equivalente ao valor da sua contribuição previdenciária, até completar a idade para aposentadoria compulsória. (g.n.)

9.1.1.3 Exemplos de aposentadoria pela regra dos pontos (passo a passo)

Exemplo 1. Érika Brandão, nascida em 6/8/1972, ingressou como professora da Educação Básica da União em 3/4/1994. Para o cálculo dos proventos, atribui-se ao cargo a remuneração de R$ 5 mil.

I – A partir de quando a servidora poderá se aposentar?

a) Encontrar a data em que a servidora completa a idade mínima de 52 anos: **6/8/2024**

b) Identificar a data em que a servidora implementará os 25 anos de tempo de contribuição em funções de magistério: 3/4/1994 + 25 anos (9.125 dias) = **27/3/2019**

c) Encontrar os pontos obtidos na data de publicação (13/11/2019) da EC nº 103/2019, efetuando a soma da idade com o tempo de contribuição, considerados em dias:

c.1) Idade (de 6/8/1972 a 13/11/2019) = **17.266 dias**

c.2) Tempo de contribuição (de 3/4/1994 a 13/11/2019) = **9.356 dias**

c.3) Pontuação em dias (obtida até 13/11/2019) = 17.266 + 9.356 = **26.622 pontos**

d) Identificar na tabela abaixo o ano em que a servidora alcança a pontuação (*) exigida (em dias):

Ano	Pontos / Mulher (em anos e dias)		Pontuação da SERVIDORA no primeiro dia do ano (em dias)	Ano em que pontuação exigida é alcançada pela SERVIDORA ↓
2020	82	29.930	26.720	
2021	83	30.295	27.450	
2022	84	30.660	28.180	
2023	85	31.025	28.910	
2024	86	31.390	29.640	
2025	87	31.755	30.370	
2026	88	32.120	31.100	
2027	89	32.485	31.830	<<<--- PONTUAÇÃO ALCANÇADA
2028	90	32.850	32.560	<<<--- PONTUAÇÃO ALCANÇADA
2029	91	33.215	33.290	<<<--- PONTUAÇÃO ALCANÇADA
2030	92	33.580	34.020	<<<--- PONTUAÇÃO ALCANÇADA
2031	92	33.580	34.750	<<<--- PONTUAÇÃO ALCANÇADA
2032	92	33.580	35.480	<<<--- PONTUAÇÃO ALCANÇADA
2033	92	33.580	36.210	<<<--- PONTUAÇÃO ALCANÇADA
2034	92	33.580	36.940	<<<--- PONTUAÇÃO ALCANÇADA
2035	92	33.580	37.670	<<<--- PONTUAÇÃO ALCANÇADA
2036	92	33.580	38.400	<<<--- PONTUAÇÃO ALCANÇADA
2037	92	33.580	39.130	<<<--- PONTUAÇÃO ALCANÇADA
2038	92	33.580	39.860	<<<--- PONTUAÇÃO ALCANÇADA
2039	92	33.580	40.590	<<<--- PONTUAÇÃO ALCANÇADA
2040	92	33.580	41.320	<<<--- PONTUAÇÃO ALCANÇADA
2041	92	33.580	42.050	<<<--- PONTUAÇÃO ALCANÇADA
2042	92	33.580	42.780	<<<--- PONTUAÇÃO ALCANÇADA
2043	92	33.580	43.510	<<<--- PONTUAÇÃO ALCANÇADA
2044	92	33.580	44.240	<<<--- PONTUAÇÃO ALCANÇADA
2045	92	33.580	44.970	<<<--- PONTUAÇÃO ALCANÇADA
2046	92	33.580	45.700	<<<--- PONTUAÇÃO ALCANÇADA
2047	92	33.580	46.430	<<<--- PONTUAÇÃO ALCANÇADA
2048	92	33.580	47.160	<<<--- PONTUAÇÃO ALCANÇADA
2049	92	33.580	47.890	<<<--- PONTUAÇÃO ALCANÇADA
2050	92	33.580	48.620	<<<--- PONTUAÇÃO ALCANÇADA

(*) *a pontuação do(a) servidor(a) no primeiro dia do ano de 2020 é obtida somando-se a pontuação que possuía em 13/11/2019 (data de publicação da EC 103) com a quantidade de dias, multiplicada por dois (um ponto pela idade e outro pelo tempo de contribuição, a cada dia), compreendida entre 14/11/2019 e 1/1/2020.*

OBS.: Verificamos que isso ocorrerá no **ano 2027**, quando a pontuação requerida será de 32.485 pontos. Vamos precisar, agora, a data em que obterá tal pontuação, utilizando a seguinte sequência:

d.1) Pontuação da servidora em 13/11/2019 (data de publicação da EC nº 103/2019) = **26.622 dias**

d.2) Pontuação a ser alcançada em 2027 = **32.485 dias**

d.3) Diferença entre as pontuações: 32.485 – 26.622 = **5.863 dias**

d.4) Divisão da diferença encontrada por 2, considerando que a cada dia a servidora conquista dois pontos (um pela idade e outro pelo tempo de contribuição): 5.863/2 = **2.931,5**.

- **OBS.:** Caso a quantidade de dias encontrada possua parte decimal, que é o caso, deve-se promover o arredondamento para cima (sempre), para que não falte tempo. Assim sendo, teremos **2.932 dias.**

d.5) Contagem da quantidade de dias encontrada a partir de 14/11/2019: 14/11/2019 + 2.932 dias = **23/11/2027,** data em que a servidora preencherá o requisito referente à pontuação necessária.

e) Comparar as datas encontradas nas etapas a, b e d, para identificar a última a ser alcançada pela servidora:

e.1) Idade: **6/8/2024**

e.2) Tempo de contribuição, no serviço público e no cargo: **27/3/2019**

e.3) Pontuação: **23/11/2027**

OBS.: Em **23/11/2027** a servidora poderá se aposentar, pois terá preenchidos todos os requisitos exigidos pelo art. 4º da EC nº 103/2019.

II – Qual será o valor dos seus proventos?

f) Verificar se a servidora ingressou em cargo efetivo no serviço público até 31/12/2003, data de publicação da EC nº 41/2003: **Sim, ingressou em 3/4/1994**

g) Averiguar se a servidora completará a pontuação exigida antes de 6/8/2029, ou seja, antes dos 57 anos de idade, idade mínima para o direito à integralidade e à paridade dos proventos de aposentadoria: **Sim, com 55 anos, em 23/11/2027.**

OBS.: Nesse caso, a servidora terá duas escolhas, que irão definir a forma de cálculo e o critério de reajustamento de seus proventos, quais sejam:

g.1) Requerer a aposentadoria **a partir de 23/11/2027**, com 55 anos de idade, 33 anos de contribuição, no serviço público e no cargo **e antes de 6/8/2029** (data em que completará 57 anos de idade e 35 anos de contribuição). Exercendo essa opção, seus proventos corresponderão a 60% da média, com acréscimo de 2 pontos percentuais para cada ano de contribuição que exceder o tempo de 20 anos de contribuição. Atribui-se à média o valor de R$ 4 mil. Vejamos:

i. Tempo de contribuição

Tempo de contribuição	Percentual da média
20 anos	60%
....	....
25 anos	70%
....	....
30 anos	80%
....	....
33 anos	**86%**
....	....
35 anos	90%
....	....
40 anos	100%

ii. Valor da média: R$ 4 mil

iii. Percentual aplicado ao valor da média: 86% (0,86) x 4.000 = R$ 3.440,00

OBS.: Essa opção resultará em proventos no valor de **R$ 3.440,00**, com reajuste pelo mesmo índice fixado para o RGPS, nos termos do inciso II do § 7º do art. 4º da EC nº 103/2019.

g.2) Esperar completar 57 anos de idade, **em 6/8/2029**, quando terá direito a proventos correspondentes à totalidade da remuneração do cargo, ou seja, a R$ 5 mil, revistos na mesma proporção e na mesma data, sempre que se modificar a remuneração dos servidores em atividade, sendo-lhe também estendidas quaisquer vantagens posteriormente concedidas aos servidores em atividade, até mesmo decorrentes da transformação ou reclassificação do cargo ou função em que se deu a aposentadoria.

OBS.: Fica evidente que é mais vantajoso para Érika Brandão esperar completar 57 anos de idade para poder obter proventos integrais e com paridade plena.

Exemplo 2. Tadeu Seabra, nascido em 20/12/1966, ingressou no cargo de professor da Educação Básica da União em 6/5/1990, já com 5 anos de contribuição do tempo em que trabalhou na iniciativa privada em funções de magistério. Para o cálculo dos proventos, atribui-se ao cargo a remuneração de R$ 6 mil.

I – A partir de quando o servidor poderá se aposentar?

a) Encontrar a data em que o servidor completa a idade mínima de 57 anos: **20/12/2023**

b) Identificar a data em que o servidor implementa os 30 anos de tempo de contribuição em funções de magistério: 6/5/1990 + 30 anos (10.950 dias) – 5 anos[6] = **29/4/2015,** completou 30 anos de contribuição (em funções de magistério), 25 anos de serviço público e no cargo.

c) Encontrar os pontos obtidos na data de publicação (13/11/2019) da EC nº 103/2019, efetuando a soma da idade com o tempo de contribuição, considerados em dias:

c.1) Idade (de 20/12/1966 a 13/11/2019) = **19.322 dias**

c.2) Tempo de contribuição (de 6/5/1990 a 13/11/2019 + 5 anos averbados) = **12.609 dias**

c.3) Pontuação em dias (obtida até 13/11/2019) = 19.322 + 12.609 = **31.931 pontos**

d) Identificar na tabela abaixo o ano em que o servidor alcança a pontuação (*) exigida (em dias):

6. Referente aos 5 anos que contribuiu para o RGPS quando trabalhou na iniciativa privada.

Ano	Pontos / Homem (em anos e dias)		Pontuação do SERVIDOR no primeiro dia do ano (em dias)	Ano em que pontuação exigida é alcançada pelo SERVIDOR ↓
2020	92	33.580	32.029	
2021	93	33.945	32.759	
2022	94	34.310	33.489	
2023	95	34.675	34.219	<<<--- PONTUAÇÃO ALCANÇADA
2024	96	35.040	34.949	<<<--- PONTUAÇÃO ALCANÇADA
2025	97	35.405	35.679	<<<--- PONTUAÇÃO ALCANÇADA
2026	98	35.770	36.409	<<<--- PONTUAÇÃO ALCANÇADA
2027	99	36.135	37.139	<<<--- PONTUAÇÃO ALCANÇADA
2028	100	36.500	37.869	<<<--- PONTUAÇÃO ALCANÇADA
2029	100	36.500	38.599	<<<--- PONTUAÇÃO ALCANÇADA
2030	100	36.500	39.329	<<<--- PONTUAÇÃO ALCANÇADA
2031	100	36.500	40.059	<<<--- PONTUAÇÃO ALCANÇADA
2032	100	36.500	40.789	<<<--- PONTUAÇÃO ALCANÇADA
2033	100	36.500	41.519	<<<--- PONTUAÇÃO ALCANÇADA
2034	100	36.500	42.249	<<<--- PONTUAÇÃO ALCANÇADA
2035	100	36.500	42.979	<<<--- PONTUAÇÃO ALCANÇADA
2036	100	36.500	43.709	<<<--- PONTUAÇÃO ALCANÇADA
2037	100	36.500	44.439	<<<--- PONTUAÇÃO ALCANÇADA
2038	100	36.500	45.169	<<<--- PONTUAÇÃO ALCANÇADA
2039	100	36.500	45.899	<<<--- PONTUAÇÃO ALCANÇADA
2040	100	36.500	46.629	<<<--- PONTUAÇÃO ALCANÇADA
2041	100	36.500	47.359	<<<--- PONTUAÇÃO ALCANÇADA
2042	100	36.500	48.089	<<<--- PONTUAÇÃO ALCANÇADA
2043	100	36.500	48.819	<<<--- PONTUAÇÃO ALCANÇADA
2044	100	36.500	49.549	<<<--- PONTUAÇÃO ALCANÇADA
2045	100	36.500	50.279	<<<--- PONTUAÇÃO ALCANÇADA
2046	100	36.500	51.009	<<<--- PONTUAÇÃO ALCANÇADA
2047	100	36.500	51.739	<<<--- PONTUAÇÃO ALCANÇADA
2048	100	36.500	52.469	<<<--- PONTUAÇÃO ALCANÇADA
2049	100	36.500	53.199	<<<--- PONTUAÇÃO ALCANÇADA
2050	100	36.500	53.929	<<<--- PONTUAÇÃO ALCANÇADA

(*) *a pontuação do(a) servidor(a) no primeiro dia do ano de 2020 é obtida somando-se a pontuação que possuía em 13/11/2019 (data de publicação da EC 103) com a quantidade de dias, multiplicada por dois (um ponto pela idade e outro pelo tempo de contribuição, a cada dia), compreendida entre 14/11/2019 e 1/1/2020.*

OBS.: Verificamos que isso ocorreu **no ano de 2023**, quando a pontuação requerida é de 34.675 pontos (em dias). Vamos precisar, agora, a data em que obteve tal pontuação, utilizando a seguinte sequência:

d.1) Pontuação do servidor em 13/11/2019 (data de publicação da EC nº 103/2019) = **31.931 dias**

d.2) Pontuação a ser alcançada em 2023 = **34.675 dias**

d.3) Diferença entre as pontuações: 34.675 – 31.931 = **2.744 dias**

d.4) Divisão da diferença encontrada por 2, considerando que a cada dia o servidor conquista dois pontos (um pela idade e outro pelo tempo de contribuição): 2.744/2 = **1.372**

OBS.: Caso a quantidade de dias encontrada possua parte decimal, que não é o caso, deve-se promover o arredondamento para cima (sempre), para que não falte tempo.

d.5) Contagem da quantidade de dias encontrada a partir de 14/11/2019: 14/11/2019 + 1.372 dias = **16/8/2023,** data em que o servidor preencheu o requisito referente à pontuação necessária.

e) Comparar as datas encontradas nas etapas a, b e d, para identificar a última a ser alcançada pelo servidor:

e.1) Idade: **20/12/2023**

e.2) Tempo de contribuição (em funções de magistério), no serviço público e no cargo: **29/4/2015**

e.3) Pontuação: **16/8/2023**

OBS.: Em **20/12/2023,** o servidor pôde se aposentar, pois teve preenchidos todos os requisitos exigidos pelo art. 4º da EC nº 103/2019.

II – Qual será o valor dos seus proventos?

f) Verificar se o servidor ingressou em cargo efetivo no serviço público até 31/12/2003, data de publicação da EC nº 41/2003: **Sim, ingressou em 6/5/1990.**

g) Averiguar se o servidor completou os requisitos exigidos pela regra antes de 20/12/2023, ou seja, antes dos 60 anos de idade, idade mínima para o direito à integralidade e à paridade dos proventos de aposentadoria, para o homem: **Sim, com 57 anos, em 20/12/2023.**

OBS.: Nesse caso, o servidor tem duas escolhas, que irão definir a forma de cálculo e o critério de reajustamento de seus proventos, quais sejam:

g.1) Requerer a aposentadoria a partir de 20/12/2023, com 57 anos de idade, 38 anos de contribuição, 33 anos no serviço público e no cargo e antes de 20/12/2026 (data em que completará 60 anos de idade e 41 anos de contribuição). Exercendo essa opção, seus proventos corresponderão a 60% da média, com acréscimo de 2 pontos percentuais para cada ano de contribuição que exceder o tempo de 20 anos de contribuição. Atribui-se à média o valor de R$ 5 mil. Vejamos:

i. Tempo de contribuição

Tempo de contribuição	Percentual da média
20 anos	60%
....	....
25 anos	70%
....	....
30 anos	80%
....	....
38 anos	96%
....	....
40 anos	100%

ii. Valor da média: R$ 5 mil

iii. Percentual aplicado ao valor da média com 38 anos de contribuição, em 20/12/2023: 96% (0,96 x 5.000) = R$ 4.800,00

iv. Percentual aplicado ao valor da média com 39 anos de contribuição, em 29/4/2024: 98% (0,98 x 5.000) = R$ 4.900,00

v. Percentual aplicado ao valor da média com 40 anos de contribuição, em 29/4/2025: 94% (1,00 x 5.000) = R$ 5.000,00

OBS.: Essa opção resultará em proventos mínimos de **R$ 4.800,00**, caso se aposente com 57 anos de idade e 38 anos de contribuição, com reajuste pelo mesmo índice fixado para o RGPS, nos termos do inciso II do § 7º do art. 4º da EC nº 103/2019.

g.2) Esperar completar 60 anos de idade, em **20/12/2026**, quando terá direito a proventos correspondentes à totalidade da remuneração do cargo, ou seja, a **R$ 6 mil**, revistos na mesma proporção e na mesma data, sempre que se modificar a remuneração dos servidores em atividade, sendo-lhe também estendidas quaisquer vantagens posteriormente concedidas aos servidores em atividade, até mesmo decorrentes da transformação ou reclassificação do cargo ou função em que se deu a aposentadoria.

OBS.: Fica evidente que é mais vantajoso para Tadeu Seabra esperar completar 60 anos de idade para poder obter proventos integrais e com paridade plena.

Exemplo 3. Gilson Florêncio, nascido em 3/11/1963, ingressou no cargo de professor da Educação Básica da União em 4/6/1990. Para o cálculo dos proventos, atribui-se ao cargo a remuneração de R$ 4 mil.

I – A partir de quando o servidor poderá se aposentar?

a) Encontrar a data em que o servidor completa a idade mínima de 57 anos: **3/11/2020**

b) Identificar a data em que o servidor implementa os 30 anos de tempo de contribuição em função de magistério: 4/6/90 + 30 anos (10.950 dias) = **26/5/2020**

Em 26/5/2020 completou 30 anos de contribuição, de serviço público e no cargo.

c) Encontrar os pontos obtidos na data de publicação (13/11/2019) da EC nº 103/2019, efetuando a soma da idade com o tempo de contribuição, considerados em dias:

c.1) Idade (de 3/11/1963 a 13/11/2019) = **20.465 dias**

c.2) Tempo de contribuição (de 4/6/1990 a 13/11/2019) = **10.755 dias**

c.3) Pontuação em dias (obtida até 13/11/2019) = 20.465 + 10.755 = **31.220 pontos**

d) Identificar na tabela abaixo o ano em que o servidor alcança a pontuação (*) exigida (em dias):

Ano	Pontos / Homem (em anos e dias)		Pontuação do SERVIDOR no primeiro dia do ano (em dias)	Ano em que pontuação exigida é alcançada pelo SERVIDOR ↓
2020	92	33.580	31.318	
2021	93	33.945	32.048	
2022	94	34.310	32.778	
2023	95	34.675	33.508	
2024	96	35.040	34.238	
2025	97	35.405	34.968	<<<— PONTUAÇÃO ALCANÇADA
2026	98	35.770	35.698	<<<— PONTUAÇÃO ALCANÇADA
2027	99	36.135	36.428	<<<— PONTUAÇÃO ALCANÇADA
2028	100	36.500	37.158	<<<— PONTUAÇÃO ALCANÇADA
2029	100	36.500	37.888	<<<— PONTUAÇÃO ALCANÇADA
2030	100	36.500	38.618	<<<— PONTUAÇÃO ALCANÇADA
2031	100	36.500	39.348	<<<— PONTUAÇÃO ALCANÇADA
2032	100	36.500	40.078	<<<— PONTUAÇÃO ALCANÇADA
2033	100	36.500	40.808	<<<— PONTUAÇÃO ALCANÇADA
2034	100	36.500	41.538	<<<— PONTUAÇÃO ALCANÇADA
2035	100	36.500	42.268	<<<— PONTUAÇÃO ALCANÇADA
2036	100	36.500	42.998	<<<— PONTUAÇÃO ALCANÇADA
2037	100	36.500	43.728	<<<— PONTUAÇÃO ALCANÇADA
2038	100	36.500	44.458	<<<— PONTUAÇÃO ALCANÇADA
2039	100	36.500	45.188	<<<— PONTUAÇÃO ALCANÇADA
2040	100	36.500	45.918	<<<— PONTUAÇÃO ALCANÇADA
2041	100	36.500	46.648	<<<— PONTUAÇÃO ALCANÇADA
2042	100	36.500	47.378	<<<— PONTUAÇÃO ALCANÇADA
2043	100	36.500	48.108	<<<— PONTUAÇÃO ALCANÇADA
2044	100	36.500	48.838	<<<— PONTUAÇÃO ALCANÇADA
2045	100	36.500	49.568	<<<— PONTUAÇÃO ALCANÇADA
2046	100	36.500	50.298	<<<— PONTUAÇÃO ALCANÇADA
2047	100	36.500	51.028	<<<— PONTUAÇÃO ALCANÇADA
2048	100	36.500	51.758	<<<— PONTUAÇÃO ALCANÇADA
2049	100	36.500	52.488	<<<— PONTUAÇÃO ALCANÇADA
2050	100	36.500	53.218	<<<— PONTUAÇÃO ALCANÇADA

(*) *a pontuação do(a) servidor(a) no primeiro dia do ano de 2020 é obtida somando-se a pontuação que possuía em 13/11/2019 (data de publicação da EC 103) com a quantidade de dias, multiplicada por dois (um ponto pela idade e outro pelo tempo de contribuição, a cada dia), compreendida entre 14/11/2019 e 1/1/2020.*

OBS.: Verificamos que isso ocorre no ano de **2025**, quando a pontuação requerida é de 35.405 pontos (em dias). Vamos precisar, agora, a data em que obterá tal pontuação, utilizando a seguinte sequência:

d.1) Pontuação do servidor em 13/11/2019 (data de publicação da EC 103/2019) = **31.220 dias**

d.2) Pontuação a ser alcançada em 2025 = **35.405 dias**

d.3) Diferença entre as pontuações: 35.405 – 31.220 = **4.185 dias**

d.4) Divisão da diferença encontrada por 2, considerando que a cada dia o servidor conquista dois pontos (um pela idade e outro pelo tempo de contribuição): 4.185/2 = **2.092,5**

OBS.: Caso a quantidade de dias encontrada possua parte decimal, que é o caso, deve-se promover o arredondamento para cima (sempre), para que não falte tempo. Assim sendo, teremos **2.093 dias**.

d.5) Contagem da quantidade de dias encontrada a partir de 14/11/2019: 14/11/2019 + 2.093 dias = **6/8/2025**, data em que o servidor preenche o requisito referente à pontuação necessária.

e) Comparar as datas encontradas nas etapas a, b e d, para identificar a última a ser alcançada pelo servidor:

e.1) Idade: **3/11/2020**

e.2) Tempo de contribuição, no serviço público e no cargo: **26/5/2020**

e.3) Pontuação: **6/8/2025**

OBS.: Em **6/8/2025**, o servidor pode se aposentar, pois preenche todos os requisitos exigidos pelo art. 4º da EC nº 103/2019.

II – Qual será o valor dos seus proventos?

f) Verificar se o servidor ingressou em cargo efetivo no serviço público até 31/12/2003, data de publicação da EC nº 41/2003: **Sim, ingressou em 6/5/1990.**

g) Averiguar se o servidor completa a pontuação exigida antes de 3/11/2023, ou seja, antes dos 60 anos de idade, idade mínima para o direito à integralidade e à paridade dos proventos de aposentadoria, para o homem: **Não, pois alcança a pontuação exigida com mais de 60 anos de idade, em 6/8/2025.**

OBS. 1: Nesse caso, o servidor fará jus a proventos correspondentes à totalidade da remuneração do cargo, ou seja, a **R$ 4 mil**, revistos na mesma proporção e na mesma data, sempre que se modificar a remuneração dos servidores em atividade, sendo-lhe também estendidas quaisquer vantagens posteriormente concedidas aos servidores em atividade, até mesmo decorrentes da transformação ou reclassificação do cargo ou função em que se deu a aposentadoria. Se o servidor tiver feito opção pelo regime de previdência complementar instituído pela União, seus proventos serão limitados ao teto do RGPS e calculados pela sistemática da média, conforme o art. 26 da EC nº 103/2019 e com critério de reajuste igual ao do RGPS.

OBS. 2: Importante esclarecer que esse servidor, ao completar 60 anos de idade, em que pese não poder se aposentar pela regra dos pontos, pois, como visto, só com 61 anos perfaz os pontos exigidos, poderá se aposentar pelas regras provisórias do inciso III do § 2º do art. 10 da EC nº 103/2019, que exige 60 anos de idade, 25 anos de contribuição exclusivamente em efetivo exercício das funções de magistério, 10 anos de efetivo exercício no serviço público e 5 anos no cargo em que se dará a aposentadoria. No entanto, essa regra de aposentadoria confere proventos correspondentes a 60% da média, com acréscimo de 2 pontos percentuais para cada ano de contribuição que exceder o tempo de 20 anos de contribuição, nos termos do art. 26 da mencionada Emenda, e com critério de reajuste igual ao do RGPS. Dessa forma, é mais vantajoso para Gilson Florêncio aguardar completar os 61 anos de idade e se aposentar pelo § 4º do art. 4º da EC nº 103/2019, com proventos integrais e com direito à paridade plena.

Exemplo 4. Clara de Lima, nascida em 7/10/1983, ingressou no cargo de professor da Educação Básica da União em 2/7/2006, tendo já 4 anos de contribuição do tempo em que trabalhou na iniciativa privada em função de magistério. Para o cálculo dos proventos, atribui-se ao cargo a remuneração de R$ 7 mil.

I – A partir de quando a servidora poderá se aposentar?

a) Encontrar a data em que a servidora completará a idade mínima de 52 anos: **7/10/2035**

b) Identificar a data em que a servidora implementará os 25 anos de tempo de contribuição em função de magistério: 2/7/2006 + 25 anos (9.125 dias) – 4 anos (tempo averbado) = **26/6/2027,** quando terá 25 anos de contribuição, 20 anos de serviço público e no cargo.

c) Encontrar os pontos obtidos na data de publicação (13/11/2019) da EC nº 103/2019, efetuando a soma da idade com o tempo de contribuição, considerados em dias:

c.1) Idade (de 7/10/1983 a 13/11/2019) = **13.187 dias**

c.2) Tempo de contribuição (de 2/7/2006 a 13/11/2019 + 4 anos averbados) = **6.343 dias**

c.3) Pontuação em dias (obtida até 13/11/2019) = 13.187 + 6.343 = **19.530 pontos**

d) Identificar na tabela abaixo o ano em que a servidora alcança a pontuação (*) exigida (em dias):

Ano	Pontos / Mulher (em anos e dias)		Pontuação da SERVIDORA no primeiro dia do ano (em dias)	Ano em que pontuação exigida é alcançada pela SERVIDORA ↓
2020	82	29.930	19.628	
2021	83	30.295	20.358	
2022	84	30.660	21.088	
2023	85	31.025	21.818	
2024	86	31.390	22.548	
2025	87	31.755	23.278	
2026	88	32.120	24.008	
2027	89	32.485	24.738	
2028	90	32.850	25.468	
2029	91	33.215	26.198	
2030	92	33.580	26.928	
2031	92	33.580	27.658	
2032	92	33.580	28.388	
2033	92	33.580	29.118	
2034	92	33.580	29.848	
2035	92	33.580	30.578	
2036	92	33.580	31.308	
2037	92	33.580	32.038	
2038	92	33.580	32.768	
2039	92	33.580	33.498	<<<--- PONTUAÇÃO ALCANÇADA
2040	92	33.580	34.228	<<<--- PONTUAÇÃO ALCANÇADA
2041	92	33.580	34.958	<<<--- PONTUAÇÃO ALCANÇADA
2042	92	33.580	35.688	<<<--- PONTUAÇÃO ALCANÇADA
2043	92	33.580	36.418	<<<--- PONTUAÇÃO ALCANÇADA
2044	92	33.580	37.148	<<<--- PONTUAÇÃO ALCANÇADA
2045	92	33.580	37.878	<<<--- PONTUAÇÃO ALCANÇADA
2046	92	33.580	38.608	<<<--- PONTUAÇÃO ALCANÇADA
2047	92	33.580	39.338	<<<--- PONTUAÇÃO ALCANÇADA
2048	92	33.580	40.068	<<<--- PONTUAÇÃO ALCANÇADA
2049	92	33.580	40.798	<<<--- PONTUAÇÃO ALCANÇADA
2050	92	33.580	41.528	<<<--- PONTUAÇÃO ALCANÇADA

(*) *a pontuação do(a) servidor(a) no primeiro dia do ano de 2020 é obtida somando-se a pontuação que possuía em 13/11/2019 (data de publicação da EC 103) com a quantidade de dias, multiplicada por dois (um ponto pela idade e outro pelo tempo de contribuição, a cada dia), compreendida entre 14/11/2019 e 1/1/2020.*

OBS.: Verificamos que isso ocorrerá no **ano de 2039**, quando a pontuação requerida será de 33.580 pontos. Vamos precisar, agora, a data em que obterá tal pontuação, utilizando a seguinte sequência:

d.1) Pontuação da servidora em 13/11/2019 (data de publicação da EC nº 103/2019) = **19.530 dias**

d.2) Pontuação a ser alcançada em 2039 = **33.580 dias**

d.3) Diferença entre as pontuações: 33.580 – 19.530 = **14.050 dias**

d.4) Divisão da diferença encontrada, considerando que a cada dia a servidora conquista dois pontos (um pela idade e outro pelo tempo de contribuição): 14.050/2 = **7.025**

OBS.: Caso a quantidade de dias encontrada possua parte decimal, deve-se promover o arredondamento para cima (sempre), para que não falte tempo.

d.5) Contagem da quantidade de dias encontrada (d.4) a partir de 14/11/2019: 14/11/2019 + 7.025 dias = **6/2/2039**, data em que a servidora preencherá o requisito referente à pontuação necessária.

e) Comparar as datas encontradas nas etapas a, b e d, para identificar a última a ser alcançada pela servidora:

e.1) Idade: **7/10/2035**

e.2) Tempo de contribuição, no serviço público e no cargo: **26/6/2027**

e.3) Pontuação: **6/2/2039**

OBS.: Em **6/2/2039**, a servidora poderá se aposentar, pois terá preenchidos todos os requisitos exigidos pelo art. 4º da EC nº 103/2019.

II – Qual será o valor dos seus proventos?

f) Verificar se a servidora ingressou em cargo efetivo no serviço público até 31/12/2003, data de publicação da EC nº 41/2003: **Não, ingressou em 2/7/2006.**

OBS.: Nesse caso, a servidora fará jus a proventos correspondentes a 60% da média, com acréscimo de 2 pontos percentuais para cada ano de contribuição que exceder o tempo de 20 anos de contribuição. Atribui-se à média o valor de R$ 6 mil. Vejamos:

i. Tempo de contribuição

Tempo de contribuição	Percentual da média
20 anos	60%
....	....
25 anos	70%
....	....
30 anos	80%
....	....
36 anos	92%
....	....
40 anos	100%

ii. Valor da média: R$ 6 mil

iii. Percentual aplicado ao valor da média com 36 anos de contribuição, em 6/2/2039: 92% (0,92 x 6.000) = **R$ 5.520,00**

OBS.: A servidora poderá, então, **a partir de 6/2/2039**, com 55 anos de idade, requerer sua aposentadoria, com proventos calculados conforme demonstrado acima e reajustados pelo mesmo critério do RGPS.

9.1.2 Regra do pedágio constitucional

EC nº 103/2019

Art. 20. O segurado ou o servidor público federal que se tenha filiado ao Regime Geral de Previdência Social ou ingressado no serviço público em cargo efetivo até a data de entrada em vigor desta Emenda Constitucional poderá aposentar-se voluntariamente quando preencher, cumulativamente, os seguintes requisitos:

I – 57 (cinquenta e sete) anos de idade, se mulher, e 60 (sessenta) anos de idade, se homem;

II – 30 (trinta) anos de contribuição, se mulher, e 35 (trinta e cinco) anos de contribuição, se homem;

III – para os servidores públicos, 20 (vinte) anos de efetivo exercício no serviço público e 5 (cinco) anos no cargo efetivo em que se der a aposentadoria;

IV – período adicional de contribuição correspondente ao tempo que, na data de entrada em vigor desta Emenda Constitucional, faltaria para atingir o tempo mínimo de contribuição referido no inciso II.

§ 1º Para o professor que comprovar exclusivamente tempo de efetivo exercício das funções de magistério na educação infantil e no ensino fundamental e médio serão reduzidos, para ambos os sexos, os requisitos de idade e de tempo de contribuição em 5 (cinco) anos. (g.n.)

Essa regra de transição, em vez do sistema de pontos, adota um período adicional de contribuição (pedágio), correspondente ao tempo em que o professor da Educação Básica federal, na data de entrada em vigor da EC nº 103/2019, 13 de novembro de 2019, faltaria para atingir os 25 anos de contribuição, se mulher, ou 30 anos, se homem. É bastante benéfica para quem tem muito tempo de contribuição e de serviço público nas funções de magistério. A Portaria MTP nº 1.467/2022 a reproduz no art. 6º do seu Anexo I.

Para o professor fazer jus a essa regra de transição, precisa satisfazer os seguintes requisitos temporais mínimos:

a) 52 anos de idade, se mulher, e 55 anos de idade, se homem;

b) 25 anos de contribuição em função de magistério, se mulher, e 30 anos de contribuição em função de magistério, se homem;

c) 20 anos de efetivo exercício no serviço público;

d) 5 anos no cargo efetivo em que se der a aposentadoria; e

e) período adicional de contribuição correspondente ao tempo que, na data de entrada em vigor da referida EC nº 103/2019, faltaria para atingir 25 anos de contribuição, se mulher, e 30 anos de contribuição, se homem.

Tomemos como exemplo uma servidora, nascida em 10/2/1970, que ingressou em cargo efetivo na Educação Básica da União em 10/4/1996. Em 13/11/2019, data de entrada em vigor da EC nº 103/2019, contava com 49 anos de idade, 23 anos, 7 meses e 13 dias de contribuição, de efetivo exercício na função de magistério federal e no cargo efetivo. Faltava, assim, 1 ano, 4 meses e 22 dias para completar os 25 anos de contribuição, tempo que, pela regra do inciso IV do art. 20 da Emenda, passa a ser contado em dobro (pedágio), resultando num período de contribuição de 2 anos, 9 meses e 14 dias a ser cumprido pela servidora. Computando esse tempo a partir de 14/11/2019, ela perfez, em 23/8/2022, 26 anos, 4 meses e 22 dias de contribuição e de efetivo exercício na função de magistério federal e no cargo efetivo, bem como 52 anos de idade, podendo, então, requerer sua aposentadoria por essa regra do pedágio.

Ilustremos, ainda, com um servidor nascido em 20/12/1963, que ingressou em cargo efetivo na Educação Básica da União em 15/4/1995, já com 5 anos de contribuição do tempo em que trabalhou na Educação Básica da iniciativa privada. Em 13/11/2019, data de entrada em vigor da EC nº 103/2019, contava com 55 anos de idade, 29 anos, 7 meses e 9 dias de contribuição na função de magistério; 24 anos, 7 meses e 9 dias de efetivo exercício no serviço público e no cargo efetivo. Faltavam, assim, 4 meses e 26 dias para completar os 30 anos de contribuição, tempo que, pela regra do inciso IV do art. 20 da Emenda, passa a ser contado em dobro (pedágio), resultando num período de contribuição de 9 meses e 22 dias a ser cumprido pelo servidor. Computando esse tempo a partir de 14/11/2019, ele perfez, em 31/8/2020, 30 anos, 4 meses e 26 dias de contribuição na função de magistério; 25 anos, 4 meses e 26 dias de efetivo exercício no serviço público e no cargo efetivo, bem como 56 anos de idade, podendo, assim, requerer sua aposentadoria.

9.1.2.1 Cálculo dos proventos e critérios de reajustamento

EC nº 103/2019

Art. 20. (...)

§ 2º O valor das aposentadorias concedidas nos termos do disposto neste artigo corresponderá:

I – em relação ao servidor público que tenha ingressado no serviço público em cargo efetivo até 31 de dezembro de 2003 e que não tenha feito a opção de que trata o § 16 do art. 40 da Constituição Federal, à totalidade da remuneração no cargo efetivo em que se der a aposentadoria, observado o disposto no § 8º do art. 4º; e

II – em relação aos demais servidores públicos e aos segurados do Regime Geral de Previdência Social, ao valor apurado na forma da lei.

§ 3º O valor das aposentadorias concedidas nos termos do disposto neste artigo não será inferior ao valor a que se refere o § 2º do art. 201 da Constituição Federal e será reajustado:

I – de acordo com o disposto no art. 7º da Emenda Constitucional 41, de 19 de dezembro de 2003, se cumpridos os requisitos previstos no inciso I do § 2º;

II – nos termos estabelecidos para o Regime Geral de Previdência Social, na hipótese prevista no inciso II do § 2º.

Por essa regra de transição, o cálculo dos proventos do servidor da Educação Básica da União vai depender da data de ingresso em cargo efetivo no serviço público. Se ingressou em cargo efetivo **até** a data de publicação da EC nº 41/2003, ou seja, até 31 de dezembro de 2003, seus proventos corresponderão à totalidade da remuneração do cargo efetivo em que se der a aposentadoria. Importante mencionar que, se o servidor tiver feito opção pelo regime de previdência complementar instituído pela União, seus proventos serão limitados ao teto do RGPS e calculados pela sistemática da média, conforme o art. 26 da EC nº 103/2019 e com critério de reajuste igual ao do RGPS.

O § 8º do art. 4º da EC nº 103/2019 define remuneração, para o cálculo dos proventos correspondentes à totalidade da remuneração do cargo, como "o valor constituído pelo subsídio, pelo vencimento e pelas vantagens pecuniárias permanentes do cargo, estabelecidos em lei, acrescidos dos adicionais de caráter individual e das vantagens pessoais permanentes". Caso a remuneração seja composta por parcelas variáveis, devem ser observados os incisos I e II do mencionado § 8º. Se a vantagem for transitória, em decorrência de local de trabalho ou exercício de cargo ou função de confiança, por exemplo, não será considerada para fins do cálculo de proventos.

A Portaria MTP nº 1.467/2022 veio esclarecer, nas situações em que as vantagens permanentes pecuniárias forem variáveis por estarem vinculadas a indicadores de desempenho, produtividade ou situação similar, o seguinte:

Portaria MTP nº 1.467/2022 – Anexo I

Art. 5º (...)

§ 7º (...)

(...)

II – se as vantagens pecuniárias permanentes forem variáveis por estarem vinculadas a indicadores de desempenho, produtividade ou situação similar, o valor dessas vantagens integrará o cálculo da remuneração do servidor público no cargo efetivo mediante a aplicação, sobre o valor atual de referência das vantagens pecuniárias permanentes variáveis, da média aritmética simples do indicador, proporcional ao número de anos completos de recebimento e de respectiva contribuição, contínuos ou intercalados, em relação ao tempo total exigido para a aposentadoria ou, se inferior, ao tempo total de percepção da vantagem.

§ 8º Para fins do disposto no inciso II do § 7º:

I – se o tempo total de percepção da vantagem for inferior ao tempo total exigido para a aposentadoria, o divisor do fator de cálculo será substituído pelo tempo total de percepção da vantagem; e

II – se o tempo total de percepção da vantagem for superior ao tempo total exigido para a aposentadoria, esse tempo será utilizado como divisor.

§ 9º As vantagens pecuniárias permanentes variáveis somente serão parte integrante do cálculo quando previstas na legislação vigente ao tempo em que cumpridos todos os requisitos para a elegibilidade ao benefício.

Caso o servidor tenha ingressado em cargo efetivo no serviço público **após** a data de publicação da EC nº 41/2003, ou seja, após 31 de dezembro de 2003, seus proventos serão calculados na forma da lei, conforme preceitua o inciso II do § 2º do art. 20 da EC nº 103/2019. Ocorre que, enquanto não for editada lei federal sobre a matéria, os proventos serão calculados de acordo com o disposto no art. 26 da Emenda, a saber:

EC nº 103/2019

Art. 26. Até que lei discipline o cálculo dos benefícios do regime próprio de previdência social da União e do Regime Geral de Previdência Social, será utilizada a média aritmética simples dos salários de contribuição e das remunerações adotados como base para contribuições a regime próprio de previdência social e ao Regime Geral de Previdência Social, ou como base para contribuições decorrentes das atividades militares de que tratam os arts. 42 e 142 da Constituição Federal, atualizados monetariamente, correspondentes a 100% (cem por cento) do período contributivo desde a competência julho de 1994 ou desde o início da contribuição, se posterior àquela competência.

§ 1º A média a que se refere o *caput* será limitada ao valor máximo do salário de contribuição do Regime Geral de Previdência Social para os segurados desse regime e para o servidor que ingressou no serviço público em cargo efetivo após a implantação do regime de previdência complementar ou que tenha exercido a opção correspondente, nos termos do disposto nos §§ 14 a 16 do art. 40 da Constituição Federal.

(...)

§ 2º O valor do benefício de aposentadoria corresponderá a 100% (cem por cento) da média aritmética definida na forma prevista no *caput* e no § 1º:

I – *no caso do inciso II do § 2º do art. 20;*

(g.n.)

Assim, os proventos de aposentadoria do servidor da Educação Básica da União que ingressou em cargo efetivo no serviço público **após** 31 de dezembro de 2003 corresponderão a 100% da média aritmética simples dos salários de contribuição e das remunerações adotados como base para contribuições previdenciárias, atualizados monetariamente e correspondentes a 100% por cento do período contributivo desde a competência julho de 1994 ou desde o início da contribuição, se posterior àquela competência.

Voltemos ao exemplo da servidora, nascida em 10/2/1970, que ingressou na Educação Básica da União em abril de 1996. Vimos que ela obteve o direito de requerer a sua aposentadoria a partir de 23/8/2022, com 52 anos de idade e 26 anos de contribuição na função de magistério, de serviço público e de tempo no cargo. Como ingressou no serviço público até 31 de dezembro de 2003, seus proventos corresponderão à totalidade da remuneração do cargo.

Da mesma forma, o exemplo do servidor nascido em 20/12/1963, que ingressou em cargo efetivo na Educação Básica da União em abril de 1995, já com 5 anos de contribuição do tempo em que trabalhou na Educação Básica da iniciativa privada. Vimos que a partir de 31/8/2020, com 56 anos de idade e 30 anos de contribuição, 25 de serviço público e no cargo efetivo, passou a ter o direito de requerer sua aposentadoria. Como ingressou no serviço público até 31 de dezembro de 2003, seus proventos corresponderão à totalidade da remuneração do cargo.

Quanto aos critérios de reajustamento, o § 3º do art. 20 da EC nº 103/2019 determina que os proventos não poderão ser inferiores ao valor de um salário-mínimo e que serão revistos da seguinte forma:

a) Para os professores da Educação Básica da União que ingressaram em cargo efetivo no serviço público até 31 de dezembro de 2003: proventos com **paridade plena**, isto é, revistos na mesma proporção e na mesma data, sempre que se modificar a remuneração dos servidores em atividade, sendo-lhes também estendidas quaisquer vantagens posteriormente concedidas aos servidores em atividade, até mesmo decorrentes da transformação ou reclassificação do cargo ou função em que se deu a aposentadoria.

b) Para os professores da Educação Básica da União que ingressaram em cargo efetivo no serviço público após 31 de dezembro de 2003: proventos reajustados nos termos estabelecidos para o Regime Geral de Previdência Social.

9.1.2.2 Abono de permanência

O professor da Educação Básica da União que cumprir os requisitos exigidos pela regra do pedágio constitucional e que optar por permanecer em atividade fará jus a um abono de permanência equivalente ao valor de sua contribuição previdenciária, nos termos do art. 8º abaixo transcrito:

> **EC 103/2019**
>
> Art. 8º Até que entre em vigor lei federal de que trata o § 19 do art. 40 da Constituição Federal, o servidor público federal que cumprir as exigências para a concessão da aposentadoria voluntária, nos termos do disposto nos *arts.* 4º, 5º, *20,* 21 e 22 e que optar por permanecer em atividade fará jus a um abono de permanência equivalente ao valor da sua contribuição previdenciária, até completar a idade para aposentadoria compulsória.

9.1.2.3 Exemplos de aposentadoria pela regra do pedágio (passo a passo)

Com o objetivo de identificarmos a regra de transição mais benéfica para o servidor público federal, adotaremos os mesmos exemplos empregados no sistema de pontos.

Exemplo 1. Érika Brandão, nascida em 6/8/1972, ingressou como professora da Educação Básica da União em 3/4/1994. Para o cálculo dos proventos, atribui-se ao cargo a remuneração de R$ 5 mil.

I – A partir de quando a servidora poderá se aposentar?

a) Encontrar a data em que a servidora completa a idade mínima de 52 anos: **6/8/2024**

b) Apurar o tempo de contribuição da servidora em 13/11/2019, data de entrada em vigor da EC nº 103/2019: 3/4/94 a 13/11/19 = **9.356 dias** (25 anos, 7 meses e 21 dias)

OBS.: Nesse caso, em 13/11/2019, a servidora já contava com 25 anos de tempo de contribuição de magistério na Educação Básica, não se fazendo necessária a aplicação do pedágio, pois não há tempo faltante.

c) Verificar se, na data em que cumprirá o tempo de contribuição, a servidora completará a idade mínima: a servidora completa 52 anos em **6/8/2024**, portanto, após ter satisfeito o requisito de tempo de contribuição.

d) Fixar a data a partir da qual a servidora pode se aposentar: a partir de **6/8/2024**, com 52 anos de idade, 30 anos de contribuição, de tempo de serviço e no cargo, pôde requerer sua aposentadoria com esteio no § 1º do art. 20 da EC nº 103/2019.

II – Qual será o valor dos seus proventos?

e) Verificar se a servidora ingressou em cargo efetivo no serviço público até 31/12/2003, data de publicação da EC nº 41/2003: **Sim, ingressou em 3/4/1994.**

OBS. 1.: Nesse caso, a servidora terá direito a se aposentar com proventos correspondentes à totalidade da remuneração do cargo, ou seja, a **R$ 5 mil**, revistos na mesma proporção e na mesma data, sempre que se modificar a remuneração dos servidores em atividade, sendo-lhe também estendidas quaisquer vantagens posteriormente concedidas aos servidores em atividade, até mesmo decorrentes da transformação ou reclassificação do cargo ou função em que se deu a aposentadoria.

OBS. 2: Observem que a regra de transição deste exemplo é mais benéfica que a regra dos pontos, já que, por esta última, a servidora só iria poder aposentar-se a partir de **23/11/2027**.

Exemplo 2. Tadeu Seabra, nascido em 20/12/1966, ingressou no cargo de professor da Educação Básica da União em 6/5/1990, já com 5 anos de contribuição do tempo em que trabalhou na iniciativa privada em funções de magistério. Para o cálculo dos proventos, atribui-se ao cargo a remuneração de R$ 6 mil.

I – A partir de quando o servidor poderá se aposentar?

a) Encontrar a data em que o servidor completa a idade mínima de 55 anos: **20/12/2021**

b) Apurar o tempo de contribuição do servidor em 13/11/2019, data de entrada em vigor da EC nº 103/2019: tempo de serviço público (6/5/1990 a 13/11/2019) + tempo de iniciativa privada (5 anos) = **12.609 dias** (34 anos, 6 meses e 19 dias)

OBS.: Nesse caso, em 13/11/2019, o servidor já contava com mais de 30 anos de tempo de contribuição de magistério na Educação Básica, não se fazendo necessária a aplicação do pedágio, pois não há tempo faltante.

c) Fixar a data a partir da qual o servidor pode se aposentar: a partir de **20/12/2021**, com 55 anos de idade, 36 anos de contribuição, 31 anos de tempo de serviço e no cargo, pode requerer sua aposentadoria com esteio no § 1º do art. 20 da EC nº 103/2019.

II – Qual será o valor dos seus proventos?

d) Verificar se o servidor ingressou em cargo efetivo no serviço público até 31/12/2003, data de publicação da EC nº 41/2003: **Sim, ingressou em 6/5/1990.**

OBS. 1: Nesse caso, o servidor terá direito a aposentar-se com proventos correspondentes à totalidade da remuneração do cargo, ou seja, a **R$ 6 mil,** revistos na mesma proporção e na mesma data, sempre que se modificar a remuneração dos servidores em atividade, sendo-lhe também estendidas quaisquer vantagens posteriormente concedidas aos servidores em atividade, até mesmo decorrentes da transformação ou reclassificação do cargo ou função em que se deu a aposentadoria.

OBS. 2: Observem que a regra de transição deste exemplo é mais benéfica que a regra dos pontos, já que, por esta última, o servidor só iria poder se aposentar a partir de 20/12/2023, com 57 anos de idade, 38 anos de contribuição, 33 anos de tempo de serviço e no cargo.

Exemplo 3. Gilson Florêncio, nascido em 3/11/1963, ingressou no cargo de professor da Educação Básica da União em 4/6/1990. Para o cálculo dos proventos, atribui-se ao cargo a remuneração de R$ 4 mil.

I – A partir de quando o servidor poderá se aposentar?

a) Encontrar a data em que o servidor completa a idade mínima de 55 anos: **55 anos em 3/11/2018**

b) Apurar o tempo de contribuição do servidor em 13/11/2019, data de entrada em vigor da EC nº 103/2019: 4/6/1990 a 13/11/2019 = **10.755 dias** (29 anos, 5 meses e 20 dias)

c) Efetuar a subtração do tempo mínimo de contribuição exigido do homem (30 anos = 10.950 dias) com o tempo de contribuição prestado até 13/11/2019: 10.950 – 10.755 = **195 dias**

d) Encontrar o tempo adicional de contribuição (pedágio): **195 dias**

OBS.: O tempo adicional é exatamente o mesmo que faltava, em 13/11/2019, para os 30 anos de contribuição, ou seja, **195 dias.**

e) Determinar a data a partir da qual se cumpre o tempo de contribuição acrescido do pedágio, computado a partir de 13/11/2019:

e.1) c + d = 195 + 195 = **390 dias**

e.2) 14/11/2019 + 390 dias = **7/12/2020**

f) Verificar se, na data em que cumpre o tempo de contribuição, o servidor completa a idade mínima: o servidor completou 55 anos, idade mínima, **em 3/11/2018**, portanto, antes de 7/12/2020. No entanto, com 55 anos, não possuía o tempo de contribuição necessário para se aposentar.

g) Fixar a data a partir da qual o servidor pode se aposentar: a partir de **7/12/2020**, com 57 anos de idade, 30 anos de contribuição, de tempo de serviço e no cargo, obteve o direito de requerer sua aposentadoria com esteio no § 1º do art. 20 da EC nº 103/2019.

II – Qual será o valor dos seus proventos?

h) Verificar se o servidor ingressou em cargo efetivo no serviço público até 31/12/2003, data de publicação da EC nº 41/2003: **Sim, ingressou em 4/6/1990.**

OBS. 1: Nesse caso, o servidor terá direito a se aposentar com proventos correspondentes à totalidade da remuneração do cargo, ou seja, a **R$ 4 mil,** revistos na mesma proporção e na mesma data, sempre que se modificar a remuneração dos servidores em atividade, sendo-lhe também estendidas quaisquer vantagens posteriormente concedidas aos servidores em atividade, até mesmo decorrentes da transformação ou reclassificação do cargo ou função em que se deu a aposentadoria.

OBS. 2: Observem que a regra de transição deste exemplo é mais benéfica que a regra dos pontos, já que, por esta última, o servidor só iria aposentar-se a partir de 6/8/2025.

Exemplo 4. Clara de Lima, nascida em 7/10/1983, ingressou no cargo de professor da Educação Básica da União em 2/7/2006, tendo já 4 anos de contribuição do tempo em que trabalhou na iniciativa privada em função de magistério. Para o cálculo dos proventos, atribui-se ao cargo a remuneração de R$ 7 mil.

I – A partir de quando a servidora pode se aposentar?

a) Encontrar a data em que a servidora completará a idade mínima de 52 anos: **7/10/2035**

b) Apurar o tempo de contribuição da servidora em 13/11/2019, data de entrada em vigor da EC nº 103/2019: tempo de serviço público (2/7/2006 a 13/11/2019) + tempo de iniciativa privada (4 anos) = **6.343 dias**

c) Efetuar a subtração do tempo mínimo de contribuição exigido da mulher (25 anos = 9.125 dias) com o tempo de contribuição prestado até 13/11/2019: 9.125 – 6.343 = **2.782 dias**

d) Encontrar o tempo adicional de contribuição (pedágio): **2.782 dias**

OBS.: O tempo adicional é exatamente o mesmo que faltava, em 13/11/2019, para os 30 anos de contribuição, ou seja, **2.782 dias.**

e) Determinar a data a partir da qual se cumprirá o tempo de contribuição acrescido do pedágio, computado a partir de 14/11/2019:

e.1) c + d = 2.782 + 2.782 = **5.564 dias**

e.2) 14/11/2019 + 5.564 dias = **6/2/2035**

f) Verificar se, na data em que cumprirá o tempo de contribuição, a servidora completará a idade mínima: a servidora completará 52 anos, idade mínima, em 7/10/2035, portanto, depois de 6/2/2035.

g) Fixar a data a partir da qual a servidora poderá se aposentar: a partir de **7/10/2035**, com 52 anos de idade, 33 anos de contribuição, 29 anos de tempo de serviço e no cargo, poderá requerer sua aposentadoria com esteio no § 1º do art. 20 da EC nº 103/2019.

II – Qual será o valor dos seus proventos? (atribui-se ao cargo uma média de R$ 5 mil)

h) Verificar se a servidora ingressou em cargo efetivo no serviço público até 31/12/2003, data de publicação da EC nº 41/2003: **Não, ingressou em 2/7/2006.**

OBS. 1: Destacamos que, apesar de o inciso I do § 3º do art. 26 da EC nº 103/2019 estabelecer o percentual de 100% da média para a fixação dos proventos dos servidores que se aposentarem com base no inciso II do § 2º do art. 20 da mesma Emenda reformadora, entendemos, com base nos princípios da razoabilidade, da proporcionalidade e da simetria, que esse percentual é o **piso** e não o máximo possível. Nesse caso, a servidora fará jus a proventos correspondentes a 100% da média[7] (apesar de possuir apenas 33 anos de contribuição), resultando no valor de **R$ 5.000,00**, com revisão pelo mesmo índice do RGPS.

OBS. 2: Observem que a regra de transição deste exemplo é mais benéfica que a regra dos pontos, já que, por esta última, a servidora poderia se aposentar apenas a partir de 6/2/2039.

9.1.3 As regras de transição dos professores da Educação Básica dos Estados, DF e Municípios que não modificaram sua legislação interna

> **EC nº 103/2019**
>
> Art. 4º (...)
>
> § 9º Aplicam-se às aposentadorias dos servidores dos Estados, do Distrito Federal e dos Municípios as normas constitucionais e infraconstitucionais anteriores à data de entrada em vigor desta Emenda Constitucional, enquanto não promovidas alterações na legislação interna relacionada ao respectivo regime próprio de previdência social.
>
> (...)

7. Conforme previsão contida no inciso I do § 3º do art. 26 da EC nº 103/2019.

> Art. 20. (...)
>
> § 4º Aplicam-se às aposentadorias dos servidores dos Estados, do Distrito Federal e dos Municípios as normas constitucionais e infraconstitucionais anteriores à data de entrada em vigor desta Emenda Constitucional, enquanto não promovidas alterações na legislação interna relacionada ao respectivo regime próprio de previdência social.

Ao disciplinar as regras de transição do professor da Educação Básica da União, o legislador constituinte reformador ressaltou, tanto na regra dos pontos (art. 4º) como na do pedágio (art. 20), que, enquanto os Estados, o DF os Municípios não modificarem sua legislação interna, ou seja, enquanto eles não fizerem suas reformas previdenciárias, continuarão sendo aplicadas as normas de transição vigentes antes da publicação da EC nº 103/2019.

As regras de transição dos servidores em cargo de professor da Educação Básica dos entes subnacionais que não fizeram suas reformas são as seguintes:

a) arts. 2º, 6º e 6º-A da EC nº 41/2003 e art. 3º da EC nº 47/2005, para os servidores que ingressaram em cargo efetivo no serviço público até 16 de dezembro de 1998, data de publicação da EC nº 20/1998;

b) arts. 6º e 6º-A da EC nº 41/2003, para os servidores que ingressaram em cargo efetivo no serviço público após 16 de dezembro de 1998 e até 31 de dezembro de 2003, data de publicação da EC nº 41/2003.

Essas regras constantes da EC nº 41/2003 e da EC nº 47/2005 encontram-se explicitadas e exemplificadas no Capítulo 3 deste livro (aposentadoria por invalidez) e no Capítulo 4 (aposentadoria voluntária especial do professor da Educação Básica), nos tópicos que tratam da situação dos servidores dos Estados, do DF e dos Municípios que não modificaram sua legislação interna.

Para os professores que ingressaram no serviço público após 31 de dezembro de 2003 não há regra de transição, mas, sim, a regra permanente dos §§ 1º e 5º do art. 40 da CR/88, com a redação conferida pela EC nº 41/2003.

A Portaria MTP nº 1.467/2022 reproduz as regras de transição dos servidores dos entes subnacionais que não fizeram suas reformas na Seção II do seu Anexo II.

9.2 ATIVIDADES COM EFETIVA EXPOSIÇÃO A AGENTES NOCIVOS – A REGRA DE TRANSIÇÃO DO SERVIDOR PÚBLICO FEDERAL E DO SERVIDOR DO ENTE FEDERATIVO QUE ADOTOU AS MESMAS REGRAS DA UNIÃO

> **EC nº 103/2019**
>
> Art. 21. O segurado ou o servidor público federal que se tenha filiado ao Regime Geral de Previdência Social ou ingressado no serviço público em cargo efetivo até a data de entrada em vigor desta Emenda Constitucional cujas atividades tenham sido exercidas com efetiva exposição a agentes químicos, físicos e biológicos prejudiciais à saúde, ou associação desses agentes, vedada a caracterização por categoria profissional ou ocupação, desde que cumpridos, no caso do servidor, o tempo mínimo de 20 (vinte) anos de efetivo exercício no serviço público e de 5 (cinco) anos no cargo efetivo em que for concedida a aposentadoria, na forma dos arts. 57 e 58 da Lei nº 8.213, de 24 de julho de 1991, poderão aposentar-se quando o total da soma resultante da sua idade e do tempo de contribuição e o tempo de efetiva exposição forem, respectivamente, de:
>
> I – 66 (sessenta e seis) pontos e 15 (quinze) anos de efetiva exposição;
>
> II – 76 (setenta e seis) pontos e 20 (vinte) anos de efetiva exposição; e

III – 86 (oitenta e seis) pontos e 25 (vinte e cinco) anos de efetiva exposição.

§ 1º A idade e o tempo de contribuição serão apurados em dias para o cálculo do somatório de pontos a que se refere o *caput*.

§ 2º O valor da aposentadoria de que trata este artigo será apurado na forma da lei.

Vimos que a EC nº 103/2019, no inciso II do § 2º do seu art. 10, estabeleceu regras provisórias para o servidor federal em exercício de atividades com efetiva exposição a agentes nocivos, vigentes enquanto não sobrevenha lei federal complementar específica sobre a matéria. Essas normas, todavia, só se aplicam àqueles que ingressaram no serviço público federal **após** a publicação da EC nº 103/2019 (ou que, tendo ingressado antes, façam opção por elas).

Para quem já era servidor público federal e **já exercia** atividades com efetiva exposição a agentes nocivos antes da data de publicação da EC nº 103/2019, 13 de novembro de 2019, o legislador constituinte derivado estabeleceu os seguintes requisitos mínimos para a aposentadoria especial:

a) 20 anos de efetivo exercício no serviço público;

b) 5 anos no cargo efetivo em que se der a aposentadoria.

Além desses requisitos temporais, a Emenda adotou um sistema de pontos para o servidor exposto a agentes nocivos, que considera o tempo de efetiva exposição com a pontuação obtida do somatório da idade com o tempo de contribuição, a saber:

Tempo de efetiva exposição	Pontos (idade + tempo de contribuição)
15 anos	66 pontos
20 anos	76 pontos
25 anos	86 pontos

Destacamos que os agentes prejudiciais à saúde que possibilitam aposentadoria voluntária especial no RGPS aos 15 e aos 20 anos de efetiva exposição praticamente não se encontram presentes no serviço público. Assim, ao servidor público da União aplica-se, geralmente, a hipótese de aposentadoria aos 25 anos de efetiva exposição, o que exige alcançar 86 pontos, conforme tabela acima. Vejamos o que a Portaria MTP 1.467/2022 traz sobre a matéria:

Portaria MTP nº 1.467/2002 – Anexo I

Art. 8º O segurado de que trata o art. 4º[8], cujas atividades tenham sido exercidas com efetiva exposição a agentes químicos, físicos e biológicos prejudiciais à saúde, ou associação desses agentes, vedada a caracterização por categoria profissional ou ocupação, desde que cumpridos o tempo mínimo de 20 (vinte) anos de efetivo exercício no serviço público e de 5 (cinco) anos no cargo efetivo em que for concedida a aposentadoria, na forma dos arts. 57 e 58 da Lei nº 8.213, de 24 de julho de 1991, poderão aposentar-se quando:

I – o total da soma resultante da sua idade e do tempo de contribuição for de 86 (oitenta e seis) pontos; e

II – o tempo de efetiva exposição for de 25 (vinte e cinco) anos.

8. Portaria MTP nº 1.467/2022, Anexo I, art. 4º: "Assegurado o direito de opção pelas regras previstas no inciso I do caput do art. 1º e no art. 2º, o segurado do RPPS da União, que tenha ingressado em cargo efetivo até a data da publicação da Emenda Constitucional nº 103, de 2019, e o segurado do RPPS do ente federativo que tenha ingressado nesse ente até a data de entrada em vigor da norma que adotar as mesmas regras da União estabelecidas nessa Emenda, poderá aposentar-se conforme previsões desta Seção.

§ 1º O somatório de pontos e o tempo de efetiva exposição de que trata o caput corresponderão a 66 (sessenta e seis) pontos e 15 (quinze) anos de efetiva exposição ou 76 (setenta e seis) pontos e 20 (vinte) anos de efetiva exposição, quando as atividades prestadas pelos segurados forem análogas às descritas na normatização do RGPS que fundamenta o enquadramento de atividade especial com os referidos requisitos.

§ 2º A idade e o tempo de contribuição serão apurados em dias para o cálculo do somatório de pontos a que se referem o inciso I do *caput* e o § 1º.

§ 2º O valor da aposentadoria de que trata este artigo será apurado na forma da lei.

(...)

§ 4º Deverão ser cumpridas adicionalmente as condições e os requisitos estabelecidos para o RGPS, naquilo em que não conflitarem com as regras específicas aplicáveis ao RPPS, vedada a conversão de tempo especial exercido a partir de 13 de novembro de 2019 em tempo comum.

Tomemos como exemplo um servidor nascido em 2/7/1959, que ingressou no cargo de técnico em radiologia, com efetiva exposição a agentes nocivos, no serviço público federal, em 13/11/2000, tendo já 5 anos de contribuição ao RGPS, da época em que trabalhou na iniciativa privada, também como técnico em radiologia. Pela regra de transição acima transcrita, é preciso verificar a data a partir da qual todos os requisitos temporais serão cumpridos. Vejamos:

a) Em 7/11/2020, o servidor perfez 20 anos de efetivo exercício no serviço público e no cargo em que se dará a aposentadoria, bem como 25 anos de efetiva exposição a agentes nocivos.

b) Com 25 anos de efetiva exposição, exigem-se 86 pontos, resultantes da soma da idade com o tempo de contribuição.

c) O servidor, em 7/11/2020, perfez 25 anos de contribuição (20 anos de serviço público + 5 anos de iniciativa privada) e 61 anos de idade, perfazendo um total de 86 pontos, podendo, assim, requerer sua aposentadoria especial.

O *caput* do art. 21 ainda traz a disposição de que a aposentadoria especial por agentes nocivos dar-se-á na forma dos arts. 57 e 58 da Lei 8.213, de 24 de julho de 1991[9], que

9. Lei 8.213/1991: "Art. 57. A aposentadoria especial será devida, uma vez cumprida a carência exigida nesta Lei, ao segurado que tiver trabalhado sujeito a condições especiais que prejudiquem a saúde ou a integridade física, durante 15 (quinze), 20 (vinte) ou 25 (vinte e cinco) anos, conforme dispuser a lei.

§ 1º A aposentadoria especial, observado o disposto no art. 33 desta Lei, consistirá numa renda mensal equivalente a 100% (cem por cento) do salário de benefício. § 2º A data de início do benefício será fixada da mesma forma que a da aposentadoria por idade, conforme o disposto no art. 49. § 3º A concessão da aposentadoria especial dependerá de comprovação pelo segurado, perante o Instituto Nacional do Seguro Social–INSS, do tempo de trabalho permanente, não ocasional nem intermitente, em condições especiais que prejudiquem a saúde ou a integridade física, durante o período mínimo fixado.§ 4º O segurado deverá comprovar, além do tempo de trabalho, exposição aos agentes nocivos químicos, físicos, biológicos ou associação de agentes prejudiciais à saúde ou à integridade física, pelo período equivalente ao exigido para a concessão do benefício. § 5º O tempo de trabalho exercido sob condições especiais que sejam ou venham a ser consideradas prejudiciais à saúde ou à integridade física será somado, após a respectiva conversão ao tempo de trabalho exercido em atividade comum, segundo critérios estabelecidos pelo Ministério da Previdência e Assistência Social, para efeito de concessão de qualquer benefício. § 6º O benefício previsto neste artigo será financiado com os recursos provenientes da contribuição de que trata o inciso II do art. 22 da Lei nº 8.212, de 24 de julho de 1991, cujas alíquotas serão acrescidas de doze, nove ou seis pontos percentuais, conforme a atividade exercida pelo segurado a serviço da empresa permita a concessão de aposentadoria especial após quinze, vinte ou vinte e cinco anos de contribuição, respectivamente. § 7º. O acréscimo de que trata o parágrafo anterior incide exclusivamente sobre a remuneração do segurado sujeito às condições especiais referidas no *caput*. § 8º Aplica-se o disposto no art. 46 ao segurado aposentado nos termos deste artigo que continuar no exercício de atividade ou operação que o sujeite aos agentes nocivos constantes da relação referida no art. 58 desta Lei. Art. 58. A relação dos agentes nocivos químicos, físicos e biológicos ou associação de agentes prejudiciais à saúde ou à integridade física considerados para fins de concessão da aposentadoria especial de que trata o artigo anterior será definida pelo Poder Executivo§

dispõe sobre os planos de benefícios da Previdência Social. Esses preceitos, todavia, aplicam-se ao trabalhador da inciativa privada vinculado ao RGPS e, em relação ao servidor público federal da União, no que couber.

As instruções para o reconhecimento do tempo de exercício de atividades com efetiva exposição a agentes nocivos do servidor público federal (e a do servidor do ente que adotou as mesmas regras da União) estão no Anexo III da Portaria MTP nº 1.467/2022, as quais já comentamos no Capítulo 4 deste livro, no subitem 4.4.1.1.

9.2.1 Cálculo dos proventos e critérios de reajustamento

Quanto ao cálculo dos proventos e critérios de reajustamento, o § 2º do art. 21 da EC nº 103/2019 estipula que o valor da aposentadoria será apurado na forma da lei. Enquanto não for editada a lei de que trata o mencionado dispositivo, o legislador constituinte derivado previu, no art. 26 da Emenda, o seguinte:

EC nº 103/2019

Art. 26. Até que lei discipline o cálculo dos benefícios do regime próprio de previdência social da União e do Regime Geral de Previdência Social, será utilizada a média aritmética simples dos salários de contribuição e das remunerações adotados como base para contribuições a regime próprio de previdência social e ao Regime Geral de Previdência Social, ou como base para contribuições decorrentes das atividades militares de que tratam os arts. 42 e 142 da Constituição Federal, atualizados monetariamente, correspondentes a 100% (cem por cento) do período contributivo desde a competência julho de 1994 ou desde o início da contribuição, se posterior àquela competência.

§ 1º A média a que se refere o *caput* será limitada ao valor máximo do salário de contribuição do Regime Geral de Previdência Social para os segurados desse regime e para o servidor que ingressou no serviço público em cargo efetivo após a implantação do regime de previdência complementar ou que tenha exercido a opção correspondente, nos termos do disposto nos §§ 14 a 16 do art. 40 da Constituição Federal.

§ 2º O valor do benefício de aposentadoria corresponderá a 60% (sessenta por cento) da média aritmética definida na forma prevista no **caput** e no § 1º, com acréscimo de 2 (dois) pontos percentuais para cada ano de contribuição que exceder o tempo de 20 (vinte) anos de contribuição nos casos:

(...)

IV – do § 2º do art. 19 e do *§ 2º do art. 21*, ressalvado o disposto no § 5º deste artigo.

(...)

§ 7º Os benefícios calculados nos termos do disposto neste artigo serão reajustados nos termos estabelecidos para o Regime Geral de Previdência Social. (g.n.)

Verifica-se, assim, que o cálculo do valor do benefício do servidor exposto a agentes nocivos dar-se-á pela média dos salários de contribuição e das remunerações adotados como base para contribuições, referentes a 100% do período contributivo desde a competência julho de 1994 ou desde o início da contribuição, se posterior àquela competência,

1º A comprovação da efetiva exposição do segurado aos agentes nocivos será feita mediante formulário, na forma estabelecida pelo Instituto Nacional do Seguro Social – INSS, emitido pela empresa ou seu preposto, com base em laudo técnico de condições ambientais do trabalho expedido por médico do trabalho ou engenheiro de segurança do trabalho nos termos da legislação trabalhista.§ 2º Do laudo técnico referido no parágrafo anterior deverão constar informação sobre a existência de tecnologia de proteção coletiva ou individual que diminua a intensidade do agente agressivo a limites de tolerância e recomendação sobre a sua adoção pelo estabelecimento respectivo. § 3º A empresa que não mantiver laudo técnico atualizado com referência aos agentes nocivos existentes no ambiente de trabalho de seus trabalhadores ou que emitir documento de comprovação de efetiva exposição em desacordo com o respectivo laudo estará sujeita à penalidade prevista no art. 133 desta Lei. § 4º A empresa deverá elaborar e manter atualizado perfil profissiográfico abrangendo as atividades desenvolvidas pelo trabalhador e fornecer a este, quando da rescisão do contrato de trabalho, cópia autêntica desse documento."

e corresponderá a 60% da média aritmética, com acréscimo de 2 pontos percentuais para cada ano de contribuição que exceder o tempo de 20 anos de contribuição.

Voltemos ao exemplo do servidor nascido em 2/7/1959, que ingressou no cargo de técnico em radiologia, com efetiva exposição a agentes nocivos, no serviço público federal, em 13/11/2000, tendo já 5 anos de contribuição ao RGPS, da época em que trabalhou na iniciativa privada, também como técnico em radiologia. Vimos que a partir 7/11/2020, com 25 anos de contribuição (20 anos de serviço público e de efetiva exposição + 5 anos de iniciativa privada e, também, de efetiva exposição) e 61 anos de idade, perfazendo um total de 86 pontos, obteve o direito de requerer sua aposentadoria especial com esteio no art. 21 da EC nº 103/2019 e proventos calculados nos termos dos §§ 1º e 2º do art. 26, a saber:

Tempo de contribuição	Percentual da média
20 anos	60%
21 anos	62%
....	....
25 anos	70%

Os proventos desse servidor corresponderão, então, a 70% da média, observado o limite máximo de pagamento de benefícios do RGPS, se tiver feito a opção por esse regime.

O reajustamento dos proventos será conferido para preservar-lhes, em caráter permanente, o valor real, nos termos fixados para o RGPS, conforme determinação do § 7º do art. 26 da EC nº 103/2019.

9.2.2 Abono de permanência

O servidor público federal que cumprir os requisitos exigidos pela regra do art. 21 da EC nº 103/2019 e que optar por permanecer em atividade fará jus a um abono de permanência equivalente ao valor de sua contribuição previdenciária, nos termos do art. 8º abaixo transcrito:

> **EC nº 103/2019**
>
> Art. 8º Até que entre em vigor lei federal de que trata o § 19 do art. 40 da Constituição Federal, o servidor público federal que cumprir as exigências para a concessão da aposentadoria voluntária, nos termos do disposto nos arts. 4º, 5º, 20, *21* e 22 e que optar por permanecer em atividade fará jus a um abono de permanência equivalente ao valor da sua contribuição previdenciária, até completar a idade para aposentadoria compulsória. (g.n.)

9.2.3 Exemplos da regra de transição da aposentadoria especial por exposição a agentes nocivos do servidor federal e do servidor do ente federativo que adotou as mesmas regras da União (passo a passo)

Exemplo 1. Caio Maximus, nascido em 13/1/1982, ingressou no serviço público federal em 23/1/2005, como técnico em radiologia, com efetiva exposição a agentes nocivos. Para o cálculo dos proventos, atribui-se o valor de R$ 3.500,00 à remuneração do cargo e média de R$ 2.200,00.

I – A partir de quando o servidor pode se aposentar?

a) Encontrar a data em que o servidor completa 20 anos de efetivo serviço público, tempo mínimo exigido pelo art. 21 da EC nº 103/2019: **23/1/2025**

b) Identificar a data em que o servidor implementa os 25 anos de tempo de contribuição com efetiva exposição a agentes prejudiciais à saúde: 23/1/2005 + 25 anos (9.125 dias) = **16/1/2030**

c) Encontrar os pontos obtidos na data de publicação (13/11/2019) da EC nº 103/2019, efetuando a soma da idade com o tempo de contribuição, considerados em dias:

   c.1) Idade (de 13/1/1982 a 13/11/2019) = **13.819 dias**

   c.2) Tempo de contribuição (de 23/1/2005 a 13/11/2019) = **5.408 dias**

   c.3) Pontuação em dias (obtida até 13/11/2019) = 13.819 + 5.408 = **19.227 pontos**

d) Identificar na tabela abaixo o ano em que o servidor alcança a pontuação [(*)] exigida (em dias):

Ano	Pontos / Mulher ou Homem, em anos (B) e em dias (C)		Pontuação do(a) SERVIDOR(A) no primeiro dia do ano (em dias)	Ano em que a pontuação exigida é alcançada pelo(a) SERVIDOR(A) ↓
2020	86	31.390	19.325	
2021	86	31.390	20.055	
2022	86	31.390	20.785	
2023	86	31.390	21.515	
2024	86	31.390	22.245	
2025	86	31.390	22.975	
2026	86	31.390	23.705	
2027	86	31.390	24.435	
2028	86	31.390	25.165	
2029	86	31.390	25.895	
2030	86	31.390	26.625	
2031	86	31.390	27.355	
2032	86	31.390	28.085	
2033	86	31.390	28.815	
2034	86	31.390	29.545	
2035	86	31.390	30.275	
2036	86	31.390	31.005	<<<--- PONTUAÇÃO ALCANÇADA
2037	86	31.390	31.735	<<<--- PONTUAÇÃO ALCANÇADA
2038	86	31.390	32.465	<<<--- PONTUAÇÃO ALCANÇADA
2039	86	31.390	33.195	<<<--- PONTUAÇÃO ALCANÇADA
2040	86	31.390	33.925	<<<--- PONTUAÇÃO ALCANÇADA
2041	86	31.390	34.655	<<<--- PONTUAÇÃO ALCANÇADA
2042	86	31.390	35.385	<<<--- PONTUAÇÃO ALCANÇADA
2043	86	31.390	36.115	<<<--- PONTUAÇÃO ALCANÇADA
2044	86	31.390	36.845	<<<--- PONTUAÇÃO ALCANÇADA
2045	86	31.390	37.575	<<<--- PONTUAÇÃO ALCANÇADA
2046	86	31.390	38.305	<<<--- PONTUAÇÃO ALCANÇADA
2047	86	31.390	39.035	<<<--- PONTUAÇÃO ALCANÇADA
2048	86	31.390	39.765	<<<--- PONTUAÇÃO ALCANÇADA
2049	86	31.390	40.495	<<<--- PONTUAÇÃO ALCANÇADA
2050	86	31.390	41.225	<<<--- PONTUAÇÃO ALCANÇADA

[(*)] *a pontuação do(a) servidor(a) no primeiro dia do ano de 2020 é obtida somando-se a pontuação que possuía em 13/11/2019 (data de publicação da EC 103) com a quantidade de dias, multiplicada por dois (um ponto pela idade e outro pelo tempo de contribuição, a cada dia), compreendida entre 14/11/2019 e 1/1/2020.*

OBS.: Verificamos que isso ocorrerá no ano **2036**, quando a pontuação requerida será de 31.390 pontos. Vamos precisar, agora, a data em que obterá tal pontuação, utilizando a seguinte sequência:

d.1) Pontuação do servidor em 13/11/2019 (data de publicação da EC nº 103/2019) = **19.227 dias**

d.2) Pontuação a ser alcançada em 2036 = **31.390 dias**

d.3) Diferença entre as pontuações: 31.390 – 19.227 = **12.163 dias**

d.4) Divisão da diferença encontrada por 2, considerando que a cada dia o servidor conquista dois pontos (um pela idade e outro pelo tempo de contribuição): 12.163/2 = **6.081,5.**

OBS.: Caso a quantidade de dias encontrada possua parte decimal, que é o caso, deve-se promover o arredondamento para cima (sempre), para que não falte tempo. Assim sendo, teremos 6.082 dias.

d.5) Contagem da quantidade de dias encontrada (d.4) a partir de 14/11/2019: 14/11/2019 + 6.082 dias = **8/7/2036,** data em que o servidor preencherá o requisito referente à pontuação necessária.

e) Comparar as datas encontradas nas etapas a, b e d, para identificar a última a ser alcançada pelo servidor:

e.1) Tempo de efetivo exercício no serviço público (20 anos) e no cargo (5 anos): **23/1/2025**

e.2) Tempo de contribuição com exposição (25 anos): **16/1/2030**

e.3) Pontuação: **8/7/2036**

OBS.: Em **8/7/2036**, o servidor poderá se aposentar, pois terá preenchido todos os requisitos exigidos pelo art. 21 da EC nº 103/2019.

II – Qual será o valor dos seus proventos?

f) Verificar o percentual da média em função do tempo de contribuição do servidor na data em que cumpre os requisitos de aposentadoria e calcular os proventos:

i. Tempo de contribuição

Tempo de contribuição	Percentual da média
20 anos	60%
....	....
25 anos	70 %
....	....
30 anos	80 %
31 anos	*82%*

ii. Valor da média: R$ 2.200,00

iii. Percentual aplicado ao valor da média: 82% (0,82 x 2.200) = R$ 1.804,00

OBS.: O servidor poderá, então, **a partir de 8/7/2036**, com 54 anos de idade, 31 anos, 5 meses e 25 dias de contribuição em efetiva exposição a agentes nocivos, de efetivo exercício no serviço público, requerer sua aposentadoria, com proventos calculados conforme demonstrado acima e reajustados pelo mesmo critério do RGPS.

Exemplo 2. Aline de Lima, nascida em 22/8/1972, ingressou no serviço público federal em 23/1/1995, como técnica em enfermagem, com efetiva exposição a agentes nocivos, tendo já 5 anos de efetivo exercício de serviço público prestado ao **Estado X**, no cargo de auxiliar administrativo. Assumiu o cargo no serviço público federal sem solução de continuidade[10]. Para o cálculo dos proventos, atribui-se o valor de R$ 3.800,00 à remuneração do cargo e média de R$ 2.500,00.

I – A partir de quando a servidora pode se aposentar?

a) Encontrar a data em que a servidora completa 20 anos de efetivo serviço público, tempo mínimo exigido pelo art. 21 da EC nº103/2019: **23/1/2010**, considerando os 5 anos prestados ao **Estado X.**

b) Identificar a data em que a servidora implementa os 25 anos de tempo de contribuição com efetiva exposição a agentes prejudiciais à saúde: 23/1/1995 + 25 anos (9.125 dias) = **16/1/2020**

c) Encontrar os pontos obtidos na data de publicação (13/11/2019) da EC nº 103/2019, efetuando a soma da idade com o tempo de contribuição, considerados em dias:

c.1) Idade (de 22/8/1972 a 13/11/2019) = **17.250 dias**

c.2) Tempo de contribuição (de 23/1/1995 a 13/11/2019 + 5 anos averbados) = **10.886 dias**

c.3) Pontuação em dias (obtida até 13/11/2019) = 17.250 + 10.886 = **28.136 pontos**

10. Significa que não houve lapso temporal entre a exoneração do cargo efetivo estadual e a posse no cargo efetivo federal. Alguns doutrinadores, considerando a natureza complexa do ato administrativo de ingresso em cargo efetivo no serviço público, adotam o exercício em substituição à posse.

d) Identificar na tabela abaixo o ano em que a servidora alcança a pontuação (*) exigida (em dias):

Ano	Pontos / Mulher ou Homem, em anos (B) e em dias (C)		Pontuação do(a) SERVIDOR(A) no primeiro dia do ano (em dias)	Ano em que a pontuação exigida é alcançada pelo(a) SERVIDOR(A) ↓
2020	86	31.390	28.234	
2021	86	31.390	28.964	
2022	86	31.390	29.694	
2023	86	31.390	30.424	
2024	86	31.390	31.154	<<<— PONTUAÇÃO ALCANÇADA
2025	86	31.390	31.884	<<<— PONTUAÇÃO ALCANÇADA
2026	86	31.390	32.614	<<<— PONTUAÇÃO ALCANÇADA
2027	86	31.390	33.344	<<<— PONTUAÇÃO ALCANÇADA
2028	86	31.390	34.074	<<<— PONTUAÇÃO ALCANÇADA
2029	86	31.390	34.804	<<<— PONTUAÇÃO ALCANÇADA
2030	86	31.390	35.534	<<<— PONTUAÇÃO ALCANÇADA
2031	86	31.390	36.264	<<<— PONTUAÇÃO ALCANÇADA
2032	86	31.390	36.994	<<<— PONTUAÇÃO ALCANÇADA
2033	86	31.390	37.724	<<<— PONTUAÇÃO ALCANÇADA
2034	86	31.390	38.454	<<<— PONTUAÇÃO ALCANÇADA
2035	86	31.390	39.184	<<<— PONTUAÇÃO ALCANÇADA
2036	86	31.390	39.914	<<<— PONTUAÇÃO ALCANÇADA
2037	86	31.390	40.644	<<<— PONTUAÇÃO ALCANÇADA
2038	86	31.390	41.374	<<<— PONTUAÇÃO ALCANÇADA
2039	86	31.390	42.104	<<<— PONTUAÇÃO ALCANÇADA
2040	86	31.390	42.834	<<<— PONTUAÇÃO ALCANÇADA
2041	86	31.390	43.564	<<<— PONTUAÇÃO ALCANÇADA
2042	86	31.390	44.294	<<<— PONTUAÇÃO ALCANÇADA
2043	86	31.390	45.024	<<<— PONTUAÇÃO ALCANÇADA
2044	86	31.390	45.754	<<<— PONTUAÇÃO ALCANÇADA
2045	86	31.390	46.484	<<<— PONTUAÇÃO ALCANÇADA
2046	86	31.390	47.214	<<<— PONTUAÇÃO ALCANÇADA
2047	86	31.390	47.944	<<<— PONTUAÇÃO ALCANÇADA
2048	86	31.390	48.674	<<<— PONTUAÇÃO ALCANÇADA
2049	86	31.390	49.404	<<<— PONTUAÇÃO ALCANÇADA
2050	86	31.390	50.134	<<<— PONTUAÇÃO ALCANÇADA

(*) *a pontuação do(a) servidor(a) no primeiro dia do ano de 2020 é obtida somando-se a pontuação que possuía em 13/11/2019 (data de publicação da EC 103) com a quantidade de dias, multiplicada por dois (um ponto pela idade e outro pelo tempo de contribuição, a cada dia), compreendida entre 14/11/2019 e 1/1/2020.*

OBS.: Verificamos que isso ocorre no ano de 2024, quando a pontuação requerida é de 31.390 pontos. Vamos precisar, agora, a data em que obtém tal pontuação, utilizando a seguinte sequência:

d.1) Pontuação da servidora em 13/11/2019 (data de publicação da EC nº 103/2019) = **28.136 dias**

d.2) Pontuação a ser alcançada em 2024 = **31.390 dias**

d.3) Diferença entre as pontuações: 31.390 – 28.136 = **3.254 dias**

d.4) Divisão da diferença encontrada por 2, considerando que a cada dia a servidora conquista dois pontos (um pela idade e outro pelo tempo de contribuição): 3.254/2 = **1.627**

OBS.: Caso a quantidade de dias encontrada possua parte decimal, o que não é o caso, deve-se promover o arredondamento para cima (sempre), para que não falte tempo.

d.5) Contagem da quantidade de dias encontrada (d.4) a partir de 14/11/2019: 14/11/2019 + 1.627 dias = **27/4/2024**, data em que a servidora preenche o requisito referente à pontuação necessária.

e) Comparar as datas encontradas nas etapas a, b e d, para identificar a última a ser alcançada pela servidora:

e.1) Tempo de efetivo exercício no serviço público (20 anos) e no cargo (5 anos): **23/1/2010**

e.2) Tempo de contribuição com exposição (25 anos): **16/1/2020**

e.3) Pontuação: **27/4/2024**

OBS.: Em **27/4/2024**, a servidora pode se aposentar, pois preenche todos os requisitos exigidos pelo art. 21 da EC nº 103/2019.

II – Qual será o valor dos seus proventos?

f) Verificar o percentual da média em função do tempo de contribuição da servidora na data em que cumpre os requisitos de aposentadoria e calcular os proventos:

i. Tempo de contribuição

Tempo de contribuição	Percentual da média
20 anos	60%
....	....
25 anos	70%
....	....
30 anos	80%
....	....
34 anos	*88%*

ii. Valor da média: R$ 2.500,00

iii. Percentual aplicado ao valor da média: 88% (0,88 x 2.500) = R$ 2.200,00

OBS.: A servidora pode, então, **a partir de 27/4/2024,** com 51 anos de idade, 34 anos, 3 meses e 13 dias de contribuição e de efetivo exercício no serviço público, dos quais, 29 anos, 3 meses e 13 dias são de efetiva exposição a agentes nocivos, requerer sua aposentadoria, com proventos calculados conforme demonstrado acima e reajustados pelo mesmo critério do RGPS.

9.2.4 As regras dos servidores que exercem atividades sob condições especiais prejudiciais à saúde ou à integridade física dos entes federativos que não editaram leis específicas – Súmula Vinculante nº 33

Como já visto, a aposentadoria do servidor que exerce atividades prejudiciais à saúde ou à integridade física não chegou a ser regulamentada, não havendo, assim, normas constitucionais e infraconstitucionais anteriores à data de vigência da mencionada EC nº 103/2019 a serem aplicadas pelos Estados, DF e Municípios.

Na ausência de norma do ente subnacional sobre a matéria, não há que falar em regra de transição para seus servidores, pois só há transição quando se modifica regramento anteriormente existente. No entanto, o servidor pode requerer sua aposentação com esteio na SV do STF nº 33[11], que determina a aplicação da legislação do RGPS na análise dos pedidos de aposentadoria do servidor público que exerce atividades sob condições especiais prejudiciais à saúde.

Remetemos o leitor ao Capítulo 4 deste livro, subitem 4.4.2, no qual discorremos sobre o fundamento normativo constitucional e infraconstitucional e sobre as instruções para o reconhecimento de tempo de serviço público exercido sob condições especiais prejudiciais à saúde ou à integridade física pelos regimes próprios.

9.3 AS REGRAS DE TRANSIÇÃO DO POLICIAL CIVIL, DO AGENTE SOCIOEDUCATIVO E DO AGENTE PENITENCIÁRIO DA UNIÃO E DO POLICIAL OU AGENTE DO ESTADO QUE ADOTAR AS MESMAS REGRAS DA UNIÃO

Para quem já ocupava os cargos de policial federal, policial rodoviário federal, policial ferroviário federal, bem como de polícia legislativa da Câmara dos Deputados e do Senado, polícia civil do DF e de agente penitenciário e socioeducativo federal até 13 de novembro de 2019, data de publicação da EC nº 103/2019, o legislador constituinte reformador estabeleceu duas regras de transição, a serem vistas doravante.

9.3.1 Regra sem pedágio constitucional

EC nº 103/2019

Art. 5º O policial civil do órgão a que se refere o inciso XIV do caput do art. 21 da Constituição Federal, o policial dos órgãos a que se referem o inciso IV do caput do art. 51, o inciso XIII do *caput* do art. 52 e os incisos I a III do caput do art. 144 da Constituição Federal e o ocupante de cargo de agente federal penitenciário ou socioeducativo que tenham ingressado na respectiva carreira até a data de entrada em vigor desta Emenda Constitucional poderão aposentar-se, na forma da Lei Complementar 51, de 20 de dezembro de 1985, observada a idade mínima de 55 (cinquenta e cinco) anos para ambos os sexos ou o disposto no § 3º.

§ 1º Serão considerados tempo de exercício em cargo de natureza estritamente policial, para os fins do inciso II do art. 1º da Lei Complementar 51, de 20 de dezembro de 1985, o tempo de atividade militar nas Forças Armadas, nas polícias militares e nos corpos de bombeiros militares e o tempo de atividade como agente penitenciário ou socioeducativo.

LC nº 51/1985, com a redação conferida pela LC nº 144/2014 e pela LC nº 152/2015

Art. 1º O servidor público policial será aposentado:

I – (Revogado pela Lei Complementar nº 152, de 2015)

II – voluntariamente, com proventos integrais, independentemente da idade:

a) após 30 (trinta) anos de contribuição, desde que conte, pelo menos, 20 (vinte) anos de exercício em cargo de natureza estritamente policial, se homem;

b) após 25 (vinte e cinco) anos de contribuição, desde que conte, pelo menos, 15 (quinze) anos de exercício em cargo de natureza estritamente policial, se mulher.

11. Súmula Vinculante 33 do STF: "Aplicam-se ao servidor público, no que couber, as regras do regime geral da previdência social sobre aposentadoria especial de que trata o artigo 40, § 4º, inciso III da Constituição Federal, até a edição de lei complementar específica".

Essa regra de transição exige os seguintes requisitos mínimos temporais estabelecidos pela mencionada Emenda e pela LC nº 51/1985:

a) 55 anos de idade para ambos os sexos;

b) 30 anos de contribuição, se homem, e 25 anos de contribuição, se mulher; e

c) 20 anos de exercício no cargo de natureza estritamente policial, se homem, e 15 anos de exercício nesses cargos, se mulher.

O § 1º do art. 5º da EC nº 103/2019 considera como tempo de exercício em cargo de natureza estritamente policial o tempo de atividade militar nas Forças Armadas, nas polícias militares e nos corpos de bombeiros militares e o tempo de atividade como agente penitenciário ou socioeducativo.

A Portaria MTP nº 1.467/2022 reproduz o texto do *caput* do art. 5º da Emenda no *caput* do art. 7º do seu Anexo I e esclarece, no § 5º do art. 7º, que não será considerado tempo de efetivo exercício nas carreiras que ensejam essa espécie de aposentadoria especial o tempo em que o servidor público estiver em exercício de mandato eletivo, ou em razão de sua própria natureza, as atribuições que lhe forem cometidas "não se enquadrarem em atividades típicas dos aludidos cargos, entre outras hipóteses, se for o caso, quando estiver cedido a órgão ou entidade da administração direta ou indireta, do mesmo ou de outro ente federativo, com ou sem ônus para o cessionário, ou afastado do país por cessão ou licenciamento".

Tomemos como exemplo um servidor nascido em 3/8/1969, que ingressou no cargo de agente de polícia federal, em 13/3/1995. Pela regra de transição acima transcrita, em 3/8/2024, o servidor policial tinha 55 anos de idade, mas só tem os 30 anos de contribuição em 4/3/2025, quando também tem 30 anos de exercício no cargo de policial. Dessa forma, só a partir de 4/3/2025, o servidor pode requerer sua aposentadoria especial.

9.3.2 Regra do pedágio constitucional

> **EC nº 103/2019**
>
> Art. 5º (...)
>
> § 3º Os servidores de que trata o *caput* poderão aposentar-se aos 52 (cinquenta e dois) anos de idade, se mulher, e aos 53 (cinquenta e três) anos de idade, se homem, desde que cumprido período adicional de contribuição correspondente ao tempo que, na data de entrada em vigor desta Emenda Constitucional, faltaria para atingir o tempo de contribuição previsto na Lei Complementar 51, de 20 de dezembro de 1985.

Essa regra de transição veio possibilitar a aposentadoria especial com menos de 55 anos de idade (52 anos, mulher, e 53 anos, homem) àquele policial ou agente penitenciário ou socioeducativo federal que começou a contribuir para a previdência cedo. Para tanto, deve ser cumprido um período adicional de contribuição (pedágio) correspondente ao tempo que, em 13 de novembro de 2019, data de publicação da EC nº 103/2019, faltava para os 30 anos de contribuição, se homem, e para os 25 anos de contribuição, se mulher.

Voltemos ao exemplo dado na regra sem pedágio constitucional: servidor nascido em 3/8/1969, que ingressou no cargo de agente de polícia federal, em 13/3/1995. Em 13 de novembro de 2019, data de publicação da EC nº 103/2019, ele contava com 24 anos,

8 meses e 12 dias (9.012 dias), faltando, assim 5 anos, 3 meses e 23 dias (1.938 dias) para os 30 anos de tempo mínimo de contribuição (10.950 dias). Pela regra de transição acima transcrita, conta-se em dobro o tempo faltante na data de publicação da Emenda, o que, no caso, resultará em 3.876 dias para se encontrar a data a partir da qual o servidor cumprirá o requisito "tempo de contribuição", o que ocorrerá em 24/6/2030. O servidor poderá, então, aposentar-se a partir de 24/6/2030, pois já terá alcançado a idade mínima exigida, que é de 53 anos, desde 3/8/2022. Observa-se que, para esse policial, a regra do *caput* do art. 5º da EC nº 103/2019 é mais benéfica.

A Portaria MTP nº 1.467/2022 reproduz o texto do § 3º do art. 5º da Emenda no § 2º do art. 7º do seu Anexo I.

9.3.3 Abono de permanência

O servidor público federal que cumprir os requisitos exigidos pelas regras do art. 5º da EC nº 103/2019 e que optar por permanecer em atividade fará jus a um abono de permanência equivalente ao valor de sua contribuição previdenciária, nos termos do art. 8º abaixo transcrito:

EC nº 103/2019

Art. 8º Até que entre em vigor lei federal de que trata o § 19 do art. 40 da Constituição Federal, o servidor público federal que cumprir as exigências para a concessão da aposentadoria voluntária, nos termos do disposto nos **arts.** 4º, **5º**, 20, 21 e 22 e que optar por permanecer em atividade fará jus a um abono de permanência equivalente ao valor da sua contribuição previdenciária, até completar a idade para aposentadoria compulsória. (g.n.)

9.3.4 Cálculo dos proventos e critério de reajustamento

Em que pese a EC nº 103/2019 ter sido silente quanto ao cálculo dos proventos e critério de reajustamento para a aposentadoria voluntária especial do seu art. 5º, a Advocacia-Geral da União, por meio do Parecer 0004/2020/CONSUNIAO/CGU/AGU, adota o seguinte entendimento, ratificado pelo Presidente da República em despacho publicado no DOU de 17/6/2020:

Os policiais civis da União, ingressos nas respectivas carreiras até 12/11/2019 (data anterior à vigência da EC 103/2019), fazem jus à aposentadoria com base no artigo 5º da Emenda Constitucional 103/2019, com proventos integrais (totalidade da remuneração do servidor no cargo efetivo em que se der a aposentadoria), nos termos do artigo 1º, II, da Lei Complementar 51/1985, e paridade plena, com fundamento no art. 38 da Lei 4.878/1965. 2) Os policiais civis da União, ingressos nas respectivas carreiras a partir de 13/11/2019 (com a vigência da EC 103/2019), fazem jus à aposentadoria com base no artigo 10, § 2º, I, com proventos calculados pela média aritmética e reajustados nos termos estabelecidos para o Regime Geral de Previdência Social, conforme artigo 26, todos da Emenda Constitucional 103/2019, bem como passaram a se submeter ao Regime de Previdência Complementar da Lei 12.618/2012.

A Portaria MTP nº 1.467/2022 reproduziu o entendimento consubstanciado no Parecer 0004/2020/CONSUNIAO/CGU/AGU no § 3º do art. 7º do seu Anexo I.

9.3.5 Exemplos de aposentadoria especial pelo art. 5º da EC nº 103/2019

Exemplo 1. River Santos, nascido em 5/6/1974, ingressou no serviço público, no cargo de agente de polícia federal, em 13/10/1996. Em 13/10/2026, com 30 anos de contribuição e 30 anos de exercício no cargo de policial, terá 52 anos de idade, não podendo, portanto, aposentar-se, pois a regra geral do *caput* do art. 5º da EC nº 103/2019 exige a idade mínima de 55 anos. Assim, só a partir de **5/6/2029**, poderá requerer sua aposentadoria especial, quando terá 55 anos de idade.

Vejamos a situação de River Santos pela regra do § 3º do art. 5º (pedágio):

a) Data em que atinge a idade mínima: 53 anos de idade em **5/6/2027**.

b) Data em que completa 30 anos de contribuição com o acréscimo do pedágio:

b.1) contagem do tempo de contribuição até 13/11/2019: 13/10/1996 a 13/11/2019 = **8.432 dias**

b.2) Conversão, em dias, de 30 anos de contribuição: **10.950**

b.3) Tempo, em dias, que o servidor necessitará, a partir de 13/11/2019, para atingir os 30 anos de contribuição (b.2 – b.1): 10.950 – 8.432 = **2.518 dias.**

b.4) Pedágio: **2.518 dias**. Igual ao tempo faltante (b.3)

b.5) Data em que completa o tempo com o pedágio: 5.036 dias (b.3 + b.4), que, contados a partir de 14/11/2019, serão cumpridos em **27/8/2033**.

Verifica-se que o agente de polícia federal, com a regra do pedágio, só poderá se aposentar em **27/8/2033**, com 59 anos de idade e 36 anos de contribuição e de exercício em cargo de natureza policial. Para esse servidor a regra do *caput* do art. 5º da EC nº 103/2019 é mais vantajosa.

De acordo com o Parecer 0004/2020/CONSUNIAO/CGU/AGU e com o disposto no § 3º do art. 7º do Anexo I da Portaria MTP nª 1.467/2022, considerando a data de ingresso na carreira de River, os proventos corresponderão à totalidade da remuneração do servidor no cargo efetivo e serão reajustados pelo instituto da paridade remuneratória com os ativos.

Exemplo 2. Doralice da Silva, nascida em 13/12/1977, ingressou no serviço público, no cargo de agente de polícia rodoviária federal, em 15/1/1998. Em 15/1/2023, com 25 anos de contribuição e 25 anos de exercício no cargo de policial, tinha 45 anos de idade, não podendo, portanto, aposentar-se, pois a regra do *caput* do art. 5º da EC nº 103/2019 exige a idade mínima de 55 anos para ambos os sexos. Assim, só a partir de **13/12/2032** poderá requerer sua aposentadoria voluntária especial, quando terá 55 anos de idade.

Vejamos a situação de Doralice da Silva pela regra do § 3º do art. 5º (pedágio):

a) Data em que atinge a idade mínima: 52 anos de idade em **13/12/2029**.

b) Data em que completa 25 anos de contribuição com o acréscimo do pedágio:

b.1) contagem do tempo de contribuição até 13/11/2019: 15/1/1998 a 13/11/2019 = **7.973 dias**

b.2) Conversão, em dias, de 25 anos de contribuição: **9.125**

b.3) Tempo, em dias, que a servidora necessitará, a partir de 13/11/2019, para atingir os 25 anos de contribuição (b.2 – b.1): 9.125 – 7.973 = **1.152 dias.**

b.4) Pedágio: **1.152 dias**. Igual ao tempo faltante (b.3)

b.5) Data em que completa o tempo com o pedágio: 2.304 dias (b.3 + b.4), que, contados a partir de 14/11/2019, serão cumpridos em **5/3/2026**.

Verifica-se que, em 5/3/2026, a servidora não poderá se aposentar, pois não terá a idade mínima de 52 anos de idade. Assim, pela regra do pedágio, em **13/12/2029**, com 52 anos de idade e 31 anos de contribuição e de exercício em cargo de natureza policial, poderá Doralice se aposentar. Para essa servidora a regra do § 3º do art. 5º da EC 103/2019 é mais vantajosa.

De acordo com o mencionado Parecer 0004/2020/CONSUNIAO/CGU/AGU e com o disposto no § 3º do art. 7º do Anexo I da Portaria MTP nª 1.467/2022, considerando a data de ingresso na carreira, os proventos corresponderão à totalidade da remuneração da servidora no cargo efetivo e serão reajustados pelo instituto da paridade remuneratória com os ativos.

Exemplo 3. Alexandre Homem de Mello, nascido em 24/10/1968, ingressou no serviço público, no cargo de delegado de polícia federal, em 5/1/2005, tendo já 15 anos de contribuição do tempo em que trabalhou na iniciativa privada. Em 24/10/2023, completou 55 anos (idade mínima exigida), mas não pôde se aposentar, pois não tinha 20 anos de exercício no cargo de delegado. Assim, só a partir de **30/12/2024** é que o servidor pôde requerer sua aposentadoria especial, quando cumpriu todos os requisitos temporais.

Vejamos a situação de Alexandre Homem de Mello pela regra do § 3º do art. 5º (pedágio):

a) Data em que atinge a idade mínima: 53 anos de idade em **24/10/2021**.

b) Data em que completa 30 anos de contribuição com o acréscimo do pedágio:

b.1) contagem do tempo de contribuição até 13/11/2019: 15 anos + 5/1/2005 a 13/11/2019 = **10.901 dias**

b.2) Conversão, em dias, de 30 anos de contribuição: **10.950**

b.3) Tempo, em dias, que o servidor necessitará, a partir de 13/11/2019, para atingir os 30 anos de contribuição (b.2 – b.1): 10.950 – 10.901 = **49 dias.**

b.4) Pedágio: **49 dias**. Igual ao tempo faltante (b.3)

b.5) Data em que completa o tempo com o pedágio: 98 dias (b.3 + b.4), que, contados a partir de 14/11/2019, foram cumpridos em **19/2/2020**.

c) Data em que completa o tempo de exercício em cargo de natureza policial: **30/12/2024**

Verifica-se, a despeito de já ter cumprido o tempo de contribuição acrescido do pedágio em 19/2/2020, só pôde se aposentar em 30/12/2024, quanto perfez o tempo mínimo exigido em cargo de natureza policial (20 anos), contando com 56 anos de idade, 35 anos de contribuição e 20 anos de exercício em cargo de natureza policial. Para esse servidor as regras do *caput* e do § 3º do art. 5º da EC 103/2019 possibilitam-lhe aposentadoria na mesma data.

De acordo com o mencionado Parecer 0004/2020/CONSUNIAO/CGU/AGU e com o disposto no § 3º do art. 7º do Anexo I da Portaria MTP nª 1.467/2022, considerando a data de ingresso na carreira, os proventos corresponderão à totalidade da remuneração do servidor no cargo efetivo e serão reajustados pelo instituto da paridade remuneratória com os ativos.

9.3.6 Aposentadoria especial do policial civil, do agente penitenciário e do agente socioeducativo dos Estados que não editaram leis específicas (aplicação da LC nº 51/1985)

> **EC nº 103/2019**
>
> Art. 5º (...)
>
> (...)
>
> § 2º Aplicam-se às aposentadorias dos servidores dos Estados de que trata o § 4º-B do art. 40 da Constituição Federal as normas constitucionais e infraconstitucionais anteriores à data de entrada em vigor desta Emenda Constitucional, enquanto não promovidas alterações na legislação interna relacionada ao respectivo regime próprio de previdência social.

Para a aplicação desse dispositivo, temos que separar a situação dos policiais civis estaduais dos agentes penitenciários e socioeducativos estaduais e distritais. Isso porque, para os policiais civis, antes da vigência da EC nº 103/2019, havia a aplicação, pelos Estados e pelo DF, da LC nº 51/1985, enquanto para os agentes penitenciários e socioeducativos não havia norma estabelecedora de critérios especiais de aposentadoria.

Dessa forma, se determinado Estado não exercer a faculdade prevista no § 4º-B do art. 40 da CR/88, continuará valendo a norma prevista na LC nº 51/1985, segundo a qual o policial civil poderá se aposentar, **sem idade mínima**, com pelo menos 30 anos de contribuição e 20 anos de exercício no cargo de natureza estritamente policial, se homem, e após 25 anos de contribuição, com, no mínimo, 15 anos de exercício em cargo de natureza estritamente policial, se mulher. Quanto ao cálculo dos proventos e ao critério de reajustamento, também serão aplicadas as regras vigentes antes da publicação da EC nº 103/2019[12].

Em relação aos agentes penitenciários e socioeducativos dos Estados e do DF, como não havia, em vigor, normas constitucionais e infraconstitucionais anteriores à data de publicação da EC 103/2019, enquanto os entes federados não exercerem a faculdade prevista no § 4º-B do art. 40 da CR/88, esses servidores não poderão se aposentar com critérios diferenciados de idade e de tempo de contribuição.

No capítulo 4, subitem 4.3.2, o leitor encontrará de forma mais detalhada a situação dos policiais e agentes dos Estados que não modificaram sua legislação.

12. Não há uniformidade, nos RPPS estaduais, no tratamento dado ao cálculo dos proventos dos policiais civis. Alguns adotam a integralidade da média para os policiais que ingressaram no serviço público após a publicação da EC 41/2003 e outros adotam a integralidade da última remuneração do cargo efetivo.

Capítulo 10

DIREITO ADQUIRIDO À APOSENTADORIA DO SERVIDOR PÚBLICO

O direito adquirido, previsto no inciso XXXVI do art. 5º da CR/88, constitui, assim como outros direitos previstos no mencionado artigo, o núcleo duro constitucional, denominado, pela doutrina constitucionalista, de cláusulas pétreas[1], que necessitam ser respeitadas pelo legislador constituinte reformador.

Consiste no reconhecimento do direito já incorporado ao patrimônio jurídico pessoal, pelo cumprimento de requisitos estabelecidos pela norma vigente antes da edição de nova norma que modificou ou extinguiu direitos.

A EC nº 103/2019, ao modificar os critérios de acesso à aposentadoria voluntária e sua forma de cálculo, reconheceu, expressamente, o direito adquirido dos servidores públicos federais que, até a data de sua publicação, 13 de novembro de 2019, haviam cumprido os requisitos estabelecidos por alguma regra de aposentadoria anteriormente vigente.

É importante repisar que a EC nº 103/2019 não modificou as regras de acesso e a forma de cálculo das aposentadorias dos servidores públicos civis estaduais, distritais e municipais, porquanto atribuiu aos entes subnacionais a competência para disporem sobre a matéria, tratando, assim, este capítulo, da situação dos servidores públicos federais que estão sob a égide do direito adquirido, ou seja, aqueles que já satisfaziam os requisitos de acesso a alguma regra de aposentadoria voluntária vigente até 13 de novembro de 2019, data de publicação da mencionada Emenda.

Releva notar, todavia, que a situação dos servidores públicos dos Estados, do DF e dos Municípios que já tinham direito a se aposentar por uma regra de aposentadoria vigente antes das reformas empreendidas por esses entes é a mesma dos servidores públicos federais, já que, antes da EC nº 103/2019, as regras de acesso à aposentadoria voluntária e sua forma de cálculo eram idênticas para todos os entes da Federação. Dessa forma, as situações retratadas neste capítulo servirão tanto para o servidor público federal com direito a alguma norma de aposentadoria vigente até a publicação da EC nº 103/2019, quanto para os servidores estaduais, distritais e municipais que já tinham direito adquirido a alguma regra de aposentadoria vigente até a publicação das normas reformadoras da legislação interna do seu ente subnacional.

---

1. CR/88, art. 60, § 4º: "Não será objeto de deliberação a proposta de emenda tendente a abolir: I – a forma federativa de Estado; II – o voto direto, secreto, universal e periódico; III – a separação dos Poderes; IV – *os* direitos e garantias individuais" (g.n.).

10.1 DIREITO ADQUIRIDO NA EC Nº 103/2019

EC nº 103/2019

Art. 3º A concessão de aposentadoria ao servidor público federal vinculado a regime próprio de previdência social e ao segurado do Regime Geral de Previdência Social e de pensão por morte aos respectivos dependentes será assegurada, a qualquer tempo, desde que tenham sido cumpridos os requisitos para obtenção desses benefícios até a data de entrada em vigor desta Emenda Constitucional, observados os critérios da legislação vigente na data em que foram atendidos os requisitos para a concessão da aposentadoria ou da pensão por morte.

§ 1º Os proventos de aposentadoria devidos ao servidor público a que se refere o *caput* e as pensões por morte devidas aos seus dependentes serão calculados e reajustados de acordo com a legislação em vigor à época em que foram atendidos os requisitos nela estabelecidos para a concessão desses benefícios.

§ 2º Os proventos de aposentadoria devidos ao segurado a que se refere o *caput* e as pensões por morte devidas aos seus dependentes serão apurados de acordo com a legislação em vigor à época em que foram atendidos os requisitos nela estabelecidos para a concessão desses benefícios. (g.n.)

A EC nº 103/2019, assim como outras emendas reformadoras da previdência social o fizeram, assegurou, expressamente, o direito do servidor público federal que já havia cumprido os requisitos de alguma regra de aposentadoria voluntária vigente até a data de sua publicação.

O reconhecimento desse direito pelo legislador constituinte reformador de 2019 implica que o seu titular pode exercê-lo **a qualquer tempo**, não ficando o servidor obrigado a requerê-lo antes da entrada em vigor da emenda reformadora.

O direito adquirido não só assegura ao servidor as regras de acesso à aposentadoria voluntária (idade, tempo de contribuição, de serviço público, na carreira e no cargo) vigentes antes da emenda reformadora, como também lhe confere o direito à forma de cálculo e aos critérios de reajustamento anteriormente vigentes. Se a regra de aposentadoria incorporada ao patrimônio jurídico assegurar proventos com base na última remuneração do cargo efetivo, no cálculo do benefício, será utilizada a remuneração ou subsídio do servidor no momento da concessão da aposentadoria. Já se a regra cujo direito foi adquirido utilizar a média das remunerações no cálculo do benefício (art. 1º da Lei nº 10.887/2004), não poderá ser computado o tempo de contribuição posterior a 13 de novembro de 2019, para os servidores públicos federais e, para os servidores dos entes que modificaram sua legislação, não poderá ser computado o tempo de contribuição posterior à data de publicação da lei do ente federativo.

É importante esclarecer que não há que falar em direito adquirido de aposentadorias não voluntárias, como a compulsória e a por incapacidade permanente, uma vez que estas independem da vontade do servidor, que deve ser aposentado em face da ocorrência do evento segurado, no caso, respectivamente, idade-limite (75 anos) e doença ou acidente incapacitante. No entanto, se o servidor incapacitado para o serviço, seja por acidente, enfermidade ou por idade avançada, tiver cumprido todos os requisitos de alguma regra de aposentadoria voluntária antes da ocorrência da idade-limite ou da incapacidade permanente para o serviço, terá ele direito adquirido à regra de aposentadoria voluntária, nos termos do § 1º do art. 11 do Anexo I da Portaria MTP nº 1.462/2019, que veremos adiante.

Sobre as pensões por morte, o que se assegura é o direito de o dependente obtê-la com base na legislação vigente na ocorrência do óbito do segurado, independentemente da data do requerimento do pedido do benefício, consoante já visto em capítulo específico.

A Portaria MTP nº 1.467/2022[2], tratou, no art. 11 do seu Anexo I, do direito adquirido do servidor público federal e do servidor público do ente federativo que promoveu mudanças nas regras de acesso e forma de cálculo dos benefícios previdenciários. Vejamos:

> **Portaria MTP nº 1.467/2022, Anexo I**
>
> Art. 11. Aos segurados dos RPPS, é assegurada a concessão de aposentadoria e de pensão por morte a seus dependentes, a qualquer tempo, observados os critérios da legislação vigente na data em que foram atendidos os requisitos para a sua concessão, desde que tenham ingressado no cargo efetivo no respectivo ente e cumpridos os requisitos para obtenção desses benefícios até: ***(Redação dada pela Portaria MTP nº 3.803, de 16/11/2022)***
>
> I – a data de entrada em vigor da Emenda Constitucional nº 103, de 2019, para os servidores da União; ou
>
> II – a data de entrada em vigor das alterações na legislação do RPPS dos servidores dos Estados, do Distrito Federal e dos Municípios, promovidas após a publicação dessa Emenda.
>
> § 1º A superveniência de incapacidade permanente para o trabalho ou o fato de o segurado ter atingido a idade para a aposentadoria compulsória não alteram o seu direito de opção pelo exercício do direito adquirido à aposentadoria voluntária nos termos do **caput**.
>
> § 2º O valor dos proventos de aposentadoria voluntária que seria devido ao segurado conforme o **caput** servirá de base para o cálculo da pensão por morte aos dependentes, no caso de o óbito sobrevir à aquisição do direito, mesmo que não tenha havido seu exercício.
>
> § 3º Os proventos de aposentadoria devidos ao segurado a que se refere o **caput** e as pensões por morte devidas aos seus dependentes serão calculados e reajustados de acordo com a legislação em vigor à época em que foram atendidos os requisitos nela estabelecidos para a concessão desses benefícios.
>
> § 4º No cálculo do benefício concedido conforme o **caput**:
>
> I – será utilizada a remuneração do servidor no momento da concessão da aposentadoria se aplicável a regra da integralidade da remuneração ou do subsídio do segurado no cargo efetivo; e ***(Redação dada pela Portaria MTP nº 3.803, de 16/11/2022)***
>
> II – não será contado o tempo de contribuição posterior à data de entrada em vigor da EC nº 103, de 2019, para os servidores da União, nem o posterior à data de entrada em vigor das alterações na legislação do RPPS dos servidores dos Estados, do Distrito Federal e dos Municípios, se aplicável a regra da média aritmética simples a que se refere o art. 1º da Lei nº 10.887, de 2004, para o cálculo dos proventos de aposentadoria, aplicando-se a atualização de que trata o § 1º desse artigo até a data da concessão. ***(Redação dada pela Portaria MTP nº 3.803, de 16/11/2022)***

10.2 DIREITO ADQUIRIDO DOS SERVIDORES PÚBLICOS À APOSENTADORIA VOLUNTÁRIA NORMAL

Passaremos a ver, doravante, as situações de direito adquirido dos servidores públicos federais, que também se aplicam aos servidores estaduais, distritais e municipais, quando os respectivos entes fizerem suas reformas. As normas asseguradas dependem da data de ingresso em cargo efetivo no serviço público e da satisfação de seus requisitos antes da vigência das emendas reformadoras, a saber:

a) **Até 16 de dezembro de 1998, data de publicação da EC nº 20/1998:** regras de transição do art. 2º da EC 41/2003 e art. 3º da EC 47/2005.

b) **Após 16 de dezembro de 1998, data de publicação da EC nº 20/1998, e até 31 de dezembro de 2003, data de publicação da EC nº 41/2003:** regra de transição do art. 6º da EC nº 41/2003.

---

2. Destacamos a edição da Portaria SGP/SEDGG/ME nº 10.360, de 6 de dezembro de 2022, que estabelece orientação aos órgãos e entidades do Sistema de Pessoal Civil da Administração Pública Federal (Sipec,) acerca da concessão, manutenção e pagamento dos benefícios de aposentadoria no âmbito do RPPS da União, dispondo em seu Anexo I sobre o direito adquirido à aposentadoria.

c) **Após 31 de dezembro de 2003, data de publicação da nº EC 41/2003 e até 13 de novembro de 2019, para o servidor federal, ou até a data de publicação da nova legislação previdenciária, para os servidores dos entes subnacionais:** art. 40 da CR/88, com a redação conferida pela EC nº 41/2003.

10.2.1 Direito adquirido do servidor que ingressou no serviço público após 31 de dezembro de 2003 e até 13 de novembro de 2019 (servidor federal) ou até a data da publicação da lei do ente federativo (servidores dos Estados, DF e Municípios que fizeram reforma)

CR/88, com a redação anterior à EC nº 103/2019

Art. 40 (...)

§ 1º Os servidores abrangidos pelo regime de previdência de que trata este artigo serão aposentados, calculados os seus proventos a partir dos valores fixados na forma dos §§ 3º e 17:

(...)

III – voluntariamente, desde que cumprido tempo mínimo de dez anos de efetivo exercício no serviço público e cinco anos no cargo efetivo em que se dará a aposentadoria, observadas as seguintes condições:

a) sessenta anos de idade e trinta e cinco de contribuição, se homem, e cinquenta e cinco anos de idade e trinta de contribuição, se mulher.

b) sessenta e cinco anos de idade, se homem, e sessenta anos de idade, se mulher, com proventos proporcionais ao tempo de contribuição

(...)

§ 3º Para o cálculo dos proventos de aposentadoria, por ocasião da sua concessão, serão consideradas as remunerações utilizadas como base para as contribuições do servidor aos regimes de previdência de que tratam este artigo e o art. 201, na forma da lei.

(...)

§ 8º É assegurado o reajustamento dos benefícios para preservar-lhes, em caráter permanente, o valor real, conforme critérios estabelecidos em lei.

(...)

§ 17. Todos os valores de remuneração considerados para o cálculo do benefício previsto no § 3º serão devidamente atualizados, na forma da lei.

Nessa situação, se o servidor cumpriu os requisitos dessas normas **até** 13 de novembro de 2019, data de publicação da EC nº 103/2019 (se do RPPS da União) ou até a data de publicação da nova lei (se dos RPPS dos entes federativos que fizeram reforma previdenciária), poderá se aposentar: (1) por tempo de contribuição com idade mínima ou (2) por idade, com proventos proporcionais ao tempo de contribuição.

A aposentadoria por tempo de contribuição com idade mínima será concedida ao homem com 35 anos de contribuição e 60 anos de idade e à mulher com 55 anos de idade e 30 anos de contribuição, desde que cumpridos, pelo menos, 10 anos de efetivo exercício no serviço público e 5 anos no cargo em que se dará a aposentação, com proventos correspondentes à integralidade (100%) da média de remunerações e dos salários que serviram de base para a contribuição previdenciária[3].

---

3. Média aritmética simples das maiores remunerações ou salários de contribuição, corrigidos monetariamente, correspondentes a 80% de todo o período contributivo desde a competência julho de 1994 ou desde a do início da contribuição, se posterior àquela competência.

Tomemos como exemplo uma servidora que ingressou no serviço público federal em janeiro de 2005, portanto, depois da publicação da EC nº 41/2003. Pois bem, essa servidora, em janeiro de 2022, resolveu requerer sua aposentadoria com 58 anos de idade, 33 de contribuição, 17 anos no cargo e no serviço público. Como satisfazia, em 13 de novembro de 2019 (data de publicação da EC nº 103/2019), os requisitos mínimos temporais exigidos pela alínea "a" do inciso III do § 1º do art. 40 da CR/88, com a redação conferida pela EC nº 41/2003, foi-lhe concedida a aposentadoria prevista nessa norma com proventos correspondentes à integralidade da média de remunerações e dos salários que serviram de base para a contribuição previdenciária.

Já a aposentadoria por idade será concedida ao homem com 65 anos de idade e à mulher com 60 anos, sem exigência de tempo mínimo de contribuição, mas com o cumprimento de, pelo menos, 10 anos de efetivo exercício no serviço público e 5 anos no cargo em que se dará a aposentação. Nesse caso, os proventos serão proporcionais ao tempo de contribuição.

Exemplifiquemos com um servidor que ingressou no serviço público federal em janeiro de 2009, portanto, durante a vigência da EC nº 41/2003. Esse servidor, em janeiro de 2020, resolveu requerer sua aposentadoria com 66 anos de idade, 25 anos de contribuição, 11 anos no cargo e no serviço público. Como satisfazia, em 13 de novembro de 2019 (data de publicação da EC nº 103/2019), os requisitos mínimos temporais exigidos pela alínea "b" do inciso III do § 1º do art. 40 da CR/88, com a redação conferida pela EC nº 41/2003, foi-lhe concedida a aposentadoria prevista nessa norma com proventos correspondentes à razão de 25/35 avos (71%) da média de remunerações e dos salários que serviram de base para a contribuição previdenciária.

Para ambas as aposentadorias, vigora o disposto no § 8º do art. 40, que assegura o reajustamento dos benefícios para preservar-lhes, em caráter permanente, o valor real, conforme critérios estabelecidos em lei do ente federado.

10.2.2 Direito adquirido dos servidores que ingressaram no serviço público após 16 de dezembro de 1998 e até 31 de dezembro de 2003

Esses servidores, além de poderem se aposentar pelas regras de aposentadoria voluntária comentadas no tópico anterior (§ 1º do art. 40 da CR/88, com a redação conferida pela EC nº 41/2003), podem requerer sua aposentadoria com esteio na regra de transição prevista no art. 6º dessa Emenda, a saber:

EC nº 41/2003

Art. 6º Ressalvado o direito de opção à aposentadoria pelas normas estabelecidas pelo art. 40 da Constituição Federal ou pelas regras estabelecidas pelo art. 2º desta Emenda, o servidor da União, dos Estados, do Distrito Federal e dos Municípios, incluídas suas autarquias e fundações, que tenha ingressado no serviço público até a data de publicação desta Emenda poderá aposentar-se com proventos integrais, que corresponderão à totalidade da remuneração do servidor no cargo efetivo em que se der a aposentadoria, na forma da lei, quando, observadas as reduções de idade e tempo de contribuição contidas no § 5º do art. 40 da Constituição Federal, vier a preencher, cumulativamente, as seguintes condições:

I – sessenta anos de idade, se homem, e cinquenta e cinco anos de idade, se mulher;

II – trinta e cinco anos de contribuição, se homem, e trinta anos de contribuição, se mulher;

III – vinte anos de efetivo exercício no serviço público; e

IV – dez anos de carreira e cinco anos de efetivo exercício no cargo em que se der a aposentadoria.

Art. 7º Observado o disposto no art. 37, XI, da Constituição Federal, os proventos de aposentadoria dos servidores públicos titulares de cargo efetivo e as pensões dos seus dependentes pagos pela União, Estados, Distrito Federal e Municípios, incluídas suas autarquias e fundações, em fruição na data de publicação desta Emenda, bem como os proventos de aposentadoria dos servidores e as pensões dos dependentes abrangidos pelo art. 3º desta Emenda, serão revistos na mesma proporção e na mesma data, sempre que se modificar a remuneração dos servidores em atividade, sendo também estendidos aos aposentados e pensionistas quaisquer benefícios ou vantagens posteriormente concedidos aos servidores em atividade, inclusive quando decorrentes da transformação ou reclassificação do cargo ou função em que se deu a aposentadoria ou que serviu de referência para a concessão da pensão, na forma da lei.

EC 47/2005

Art. 2º Aplica-se aos proventos de aposentadorias dos servidores públicos que se aposentarem na forma do caput do art. 6º da Emenda Constitucional 41, de 2003, o disposto no art. 7º da mesma Emenda.

(...)

Art. 5º Revoga-se o parágrafo único do art. 6º da Emenda Constitucional 41, de 19 de dezembro de 2003.

Essa regra veio contemplar a situação dos servidores que ingressaram no serviço público durante a vigência da EC nº 20/1998, que assegurava regra de cálculo dos proventos com direito à integralidade da última remuneração do servidor em atividade e com direito à paridade dos proventos de aposentadoria.

Como esses servidores expectavam se aposentar com esses direitos aos 60 anos de idade e 35 de contribuição, se homem, e aos 55 anos de idade e 30 de contribuição, se mulher, o legislador constituinte reformador de 2003 reconheceu essa expectativa atribuindo-lhes uma regra de transição com direito à integralidade da última remuneração e à paridade dos proventos. Para tanto, o tempo mínimo de serviço público, em vez dos 10 anos exigidos, passou a ser o dobro, ou seja, 20 anos.

Importante mencionar que o parágrafo único do art. 6º da EC nº 41/2003 assegurava o reajustamento dos proventos na mesma proporção e na mesma data em que se modificasse a remuneração dos servidores em atividade, "na forma da lei", o que não assegurava a denominada paridade plena. A EC nº 47/2005 revogou o mencionado parágrafo único do art. 6º e, em seu art. 2º, passou a prever a aplicação do art. 7º da EC nº 41/2003 para a atualização dos proventos dessa regra de transição.

Ilustremos com uma servidora que ingressou no serviço público federal em outubro de 1999, portanto, durante a vigência da EC nº 20/1998. Pois bem, essa servidora, em novembro de 2020, resolveu requerer sua aposentadoria. Como, em 13 de novembro de 2019 (data de publicação da EC nº 103/2019), contava com 58 anos de idade, 30 de contribuição, 20 anos no cargo, na carreira e no serviço público, satisfazendo, assim, os requisitos mínimos temporais exigidos pelo art. 6º da EC nº 41/2003, foi-lhe concedida a aposentadoria prevista nessa norma, com proventos correspondentes à integralidade da última remuneração e com paridade plena com os servidores da ativa.

10.2.3 Direito adquirido dos servidores que ingressaram no serviço público até 16 de dezembro de 1998

Esses servidores, além de poderem se aposentar pelas regras de aposentadoria voluntária do § 1º do art. 40 da CF/88, com a redação conferida pela EC nº 41/2003, e pela regra de transição do art. 6º da mencionada EC nº 41/2003, também podem requerer sua aposentadoria com esteio nas seguintes regras:

EC nº 41/2003

Art. 2º Observado o disposto no art. 4º da Emenda Constitucional 20, de 15 de dezembro de 1998, é assegurado o direito de opção pela aposentadoria voluntária com proventos calculados de acordo com o art. 40, §§ 3º e 17, da Constituição Federal, àquele que tenha ingressado regularmente em cargo efetivo na Administração Pública direta, autárquica e fundacional, até a data de publicação daquela Emenda, quando o servidor, cumulativamente:

I – tiver cinquenta e três anos de idade, se homem, e quarenta e oito anos de idade, se mulher;

II – tiver cinco anos de efetivo exercício no cargo em que se der a aposentadoria;

III – contar tempo de contribuição igual, no mínimo, à soma de:

a) trinta e cinco anos, se homem, e trinta anos, se mulher; e

b) um período adicional de contribuição equivalente a vinte por cento do tempo que, na data de publicação daquela Emenda, faltaria para atingir o limite de tempo constante da alínea *a* deste inciso.

§ 1º O servidor de que trata este artigo que cumprir as exigências para aposentadoria na forma do *caput* terá os seus proventos de inatividade reduzidos para cada ano antecipado em relação aos limites de idade estabelecidos pelo art. 40, § 1º, III, a, e § 5º da Constituição Federal, na seguinte proporção:

I – três inteiros e cinco décimos por cento, para aquele que completar as exigências para aposentadoria na forma do *caput* até 31 de dezembro de 2005;

II – cinco por cento, para aquele que completar as exigências para aposentadoria na forma do *caput* a partir de 1º de janeiro de 2006.

(...)

§ 6º Às aposentadorias concedidas de acordo com este artigo aplica-se o disposto no art. 40, § 8º, da Constituição Federal.

EC nº 47/2005

Art. 3º Ressalvado o direito de opção à aposentadoria pelas normas estabelecidas pelo art. 40 da Constituição Federal ou pelas regras estabelecidas pelos arts. 2º e 6º da Emenda Constitucional 41, de 2003, o servidor da União, dos Estados, do Distrito Federal e dos Municípios, incluídas suas autarquias e fundações, que tenha ingressado no serviço público até 16 de dezembro de 1998 poderá aposentar-se com proventos integrais, desde que preencha, cumulativamente, as seguintes condições:

I – trinta e cinco anos de contribuição, se homem, e trinta anos de contribuição, se mulher;

II – vinte e cinco anos de efetivo exercício no serviço público, quinze anos de carreira e cinco anos no cargo em que se der a aposentadoria;

III – idade mínima resultante da redução, relativamente aos limites do art. 40, § 1º, inciso III, alínea "a", da Constituição Federal, de um ano de idade para cada ano de contribuição que exceder a condição prevista no inciso I do *caput* deste artigo.

Parágrafo único. Aplica-se ao valor dos proventos de aposentadorias concedidas com base neste artigo o disposto no art. 7º da Emenda Constitucional 41, de 2003, observando-se igual critério de revisão às pensões derivadas dos proventos de servidores falecidos que tenham se aposentado em conformidade com este artigo.

Essas regras vieram contemplar a situação dos servidores que ingressaram no serviço público **até** 16 de dezembro de 1998, data de publicação EC nº 20/1998, quando as aposentadorias, além de serem integrais (última remuneração) e com paridade, eram por tempo de serviço, sem idade mínima exigida dos servidores.

Como esses servidores expectavam se aposentar com esses direitos, a EC nº 41/2003 reconheceu essa expectativa, atribuindo-lhes uma regra de transição que lhes possibilitava aposentar-se com idade inferior a 60 anos, se homem, e 55, se mulher, mas pagando um pedágio de contribuição e sem direito à integralidade e à paridade dos proventos de aposentadoria. Falamos da regra de transição prevista no art. 2º da EC nº 41/2003, por meio da qual o servidor que ingressou no serviço público até 16 de dezembro de 1998 pode se aposentar. Para tanto, necessita cumprir, cumulativamente, os seguintes requisitos mínimos temporais:

a) 53 anos de idade, se homem, e 48 anos de idade, se mulher;
b) 35 anos de tempo de contribuição, se homem, e 30 anos, se mulher;
c) 5 anos de efetivo exercício no cargo em que se der a aposentadoria; e
d) período adicional de contribuição (pedágio) correspondente a 20% do tempo que, na data de publicação da EC 20/1998, em 16 de dezembro de 1998, faltaria para atingir o tempo mínimo de contribuição exigido dos servidores.

O "preço" a ser pago pelo servidor que desejar se aposentar com menos idade é, além da perda do direito à integralidade da última remuneração e da paridade dos proventos, a redução dos proventos em 5% para cada ano antecipado em relação aos 55 anos de idade, se mulher, e 60 anos de idade, se homem, nos termos do § 1º do art. 2º da EC nº 41/2003.

Ilustremos com uma servidora que ingressou no serviço público federal em 16 de dezembro de 1985, portanto, antes da data de publicação da EC nº 20/1998. Pois bem, a servidora, em novembro de 2020, resolveu requerer sua aposentadoria com 52 anos de idade (completados no mês de setembro), 34 de contribuição, no cargo, na carreira e no serviço público. Adotando os critérios estabelecidos pelo art. 2º da EC nº 41/2003, temos o seguinte:

a) Retroagindo o tempo de contribuição da servidora à data de publicação da EC nº 20/1998, 16 de dezembro de 1998, ela contava com 13 anos de contribuição, faltando, assim, 17 anos para completar o tempo de contribuição mínimo exigido, no caso, para as mulheres, 30 anos.
b) Aplicando-se o pedágio de 20% sobre os 17 anos, tem-se um período adicional de 3,4 anos, resultando em um tempo de contribuição de 20,4 anos, a ser cumprido pela servidora até 13 de novembro de 2019 (data de publicação da EC nº 103/2019).
c) Em novembro de 2020, então, a servidora cumpre o tempo de contribuição mínimo acrescido do pedágio e os demais requisitos temporais exigidos pelo art. 2º da EC nº 41/2003.

Assim, a servidora tem direito adquirido a se aposentar com proventos calculados da seguinte forma:

a) Apuração da média das remunerações e dos salários que serviram de base para a contribuição previdenciária, nos termos do art. 1º da Lei nº 10.887/2004, computados até a EC nº 103/2019[4].

b) Aplicação do redutor de 5% por ano antecipado em relação à idade mínima de 55 anos, no caso da servidora, 20%, correspondentes aos 4 anos de antecipação da idade, haja vista que deve ser considerada a idade da servidora federal na data da publicação da EC nº 103/2019 (51 anos)[5].

Seus proventos, então, corresponderão a 80% da média das remunerações e dos salários que serviram de base para a contribuição previdenciária e serão reajustados de acordo com o disposto no § 8º do art. 40 da CR/88, que assegura o reajustamento dos benefícios para preservar-lhes, em caráter permanente, o valor real, conforme critérios estabelecidos em lei do ente federado.

Além dessa regra de transição para os servidores que ingressaram no serviço público até a da data de publicação da EC nº 20/1998, existe, ainda, a regra do art. 3º da EC nº 47/2005, que possibilita uma aposentadoria com direito à integralidade e à paridade dos proventos, desde que cumpridos, cumulativamente, no mínimo:

a) 35 anos de contribuição para homens e 30 anos para as mulheres;

b) 25 anos de efetivo exercício no serviço público;

c) 15 anos de carreira; e

d) 5 anos no cargo em que se der a aposentadoria.

Essa regra veio possibilitar que a idade mínima imposta pela EC nº 41/2003 (60 anos para homens e 55 para mulheres) fosse diminuída pelo excedente do tempo mínimo de contribuição (30 anos para as mulheres e 35 anos para os homens), com a adoção da regra dos pontos: **85 para as mulheres e 95 para os homens.**

Por exemplo, uma servidora com 55 anos de idade e 30 anos de contribuição, satisfeitos os demais requisitos temporais, pode se aposentar pelo art. 3º da EC nº 47/2005, porque a soma dos dois valores perfaz 85 pontos (55 + 30). Outro exemplo: mulher com 54 anos de idade e 31 anos de contribuição, cumpridos os demais requisitos, também pode aposentar-se, porquanto a soma dos valores perfaz também 85 pontos (54+31).

No caso de um servidor homem, ele poderá se aposentar, por exemplo, com 60 anos de idade e 35 anos de contribuição (60 + 35 = 95) ou com 59 anos de idade e 36 anos de contribuição (59 + 36 = 95). A soma dos valores, para os homens, deve resultar, sempre, em, pelo menos, 95 pontos e os demais requisitos temporais devem ser satisfeitos.

Ilustremos com um servidor, homem, que tenha ingressado no serviço público federal em abril de 1992. Em abril de 2020, resolveu solicitar sua aposentadoria, com 58 anos de idade, 40 anos de contribuição, 28 anos de serviço público, 28 anos na carreira

---

4. Portaria MTP nº 1.467/2022, Anexo I, art. 11, § 4º, II: não será contado o tempo de contribuição posterior à data de entrada em vigor da EC nº 103, de 2019, para os servidores da União, nem o posterior à data de entrada em vigor das alterações na legislação do RPPS dos servidores dos Estados, do Distrito Federal e dos Municípios, se aplicável a regra da média aritmética simples a que se refere o art. 1º da Lei nº 10.887, de 2004, para o cálculo dos proventos de aposentadoria, aplicando-se a atualização de que trata o § 1º desse artigo até a data da concessão.

5. Na aplicação do direito adquirido aos servidores federais, os critérios de elegibilidade ao benefício devem ser computados até a data da emenda constitucional reformadora de 2019.

e no cargo em que se dará a aposentadoria. Esse servidor, considerando o disposto no inciso III do art. 3º da EC nº 47/2005 e tendo em vista o excedente do seu tempo de contribuição, pôde se aposentar, considerando o resultado da seguinte soma: 40 anos de contribuição + 58 anos de idade = 98 pontos.

Ora, considerando a regra de pontos 85/95 (mulheres/homens), o servidor pôde se aposentar com direito à integralidade e à paridade dos proventos. Essa é a regra inserta no parágrafo único do art. 3º da EC nº 47/2005. Como não há direto adquirido à pensão até que ocorra o fato gerador do benefício, que é o óbito do segurado, seus pensionistas não terão direito à paridade com os ativos, tendo em vista a revogação, promovida pela EC nº 103/2019, do art. 3º da EC nº 47/2005 para o RPPS da União.

10.2.4 Exemplos de direito adquirido do servidor público

Exemplo 1. Luiza Helena de Lima ingressou no serviço público federal em janeiro de 2005, portanto, depois da publicação da EC nº 41/2003. Em janeiro de 2020, resolveu requerer sua aposentadoria, com 56 anos de idade, 32 de contribuição, 15 anos no cargo e no serviço público, tendo cumprido, assim, até 13 de novembro de 2019 (data de publicação da EC nº 103/2019), os requisitos mínimos temporais exigidos pela alínea "a" do inciso III do § 1º do art. 40 da CR/88, com a redação conferida pela EC nº 41/2003. Para fins de cálculo de proventos, atribui-se ao cargo da servidora uma remuneração de R$ 5.800,00 e média de R$ 4.200,00.

Seus proventos corresponderão à integralidade da média[6], ou seja, a **R$ 4.200,00**, e serão reajustados para preservar-lhes, em caráter permanente, o valor real, nos termos fixados na lei estadual.

Exemplo 2. Cláudia Maria Gomes ingressou, em janeiro de 1999, portanto, durante a vigência da EC nº 20/1998 no serviço público do **Estado X**, que promoveu sua reforma previdenciária em 13 janeiro de 2021 . Em novembro de 2020, resolveu requerer sua aposentadoria com 58 anos de idade, 31 de contribuição, 21 anos no cargo, na carreira e no serviço público, tendo cumprido, assim, até 13 de janeiro de 2021 (data de publicação da nova lei previdenciária do **Estado X**), os requisitos mínimos temporais exigidos pelo art. 6º da EC nº 41/2003. Para fins de cálculo de proventos, atribui-se ao cargo da servidora uma remuneração de R$ 3.800,00.

Seus proventos corresponderão à integralidade da última remuneração do cargo, ou seja, a R$ 3.800,00 e com paridade plena com os servidores da ativa.

Exemplo 3. Letícia Pavim ingressou no serviço público federal em abril de 1992. Em abril de 2022, resolve requerer sua aposentadoria, com 58 anos de idade, 40 anos de contribuição, 30 anos de serviço público, 30 anos na carreira e no cargo em que se dará a aposentadoria, tendo cumprido, assim, até 13 de novembro de 2019 (data de publicação da EC nº 103/2019), os requisitos exigidos pelo art. 3º da EC nº 47/2005. Para fins de cálculo de proventos, atribui-se ao cargo da servidora uma remuneração de R$ 5.600,00.

6. Média aritmética simples das maiores remunerações ou salários de contribuição, corrigidos monetariamente, correspondentes a 80% do período contributivo, desde a competência julho de 1994 ou desde a do início da contribuição, se posterior àquela competência.

Seus proventos corresponderão à integralidade da última remuneração do cargo, ou seja, a R$ 5.600,00, com paridade plena com os servidores da ativa.

Como não há direto adquirido à pensão até que ocorra o fato gerador do benefício, que é o óbito do segurado, seus pensionistas não terão direito à paridade com os ativos, tendo em vista a revogação, promovida pela EC nº 103/2019, do art. 3º da EC nº 47/2005 para o RPPS da União.

10.3 DIREITO ADQUIRIDO DOS PROFESSORES DA EDUCAÇÃO BÁSICA À APOSENTADORIA VOLUNTÁRIA ESPECIAL

Prossigamos, agora, com as situações de direito adquirido dos professores da educação básica da União, que também se aplicam aos professores da educação básica estadual, distrital e municipal, quando os respectivos entes fizerem suas reformas. Assim como para o servidor público em geral, as normas asseguradas dependem da data de ingresso do professor em cargo efetivo no serviço público e da satisfação de seus requisitos antes da vigência das emendas reformadoras, a saber:

10.3.1 Aposentadoria voluntária dos professores da educação básica que ingressaram no serviço público após 31 de dezembro de 2003 e até 13 de novembro de 2019 (professor da União) ou até a data da publicação da lei do ente federativo (professores dos Estados, DF e Municípios que fizeram reforma)

CR/88, com a redação anterior à EC nº 103/2019

Art. 40. (...)

§ 1º Os servidores abrangidos pelo regime de previdência de que trata este artigo serão aposentados, calculados os seus proventos a partir dos valores fixados na forma dos §§ 3º e 17:

(...)

III – voluntariamente, desde que cumprido tempo mínimo de dez anos de efetivo exercício no serviço público e cinco anos no cargo efetivo em que se dará a aposentadoria, observadas as seguintes condições:

a) sessenta anos de idade e trinta e cinco de contribuição, se homem, e cinquenta e cinco anos de idade e trinta de contribuição, se mulher.

b) sessenta e cinco anos de idade, se homem, e sessenta anos de idade, se mulher, com proventos proporcionais ao tempo de contribuição

(...)

§ 3º Para o cálculo dos proventos de aposentadoria, por ocasião da sua concessão, serão consideradas as remunerações utilizadas como base para as contribuições do servidor aos regimes de previdência de que tratam este artigo e o art. 201, na forma da lei.

(...)

§ 5º Os requisitos de idade e de tempo de contribuição serão reduzidos em cinco anos em relação ao disposto no § 1º, III, a, para o professor que comprove exclusivamente tempo de efetivo exercício das funções de magistério na educação infantil e no ensino fundamental e médio.

(...)

§ 8º É assegurado o reajustamento dos benefícios para preservar-lhes, em caráter permanente, o valor real, conforme critérios estabelecidos em lei.

(...)

§ 17. Todos os valores de remuneração considerados para o cálculo do benefício previsto no § 3º serão devidamente atualizados, na forma da lei. (g.n.)

A aposentadoria por tempo de contribuição com idade mínima será concedida ao professor com 30 anos de contribuição e 55 anos de idade e à professora com 50 anos de idade e 25 anos de contribuição e, em ambos os casos, 25 anos de efetivo exercício das funções de magistério na educação infantil e no ensino fundamental e médio, cumpridos, pelo menos, 10 anos de efetivo exercício no serviço público e 5 anos no cargo em que se dará a aposentação, com proventos correspondentes à integralidade (100%) da média de remunerações e dos salários que serviram de base para a contribuição previdenciária.

Tomemos como exemplo uma professora do ensino médio que ingressou no serviço público federal em janeiro de 2005, portanto, depois da publicação da EC nº 41/2003. Pois bem, essa professora, em janeiro de 2021, resolveu requerer sua aposentadoria com 52 anos de idade, 27 anos de contribuição e de efetivo exercício de magistério, 16 anos no cargo e no serviço público. Como satisfez, até 13 de novembro de 2019 (data de publicação da EC nº 103/2019), os requisitos mínimos temporais exigidos pela alínea 'a" do inciso III do § 1º do art. 40, c/c o § 5º desse mesmo artigo da CR/88, com a redação conferida pela EC nº 41/2003, foi-lhe concedida a aposentadoria prevista nessas normas, com proventos correspondentes à integralidade da média[7] de remunerações e dos salários que serviram de base para a contribuição previdenciária.

Já a aposentadoria por idade não será concedida ao professor com requisitos diferenciados, porquanto o § 5º do art. 40 da CF/88 só os prevê para a aposentadoria voluntária prevista na alínea 'a" do inciso III do § 1º do mencionado art. 40.

Para a aposentadoria especial do professor, vigora o disposto no § 8º do art. 40 da CF/88, que assegura o reajustamento dos benefícios para preservar-lhes, em caráter permanente, o valor real, conforme critérios estabelecidos em lei do ente federado.

10.3.2 Aposentadoria voluntária dos professores da educação básica que ingressaram no serviço público após 16 de dezembro de 1998 e até 31 de dezembro de 2003

Esses professores, além de poderem se aposentar pelas regras de aposentadoria voluntária comentadas no tópico anterior, podem requerer sua aposentadoria com esteio na regra de transição prevista no art. 6º da EC nº 41/2003, a saber:

EC nº 41/2003

Art. 6º Ressalvado o direito de opção à aposentadoria pelas normas estabelecidas pelo art. 40 da Constituição Federal ou pelas regras estabelecidas pelo art. 2º desta Emenda, o servidor da União, dos Estados, do Distrito Federal e dos Municípios, incluídas suas autarquias e fundações, que tenha ingressado no serviço público até a data de publicação desta Emenda poderá aposentar-se com proventos integrais, que corresponderão à totalidade da remuneração do servidor no cargo efetivo em que se der a aposentadoria, na forma da lei, quando, observadas as reduções de idade e tempo de contribuição contidas no *§ 5º do art. 40 da Constituição Federal,* vier a preencher, cumulativamente, as seguintes condições:

I – sessenta anos de idade, se homem, e cinquenta e cinco anos de idade, se mulher;

II – trinta e cinco anos de contribuição, se homem, e trinta anos de contribuição, se mulher;

7. Média correspondente a 80% (oitenta por cento) de todo o período contributivo desde a competência julho de 1994 ou desde a do início da contribuição, se posterior àquela competência.

> III – vinte anos de efetivo exercício no serviço público; e
>
> IV – dez anos de carreira e cinco anos de efetivo exercício no cargo em que se der a aposentadoria.
>
> Art. 7º Observado o disposto no art. 37, XI, da Constituição Federal, os proventos de aposentadoria dos servidores públicos titulares de cargo efetivo e as pensões dos seus dependentes pagos pela União, Estados, Distrito Federal e Municípios, incluídas suas autarquias e fundações, em fruição na data de publicação desta Emenda, bem como os proventos de aposentadoria dos servidores e as pensões dos dependentes abrangidos pelo art. 3º desta Emenda, serão revistos na mesma proporção e na mesma data, sempre que se modificar a remuneração dos servidores em atividade, sendo também estendidos aos aposentados e pensionistas quaisquer benefícios ou vantagens posteriormente concedidos aos servidores em atividade, inclusive quando decorrentes da transformação ou reclassificação do cargo ou função em que se deu a aposentadoria ou que serviu de referência para a concessão da pensão, na forma da lei.

> **EC nº 47/2005**
>
> Art. 2º Aplica-se aos proventos de aposentadorias dos servidores públicos que se aposentarem na forma do caput do art. 6º da Emenda Constitucional 41, de 2003, o disposto no art. 7º da mesma Emenda.
>
> (...)
>
> Art. 5º Revoga-se o parágrafo único do art. 6º da Emenda Constitucional 41, de 19 de dezembro de 2003. (g.n.)

Essa regra veio contemplar a situação dos servidores que ingressaram no serviço público na vigência da EC nº 20/1998, que assegurava regra de cálculo dos proventos com direito à integralidade da última remuneração do servidor em atividade e com direito à paridade dos proventos de aposentadoria.

Como os professores expectavam se aposentar com esses direitos aos 55 anos de idade e 30 de contribuição, se homem, e aos 50 anos de idade e 25 de contribuição, se mulher, o legislador constituinte reformador de 2003 reconheceu essa expectativa atribuindo-lhes uma regra de transição com direito à integralidade da última remuneração e à paridade dos proventos. Para tanto, o tempo mínimo de serviço público, em vez dos 10 anos exigidos, passou a ser o dobro, ou seja, 20 anos.

Importante mencionar que o parágrafo único do art. 6º da EC nº 41/2003 assegurava o reajustamento dos proventos na mesma proporção e na mesma data em que se modificasse a remuneração dos servidores em atividade, "na forma da lei", o que não assegurava a denominada paridade plena. A EC nº 47/2005 revogou o mencionado parágrafo único do art. 6º e, em seu art. 2º, passou a prever a aplicação do art. 7º da EC nº 41/2003 para a atualização dos proventos dessa regra de transição.

Ilustremos com uma professora do ensino médio que ingressou no serviço público federal em outubro de 1999, portanto, durante a vigência da EC nº 20/1998. Pois bem, essa professora, em novembro de 2020, resolveu requerer sua aposentadoria com 53 anos de idade, 26 de contribuição, 21 anos no cargo, na carreira e no serviço público. Como satisfez, até 13 de novembro de 2019 (data de publicação da EC nº 103/2019), os requisitos mínimos temporais exigidos pelo art. 6º da EC nº 41/2003, foi-lhe concedida a aposentadoria prevista nessa norma, com proventos correspondentes à integralidade da última remuneração e com paridade plena com os servidores da ativa.

10.3.3 Aposentadoria voluntária dos professores da educação básica que ingressaram no serviço público até 16 de dezembro de 1998

Esses servidores, além de poderem se aposentar pelas regras de aposentadoria voluntária do § 1º do art. 40 da CF/88, com a redação conferida pela EC nº 41/2003, e pela regra de transição do art. 6º dessa Emenda, também podem requerer sua aposentadoria com esteio nas seguintes regras:

EC nº 41/2003

Art. 2º Observado o disposto no art. 4º da Emenda Constitucional 20, de 15 de dezembro de 1998, é assegurado o direito de opção pela aposentadoria voluntária com proventos calculados de acordo com o art. 40, §§ 3º e 17, da Constituição Federal, àquele que tenha ingressado regularmente em cargo efetivo na Administração Pública direta, autárquica e fundacional, até a data de publicação daquela Emenda, quando o servidor, cumulativamente:

I – tiver cinquenta e três anos de idade, se homem, e quarenta e oito anos de idade, se mulher;

II – tiver cinco anos de efetivo exercício no cargo em que se der a aposentadoria;

III – contar tempo de contribuição igual, no mínimo, à soma de:

a) trinta e cinco anos, se homem, e trinta anos, se mulher; e

b) um período adicional de contribuição equivalente a vinte por cento do tempo que, na data de publicação daquela Emenda, faltaria para atingir o limite de tempo constante da alínea *a* deste inciso.

§ 1º O servidor de que trata este artigo que cumprir as exigências para aposentadoria na forma do *caput* terá os seus proventos de inatividade reduzidos para cada ano antecipado em relação aos limites de idade estabelecidos pelo art. 40, § 1º, III, a, e *§ 5º da Constituição Federal, na seguinte proporção:*

I – três inteiros e cinco décimos por cento, para aquele que completar as exigências para aposentadoria na forma do caput até 31 de dezembro de 2005;

II – cinco por cento, para aquele que completar as exigências para aposentadoria na forma do *caput* a partir de 1º de janeiro de 2006.

(...)

§ 4º O professor, servidor da União, dos Estados, do Distrito Federal e dos Municípios, incluídas suas autarquias e fundações, que, até a data de publicação da Emenda Constitucional 20, de 15 de dezembro de 1998, tenha ingressado, regularmente, em cargo efetivo de magistério e que opte por aposentar-se na forma do disposto no *caput*, terá o tempo de serviço exercido até a publicação daquela Emenda contado com o acréscimo de dezessete por cento, se homem, e de vinte por cento, se mulher, desde que se aposente, exclusivamente, com tempo de efetivo exercício nas funções de magistério, observado o disposto no § 1º.

(...)

§ 6º Às aposentadorias concedidas de acordo com este artigo aplica-se o disposto no art. 40, § 8º, da Constituição Federal.

EC nº 47/2005

Art. 3º Ressalvado o direito de opção à aposentadoria pelas normas estabelecidas pelo art. 40 da Constituição Federal ou pelas regras estabelecidas pelos arts. 2º e 6º da Emenda Constitucional 41, de 2003, o servidor da União, dos Estados, do Distrito Federal e dos Municípios, incluídas suas autarquias e fundações, que tenha ingressado no serviço público até 16 de dezembro de 1998 poderá aposentar-se com proventos integrais, desde que preencha, cumulativamente, as seguintes condições:

I – trinta e cinco anos de contribuição, se homem, e trinta anos de contribuição, se mulher;

II – vinte e cinco anos de efetivo exercício no serviço público, quinze anos de carreira e cinco anos no cargo em que se der a aposentadoria;

III – idade mínima resultante da redução, relativamente aos limites do art. 40, § 1º, inciso III, alínea "a", da Constituição Federal, de um ano de idade para cada ano de contribuição que exceder a condição prevista no inciso I do caput deste artigo.

Parágrafo único. Aplica-se ao valor dos proventos de aposentadorias concedidas com base neste artigo o disposto no art. 7º da Emenda Constitucional 41, de 2003, observando-se igual critério de revisão às pensões derivadas dos proventos de servidores falecidos que tenham se aposentado em conformidade com este artigo. (g.n.)

Essas regras vieram contemplar a situação dos servidores que ingressaram no serviço público **até** de 16 de dezembro de 1998, data de publicação da EC nº 20/1998, quando as aposentadorias, além de serem integrais (última remuneração) e com paridade, eram por tempo de serviço, sem idade mínima exigida dos servidores.

Como os professores expectavam se aposentar com esses direitos, a EC nº 41/2003 reconheceu a expectativa, atribuindo-lhes uma regra de transição que lhes possibilitava se aposentar com idade inferior a 55 anos, se homem, e 50, se mulher, mas "pagando" um pedágio de contribuição e sem direito à integralidade e à paridade dos proventos de aposentadoria. Falamos da regra de transição prevista no art. 2º da EC nº 41/2003, por meio da qual o professor que ingressou no serviço público federal até 16 de dezembro de 1998, data de publicação da EC nº 20/1998, pode se aposentar. Para tanto, necessitou cumprir, até 13 de novembro de 2019 (data de publicação da EC nº 103/2019), cumulativamente, os seguintes requisitos mínimos temporais:

a) 53 anos de idade, se homem, e 48 anos de idade, se mulher;
b) 35 anos de tempo de contribuição, se homem, e 30 anos, se mulher;
c) 5 anos de efetivo exercício no cargo em que se der a aposentadoria; e
d) período adicional de contribuição (pedágio) correspondente a 20% do tempo que, na data de publicação da EC nº 20/1998, faltaria para atingir o tempo mínimo de contribuição exigido dos servidores.

Ressalte-se que essa regra do art. 2º da EC nº 41/2003, exclusivamente, aplica-se, sem distinção, tanto aos professores da Educação Básica quanto aos do Ensino Superior, sendo-lhes assegurado que o tempo de serviço exercido até a publicação da EC nº 20/1998 será contado com o acréscimo de 17%, se homem, e de 20%, se mulher, desde que se aposentem, exclusivamente, com tempo de efetivo exercício nas funções de magistério, consoante prevê o § 4º do art. 2º da citada EC nº 41/2003.

O "preço" a ser pago pelo professor que desejar se aposentar com menos idade é, além da perda do direito à integralidade da última remuneração e da paridade dos proventos, a redução dos proventos em 5% para cada ano antecipado em relação aos 50 anos de idade, se mulher, e 55 anos de idade, se homem, nos termos do § 1º do art. 2º da EC nº 41/2003.

Cumpre mencionar que a regra de transição prevista no art. 3º da EC nº 47/2005 aplica-se, também, aos professores da Educação Básica, não lhes sendo, contudo, assegurada nenhuma redução com relação aos requisitos por ela exigidos.

10.3.4 Exemplos de direito adquirido do professor da educação básica

Exemplo 1. Ana Carla Gusmão iniciou sua vida laboral no magistério da educação básica em janeiro 1994, tendo ingressado no serviço público federal em janeiro de 2009, com 40 anos de idade, como professora do ensino médio. Se desejar, poderá requerer sua aposentadoria voluntaria especial com esteio no art. 3º da EC nº 103/2019, combinado com o § 5º do art. 40 da CR/88, com a redação conferida pela EC nº 41/2003, pois terá preenchido, até 13 de novembro de 2019 (data de publicação da EC nº 103/2019), todos os requisitos exigidos pela regra. Caso venha a fazê-lo em 2023, contará com 54 anos de idade, 29 anos de contribuição e de efetivo exercício das funções de magistério na Educação Básica, além de 14 anos de efetivo exercício de serviço público e no cargo efetivo em que se dará a aposentadoria. Para fins de cálculo de proventos, atribui-se ao cargo da servidora uma remuneração de R$ 3.600,00 e média de R$ 2.400,00.

Seus proventos corresponderão à integralidade da média[8], ou seja, a R$ 2.400,00, e serão reajustados para preservar-lhes, em caráter permanente, o valor real, nos termos fixados no art. 15 da Lei nº 10.887/2004.

Exemplo 2. Vinícius de Lima ingressou, em outubro de 1999, portanto, durante a vigência da EC nº 20/1998, no serviço público do **Município U** (que fez sua reforma em 15 de fevereiro de 2020), com 35 anos de idade, como professor do ensino fundamental, tendo averbado 10 anos de tempo de contribuição ao RGPS, também como professor da Educação Básica. Se desejar, poderá requerer sua aposentadoria voluntaria especial com esteio no art. 3º da EC nº 103/2019, combinado com o art. 6º da EC nº 41/2003, pois terá preenchido, até 15 de fevereiro de 2020 (data de publicação da nova lei previdenciária do Município U), todos os requisitos exigidos pela regra. Caso venha a fazê-lo em 2023, contará com 59 anos de idade, 34 anos de contribuição e de efetivo exercício das funções de magistério na Educação Básica, além de 24 anos de efetivo exercício de serviço público e no cargo efetivo em que se dará a aposentadoria. Para fins de cálculo de proventos, atribui-se ao cargo do servidor uma remuneração de R$ 2.600,00.

Seus proventos corresponderão à integralidade da última remuneração do cargo, ou seja, a R$ 2.600,00 e com paridade plena com os servidores da ativa.

10.4. DIREITO ADQUIRIDO DOS SERVIDORES POLICIAIS DA SEGURANÇA PÚBLICA DA UNIÃO E DOS ESTADOS QUE FIZERAM REFORMA PREVIDENCIÁRIA

Como já visto no capítulo das aposentadorias especiais, os dispositivos constitucionais que previam requisitos diferenciados de aposentadoria para os servidores públicos nunca foram regulamentados[9] e, em relação aos policiais civis, foi recepcionada a LC nº 51/1985, alterada pela LC nº 144/2014, e pela LC nº 152/2015, que dispõe sobre a aposentadoria especial do servidor público policial não militar. Assim, antes da EC nº 103/2019, esses agentes públicos tinham regras diferenciadas de aposentadoria, as previstas na LC nº 51/1985.

Para os policiais da segurança pública da União (polícia federal, polícia rodoviária federal, polícia ferroviária federal) que cumpriram os requisitos previstos na LC nº 51/1985 até 13 de novembro de 2019, data de publicação da EC nº 103/2019, o art. 3º da referida Emenda assegura-lhes o direito de aposentar-se, a qualquer tempo, não importando a data do requerimento da aposentadoria.

A LC nº 51/1985 não prevê idade mínima para aposentadoria do policial civil e seus requisitos temporais mínimos são os seguintes:

a) Para os homens: 30 anos de contribuição e 20 anos de exercício no cargo de natureza estritamente policial.

8. Média aritmética simples das maiores remunerações ou salários de contribuição, corrigidos monetariamente, correspondentes a 80% do período contributivo, computado, para os servidores federais, até a EC nº 103/2019 (Portaria MTP nº 1.467/2022, Anexo I, art. 11, § 4º, II).

9. A aposentadoria com critérios e requisitos diferenciados para professor da Educação Básica não necessitava de regulamentação por lei complementar, tendo, portanto, o § 5º do art. 40, eficácia plena.

b) Para as mulheres: 25 anos de contribuição, com, no mínimo, 15 anos de exercício em cargo de natureza estritamente policial.

Quanto ao cálculo dos proventos e ao critério de reajustamento, aplica-se o entendimento consubstanciado no Parecer nº 0004/2020/CONSUNIAO/CGU/AGU, ratificado pelo Presidente da República em despacho publicado no DOU de 17/6/2020, segundo o qual:

> Os policiais civis da União, ingressos nas respectivas carreiras até 12/11/2019 (data anterior à vigência da EC nº 103/2019), fazem jus à aposentadoria com base no artigo 5º da Emenda Constitucional nº 103/2019, com proventos integrais (totalidade da remuneração do servidor no cargo efetivo em que se der a aposentadoria), nos termos artigo 1º, II, da Lei Complementar nº 51/1985, e paridade plena, com fundamento no art. 38 da Lei nº 4.878/1965.

Conquanto o Parecer acima referenciado traga o marco temporal de 12 de novembro de 2019 para fins de demarcação do direito adquirido à integralidade e à paridade dos proventos dos policiais civis da União, entendemos que a data correta é de 13 de novembro de 2019, data de publicação da EC nº 103/2019. Vale lembrar que a Portaria MTP nº 1.467/2022 traz, no art. 11, I, transcrito linhas atrás, o marco da "data de entrada em vigor da Emenda Constitucional nº 103, de 2019, para os servidores da União".

Em relação ao direito adquirido dos policiais civis dos Estados que já fizeram suas reformas previdenciárias, ou seja, do direito daqueles que já haviam cumprido os requisitos da LC nº 51/1985 antes das normas estaduais reformadoras, aplicam-se, quanto aos requisitos mínimos temporais, as mesmas regras vistas para o policial da União:

a) Para os homens: 30 anos de contribuição e 20 anos de exercício no cargo de natureza estritamente policial.

b) Para as mulheres: 25 anos de contribuição, com, no mínimo, 15 anos de exercício em cargo de natureza estritamente policial.

Quanto ao cálculo dos proventos e ao critério de reajustamento, aplica-se o critério previsto na legislação estadual vigente antes da norma reformadora do ente subnacional.

10.4.1 Exemplos de direito adquirido do policial civil da União (aplicação da LC nº 51/1985)

Exemplo 1. Laércio Castro de Lima ingressou no serviço público da União, no cargo de agente de polícia federal, em outubro de 1989, com 19 anos de idade. Se desejar, poderá requerer sua aposentadoria voluntaria especial com esteio no art. 3º da EC nº 103/2019, combinado com a LC nº 51/1985, cujos requisitos cumpriu até 13 de novembro de 2019 (data de publicação da EC nº 103/2019). Caso venha a fazê-lo em 2023, terá 34 anos de contribuição e 34 anos de exercício no cargo de policial, contando com 53 anos de idade[10]. Para fins de cálculo de proventos, atribui-se ao cargo do servidor uma remuneração de R$ 12.700,00.

Como ingressou no serviço público estadual antes da publicação da EC nº 103/2019, seus proventos corresponderão à integralidade da última remuneração do cargo, ou seja,

10. Não há idade mínima para a regra de aposentadoria especial prevista na LC nº 51/1985.

a R$ 12.700,00 e serão reajustados com direito à paridade remuneratória com os policiais em atividade.

Exemplo 2. Selma Castro de Lima ingressou no serviço público da União, no cargo de agente da polícia rodoviária federal, em janeiro de 1994, com 20 anos de idade. Se desejar, poderá requerer sua aposentadoria voluntaria especial com esteio no art. 3º da EC nº 103/2019, combinado com a LC nº 51/1985, cujos requisitos cumpriu até 13 de novembro de 2019 (data de publicação da EC nº 103/2019). Caso venha a fazê-lo em 2023, terá 29 anos de contribuição e 29 anos de exercício no cargo de policial, contando com 49 de idade[11]. Para fins de cálculo de proventos, atribui-se ao cargo da servidora uma remuneração de R$ 11.800,00.

Como ingressou no serviço público estadual antes da publicação da EC nº 103/2019, seus proventos corresponderão à integralidade da última remuneração do cargo, ou seja, a R$ 11.800,00 e serão reajustados com direito à paridade remuneratória com os policiais em atividade.

10.5 ABONO DE PERMANÊNCIA NA REGRA DO DIREITO ADQUIRIDO

EC nº 103/2019

Art. 3º (...)

(...)

§ 3º Até que entre em vigor lei federal de que trata o § 19 do art. 40 da Constituição Federal, o servidor de que trata o caput que tenha cumprido os requisitos para aposentadoria voluntária com base no disposto na alínea "a" do inciso III do § 1º do art. 40 da Constituição Federal, na redação vigente até a data de entrada em vigor desta Emenda Constitucional, no art. 2º, no § 1º do art. 3º ou no art. 6º da Emenda Constitucional 41, de 19 de dezembro de 2003, ou no art. 3º da Emenda Constitucional 47, de 5 de julho de 2005, que optar por permanecer em atividade fará jus a um abono de permanência equivalente ao valor da sua contribuição previdenciária, até completar a idade para aposentadoria compulsória.

O abono de permanência foi visto no Capítulo 7, mas repetimos, aqui, que, para as situações de direito adquirido do servidor público federal vistas neste capítulo (e do servidor do ente que adotou as mesmas regras do RPPS da União), o legislador constituinte reformador previu, até que entre em vigor lei federal de que trata o § 19 do art. 40 da CR/88, a concessão de um abono de permanência, equivalente ao valor da sua contribuição previdenciária, para o direito adquirido com fundamento nos seguintes dispositivos:

a) alínea "a" do inciso III do § 1º do art. 40 da CR/88, com a redação dada pela EC nº 41/2003;
b) § 1º do art. 3º e arts. 2º e 6º da EC nº 41/2003; e
c) art. 3º da EC nº 47/2005.

Para os entes subnacionais que fizerem suas reformas previdenciárias, a concessão de abono vai depender do juízo de oportunidade e conveniência de seus governantes.

11. Não há idade mínima para a regra de aposentadoria especial prevista na LC nº 51/1985.

Capítulo 11

REGIME DE PREVIDÊNCIA DOS TITULARES DE MANDATO ELETIVO

Abordaremos, neste capítulo, a situação dos regimes previdenciários dos titulares de mandato eletivo ante a EC nº 103/2019. Veremos, em especial, o tratamento constitucional ao longo do tempo, o regime de previdência dos parlamentares do Congresso Nacional e o regime de previdência dos parlamentares dos entes subnacionais.

11.1 HISTÓRICO DOS TITULARES DE MANDATO ELETIVO NA CONSTITUIÇÃO DA REPÚBLICA

Antes de vermos as modificações promovidas pela EC nº 103/2019 no regime previdenciário dos titulares de mandato eletivo, faremos uma breve incursão no tratamento constitucional dispensado a essa espécie de agente público.

11.1.1 Os titulares de mandato eletivo no texto original da CR/88

A CR/88 não dispensou tratamento específico à previdência (aposentadorias e pensões por morte) dos detentores de mandato eletivo, que, em face disso, poderiam vincular-se a um desses três regimes previdenciários:

a) o RGPS;

b) o RPPS; e

c) um regime específico para os cargos eletivos do ente federativo.

A vinculação ao RPPS do ente federativo tinha por base o texto abrangente do *caput* do art. 40 da CR/88, em sua redação original. Vejamos:

CR/88, com a redação original

Art. 40. <u>O servidor</u> será aposentado:

I – por invalidez permanente, sendo os proventos integrais quando decorrentes de acidente em serviço, moléstia profissional ou doença grave, contagiosa ou incurável, especificadas em lei, e proporcionais nos demais casos;

II – compulsoriamente, aos setenta anos de idade, com proventos proporcionais ao tempo de serviço;

III – voluntariamente:

a) aos trinta e cinco anos de serviço, se homem, e aos trinta, se mulher, com proventos integrais;

b) aos trinta anos de efetivo exercício em funções de magistério, se professor, e vinte e cinco, se professora, com proventos integrais;

c) aos trinta anos de serviço, se homem, e aos vinte e cinco, se mulher, com proventos proporcionais a esse tempo;

d) aos sessenta e cinco anos de idade, se homem, e aos sessenta, se mulher, com proventos proporcionais ao tempo de serviço.

§ 1º Lei complementar poderá estabelecer exceções ao disposto no inciso III, a e c, no caso de exercício de atividades consideradas penosas, insalubres ou perigosas.

> § 2º A lei disporá sobre a aposentadoria em cargos ou empregos temporários.
>
> § 3º O tempo de serviço público federal, estadual ou municipal será computado integralmente para os efeitos de aposentadoria e de disponibilidade.
>
> § 4º Os proventos da aposentadoria serão revistos, na mesma proporção e na mesma data, sempre que se modifica a remuneração dos servidores em atividade, sendo também estendidos aos inativos quaisquer benefícios ou vantagens posteriormente concedidos aos servidores em atividade, inclusive quando decorrentes da transformação ou reclassificação do cargo ou função em que se deu a aposentadoria, na forma da lei.
>
> § 5º O benefício da pensão por morte corresponderá à totalidade dos vencimentos ou proventos do servidor falecido, até o limite estabelecido em lei, observado o disposto no parágrafo anterior. (g.n.)

Observa-se que o *caput* do art. 40 da CR/88, em sua redação original, utilizava o termo "servidor", o que permitia, em interpretação *lato sensu*, considerar contemplado o titular de mandato eletivo. Por outro lado, o § 2º do citado artigo previa que lei poderia dispor sobre aposentadoria em cargos temporários, o que também respaldava a criação de regime previdenciário específico para os detentores de mandato eletivo. Em sede de interpretação mais restritiva quanto ao disposto no referido artigo, diversos entes federativos vinculavam tais agentes públicos ao RGPS.

11.1.2 Alterações relativas aos titulares de mandato eletivo promovidas pelas Emendas Constitucionais

A EC nº 20/1998, ao alterar o *caput* do art. 40 da CR/88, afastou qualquer possibilidade de vinculação dos detentores de mandato eletivo ao RPPS existente no ente federativo. Isso porque, de acordo com o dispositivo alterado, o RPPS passou a ser exclusivo para servidor "titular de cargo efetivo". Confiramos a redação comentada:

> **CR/88, com a redação conferida pela EC nº 20/1998**
>
> Art. 40. Aos *servidores* titulares de cargos efetivos da União, dos Estados, do Distrito Federal e dos Municípios, incluídas suas autarquias e fundações, é assegurado regime de previdência de caráter contributivo, observados critérios que preservem o equilíbrio financeiro e atuarial e o disposto neste artigo.
>
> (...)
>
> § 13. Ao servidor ocupante, exclusivamente, de cargo em comissão declarado em lei de livre nomeação e exoneração bem como de outro cargo temporário ou de emprego público, aplica-se o regime geral de previdência social. (g.n.)

É possível observar, também, que a Emenda reformadora de 1998 inseriu, no art. 40 da CR/88, o § 13, cujo objetivo foi vincular ao RGPS os agentes públicos que não detinham cargo efetivo. Apesar de o mencionado parágrafo não explicitar o termo "mandato eletivo", a legislação infraconstitucional cuidou de relacionar os parlamentares ao RGPS, para que dúvida não houvesse a esse respeito. Esse é o objetivo do art. 12 da Lei Federal nº 8.212/1991, que dispõe sobre a organização da Seguridade Social e institui seu plano de custeio. Eis o dispositivo:

> **Lei Federal 8.212/ 1991**
>
> (...)
>
> Art. 12. São segurados obrigatórios da Previdência Social as seguintes pessoas físicas:
>
> I – como empregado:
>
> (...)
>
> *j)* o exercente de mandato eletivo federal, estadual ou municipal, desde que não vinculado a regime próprio de previdência social;
>
> (g.n.)

A alínea "j" do inciso I do art. 12 da Lei Federal nº 8.212/1991, com a redação que lhe foi conferida pela Lei Federal nº 10.887/2004, estabelece que o exercente de mandato eletivo, em qualquer ente federativo, é segurado do RGPS. A exceção ocorre quando esse agente público é servidor de cargo efetivo, hipótese em que permanecerá vinculado ao RPPS de seu ente federativo, caso existente.

A EC nº 41/2003 não promoveu alteração no quadro legislativo ora exposto, tendo sido reservada tal atribuição à Emenda reformadora de 2019.

11.1.2.1 Os titulares de mandato eletivo na EC nº 103/2019

A EC nº 103/2019, por sua vez, buscou superar qualquer dúvida, em âmbito constitucional, sobre a vinculação obrigatória do detentor de mandato eletivo ao RGPS, ao modificar a redação do mencionado § 13 do art. 40 da CR/88, o qual passou a explicitar que, dentre as situações de cargo temporário, encontra-se, também, aquele que exerce mandato eletivo. Assim, a partir da Emenda reformadora, a previsão passou a ser não apenas de ordem infraconstitucional, como já mencionado. Vejamos a nova redação do mencionado parágrafo:

CR/88, com a redação conferida pela EC nº 103/2019

Art. 40. (...)

(...)

§ 13. Aplica-se ao agente público ocupante, exclusivamente, de cargo em comissão declarado em lei de livre nomeação e exoneração, de outro cargo temporário, inclusive mandato eletivo, ou de emprego público, o Regime Geral de Previdência Social.

(g.n.)

Cuidou, também, a EC nº 103/2019, de tornar constitucional a previsão, que já constava no art. 12 da Lei Federal nº 8.212/1991, de que o servidor titular de cargo efetivo, ao exercer mandato eletivo, continua vinculado ao RPPS de seu ente federativo, para onde serão vertidas suas contribuições previdenciárias. Para tanto, a Emenda alterou a redação do inciso V do art. 38 da Carta da República. Assim ficou redigido o dispositivo:

CR/88, com a redação conferida pela EC nº 103/2019

Art. 38. Ao servidor público da administração direta, autárquica e fundacional, no exercício de mandato eletivo, aplicam-se as seguintes disposições:

(...)

V – na hipótese de ser segurado de regime próprio de previdência social, permanecerá filiado a esse regime, no ente federativo de origem. (g.n.)

Outra providência adotada pela EC nº 103/2019 foi colocar em extinção os regimes de previdência destinados a detentores de mandato eletivo, em quaisquer entes federativos, existentes na data de sua publicação. Assim, tais regimes passaram a ser constituídos por "massas fechadas" de segurados, vedado o ingresso de novos filiados. A saber:

EC nº 103/2019

Art. 14. Vedadas a adesão de novos segurados e a instituição de novos regimes dessa natureza, os atuais segurados de regime de previdência aplicável a titulares de mandato eletivo da União, dos Estados, do Distrito Federal e dos Municípios poderão, por meio de opção expressa formalizada no prazo de 180 (cento e oitenta) dias, contado da data de entrada em vigor desta Emenda Constitucional, retirar-se dos regimes previdenciários aos quais se encontrem vinculados.

(...)

§ 2º Se for exercida a opção prevista no *caput*, será assegurada a contagem do tempo de contribuição vertido para o regime de previdência ao qual o segurado se encontrava vinculado, nos termos do disposto no § 9º do art. 201 da Constituição Federal.

§ 3º A concessão de aposentadoria aos titulares de mandato eletivo e de pensão por morte aos dependentes de titular de mandato eletivo falecido será assegurada, a qualquer tempo, desde que cumpridos os requisitos para obtenção desses benefícios até a data de entrada em vigor desta Emenda Constitucional, observados os critérios da legislação vigente na data em que foram atendidos os requisitos para a concessão da aposentadoria ou da pensão por morte.

§ 4º Observado o disposto nos §§ 9º e 9º-A do art. 201 da Constituição Federal, o tempo de contribuição a regime próprio de previdência social e ao Regime Geral de Previdência Social, assim como o tempo de contribuição decorrente das atividades militares de que tratam os arts. 42 e 142 da Constituição Federal, que tenha sido considerado para a concessão de benefício pelos regimes a que se refere o caput não poderá ser utilizado para obtenção de benefício naqueles regimes.

(g.n.)

Ao vedar o ingresso de novos segurados, o dispositivo transcrito assinalou o prazo de 180 dias, contados a partir de 13 de novembro de 2019, para que os atuais integrantes dos regimes de previdência destinados a detentores de mandato eletivo façam a opção pela permanência ou retirada da filiação. Em caso de desfiliação, restou assegurado o aproveitamento do tempo de contribuição, até então cumprido, para fins de averbação em outro regime previdenciário ao qual venha a se vincular.

Naturalmente, os detentores de mandato eletivo que tenham cumprido, até 13 de novembro de 2019, data de entrada em vigor da EC nº 103/2019, os requisitos para aposentadoria previstos na legislação do regime previdenciário ao qual se encontram vinculados terão assegurado o exercício desse direito a qualquer tempo. Assim também ocorrerá com relação ao benefício de pensão por morte, a ser concedido aos dependentes previdenciários do titular de mandato eletivo falecido, desde que o óbito tenha ocorrido até a data de publicação da Emenda Constitucional reformadora de 2019.

11.2 REGIME DE PREVIDÊNCIA DOS PARLAMENTARES DO CONGRESSO NACIONAL

O Instituto de Previdência dos Congressistas (IPC), instituído para prover os benefícios de aposentadoria e pensão por morte aos parlamentares da Câmara dos Deputados e do Senado Federal, foi criado pela Lei Federal nº 4.284, de 20 de novembro de 1963, modificada pelas Leis Federais nºs 4.937, de 18 de março de 1966; 5.896, de 5 de julho de 1973; 6.017, de 31 de dezembro de 1973; 6.311, de 16 de dezembro de 1975; 6.497, de 7 dezembro de 1977; 6.677, de 24 de julho de 1979, e, finalmente, revogada pela Lei Federal nº 7.087, de 29 de dezembro de 1982, que passou, então, a reger o IPC.

A Lei Federal nº 9.506, de 30 de outubro de 1997, promoveu a extinção do IPC, reconheceu direitos (aposentadorias e pensões por morte) que já haviam sido constituídos e possibilitou a inscrição dos parlamentares no Plano de Seguridade Social dos Congressistas (PSSC), mantido, conforme dispõe o seu art. 12, pelas seguintes contribuições previdenciárias:

a) dos participantes ativos, com alíquota igual à aplicada para os servidores federais;
b) dos aposentados e pensionistas, com alíquota igual à dos ativos, incidente sobre o valor que exceda o limite máximo fixado para os benefícios do RGPS; e
c) das Casas Legislativas do Congresso Nacional, ou seja, Câmara dos Deputados e Senado Federal, de valor igual à contribuição dos parlamentares em atividade.

O PSSC assegura aposentadorias integrais ou proporcionais, conforme dispõem os arts. 2º e 4º da mencionada Lei Federal nº 9.506/1997.

Lei Federal nº 9.506/1997

Art. 2º. O Senador, Deputado Federal ou suplente que assim o requerer, no prazo de trinta dias do início do exercício do mandato, participará do Plano de Seguridade Social dos Congressistas, fazendo jus à aposentadoria:

I – com proventos correspondentes à totalidade do valor obtido na forma do § 1º:

a) por invalidez permanente, quando esta ocorrer durante o exercício do mandato e decorrer de acidente, moléstia profissional ou doença grave, contagiosa ou incurável, especificadas em lei;

b) aos trinta e cinco anos de exercício de mandato e sessenta anos de idade;

II – com proventos proporcionais, observado o disposto no § 2º, ao valor obtido na forma do § 1º:

a) por invalidez permanente, nos casos não previstos na alínea a do inciso anterior, não podendo os proventos ser inferiores a vinte e seis por cento da remuneração fixada para os membros do Congresso Nacional;

b) aos trinta e cinco anos de contribuição e sessenta anos de idade.

§ 1º O valor dos proventos das aposentadorias previstas nos incisos I e II do caput será calculado tomando por base percentual da remuneração fixada para os membros do Congresso Nacional, idêntico ao adotado para cálculo dos benefícios dos servidores públicos civis federais de mesma remuneração.

§ 2º O valor da aposentadoria prevista no inciso II do caput corresponderá a um trinta e cinco avos, por ano de exercício de mandato, do valor obtido na forma do § 1º.

(...)

Art. 4º Para os fins do disposto nesta Lei considerar-se-á:

I – tempo de contribuição, aquele reconhecido pelos sistemas de previdência social do serviço público, civil ou militar, e da atividade privada, rural e urbana;

II – tempo de exercício de mandato, o tempo de contribuição ao Plano de Seguridade Social dos Congressistas ou ao Instituto de Previdência dos Congressistas.

§ 1º A apuração do tempo de exercício de mandato e do tempo de serviço será feita em dias, que serão convertidos em anos, considerado o ano como de trezentos e sessenta e cinco dias.

§ 2º Para a concessão dos benefícios do Plano de Seguridade Social dos Congressistas, serão desconsiderados os períodos de tempo excedentes a trinta e cinco anos, bem como os concomitantes ou já considerados para a concessão de outro benefício, em qualquer regime de previdência social.

Como pode ser observado, a aposentadoria com proventos integrais é assegurada em caso de invalidez permanente, quando esta ocorrer durante o exercício do mandato e decorrer de acidente, moléstia profissional ou doença grave, contagiosa ou incurável, especificadas em lei. A outra hipótese é a aposentadoria voluntária, desde que o segurado, homem ou mulher, conte com 60 anos de idade e 35 anos no exercício de mandato eletivo, com contribuição ao PSSC ou ao extinto IPC. Mediante previsão constante nos arts. 5º e 6º da Lei de regência, é possível a averbação de tempo de contribuição correspondente aos mandatos eletivos municipais, estaduais ou federais.

Em caso de morte do parlamentar vinculado ao PSSC, seus dependentes perceberão pensão correspondente ao valor dos proventos de aposentadoria que o segurado recebia ou a que teria direito, sendo assegurado um piso de 13% da remuneração percebida pelos membros do Congresso Nacional, conforme preceitua o art. 3º da mencionada Lei Federal nº 9.506/1997.

Lei Federal nº 9.506/1997

Art. 3º. Em caso de morte do segurado, seus dependentes perceberão pensão correspondente ao valor dos proventos de aposentadoria que o segurado recebia ou a que teria direito.

§ 1º O valor mínimo da pensão corresponderá a treze por cento da remuneração fixada para os membros do Congresso Nacional.

§ 2º Não é devida pensão ao dependente do segurado que tiver falecido posteriormente ao cancelamento de sua inscrição. (g.n.)

Às aposentadorias e pensões por morte mantidas pelo PSSC aplica-se o instituto da paridade remuneratória, é dizer, tais benefícios previdenciários são atualizados pelo mesmo índice e na data do reajuste da remuneração mensal dos membros do Congresso Nacional, consoante previsão inserta no art. 9º da referida Lei Federal.

Não é permitida, na forma do art. 11 da Lei Federal nº 9.506/1997, a acumulação de aposentadoria concedida pelo PSSC com a de regime próprio de previdência social de servidor público ou com proventos de inatividade do sistema de proteção social dos militares.

O parlamentar que não estiver vinculado ao PSSC ou a outro regime de previdência vincular-se-á, obrigatoriamente, ao RGPS, consoante determina o art. 13 da aludida Lei.

11.2.1 Vedação de ingresso de novos segurados no PSSC e a regra de transição para os atuais segurados

Como visto anteriormente, a EC nº 103/2019 proibiu o ingresso de novos segurados no regime de previdência dos parlamentares do Congresso Nacional, ou seja, no PSSC, assegurando o reconhecimento do direito adquirido às aposentadorias e pensões por morte.

Para os parlamentares que, até 13 de novembro de 2019, data de entrada em vigor da EC nº 103/2019, ainda não haviam implementado os requisitos para a aposentadoria, a Emenda reformadora disponibilizou, em seu art. 14, uma regra de transição, exigindo um tempo adicional de contribuição (pedágio), correspondente a 30% do tempo que faltava, na data de publicação da Emenda, para o congressista preencher os requisitos de aposentadoria até então exigidos. Além disso, a regra de transição requer uma maior idade mínima para a inativação, a saber: 62 anos para as mulheres e 65 anos para os homens. Destaca-se que são as mesmas idades que passaram a ser requeridas pelo art. 40 da CR/88, com a redação conferida pela citada EC nº 103/2019, para os servidores titulares de cargo efetivo da União. Vejamos o dispositivo:

EC nº 103/2019

Art. 14. Vedadas a adesão de novos segurados e a instituição de novos regimes dessa natureza, os atuais segurados de regime de previdência aplicável a titulares de mandato eletivo da União, dos Estados, do Distrito Federal e dos Municípios poderão, por meio de opção expressa formalizada no prazo de 180 (cento e oitenta) dias, contado da data de entrada em vigor desta Emenda Constitucional, retirar-se dos regimes previdenciários aos quais se encontrem vinculados.

§ 1º Os segurados, atuais e anteriores, do regime de previdência de que trata a Lei 9.506, de 30 de outubro de 1997, que fizerem a opção de permanecer nesse regime previdenciário deverão cumprir período adicional correspondente a 30% (trinta por cento) do tempo de contribuição que faltaria para aquisição do direito à aposentadoria na data de entrada em vigor desta Emenda Constitucional e somente poderão aposentar-se a partir dos 62 (sessenta e dois) anos de idade, se mulher, e 65 (sessenta e cinco) anos de idade, se homem.

(g.n.)

11.2.1.1 Exemplos de aplicação da regra de transição para os parlamentares vinculados ao PSSC

Com base no disposto no art. 14 da EC nº 103/2019, passemos a exercitar a aplicação da regra de transição para algumas situações de parlamentares do Congresso Nacional vinculados ao PSSC.

Exemplo 1. João José Devoto, Deputado Federal, nascido em 13/11/1958, iniciou sua vida laboral, em mandato de cargo eletivo, em 21/11/1988, contando em 13/11/2019, data de publicação da EC nº 103/2019, com 31 anos de tempo de contribuição e 61 anos de idade. Quando implementará os requisitos para solicitar a aposentadoria voluntária no PSSC, considerando as alterações promovidas pela EC nº 103/2019 quanto à previdência dos parlamentares?

a) Encontrar a data em que o parlamentar completa a idade mínima de 65 anos exigida pela regra de transição do § 1º do art. 14 da EC nº 103/2019: 65 anos em **13/11/2023**.

b) Apurar o tempo de contribuição do parlamentar em 13/11/2019, data de entrada em vigor da EC nº 103/2019: 21/11/1988 a 13/11/2019 = **11.315 dias**.

c) Efetuar a subtração do tempo mínimo de contribuição exigido dos parlamentares (homens/mulheres) (35 anos = 12.775 dias) com o tempo de contribuição prestado até 13/11/2019: 12.775 - 11.315 = **1.460 dias**.

d) Encontrar o tempo adicional de contribuição (pedágio): 30% do tempo que faltava, em 13/11/2019, para os 35 anos de contribuição, ou seja: 30% x 1.460 = **438 dias**.

e) Determinar a data a partir da qual se cumpre o tempo de contribuição acrescido do pedágio, computado a partir de 14/11/2019:

e.1) c + d = 1.460 + 438 = **1.898 dias**

e.2) 14/11/2019 + 1.898 dias = **23/01/2025**

f) Verificar se na data em que cumpre o tempo de contribuição o parlamentar já conta com a idade mínima: 65 anos em 13/11/2023, portanto, **antes** de 23/01/2025, data em que satisfaz o requisito de tempo de contribuição acrescido do pedágio.

g) Fixar a data a partir da qual o parlamentar pode se aposentar: **a partir de 23/01/2025**, com 66 anos de idade e 36 anos de contribuição, pode requerer sua aposentadoria com esteio no § 1º do art. 14 da EC nº 103/2019 e cálculo dos proventos de acordo com o art. 2º da Lei Federal nº 9.506/1997.

Exemplo 2. Joana Farias Bonvoto, Senadora Federal, nascida em 13/11/1960, iniciou sua vida laboral em 22/11/1986, em mandato de cargo eletivo, contando em 13/11/2019, data de publicação da EC nº 103/2019, com 33 anos de tempo de contribuição e 59 anos de idade. Quando implementará os requisitos para solicitar a aposentadoria voluntária no PSSC, considerando as alterações promovidas pela EC nº 103/2019 quanto à previdência dos parlamentares?

a) Encontrar a data em que a parlamentar completa a idade mínima de 62 anos, exigida para as mulheres na regra de transição do § 1º do art. 14 da EC nº 103/2019: 62 anos em **13/11/2022.**

b) Apurar o tempo de contribuição da parlamentar em 13/11/2019, data de entrada em vigor da EC nº 103/2019: 22/11/1986 a 13/11/2019 = **12.045 dias.**

c) Efetuar a subtração do tempo mínimo de contribuição exigido dos parlamentares (homens/mulheres) (35 anos = 12.775 dias) com o tempo de contribuição prestado até 13/11/2019: 12.775 – 12.045 = **730 dias.**

d) Encontrar o tempo adicional de contribuição (pedágio): 30% do tempo que faltava, em 13/11/2019, para os 35 anos de contribuição, ou seja: 30% x 730 = **219 dias.**

e) Determinar a data a partir da qual se cumpre o tempo de contribuição acrescido do pedágio, computado a partir de 14/11/2019:

   e.1) c + d = 730 + 219 = **949 dias**

   e.2) 14/11/2019 + 949 dias = **19/06/2022**

f) Verificar se na data em que cumpre o tempo de contribuição a parlamentar já conta com a idade mínima: 62 anos em **13/11/2022**, portanto, **depois** de 19/06/2022, data em que satisfaz o requisito de tempo de contribuição acrescido do pedágio.

g) Fixar a data a partir da qual a parlamentar pode se aposentar: **a partir de 13/11/2022**, com 62 anos de idade e 35 anos de contribuição, pode requerer sua aposentadoria com esteio no § 1º do art. 14 da EC nº 103/2019 e cálculo dos proventos de acordo com o art. 2º da Lei Federal nº 9.506/1997.

11.3 REGIME DE PREVIDÊNCIA DOS PARLAMENTARES DOS ENTES SUBNACIONAIS

A vedação, introduzida pelo art. 14 da EC nº 103/2019, quanto à criação de novos regimes previdenciários para os detentores de mandato eletivo, bem como ao ingresso de novos segurados naqueles já existentes, alcançou, também, os Estados, o DF e os Municípios. Todavia, diferentemente do que foi adotado para os membros do Congresso Nacional, a Emenda reformadora de 2019 delegou à lei específica do ente federado subnacional a disciplina sobre a regra de transição a ser disponibilizada aos segurados que, no prazo de 180 dias da publicação da citada Emenda Constitucional, não fizerem a opção de desvinculação do regime previdenciário. Optando pela desfiliação, fica assegurada a contagem do tempo de contribuição adquirido, para fins de averbação em outro regime previdenciário, na forma do § 9º do art. 201 da CR/88. Assim está redigido o mencionado dispositivo da Emenda:

EC nº 103/ 2019

Art. 14. Vedadas a adesão de novos segurados e a instituição de novos regimes dessa natureza, os atuais segurados de regime de previdência aplicável a titulares de mandato eletivo da União, dos Estados, do Distrito Federal e dos Municípios poderão, por meio de opção expressa formalizada no prazo de 180 (cento e oitenta) dias, contado da data de entrada em vigor desta Emenda Constitucional, retirar-se dos regimes previdenciários aos quais se encontrem vinculados.

(...)

§ 2º Se for exercida a opção prevista no *caput*, será assegurada a contagem do tempo de contribuição vertido para o regime de previdência ao qual o segurado se encontrava vinculado, nos termos do disposto no § 9º do art. 201 da Constituição Federal.

§ 3º A concessão de aposentadoria aos titulares de mandato eletivo e de pensão por morte aos dependentes de titular de mandato eletivo falecido será assegurada, a qualquer tempo, desde que cumpridos os requisitos para obtenção desses benefícios até a data de entrada em vigor desta Emenda Constitucional, observados os critérios da legislação vigente na data em que foram atendidos os requisitos para a concessão da aposentadoria ou da pensão por morte.

§ 4º Observado o disposto nos §§ 9º e 9º-A do art. 201 da Constituição Federal, o tempo de contribuição a regime próprio de previdência social e ao Regime Geral de Previdência Social, assim como o tempo de contribuição decorrente das atividades militares de que tratam os arts. 42 e 142 da Constituição Federal, que tenha sido considerado para a concessão de benefício pelos regimes a que se refere o caput não poderá ser utilizado para obtenção de benefício naqueles regimes

§ 5º Lei específica do Estado, do Distrito Federal ou do Município deverá disciplinar a regra de transição a ser aplicada aos segurados que, na forma do caput, fizerem a opção de permanecer no regime previdenciário de que trata este artigo. (g.n.)

Caso tenha implementado os requisitos para aposentadoria, nos termos da legislação vigente de seu regime previdenciário até 13 de novembro de 2019, data de publicação da EC º 103/2019, o titular de mandato eletivo poderá fazer uso, a qualquer tempo, do direito adquirido. Igual entendimento aplica-se quanto ao benefício de pensão por morte para os dependentes, em caso de falecimento do segurado até a data acima mencionada.

Capítulo 12

O SISTEMA DE PROTEÇÃO SOCIAL DOS MILITARES

Este capítulo aborda a transferência para a inatividade e as pensões por morte dos militares das Forças Armadas, dos Estados e do DF.

Antes de examinarmos esse tipo especial de inatividade, vejamos o tratamento constitucional que foi dispensado aos militares ao longo do tempo.

12.1 OS MILITARES NO TEXTO ORIGINAL DA CR/88

No texto original da CR/88, os militares eram denominados de servidores públicos militares, em distinção aos servidores públicos civis. O art. 42 assim dispunha:

> **CR/88, com a redação original**
>
> Art. 42. São servidores militares federais os integrantes das Forças Armadas e servidores militares dos Estados, Territórios e Distrito Federal os integrantes de suas polícias militares e de seus corpos de bombeiros militares.
>
> (...)
>
> § 9º A lei disporá sobre os limites de idade, a estabilidade e outras condições de transferência do servidor militar para a inatividade.
>
> § 10. Aplica-se aos servidores a que se refere este artigo, e a seus pensionistas, o disposto no art. 40, §§ 4º e 5º.

Observa-se que a inativação do militar era objeto de legislação infraconstitucional, conforme definia o § 9º do art. 42 da CR/88, não havendo previsão, no texto constitucional, dos requisitos a serem preenchidos para tal finalidade, diferentemente dos servidores civis, para os quais o art. 40 da CR/88 definia o tempo de serviço mínimo ou a idade mínima a serem observados, conforme a regra de aposentadoria a ser utilizada. Já o § 10 do art. 42 determinava a aplicação aos militares e aos seus pensionistas dos §§ 4º e 5º do art. 40[1] da CR/88, assegurando-lhes a atualização dos valores de inatividade e de pensão de acordo com a variação da remuneração dos servidores ativos, bem como pensão por morte correspondente à totalidade dos vencimentos ou proventos do servidor falecido.

---

1. CR/88, art. 40, §§ 4º e 5º, com a redação anterior à EC 20/1998: "§ 4º Os proventos da aposentadoria serão revistos, na mesma proporção e na mesma data, sempre que se modificar a remuneração dos servidores em atividade, sendo também estendidos aos inativos quaisquer benefícios ou vantagens posteriormente concedidos aos servidores em atividade, inclusive quando decorrentes da transformação ou reclassificação do cargo ou função em que se deu a aposentadoria, na forma da lei.

§ 5º O benefício da pensão por morte corresponderá à totalidade dos vencimentos ou proventos do servidor falecido, até o limite estabelecido em lei, observado o disposto no parágrafo anterior."

12.2 ALTERAÇÕES RELATIVAS AOS MILITARES PROMOVIDAS PELAS EMENDAS CONSTITUCIONAIS

A EC ° 18/1998 alterou o "Capítulo VII – Da Administração Pública" do "Título III – Da Organização do Estado" da CR/88, passando o termo "servidor público" a referir-se, especificamente, aos agentes públicos civis. Assim, deixaram de constar no texto constitucional os termos "servidor público civil" e "servidor público militar". Os militares foram denominados de "militares dos Estados, do Distrito Federal e dos Territórios" e "militares das Forças Armadas", conforme redação dada aos arts. 42 e 142 da CR/88, respectivamente.

Além da EC nº 18/1998, as ECs nºs 20/1998 e 41/2003 também promoveram alterações nos mencionados arts. 42 e 142 da CR/88, relativas à transferência dos militares para inatividade e à pensão por morte, dispositivos esses que adquiriram a seguinte redação:

CR/88, com a redação conferida pelas ECs nºs 18/1998, 20/1998 e 41/2003

Art. 42 Os membros das Polícias Militares e Corpos de Bombeiros Militares, instituições organizadas com base na hierarquia e disciplina, são militares dos Estados, do Distrito Federal e dos Territórios.

(...)

§ 1º Aplicam-se aos militares dos Estados, do Distrito Federal e dos Territórios, além do que vier a ser fixado em lei, as disposições do art. 14, § 8º; do art. 40, 9º; e do art. 142, §§ 2º e 3º, cabendo a lei estadual específica dispor sobre as matérias do art. 142, § 3º, inciso X, sendo as patentes dos oficiais conferidas pelos respectivos governadores.

§ 2º Aos pensionistas dos militares dos Estados, do Distrito Federal e dos Territórios aplica-se o que for fixado em lei específica do respectivo ente estatal.

(...)

Art. 142. As Forças Armadas, constituídas pela Marinha, pelo Exército e pela Aeronáutica, são instituições nacionais permanentes e regulares, organizadas com base na hierarquia e na disciplina, sob a autoridade suprema do Presidente da República, e destinam-se à defesa da Pátria, à garantia dos poderes constitucionais e, por iniciativa de qualquer destes, da lei e da ordem.

(...)

§ 3º Os membros das Forças Armadas são denominados militares, aplicando-se-lhes, além das que vierem a ser fixadas em lei, as seguintes disposições:

(...)

X – a lei disporá sobre o ingresso nas Forças Armadas, os limites de idade, a estabilidade e <u>outras condições de transferência do militar para a inatividade</u>, os direitos, os deveres, a remuneração, as prerrogativas e outras situações especiais dos militares, consideradas as peculiaridades de suas atividades, inclusive aquelas cumpridas por força de compromissos internacionais e de guerra. (g.n.)

Da leitura dos dispositivos, verifica-se que a disciplina relativa à inativação dos militares, bem como às pensões por eles instituídas, cabe à legislação infraconstitucional, a ser abordada mais adiante.

12.2.1 Os militares na EC nº 103/2019

A EC nº 103/2019 não modificou a situação, já mencionada, de que compete à legislação específica dispor sobre inatividade e pensões militares. Contudo, a Emenda reformadora inovou com relação aos militares dos Estados e do DF, ao alterar a redação do inciso XXI do art. 22 da CR/88, que passou a prever competência privativa da União para dispor sobre normas gerais relativas à inatividade e às pensões das polícias militares e corpos de bombeiros militares, consoante se transcreve abaixo:

> **CR/88, com a redação conferida pela EC nº 103/2019**
>
> Art. 22. Compete privativamente à *União legislar* sobre:
>
> (...)
>
> XXI – normas gerais de organização, efetivos, material bélico, garantias, convocação, mobilização, inatividades e pensões das polícias militares e dos corpos de bombeiros militares;
>
> (g.n.)

Assim, a legislação dos entes subnacionais que regula a inatividade e a pensão militar deverá atentar para as disposições constantes na norma geral de competência da União.

Nesse contexto, a União editou a Lei Federal nº 13.954, de 16 de dezembro de 2019, que, dentre outras medidas, dispõe sobre o Sistema de Proteção Social dos Militares (SPSM), promove alterações nas regras de inatividade e pensão dos militares das Forças Armadas e altera o Decreto-Lei nº 667, de 2 de julho de 1969, que reorganiza as Polícias Militares e os Corpos de Bombeiros Militares dos Estados e do DF, adquirindo o status de norma geral com relação à inatividade e à pensão dos militares dos Estados e do DF, prevista no citado inciso XXI do art. 22 da CR/88.

Com a edição da Lei Federal nº 13.954/2019, ficou caracterizado que os militares, tanto os federais, como os estaduais e os distritais, não possuem previdência social e, portanto, não estão vinculados a regime previdenciário. Possuem, de outra banda, um **sistema de proteção social**, que pode apresentar requisitos e critérios diferenciados de remuneração, transferência para a inatividade, pensão por morte, saúde, assistência, financiamento e gestão.

12.3 SISTEMA DE PROTEÇÃO SOCIAL DOS MILITARES DAS FORÇAS ARMADAS

A Lei Federal nº 13.954/2019 modificou a Lei Federal nº 6.880, de 9 de dezembro de 1980, que é o Estatuto dos Militares das Forças Armadas, inserindo, em seu art. 50, o inciso I-A, passando a prever, de forma expressa, o direito à proteção social nos termos do novo art. 50-A. Vejamos:

> **Lei Federal nº 6.880/1980, com a redação conferida pela Lei Federal nº 13.954/2019**
>
> Art. 50. São direitos dos militares:
>
> (...)
>
> I-A. – a proteção social, nos termos do art. 50-A desta Lei;
>
> (...)
>
> Art. 50-A. O Sistema de Proteção Social dos Militares das Forças Armadas é o conjunto integrado de direitos, serviços e ações, permanentes e interativas, de remuneração, pensão, saúde e assistência, nos termos desta Lei e das regulamentações específicas. (g.n.)

Passaremos, em seguida, a abordar, especificamente, os aspectos relativos à transferência para a inatividade, às pensões por morte e ao financiamento de tais prestações no âmbito do Sistema de Proteção Social dos Militares das Forças Armadas.

12.3.1 Inatividade dos militares das Forças Armadas

A transferência do militar das Forças Armadas para a inatividade pode ocorrer por meio da **reserva remunerada** ou da **reforma,** instituto distintos da aposentadoria dos servidores (civis), conforme detalharemos.

12.3.1.1 Transferência para a reserva remunerada dos militares das Forças Armadas

A transferência do militar das Forças Armadas para a **reserva remunerada** pode ocorrer de forma voluntária (a pedido) ou compulsória (*ex officio*), consoante dispõe o art. 96 da Lei Federal nº 6. 880/1980 (Estatuto dos Militares).

> **Lei Federal nº 6.880/1980, com a redação conferida pela Lei Federal nº 13.954/2019**
>
> Art. 96. A passagem do militar à situação de inatividade, mediante transferência para a reserva remunerada, se efetua:
>
> I – a pedido; e
>
> II – *ex officio*.
>
> Parágrafo único. A transferência do militar para a reserva remunerada pode ser suspensa na vigência do estado de guerra, estado de sítio, estado de emergência ou em caso de mobilização.

Observa-se que, mesmo na reserva remunerada, o militar ainda pode ser mobilizado, em virtude de situações excepcionais, previstas no já transcrito parágrafo único do art. 96 .

Em relação à **transferência voluntária** para a reserva remunerada, o Estatuto Militar passou, com as modificações introduzidas pela Lei Federal nº 13.954/2019, a exigir 35 anos de tempo de serviço, dos quais, pelo menos, 30 anos devem ser de atividade de natureza militar nas Forças Armadas (25 anos para determinadas situações de oficiais, tais como os dos quadros de saúde e de administração). Eis, abaixo, o dispositivo citado:

> **Lei Federal nº 6.880/1980, com a redação conferida pela Lei Federal nº 13.954/2019**
>
> Art. 97. A transferência para a reserva remunerada, a pedido, será concedida, por meio de requerimento, ao militar de carreira que contar, no mínimo, *35 (trinta e cinco) anos de serviço*, dos quais:
>
> I – no mínimo, 30 (trinta) anos de exercício de atividade de natureza militar nas Forças Armadas, para os oficiais formados na Escola Naval, na Academia Militar das Agulhas Negras, na Academia da Força Aérea, no Instituto Militar de Engenharia, no Instituto Tecnológico de Aeronáutica e em escola ou centro de formação de oficiais oriundos de carreira de praça e para as praças; ou
>
> II – no mínimo, 25 (vinte e cinco) anos de exercício de atividade de natureza militar nas Forças Armadas, para os oficiais não enquadrados na hipótese prevista no inciso I do caput deste artigo.
>
> § 1º O oficial de carreira da ativa pode pleitear transferência para a reserva remunerada por meio de inclusão voluntária na quota compulsória, nos termos do art. 101 desta Lei.
>
> (g.n.)

Antes da alteração promovida pela Lei Federal nº 13.954/2019, exigiam-se, em relação à transferência voluntária para a reserva remunerada, 30 anos de serviço. Esse tempo foi elevado para 35 anos, sem distinção entre homens e mulheres, tendo sido introduzido, também, um tempo mínimo de atividade nas Forças Armadas.

Quanto à **transferência de ofício** do militar para a reserva remunerada, o art. 98 do Estatuto Militar estabelece dezesseis hipóteses, dentre as quais destacamos a modificação promovida pela Lei Federal nº 13.954/2019, com relação às idades-limites (em virtude do posto ou graduação) para permanência em atividade. Trata-se de ajuste pertinente ao fenômeno demográfico de aumento da expectativa de vida da população brasileira, à semelhança do ocorrido para os servidores civis, que tiverem a idade para a aposentadoria compulsória elevada de 70 para 75 anos, com a edição da EC nº 88/2015 (regulamentada pela LC Federal nº 152/2015), conforme já comentado em capítulo específico. Eis, abaixo, as novas idades-limites instituídas:

Lei Federal nº 6.880/1980, com a redação conferida pela Lei Federal nº 13.954/2019

Art. 98. A transferência de ofício para a reserva remunerada ocorrerá sempre que o militar se enquadrar em uma das seguintes hipóteses:

I – atingir as seguintes idades-limites:

a) na Marinha, no Exército e na Aeronáutica, para todos os oficiais-generais e para os oficiais dos Corpos, Quadros, Armas e Serviços não incluídos na alínea "b" deste inciso:

1. 70 (setenta) anos, nos postos de Almirante de Esquadra, General de Exército e Tenente-Brigadeiro;

2. 69 (sessenta e nove) anos, nos postos de Vice-Almirante, General de Divisão e Major-Brigadeiro;

3. 68 (sessenta e oito) anos, nos postos de Contra-Almirante, General de Brigada e Brigadeiro;

4. 67 (sessenta e sete) anos, nos postos de Capitão de Mar e Guerra e Coronel;

5. 64 (sessenta e quatro) anos, nos postos de Capitão de Fragata e Tenente-Coronel;

6. 61 (sessenta e um) anos, nos postos de Capitão de Corveta e Major;

7. 55 (cinquenta e cinco) anos, nos postos de Capitão-Tenente, Capitão e oficiais subalternos;

b) na Marinha, para os oficiais do Quadro de Cirurgiões-Dentistas (CD) e do Quadro de Apoio à Saúde (S), integrantes do Corpo de Saúde da Marinha, e do Quadro Técnico (T), do Quadro Auxiliar da Armada (AA) e do Quadro Auxiliar de Fuzileiros Navais (AFN), integrantes do Corpo Auxiliar da Marinha; no Exército, para os oficiais do Quadro Complementar de Oficiais (QCO), do Quadro Auxiliar de Oficiais (QAO), do Quadro de Oficiais Médicos (QOM), Quadro de Oficiais Farmacêuticos (QOF) e do Quadro de Oficiais Dentistas (QOD); na Aeronáutica, para os oficiais do Quadro de Oficiais Médicos (QOMed), do Quadro de Oficiais Farmacêuticos (QOFarm), do Quadro de Oficiais Dentistas (QODent), dos Quadros de Oficiais Especialistas em Aviões (QOEAv), em Comunicações (QOECom), em Armamento (QOEArm), em Fotografia (QOEFot), em Meteorologia (QOEMet), em Controle de Tráfego Aéreo (QOECTA), e em Suprimento Técnico (QOESup), do Quadro de Oficiais Especialistas da Aeronáutica (QOEA) e do Quadro de Oficiais de Apoio (QOAp):

1. 67 (sessenta e sete) anos, nos postos de Capitão de Mar e Guerra e Coronel;

2. 65 (sessenta e cinco) anos, nos postos de Capitão de Fragata e Tenente-Coronel;

3. 64 (sessenta e quatro) anos, nos postos de Capitão de Corveta e Major; (Redação dada pela Lei 13.954, de 2019)

4. 63 (sessenta e três) anos, nos postos de Capitão-Tenente, Capitão e oficiais subalternos;

c) na Marinha, no Exército e na Aeronáutica, para praças:

1. 63 (sessenta e três) anos, nas graduações de Suboficial e Subtenente;

2. 57 (cinquenta e sete) anos, nas graduações de Primeiro-Sargento e Taifeiro-Mor;

3. 56 (cinquenta e seis) anos, nas graduações de Segundo-Sargento e Taifeiro de Primeira Classe;

4. 55 (cinquenta e cinco) anos, na graduação de Terceiro-Sargento;

5. 54 (cinquenta e quatro) anos, nas graduações de Cabo e Taifeiro de Segunda Classe;

6. 50 (cinquenta) anos, nas graduações de Marinheiro, Soldado e Soldado de Primeira Classe;

Importante destacar que, desde a edição da MP nº 2.131, de 28 de dezembro de 2000, o militar transferido para a inatividade **não recebe** mais proventos calculados com base no soldo do posto ou graduação superior ao que possuía quando da inativação e sim baseados no soldo de seu posto ou graduação, sempre que cumprir o tempo de serviço requerido ou atingir a idade-limite de permanência em atividade no respectivo posto ou graduação.

12.3.1.1.1 Regra de transição quanto à transferência para a reserva remunerada dos militares das Forças Armadas

Caso o militar das Forças Armadas não tenha completado, até 17 de dezembro de 2019, data de publicação da Lei Federal nº 13.954/2019, tempo de serviço de 30 anos, sendo este o tempo até então exigido para a transferência voluntária para a reserva remunerada com proventos integrais, poderá fazer uso da regra de transição prevista no art. 22 do mesmo diploma legal. O dispositivo requer que o militar preencha dois requisitos para a inativação com proventos integrais, quais sejam: tempo de serviço e tempo de exercício de atividade de natureza militar. Vejamos:

Lei Federal nº 13.954/2019

Art. 22. Em relação às alterações promovidas pelo art. 2º desta Lei aos incisos II e III do caput do art. 50, ao art. 56 e ao art. 97 da Lei 6.880, de 9 de dezembro de 1980 (Estatuto dos Militares), que tratam do acréscimo de tempo de serviço de 30 (trinta) para 35 (trinta e cinco) anos, são estabelecidas as seguintes regras de transição:

I – o militar da ativa que, na data da publicação desta Lei, contar 30 (trinta) anos ou mais de serviço terá assegurado o direito de ser transferido para a inatividade com todos os direitos previstos na Lei 6.880, de 9 de dezembro de 1980 (Estatuto dos Militares), até então vigentes; e

II – o militar da ativa que, na data da publicação desta Lei, contar menos de 30 (trinta) anos de serviço deverá cumprir:

a) o tempo de serviço que faltar para completar 30 (trinta) anos, acrescido de 17% (dezessete por cento); e

b) o tempo de atividade de natureza militar de 25 (vinte e cinco) anos nas Forças Armadas, que, em relação aos militares a que se refere o inciso I do caput do art. 97 da Lei 6.880, de 9 de dezembro de 1980 (Estatuto dos Militares), será acrescido de 4 (quatro) meses a cada ano, a partir de 1º de janeiro de 2021, até atingir 30 (trinta) anos.

Com relação ao tempo de serviço, a regra de transição estabelece um tempo adicional (pedágio) de 17%, a ser aplicado sobre o tempo faltante para o militar alcançar os 30 anos de serviço. Se, por exemplo, quando da publicação da referida Lei, ao militar faltavam 2,5 anos para completar os 30 anos de serviço, este tempo faltante será acrescido em 17%, resultando em um tempo total a ser cumprido de, aproximadamente, 3 anos.

O outro requisito a ser observado é o tempo mínimo de exercício de atividade de natureza militar nas Forças Armadas, que, na regra de transição, é de 25 anos. Ocorre que este tempo será majorado, a partir de 1º de janeiro de 2021, em 4 meses a cada ano, até atingir 30 anos. Representamos, abaixo, a elevação anual do tempo requisitado de atividade militar nas Forças Armadas:

ANO	TEMPO MÍNIMO DE EXERCÍCIO EM ATIVIDADE DE NATUREZA MILITAR NAS FORÇAS ARMADAS
2019	25 anos
2020	25 anos
2021	25 anos e 4 meses
2022	25 anos e 8 meses
2023	26 anos
2024	26 anos e 4 meses
2025	26 anos e 8 meses
2026	27
2027	27 anos e 4 meses
2028	27 anos e 8 meses
2029	28
.....	.....
2035	30 anos

Observa-se que, a partir de 2035, será exigido, na regra de transição, o mesmo tempo mínimo de exercício de atividade de natureza militar nas Forças Armadas previsto na regra permanente do art. 97 do Estatuto Militar, com a redação conferida pela Lei Federal nº 13.954/2019.

Oportuno destacar, ainda, que os oficiais das carreiras das áreas de saúde e administrativa das Forças Armadas não estarão sujeitos à elevação do tempo de atividade de natureza militar, permanecendo, para esses, o período de 25 anos, conforme redação da alínea "b" do inciso II do art. 22 da mencionada Lei Federal.

12.3.1.1.2 Exemplos de aplicação da regra de transição quanto à transferência para a reserva remunerada dos militares das Forças Armadas

Com base no disposto no art. 22 da Lei Federal nº 13.954/2019, passemos a exercitar a aplicação da regra de transição para algumas situações de militares federais.

Exemplo 1. João Navarro Navegante contava, em 17 de dezembro de 2019, com 27 anos de tempo de serviço, dos quais 21 anos eram de exercício de atividade de natureza militar nas Forças Armadas. Quando implementará os requisitos para solicitar a transferência voluntária para a reserva remunerada com proventos integrais?

Em 17 de dezembro de 2019, o militar contava com 27 anos de tempo de serviço, faltando-lhe 3 anos para completar os 30 anos então exigidos. Assim, além de cumprir os 3 anos faltantes, deverá observar um período adicional (pedágio) de 17% sobre este tempo. Logo, teremos:

a) O período a cumprir de tempo de serviço será a partir de 18/12/2019: 3 + 17% x 3 = 3,51 anos.
b) O militar completará o tempo de serviço necessário (incluindo o pedágio) em 2023.
c) O militar possuía, em 17 de dezembro de 2019, 21 anos de exercício em atividade de natureza militar, enquanto a regra de transição exige um mínimo de 25 anos. A partir de 2021, esse mínimo passa a ser majorado em 4 meses a cada ano. A situação do militar, quanto a esse requisito, pode ser analisada segundo a tabela abaixo:

ANO	TEMPO MÍNIMO DE EXERCÍCIO EM ATIVIDADE DE NATUREZA MILITAR	TEMPO DO MILITAR EM 17/12 DE CADA ANO (atividade de natureza militar)
2019	25 anos	21 anos
2020	25 anos	22 anos
2021	25 anos e 4 meses	23 anos
2022	25 anos e 8 meses	24 anos
2023	26 anos	25 anos
2024	26 anos e 4 meses	26 anos
2025	26 anos e 8 meses	27 anos
2026	27 anos	28 anos
2027	27 anos e 4 meses	29 anos
2028	27 anos e 8 meses	30 anos
2029	28 anos	31 anos
.....	.....	.....

d) Em 2023, quando completará o tempo de serviço exigido (30,51 anos considerado o pedágio), serão necessários, pelo menos, 26 anos de exercício em atividade de natureza militar.

e) João Navarro Navegante atingirá, em 2023, 25 anos, não tendo, portanto, o tempo mínimo requisitado.

f) Observando-se a tabela , verifica-se que apenas em 2025, quando contará com 27 anos de exercício de atividade de natureza militar nas Forças Armadas, ele alcançará o tempo mínimo exigido, podendo, assim, requerer sua transferência para a reserva remunerada com proventos integrais, quando contará, então, com, aproximadamente, 32 anos de tempo de serviço total.

Exemplo 2. Joana Maria Guerreira contava, em 17 de dezembro de 2019, com 26 anos de tempo de serviço, dos quais 21 anos eram de exercício de atividade de natureza militar nas Forças Armadas. Quando implementará os requisitos para solicitar a transferência voluntária para a reserva remunerada com proventos integrais?

Em 17 de dezembro de 2019, a militar contava com 26 anos de tempo de serviço, faltando-lhe 4 anos para completar os 30 anos então exigidos. Assim, além de cumprir os 4 anos faltantes, deverá, ainda, observar um período adicional (pedágio) de 17% sobre este tempo. Logo, teremos:

a) O período a cumprir de tempo de serviço é a partir de 18/12/2019: 4 + 17% x 4 = 4,68 anos.

b) A militar completará o tempo de serviço necessário (incluindo o pedágio) em 2024.

c) A militar possuía, em 17 de dezembro de 2019, 21 anos de exercício em atividade de natureza militar nas Forças Armadas, enquanto a regra de transição exige um mínimo de 25 anos. A partir de 2021, esse mínimo passa a ser majorado em 4 meses a cada ano. Vejamos, na tabela abaixo, a evolução da situação de Joana Guerreira com relação a esse requisito:

ANO	TEMPO MÍNIMO DE EXERCÍCIO EM ATIVIDADE DE NATUREZA MILITAR	TEMPO DA MILITAR EM 17/12 DE CADA ANO (atividade de natureza militar)
2019	25 anos	21 anos
2020	25 anos	22 anos
2021	25 anos e 4 meses	23 anos
2022	25 anos e 8 meses	24 anos
2023	26 anos	25 anos
2024	26 anos e 4 meses	26 anos
2025	26 anos e 8 meses	27 anos
2026	27 anos	28 anos
2027	27 anos e 4 meses	29 anos
2028	27 anos e 8 meses	30 anos
.....	.....	.....

d) Em 2024, quando completa o tempo de serviço exigido, serão necessários, pelo menos, 26 anos e 4 meses de exercício em atividade de natureza militar.

e) Joana Guerreira, porém, possuirá, no final de 2024, 26 anos, sendo, portanto, o tempo insuficiente.

f) Observando-se a tabela , verifica-se que apenas em 2025, quando contará com 27 anos de exercício de atividade de natureza militar, ela terá alcançado o tempo mínimo exigido, podendo, então, solicitar sua transferência para a reserva remunerada com proventos integrais, quando já contará com, aproximadamente, 32 anos de tempo de serviço.

12.3.1.1.3 Do direito adquirido à transferência para a reserva remunerada

A Lei Federal nº 13.954/2019 assegura o reconhecimento do direito adquirido para os militares federais que tenham implementado, até 17 de dezembro de 2019, os requisitos estabelecidos pela legislação até então vigente, para a transferência para a inatividade militar remunerada. Os critérios para concessão do benefício e a sua forma de cálculo observarão o que estava em vigor na legislação na data em que o militar preencheu os parâmetros exigidos. Assim dispõe o inciso I do art. 22 da referida Lei, a seguir reproduzido:

> **Lei Federal nº 13.954/2019**
>
> Art. 22. (...)
>
> I – o militar da ativa que, na data da publicação desta Lei, contar 30 (trinta) anos ou mais de serviço terá assegurado o direito de ser transferido para a inatividade com todos os direitos previstos na Lei 6.880, de 9 de dezembro de 1980 (Estatuto dos Militares), até então vigentes; e

Logo, o militar que já contava, em 17 de dezembro de 2019, data de publicação da Lei Federal nº 13.954/2019, com 30 anos de serviço não precisará cumprir nenhum requisito adicional (tal como pedágio ou tempo mínimo de atividade de natureza militar) para poder solicitar a transferência voluntária para a reserva remunerada com proventos integrais.

12.3.1.2 Reforma dos militares das Forças Armadas

A passagem do militar das Forças Armadas à situação de inatividade por **reforma**, disciplinada pelos arts. 104 a 114 do Estatuto Militar (Lei Federal nº 6.880/1980), é efetuada de ofício, tendo como principais hipóteses o atingimento de idade-limite de permanência na reserva remunerada e a constatação de incapacidade definitiva para o serviço ativo.

Prevê o Estatuto que a situação de inatividade do militar da reserva remunerada, quando reformado por limite de idade, não sofre solução de continuidade, ficando, contudo, dispensado das situações de mobilização. Tais idades-limites, previstas no art. 106 do referido Estatuto, assim como ocorreu com a transferência para a reserva remunerada em virtude da elevação da expectativa de vida da população brasileira, também foram majoradas pela Lei Federal nº 13.954/2019, ficando assim estabelecidas:

Lei Federal 6.880/1980, com a redação conferida pela Lei Federal 13.954/2019

Art. 106. A reforma será aplicada ao militar que:

I – atingir as seguintes idades-limite de permanência na reserva:

a) para oficial-general, 75 (setenta e cinco) anos;

b) para oficial superior, 72 (setenta e dois) anos;

c) para Capitão-Tenente, Capitão e oficial subalterno, 68 (sessenta e oito) anos;

d) para praças, 68 (sessenta e oito) anos;

(g.n.)

12.3.2 Pensão dos militares das Forças Armadas

Conforme estabelece o art. 71 do Estatuto dos Militares das Forças Armadas (Lei Federal nº 6.880/1980), a pensão militar destina-se a amparar os beneficiários do militar falecido ou extraviado[2] e será paga conforme o disposto em legislação específica, que, no caso, é a Lei Federal nº 3.765, de 4 de maio de 1960.

12.3.2.1 Os beneficiários da pensão dos militares das Forças Armadas

O art. 50 do Estatuto, que enumera os direitos dos militares, incluindo os relativos à proteção social, traz, em seu § 2º, o elenco de **dependentes** do militar, os quais deverão ser declarados por ele na organização militar a que pertença. Esse rol foi modificado pela já mencionada Lei Federal nº 13.954/2019, que promoveu recente reforma na inatividade e na pensão dos militares. Vejamos:

Lei Federal nº 6.880/1980, com a redação conferida pela Lei Federal nº 13.954/2019

Art. 50. São direitos dos militares:

(...)

§ 2º São considerados dependentes do militar, desde que assim declarados por ele na organização militar competente:

I – o cônjuge ou o companheiro com quem viva em união estável, na constância do vínculo;

II – o filho ou o enteado:

a) menor de 21 (vinte e um) anos de idade;

b) inválido;

III – (revogado);

IV – (revogado);

V – (revogado);

VI – (revogado);

VII – (revogado);

VIII – (revogado).

---

2. Lei Federal nº 6.880/1980 (Estatuto dos Militares das Forças Armadas): "Art. 91. É considerado desaparecido o militar na ativa que, no desempenho de qualquer serviço, em viagem, em campanha ou em caso de calamidade pública, tiver paradeiro ignorado por mais de 8 (oito) dias. Parágrafo único. A situação de desaparecimento só será considerada quando não houver indício de deserção. Art. 92. O militar que, na forma do artigo anterior, permanecer desaparecido por mais de 30 (trinta) dias, será oficialmente considerado *extraviado*." (g.n)

§ 3º Podem, ainda, ser considerados dependentes do militar, desde que não recebam rendimentos e sejam declarados por ele na organização militar competente:

a) (revogada);

b) (revogada);

c) (revogada);

d) (revogada);

e) (revogada);

f) (revogada);

g) (revogada);

h) (revogada);

i) (revogada);

j) (revogada);

I – o filho ou o enteado estudante menor de 24 (vinte e quatro) anos de idade;

II – o pai e a mãe;

III – o tutelado ou o curatelado inválido ou menor de 18 (dezoito) anos de idade que viva sob a sua guarda por decisão judicial.

(g.n.)

O novo elenco de dependentes dos militares das Forças Armadas tornou-se bem mais próximo do adotado para o RGPS e para o RPPS dos servidores federais. Para os militares, todavia, ficou mantida a condição de dependente, para fins de pensão por morte, do filho ou do enteado estudante, menor de 24 anos de idade, condição esta que não se encontra presente no RGPS e no RPPS da União. Oportuno destacar, quanto a esse tipo de dependente, que a Lei Federal nº 3.765/1960 estabelece, na alínea "d" do inciso I do seu art. 7º, o direito à pensão ao filho estudante universitário.

Outra ressalva pertinente consiste na presença do menor sob guarda no elenco de dependentes dos militares, conforme preceitua a alínea "e" do inciso I do art. 7º da Lei Federal nº 3.765/1960. Lembremos que esse tipo de dependente também não é observado na legislação do RGPS e do RPPS da União.

A Lei Federal nº 3.765/1960, que também foi objeto de modificações introduzidas pela Lei Federal nº 13.954/2019, organiza os beneficiários da pensão militar em três ordens de prioridade, consoante redação do mencionado art. 7º, segundo o qual:

Lei Federal nº 3.765/1960, com a redação conferida pela MP nº 2.215-10/2001 e pela Lei Federal nº 13.954/2019

Art. 7º A pensão militar é deferida em processo de habilitação, com base na declaração de beneficiários preenchida em vida pelo contribuinte, na ordem de prioridade e nas condições a seguir:

I – primeira ordem de prioridade:

a) cônjuge ou companheiro designado ou que comprove união estável como entidade familiar;

b) (revogada);

c) pessoa separada de fato, separada judicialmente ou divorciada do instituidor, ou ex-convivente, desde que perceba pensão alimentícia na forma prevista no § 2º-A deste artigo;

d) filhos ou enteados até vinte e um anos de idade ou até vinte e quatro anos de idade, se estudantes universitários ou, se inválidos, enquanto durar a invalidez; e

e) menor sob guarda ou tutela até vinte e um anos de idade ou, se estudante universitário, até vinte e quatro anos de idade ou, se inválido, enquanto durar a invalidez.

> II – segunda ordem de prioridade, a mãe e o pai que comprovem dependência econômica do militar;
>
> III – terceira ordem de prioridade:
>
> *a)* o irmão órfão, até vinte e um anos de idade ou, se estudante universitário, até vinte e quatro anos de idade, e o inválido, enquanto durar a invalidez, comprovada a dependência econômica do militar;
>
> *b)* (revogada).
>
> § 1º A concessão da pensão aos beneficiários de que tratam as alíneas "a" e "d" do inciso I do caput exclui desse direito os beneficiários referidos nos incisos II e III do caput deste artigo.
>
> § 2º A pensão será concedida integralmente aos beneficiários referidos na alínea "a" do inciso I do caput deste artigo, exceto se for constatada a existência de beneficiário que se enquadre no disposto nas alíneas "c", "d" e "e" do referido inciso.
>
> § 2º-A. A quota destinada à pessoa separada de fato, separada judicialmente ou divorciada do instituidor, ou ao ex-convivente, desde que perceba pensão alimentícia, corresponderá à pensão alimentícia judicialmente arbitrada.
>
> § 3º Após deduzido o montante de que trata o § 2º-A deste artigo, metade do valor remanescente caberá aos beneficiários referidos na alínea "a" do inciso I do caput deste artigo, hipótese em que a outra metade será dividida, em partes iguais, entre os beneficiários indicados nas alíneas "d" e "e" do referido inciso. (g.n.)

12.3.2.2 Cálculo e reajustamento da pensão dos militares das Forças Armadas

A pensão por morte instituída pelos militares das Forças Armadas corresponde ao valor da remuneração ou dos proventos, conforme o militar tenha falecido na atividade ou na inatividade, respectivamente. Essa é a previsão contida no art. 15 da Lei Federal nº 3.765/1960.

> **Lei Federal nº 3.765/1960, com a redação conferida pela MP nº 2.215-10/2001 e pela Lei Federal nº 13.954/2019**
>
> Art. 15. A pensão militar será igual ao valor da remuneração ou dos proventos do militar.
>
> Parágrafo único. A pensão do militar que vier a falecer na atividade em consequência de acidente ocorrido em serviço ou de doença adquirida em serviço não poderá ser inferior:
>
> I – à de aspirante a oficial ou guarda-marinha, para os cadetes do Exército e da Aeronáutica, aspirantes de marinha e alunos dos Centros ou Núcleos de Preparação de Oficiais da reserva; ou
>
> II – à de terceiro-sargento, para as demais praças e os alunos das escolas de formação de sargentos.

O direito à pensão militar não decai, podendo ser requerido o benefício a qualquer tempo. Contudo aplica-se a prescrição quinquenal à percepção das prestações mensais, conforme disciplina o art. 28 da Lei acima mencionada[3].

Quanto ao reajustamento do benefício, o art. 30 da Lei Federal nº 3.765/1960 assegura a atualização pela tabela de vencimentos que estiver em vigor para os militares ativos e inativos.

12.3.3 A contribuição dos militares e pensionistas das Forças Armadas para o custeio da pensão militar

Mesmo após o advento da Lei Federal nº 13.954/2019, que, dentre outros objetivos, buscou modernizar a legislação relativa à proteção social dos militares, o ônus pelo financiamento da inatividade militar continuou a ser exclusivamente do Tesouro Nacional,

3. Lei Federal nº 3.765/1960 (Pensões dos Militares das Forças Armadas): "Art. 28. A pensão militar pode ser requerida a qualquer tempo, condicionada, porém, a percepção das prestações mensais à prescrição de 5 (cinco) anos."

conforme se depreende da leitura do art. 53-A do Estatuto das Forças Armadas, abaixo transcrito:

> **Lei Federal nº 6.880/1980, com a redação conferida pela Lei Federal nº 13.954/2019**
>
> Art. 53-A. A remuneração dos militares ativos e inativos é encargo financeiro do Tesouro Nacional.

A contribuição dos militares ativos e inativos destina-se, então, a custear a pensão militar. Todavia a inovação trazida pela Lei Federal nº 13.954/2019 refere-se à obrigatoriedade de os pensionistas também contribuírem para o financiamento de seus próprios benefícios. Esse é o teor do novo § 2º-A do art. 71 do Estatuto das Forças Armadas:

> **Lei Federal nº 6.880/1980, com a redação conferida pela Lei Federal nº 13.954/2019**
>
> Art. 71. (...)
>
> § 2º-A. As pensões militares são custeadas com recursos provenientes da contribuição dos militares das Forças Armadas, de seus pensionistas e do Tesouro Nacional.

Semelhante previsão também foi inserida na já referida Lei que dispõe sobre as pensões militares (Lei Federal nº 3.765/1960), cujo art. 1º adquiriu, com a edição da Lei Federal nº 13.954/2019, a seguinte redação:

> **Lei Federal nº 3.765/1960, com a redação conferida pela MP nº 2.215-10/2001 e pela Lei Federal nº 13.954/2019**
>
> Art. 1º São contribuintes obrigatórios da pensão militar, mediante desconto mensal em folha de pagamento, os militares das Forças Armadas e os seus pensionistas.
>
> Parágrafo único. O desconto mensal da pensão militar de que trata o caput deste artigo será aplicado, a partir de 1º de janeiro de 2020, para:
>
> I – o aspirante da Marinha, o cadete do Exército e da Aeronáutica e o aluno das escolas, centros ou núcleos de formação de oficiais e de praças e das escolas preparatórias e congêneres; e
>
> II – cabos, soldados, marinheiros e taifeiros, com menos de dois anos de efetivo serviço.
>
> III – *pensionistas*. (g.n)

A alíquota de contribuição para a pensão militar, aplicável aos militares (ativos e inativos) e aos pensionistas, está definida no art. 3º-A, que recebeu nova redação pela Lei Federal nº 13.954/2019, passando a ser de 9,5% a partir de 1º de janeiro de 2020 e de 10,5% a partir de 1º de janeiro de 2021. Vejamos o texto legal:

> **Lei Federal nº 3.765/1960, com a redação conferida pela Lei Federal nº 13.954/2019**
>
> Art. 3º-A. A contribuição para a pensão militar incidirá sobre as parcelas que compõem os proventos na inatividade e sobre o valor integral da quota-parte percebida a título de pensão militar.
>
> § 1º A alíquota de contribuição para a pensão militar é de sete e meio por cento.
>
> § 2º A alíquota referida no § 1º deste artigo será:
>
> I – de 9,5% (nove e meio por cento), a partir de 1º de janeiro de 2020;
>
> II – de 10,5% (dez e meio por cento), a partir de 1º de janeiro de 2021.
>
> § 3º A partir de 1º de janeiro de 2020, além da alíquota prevista no § 1º e dos acréscimos de que trata o § 2º deste artigo, contribuirão extraordinariamente para a pensão militar os seguintes pensionistas, conforme estas alíquotas:
>
> I – 3% (três por cento), as filhas não inválidas pensionistas vitalícias;

II – 1,5% (um e meio por cento), os pensionistas, excetuadas as filhas não inválidas pensionistas vitalícias, cujo instituidor tenha falecido a partir de 29 de dezembro de 2000 e optado em vida pelo pagamento da contribuição prevista no art. 31 da Medida Provisória 2.215-10, de 31 de agosto de 2001.

§ 4º Somente a partir de 1º de janeiro de 2025, a União poderá alterar, por lei ordinária, as alíquotas de contribuição de que trata este artigo, nos termos e limites definidos em lei federal.

Além da contribuição regular de 9,5%, haverá, a depender da situação do pensionista, uma cobrança adicional de 1,5% ou de 3%, conforme estabelece o § 3º do transcrito art. 3º-A, destinada a financiar o benefício de pensão vitalícia das filhas não inválidas dos militares das Forças Armadas. Importante mencionar que esse benefício apenas continua a ser concedido para as filhas daqueles que já eram militares em 29 de dezembro de 2000 e que fizeram a opção, após a publicação da MP 2.131, de 28 de dezembro de 2000 (DOU de 29 de dezembro de 2000), de contribuir com alíquota adicional de 1,5% para essa finalidade específica.

12.4 SISTEMA DE PROTEÇÃO SOCIAL DOS MILITARES DOS ESTADOS E DO DF

Vimos que a Lei Federal nº 13.954/2019 alterou o Decreto-Lei nº 667/1969, o qual passou a ter status de **norma geral** da inatividade e da pensão dos militares dos Estados e do DF, previstas no inciso XXI do art. 22 da CR/88, consoante redação conferida pela EC nº 103/2019[4].

O art. 24 do mencionado Decreto-Lei prevê que os direitos, os deveres, a remuneração, as prerrogativas e outras situações especiais dos militares dos Estados, do DF e dos Territórios devem ser estabelecidos em leis específicas dos entes federativos, assim como previsto no § 1º do art. 42, combinado com o inciso X do § 3º do art. 142 da CR/88.

A lei do ente também disciplinará, com relação ao novo Sistema de Proteção Social dos Miliares, o modelo de gestão, podendo prever direitos, tais como saúde e assistência, bem como a forma de financiamento. Essa é a dicção do art. 24-E[5] do Decreto-Lei referido, que traz, ainda, a previsão de que **ao Sistema de Proteção Social dos Militares não se aplica a legislação dos RPPS dos servidores públicos**.

Passaremos a descrever, em seguida, as modificações ocorridas, em termos de normas gerais, que alcançam a transferência do militar estadual e distrital para a inatividade, a pensão militar e o custeio desses benefícios, estando esses aspectos disciplinados nos arts. 24-A a 24-J do Decreto-Lei nº 667/1969. Abordaremos, também, a IN nº 5, de 15 de janeiro de 2020 (alterada pela IN nº 6, de 24 de janeiro de 2020), da SPREV do Ministério da Economia, norma editada com o objetivo de estabelecer orientações a respeito das normas gerais de inatividade e pensões e das demais disposições relativas aos militares dos Estados e do DF, estabelecidas pela Lei nº 13.954/2019, mediante alteração do Decreto-Lei nº 667/1969.

---

4. CR/88, art. 22, com a redação conferida pela EC nº 103/2019. "Compete privativamente à União legislar sobre: (...) XXI – normas gerais de organização, efetivos, material bélico, garantias, convocação, mobilização, inatividades e pensões das polícias militares e dos corpos de bombeiros militares".
5. Decreto-Lei nº 667/1969, art. 24-E, incluído pela Lei nº 13.954/2019: "O Sistema de Proteção Social dos Militares dos Estados, do Distrito Federal e dos Territórios deve ser regulado por lei específica do ente federativo, que estabelecerá seu modelo de gestão e poderá prever outros direitos, como saúde e assistência, e sua forma de custeio. Parágrafo único. *Não se aplica ao Sistema de Proteção Social dos Militares dos Estados, do Distrito Federal e dos Territórios a legislação dos regimes próprios de previdência social dos servidores públicos.*" (g.n).

12.4.1 Do direito adquirido

O Decreto-Lei nº 667/1969 (norma geral) assegura o reconhecimento do direito adquirido para os militares que tenham implementado, até 31 de dezembro de 2019, os requisitos estabelecidos pela legislação do ente federativo em relação à transferência para a inatividade militar remunerada. Os critérios para concessão do benefício e a sua forma de cálculo observarão o que estava em vigor na legislação do ente federativo na data em que o militar preencheu os parâmetros exigidos. Tal garantia também está prevista para a pensão militar, para óbitos ocorridos até a data mencionada. Assim dispõe o art. 24-F do citado Decreto-Lei:

Decreto-Lei Federal nº 667/1969, com a redação conferida pela Lei Federal nº 13.954/2019

Art. 24-F. É assegurado o direito adquirido na concessão de inatividade remunerada aos militares dos Estados, do Distrito Federal e dos Territórios, e de pensão militar aos seus beneficiários, a qualquer tempo, desde que tenham sido cumpridos, até 31 de dezembro de 2019, os requisitos exigidos pela lei vigente do ente federativo para obtenção desses benefícios, observados os critérios de concessão e de cálculo em vigor na data de atendimento dos requisitos.

A Lei Federal nº 13.954/2019, em seu art. 26, possibilitou ao ente federativo, mediante ato do Poder Executivo[6], postergar para até 31 de dezembro de 2021 a data-limite para aquisição de direitos com base na legislação então vigente no Estado ou no DF. Ou seja, permitiu uma sobrevida de até mais dois anos ao regramento estadual e distrital instituído antes da edição da norma geral, materializada pela nova redação do Decreto-Lei nº 667/1969. Eis o dispositivo:

Lei Federal nº 13.954/2019

Art. 26. Ato do Poder Executivo do ente federativo, a ser editado no prazo de 30 (trinta) dias e cujos efeitos retroagirão à data de publicação desta Lei, poderá autorizar, em relação aos militares dos Estados, do Distrito Federal e dos Territórios em atividade na data de publicação desta Lei, que a data prevista no art. 24-F e no caput do art. 24-G do Decreto-Lei 667, de 2 de julho de 1969, incluídos por esta Lei, seja transferida para até 31 de dezembro de 2021.

12.4.2 Inatividade dos militares dos Estados e do DF

A legislação do ente federativo deverá disciplinar a transferência do militar para a inatividade, contemplando, assim como ocorre com as Forças Armadas, a transferência para a reserva remunerada e a reforma.

A norma geral estabelece que o militar receberá a remuneração com base no posto ou graduação que possuía por ocasião da transferência, a pedido, para a inatividade remunerada, podendo ser o valor integral ou proporcional ao tempo de serviço acumulado. Assim dispõe o art. 24-A do Decreto-Lei nº 667/1969:

6. Desde que editado em prazo não superior a 30 dias da data de publicação da Lei Federal nº 13.954/2019, ou seja, até 16 de janeiro de 2020.

Decreto-Lei Federal nº 667/1969, com a redação conferida pela Lei Federal nº 13.954/2019

Art. 24-A. Observado o disposto nos arts. 24-F e 24-G deste Decreto-Lei, aplicam-se aos militares dos Estados, do Distrito Federal e dos Territórios as seguintes normas gerais relativas à inatividade:

I – a remuneração na inatividade, calculada com base na remuneração do posto ou da graduação que o militar possuir por ocasião da transferência para a inatividade remunerada, a pedido, pode ser:

a) integral, desde que cumprido o tempo mínimo de 35 (trinta e cinco) anos de serviço, dos quais no mínimo 30 (trinta) anos de exercício de atividade de natureza militar; ou

b) proporcional, com base em tantas quotas de remuneração do posto ou da graduação quantos forem os anos de serviço, se transferido para a inatividade sem atingir o referido tempo mínimo;

II – a remuneração do militar reformado por invalidez decorrente do exercício da função ou em razão dela é integral, calculada com base na remuneração do posto ou da graduação que possuir por ocasião da transferência para a inatividade remunerada;

III – a remuneração na inatividade é irredutível e deve ser revista automaticamente na mesma data da revisão da remuneração dos militares da ativa, para preservar o valor equivalente à remuneração do militar da ativa do correspondente posto ou graduação; e

IV – a transferência para a reserva remunerada, de ofício, por atingimento da idade-limite do posto ou graduação, se prevista, deve ser disciplinada por lei específica do ente federativo, observada como parâmetro mínimo a idade-limite estabelecida para os militares das Forças Armadas do correspondente posto ou graduação.

Parágrafo único. A transferência para a reserva remunerada, de ofício, por inclusão em quota compulsória, se prevista, deve ser disciplinada por lei do ente federativo.

Como pode ser observado, a transferência do miliar para a inatividade com remuneração integral, correspondente ao posto ou graduação que ocupava, passou a exigir, indistintamente para homens e mulheres, 35 anos de tempo de serviço, dos quais, no mínimo, 30 anos de exercício de atividade de natureza militar. Antes da edição, pela União, da norma geral sobre a inatividade dos militares dos Estados e do DF, era usual encontrarmos, na legislação dos entes federativos, o requisito de 30 anos de serviço quanto à transferência voluntária para a reserva remunerada, com remuneração integral, havendo, geralmente, uma redução de 5 anos no tempo exigido para as mulheres.

Outra hipótese de integralidade da remuneração do posto ou graduação do militar, quando da transferência para a inatividade remunerada, ocorrerá, conforme previsto no dispositivo acima transcrito, em caso de reforma por invalidez decorrente do exercício da função ou em razão dela.

Os militares que não preencherem os requisitos para a percepção de remuneração integral na inatividade a terão calculada de forma proporcional aos anos de serviço que tenham acumulado.

A legislação dos entes federativos estabelece, para os militares, idade-limite para permanência em atividade em função do posto ou graduação que possuam, diferentemente do que ocorre com os servidores, para os quais o art. 40 da CR/88 adota a idade única de 75 anos (regulamentada pela LC Federal nº 152/2015). As idades-limites, de acordo como art. 24-A, em comento, não poderão ser inferiores às previstas para os militares das Forças Armadas do correspondente posto ou graduação, as quais já foram anteriormente vistas.

O referido art. 24-A ainda disciplina o critério de reajustamento do benefício recebido pelos militares inativos, estabelecendo o instituto da paridade remuneratória com os militares da ativa de mesmo posto ou graduação.

12.4.2.1 *Regra de transição quanto à transferência para a reserva remunerada dos militares dos Estados e do DF*

Caso o militar estadual ou distrital não tenha completado, até 31 de dezembro de 2019, o tempo de serviço exigido pela legislação do ente federativo quanto à transferência voluntária para a reserva remunerada, poderá valer-se da regra de transição estabelecida pelo art. 24-G do Decreto-Lei nº 667/1969, inserido pela Lei Federal nº 13.954/2019, segundo o qual o militar deve preencher dois requisitos para a inativação com proventos integrais, a saber: tempo de serviço e tempo de exercício de atividade de natureza militar.

Caso a legislação estadual ou distrital exija 30 anos de serviço, a regra de transição estabelece um tempo adicional (pedágio) de 17%, a ser aplicado sobre o tempo faltante para o militar alcançar os 30 anos de serviço. Considerando que o dispositivo possibilita ao militar cumprir o tempo de serviço até 31 de dezembro de 2019[7], o pedágio deverá ser aplicado sobre o tempo restante computado a partir de 1º de janeiro de 2020. Essa é a interpretação adotada pelo art. 8º da IN nº 5/2020 (alterada pela IN nº 6, de 24 de janeiro de 2020), da SPREV do Ministério da Economia[8]. Dito normativo foi editado com o objetivo de estabelecer orientações a respeito das normas gerais de inatividade e pensões e das demais disposições relativas aos militares dos Estados e do DF, estabelecidas pela Lei nº 13.954/2019, mediante alteração do Decreto-Lei nº 667/1969.

Quanto ao tempo mínimo de exercício de atividade de natureza militar, este será de 25 anos, sendo acrescido, a partir de 1º de janeiro de 2022, em 4 meses ao ano, até o militar completar o tempo de serviço exigido pela legislação do ente federativo, em relação à transferência voluntária para a inatividade remunerada com proventos integrais. Essa majoração no tempo de exercício de atividade militar fica limitada a 5 anos, alcançando, portanto, 30 anos.

Se a legislação estadual ou distrital requerer 35 anos de serviço, não haverá pedágio a ser cumprido na regra de transição. Contudo os 25 anos de tempo mínimo de exercício de atividade de natureza militar, com o acréscimo mencionado no parágrafo anterior, deverá ser observado.

Segue, abaixo, o comentado art. 24-G do Decreto-Lei:

---

7. O art. 24-F do Decreto-Lei –nº 667/1969 (anteriormente transcrito) reconhece o direito adquirido para o militar que implementou o tempo de serviço exigido até 31/12/2019.
8. IN nº 5/2020 da SPREV do Ministério da Economia, art. 8º: "Os militares dos Estados, do Distrito Federal e dos Territórios que não houverem completado, até 31 de dezembro de 2019, o tempo mínimo exigido pela legislação do ente federativo para fins de inatividade com remuneração integral do correspondente posto ou graduação devem cumprir: I – o tempo de serviço faltante para atingir o tempo mínimo exigido na legislação do ente federativo, acrescido de 17% (dezessete por cento), se o tempo mínimo for de 30 (trinta) anos ou menos; II – o tempo de serviço faltante para atingir 35 (trinta e cinco) anos, se for este o tempo mínimo exigido na legislação do ente federativo à data de publicação da Lei 13.954, de 2019; e III – além do disposto nos incisos I e II, 25 (vinte e cinco) anos de exercício de atividade de natureza militar, acrescidos, a partir de 1º de janeiro de 2022, de 4 (quatro) meses para cada ano de tempo de serviço faltante em relação ao tempo mínimo exigido na legislação do ente federativo, até o limite de 30 (trinta) anos de exercício de atividade de natureza militar. Parágrafo único. A data prevista no caput poderá ser prorrogada para até 31 de dezembro de 2021, mediante ato do Poder Executivo do ente federativo, editado até 16 de janeiro de 2020 e cujos efeitos retroagirão à data de publicação da Lei 13.954, de 2019."

Decreto-Lei Federal nº 667/1969, com a redação conferida pela Lei Federal nº 13.954/2019

Art. 24-G. Os militares dos Estados, do Distrito Federal e dos Territórios que não houverem completado, até 31 de dezembro de 2019, o tempo mínimo exigido pela legislação do ente federativo para fins de inatividade com remuneração integral do correspondente posto ou graduação devem:

I – se o tempo mínimo atualmente exigido pela legislação for de 30 (trinta) anos ou menos, cumprir o tempo de serviço faltante para atingir o exigido na legislação do ente federativo, acrescido de 17% (dezessete por cento); e

II – se o tempo mínimo atualmente exigido pela legislação for de 35 (trinta e cinco) anos, cumprir o tempo de serviço exigido na legislação do ente federativo.

Parágrafo único. Além do disposto nos incisos I e II do caput deste artigo, o militar deve contar no mínimo 25 (vinte e cinco) anos de exercício de atividade de natureza militar, acrescidos de 4 (quatro) meses a cada ano faltante para atingir o tempo mínimo exigido pela legislação do ente federativo, a partir de 1º de janeiro de 2022, limitado a 5 (cinco) anos de acréscimo.

Conforme mencionado anteriormente, o art. 26 da Lei Federal nº 13.954/2019 permitiu que ato do Poder Executivo do ente federativo (cujo prazo de edição ficou limitado a 30 dias da publicação da mencionada Lei) pudesse autorizar, em relação aos militares dos Estados e do DF em atividade na data de publicação da citada Lei, que a data prevista no *caput* do art. 24-G do Decreto-Lei fosse transferida para até 31 de dezembro de 2021.

12.4.2.1.1 Exemplos de aplicação da regra de transição quanto à transferência para a reserva remunerada dos militares dos Estados e do DF

Com base no disposto no art. 24-G do Decreto-Lei nº 667/1969, passemos a exercitar a aplicação da regra de transição para algumas situações de militares estaduais.

Exemplo 1. João Caxias contava, em 31 de dezembro de 2019, com 26 anos de tempo de serviço, dos quais 21 anos eram de exercício de atividade de natureza militar. Quando implementará os requisitos para solicitar a transferência voluntária para reserva remunerada, com proventos integrais, considerando que a legislação de seu ente federativo exigia 30 anos de serviço para os homens militares?

Em 31 de dezembro de 2019, o militar contava com 26 anos de tempo de serviço, faltando-lhe 4 anos para completar os 30 anos de serviço. Assim, além de cumprir os 4 anos faltantes, deverá, ainda, observar um período adicional (pedágio) de 17% sobre este tempo. Logo, teremos:

a) O período a cumprir de tempo de serviço é a partir de 1º/1/2020: 4 + 17% x 4 = 4,68 anos.

b) O militar completará o tempo de serviço necessário (incluindo o pedágio) em 2024.

c) O militar possuía, em 31 de dezembro de 2019, 21 anos de exercício em atividades de natureza militar, enquanto a regra de transição passou a exigir um mínimo de 25 anos, acrescido de 4 meses a cada ano, a partir de 1º de janeiro de 2022, até atingir o limite de 30 anos, o que pode ser representado pela tabela abaixo:

ANO	TEMPO MÍNIMO DE EXERCÍCIO EM ATIVIDADE DE NATUREZA MILITAR	TEMPO DO MILITAR EM 31/12 DE CADA ANO (atividade de natureza militar)
2019	25 anos	21 anos
2020	25 anos	22 anos
2021	25 anos	23 anos
2022	25 anos e 4 meses	24 anos
2023	25 anos e 8 meses	25 anos
2024	26 anos	26 anos
2025	26 anos e 4 meses	27 anos
2026	26 anos e 8 meses	28 anos
2027	27 anos	29 anos
2028	27 anos e 4 meses	30 anos
2029	27 anos e 8 meses	31 anos
2030	28 anos	32 anos
...	...	...
2036	30 anos	38 anos

d) Em 2024, quando completará o tempo de serviço total exigido, serão necessários, pelo menos, 26 anos de exercício em atividade de natureza militar.

e) João Caixas atingirá, em 2024, exatamente os 26 anos (veja-se tabela acima), tendo, portanto, o tempo mínimo requisitado e poderá solicitar a transferência para a reserva remunerada, com proventos integrais.

Exemplo 2. Maria Valentina contava, em 31 de dezembro de 2019, com 22 anos de tempo de serviço, dos quais 18 anos eram de exercício de atividade de natureza militar. Quando implementará os requisitos para solicitar a transferência voluntária para reserva remunerada, com proventos integrais, considerando que a legislação de seu ente federativo exigia 25 anos de serviço para as mulheres?

Em 31 de dezembro de 2019, a militar contava com 22 anos de tempo de serviço, faltando-lhe, então, 3 anos para completar os 25 anos de serviço. Assim, além de cumprir os 3 anos faltantes, deverá, ainda, observar um período adicional (pedágio) de 17% sobre este tempo. Logo, teremos:

a) O período a cumprir de tempo de serviço é a partir de 1º/1/2020: 3 + 17% x 3 = 3,51 anos.

b) A militar completará o tempo de serviço necessário (incluindo o pedágio) em 2023.

c) A militar possuía, em 31 de dezembro de 2019, 18 anos de exercício em atividades de natureza militar, enquanto a regra de transição passou a exigir 25 anos de exercício em atividade de natureza militar, acrescido de 4 meses a cada ano, a partir de 1º de janeiro de 2022, até o limite de 30 anos, o que pode ser representado pela tabela abaixo:

ANO	TEMPO MÍNIMO DE EXERCÍCIO EM ATIVIDADE DE NATUREZA MILITAR	TEMPO DA MILITAR EM 31/12 DE CADA ANO (atividade de natureza militar)
2019	25 anos	18 anos
2020	25 anos	19 anos
2021	25 anos	20 anos
2022	25 anos e 4 meses	21 anos
2023	25 anos e 8 meses	22 anos
2024	26 anos	23 anos
2025	26 anos e 4 meses	24 anos
2026	26 anos e 8 meses	25 anos
2027	27 anos	26 anos
2028	27 anos e 4 meses	27 anos
2029	27 anos e 8 meses	28 anos
2030	28 anos	29 anos
.....	.....	.....
2036	30 anos	35 anos

d) Em 2023, quando completará o tempo de serviço exigido, serão necessários, pelo menos, 25 anos e 8 meses de exercício em atividade de natureza militar. Maria Valentina, porém, possuirá, em 2023, 22 anos, sendo, portanto, o tempo insuficiente.

e) Observando-se a tabela acima, verifica-se que apenas em 2029, quando contará com 28 anos de exercício de atividade de natureza militar, ela terá alcançado o tempo mínimo exigido e poderá solicitar a transferência para a reserva remunerada, com proventos integrais.

12.4.3 Pensão dos militares dos Estados e do DF

Também cuidou a Lei Federal 13.954/2019 de estabelecer balizas com relação à pensão instituída pelos militares dos Estados e do DF, ao inserir o art. 24-B no Decreto-Lei nº 667/1969. Ei-las:

a) o valor da pensão corresponderá ao da remuneração do militar falecido ativo ou inativo;

b) a pensão será, automaticamente, revista na mesma data em que ocorrer alteração na remuneração dos militares da ativa, para preservar o valor equivalente ao do posto ou graduação que lhe deu origem; e

c) a relação de beneficiários da pensão dos militares dos Estados e do DF deve ser a mesma adotada pela legislação das Forças Armadas.

Assim está redigido o mencionado dispositivo:

Decreto-Lei Federal nº 667/1969, com a redação conferida pela Lei Federal nº 13.954/2019

Art. 24-B. Aplicam-se aos militares dos Estados, do Distrito Federal e dos Territórios as seguintes normas gerais relativas à pensão militar:

I – o benefício da pensão militar é igual ao valor da remuneração do militar da ativa ou em inatividade;

II – o benefício da pensão militar é irredutível e deve ser revisto automaticamente, na mesma data da revisão das remunerações dos militares da ativa, para preservar o valor equivalente à remuneração do militar da ativa do posto ou graduação que lhe deu origem; e

III – a relação de beneficiários dos militares dos Estados, do Distrito Federal e dos Territórios, para fins de recebimento da pensão militar, é a mesma estabelecida para os militares das Forças Armadas. (g.n.)

A mencionada IN nº 5/2020, da SPREV do Ministério da Economia, elenca, em seu art. 11, com base na legislação dos militares das Forças Armadas, o rol de beneficiários dos militares dos entes subnacionais, para fins de recebimento da pensão militar:

Instrução Normativa 5/2020 da SPREV

(...)

Beneficiários da pensão militar

Art. 11. Para fins de recebimento da pensão militar, o rol de beneficiários dos militares dos Estados, do Distrito Federal e dos Territórios é o mesmo estabelecido para os militares das Forças Armadas.

Parágrafo único. Estão incluídos na regra do caput, consoante o art. 7º da Lei 3.765, de 4 maio de 1960, na redação dada pela Lei 13.954, de 2019:

I – cônjuge ou companheiro designado ou que comprove união estável como entidade familiar;

II – pessoa separada de fato, separada judicialmente ou divorciada do instituidor, ou ex-convivente, desde que perceba pensão alimentícia judicialmente arbitrada;

III – filhos ou enteados até vinte e um anos de idade ou até vinte e quatro anos de idade, se estudantes universitários ou, se inválidos, enquanto durar a invalidez;

IV – menor sob guarda ou tutela até vinte e um anos de idade ou, se estudante universitário, até vinte e quatro anos de idade ou, se inválido, enquanto durar a invalidez;

V – a mãe e o pai que comprovem dependência econômica do militar; e

VI – o irmão órfão, até vinte e um anos de idade ou, se estudante universitário, até vinte e quatro anos de idade, e o inválido, enquanto durar a invalidez, comprovada a dependência econômica do militar. (g.n.)

Ressaltamos que o elenco de beneficiários da pensão militar contém algumas categorias não presentes na legislação do RGPS e do RPPS da União, a exemplo do menor sob guarda e também dos estudantes universitários, até os 24 anos de idade, se filhos, enteados, tutelados ou irmãos órfãos.

Oportuno destacar que o critério de rateio do benefício da pensão por morte não foi objeto de disciplinamento pela norma geral, ficando a cargo dos entes federativos subnacionais sua regulamentação.

Importa observar, ainda, que uma vez prorrogada a data para aquisição do direito à inatividade (com base na legislação em vigor no ente federativo antes da edição da norma geral), nos termos do parágrafo único do art. 7º da IN nº 5/2020, estarão também prorrogados, pelo mesmo período, os critérios de concessão e de cálculo da pensão militar anteriormente estabelecidos pela legislação do ente federativo. Essa é a dicção do parágrafo único do art. 12[9] da citada Instrução Normativa, o qual tem por fundamento de validade o art. 26 da Lei Federal nº 13.954/2019.

12.4.4 A contribuição dos militares e pensionistas dos Estados e do DF para o custeio da inatividade e das pensões

O Decreto-Lei nº 667/1969, que, como já mencionado, foi alterado pela Lei Federal nº 13.954/2019, também cuidou de dispor, como norma geral, sobre a contribuição para o Sistema de Proteção Social dos militares dos Estados e do DF. Enquanto para os militares das Forças Armadas a contribuição visa ao financiamento da pensão militar, no caso dos militares dos entes subnacionais, dita contribuição deve custear não apenas a pensão, mas, também, a inatividade militar (reserva remunerada e reforma). O art. 24-C do Decreto-Lei estabelece que deve ser aplicada nos Estados e no DF a mesma alíquota estabelecida para os militares federais, devendo ser adotada, também, a mesma base contributiva, ou seja, a totalidade de remuneração dos ativos, dos inativos e de seus pensionistas. Em caso de insuficiência financeira, caberá ao respectivo ente federativo promover sua cobertura. Vejamos, abaixo, o artigo em comento:

Decreto-Lei Federal nº 667/1969 com a redação conferida pela Lei Federal nº 13.954/2019

(...)

Art. 24-C. Incide contribuição sobre a *totalidade da remuneração dos militares dos Estados, do Distrito Federal e dos Territórios, ativos ou inativos*, e de seus pensionistas, com alíquota igual à aplicável às Forças Armadas, cuja receita é destinada ao custeio das pensões militares e da inatividade dos militares.

§ 1º Compete ao ente federativo a cobertura de eventuais insuficiências financeiras decorrentes do pagamento das pensões militares e da remuneração da inatividade, que não tem natureza contributiva.

§ 2º Somente a partir de 1º de janeiro de 2025 os entes federativos poderão alterar, por lei ordinária, as alíquotas da contribuição de que trata este artigo, nos termos e limites definidos em lei federal. (g.n.)

Conforme comentado anteriormente, a alíquota de contribuição aplicável aos militares das Forças Armadas (ativos e inativos) e aos pensionistas está definida no art. 3º-A da Lei Federal nº 3.765/1960, com a redação que lhe foi dada pela Lei Federal nº 13.954/2019, passando a ser de 9,5% a partir de 1º de janeiro de 2020 e de 10,5% a partir de 1º de janeiro de 2021. Quanto ao elenco de contribuintes, a disciplina encontra-se no art. 1º. Vejamos os dispositivos legais mencionados:

Lei Federal nº 3.765/1960, com a redação conferida pela Lei Federal nº 13.954/2019

Art. 1º São contribuintes obrigatórios da pensão militar, mediante desconto mensal em folha de pagamento, os *militares* das Forças Armadas e os seus *pensionistas*.

(...)

9. IN nº 5/2020 da SPREV do Ministério da Economia, art. 12: "É assegurado o direito adquirido na concessão de pensão militar aos beneficiários dos militares dos Estados, do Distrito Federal e dos Territórios, a qualquer tempo, desde que tenham sido cumpridos, até 31 de dezembro de 2019, os requisitos exigidos pela lei vigente do ente federativo para obtenção desse benefício, observados os critérios de concessão e de cálculo em vigor na data de atendimento dos requisitos. Parágrafo único. *Prorrogada a data para aquisição do direito à inatividade, nos termos do parágrafo único do art. 7º, estarão também prorrogados, pelo mesmo período, os critérios de concessão e de cálculo da pensão militar anteriormente estabelecidos pela legislação do ente federativo.*" (g.n)

> Art. 3º-A. A contribuição para a pensão militar incidirá sobre as parcelas que compõem os proventos na inatividade e sobre o valor integral da quota-parte percebida a título de pensão militar.
>
> § 1º A alíquota de contribuição para a pensão militar é de sete e meio por cento.
>
> § 2º A alíquota referida no § 1º deste artigo será:
>
> I – de 9,5% (nove e meio por cento), a partir de 1º de janeiro de 2020;
>
> II – de 10,5% (dez e meio por cento), a partir de 1º de janeiro de 2021.
>
> (g.n.)

Contudo, considerando o princípio da anterioridade tributária nonagesimal, a IN nº 5/2020, da SPREV do Ministério da Economia, disciplina o início da aplicação da nova alíquota de contribuição de 9,5% nos arts. 14 e 22-A, tendo sido este último introduzido pela IN nº 6/2020, também editada pela SPREV. Vejamos:

> **Instrução Normativa nº 5/2020 da SPREV**
>
> Art. 14. A alíquota de contribuição para o custeio das pensões e da inatividade dos militares, consoante o art. 3º-A da Lei nº 3.765, de 1960, na redação dada pela Lei nº 13.954, de 2019, será:
>
> I – de 9,5% (nove e meio por cento), a partir de 17 de março de 2020, por força do princípio da anterioridade tributária nonagesimal;
>
> II – de 10,5% (dez e meio por cento), a partir de 1º de janeiro de 2021.
>
> § 1º Caso o Sistema de Proteção Social dos Militares dos Estados ou do Distrito Federal disponha sobre contribuição específica para a manutenção de benefícios a dependentes de militares até a data de entrada em vigor da Lei nº 13.954, de 2019, será aplicado, no que couber, o previsto no § 3º do art. 3º-A da Lei nº 3.765, de 1960.
>
> § 2º Somente a partir de 1º de janeiro de 2025 os entes federativos poderão alterar, por lei ordinária, as alíquotas da contribuição de que trata este artigo, nos termos e limites definidos em lei federal.
>
> § 3º A incidência da alíquota de contribuição de que trata o inciso I do caput dar-se-á no mês de março de 2020, pro rata tempore, sobre a totalidade da remuneração dos militares dos Estados, do Distrito Federal e dos Territórios, ativos ou inativos, e de seus pensionistas.
>
> (...)
>
> Art. 22-A. Na aplicação do disposto no art. 13 e 14 desta Instrução Normativa, será considerado o seguinte:
>
> I – em relação aos militares da ativa: (Incluído pela instrução normativa nº 06, de 24/01/2020)
>
> *a)* se a alíquota de contribuição anterior era superior a 9,5% (nove e meio por cento), a nova alíquota será devida a partir de 1º de janeiro de 2020; (Incluído pela instrução normativa nº 06, de 24/01/2020)
>
> *b)* se a alíquota de contribuição anterior era inferior a 9,5% (nove e meio por cento), a alíquota anterior continuará sendo devida até 16 de março de 2020; (Incluído pela instrução normativa nº 06, de 24/01/2020)
>
> II – em relação aos militares inativos e pensionistas: (Incluído pela instrução normativa nº 06, de 24/01/2020)
>
> *a)* se o resultado combinado da alteração da alíquota e da ampliação da base de cálculo resultar em redução do valor final da contribuição devida, este novo valor passará a ser devido a partir de 1º de janeiro de 2020; (Incluído pela instrução normativa nº 06, de 24/01/2020)
>
> *b)* se o resultado combinado da alteração da alíquota e da ampliação da base de cálculo resultar em aumento do valor final da contribuição devida, o valor anterior da contribuição continuará sendo devido até 16 de março de 2020. (Incluído pela instrução normativa nº 06, de 24/01/2020)

Analisando sistematicamente os arts. 14 e 22-A, verificamos que o objetivo da norma é assegurar que o militar ou pensionista não tenha aumento de seu esforço contributivo antes de 17 de março de 2020, ou seja, antes do término do prazo tributário nonagesimal, considerando-se a publicação, no DOU, da Lei Federal nº 13.954, ocorrida em 17 de dezembro de 2019.

Para os militares ativos, é suficiente uma simples comparação entre a nova alíquota de contribuição (9,5%)[10] e a que estava em vigor na legislação do ente federativo. Para os inativos e pensionistas, é necessária uma análise combinada entre alíquota e base contributiva. Isso porque, em geral, os militares inativos e os pensionistas contribuíam, de acordo com a legislação do ente subnacional, sobre o montante do benefício que excedia o teto do RGPS, a exemplo dos civis inativos e pensionistas. Agora, com a norma geral, a base de contribuição passa a ser a totalidade da remuneração dos inativos e da cota-parte de pensão recebida. Lancemos mão de exemplos que auxiliem na visualização das possibilidades, envolvendo inativos e pensionistas.

Exemplo 1. José Valente, militar estadual da reserva remunerada, com remuneração de R$ 9 mil, contribuía, na inatividade, com alíquota de 11%, incidente sobre a parcela de seus proventos que excedia o teto do RGPS. Consoante a nova redação do Decreto-Lei nº 667/1969, que alteração ocorreu com relação ao que lhe era descontado a título de contribuição para a inatividade e pensão, considerando que o teto do RGPS é, atualmente, de R$ 8.157,41 (referente ao ano de 2025)?

a) Contribuição antes da edição da norma geral: 11% x (9.000,00 – 8.157,41) = R$ 92,68
b) Contribuição após a edição da norma geral: 10,5%[11] x 9.000,00 = R$ 945,00
c) Como podemos observar, o militar inativo passou a suportar uma elevação no esforço contributivo.

Exemplo 2. Maria da Paz, militar estadual da reserva remunerada, com remuneração de R$ 29 mil, contribuía na inatividade com alíquota de 14%, incidente sobre a parcela de seus proventos que excedia o teto do RGPS. Considerando a nova redação do Decreto-Lei nº 667/1969, que alteração ocorreu com relação ao que lhe era descontado a título de contribuição para a inatividade e pensão, considerando que o teto do RGPS é, atualmente, de R$ 8.157,41 (referente ao ano de 2025)?

a) Contribuição antes da edição da norma geral: 14% x (29.000,00 – 8.157,41) = R$ 2.917,96
b) Contribuição após a edição da norma geral: 10,5%[12] x 29.000,00 = R$ 3.045,00
c) Como podemos observar, a militar inativa passou a suportar uma elevação em seu esforço contributivo.

Exemplo 3. Rosana dos Anjos, pensionista de militar estadual, com benefício de R$ 4 mil, não sofria desconto de contribuição, pois percebia valor inferior ao teto do RGPS. A alíquota em vigor no ente federativo era de 12%. Com a nova redação do Decreto-Lei nº 667/1969, que alteração ocorreu com relação à contribuição para a inatividade e pen-

10. A alíquota passou a ser de 10,5%, a partir de janeiro de 2021, conforme disposição constante do inc. I do § 2º do art. 3º-A da Lei Federal 3.765/1960, com a redação conferida pela Lei Federal nº 13.954/2019.
11. Em 2020, a alíquota aplicada foi a de 9,5%, conforme disposição constante do inc. I do § 2º do art. 3º-A da Lei Federal nº 3.765/1960, com a redação conferida pela Lei Federal 13.954/2019.
12. Em 2020, a alíquota aplicada foi a de 9,5%, conforme disposição constante do inc. I do § 2º do art. 3º-A da Lei Federal nº 3.765/1960, com a redação conferida pela Lei Federal 13.954/2019.

são, considerando que o teto do RGPS é, atualmente, de R$ 8.157,41 (referente ao ano de 2025)?

a) Contribuição antes da edição da norma geral: não contribuía
b) Contribuição após a edição da norma geral: 10,5%[13] x 4.000,00 = R$ 420,00
c) Observamos que a pensionista militar, que antes não contribuía, passou a contribuir para o Sistema de Proteção Social Militar de seu Estado.

12.4.5 Considerações finais sobre os militares dos Estados e do DF

Destacamos que o abono de permanência, anteriormente comentado, não beneficia os militares dos Estados e do DF. Isso porque o instituto está previsto no art. 40 da CR/88, que versa sobre o Regime Próprio de Previdência Social dos servidores (civis). Contudo, o ente federativo, caso entenda oportuno e conveniente, poderá, mediante legislação local, estabelecer disciplina semelhante com objetivo de estimular a permanência em atividade do militar que já tenha implementado os requisitos para solicitar a transferência para a reserva remunerada.

É interessante ressaltar que o Decreto-Lei nº 667/1969, em seu art. 24-I, faculta aos entes subnacionais a edição de legislação específica regulando o ingresso de militares temporários, cujo prazo máximo de permanência no serviço ativo será de 8 anos, observado percentual máximo de 50% do efetivo do respectivo posto ou graduação. Durante o período em que permanecerem em atividade, os temporários contribuirão para o Sistema de Proteção Social dos militares, nas mesmas condições dos militares de carreira, sendo-lhes oferecida a cobertura para os eventos de risco de inatividade por invalidez e pensão militar. Uma vez desligados da corporação militar, aproveitarão o tempo de serviço para fins de contagem recíproca no RGPS ou em RPPS, com a devida compensação financeira entre os regimes.

O dispositivo mencionado no parágrafo anterior também possibilita ao ente federativo prever em legislação própria que o militar transferido para a reserva remunerada exerça atividades civis, em qualquer órgão do ente, mediante o pagamento de adicional, o qual não será incorporado ou contabilizado para revisão do benefício na inatividade, não servirá de base de cálculo para outros benefícios ou vantagens e não integrará a base de contribuição do militar.

Por fim, é imprescindível destacar que, de acordo com o parágrafo único do art. 24-D do Decreto-Lei nº 667/1969, compete à União verificar o cumprimento das normas gerais estabelecidas nos arts. 24-A, 24-B e 24-C do mesmo Decreto-Lei. Para tanto, foi editado o Decreto Federal nº 10.418, de 7 de julho de 2020, a título de regulamentação, atribuindo essa atividade à então Secretaria Especial de Previdência e Trabalho do Ministério da Economia.

13. Em 2020, a alíquota aplicada foi a de 9,5%, conforme disposição constante do inc. I do § 2º do art. 3º-A da Lei Federal nº 3.765/1960, com a redação conferida pela Lei Federal nº 13.954/2019.

Capítulo 13

REGIME DE PREVIDÊNCIA COMPLEMENTAR DOS SERVIDORES PÚBLICOS

O objetivo deste capítulo é abordar o Regime de Previdência Complementar (RPC) dos servidores públicos, com destaque às modificações introduzidas pela reforma previdenciária de 2019, promovida pela EC nº 103/2019.

Faremos, inicialmente, uma rápida introdução ao regime, destacando os conceitos e a estrutura de regulação e fiscalização das entidades fechadas de previdência complementar, para depois adentrarmos o RPC dos servidores públicos, seu tratamento constitucional ao longo do tempo e, em especial, as modificações introduzidas pelo legislador constituinte reformador de 2019 e as alternativas dos entes federados para instituição do RPC aos seus servidores.

13.1 BREVE INTRODUÇÃO AO REGIME DE PREVIDÊNCIA COMPLEMENTAR[1]

O RPC tem por finalidade proporcionar ao segurado proteção previdenciária adicional à oferecida pelo RGPS ou pelos RPPS, estes dois últimos regimes, consoante já visto, pertencentes à previdência pública, para a qual as contribuições dos trabalhadores e servidores públicos são obrigatórias.

O RPC é facultativo e organizado de forma autônoma à previdência pública[2], conforme previsto no art. 202 da CR/88, a saber:

> **CR/88, com a redação conferida pela EC nº 20/1988**
>
> Art. 202. O regime de previdência privada, de caráter complementar e organizado de forma autônoma em relação ao regime geral de previdência social, será facultativo, baseado na constituição de reservas que garantam o benefício contratado, e regulado por lei complementar.

O benefício previdenciário complementar é calculado no RPC com base nas reservas acumuladas ao longo dos anos de contribuição, ou seja, o que o segurado contribui no presente constituirá o lastro que será utilizado no futuro para o pagamento de seu benefício. Esse sistema é conhecido como regime de capitalização.

O RPC é composto por dois segmentos: o aberto, operado pelas Entidades Abertas de Previdência Complementar (EAPCs), e o fechado, operado pelas Entidades Fechadas de Previdência Complementar (EFPCs), cada qual com suas particularidades e caracte-

---

1. Adaptação do conteúdo disponível a partir de: https://www.gov.br/previdencia/pt-br/assuntos/previdencia-complementar. Acesso em: 1º ago. 2020.
2. Apesar de o texto constitucional só referenciar o RGPS, considera-se a previdência pública como um todo, razão pela qual se inclui o RPPS.

rísticas próprias, sendo essas entidades fiscalizadas por órgãos ou entidades específicos: as fechadas pela Superintendência Nacional de Previdência Complementar (Previc) e as abertas pela Superintendência de Seguros Privados (Susep).

As EFPCs administram planos de benefícios previdenciários para pessoas que possuem vínculo empregatício ou associativo com empresas, órgãos públicos, sindicatos ou associações representativas.

Já as EAPCs oferecem planos de benefícios concedidos em forma de renda continuada ou pagamento único, acessíveis a quaisquer pessoas físicas. Constituem-se como sociedades anônimas e, ao contrário das EFPCs, possuem fins lucrativos.

Como este livro objetiva o estudo do regime de previdência do servidor público, este tópico abordará apenas os planos de benefícios geridos pelas EFPCs. A administração por EAPCs de planos de benefícios patrocinados por entes federados ainda carece de regulamentação por lei complementar federal, conforme será explicitado adiante.

13.1.1 As Entidades Fechadas de Previdência Complementar

As EFPCs, também conhecidas como fundos de pensão, são estruturadas como fundações de direito privado ou sociedade civil e não possuem fins lucrativos, sendo responsáveis por instituir e gerir planos de benefícios previdenciários patrocinados por empresas ou entes federativos (patrocinadores) para seus empregados ou servidores públicos (participantes) ou por pessoas jurídicas de caráter profissional, classista ou setorial (instituidores) para seus associados.

A estrutura organizacional de uma EFPC, com a definição de cargos, competências e forma de funcionamento, é estabelecida em seu **estatuto**, sendo essa estrutura composta por, no mínimo, três órgãos colegiados:

a) Conselho Deliberativo: órgão máximo decisório, que define a política geral da gestão da entidade e de seus planos de benefícios;

b) Conselho Fiscal: órgão de controle, que supervisiona a execução das políticas do Conselho Deliberativo e o desempenho da atuação de governança da Diretoria-Executiva; e

c) Diretoria Executiva: órgão que detém a gestão da entidade e de seus planos de benefícios e que atua em observância à política geral definida pelo Conselho Deliberativo e às boas práticas de governança.

Os benefícios geridos pelas EFPCs são estruturados em planos, denominados **planos de benefícios**, que trazem os direitos e as obrigações dos participantes, dos patrocinadores, dos instituidores e dos assistidos[3], bem como as regras de concessão, forma de cálculo e de reajustamento dos benefícios assegurados (programados ou de risco), consubstanciados em um **regulamento**. Objetivam, como já visto, pagar benefícios aos seus participantes e beneficiários, por meio de formação de poupança constituída pelas contribuições dos patrocinadores e dos participantes, bem como pela rentabilidade dos investimentos no mercado financeiro.

3. Assistidos são os participantes que já estão em gozo do benefício previdenciário complementar.

Na legislação brasileira, os planos de benefícios complementares podem ser de três modalidades:

a) **benefício definido** (BD): tipo em que, na contratação do plano, são definidos os valores da contribuição e do benefício, constando do regulamento sua forma de cálculo, sendo o custeio do plano definido atuarialmente (a contribuição pode variar ao longo do tempo), a fim de garantir a concessão e a manutenção do pagamento dos benefícios[4];

b) **contribuição definida** (CD): neste tipo, o valor do benefício não está definido no momento da contratação, uma vez que este vai ser determinado pelo saldo acumulado da conta do participante, cujo montante varia em função do tempo contributivo e da rentabilidade. As contribuições são definidas de acordo com o regulamento do plano; e

c) **contribuição variável** (CV): conjuga os dois anteriores, uma vez que pode ser adotado, para os benefícios programados[5], a lógica dos planos CD, na fase de acumulação ou de atividade, e, na fase de inatividade, a lógica dos planos BD. Os benefícios de risco[6] também, nesse tipo, podem ser BD.

Cabe destacar, ainda, a existência de direitos previstos nos regulamentos dos planos de benefícios, denominados institutos, que conferem flexibilidade a quem adere a um plano de benefícios, a saber:

a) **autopatrocínio**: pelo qual o participante pode permanecer no plano, ainda que haja perda do vínculo empregatício ou estatutário com o patrocinador (ou com o instituidor), desde que assuma as contribuições deste último;

b) **benefício proporcional diferido (BPD)**: em que o participante que perder seu vínculo com o patrocinador ou instituidor também pode optar, se não quiser o autopatrocínio, por receber um benefício programado, quando preencher os requisitos previstos em regulamento. Nesse caso, ele deixa de contribuir para o plano, cabendo-lhe tão só o pagamento das despesas administrativas até a data em que fará jus à concessão do benefício complementar;

c) **portabilidade**: além do autopatrocínio e do BPD, o participante pode transferir os recursos acumulados de sua conta individual para outro plano de benefícios gerido por outra EFPC ou por EAPC; e

d) **resgate:** caso não queira permanecer vinculado a nenhum plano de benefícios, ainda na hipótese de perda do vínculo com o patrocinador ou instituidor, pode receber o valor acumulado em sua conta individual, conforme regulamento do plano.

---

4. Nos planos BD, o participante sabe, de antemão, qual o valor de sua contribuição, que poderá variar ao longo do tempo, e o valor do benefício que irá receber. Essa modalidade opera com a lógica mutualista, ou seja, com solidariedade entre os participantes.
5. Benefício em que a data de sua fruição é dotada de previsibilidade, conforme as condições estabelecidas no regulamento do plano.
6. Benefícios que têm por fato gerador a morte ou a invalidez por doença ou acidente, por exemplo, em que a data de sua concessão, por conseguinte, não pode ser prevista.

13.1.2 Legislação infraconstitucional e estrutura de regulação e fiscalização da previdência complementar fechada[7]

O regime de previdência complementar que, consoante já visto, encontra seu fundamento constitucional no art. 202 da CR/88, foi regulado pelas LCs Federais nºs 108 e 109, ambas de 2001.

A LC nº 109/2001 versa sobre as regras e princípios gerais do RPC, enquanto a LC nº 108/2001 cuida da relação entre a União, os Estados, o DF e os Municípios, inclusive suas autarquias, fundações, sociedades de economia mista e empresas controladas direta ou indiretamente, enquanto patrocinadores de EFPCs, e suas respectivas entidades fechadas, nos termos dos §§ 3º, 4º, 5º e 6º do art. 202 da CR/88, na redação dada pela EC nº 20/1998, os quais passamos a transcrever:

CR/88, com a redação conferida pela EC nº 20/1998

Art. 202 (...)

(...)

§ 3º É vedado o aporte de recursos a entidade de previdência privada pela União, Estados, Distrito Federal e Municípios, suas autarquias, fundações, empresas públicas, sociedades de economia mista e outras entidades públicas, salvo na qualidade de patrocinador, situação na qual, em hipótese alguma, sua contribuição normal poderá exceder a do segurado.

§ 4º Lei complementar disciplinará a relação entre a União, Estados, Distrito Federal ou Municípios, inclusive suas autarquias, fundações, sociedades de economia mista e empresas controladas direta ou indiretamente, enquanto patrocinadoras de entidades fechadas de previdência privada, e suas respectivas entidades fechadas de previdência privada.

§ 5º A lei complementar de que trata o parágrafo anterior aplicar-se-á, no que couber, às empresas privadas permissionárias ou concessionárias de prestação de serviços públicos, quando patrocinadoras de entidades fechadas de previdência privada.

§ 6º A lei complementar a que se refere o § 4º deste artigo estabelecerá os requisitos para a designação dos membros das diretorias das entidades fechadas de previdência privada e disciplinará a inserção dos participantes nos colegiados e instâncias de decisão em que seus interesses sejam objeto de discussão e deliberação.

A estrutura destinada à elaboração de políticas, regulação e fiscalização da previdência complementar fechada encontra-se vinculada ao Ministério da Previdência e compõe-se de:

a) **Departamento de Políticas e Diretrizes de Previdência Complementar (DPDPC)**: ao qual compete, em especial, assistir o Secretário de Regime Próprio e Complementar na formulação e no acompanhamento das políticas e das diretrizes do regime de previdência complementar operado pelas entidades abertas e fechadas de previdência complementar ou programas individuais de aposentadoria;

b) **Superintendência Nacional de Previdência Complementar (Previc)**: autarquia incumbida de aprovar, acompanhar, supervisionar e fiscalizar as atividades das EFPCs;

7. Adaptação do conteúdo disponível a partir de: https://www.gov.br/previdencia/pt-br/assuntos/previdencia-complementar. Acesso em: 1º ago. 2020.

c) **Conselho Nacional de Previdência Complementar** (**CNPC**): órgão colegiado ao qual compete regular as atividades e operações das EFPCs; e

d) **Conselho de Recursos da Previdência Complementar** (**CRPC**): colegiado que julga, em última instância, os recursos relativos aos processos administrativos instaurados pela Previc.

13.2 BREVE HISTÓRICO DA PREVIDÊNCIA COMPLEMENTAR DOS SERVIDORES PÚBLICOS NA CR/88

A nossa Carta Magna de 1988, em sua redação original, não apresentou previsão específica de possibilidade de instituição de RPC para servidores públicos titulares de cargo efetivo, membros de Poder e órgãos autônomos, vinculados a algum RPPS.

Segundo relata Nogueira (2013, p. 3-4):

> [...] Originalmente, a Constituição Federal de 1988 continha escassa regulação relativa ao tema da previdência privada, que se encontrava referido de modo disperso e secundário em apenas três dispositivos (artigos 21, inciso VIII, 192, inciso II e 201, § 8º), permanecendo a sua disciplina restrita ao âmbito da legislação ordinária, dada pela Lei 6.435/1977. Apenas com a reforma previdenciária ditada pela Emenda Constitucional 20/1998, que reescreveu por completo o artigo 202, passou-se de um "baixo grau de regulação" para uma "rica e minudente" previsão de dispositivos relativos à previdência privada, assumindo então, com maior clareza, as feições de um efetivo e autônomo regime de previdência complementar, subsistema da previdência social, inserido no contexto da seguridade social, de adesão facultativa e baseado na constituição de reservas garantidoras dos benefícios contratados.

A Emenda Constitucional nº 20/1998 promoveu, conforme comentado em capítulos anteriores, profundas modificações no RPPS, dentre as quais destacamos a possibilidade de estabelecer limite (teto) para o valor dos proventos de aposentadoria e de pensão por morte igual ao adotado para os benefícios do RGPS. Para tanto, o ente federativo precisaria instituir o RPC para seus servidores, observado o disposto nos §§ 14, 15 e 16 do art. 40 da CR/88, com a redação conferida pelo legislador constituinte reformador de 1998:

> **CR/88, com a redação conferida pela EC nº 20/1998**
>
> Art. 40 (...)
>
> (...)
>
> § 14. A União, os Estados, o Distrito Federal e os Municípios, desde que instituam regime de previdência complementar para os seus respectivos servidores titulares de cargo efetivo, poderão fixar, para o valor das aposentadorias e pensões a serem concedidas pelo regime de que trata este artigo, o limite máximo estabelecido para os benefícios do regime geral de previdência social de que trata o art. 201.
>
> § 15. Observado o disposto no art. 202, lei complementar disporá sobre as normas gerais para a instituição de regime de previdência complementar pela União, Estados, Distrito Federal e Municípios, para atender aos seus respectivos servidores titulares de cargo efetivo.
>
> § 16. Somente mediante sua prévia e expressa opção, o disposto nos § § 14 e 15 poderá ser aplicado ao servidor que tiver ingressado no serviço público até a data da publicação do ato de instituição do correspondente regime de previdência complementar.

Assim, com a redação do art. 40 conferida pela EC nº 20/1998, inaugurou-se a possibilidade de uma nova modelagem do regime previdenciário do servidor público, por meio da qual o benefício no RPPS ficaria limitado ao teto do RGPS, com adesão facultativa ao RPC, para o servidor que ingressasse no serviço público do ente federativo após o início de funcionamento do regime complementar. Os servidores ingressos em data anterior poderiam "migrar" para o novo modelo mediante opção expressa, conforme autorização contida no § 16 do art. 40 da Carta Magna.

Ocorre que a redação do § 15 do mencionado artigo representava um óbice à efetivação do RPC, já que previa a necessidade de lei complementar federal para dispor sobre normas gerais para o RPC dos servidores públicos, a qual não veio a se materializar, apesar do envio, pelo Poder Executivo Federal, do PLP nº 9/1999 ao Congresso Nacional. Esse obstáculo, contudo, foi removido pela EC nº 41/2003, que alterou a redação do § 15 do citado art. 40, autorizando a instituição do RPC do servidor público por lei de iniciativa do Poder Executivo do ente federado, com a observância, no que couber, do art. 202 da CR/88 e sua respectiva regulamentação, consubstanciada nas LCs Federais nºs 108 e 109, ambas de 2001.

O § 15 do art. 40 da CR/88, com a redação conferida pela EC nº 41/2003, estipulou que os entes só podem ofertar aos servidores planos de benefícios na modalidade **contribuição definida** (CD)[8], segundo a qual os benefícios programados têm valor dependente da reserva acumulada em nome do participante, diferentemente do tipo **benefício definido** (BD)[9], mediante o qual o valor a ser recebido não guarda, necessariamente, correlação com o montante capitalizado em favor do participante.

Vejamos, em quadro comparativo[10], as características das duas modalidades de planos de benefícios:

BENEFÍCIO DEFINIDO (BD)	CONTRIBUIÇÃO DEFINIDA (CD)
Valor dos benefícios previamente estabelecido, com base em percentual da remuneração em atividade.	Valor dos benefícios calculado com base no saldo em conta do participante, desvinculado da remuneração em atividade.
Garantia de concessão e de manutenção do benefício.	Sem garantia de manutenção do benefício.
Contribuições dos participantes e dos patrocinados determinadas atuarialmente, variando conforme os resultados obtidos.	Contribuições dos participantes e dos patrocinados definidas previamente. Custo controlado.
Possibilidade de deficit e aumento do valor das contribuições dos participantes e dos patrocinadores	Sem possibilidade de deficit, ou seja, sem riscos de eventual insuficiência a ser coberta pelo patrocinador.
Possibilidade de superavit, que não se incorpora diretamente aos benefícios.	Impossibilidade de superavit, sendo o saldo de conta atualizado pela rentabilidade.

8. *Plano de Contribuição Definida*: "Modalidade de plano cujo valor dos benefícios programados será com base no saldo de conta acumulado do participante, sendo as contribuições definidas pelo participante e pelo patrocinador de acordo com o regulamento do plano. É dizer, o valor da contribuição é acertado no ato da contratação do plano e o montante que será recebido varia em função desta quantia, do tempo de contribuição e da rentabilidade." Disponível em: https://www.gov.br/previdencia/pt-br/assuntos/previdencia-complementar/mais-informacoes/conceitos. Acesso em: 31 jul. 2020.
9. *Plano de Benefício Definido*. "Modalidade de plano, no qual o valor da contribuição e do benefício é definido na contratação do plano, cuja fórmula de cálculo é estabelecida em regulamento, sendo o custeio determinado atuarialmente, de forma a assegurar sua concessão e manutenção. É dizer, no momento da contratação do plano se sabe o quanto se irá receber ao se aposentar e o valor da contribuição, ou seja, o quanto se irá contribuir ao longo do tempo é que varia, para que o valor predeterminado possa ser atingido. Essa modalidade de plano tem natureza mutualista, isto é, de caráter solidário entre os participantes, sendo determinante o seu equilíbrio atuarial." Disponível em: https://www.gov.br/previdencia/pt-br/assuntos/previdencia-complementar/mais-informacoes/conceitos. Acesso em: 31 jul. 2020.
10. Adaptação de conteúdo extraído de material de divulgação produzido pelo Ministério da Previdência Social.

Importa esclarecer que a modalidade CD preserva o ente federativo (patrocinador do plano) do risco de eventual cobertura de deficit atuarial no RPC. Ademais, considerando que, no RPPS, os benefícios previdenciários estarão limitados ao teto dos benefícios do RGPS, a adoção do RPC sob a modalidade CD pelo ente federativo constitui medida auxiliar para a obtenção do equilíbrio financeiro e atuarial da previdência dos servidores públicos, em especial nos entes da Federação nos quais a presença de carreiras do serviço público com remunerações acima do teto do RGPS tem peso mais significativo.

A respeito da relevância da instituição do RPC para os servidores públicos, Nogueira (2013, p. 34-36) traz-nos os seguintes ensinamentos:

> [...] A instituição do RPPC[11] vem dar continuidade ao processo de reforma da previdência dos servidores públicos, iniciado pelas Emendas Constitucionais 20/1998 e 41/2003, prosseguindo no caminho de convergência entre as regras e condições da proteção previdenciária oferecida aos trabalhadores da iniciativa privada (RGPS) e aquela ofertada aos servidores públicos (RPPS).
>
> [...] Finalmente, deve-se ter claro que a instituição do RPPC, tal como o fizeram a União, ao criar a FUNPRESP, e o Estado de São Paulo, com a SP-PREVCOM, embora contribuam para a redução do desequilíbrio da previdência dos servidores públicos, não são medidas suficientes para assegurar em definitivo a sustentabilidade dos RPPS, o que somente se dará quando forem integralmente cumpridos todos os princípios e regras definidos no artigo 40 da Constituição Federal, na Lei 9.717/1998 e nos demais atos normativos que disciplinam a organização e o funcionamento dos RPPS.

Cabe destacar que, ao afastar a necessidade de lei complementar federal instituidora de normas gerais para a previdência complementar do servidor público, o § 15 do art. 40 da CR/88, com a redação que lhe foi dada pela EC nº 41/2003, estabeleceu que o RPC seria gerido por EFPCs com natureza pública. Assim, considerando a natureza privada do RPC, ter-se-ia a figura de uma entidade de direito privado, de natureza pública.

Visando, então, conciliar as disposições constitucionais e infraconstitucionais, os entes federativos criaram fundações de direito privado como unidades gestoras do RPC dos seus servidores, as quais, pela sua natureza pública, deveriam observar determinados regramentos atinentes à Administração Pública, tais como concurso público para preenchimento do quadro de pessoal (empregos públicos), realização de licitação para aquisição de bens e contratação de serviços, publicação anual de demonstrativos contábeis, atuariais, financeiros e de benefícios etc.

13.3 A PREVIDÊNCIA COMPLEMENTAR DOS SERVIDORES PÚBLICOS NA EC Nº 103/2019

A EC nº 103/2019 promoveu novas alterações nos §§ 14 e 15 do art. 40 da CR/88. Vejamos:

11. O autor utiliza a expressão Regime de Previdência Privada Complementar (RPPC).

CR/88, com a redação dada pela EC nº 103/2019

Art. 40 (...)

(...)

§ 14. A União, os Estados, o Distrito Federal e os Municípios instituirão, por lei de iniciativa do respectivo Poder Executivo, regime de previdência complementar para servidores públicos ocupantes de cargo efetivo, observado o limite máximo dos benefícios do Regime Geral de Previdência Social para o valor das aposentadorias e das pensões em regime próprio de previdência social, ressalvado o disposto no § 16.

§ 15. O regime de previdência complementar de que trata o § 14 oferecerá plano de benefícios somente na modalidade *contribuição definida*, observará o disposto no art. 202 e será efetivado por intermédio de entidade fechada de previdência complementar ou de entidade aberta de previdência complementar.

(g.n.)

De plano, observa-se que a instituição do RPC pela União, Estados, DF e Municípios passou, com o novo teor do § 14, a ser não mais uma opção, mas, sim, uma obrigatoriedade dos entes federativos. Contudo, considerando a necessidade de planejamento e adequação legislativa pelos entes federados, a Emenda reformadora de 2019 assinalou o prazo máximo de dois anos para que tal comando seja cumprido. Essa é a dicção do § 6º do art. 9º da EC 103/2019. Senão, vejamos:

EC nº 103/2019

Art. 9º. (...)

(...)

§ 6º A instituição do regime de previdência complementar na forma dos §§ 14 a 16 do art. 40 da Constituição Federal e a adequação do órgão ou entidade gestora do regime próprio de previdência social ao § 20 do art. 40 da Constituição Federal deverão ocorrer no prazo máximo de dois anos da data de entrada em vigor desta Emenda Constitucional.

(g.n.)

Já o § 15, reescrito pela EC nº 103/2019, possibilita que não apenas as EFPCs, mas também as EAPCs possam fazer a gestão de planos de benefícios, na modalidade CD, patrocinados por entes federados em prol de seus servidores públicos. A abertura para as EAPCs permite que Estados e Município sem escala suficiente (com poucos servidores ganhando acima do teto do RGPS) possam instituir RPCs para seus servidores públicos, já que a criação desse regime pelos entes subnacionais passou a ser obrigatória pela mencionada Emenda. Todavia, considerando a necessidade de regulação da relação entre os entes federados e as EAPCs (instituições do mercado), a EC 103/2019 cuidou de prever, em seu art. 33, que, até que tal disciplina seja estabelecida, apenas as EFPCs poderão realizar a gestão dos planos de benefícios de servidores públicos. Assim ficou redigido o dispositivo mencionado:

EC nº 103/2019

Art. 33. Até que seja disciplinada a relação entre a União, os Estados, o Distrito Federal e os Municípios e entidades abertas de previdência complementar na forma do disposto nos §§ 4º e 5º do art. 202 da Constituição Federal, *somente entidades fechadas de previdência complementar* estão autorizadas a administrar planos de benefícios patrocinados pela União, Estados, Distrito Federal ou Municípios, inclusive suas autarquias, fundações, sociedades de economia mista e empresas controladas direta ou indiretamente.

(...)

CR/88, com a redação conferida pelas ECs 20/1998 e 103/2019

Art. 202 (...)

§ 3º É vedado o aporte de recursos a entidade de previdência privada pela União, Estados, Distrito Federal e Municípios, suas autarquias, fundações, empresas públicas, sociedades de economia mista e outras entidades públicas, salvo na qualidade de patrocinador, situação na qual, em hipótese alguma, sua contribuição normal poderá exceder a do segurado.

§ 4º Lei complementar disciplinará a relação entre a União, Estados, Distrito Federal ou Municípios, inclusive suas autarquias, fundações, sociedades de economia mista e empresas controladas direta ou indiretamente, enquanto patrocinadores de planos de benefícios previdenciários, e as entidades de previdência complementar.

§ 5º A lei complementar de que trata o § 4º aplicar-se-á, no que couber, às empresas privadas permissionárias ou concessionárias de prestação de serviços públicos, quando patrocinadoras de planos de benefícios em entidades de previdência complementar.

§ 6º Lei complementar estabelecerá os requisitos para a designação dos membros das diretorias das entidades fechadas de previdência complementar instituídas pelos patrocinadores de que trata o § 4º e disciplinará a inserção dos participantes nos colegiados e instâncias de decisão em que seus interesses sejam objeto de discussão e deliberação.

Oportuno mencionar que, em 2019, o Banco Central instituiu o grupo de trabalho denominado IMK (Iniciativa de Mercado de Capitais), que conta ainda com a participação da Comissão de Valores Mobiliários, Secretaria de Planejamento Econômico, Secretaria Especial de Fazenda, Secretaria do Tesouro Nacional, SUSEP e PREVIC, como representantes do Governo, e de 13 entidades da iniciativa privada. O IMK tem três grandes objetivos: avaliar e propor ações de aperfeiçoamento regulatório para reduzir o custo de capital; estimular o crescimento da poupança de longo prazo, da eficiência da intermediação financeira e do investimento privado; e desenvolver os mercados de capitais, de seguros e de previdência complementar brasileiros. Alguns temas são escolhidos e trabalhados em subgrupos, que é o caso da regulamentação da atuação das EAPCs no segmento de Entes Federativos.

13.4 ALTERNATIVAS DOS ENTES FEDERATIVOS PARA A INSTITUIÇÃO DO RPC

Com o advento da EC nº 103/2019, as alternativas para a instituição do RPC pelos entes federados, em favor de seus servidores públicos, foram ampliadas. Isso porque, podemos identificar as seguintes possibilidades:

a) adesão a plano de benefícios já existente em EFPC;

b) criação de plano de benefícios em EFPC já existente;

c) criação de EFPC pelo ente federativo;

d) adesão a plano de benefícios já existente em EAPC; ou

e) criação de plano de benefícios em EAPC.

Contudo vimos que as alternativas de gestão de plano de benefícios por EAPCs ainda carecem de regulamentação, mediante lei complementar federal, consoante dispõem os §§ 4º e 5º do art. 202 da CR/88 e conforme prevê o art. 33 da EC nº 103/2019, todos já transcritos. A mencionada lei complementar disciplinará a relação entre a União, os Estados, o DF e os Municípios (inclusive suas autarquias, fundações, sociedades de economia mista e empresas controladas direta ou indiretamente) e as EAPCs.

Restariam, por ora, aos entes federados as opções de instituição de EFPC própria ou de adesão a plano de benefício (já existente ou criado para o ente federativo) gerido por EFPC já em funcionamento. Todavia, deve ser levada em consideração, para a realização da escolha, a necessidade de equilíbrio técnico entre receitas e despesas administrativas para manutenção da entidade e do plano de benefícios, observados os limites[12] de taxa de administração e de carregamento impostos pela LC Federal nº 109/2001.

Importante lembrar que, de acordo com o § 15 do art. 40 da CR/88, os planos de benefícios para servidores públicos deverão ser, necessariamente, na modalidade CD. Significa dizer que a destinação de recursos excessivos para a manutenção da entidade ou do plano de benefícios implicará menor acumulação de reservas por parte dos participantes e, portanto, redução no valor dos benefícios previdenciários a serem concedidos.

Visando orientar os entes federados que ainda não instituíram o RPC para seus servidores (a União, o DF, vários Estados e alguns Municípios já o fizeram), a então Secretaria de Previdência[13], responsável por promover políticas públicas com vistas ao desenvolvimento do RPC, disponibilizou o "Guia da Previdência Complementar para Entes Federativos"[14], elaborado como resultado do Grupo de Trabalho sob sua coordenação, constituído no âmbito do CNPC.

De leitura aconselhável para aqueles que se incumbirão de viabilizar o RPC no ente federado, o Guia (vamos assim denominá-lo doravante) apresenta a seguinte recomendação:

> O Ente Federativo ao estabelecer seu RPC deparar-se-á com as três seguintes possibilidades:
>
> • aderir a um plano já existente;
>
> • criar um plano em entidade já existente; ou
>
> • criar uma entidade.
>
> A análise dessa questão se torna imprescindível, pois algumas vezes, podem existir as condições para a adesão a um plano já existente e não existir para criação de plano ou entidade em função da quantidade de servidores, dentre outros aspectos. Isto é, poderá não haver escala para a manutenção da EFPC e, consequentemente, do plano de benefícios. Ao aderir a EFPC existente, o Ente Federativo elimina a necessidade de instituir entidade própria e arcar com gastos de toda estrutura necessária para administrar e executar o plano, começando pela constituição dos conselhos deliberativo e fiscal e da diretoria-executiva, estruturação dos departamentos, gerências e contratação de pessoal especializado, o que, em muitos casos, inviabiliza a implantação do regime ou acabam por direcionar os recursos da poupança previdenciária do participante para o custeio da entidade. Lembrando que a CF determina que, nos planos para servidores da União, dos Estados, do Distrito Federal e dos Municípios e suas autarquias, fundações, empresas públicas, sociedades

12. A Resolução CNPC/MPS nº 62, de 9 de dezembro de 2024, estabelece limites para o custeio administrativo das EFPCs regidas pela LC nº 108/2001, de até 1% de taxa de administração ou até 9% de taxa de carregamento. Tais limites também se aplicam ao plano ou conjunto de planos regulados pela LC 108/2001, mesmo que administrado por EFPC sujeita, exclusivamente, à disciplina da LC 109/2001.
13. Atualmente Secretaria do Regime Próprio e Complementar, conforme nova estrutura regimental do Ministério da Previdência Social estabelecida pelo Decreto nº 11.356, de 1º de janeiro de 2023.
14. Disponível em: https://www.gov.br/previdencia/pt-br/assuntos/previdencia-complementar/mais-informacoes/arquivos/entes2023-02.pdf. Acesso em: 27 abr. 2023.

> de economia mista e outras entidades públicas, os aportes à entidade são paritários e consequentemente o custeio administrativo será igualmente dividido entre patrocinadores e participantes. Haverá, também, despesas com o registro da entidade, local para funcionamento, aquisição de móveis, materiais de escritório, serviços de contabilidade e atuária, auditoria externa, desenvolvimento ou aquisição de sistemas de informática a ser utilizado no controle do plano de benefícios, envolvendo o cadastro de participantes, controle e acompanhamento das contribuições e reservas matemáticas, além dos cálculos e pagamento de benefícios. A adesão a plano multipatrocinado é a alternativa menos onerosa, já que ao ente não necessitará financiar os custos de criação de uma EFPC, que possui estrutura complexa, e nem ter despesas de criação de plano.

Esclarece o Guia que o processo de autorização pela Previc para o ingresso de patrocinadores no regime de previdência complementar dar-se-á das seguintes formas:

> 1. Por meio de adesão a plano de benefícios multipatrocinado em funcionamento;
>
> 2. A partir de criação de um novo plano de benefícios, o qual dependerá de apresentação de estudo de viabilidade que comprove a adesão de quantidade de participantes que assegure o equilíbrio técnico entre receitas e despesas administrativas do plano, respeitados os limites de paridade contributiva e de taxa de administração ou de carregamento; e
>
> 3. Por intermédio de autorização para criação de nova EFPC, o que dependerá da apresentação de estudo de viabilidade que comprove adesão de, no mínimo, 10.000 (dez mil) participantes ou equilíbrio entre receitas e despesas administrativas da entidade, respeitados os limites de paridade contributiva e de taxa de administração ou de carregamento.

O Guia ressalta, a título de referência, que, para a viabilidade operacional de um plano, são necessários cerca de 1.000 participantes. Trata-se de regra não absoluta e que varia de acordo com a complexidade do plano, nível remuneratório dos participantes, da automatização, o porte da entidade e o volume de recursos geridos, constituindo-se o estudo de viabilidade econômica como condição para a criação do plano ou entidade.

O Guia orienta, ainda, que, considerando a relevância do custeio da entidade ou plano para a acumulação da poupança previdenciária do participante, ainda que o ente federativo possua porte para a criação de entidade ou de plano, pondere iniciar o processo por meio de um plano multipatrocinado, em um modelo em que uma EFPC já existente configure-se como uma "incubadora", na qual o ente adquirirá conhecimento e escala para, posteriormente, avaliar a permanência na entidade ou plano ou, ainda, a conveniência de criar um plano próprio ou até mesmo a sua entidade, transferindo os recursos já acumulados.

As formas acima mencionadas de ingresso de patrocinadores no RPC, constantes no Guia, foram disciplinadas pela Resolução nº 35, de 20 de dezembro de 2019, publicada no DOU de 26 de fevereiro de 2020, do CNPC. Transcrevemos, a seguir, o art. 6º do referido normativo:

> **Resolução CNPC nº 35/2019**
>
> Da autorização
>
> Art. 6º O processo de autorização pelo órgão de fiscalização para ingresso de patrocinadores no regime de previdência complementar poderá ser realizado das seguintes formas:
>
> I – adesão a plano de benefícios multipatrocinado em funcionamento;
>
> II – criação de plano de benefícios, a qual dependerá da apresentação de estudo de viabilidade comprovando a adesão de quantidade participantes que assegure o equilíbrio técnico entre receitas e despesas administrativas do plano, respeitados os limites de paridade contributiva e de taxa de administração ou de carregamento; ou

III – criação de EFPC, a qual dependerá da apresentação de estudo de viabilidade que comprove adesão de, no mínimo, dez mil participantes ou equilíbrio técnico entre receitas e despesas administrativas da entidade, respeitados os limites de paridade contributiva e de taxa de administração ou de carregamento.

§ 1º Em relação aos benefícios decorrentes de invalidez, morte e sobrevivência, poderá ser contratada cobertura adicional junto a sociedade seguradora.

§ 2º O órgão fiscalizador disponibilizará, no seu sítio eletrônico, modelo padrão de regulamento e de convênio de adesão.

O Guia recomenda a realização de processo seletivo para escolha da EFPC que ficará responsável pela gestão de plano de benefícios para os servidores e membros do ente federativo patrocinador. Tal recomendação decorreu das conclusões obtidas pelo Comitê Multissetorial, com membros dos Tribunais de Contas e da então SPREV, instituído pela Portaria nº 11, de 22 de dezembro de 2020, da Associação dos Membros dos Tribunais de Contas do Brasil (ATRICON), consubstanciadas na Nota Técnica ATRICON 001/2021[15], de 12 de abril de 2021, segundo a qual (*verbis*):

- o convênio de adesão, com vigência indeterminada, é o instrumento jurídico da relação entre patrocinador e EFPC;
- as LC nºs 108/2001 e 109/2001 são os regramentos que norteiam a contratação de EFPC, não havendo enquadramento na Lei de Chamamento Público e na Lei Geral de Licitações;
- há proximidade com a contratação direta por inexigibilidade (analogia);
- a aproximação à inexigibilidade não dispensa a adoção de um processo seletivo formal;
- há a possibilidade de chamamento em sentido amplo.

O mencionado Guia contém um modelo de proposta técnica a ser apresentada pelas EFPC, bem como minuta de projeto de lei para instituição do RPC.

O Guia contempla, também, o regramento contido na Portaria MTP nº 1.467/2022, que trata dos critérios e exigências a serem observados pela Secretaria de Regime Próprio e Complementar (SRPC) para a emissão do CRP no que concerne à implementação do RPC pelos entes federativos. De acordo com a citada Portaria, os entes deveriam apresentar, até 31 de março de 2022, as leis de instituição do RPC, independentemente de possuírem servidores efetivos com remuneração acima do teto do RGPS (R$ 8.157,41, referente ao ano de 2025). Todavia a formalização do convênio de adesão ao plano de benefício da entidade de previdência complementar autorizado pela Previc passou a ser exigida a partir de 30 de junho de 2022 a todos os entes que nomearem servidores com remuneração acima do teto do RGPS depois da aprovação da lei de instituição ou após essa data. Essas são disposições insertas no inciso VII do art. 241 da referida Portaria.

15. A ATRICON disponibilizou, em 12 de novembro de 2021, a Nota Técnica Complementar 001/2021, da qual destacamos as seguintes recomendações: "(...) 3. Conforme também exposto na Nota Técnica, item 58, **não há como se estabelecer o formato exato para a seleção**, uma vez que a legislação é silente neste aspecto. No entanto, o processo de escolha deve, como base nos princípios elencados, envolver os seguintes expedientes: a) Publicação de edital/termo para que as EFPC apresentem propostas especificando o objeto a ser contratado e o potencial de participantes a ingressar no plano e **contendo a especificação de requisitos técnicos e econômicos mínimos a serem apresentados pelas Entidade**s; b) Elaboração de quadro comparativo das condições econômicas das propostas, qualificação técnica e plano apresentados ao Ente; c) **Motivação da escolha** de determinada entidade em face das demais propostas apresentadas. 4) Nesse sentido, repisa-se, aqui, a avaliação de que nos processos seletivos para entidades de previdência complementar (...), é necessário o emprego de **quesitos – tanto quantitativos quanto qualitativos** –, desde que **devidamente motivados** e **apoiados em estudos** que almejem a escolha da proposta mais vantajosa (...), evitando-se ainda alijar possíveis participantes do processo de seleção exclusivamente pelo critério tempo de constituição ou porte (...)" (g.n.)

13.5 ACOMPANHAMENTO DA PREVIDÊNCIA COMPLEMENTAR

A 7ª edição do Guia[16] introduziu o capítulo 4, que versa sobre *Orientações aos Entes Federativos Após a Instituição do RPC.*

O acompanhamento do RPC após a sua implementação pelo ente federativo consiste em importante recomendação encontrada no mencionado capítulo. Trata-se da instituição do Comitê de Assessoramento da Previdência Complementar, o CAPC, de natureza permanente, vinculado ao ente federativo.

Tendo como missão acompanhar o desempenho do plano de benefícios e auxiliar o patrocinador nesta tarefa, recomenda-se que o CAPC conte com representantes indicados pelo patrocinador e pelos servidores públicos participantes de plano. Dentre outras atribuições a serem definidas pelo ente federado, o Comitê deve manifestar-se sobre alterações no regulamento do plano de benefícios e, se for o caso, recomendar a transferência de gerenciamento do plano para outra entidade de previdência complementar.

13.6 IMPLEMENTAÇÃO DO RPC – PANORAMA DOS ENTES FEDERATIVOS

O Ministério da Previdência Social criou o *Painel de Acompanhamento da Implementação do RPC pelos Entes Federativos*, o qual informa que, até 4 de dezembro de 2024, 1.978 entes federativos com RPPS haviam publicado lei instituindo o RPC, o que corresponde a 92% do universo de 2.141 RPPS. A distribuição por regiões do País pode ser observada no quadro abaixo:

Evolução RPC Entes: por Região

Região	Nº Entes Federativos	Envio Lei	% Envio Lei/Nº Entes	Entes Autorizados pela Previc	% Autorizados Previc/Envio Lei
Centro-Oeste	330	316	96%	86	27%
Nordeste	555	435	78%	50	11%
Norte	124	92	74%	12	13%
Sudeste	556	496	89%	140	28%
Sul	579	568	98%	355	63%
Total	2144	1907	89%	643	34%

Fonte: MPS. Disponível a partir de https://www.gov.br/previdencia/pt-br/assuntos/previdencia-complementar/previdencia-complementar-do-servidor-publico.

16. A 7ª edição do Guia de Previdência Complementar para Entes Federativos é de março de 2023, disponível em: https://www.gov.br/previdencia/pt-br/assuntos/previdencia-complementar/mais-informacoes/arquivos/entes2023-02.pdf. Acesso em: 27 abr. 2023.

O painel permite, também, verificar que 816 entes federados já obtiveram autorização da Previc para início de funcionamento do RPC. Destacamos, abaixo, a situação do DF e dos Estados:

UF	Região	EFPC Própria	Forma de Ingresso	Sigla EFPC	Plano de Benefícios - Nome
ACRE	NORTE	Não	Adesão a Plano de Benefícios já existente	BB PREVIDÊNCIA	BB PREV BRASIL
ALAGOAS	NORDESTE	Sim	Criação de Plano de Benefícios Próprio	ALPREV	AL-PREVCOMP
AMAPÁ	NORTE	Não	Adesão a Plano de Benefícios já existente	BB PREVIDÊNCIA	BB PREV BRASIL
AMAZONAS	NORTE	Não	Adesão a Plano de Benefícios já existente	BB PREVIDÊNCIA	BB PREV BRASIL
BAHIA	NORDESTE	Sim	Criação de Plano de Benefícios Próprio	PREVBAHIA (PREVNORDESTE)	PREVBAHIA PB CIVIL
CEARÁ	NORDESTE	Sim	Criação de Plano de Benefícios Próprio	CE-PREVCOM	PREV-CE
DISTRITO FEDERAL	CENTRO-OESTE	Sim	Criação de Plano de Benefícios Próprio	DF-PREVICOM	DF-PREVIDÊNCIA
ESPÍRITO SANTO	SUDESTE	Sim	Criação de Plano de Benefícios Próprio	PREVES	PREVES SE
GOIÁS	CENTRO-OESTE	Sim	Criação de Plano de Benefícios Próprio	PREVCOM-BRC	PLANO GOIÁS SEGURO
MATO GROSSO	CENTRO-OESTE	Não	Criação de Plano de Benefícios Próprio	SP-PREVCOM	PLANO DE BENEFÍCIOS PREVCOM MT
MATO GROSSO DO SUL	CENTRO-OESTE	Não	Criação de Plano de Benefícios Próprio	SP-PREVCOM	PLANO DE BENEFÍCIOS PREVCOM MS
MINAS GERAIS	SUDESTE	Sim	Criação de Plano de Benefícios Próprio	PREVCOM-MG	PREVPLAN
PARÁ	NORTE	Não	Criação de Plano de Benefícios Próprio	SP-PREVCOM	PREVCOM-PA
PARAÍBA	NORDESTE	Não	Adesão a Plano de Benefícios já existente	BB PREVIDÊNCIA	BB PREV BRASIL
PARANÁ	SUL	Não	Adesão a Plano de Benefícios já existente	ICATUFMP	SERVIDORES DO BRASIL CD
PERNAMBUCO	NORDESTE	Não	Criação de Plano de Benefícios Próprio	BB PREVIDÊNCIA	PLANO DE BENEFÍCIOS PE-PREVCOM
PIAUÍ	NORDESTE	Não	Criação de Plano de Benefícios Próprio	PREVBAHIA (PREVNORDESTE)	PREVNORDESTE-PIAUI
RIO DE JANEIRO	SUDESTE	Sim	Criação de Plano de Benefícios Próprio	RJPREV	RJPREV-CD
RIO GRANDE DO NORTE	NORDESTE	Não	Adesão a Plano de Benefícios já existente	BB PREVIDÊNCIA	BB PREV BRASIL
RIO GRANDE DO SUL	SUL	Sim	Criação de Plano de Benefícios Próprio	RS-PREV	PREVCOM RS FUTURO
RONDÔNIA	NORTE	Não	Criação de Plano de Benefícios Próprio	SP-PREVCOM	PREVCOM RO
SANTA CATARINA	SUL	Sim	Criação de Plano de Benefícios Próprio	SCPREV	PLANO SCPREV
SÃO PAULO	SUDESTE	Sim	Criação de Plano de Benefícios Próprio	SP-PREVCOM	PREVCOM RG
SERGIPE	NORDESTE	Não	Criação de Plano de Benefícios Próprio	PREVBAHIA (PREVNORDESTE)	PREVNORDESTE-SERGIPE
TOCANTINS	NORTE	Não	Adesão a Plano de Benefícios já existente	BB PREVIDÊNCIA	BB PREV BRASIL

Fonte: MPS. Disponível a partir de https://www.gov.br/previdencia/pt-br/assuntos/previdencia-complementar/previdencia-complementar-do-servidor-publico.

Já com relação às capitais, o boletim informa que 18 estão com o RPC em funcionamento, conforme segue:

Ente	UF	Região	EFPC Própria	Forma de Ingresso	Sigla EFPC	Plano de Benefícios - Nome
ARACAJU	SERGIPE	NORDESTE	Não	Adesão a Plano de Benefícios já existente	BB PREVIDÊNCIA	BB PREV BRASIL
BELO HORIZONTE	MINAS GERAIS	SUDESTE	Não	Criação de Plano de Benefícios Próprio	MONGERAL AEGON	BH PREVCOM
CAMPO GRANDE	MATO GROSSO DO SUL	CENTRO-OESTE	Não	Adesão a Plano de Benefícios já existente	BB PREVIDÊNCIA	BB PREV BRASIL
CUIABÁ	MATO GROSSO	CENTRO-OESTE	Não	Adesão a Plano de Benefícios já existente	BB PREVIDÊNCIA	BB PREV BRASIL
CURITIBA	PARANÁ	SUL	Sim	Adesão a Plano de Benefícios já existente	CURITIBAPREV	CURITIBAPREVPLAN 1
FLORIANÓPOLIS	SANTA CATARINA	SUL	Não	Criação de Plano de Benefícios Próprio	FUMPRESC	FLORIPAPREV
FORTALEZA	CEARÁ	NORDESTE	Não	Adesão a Plano de Benefícios já existente	CE-PREVCOM	PREV-CE MUNICÍPIOS
JOÃO PESSOA	PARAÍBA	NORDESTE	Não	Adesão a Plano de Benefícios já existente	BB PREVIDÊNCIA	BB PREV BRASIL
MANAUS	AMAZONAS	NORTE	Não	Adesão a Plano de Benefícios já existente	VIVA	PLANO VIVA FEDERATIVO
PORTO ALEGRE	RIO GRANDE DO SUL	SUL	Não	Adesão a Plano de Benefícios já existente	ICATUFMP	SERVIDORES DO BRASIL CD
PORTO VELHO	RONDÔNIA	NORTE	Não	Adesão a Plano de Benefícios já existente	BB PREVIDÊNCIA	BB PREV BRASIL
RECIFE	PERNAMBUCO	NORDESTE	Não	Adesão a Plano de Benefícios já existente	BB PREVIDÊNCIA	BB PREV BRASIL
RIO BRANCO	ACRE	NORTE	Não	Adesão a Plano de Benefícios já existente	BB PREVIDÊNCIA	BB PREV BRASIL
RIO DE JANEIRO	RIO DE JANEIRO	SUDESTE	Não	Criação de Plano de Benefícios Próprio	MONGERAL AEGON	CARIOCAPREV
SALVADOR	BAHIA	NORDESTE	Não	Criação de Plano de Benefícios Próprio	MONGERAL AEGON	CAPITALPREV
SÃO PAULO	SÃO PAULO	SUDESTE	Não	Criação de Plano de Benefícios Próprio	SP-PREVCOM	SP PREVIDÊNCIA
TERESINA	PIAUÍ	NORDESTE	Não	Adesão a Plano de Benefícios já existente	BB PREVIDÊNCIA	BB PREV BRASIL
VITÓRIA	ESPÍRITO SANTO	SUDESTE	Não	Adesão a Plano de Benefícios já existente	BB PREVIDÊNCIA	BB PREV BRASIL

Fonte: MPS. Disponível a partir de https://www.gov.br/previdencia/pt-br/assuntos/previdencia-complementar/previdencia-complementar-do-servidor-publico.

Os quadros apresentados permitem constatar qual foi a opção adotada pelos entes federativos para implementação do RPC:

a. se aderiram a plano de benefícios multipatrocinado gerido por EFPC já existente (Ex.: Estado do Amazonas e município de Fortaleza);
b. se criaram plano de benefícios próprio, gerido por EFPC já existente (Ex.: Estado do Mato Grosso do Sul e o município de Salvador); ou
c. se criaram EFPC própria para gerir plano de benefício próprio (Ex.: Estados de São Paulo e Rio de Janeiro).

Fica, então, o leitor convidado a acompanhar, mensalmente, a evolução dos números apresentados pelo mencionado painel, disponível em https://www.gov.br/previdencia/pt-br/assuntos/previdencia-complementar/previdencia-complementar-do-servidor-publico.

Capítulo 14

OS ENTES SUBNACIONAIS E A EC 103/2019

Neste capítulo, abordaremos a situação dos Estados, do DF e dos Municípios, denominados de entes subnacionais, em face da reforma previdenciária promovida pela EC nº 103/2019. Também veremos o teor e a tramitação da PEC Paralela e, em quadro sintético, conheceremos quais os entes subnacionais que modificaram sua legislação previdenciária, seja adequando-a aos comandos obrigatórios da Emenda, seja promovendo reformas paramétricas, com mudanças nos critérios de acesso aos benefícios e sua forma de cálculo e reajustamento.

14.1 BREVE CONTEXTUALIZAÇÃO DA REFORMA PREVIDENCIÁRIA DE 2019

Uma das primeiras medidas da gestão governamental federal do quadriênio 2019-2022 foi o envio da PEC nº 6, de 20 de fevereiro de 2019, ao Congresso Nacional, precursora da reforma do sistema previdenciário brasileiro. Consubstanciada em alterações nos parâmetros utilizados para acesso aos benefícios previdenciários e para a fixação de seu valor inicial (reforma paramétrica), a PEC buscava, também, a obtenção de autorização para instituição futura do regime financeiro de capitalização na previdência pública, à semelhança do regime de previdência complementar. O regime capitalizado operaria como alternativa ao regime tradicional (em repartição simples), não tendo, contudo, tal intento logrado êxito durante a tramitação da proposta na Câmara Federal.

A PEC nº 6/2019, em comparação com as iniciativas reformadoras de 1998 e 2003, EC nº 20 e EC nº 41, respectivamente, inovou ao delegar à legislação infraconstitucional, a ser editada pela União, competência para disciplinar o rol dos benefícios previdenciários e seus requisitos de acesso, tais como idade mínima, tempo de contribuição e de serviço público, bem como para definir a sua forma de cálculo e reajustamento.

Ocorre que, devido ao ônus político que acompanha a aprovação de uma reforma previdenciária, considerando que, via de regra, a norma reformadora torna mais rígido o acesso aos benefícios, objetivando compatibilizar a proteção social com a premissa de equilíbrio fiscal dos entes federativos, os congressistas nacionais optaram, com relação aos RPPS dos servidores públicos, por compartilhar o ônus com os parlamentares estaduais e municipais. Para tanto, o texto aprovado no Congresso Nacional, que deu origem à EC nº 103/2019, delegou aos entes da Federação competência para legislar sobre as regras de acesso aos benefícios previdenciários, sua forma de cálculo e critérios de reajustamento.

Assim, para concretizar a reforma previdenciária, os entes subnacionais precisarão editar legislação interna. Quanto ao RPPS da União, a própria EC nº 103/2019 cuidou de apresentar disposições provisórias, denominadas pela Emenda de "transitórias", que vigorarão até que seja editada a respectiva legislação infraconstitucional federal (leis complementares e ordinárias).

Com a Emenda reformadora de 2019, tivemos uma mudança de paradigma, uma vez que os entes federados adquiriram autonomia para dispor sobre o regime previdenciário de seus servidores, o que não parece estar em desacordo com o conceito de Federação.

Em análise *lato sensu*, à exceção dos comandos da EC nº 103/2019 **de observância obrigatória** (tais como limitação do rol de benefícios, percentual mínimo da alíquota de contribuição previdenciária, restrições quanto à acumulação de benefícios, adoção do RPC e instituição do órgão ou entidade gestora única do RPPS), três cenários se apresentam para os entes subnacionais:

a) realizar reforma previdenciária, adotando as mesmas modificações do RPPS da União;
b) realizar reforma previdenciária, adotando modificações próprias; e
c) não realizar reforma previdenciária.

A opção a ser seguida dependerá de fatores diversos, tais como situação política do governante, equilíbrio ou desequilíbrio financeiro e atuarial do regime, condição fiscal do ente federado etc.

14.2 A PEC PARALELA

Objetivando facilitar a consecução da reforma dos RPPS dos servidores dos Estados, do DF e dos Municípios, o Senado Federal propôs a PEC nº 133/2019, conhecida como a "PEC Paralela", visto que tramitaria simultaneamente à PEC nº 6/2019 (que se converteu na já mencionada EC nº 103/2019). Após sua aprovação no Senado Federal, foi, em 28 de novembro de 2019, por meio do Ofício nº 1009/2019, encaminhada à Câmara dos Deputados, com a seguinte ementa: "Permite que os Estados, o Distrito Federal e os Municípios adotem em seus regimes próprios de previdência social as mesmas regras aplicáveis ao regime próprio da União; modifica renúncias previdenciárias; prevê benefício da Seguridade Social à criança vivendo em situação de pobreza".

A emenda constitucional proveniente da PEC Paralela possibilitará aos Estados a adoção das mesmas regras aplicáveis ao RPPS dos servidores federais (que já foram comentadas em capítulos anteriores), mediante a aprovação, em suas Assembleias Legislativas, de lei ordinária de iniciativa do Poder Executivo, que convalide as modificações da EC nº 103/2019. Uma vez publicada, a mencionada lei aplicar-se-á aos Municípios do Estado, os quais terão a opção, mediante lei ordinária municipal, de afastar tal aplicação. Essa construção legislativa está prevista no art. 40-A a ser inserido na CR/88, consoante dispõe a PEC Paralela. Vejamos:

> **PEC nº 133/2019**
>
> Permite que os Estados, o Distrito Federal e os Municípios adotem em seus regimes próprios de previdência social as mesmas regras aplicáveis ao regime próprio da União; modifica renúncias previdenciárias; prevê benefício da Seguridade Social à criança vivendo em situação de pobreza.
>
> Art. 1º A Constituição Federal passa a vigorar com as seguintes alterações:
>
> (...)
>
> "Art. 40-A. Os Estados, o Distrito Federal e os Municípios, por meio de lei ordinária de iniciativa do respectivo Poder Executivo, poderão adotar para seu regime próprio de previdência social, desde que sem prazo definido, condições ou exceções, as normas de que tratam os incisos I e III do § 1º e os §§ 3º, 4º-A, 4º-B, 4º-C, 5º e 7º do art. 40 aplicáveis ao regime próprio de previdência social da União.
>
> § 1º As alterações na legislação federal relacionadas aos incisos I e III do § 1º e aos §§ 3º, 4º-A, 4º-B, 4º-C, 5º e 7º do art. 40 vincularão o regime próprio de previdência social do Estado, do Distrito Federal ou do Município enquanto a lei de que trata o caput não for revogada por lei ordinária de iniciativa do respectivo Poder Executivo.
>
> § 2º Enquanto não revogada a lei de que trata o caput, fica afastada a vedação constante do inciso XIII do art. 167.
>
> § 3º A lei revogadora de que trata o § 1º não poderá ser adotada nos 180 (cento e oitenta) dias anteriores ao final do mandato do respectivo chefe do Poder Executivo.
>
> § 4º Continuarão aplicáveis ao regime próprio de previdência social do Estado, do Distrito Federal ou do Município as normas vigentes na data de publicação da lei revogadora de que trata o § 1º para o regime próprio de previdência social da União, até que sejam exercidas pelo ente federativo as competências fixadas nos incisos I e III do § 1º e nos §§ 3º, 4º-A, 4º-B, 5º e 7º do art. 40.
>
> § 5º A lei do Estado que, na forma deste artigo, adotar a legislação federal para seu regime próprio de previdência social vincula os regimes próprios de previdência social dos respectivos Municípios enquanto não sobrevier a lei municipal revogadora de que trata o § 1º.
>
> § 6º A lei revogadora estadual de que trata o § 1º não vincula os regimes próprios de previdência social dos respectivos Municípios.
>
> § 7º Será assegurada, a qualquer tempo, a concessão de aposentadoria ao servidor público estadual e municipal e de pensão por morte a seus dependentes segundo os critérios da legislação vigente na data em que foram atendidos os requisitos para a concessão do benefício.
>
> § 8º Para fins de apuração de equilíbrio financeiro e atuarial serão considerados como receita, para o ente de que trata o inciso XIV do art. 21, os recursos transferidos ao fundo referido nesse inciso, quando usados para pagamento de aposentadorias e pensões, inclusive nas áreas de saúde e educação.
>
> § 9º A contribuição de que trata o § 1º-B do art. 149 também é facultada aos Estados, ao Distrito Federal e aos Municípios."

Apesar da relevância para viabilizar a reforma previdenciária nos entes subnacionais, a PEC nº 133/2019 encontra-se, desde 2 de dezembro de 2019, na Comissão de Constituição e Justiça e de Cidadania (CCJC) da Câmara Federal. Em 22 de setembro de 2023, foi apresentado parecer favorável pelo deputado relator, o qual, até o fechamento desta edição, ainda não foi apreciado pela comissão.

14.3 A REFORMA PREVIDENCIÁRIA DOS ENTES SUBNACIONAIS – ALTERAÇÃO NAS REGRAS DE BENEFÍCIOS

A decisão de modificar as regras de acesso aos benefícios previdenciários e sua forma de cálculo está, como já dissemos, no âmbito do juízo de oportunidade e conveniência do governante local. No entanto, caso decida por fazê-lo, o ente subnacional deve obedecer aos parâmetros gerais trazidos pela EC nº 103/2019, que se encontram reproduzidos, em especial, no art. 164 da Portaria MTP nº 1.467/2022, com a redação conferida pela Portaria MPS nº 1.180/2024, segundo o qual o ente subnacional deve:

a) Providenciar estudos técnico-atuariais para justificar as modificações propostas no plano de benefícios, em observância ao princípio do equilíbrio financeiro e atuarial.

b) Promover as alterações legislativas, observando-se a adequação da matéria ao instrumento normativo, a saber:

b.1) **Emenda às Constituições ou Leis Orgânicas**: idades mínimas das aposentadorias voluntárias normais.

b.2) **Lei Complementar**: idades mínimas das aposentadorias especiais; tempo de contribuição e demais requisitos de concessão da aposentadoria voluntária.

b.3) **Lei ordinária**: requisitos de concessão da aposentadoria por incapacidade permanente para o trabalho; cálculo dos proventos de aposentadoria e de pensão por morte; atualização monetária e reajustamento de benefícios.

c) Prever a garantia de benefício não inferior ao valor do salário-mínimo, salvo no caso de pensão por morte, quando não se tratar da única fonte de renda formal auferida pelo dependente do segurado.

d) Estabelecer tratamento diferenciado às hipóteses de morte de policiais, agentes socioeducativos e agentes penitenciários decorrentes de agressão sofrida no exercício ou em razão de função.

e) Observar que a lei previdenciária **não poderá**:

e.1) estabelecer idade de aposentadoria compulsória diversa da prevista na Lei Complementar nº 152, de 3 de dezembro de 2015 (75 anos);

e.2) prever regras gerais ou de transição com adoção de requisitos ou critérios diferenciados entre os segurados, ressalvada a redução de idade e tempo de contribuição para os beneficiários de aposentadoria especial;

e.3) dispensar o cumprimento dos requisitos de idade e tempo de contribuição mínimos para concessão de aposentadoria voluntária;

e.4) prever proventos de aposentadoria inferiores ao valor do salário-mínimo ou superiores ao limite máximo estabelecido para o RGPS, salvo nas hipóteses previstas nos §§ 14 a 16 do art. 40 da Constituição Federal (previdência complementar);

e.5) prever aposentadoria especial de risco para a Guarda Municipal; nem

e.6) considerar o período de afastamento do segurado em exercício de mandato eletivo ou cedido a órgão ou entidade da administração direta ou indireta ou afastado do país, por cessão ou licenciamento, como tempo de contribuição diferenciado nas aposentadorias especiais decorrentes de atividades de risco (policial, agente socioeducativo e agente penitenciário) ou nocivas à saúde do segurado, salvo, quanto a esta última, se as atividades forem exercidas com efetiva exposição a agentes químicos, físicos e biológicos.

Dadas as incertezas quanto à aprovação da PEC Paralela (PEC nº 133/2019), vários entes subnacionais optaram por realizar a reforma previdenciária, modificando as regras de acesso aos benefícios e sua forma de cálculo, mediante alteração na Carta Magna (onde devem ser fixadas as idades mínimas para aposentadoria dos servidores) e edição de leis complementares e/ou ordinárias, conforme previsto no art. 40 da CR/88.

Consoante pesquisa efetuada no sítio eletrônico do Conselho Nacional dos Dirigentes de Regimes Próprios de Previdência Social (Conaprev), no das Casas legislativas dos entes subnacionais e nos sítios das unidades gestoras dos RPPS, apresentamos, abaixo, os Estados que fizeram suas reformas, com os critérios adotados nas regras de acesso à aposentadoria voluntária e na forma de cálculo de pensão por morte, com a respectiva legislação previdenciária reformadora. Também apresentamos, em tabela distinta, a situação previdenciária de alguns municípios (capitais) que reformaram sua legislação previdenciária.

RPPS (Estados)	Reforma nas Regras de Benefícios	Regra geral aposent. volunt. – idade mín. (m/h)	Transição pontos – pont. inic. (m/h)/ aumento no tempo	Transição pedágio (%)	Pensão – cota familiar e individual (%)
AC	EC nº 52, de 2.12.2019, e LC nº 364, de 3.12.2019.	62/65	86/96, 1ponto/ ano	100	50 – famil. 10 – individ.
AL	LC nº 52, de 30.12.2019, e LC nº 54, de 12.7.2021.	62/65	86/96, 1ponto/ ano	100	50 – famil. 20 – individ. < 18 anos. 10 – individ. > 18 anos[1].
BA	EC nº 26, de 31.1.2020, e Lei nº 14.250, de 18.2.2020.	61/64	86/96, 1ponto/1 ano e 3 meses	60	50 – famil. 15 – individ.
CE	EC nº 97, de 19.12.2019, e LC nº 210, de 19.12.2019.	62/65	86/96, 1ponto/1 ano e 6 meses	60	50 – famil. 20 – individ.
ES	EC nº 114, de 25.11.2019, e LC nº 938, de 9.1.2020.	62/65	86/96, 1ponto/ ano	100	50 – famil. 10 – individ.
GO	EC nº 65, de 21.12.2019, LC nº 161, de 30.12.2020, e LC nº 168, de 29.12.2021.	62/65	86/96, 1ponto/ ano	100	50 – famil. 10 – individ.

1. A LC nº 54, de 12.7.2021, modificou o art. 30 da LC nº 52, de 30.12.2019, que passou a ter a seguinte redação: "A pensão por morte concedida a dependente de segurado do RPPS/AL passa a ser equivalente a uma cota familiar de 50% (cinquenta por cento) do valor dos proventos da aposentadoria recebida na data do óbito ou do valor da totalidade da remuneração do servidor em atividade no cargo efetivo em que se deu o falecimento, até o limite máximo estabelecido para os benefícios do Regime Geral de Previdência Social, mais 70% (setenta por cento) da parcela excedente a este limite, acrescida de cotas de 10% (dez por cento) por dependente, até o máximo de 100% (cem por cento), sendo, no caso do dependente menor de 18 (dezoito) anos, a cota será de 20% (vinte por cento)."

RPPS (Estados)	Reforma nas Regras de Benefícios	Regra geral aposent. volunt. – idade mín. (m/h)	Transição pontos – pont. inic. (m/h)/ aumento no tempo	Transição pedágio (%)	Pensão – cota familiar e individual (%)
MG	EC nº 104, de 14.9.2020, e LC nº 156, de 22.9.2020.	62/65	86/97, 1 ponto/1 ano e 3 meses	50	60 – famil. 10 – individ.
MS	EC nº 82, de 18.12.2019, e LC nº 274, de 21.5.2020.	62/65	86/96, 1ponto/ ano	100	50 – famil. 10 – individ.
MT	EC nº 92, de 20.8.2020.	62/65	86/96, 1 ponto/ano	100	50 – famil. 10 – individ.
PA	EC nº 77, de 23.12.2019, e LC nº 128, de 13.1.2020.	62/65	86/96, 1 ponto/ano	100	50 – famil. 10 – individ.
PB	EC nº 46, de 20.8.2020, EC nº 47, de 22.10.2020.	62/65	86/96, 1 ponto/ano	100	Não.[2]
PI	EC nº 54, 18.12.2019, e Lei nº 7.311, de 27.12.2019.	62/65	86/96, 1 ponto/2 anos	50	50 – famil. 10 – individ.
PR	EC nº 45, de 4.12.2019, LC nº 233, de 10.3.2021, e Lei nº 20.122, de 20.12.2019.	62/65	86/96, 1 ponto/ano	100	50 – famil. 10 – individ.
RJ	EC nº 90, de 5.10.2021, e LC nº 195, de 5.10.2021.	62/65	86/96, 1 ponto/2 anos	20	Não[3].
RN	EC nº 20, de 29.9.2020.	60/65	86/96, 1 ponto/ano	50	50 – famil. 10 – individ.
RO	EC nº 146, de 9.9.2021, e LC nº 1.100, de 18.10.2021.	62/65	86/96, 1 ponto/ano[4]	100	50 – famil. 10 – individ.
RS	EC nº 78, de 3.2.2020, e LC nº 15.429, de 22.12.2019.	62/65	86/96, 1 ponto/ano	100	50 – famil. 10 – individ.
SC	LC nº 773, de 11.8.2021.	62/65	86/96, 1 ponto/ano	50	60 – famil. 10 – individ.

2. A EC nº 47, de 22.10.2020, em seu art. 1º, modificou o art. 34-A da Constituição, para estabelecer, em seu § 3º, que "As disposições deste artigo não se aplicam às pensões por morte, as quais ficam reguladas pela legislação então em vigor, sendo aplicado, contudo, o disposto no art. 24 da EC nº 103/2019". Ou seja, as pensões por morte permanecem sendo concedidas com base nas regras vigentes antes da publicação da EC nº 103/2019: integral até o teto do RGPS, com o redutor de 30% do valor excedente ao teto.
3. As pensões por morte, no Estado do Rio de Janeiro, permanecem sendo concedidas com base nas regras vigentes antes da publicação da EC nº 103/2019: integral até o teto do RGPS, com o redutor de 30% do valor excedente ao teto.
4. O art. 4º da EC nº 146, de 9.9.2021, determina que a concessão de aposentadoria ao servidor e de pensão por morte a seu dependente observará os requisitos e os critérios da legislação vigente até a data de publicação da mencionada Emenda, desde que sejam cumpridos até 31.12.2024, assegurada a qualquer tempo.

RPPS (Estados)	Reforma nas Regras de Benefícios	Regra geral aposent. volunt. – idade mín. (m/h)	Transição pontos – pont. inic. (m/h)/ aumento no tempo	Transição pedágio (%)	Pensão – cota familiar e individual (%)
SE	EC nº 50, de 26.12.2019, e LC nº 338, de 27.12.2019.	60/65	86/96, 1 ponto/ano	50	60 – famil. 10 – individ.
SP	EC nº 49, de 6.3.2020, e LC nº 1354, de 6.3.2020.	62/65	86/96, 1 ponto/ano	100	50 – famil. 10 – individ.

RPPS (municípios)	Reforma nas Regras de Benefícios	Regra geral aposent. volunt. – idade mín. (m/h)	Transição pontos – pont. inic. (m/h)/aumento no tempo	Transição pedágio (%)	Pensão – cota familiar e individual (%)
Campo Grande	Emenda à LOM nº 39, de 14.9.2021, e LC nº 415, de 8.9.2021.	62/65	88/98, 1 ponto/ano	100	50 – famil. 15 – individ.
Curitiba	Emenda à LOM nº 21, de 27.10.2021, e LC nº 133, de 15.12.2021.	62/65	88/98, 1 ponto/ano	100	50 – famil. 10 – individ.
Fortaleza	Emenda à LOM nº 20, de 18.3.2021, e LC nº 298, de 26.4.2021.	62/65	86/96, 1 ponto/1 ano e 3 meses	85	50 – famil. 10 – individ.
João Pessoa	Emenda à LOM nº 32, de 29.6.2021.	62/65	86/96, 1 ponto/1 ano	100	50 – famil. 10 – individ.
Porto Alegre	Emenda à LOM nº 47, de 18.8.2021, e LC nº 915, de 29.9.2021.	62/65	86/96, 1 ponto/1 ano	50% 70% 100%[5].	60 – famil. 10 – individ.
Recife	Emenda à LOM nº 34, de 7.7.2021, LC nº 3, de 7.7.2021, e Lei nº 18.809, de 7.7.2021.	61/64	86/96, 1 ponto/1 ano	100	50 – famil. 15 – individ.
Salvador	Emenda à LOM nº 36, de 31.3.2020, e LC nº75, de 30.3.2020.	61/64	86/96, 1 ponto/1 ano e três meses	60	50 – famil. 15 – individ.
São Paulo	Emenda à LOM nº 41, de 18.11.2021.	62/65	86/96, 1 ponto/1 ano	100	100 – famil. (até 3 s.m.) 50 – famil. (> 3 s.m).[6] 10 – individ.

5. 50%: tempo faltante de, no máximo, 5 anos; 70%: tempo faltante acima de 5 anos e, no máximo, 8 anos; e 100%: tempo faltante acima de 8 anos.
6. O valor da cota familiar será de 100% quando o valor da aposentadoria for de no máximo 3 salários-mínimos; 50% quando o valor da aposentadoria for superior a 3 salários-mínimos, acrescida de cotas de 10 pontos percentuais por dependente, até o máximo de 100%.

RPPS (municípios)	Reforma nas Regras de Benefícios	Regra geral aposent. volunt. – idade mín. (m/h)	Transição pontos – pont. inic. (m/h)/aumento no tempo	Transição pedágio (%)	Pensão – cota familiar e individual (%)
Teresina	LC nº 5.686, de 16.12.2021.	62/65	86/96, 1 ponto/1 ano	100	50 – famil. 10 – individ.
Vitória	Emenda à LOM nº 72, de 18.1.2021, e LC nº 8, de 13.4.2021.	62/65	Não.	100[7]	50 – famil. 10 – individ.[9]

14.4 ALTERAÇÕES OBRIGATÓRIAS NOS RPPS DOS ENTES SUBNACIONAIS

14.4.1 Rol de benefícios e alíquota de contribuição previdenciária

Além dos parâmetros gerais para a reforma previdenciária dos entes subnacionais vistas no tópico anterior, esses entes devem observar as seguintes disposições da EC nº 103/2019, de caráter obrigatório[8]:

a) limitar o rol de benefícios previdenciários às aposentadorias e à pensão por morte, devendo os afastamentos por incapacidade temporária para o trabalho, o salário-maternidade, o salário-família e o auxílio-reclusão ser pagos diretamente pelo ente federativo (§§ 2º e 3º do art. 9º da EC º 103/2019);

b) vedar o estabelecimento de alíquota de contribuição previdenciária, de servidores ativos, de aposentados e pensionistas, inferior à da contribuição dos servidores da União, exceto se demonstrado que o respectivo RPPS não possui *deficit* atuarial a ser equacionado, hipótese em que a alíquota não poderá ser inferior às alíquotas aplicáveis ao RGPS (§§ 4º e 5º do art. 9º, c/c com o art. 11 da EC 103/2019).

Os entes subnacionais que ainda não modificaram sua legislação para adequar o rol de benefícios previdenciários e as alíquotas de contribuição previdenciária (que podem ser **uniformes** para os segurados ativos, aposentados e pensionistas, desde que não inferiores a 14%, ou, alternativamente, **progressivas,** não inferiores às do RPPS da União) estão em situação previdenciária irregular, em razão da qual não lhes será emitido o CRP[9].

---

7. Emenda à LOM nº 72, de 18.1.2021, art. 4º: "O servidor público que tiver ingressado no serviço público municipal em cargo efetivo até a data de entrada em vigor desta Emenda poderá aposentar-se voluntariamente quando preencher, cumulativamente, os seguintes requisitos: I – 56 (cinquenta e seis) anos de idade, se mulher, e 61 (sessenta e um) anos de idade, se homem; II – 30 (trinta) anos de contribuição, se mulher, e 35 (trinta e cinco) anos de contribuição, se homem; III – 20 (vinte) anos de efetivo exercício no serviço público e 5 (cinco) anos no cargo efetivo em que se der a aposentadoria; IV – **período adicional de contribuição correspondente ao tempo que, na data de entrada em vigor desta Emenda, faltaria para atingir o tempo mínimo de contribuição referido no inciso II**. § 1º. Para o professor que comprovar exclusivamente tempo de efetivo exercício das funções de magistério na educação infantil e no ensino fundamental e médio serão reduzidos, para ambos os sexos, os requisitos de idade e de tempo de contribuição em 05 (cinco) anos. § 2º. A cada ano contado da vigência desta emenda, os requisitos previstos nos incisos I e II do caput serão acrescidos de 6 (seis) meses de idade e de contribuição, respectivamente, até os limites previstos no artigo 43, § 1º, inciso III" (g.n.)
8. Também são obrigatórias as regras de acumulação de benefícios previdenciários constantes do art. 24 da EC nº 103/2019, já comentadas no capítulo 6 deste livro.
9. A então SEPRT/ME, por meio da Portaria nº 21.233, de 23 de setembro de 2020, concedeu o prazo de até 31 de dezembro de 2020 para os entes adequarem sua legislação.

Demonstramos, abaixo, a situação dos Estados e do DF, em relação às alíquotas de contribuição e a forma de sua instituição (progressiva ou não), bem como indicamos os entes que aumentaram a base de cálculo de contribuição dos aposentados e pensionistas, citando a legislação previdenciária. Também o fizemos em relação aos municípios mencionados na tabela do subitem 14.3.

RPPS (Estados e DF) e legislação	Alíquotas de servidores, aposentados e pensionistas (%)	Base de contribuição dos aposentados e pensionistas (em R$)
AC - LC nº 333, de 15.3.2017.	14	Acima do teto do RGPS.
AL - LC nº 52, de 30.12.2019, alterada pela LC nº 54, de 12.7.2021.	14	Acima do teto do RGPS[10].
AM - LC nº 201, de 11.12.2019.	14	Acima do teto do RGPS.
AP - LC nº 127, de 1º10.2020.	14	Acima do teto do RGPS.
BA - Lei nº 14.250, de 18.2.2020.	14 – renda igual ou <15.000,00 15 – renda > 15.000,00	Acima de 3 salários-mínimos.
CE - LC nº 167, de 27.12.2016, e LC nº 210, de 19.12.2019.	14	Acima de 2 salários-mínimos.
DF - LC nº 970, de 8.7.2020.	14 – ativos 11 e 14 – aposentados e pensionistas.	Acima de 1 salário-mínimo – 11% Acima do teto do RGPS – 14%
ES - LC nº 931, de 3.12.2019.	14	Acima do teto do RGPS.
GO - LC nº 161, de 30.12.2020, e LC nº 168, de 29.12.2021.	14,25	Acima de 3.000,00[11]
MA - LC nº 219, de 26.11.2019.	7,5; 9; 12; 14; 14,25; 16,5; 19; 22[12].	Acima do teto do RGPS.
MG - LC nº 156, de 22.9.2020.	11; 12; 13; 14; 15; 15,5; 16[13].	Acima de 3 salários-mínimos.

10. A LC nº 52, de 31.12.2019, previa a taxação dos aposentados e pensionistas que ganhassem acima de um salário--mínimo, mas o dispositivo foi alterado pela LC nº 54, de 12.7.2021, que reestabeleceu a taxação dos beneficiários com benefícios acima do teto do RGPS.
11. Antes da alteração promovida pela LC nº 168/2021, a previsão era que os aposentados e pensionistas que ganhassem acima do valor do salário-mínimo contribuiriam para o RPPS de GO. A partir dessa Lei, "a contribuição previdenciária paga pelos aposentados e pelos pensionistas incidirá sobre o montante dos proventos de aposentadoria e pensões que superem o maior valor entre R$ 3.000,00 (três mil reais) e 1 (um) salário-mínimo".
12. LC nº 219/2019, art. 3º (...) "Em cumprimento ao disposto no art. 9º, § 4º da Emenda Constitucional nº 103, de 12 de novembro de 2019, o inciso I do art. 55 da Lei Complementar nº 73, de 4 de fevereiro de 2004, passa a vigorar com a seguinte redação: "Art. 55 – (...) I – contribuição previdenciária ao FEPA no montante previsto no caput do art. 11 da Emenda Constitucional nº 103, de 12 de novembro de 2019, à Constituição Federal, aplicando-se, ainda, as reduções e majorações previstas no § 1º e as regras dispostas no § 2º, § 3º e no § 4º do mesmo artigo."
13. LC nº 156/2020, art. 28: "A alíquota de contribuição mensal dos segurados ativos e aposentados e dos pensionistas, a que se refere o art. 3º, será progressiva e incidirá sobre a remuneração de contribuição, sobre os proventos e sobre o valor das pensões, de acordo com os seguintes parâmetros: I – até R$ 1.500,00 (mil e quinhentos reais), 11% (onze por cento); II – de R$ 1.500,01 (mil e quinhentos reais e um centavo) até R$ 2.500,00 (dois mil e quinhentos reais), 12% (doze por cento); III – de R$ 2.500,01 (dois mil e quinhentos reais e um centavo) até R$ 3.500,00 (três mil e quinhentos reais), 13% (treze por cento); IV – de R$ 3.500,01 (três mil e quinhentos reais e um centavo) até R$ 4.500,00 (quatro mil e quinhentos reais), 14% (quatorze por cento); V – de R$ 4.500,01 (quatro mil e quinhentos reais e um centavo) até R$ 5.500,00 (cinco mil e quinhentos reais), 15% (quinze por cento); VI – de R$ 5.500,01 (cinco mil e quinhentos reais e um centavo) até R$ 6.101,06 (seis mil cento e um reais e seis centavos), 15,5% (quinze vírgula cinco por cento); VII – acima de R$ 6.101,06 (seis mil cento e um reais e seis centavos), 16% (dezesseis por cento) (...)

RPPS (Estados e DF) e legislação	Alíquotas de servidores, aposentados e pensionistas (%)	Base de contribuição dos aposentados e pensionistas (em R$)
MS – LC nº 274, de 21.5.2020.	14	Acima de 1 salário-mínimo.
MT – LC nº 654, de 19.2.2020, e LC nº 700, de 9.8.2021	14	Acima de 1 salário-mínimo, exceto para benefícios de até 9.000,00, cuja base será o que exceder 3.300,00.
PA – LC nº 128, de 13.1.2020.	14	Acima do teto do RGPS.
PB – LC nº 161, de 23.3.2020.	14	Acima do teto do RGPS.
PE – LC nº 423, de 23.12.2019.	14	Acima do teto do RGPS.
PI – Lei nº 7.311, de 27.12.2019.	14 – ativos 12; 13; 14 – aposentados e pensionistas.	Acima de 1 salário-mínimo até 1.800,00 – 12%. Acima de 1.800,00 até 3.000,00 – 13% Acima de 3.000,00 – 14%
PR – Lei nº 20.122, de 20.12.2019.	14	Acima de 3 salários-mínimos.
RJ – LC nº 195, de 5.10.2021.	14	Acima do teto do RGPS.
RN – EC nº 20, de 29.9.2020.	11; 14; 15; 16; 18[14].	Acima de 3.500,00
RO – LC nº 1.100, de 18.10.2021.	14	Acima de 3 salários-mínimos.
RR – Sim. LC nº 301, de 23.7.2021.	11; 11,5; 12; 12,5; 13; 13,5; 14[15].	Acima do teto do RGPS[16].
RS – LC nº 15.429, de 22.12.2019	7,5; 9; 12; 14; 14,5; 16,5; 19; 22[17]	Acima de 1 salário-mínimo.

§ 5º Os valores previstos nos incisos do *caput* serão reajustados na mesma data e com o mesmo índice em que se der o reajuste dos benefícios do RGPS".

14. Emenda nº 20/2020, art. 4º: "Até que entre em vigor lei que altere o art. 1º da Lei Estadual 8.633, de 3 de fevereiro de 2005, a alíquota da contribuição previdenciária será de 14% (quatorze por cento). § 1º A alíquota prevista no caput será reduzida ou majorada, considerado o valor da base de contribuição ou do benefício recebido, de acordo com os seguintes parâmetros: I – até R$ 3.500,00 (três mil e quinhentos reais), será diminuída em três pontos percentuais; II – entre R$ 3.500,01 (três mil e quinhentos reais e um centavo) e R$ 6.101,06 (seis mil, cento e um reais e seis centavos), sem acréscimos ou reduções; III – entre R$ 6.101,07 (seis mil, cento e um reais e sete centavos) e R$ 15.000,00 (quinze mil reais), com acréscimo de um ponto percentual; IV – entre R$ 15.000,01 (quinze mil reais e um centavo) e R$ 30.000,00 (trinta mil reais), com acréscimo de dois pontos percentuais; V – acima de 30.000,00 (trinta mil reais), com acréscimo de quatro pontos percentuais. (...) § 3º Os valores previstos no § 1º serão reajustados, a partir da data de entrada em vigor desta Emenda Constitucional, na mesma data e com o mesmo índice em que se der o reajuste dos benefícios do Regime Geral de Previdência Social".
15. EC nº 301/2021, art. 1º (...): "A alíquota de contribuição mensal dos segurados ativos, inativos e pensionistas, será progressiva e incidirá sobre a remuneração de contribuição, sobre os proventos e sobre o valor das pensões, de acordo com os seguintes parâmetros: (NR) I – até R$ 5.000,00 (cinco mil reais), 11% (onze por cento); II – de R$ 5.000,01 (cinco mil reais e um centavo) até R$ 7.500,00 (sete mil reais e quinhentos reais), 11,5% (onze e meio por cento); III – de R$ 7.500,01 (sete mil e quinhentos reais e um centavo) até R$ 12.000,00 (doze mil reais), 12% (doze por cento); IV – de R$ 12.000,01 (doze mil reais e um centavo) até R$ 16.000,00 (dezesseis mil reais), 12,5% (doze e meio por cento); V – de R$ 16.000,01 (dezesseis mil reais e um centavo) até R$ 19.000,00 (dezenove mil reais), 13% (treze por cento); VI – de R$ 19.000,01 (dezenove mil reais e um centavo) até R$ 35.000,00 (trinta e cinco mil reais), 13,5% (treze e meio por cento);VII – acima de R$ 35.000,00 (trinta e cinco mil reais), 14% (quatorze por cento)".
16. Quando houver déficit atuarial, a contribuição ordinária de aposentados e pensionistas poderá incidir sobre o valor dos proventos de aposentadoria e de pensões que supere o salário-mínimo.
17. LC nº 15.429/2019, art. 1º, (...) "§ 1º A alíquota prevista no "caput" será reduzida ou majorada, nos termos do § 1º do art. 149 da Constituição Federal, considerado o valor da base de contribuição ou do benefício recebido, de acordo com os seguintes parâmetros: I – até 1 (um) salário-mínimo, redução de seis inteiros e cinco décimos pontos percentuais; II – acima de 1 (um) salário-mínimo até R$ 2.000,00 (dois mil reais), redução de cinco pontos percentuais; III – de R$ 2.000,01 (dois mil reais e um centavo) até R$ 3.000,00 (três mil reais), redução de dois pontos percentuais;

RPPS (Estados e DF) e legislação	Alíquotas de servidores, aposentados e pensionistas (%)	Base de contribuição dos aposentados e pensionistas (em R$)
SC – LC nº 773, de 11.8.2021.	14	Acima de 1 salário-mínimo.
SE – LC nº 338, de 27.12.2019	14	Acima de 1 salário-mínimo, até 31.12.2022.
SP – LC nº 1354, de 6.3.2020	11; 12; 14; 16[18]	Acima de 1 salário-mínimo.
TO – Lei nº 3.736, de 18.12.2020	14	Acima do teto do RGPS.

RPPS (municípios) e legislação	Alíquotas de servidores, aposentados e pensionistas (%)	Base de contribuição dos aposentados e pensionistas (em R$)
Campo Grande – LC nº 415, de 8.9.2021.	14	Acima de 3 salários-mínimos, para as aposentadorias e pensões concedidas a partir de 180 dias da data de publicação da LC 415, de 8.9.2021.
Curitiba – LC nº 133, de 15.12.2021, e Lei nº 15.663, de 3.7.2020.	14	Acima de 2 salários-mínimos.
Fortaleza – LC nº 298, de 26.4.2021.	14	Acima de 2.200,00.[19]
João Pessoa – Lei nº 13.980, de 3.3.2020, e Lei nº 14.134, de 27.4.2021.	14	Acima do teto do RGPS.
Porto Alegre – LC nº 915, de 29.9.2021, e LC nº 818, de 11.9.2017.	14	A partir de 2,4 salários-mínimos.
Recife – Lei nº 18.809, de 7.7.2021.	14	Acima do teto do RGPS.

IV – de R$ 3.000,01 (três mil reais e um centavo) até R$ 5.839,45 (cinco mil, oitocentos e trinta e nove reais e quarenta e cinco centavos), sem redução ou acréscimo; V – de R$ 5.839,46 (cinco mil, oitocentos e trinta e nove reais e quarenta e seis centavos) até R$ 10.000,00 (dez mil reais), acréscimo de meio ponto percentual; VI – de R$ 10.000,01 (dez mil reais e um centavo) até R$ 20.000,00 (vinte mil reais), acréscimo de dois inteiros e cinco décimos pontos percentuais; VII – de R$ 20.000,01 (vinte mil reais e um centavo) até R$ 39.000,00 (trinta e nove mil reais), acréscimo de cinco pontos percentuais; e VIII – acima de R$ 39.000,00 (trinta e nove mil reais), acréscimo de oito pontos percentuais. (...) § 3º Os valores previstos no § 1º serão reajustados, a partir da data de entrada em vigor desta Lei Complementar, na mesma data e com o mesmo índice em que se der o reajuste dos benefícios do Regime Geral de Previdência Social".

18. LC nº 1.354/2020, art. 30 (...) "A contribuição social dos servidores públicos titulares de cargos efetivos do Estado de São Paulo, inclusive os de suas Autarquias e Fundações, do Poder Judiciário, do Poder Legislativo, das Universidades, do Tribunal de Contas, do Ministério Público e da Defensoria Pública, para a manutenção do Regime Próprio de Previdência Social, será: I – 11% (onze por cento) até 1 (um) salário mínimo, enquanto a do Estado será de 22% (vinte e dois por cento), ambas incidindo sobre a totalidade da base de contribuição; II – 12% (doze por cento) de 1 (um) salário mínimo até R$ 3.000,00 (três mil reais), enquanto a do Estado será de 24% (vinte e quatro por cento), ambas incidindo sobre a totalidade da base de contribuição; III – 14% (quatorze por cento) de R$ 3.000,01 (Três mil reais e um centavo) até o teto do Regime Geral de Previdência Social – RGPS, enquanto a do Estado será de 28% (vinte e oito por cento), ambas incidindo sobre a totalidade da base de contribuição; IV – 16% (dezesseis por cento) acima do teto do Regime Geral de Previdência Social – RGPS, enquanto a do Estado será de 32% (trinta e dois por cento), ambas incidindo sobre a totalidade da base de contribuição. (...) § 8º – Excetuados os valores do salário mínimo e do teto do Regime Geral de Previdência Social – RGPS, os demais valores de que tratam este artigo serão reajustados conforme variação da unidade fiscal do Estado de São Paulo – UFESP."
19. Esse valor será atualizado na mesma data e no mesmo índice da revisão geral dos servidores públicos ativos municipais.

RPPS (municípios) e legislação	Alíquotas de servidores, aposentados e pensionistas (%)	Base de contribuição dos aposentados e pensionistas (em R$)
Salvador – LC nº 75, de 30.3.2020.	14	Acima de 4 salários-mínimos.
São Paulo – Lei nº 17.020, de 27.12.2018.	14	Acima de 1 salário-mínimo. Emenda à LOM 41, de 18.11.2021.
Vitória – Lei nº 9.720, de 5.1.2021.	14	Acima de 1 salário-mínimo.

14.4.2 Regime de Previdência Complementar e unidade gestora única do RPPS

Como visto em capítulo específico, os Estados, o DF e os Municípios passaram a ter a obrigatoriedade de instituir regime de previdência complementar para seus servidores e assim limitar o pagamento de benefícios previdenciários ao teto do RGPS.

A EC nº 103/2019, ao impor essa obrigação, estipulou um prazo máximo de dois anos da data de sua entrada em vigor, 13 de novembro de 2019, conforme estabelece o § 6º do art. 9º da Emenda Constitucional reformadora, para que os entes subnacionais implementassem o RPC para seus servidores, sob pena de ficarem irregulares e não obterem o CRP.

Ocorre que em razão das dificuldades provenientes da pandemia da Covid-19, o então MTP editou, em 9 de dezembro de 2021, a Portaria 905[20], que estabeleceu que os entes federados deveriam apresentar, até 31 de março de 2022, as leis de instituição do RPC, independentemente de possuírem servidores filiados ao RPPS com remuneração acima do limite máximo estabelecido para os benefícios do RGPS. Todavia, a formalização do convênio de adesão ao plano de benefício da entidade de previdência complementar autorizado pela Previc passou a ser exigida, **a partir de 30 de junho de 2022**, a todos os entes federativos que vierem a fazer contratação de servidores com remuneração acima do teto do RGPS após a aprovação da lei de instituição do RPC ou após essa data caso os entes venham a realizar contratações que se enquadrem nessa situação.

Os entes subnacionais também tiveram o prazo de até dois anos contados da publicação da EC nº 103/2019 para comprovar a implementação da unidade gestora única do RPPS, por meio da qual a gestão, ainda que indireta, da concessão, do pagamento e da manutenção dos benefícios previdenciários deve abarcar todos os Poderes e órgãos autônomos dos Estados, do DF e dos Municípios. Todavia, a fiscalização efetiva dessa medida pelo Ministério da Previdência, para fins de obtenção do CRP, só se dará a partir da publicação da nova Lei Geral dos RPPS, que substituirá a Lei nº 9.717/1998, nos termos do parágrafo único do art. 278 da Portaria MTP nº 1.467/2022, com a redação conferida pela Portaria MTP nº 3.803/2022.

20. A Portaria MTP nº 905/2021 foi revogada pela Portaria MTP nº 1.467/2022, que dispõem, no inciso VII do art. 241, sobre os mencionados prazos relativos ao RPC.

14.5 A EC Nº 113 E A REFORMA DOS MUNICÍPIOS COM DÉBITOS PREVIDENCIÁRIOS – ART. 115 DO ADCT

Em 9 de dezembro de 2021, foi publicada a EC nº 113, que introduziu o art. 115 no ADCT, pelo qual os Municípios em débito com o seu RPPS podem obter o parcelamento do valor das contribuições e demais débitos previdenciários, no prazo máximo de 240 meses, mediante autorização legislativa específica.

No entanto, para a obtenção desse parcelamento, a EC nº 113/2021 impôs a obrigação de o Município alterar sua legislação previdenciária para adotar as regras de acesso (critérios temporais mínimos, como idade, tempo de contribuição e de serviço), de cálculo e de reajustamento dos benefícios previdenciários de forma "assemelhada" às normas dos servidores públicos federais. Além disso, o Município deve cumprir as determinações constitucionais obrigatórias a todos os entes subnacionais, já vistas neste capítulo, no subitem 14.4. Vejamos:

CR/88, ADCT, com a redação conferida pela EC nº 113/2021

Art. 115. Fica excepcionalmente autorizado o parcelamento das contribuições previdenciárias e dos demais débitos dos Municípios, incluídas suas autarquias e fundações, com os respectivos regimes próprios de previdência social, com vencimento até 31 de outubro de 2021, inclusive os parcelados anteriormente, no prazo máximo de 240 (duzentos e quarenta) prestações mensais, mediante autorização em lei municipal específica, desde que comprovem ter alterado a legislação do regime próprio de previdência social para atendimento das seguintes condições, cumulativamente:

I – adoção de regras de elegibilidade, de cálculo e de reajustamento dos benefícios que contemplem, nos termos previstos nos incisos I e III do § 1º e nos §§ 3º a 5º, 7º e 8º do art. 40 da Constituição Federal, regras assemelhadas às aplicáveis aos servidores públicos do regime próprio de previdência social da União e que contribuam efetivamente para o atingimento e a manutenção do equilíbrio financeiro e atuarial;

II – adequação do rol de benefícios ao disposto nos §§ 2º e 3º do art. 9º da Emenda Constitucional nº 103, de 12 de novembro de 2019;

III – adequação da alíquota de contribuição devida pelos servidores, nos termos do § 4º do art. 9º da Emenda Constitucional nº 103, de 12 de novembro de 2019; e

IV – instituição do regime de previdência complementar e adequação do órgão ou entidade gestora do regime próprio de previdência social, nos termos do § 6º do art. 9º da Emenda Constitucional nº 103, de 12 de novembro de 2019.

Parágrafo único. Ato do Ministério do Trabalho e Previdência[21], no âmbito de suas competências, definirá os critérios para o parcelamento previsto neste artigo, inclusive quanto ao cumprimento do disposto nos incisos I, II, III e IV do caput deste artigo, bem como disponibilizará as informações aos Municípios sobre o montante das dívidas, as formas de parcelamento, os juros e os encargos incidentes, de modo a possibilitar o acompanhamento da evolução desses débitos.

Convém assinalar que, apesar de os Municípios terem liberdade para dispor sobre as regras de acesso ao benefício e sua forma de cálculo e de reajustamento, essa autonomia fica prejudicada se o ente político municipal optar pelo parcelamento dos débitos para com o seu RPPS, já que o art. 115 do ADCT exige alteração da legislação previdenciária "no modelo" da legislação aplicável aos servidores do RPPS da União.

21. A Portaria MTP nº 360, de 22 de fevereiro de 2022, dispõe como os Municípios comprovarão o atendimento dos requisitos previstos nessa Emenda Constitucional. O MTP lançou portal específico com orientações para o parcelamento. Disponível em: https://www.gov.br/trabalho-e-previdencia/pt-br/assuntos/previdencia-no-servico-publico; Outros Assuntos: "Parcelamento Especial – EC 113". A mencionada portaria foi revogada pela Portaria MTP 1.467/2022, que tem natureza de norma consolidadora.

Em que pese o texto constitucional trazer a expressão "regras assemelhadas", verifica-se que os Municípios vêm replicando as regras previdenciárias dos servidores públicos federais previstas na EC nº103/2019. Nesse contexto, deverão seguir as mesmas regras de aposentadoria, pensão por morte – bem como as regras de cálculo e reajustamento desses benefícios – e as regras de transição aplicadas ao servidor público vinculado ao RPPS da União. A diferença é que o início da vigência das novas regras não é a data de publicação da EC nº 103/2019, mas a data de publicação da lei municipal que modificou a lei de seu RPPS.

Assim, as seções e subseções deste livro voltadas ao servidor público federal também se aplicam aos servidores dos entes subnacionais que referendaram as normas do RPPS da União, os quais passarão, então, a observá-las, a partir da data de vigência da lei que promoveu as mudanças nas regras previdenciárias locais.

14.6 PAINEL DE ACOMPANHAMENTO DE ADEQUAÇÕES À EC Nº 103/2019

O Ministério da Previdência Social criou o *Painel de Acompanhamento de Adequações à EC nº 103/2019*, segundo o qual, até 16 de dezembro de 2024, 775 entes federativos com RPPS haviam publicado lei adotando, ao menos, 80% das regras de benefícios previstas na EC nº 103/2019 para o RPPS da União, considerando os requisitos e a forma de cálculo das aposentadorias e pensões por morte, o que corresponde a 36% do universo de 2.145 RPPS.

Já com relação à adequação das alíquotas de contribuição previdenciária (mínimo de 14% linear ou progressivas) o percentual é de 95%, sendo este, também, o referente à limitação do rol de benefícios previdenciários às aposentadorias e pensões. A distribuição por regiões do País e por Estados da Federação pode ser observada nos quadros abaixo:

Região	Nº Entes com RPPS	Nº Entes que realizaram Reforma	% de Entes que realizaram Reforma	% de Entes com Alíquota dos segurados de 14% ou progressiva	% de Entes com Rol de benefícios: aposentadoria e pensão
CENTRO-OESTE	330	73	22,12%	94,24%	95,45%
NORDESTE	555	300	54,05%	69,37%	81,44%
NORTE	125	36	28,80%	64,00%	72,00%
SUDESTE	557	129	23,16%	85,46%	89,95%
SUL	579	129	22,28%	98,27%	98,96%
Total	**2146**	**667**	**31,08%**	**84,86%**	**89,98%**

UF	Nº Entes com RPPS	Nº Entes que realizaram Reforma	% de Entes que realizaram Reforma	% de Entes com Alíquota dos segurados de 14% ou progressiva	% de Entes com Rol de benefícios: aposentadoria e pensão
ACRE	2	1	50,00%	100,00%	100,00%
ALAGOAS	73	46	63,01%	68,49%	67,12%
AMAPA	4	1	25,00%	25,00%	75,00%
AMAZONAS	27	5	18,52%	18,52%	40,74%
BAHIA	38	17	44,74%	73,68%	73,68%
CEARA	62	38	61,29%	59,68%	87,10%
DISTRITO FEDERAL	1			100,00%	100,00%
ESPIRITO SANTO	35	10	28,57%	91,43%	97,14%
GOIAS	170	41	24,12%	92,35%	92,94%
MARANHAO	47	25	53,19%	46,81%	76,60%
MATO GROSSO	107	12	11,21%	99,07%	99,07%
MATO GROSSO DO SUL	52	20	38,46%	90,38%	96,15%
MINAS GERAIS	222	30	13,51%	77,48%	86,04%
PARA	30	12	40,00%	56,67%	70,00%
PARAIBA	71	51	71,83%	64,79%	83,10%
PARANA	178	49	27,53%	96,63%	98,31%
PERNAMBUCO	149	72	48,32%	70,47%	83,22%
PIAUI	70	23	32,86%	88,57%	90,00%
RIO DE JANEIRO	80	20	25,00%	95,00%	88,75%
RIO GRANDE DO NORTE	41	26	63,41%	80,49%	92,68%
RIO GRANDE DO SUL	331	59	17,82%	98,79%	99,09%
RONDONIA	30	11	36,67%	86,67%	83,33%
RORAIMA	2				50,00%
SANTA CATARINA	70	21	30,00%	100,00%	100,00%
SAO PAULO	220	69	31,36%	89,09%	93,18%
SERGIPE	4	2	50,00%	50,00%	25,00%
TOCANTINS	30	6	20,00%	96,67%	90,00%
Total	**2146**	**667**	**31,08%**	**84,86%**	**89,98%**

* Fonte: https://www.gov.br/previdencia/pt-br

Fica, então, o leitor convidado a acompanhar, mensalmente, a evolução dos números apresentados pelo mencionado painel, disponível em https://www.gov.br/previdencia/pt-br/assuntos/estatisticas-da-previdencia/painel-estatistico-da-previdencia/regimes-proprios-de-previdencia-social-1/painel-de-acompanhamento-da-reforma-previdenciaria.

Capítulo 15

A EC 103/2019 E AS AÇÕES JUDICIAIS NO STF

Neste capítulo, abordaremos as ações judiciais referentes à EC 103/2019, destacando os aspectos da emenda reformadora que estão sendo objeto de questionamento no âmbito do STF, bem como o estágio atual de julgamento.

15.1 BREVE CONTEXTUALIZAÇÃO DAS AÇÕES JUDICIAIS CONTRA A REFORMA PREVIDENCIÁRIA DE 2019

Uma vez publicada a EC nº 103/2019, diversas entidades, em especial associações de servidores públicos, ingressaram, ainda em 2019 e ao longo de 2020, com ações judiciais no STF contra disposições da emenda reformadora. Consistem em Ações Diretas de Inconstitucionalidade (ADIs) e Arguições de Descumprimento de Preceito Fundamental (ADPFs), que são instrumentos jurídicos previstos no ordenamento constitucional brasileiro.

Dentre os temas questionados judicialmente, podemos destacar:

- a possibilidade de alíquota extraordinária;
- a instituição de alíquotas progressivas;
- a extinção do denominado duplo teto para contribuição previdenciária dos beneficiários com doenças incapacitantes;
- a consideração da totalidade do benefício para a definição das alíquotas dos aposentados e pensionistas;
- o conteúdo das regras de transição;
- a revogação de regras de transição anteriores;
- a anulação de aposentadorias concedidas com contagem especial de tempo de serviço;
- a exclusão das mulheres filiadas ao RPPS do direito ao acréscimo no benefício de aposentadoria para cada ano ao tempo que exceder 15 (quinze) anos do tempo de contribuição; e
- o cálculo da pensão por morte ocorrida em atividade.

15.2 IDENTIFICAÇÃO E ANDAMENTO DAS AÇÕES JUDICIAIS NO STF

A Comissão Permanente de Acompanhamento de Ações Judiciais Relevantes (Copajure) é órgão de assessoramento vinculado ao Conselho Nacional dos Dirigentes de Regimes Próprios de Previdência Social (Conaprev), o qual se insere no âmbito ao Ministério da Previdência Social (MPS). A Comissão tem por finalidade essencial promover debates, troca de informações, ações e diretrizes acerca de temas judiciais considerados relevantes para os Regimes Próprios de Previdência Social, buscando articular-se entre os RPPS, os entes federativos, o Supremo Tribunal Federal e os Tribunais Superiores.

Na 79ª reunião ordinária do Conaprev, ocorrida em junho de 2024, a Copajure apresentou aos dirigentes de RPPS um quadro-resumo sobre as ADIs e ADPFs referentes à EC nº 103/2019. Vejamos:

Tribunal	Ação/nº dos autos/Relator	Requerente	Matéria	Andamento
STF	**ADI nº6254/DF** Rel. Min. Roberto Barroso	ANADEP – Associação Nacional dos Defensores Públicos	Alíquotas: Emenda Constitucional nº 103/2019, dentre eles o art. 1º, no que altera o art. 149, § 1º da Constituição, e o art. 11, caput, § 1º, incisos IV a VIII, § 2º e § 4º.	Decisão: Após o voto do Ministro Roberto Barroso (Relator), que julgava improcedente o pedido formulado; e do voto do Ministro Edson Fachin, que divergia do Relator e julgava parcialmente procedente o pedido para declarar: i) a inconstitucionalidade do art. 1º da EC nº 103/2019, na parte alteradora dos parágrafos 1º-A, 1º-B e 1º-C do art. 149 da Constituição Federal; ii) a inconstitucionalidade da expressão "que tenha sido concedida ou" do art. 25, §3º, da EC nº 103/2019 e, em relação ao mesmo dispositivo, dava interpretação conforme à Constituição à locução "que venha a ser concedida", de modo a assegurar que o tempo de serviço anterior ao advento da EC nº 20/1998, nos termos da legislação vigente à época de seu implemento, seja computado como tempo de contribuição para efeito de aposentadoria; iii) a interpretação conforme à Constituição ao art. 26, §5º, da EC nº 103/2019, de modo a que o acréscimo sobre o cálculo de benefícios, instituído em favor das trabalhadoras mulheres filiadas ao Regime Geral da Previdência Social (RGPS), aplique-se em igual modo e sem distinção às mulheres servidoras vinculadas ao Regime Próprio da Previdência Social (RPPS), pediu vista dos autos o Ministro Ricardo Lewandowski.
STF	**ADI nº 6255/ DF** Rel. Min. Roberto Barroso	AMB – Associação Magistrados Brasileiros e Outro	Alíquotas: Emenda Constitucional nº 103/2019, dentre eles o art. 1º, no que altera o art. 149, § 1º, da Constituição, e o art. 11, caput, § 1º, incisos I a VIII, § 2º, § 3º e § 4º.	Decisão: Após o voto do Ministro Roberto Barroso (Relator), que julgava parcialmente procedente o pleito apresentado, apenas para que seja dado interpretação conforme a Constituição ao art. 149, § 1º-A, com a redação dada pela Emenda Constitucional nº 103/2019, a fim de que a base de cálculo da contribuição previdenciária de inativos e pensionistas somente possa ser majorada em caso de subsistência comprovada de déficit atuarial após a adoção da progressividade de alíquotas, restando prejudicado o agravo regimental interposto; e do voto do Ministro Edson Fachin, que divergia do Relator e, acolhendo o pleito em maior extensão, julgava parcialmente procedente o pedido

				para declarar: i) a inconstitucionalidade do art. 1º da EC nº 103/2019, na parte alteradora dos parágrafos 1º-A, 1º-B e 1º-C do art. 149 da Constituição Federal; ii) a inconstitucionalidade da expressão "que tenha sido concedida ou" do art. 25, §3º, da EC nº 103/2019 e, em relação ao mesmo dispositivo, dava interpretação conforme à Constituição à locução "que venha a ser concedida", de modo a assegurar que o tempo de serviço anterior ao advento da EC nº 20/1998, nos termos da legislação vigente à época de seu implemento, seja computado como tempo de contribuição para efeito de aposentadoria; iii) a interpretação conforme à Constituição ao art. 26, §5º, da EC nº 103/2019, de modo a que o acréscimo sobre o cálculo de benefícios, instituído em favor das trabalhadoras mulheres filiadas ao Regime Geral da Previdência Social (RGPS), aplique-se em igual modo e sem distinção às mulheres servidoras vinculadas ao Regime Próprio da Previdência Social (RPPS), pediu vista dos autos o Ministro Ricardo Lewandowski
STF	**ADI nº 6256/ DF** Rel. Min. Roberto Barroso	AMB – Associação Magistrados Brasileiros e Outros	Contra art. 25, § 3º da EC nº 103/2019.	Decisão: Após o voto do Ministro Roberto Barroso (Relator), que julgava improcedente o pedido formulado; e do voto do Ministro Edson Fachin, que divergia do Relator e decretava a ilegitimidade ativa ad causam da autora Associação Nacional dos Magistrados da Justiça do Trabalho – ANAMATRA, julgando extinta a ação, sem resolução do mérito, em relação a essa autora, e, em relação às demais autoras, julgava parcialmente procedente o pedido para declarar: i) a inconstitucionalidade do art. 1º da EC nº 103/2019, na parte alteradora dos parágrafos 1º-A, 1º-B e 1º-C do art. 149 da Constituição Federal; ii) a inconstitucionalidade da expressão "que tenha sido concedida ou" do art. 25, §3º, da EC nº 103/2019 e, em relação ao mesmo dispositivo, dava interpretação conforme à Constituição à locução "que venha a ser concedida", de modo a assegurar que o tempo de serviço anterior ao advento da EC nº 20/1998, nos termos da legislação vigente à época de seu implemento, seja computado como tempo de contribuição para efeito de aposentadoria; iii) a interpretação conforme à Constituição ao art. 26, §5º, da EC nº 103/2019, de modo a que o acréscimo sobre o cálculo de benefícios, instituído em favor das trabalhadoras mulheres filiadas ao Regime Geral da Previdência Social (RGPS), aplique-se em igual modo e sem distinção às mulheres servidoras vinculadas ao Regime Próprio da Previdência Social (RPPS), pediu vista dos autos o Ministro Ricardo Lewandowski

STF	**ADI nº 6258/ DF** Rel. Min. Roberto Barroso	Associação dos Juízes Federais do Brasil	Alíquotas: Emenda Constitucional nº 103/2019, dentre eles o art. 1º, no que altera o art. 149, § 1º, da Constituição, e o art. 11, caput, § 1º, incisos I a VIII, § 2º, § 3º e § 4º.	Decisão: Após o voto do Ministro Roberto Barroso (Relator), que julgava parcialmente procedente o pleito apresentado, apenas para que seja dado interpretação conforme a Constituição ao art. 149, § 1º-A, com a redação dada pela Emenda Constitucional nº 103/2019, a fim de que a base de cálculo da contribuição previdenciária de inativos e pensionistas somente possa ser majorada em caso de subsistência comprovada de déficit atuarial após a adoção da progressividade de alíquotas, restando prejudicado o agravo regimental interposto; e do voto do Ministro Edson Fachin, que divergia do Relator e decretava a ilegitimidade ativa ad causam da autora, julgando extinta a ação, sem resolução do mérito, pediu vista dos autos o Ministro Ricardo Lewandowski.
STF	**ADI nº 6271/ DF** Rel. Min. Roberto Barroso	ANFIP – Associação Nacional dos Auditores Fiscais da Receita Federal do Brasil	Alíquotas: Emenda Constitucional nº 103/2019, dentre eles o art. 1º, no que altera o art. 149, § 1º, da Constituição, e o art. 11, caput, § 1º, incisos I a VIII, § 2º, § 3º e § 4º.	Decisão: Após o voto do Ministro Roberto Barroso (Relator), que julgava parcialmente procedente o pleito apresentado, apenas para que seja dado interpretação conforme a Constituição ao art. 149, § 1º-A, com a redação dada pela Emenda Constitucional nº 103/2019, a fim de que a base de cálculo da contribuição previdenciária de inativos e pensionistas somente possa ser majorada em caso de subsistência comprovada de déficit atuarial após a adoção da progressividade de alíquotas; e do voto do Ministro Edson Fachin, que divergia do Relator e decretava a ilegitimidade ativa ad causam da autora, julgando extinta a ação, sem resolução do mérito, pediu vista dos autos o Ministro Ricardo Lewandowski.
STF	**ADI nº 6279/ DF** Rel. Min. Roberto Barroso	PT – Partido dos Trabalhadores	Contra arts. 1º (na parte em que altera o art. 40, § 22, da CF/1988); 19,§ 1º, I, alíneas a, b e c; 20, inciso IV; e 26 da EC nº 103/2019.	Decisão: Após o voto do Ministro Roberto Barroso (Relator), que julgava improcedente o pedido formulado; e do voto do Ministro Edson Fachin, que, com ressalvas à fundamentação, acompanhava o Relator para, ultrapassadas as questões preliminares, julgar improcedente o pedido formulado, pediu vista dos autos o Ministro Ricardo Lewandowski.
STF	**ADI nº 6289/ DF** Rel. Min. Roberto Barroso	Associação dos Juízes Federais do Brasil	Contra art. 25, § 3º da EC nº 103/2019.	Decisão: Após o voto do Ministro Roberto Barroso (Relator), que julgava improcedente o pedido formulado; e do voto do Ministro Edson Fachin, que divergia do Relator e decretava a ilegitimidade ativa ad causam da autora, julgando extinta a ação, sem resolução do mérito, pediu vista dos autos o Ministro Ricardo Lewandowski.

STF	**ADI nº 6309** Rel. Min. Roberto Barroso	CONFEDERAÇÃO NACIONAL DOS TRABALHADORES NA INDUSTRIA - CNTI	Contra os arts. 19, § 1º, I; 25, § 2º; e 26, § 2º, IV, da EC 103/2019, que altera o sistema de previdência social e estabelece regras de transição e disposições transitórias.	VOTO MINISTRO BARROSO PLENÁRIO VIRTUAL 17/03/2023 III. Conclusão 56. Diante do exposto, julgo improcedentes os pedidos formulados nesta ação direta, declarando-se a constitucionalidade dos dispositivos impugnados. 57. Proponho a fixação da seguinte tese de julgamento: " Não ferem cláusula pétrea os dispositivos da Emenda Constitucional nº 103/2019, relativos ao Regime Geral de Previdência Social, que (i) estabelecem idades mínimas para a aposentadoria especial por insalubridade (art. 19, § 1º, I), (ii) vedam a conversão de tempo especial em comum (art. 25, § 2º) e (iii) modificam a forma de cálculo dos proventos de aposentadoria especial por insalubridade (art. 26, § 4º, IV) ". 58. É como voto.
STF	**ADI nº 6336/ DF** Rel. Min. Edson Fachin	Associação Nacional dos Magistrados da Justiça do Trabalho	Contra alínea "a" do inciso I do art. 35 da EC nº 103/2019. "Revogação do Dobro do teto"	Decisão: Após o voto do Ministro Edson Fachin (Relator), que julgava procedente o pedido formulado na ação direta para declarar a inconstitucionalidade da norma a alínea "a" do inciso I do art. 35 da Emenda Constitucional n. 103, de 12 de novembro de 2019; e do voto do Ministro Roberto Barroso, que conhecia da ação direta para julgar improcedente o pedido formulado, declarando-se a constitucionalidade do art. 35, I, a, da EC nº 103/2019, e propunha a fixação da seguinte tese de julgamento: "É válida a revogação da não incidência tributária contida no art. 40, § 21, da CF/1988, não havendo ofensa aos princípios da isonomia, da dignidade humana e da vedação ao retrocesso", pediu vista dos autos o Ministro Ricardo Lewandowski..
STF	**ADI nº 6361/ DF** Rel. Min. Roberto Barroso	UNACON - União Nacional dos Auditores e Técnicos Federais de Finanças e Controle	Contra os §§ 1º-A e 1º-B do art. 149 da Constituição na redação dada pelo art. 1º da EC nº 103/2019 e do § 8º do art. 9º, também da EC nº 103.	Decisão: Após o voto do Ministro Roberto Barroso (Relator), que julgava parcialmente procedente o pleito apresentado, apenas para que seja dado interpretação conforme a Constituição ao art. 149, § 1º-A, com a redação dada pela Emenda Constitucional nº 103/2019, a fim de que a base de cálculo da contribuição previdenciária de inativos e pensionistas somente possa ser majorada em caso de subsistência comprovada de déficit atuarial após a adoção da progressividade de alíquotas; e do voto do Ministro Edson Fachin, que divergia do Relator e decretava a ilegitimidade ativa ad causam da autora, julgando extinta a ação, sem resolução do mérito, pediu vista dos autos o Ministro Ricardo Lewandowski.

STF	**ADI nº 6367/ DF** Rel. Min. Rober-to Barroso	UNAFISCO NACIONAL –– Associação Nacional dos Auditores-Fis-cais da Recei-ta Federal do Brasil	Diversos dis-positivos da EC nº 103/2019, dentre eles art. 1º, no que altera o art. 149, § 1º da Constitui-ção, e o art. 11, caput, § 1º, incisos I a VIII, § 2º, §3º e § 4º.	Decisão: Após o voto do Ministro Roberto Barroso (Relator), que julgava improcedente o pedido formulado; e do voto do Ministro Edson Fachin, que divergia do Relator e de-cretava a ilegitimidade ativa ad causam da autora, julgando extinta a ação, sem resolu-ção do mérito, pediu vista dos autos o Minis-tro Ricardo Lewandowski.
STF	**ADI nº 6384/ DF** Rel. Min. Rober-to Barroso	ADPF – Associação Nacional dos Delegados de Polícia Federal	Contra a interpretação literal do art.26, § 3º, II, da EC nº 103/2019.	Decisão: Após o voto do Ministro Roberto Barroso (Relator), que julgava improcedente o pedido formulado; e do voto do Ministro Edson Fachin, que divergia do Relator e de-cretava a ilegitimidade ativa ad causam da autora, julgando extinta a ação, sem resolu-ção do mérito, pediu vista dos autos o Minis-tro Ricardo Lewandowski.
STF	**ADI nº 6385/ DF** Rel. Min. Rober-to Barroso	ADPF – Associação Nacional dos Delegados de Polícia Federal	Contra o art. 23, caput, e § 1º, da EC nº 103/2019.	Decisão: Após o voto do Ministro Roberto Barroso (Relator), que julgava improcedente o pedido formulado; e do voto do Ministro Edson Fachin, que divergia do Relator e de-cretava a ilegitimidade ativa ad causam da autora, julgando extinta a ação, sem resolu-ção do mérito, pediu vista dos autos o Minis-tro Ricardo Lewandowski.
STF	**ADI nº 6731** Rel. Min. Rober-to Barroso	ASSOCIAÇÃO NACIONAL DOS AGENTES DE POLÍCIA DO PODER JUDICIÁRIO DA UNIÃO – AGEPOLJUS	Contra o art. 149, §§ 1º, 1º-A, 1º-B e 1º-C, da Constitui-ção Federal, na redação atribuída pela EC 103/2019, que altera o sistema de previdência social e esta-belece regras de transição e disposições transitórias, bem dos arts. 9º, §§ 4º e 5º; e 11, *caput*, §§ 1º, 2º, 3º e 4º, estes da referida EC 103/2019	Conclusos ao(à) Relator(a), com Parecer da PGR pelo não conhecimento da ação

STF	**ADI nº 6916** Rel. Min. Roberto Barroso	ASSOCIACAO DOS DELEGADOS DE POLICIA DO BRASIL	Contra o art. 23 da EC 103/2019, que altera o sistema de previdência social e estabelece regras de transição e disposições transitórias.	Decisão: Após o voto do Ministro Roberto Barroso (Relator), que julgava improcedente o pedido formulado; e do voto do Ministro Edson Fachin, que, com ressalvas à fundamentação, acompanhava o Relator para, ultrapassadas as questões preliminares, julgar improcedente o pedido formulado, pediu vista dos autos o Ministro Ricardo Lewandowski.
STF	**ADI nº 7051** Rel. Min. Roberto Barroso	CONFEDERAÇÃO NACIONAL DOS TRABALHADORES ASSALARIADOS E ASSALARIADAS RURAIS – CONTAR	Contra o art. 23 da EC 103, que altera o sistema de previdência social e estabelece regras de transição e disposições transitórias.	Conclusão 40. Diante do exposto, julgo improcedente o pedido formulado na ação direta. 41. Proponho a fixação da seguinte tese de julgamento: "É constitucional o art. 23, *caput*, da Emenda Constitucional nº 103/2019, que fixa novos critérios de cálculo para a pensão por morte no Regime Geral e nos Regimes Próprios de Previdência Social". É como voto (Voto do Ministro Barroso em 17/02/2023)
STF	**ADPF nº 716/ DF** Rel. Min. Marco Aurélio	PT – Partido dos Trabalhadores	Contra a Portaria nº 1348/2019/ SEPRT/ME e art. 9º da EC nº 103/2019.	Contra a decisão monocrática que negou seguimento à ADPF, foi interposto Agravo Interno, ora concluso ao Relator.
STF	**ADPF nº 710/ DF** Rel. Min. Marco Aurélio	PSOL – Partido Socialismo e Liberdade	Contra a Portaria nº 1348/2019/ SEPRT/ME e art. 9º da EC nº 103/2019.	Após decisão monocrática que negou seguimento à ADPF, o processo transitou em julgado.

Fonte: Copajure, Conaprev/MPS.

15.3 ESTÁGIO ATUAL DE VOTAÇÃO DAS AÇÕES JUDICIAIS NO STF

Com base no material da Copajure exposto no item anterior, apresentamos a situação dos votos apresentados pelos ministros do STF com relação aos seguintes temas[1]:

Ação	Tema	Voto do Relator	Votação Parcial
ADI 6384	CÁLCULO DA APOSENTADORIA POR INCAPACIDADE PERMANENTE	Constitucionalidade	9 votos pela constitucionalidade Não houve divergência
ADIs 6385 e 6916	CÁLCULO DA PENSÃO POR MORTE (ART. 23)	Constitucionalidade	9 votos pela constitucionalidade Não houve divergência
ADIs 6279 e 6367	ALEGAÇÃO DE QUE ALGUNS DISPOSITIVOS DA REFORMA NÃO OBSERVARAM O RITO ADEQUADO: (1) VEDAÇÃO A INSTITUIÇÃO DE NOVOS RPPS (2) APOSENTADORIA DOS SEGURADOS DO RGPS QUE COMPROVEM O EXERCÍCIO DE ATIVIDADES COM EFETIVA EXPOSIÇÃO A AGENTES QUÍMICOS, FÍSICOS E BIOLÓGICOS PREJUDICIAIS À SAÚDE, OU ASSOCIAÇÃO DESSES AGENTES (3) CUMPRIMENTO DO PEDÁGIO PREVISTO NO ART. 20, INCISO IV	Constitucionalidade	9 votos pela constitucionalidade Não houve divergência
ADI 6336	REVOGAÇÃO DO § 21 DO ART. 40, QUE PREVIA IMUNIDADE CONTRIBUITIVA, ATÉ DUAS VEZES O TETO DO RGPS, PARA APOSENTADOS E PENSIONISTAS COM DOENÇA INCAPACITANTE	Constitucionalidade	4 votos pela constitucionalidade 1 voto pela inconstitucionalidade
ADIs 6289 e 6256	O ART. 25, § 3º, DA EC Nº 103/2019 CONSIDERA NULA A APOSENTADORIA CONCEDIDA POR RPPS COM CONTAGEM RECÍPROCA DE TEMPO DE SERVIÇO PRESTADO NO RGPS SEM A RESPECTIVA CONTRIBUIÇÃO	Constitucionalidade	1 voto pela constitucionalidade 9 votos pela inconstitucionalidade
ADI 6254	1) EXTINÇÃO DAS REGRAS DE TRANSIÇÃO CONTIDAS NAS EMENDAS CONSTITUCIONAIS Nº 41/2003 E 47/2005 2) A REGRA DE TRANSIÇÃO PREVISTA NO ART. 4º DA EC Nº 103/2019 3) O ART. 26, § 5º, DA EC Nº 103/2019, PREVÊ CRITÉRIO MAIS FAVORÁVEL DE CÁLCULO DA APOSENTADORIA APENAS PARA AS MULHERES DO RGPS, CONCEDENDO-LHES O DIREITO DE ACRESCER 2 P.P (DOIS PONTOS PERCENTUAIS), A CADA ANO, AOS PROVENTOS A PARTIR DE 15 (QUINZE) ANOS DE CONTRIBUIÇÃO	Constitucionalidade	Divergência apenas na diferença de critérios entre as seguradas do RGPS e RPPS – Reconhecimento do direito de acrescer mesmo no RPPS. Não houve divergência quanto aos demais dispositivos. 3 votos pela constitucionalidade 7 votos pela inconstitucionalidade
ADIs 6258, 6255, 6361 e 6271	(1) INSTITUIÇÃO DE ALÍQUOTAS PROGRESSIVAS	Constitucionalidade	5 votos pela constitucionalidade 5 votos pela inconstitucionalidade
	(2) AMPLIAÇÃO DA BASE DE CÁLCULO DA CONTRIBUIÇÃO PARA APOSENTADOS E PENSIONISTAS QUE RECEBAM ACIMA DE 1 SALÁRIO MÍNIMO, HIPÓTESE DE DÉFICIT ATUARIAL		3 votos pela constitucionalidade 7 votos pela inconstitucionalidade
	(3) POSSIBILIDADE DE INSTITUIÇÃO DE CONTRIBUIÇÃO EXTRAORDINÁRIA		3 votos pela constitucionalidade 7 votos pela inconstitucionalidade

Fonte: Adaptado do material da Copajure, Conaprev/MPS.

1. Considerando o momento de fechamento desta edição.

Observa-se, assim, que há a tendência dos seguintes aspectos da EC nº 103/2019 serem considerados inconstitucionais:

- contribuição previdenciária acima do salário-mínimo para aposentados e pensionistas;
- contribuição extraordinária de servidores ativos e inativos e pensionistas;
- nulidade de aposentadoria já concedida sem tempo de contribuição;
- tratamento diferenciado de mulheres no RGPS e no RPPS, e
- progressividade de alíquotas para servidores públicos.

O mencionado material da Copajure informa que quinze Estados ampliaram a base de cálculo das contribuições ordinárias de aposentados e pensionistas., conforme detalhamento abaixo:

ESTADOS	BASE DE CÁLCULO COM A REFORMA
PI; RS; MS; MT; AL; DF	1 SALÁRIO MÍNIMO
CE; SC	2 SALÁRIOS MÍNIMOS
RO; RJ; BA; MG; PR	3 SALÁRIOS MÍNIMOS
GO e RN	R$ 3.000 e 3.500

Fonte: Copajure, Conaprev/MPS.

15.4 CONSIDERAÇÕES FINAIS

Destacamos que os votos até então apresentados pelos ministros do STF podem ser alterados até o final do processo de votação. Deve, portanto, o resultado parcial apresentado no item anterior ser considerado, apenas, como um indicativo do entendimento majoritário do colegiado.

Fica, portanto, o leitor convidado a acompanhar a evolução do julgamento das mencionadas ações judiciais, com o objetivo de identificar a repercussão, no conteúdo abordado nos capítulos anteriores, das decisões que vierem a ser tomadas pela Suprema Corte quanto às modificações introduzidas pela EC nº 103/2019 no regramento dos RPPS.

REFERÊNCIAS

AMADO, Frederico. *Direito Previdenciário*. 5 ed. Salvador: JusPodivm, 2015.

BANDEIRA DE MELLO, Celso Antônio. *Curso de direito administrativo*. 15. ed. São Paulo: Malheiros, 2003.

BORGES, Mauro Ribeiro. *Previdência funcional*. Curitiba: Juruá, 2010.

CAMPOS, Marcelo Barroso Lima Brito de. *Regime Próprio de Previdência Social dos Servidores Públicos*. 2 ed. Curitiba: Juruá, 2010.

DE MARCO, Zanita; SOUZA, Marina Andrade Pires; DA SILVA, Delúbio Gomes Pereira; GUIMARÃES, Otoni Gonçalves. Os Regimes Próprios de Previdência Social. Previdência social: reflexões e desafios. *Coleção Previdência Social*, Série Estudos, v. 30, Brasília: MPS, 2009.

IBRAHIM, Fabio Zambitte; VIEIRA, Marcos André Ramos. In: TAVARES, Marcelo Leonardo (Coord.). *Comentários à reforma da previdência* (EC 41/2003). Rio de Janeiro: Impetus, 2004.

MARTINEZ, Wladmir Novaes. *Princípios de Direito Previdenciário*. 4 ed. São Paulo: LTR, 2001.

MEDAUAR, Odete. *Direito Administrativo* Moderno. 10 ed. São Paulo: RT, 2006.

NOGUEIRA, Narlon Gutierre. O equilíbrio financeiro e atuarial dos RPPS: de princípio constitucional a política pública de Estado. *Coleção Previdência Social*. Série Estudos, v. 34, Brasília: MPS, 2012.

NOGUEIRA, Narlon Gutierre. *Regime de Previdência Privada Complementar dos Servidores Públicos*: Análise e Perspectivas a partir das Leis Instituidoras da FUNPRESP e da SP-PREVCOM. Regimes Próprios: Aspectos Relevantes – v. 7, 2013.

SCHWARZER, Helmut. Previdência Social: reflexões e desafios. *Coleção Previdência Social*, Série Estudos, v. 30. Brasília: MPS, 2009.

SILVA, Delúbio Gomes Pereira da. Regime Próprio de Previdência dos Servidores – garantia constitucional para servidor de cargo efetivo – Desafios para instituição. Regimes Próprios – Aspectos relevantes, v. 7, Abipem/Apeprem, 2013.

VAZ, Levi Rodrigues. O princípio do equilíbrio financeiro e atuarial no sistema previdenciário brasileiro. Revista *Direitos Fundamentais e Democracia*, v. 6, Unibrasil, 2009.